SEP 8   017.50

SCHULZ · GRIESBACH
GRAMMATIK DER DEUTSCHEN SPRACHE

DORA SCHULZ · HEINZ GRIESBACH

Grammatik
der deutschen Sprache

NEUBEARBEITUNG VON
HEINZ GRIESBACH

MAX HUEBER VERLAG

11. Auflage

| 3. 2. 1. | Die letzten Ziffern |
| 1982 81 80 79 78 | bezeichnen Zahl und Jahr des Druckes. |

Alle Drucke dieser Auflage können nebeneinander benutzt werden.
© 1960 Max Hueber Verlag München
Umschlaggestaltung: Wolfgang A. Taube, München
Satz: Gebr. Parcus KG, München
Druck: Ludwig Auer, Donauwörth · Printed in Germany
ISBN 3–19–00.1011–0

Inhalt

V

VI

XI

Vorwort
zur achten Auflage

Die vorliegende Grammatik ist ein Nachschlagewerk und Arbeitsbuch für Deutsche und für Ausländer, die über Grundkenntnisse in der deutschen Sprache verfügen. Die achte Auflage wurde vollständig neu bearbeitet und auf den neuesten Stand gebracht, wie er sich nach den letzten Untersuchungen in der internationalen Linguistik ergeben hat. Die Darstellung der formalen und erkennbaren syntaktischen Gesetzmäßigkeiten erfolgte vor dem Hintergrund anderer europäischer und außereuropäischer Sprachen. Das Deutsche wurde dabei nicht als eine für sich allein bestehende Sprache angesehen, sondern als eine Sprache unter vielen. Die Bezüge zu anderen Sprachen lassen sich leicht selbst herstellen, wenn von der semasiologischen Gliederung einer sprachlichen Äußerung ausgegangen wird.

Der sprachlich-grammatische Stoff wurde in sieben Kapitel aufgegliedert, die durch Kennbuchstaben vor den Verweisziffern gekennzeichnet sind (A—G).

Das Kapitel A ‚Vom Laut zum Wort‘ gibt einen knappen Überblick über die phonematische und morphematische Struktur eines Wortes und zeigt die Einteilung der Wortklassen nach semantischen Gesichtspunkten und die Verwendung der Schriftzeichen als graphische Symbole zum Ausdruck der deutschen Sprachlaute.

Das Kapitel B behandelt die Formen und Gebrauchsweisen der Verben, Nomen und Adjektive, also jener Wörter, die als sprachliche Zeichen eigene Inhalte zum Ausdruck bringen können und bei ihrer Verwendung innerhalb der Satzstrukturen einen genauen Inhalt erkennen lassen.

Das Kapitel C bringt die Formen und den Gebrauch der Pronomen und der Adverbien, die als reine Bezugswörter ihre Inhalte erst im Zusammenhang mit der Sprechsituation und im Redezusammenhang annehmen.

Im Kapitel D wird ein Überblick über die Funktionsmerkmale und über das System der Funktionskennzeichen gegeben, die als Signale für die Funktionen innerhalb bestimmter Satzstrukturen und für die Inhalte der darin verwendeten Wörter anzusehen sind. Im einzelnen wird der Gebrauch des Kasussystems, der Präpositionen und der Konjunktionen dargestellt.

Das Kapitel E weist in die Organisation der Sätze ein und zeigt, wie die Wörter mit ihren Inhalten innerhalb eines Satzes zusammenwirken. Die Wirkungsweisen der Wörter sind als Funktionen dargestellt und nach ihrer inhaltlichen Leistung auf der Grundlage der inhaltlichen Gliederung der sprachlichen Äußerung aufgeschlüsselt. Im Abschnitt ‚Der Satz und seine Struktur‘ wird gezeigt, wie die Satzstruktur von den verwendeten lexikalischen Mitteln bestimmt wird und welche Funktionen sich dabei ergeben. Der Abschnitt ‚Satzbau‘ zeigt die Abfolge der Einzelinhalte eines Satzes beim Sprechakt unter Berücksichtigung der Sprechsituation, des Redezusammenhangs und der Mitteilungsabsicht des Sprechers. Die Folge der Satzglieder in einem deutschen Satz beruht auf den im Deutschen vorgegebenen ‚Denkmodellen‘, die sich von denen anderer Sprachen erheblich unterscheiden können. Außerdem ist sie von den Inhalten und deren Mitteilungswert und nicht von den Funktionen abhängig. Sie wird überdies auch vom Umfang der einzelnen Sinngruppen im Satz und von der Agglutinationstendenz beim Sprechakt beeinflußt.

Das Kapitel F ‚Zur Satzintonation‘ zeigt vor allem, auf welche Weise Satzbetonung und Tonverlauf den Satzbau beeinflussen. Die Intonation bei einer sprachlichen Äußerung läßt erst erkennen, wie das Gesagte gemeint ist und welche Absicht sich hinter der Äußerung verbirgt. Die Kenntnis der Intonationsmöglichkeiten bietet die Voraussetzung zu einem sinnentsprechenden, interpretierenden Lesen von Texten, denn eine schriftliche Äußerung verhält sich zu einer gesprochenen Äußerung wie ein Schwarz-Weiß-Bild zu einem Farbbild.

Das Kapitel G erklärt die Arten der sprachlichen Äußerungen und zeigt die inhaltliche Gliederung von Sätzen, die für die gültige Satzstruktur maßgebend ist. Das Kapitel wird abgeschlossen mit einem Überblick über die subjektiven Ausdrucksweisen, die dem Sprecher zur Verfügung stehen, und die Ausdrucksmöglichkeiten differenzierter Betrachtungsweisen außersprachlicher Sachverhalte.

Heinz Griesbach

Bayerisch Gmain, im Dezember 1969

Die Verfasser empfehlen folgende Werke zur Einführung und Vertiefung:
Werner Mues, *Sprache, was ist das?*, München 1967
Werner Mues, *Vom Laut zum Satz*, Heidelberg 1964
Mario Wandruszka, *Sprachen, vergleichbar und unvergleichlich*, München 1969
Karlheinz Damiels, *Substantivierungstendenzen in der deutschen Gegenwartssprache*, Düsseldorf 1963
Johannes Erben, *Abriß der deutschen Grammatik*, Berlin 1964
Nikolaus Finck, *Die Haupttypen des Sprachbaus*, Darmstadt 1961
Heinz F. Wendt, *Sprachen*, Frankfurt a. M. 1961
Noam Chomsky, *Aspekte der Syntax-Theorie*, Frankfurt a. M. 1969
Franz Schmidt, *Logik der Syntax*, Berlin 1961
Stephen Ullmann, *Grundzüge der Semantik*, Berlin 1967
S. I. Hayakawa, *Semantik, Sprache im Denken und Handeln*, Darmstadt 1967

Erklärung der Zeichen

P^1	erster Prädikatsteil (Personalform des Verbs)
P^2	zweiter Prädikatsteil (Partizip II, Infinitiv, Verbzusatz)
P	vollständiges Prädikat (alle Verbformen im Prädikat)
V	Verbindungsteil (Konjunktion, Relativpronomen, Relativadverb usw.)

E	Prädikatsergänzung
Et	Temporalergänzung
El	Lokalergänzung
Em	Modalergänzung
Ek	Kausalergänzung
En	Prädikatsnominativ
Ea	Prädikatsakkusativ
Es	Prädikatssubjekt
Eo	Prädikatsobjekt

S	Subjekt
Oa	Objekt im Akkusativ (Akkusativobjekt)
Od	Objekt im Dativ (Dativobjekt)
Og	Objekt im Genitiv (Genitivobjekt)
Op	Objekt mit Präposition (Präpositional-Objekt)

s	Personalpronomen als Subjekt
oa	Personalpronomen als Akkusativobjekt
od	Personalpronomen als Dativobjekt
og	Personalpronomen als Genitivobjekt
op	Personalpronomen oder Pronominaladverb als Präpositional-Objekt

A	freie Angabe
At	Temporalangabe
Al	Lokalangabe
Am	Modalangabe
Ak	Kausalangabe
Ap	Personenangabe
As	Modalglied (Angabe der subjektiven Stellung des Sprechers)

Vom Laut zum Wort

Sprache besteht aus einem System akustischer Zeichen, die sich in einer ge- A 1
gliederten Lautfolge darstellen. Die Gliederung der Lautfolge wird durch
Rhythmus, Betonung, Melodie und kürzere oder längere Pausen bestimmt.
Die bei einem Sprechakt hervorgebrachten akustischen Zeichen nennt man
sprachliche Äußerung. Jede sprachliche Äußerung gliedert sich in Sätze, Sinngruppen, Wörter und Laute.

Die Laute (Phone)

Die Laute sind die kleinsten unterscheidbaren Bestandteile einer sprachlichen A 2
Äußerung. Diese isolierbaren Einheiten gehen bei ihrer Hervorbringung eine
geschlossene Folge von Verbindungen ein, die sich, regressiv oder progressiv,
beeinflussen. Gleichartige Laute variieren von Sprache zu Sprache und auch
innerhalb ein und derselben Sprachgemeinschaft.
Die einzelnen Laute, auch Phone genannt, werden auf physikalischer Grundlage von der Phonetik registriert.

Die Silbe

Silben sind Lautkomplexe, die im Deutschen von einem Vokal getragen wer- A 3
den, um den sich Konsonanten gruppieren. Silben werden vom Sprecher im
allgemeinen als der kleinste Teil eines Wortes empfunden, und zwar ohne
Rücksicht darauf, ob sie eine Bedeutung haben oder nicht.
Im Silbenanlaut können bis zu drei Konsonanten stehen, während im Silbenauslaut bis zu fünf Konsonanten vorkommen können.

Silbenanlaut ohne Konsonanten: *O*hr, *A* | bend
mit einem Konsonanten: *B*all, *T*ag, *B*ier, *g*e | ben
mit zwei Konsonanten: *br*aun, *Bl*ut, *Gr*as, *schw*er
mit drei Konsonanten: *Pfl*icht, *spr*in | gen

Silbenauslaut ohne Konsonanten: s*o*, Bl*ei*, Kon | di | to | *rei*
mit einem Konsonanten: Ta*g*, mö*g* | li*ch*
mit zwei Konsonanten: A*mt*, Na*cht*, Sar*g*, Gel*d*
mit drei Konsonanten: Da*mpf*, re*chts*, je*tzt*, Pun*kt*
mit vier Konsonanten: du hi*lfst*, du wi*rfst*, An*gst*
mit fünf Konsonanten: du schi*mpfst*

Das Phonem

A 4 Phoneme sind bedeutungsunterscheidende Laute innerhalb einer bestehenden Lautfolge. Eine Veränderung der Phoneme bewirkt eine Veränderung der Bedeutung einer bestehenden Lautfolge.

Fe*ll* – Fe*tt*; Le*b*er – Le*d*er; Lebe*r* – Lebe*n*; *W*agen – *M*agen – *s*agen; B*l*ei – B*r*ei; *z*ahm – *l*ahm; zah*m* – Zah*l*

Doppellaute gelten als Einzelphoneme.

H*ai* – H*eu*; *Z*aum – *B*aum; *st*ark – *k*arg

Länge, Betonung und Silbenschnitt gelten ebenfalls als phonemische Differenzierungen.

Māße – Mǎsse; lāhm – Lǎmm; réchtzeitig – recht zéitig; die kranken Schwéstern – die Kránkenschwestern

Das Morphem

A 5 Morpheme sind Bedeutungsträger. Sie drücken Inhalte aus oder signalisieren Funktionen innerhalb bestimmter Satzstrukturen.
Zu den Morphemen gehören

1. die Grundwörter

Mensch, Tier, Baum, krank, schnell, bald

2. Wortbildungsmorpheme

mensch*lich*, tier*haft*, Krank*heit*, Schnell*igkeit*, *un*mög*lich*, *er*halten, *ver*un*glimpfen*

3. grammatische Morpheme, mit deren Hilfe Wörter in die für bestimmte Satzstrukturen notwendigen Funktionen eintreten können.

du geh*st*, komm*t*, *in der* heut*igen* Zeitung

Wie aus den Beispielen hervorgeht, wirken meistens mehrere Morpheme zusammen.

Bei den grammatischen Morphemen sind zu unterscheiden

1. *feste Morpheme;* das sind

Wurzelmorpheme: h*a*lten – h*ie*lt; V*a*ter – V*ä*ter
Endungsmorpheme: er komm*t*, sie fahr*en*, Herr*n* Müller*s* ...
Präfixe: *ge*fahren
Infixe: an*ge*kommen, ein*zu*steigen

2. *lose Morpheme;* das sind

Personalpronomen:	*ich* komme, *er* gibt *es ihm*
Artikel:	er macht mir *die* Arbeit (vgl. er macht mir Arbeit)
Präpositionen:	die Jugend *von* heute, *mit* dem Auto
Konjunktionen:	du *als* Schüler, schnell *wie* der Wind

Bemerkung zur Unterscheidung der Morpheme von den Phonemen:
Für die phonematische Gliederung eines Satzes ist die Sprechbarkeit maßgebend.

Der | Jun | ge | muß | te | we | gen | ei | ner | star | ken | Grip |
pe | zu | Hau | se | blei | ben.

Dagegen zeigt die morphematische Gliederung die einzelnen bedeutungstragenden und funktionssignalisierenden Elemente.

Der / Jung / e / muß / t / e / wegen / ein / er / stark / en / Grippe / zu / Haus / e / bleib / en.

Das Wort

Das Wort ist eine Abfolge von Lauten, die als sprachliches Zeichen Einzel- **A 6**
inhalte ausdrücken. Ein Wort ist mit seinem Inhalt aus einem Redezusammenhang isolierbar. In der unbefangenen Vorstellung des einzelnen besteht die Sprache aus Wörtern, die unter Berücksichtigung der grammatischen Gesetze zu Sätzen zusammengefügt werden. Wörter sind als selbständige Sinnträger im Gedächtnis des einzelnen gespeichert.
Die deutschen Grundwörter, das sind Wörter ohne zusätzliche Wortbildungsmorpheme, sind ein- oder zweisilbig.

Bad, Haus, Buch, Mensch, kalt, schön, jetzt
Fen | ster, Ha | se, Dam | pfer, Ar | beit, si | cher, e | ben

Mit Hilfe von Wortbildungsmorphemen und durch Zusammensetzungen kann der Wortvorrat im Deutschen nahezu unbegrenzt erweitert werden.

wohnen, wohnhaft, bewohnen, Bewohner, Wohnung, innewohnen;
Kindererholungsheim, Kraftfahrzeugzulassungsstelle

Zusammengesetzte Wörter enthalten deutliche syntaktische Elemente, z. B.

Krankenschwester (Schwester zur Pflege kranker Menschen),
Touristenland (Land, in das Touristen gerne reisen),
Speise(n)karte (Karte, auf der die Speisen verzeichnet sind, die ein Gasthaus anzubieten hat)

Wortbetonung

Der Hauptton eines Wortes, der Wortton, liegt auf dem Vokal der Tonsilbe. **A 7**
Búch, Héft, Kínd, Bérg, schón, gélb, jétzt, báld

3

Lose Morpheme bilden mit dem Wort, dem sie angehören, eine Lautgruppe. Sie schließen sich unbetont dem Wort an.

das‿Búch, die‿Túr, der‿Schránk, zur‿Póst, im‿Zúg, am‿Táge, ein‿Kínd

In mehrsilbigen Wörtern trägt eine Silbe den Haupton, bei längeren Wörtern kann auf einer weiteren Silbe ein Nebenton liegen. Im Deutschen liegt im allgemeinen der Haupton auf der ersten Silbe. Das gilt für einfache Wörter, zusammengesetzte Wörter und Verben mit Verbzusatz [→ B 36].

Stíefel, Ántwort, Vórsicht, Háustür, Éisenbahnwagen, Aúfgabe, ánkommen, tótschlagen, hérkommen

Verben mit Präfixen [→ B 35] und daraus abgeleitete Wörter sowie Nomen und Adjektive mit den Präfixen *ge-*, *be-* tragen den Ton auf der Stammsilbe.

besúchen, der Besúch – verkáufen, der Verkáuf, der Verkáufer – Gebírge, Bestéck, gedúldig

Wörter, die mit den Vorsilben und Adverbien *da-, dar-, durch-, her-, hin-, in-, miß-, ob-, über-, um-, un-, unter-, voll-, vor-, wider-, wieder-, zu-* verbunden sind, können den Ton auf der ersten Silbe oder auf der Stammsilbe tragen [→ B 39]; manchmal sind bei dem gleichen Wort zwei Betonungen möglich: die normale Betonung auf der Stammsilbe oder, bei Emphase, der Haupton auf der ersten Silbe, ein starker Nebenton auf der Stammsilbe (normal: *unmöglich;* emphatisch: *únmöglich*).

*úm*fahren oder um*fáhren* – das *Míß*trauen, aber: ich miß*tráue* – *ín*haber, aber: in*fólge* – *ún*dankbar, aber: un*dénk*bar – Voll*zúg*, aber: *vóll*automatisch – *Zú*kunft, aber: zu*sámmen* – *Wíeder*sehen, aber: Wieder*hólung*

A 8 Außer Fremdwörtern, die zum Teil eigenen Betonungsgesetzen folgen*), weichen nur wenige deutsche und eingedeutschte Wörter und Wortgruppen von den Betonungsregeln ab, und zwar:

1. einzelne deutsche oder eingedeutschte Wörter wie:

lebéndig, alléin, abschéulich (aber: der Ábscheu), Forélle, Hermelín, Holúnder, Wachólder, Trompéte, Posáune, Altár

2. Wörter mit den Endungen *-ei, -ie* und *-ieren (-ierer)* tragen den Ton auf den Endungen.

Partéi, Bäckeréi, Spieleréi, Prophezéiung, Magíe, Theoríe, rasíeren, marschíeren, Kassíerer

---

*) Es wird empfohlen, die Aussprache von Fremdwörtern im einzelnen in einem guten Wörterbuch nachzusehen.

3. einige geographische Namen wie:

Franzóse, Afrikáner, Európäer, Asiáte, Berlín

4. Abkürzungen, deren Buchstaben voll ausgesprochen werden, haben den Ton auf der letzten Silbe:

das Abc (A-be-cé), die USA (U-Es-Á), die UdSSR (U-de-Es-Es-Ér), die MAN (Em-A-Én), aber: die Náto, die Úno

5. Aneinandergereihte Wortgruppen tragen oft den Ton auf der letzten oder vorletzten Silbe:

das Einmaléins, schwarz-rot-góld, dreitausendachthundertzéhn, das Auf- und-Áb

6. einige Adverbien und Partikeln wie:

tageín, tagaús, stromáb, stromaúf, himmelán, nachdém, hineín

Bei zusammengesetzten Wörtern trägt meist der erste Wortteil den Hauptton:

Wándschrank, Káffeekanne, Síebenschläfer, Rótkehlchen

Einige wichtige Ausnahmen von dieser Regel sind:

Jahrhúndert, Jahrtáusend, Muttergóttes, Vaterúnser, Ostersónntag, Aschermíttwoch; sowie fast alle Feiertage: Allerhéiligen, Karfréitag usw.

Die Wortklassen

Die Vielzahl der Wörter, die einer Sprache zur Verfügung stehen, wird in verschiedene Wortklassen aufgeteilt. Diese Aufteilung der Wörter in die Wortklassen erfolgt nach den grundlegenden Bedeutungsinhalten, die die Wörter ausdrücken. So unterscheidet man

1. *Verben;* dies sind alle Wörter, die ein Geschehen oder ein Sein bezeichnen *(gehen, kommen, fragen, liegen, hängen)*

2. *Nomen;* dies sind die Wörter, die Wesen, Dinge oder Begriffe bezeichnen können *(Mann, Hund, Baum, Stuhl, Geld, Liebe, Haß)*, sowie Wörter, die einen identifizierten Sachverhalt bezeichnen *(Unterricht, Arbeit, Experiment, Krieg, Frieden)*

3. *Adjektive;* dies sind Wörter, die Qualitäten oder Quantitäten bezeichnen *(schön, gut, falsch, zwei)*

4. *Pronomen;* das sind eine begrenzte Anzahl von Wörtern, die sich auf bekannte oder bereits genannte Inhalte beziehen, die auch durch Nomen bezeichnet werden können. Pronomen sind reine Bezugswörter.

5. *Adverbien;* dies sind Wörter, die relative Ort- oder Zeitbezüge ausdrücken *(hier, dort, jetzt, bald)*, sowie Wörter, die subjektive Bezüge signalisieren *(viel-*

leicht, gar, gern) oder als lose Satzmorpheme die Wertigkeit des mit dem Satz ausgedrückten Inhalts kennzeichnen *(nicht, überhaupt)*.

Durch den grundlegenden Bedeutungsinhalt sind die Wortklassen für bestimmte Funktionen innerhalb einer Satzstruktur besonders geeignet, doch können sie auch in Funktionen treten, die für die betreffende Wortklasse untypisch erscheinen. Dies gilt insbesondere für Nomen und Adjektive, wenn sie in den Prädikatsbereich treten [→ B 142]. Die Wortklassen sind nicht struktur- oder funktionsgebunden zu verstehen, denn die Wörter können in allen Funktionen auftreten. Die Wörter passen sich nur mit ihrem Wortkörper den Funktionen an, indem sie die für die betreffende Funktion notwendige Form und die für die Funktion zutreffenden Morpheme annehmen. Ihre Inhalte werden dann so verstanden, wie sie in der gegebenen Satzstruktur zum Ausdruck kommen müssen [→ E 40].

A 10 Die Bedeutungsinhalte der Wörter, wie sie das Wörterbuch verzeichnet, sind an bestimmte Gebrauchsweisen innerhalb der Satzstrukturen gebunden. In den verschiedenen Sprachen sind zum Ausdruck der gleichen Inhalte meistens andere Satzstrukturformen erforderlich, die den Einsatz vom Deutschen abweichenden Wortmaterials bedingen. Beispiele:

ziehen

Die Pferde *ziehen* den Wagen.	Wir *ziehen* nach Berlin.
Der Arzt *zieht* den Zahn.	
Die Wolken *ziehen* nach Osten.	Der Schlag *zieht*.
Der Motor *zieht*.	Es *zieht*.
Der Ofen *zieht*.	In meinem Arm *zieht* es.
Die Reklame *zieht*.	Die Eltern *ziehen* die Kinder groß.

Tisch

Der *Tisch* ist rund.	Wir sitzen *bei Tisch*.
Wir sitzen *am Tisch*.	
Er hat ihn *unter den Tisch* getrunken.	Er *tischt* uns alle unsere Fehler *auf*.
Der Plan ist *unter den Tisch* gefallen.	

schön

an einem *schönen* Tag.	Wir wollen *schön* vorsichtig sein.
eines *schönen* Tages.	Du bist *schön* hingefallen.
Das Mädchen ist *schön*.	Ihr habt *schön* daran verdient.
Du bist *schön* gefahren.	Der Wein ist *geschönt*.
Der Hund macht *schön*.	Der Wein ist *schön*.

A 11 Eine begrenzte Anzahl von Wörtern aus den Wortklassen der Verben und der Pronomen werden als grammatische Morpheme [→ A 5] verwendet. Sie haben weitgehend oder vollständig ihre Bedeutungsinhalte aufgegeben, wenn sie als funktionale Formmittel eingesetzt werden. Verben, die als lose grammatische Morpheme gebraucht werden, bezeichnet man als Funktionsverben. In erster Linie sind dies die Hilfsverben, die zur Bildung von Zeitformen dienen, für die es im Deutschen keine eigene Wortform gibt.

Hilfsverben sind *haben* und *sein* zur Bildung des Perfekts und des Plusquamperfekts, *werden* zur Bildung des Futurs und des Passivs.

> Er *hat* einen Brief geschrieben.
> Er *ist* zu spät nach Hause gekommen.
> Er *wird* bald nach Hause kommen.
> Er *wird* mit einem Auto zum Bahnhof gebracht.

Außer den Hilfsverben treten eine Reihe von Verben als Funktionsverben auf, wenn sie mit Verbzusätzen oder Prädikatsergänzungen zusammenwirken, wie z. B.:

machen	zu*machen*	einen Spaziergang *machen*
stellen	her*stellen*	eine Frage *stellen*
gehen	um*gehen*	zur Neige *gehen*
reißen	ab*reißen*	Witze *reißen*
schneiden	zu*schneiden*	Gesichter *schneiden*
kommen	um*kommen*	in Vergessenheit *kommen*

Das Verb *tun* tritt außerdem auch noch als Hilfsverb auf, wenn Inhalte des Prädikats wegen bestimmter Kontaktaufgaben ins Vorfeld treten und die Satzform aufrechterhalten werden muß [→ B 131].

> Arbeiten *tut* er nur, wenn er Geld braucht.

Personalpronomen treten in bestimmten Satzstrukturen als Funktionssubjekte oder Funktionsobjekte ein [→ E 12, E 19].

> *Es* klopft. – *Es* geht uns gut. – Er beeilt *sich*. – Wir haben *es* satt. – Uns gefällt *es* hier.

Das Pronomen *es* tritt darüber hinaus zur Erhaltung der Satzform als Satzmorphem ins Vorfeld [→ E 65].

> *Es* kamen viele Leute ins Stadion.

Die Schrift

Die Schrift dient zur dauerhaften Fixierung sprachlicher Äußerungen. Im Deutschen bedient man sich, wie in allen anderen europäischen Sprachen, einer phonologischen Orthographie. Mit ihr werden die Laute, wenn auch nur sehr ungenau und inkonsequent, durch bestimmte Schriftzeichen, die Buchstaben, wiedergegeben. A 12

Folgende Buchstaben stehen der deutschen Sprache zur schriftlichen Fixierung sprachlicher Äußerungen zur Verfügung:

a b c d e f g h i j k l m
n o p q r s t u v w x y z

Sechs dieser Buchstaben stehen für Vokale:

a   e   i   o   u   y,

die übrigen für Konsonanten.

Weitere Vokalzeichen sind die Umlautzeichen *ä, ö, ü*. Diese Zeichen sind aus Zusammensetzungen von *a, o, u* mit *e* entstanden. In der gotischen Schrift schrieb man das *e* über die Vokale. Die beiden Striche oder Punkte der Umlautzeichen sind Reste dieses Buchstaben *e*.

Die drei Diphthonge im Deutschen werden durch folgende Buchstabenverbindungen wiedergegeben:

ei   (ai, ey, ay),   eu   (äu),   au

Aus der Zusammensetzung von *s* und *z* entstand das Zeichen *ß*.

Doppelt geschriebene Konsonantenzeichen besagen, daß der voraufgehende Vokal kurz zu sprechen ist. Statt doppeltem *k* schreibt man in deutschen Wörtern *ck*, das bei Silbentrennung wieder in doppeltem *k* aufgelöst wird; statt doppeltem *z* schreibt man in deutschen Wörtern *tz*, das auch bei der Silbentrennung erhalten bleibt.

> Hac*k*stock, bac*k*en, mec*k*ern (me*k*-kern) – aber: Mo*kk*a, A*kk*usativ
> he*tz*en, Schu*tz*, Ka*tz*e (Ka*t*-*z*e) – aber: Baja*zz*o, Ski*zz*e

Einige Buchstaben wie *j, m, n, k, l, r, t* sind Zeichen für je einen Laut; die Buchstaben *x* und *z* stehen für Doppellaute: *x = ks, z = ts*.
Manche Laute werden auch durch Buchstabengruppen bezeichnet: *sch, ch, ng*.

Einige Buchstaben oder Buchstabengruppen können verschiedene Laute bezeichnen.

> *c = z:* Celsius oder *= k:* Café
> *ch = ch:* lachen, riechen *= k:* Choral, Christ *= sch:* Chef

Verschiedene Buchstaben oder Buchstabengruppen können auch den gleichen Laut bezeichnen.

> *ph = f:* Philosoph; *chs = x = ks:* Achse, Hexe, Knicks

Einige Buchstaben bezeichnen manchmal auch keinen Laut; sie sind stumm und kennzeichnen nur die Quantität des vorhergehenden Vokals.

> Tier – Bahn – stiehlt – Paar – Flüsse – immer

Die Zeichen für Vokale

Vokale können im Deutschen nicht eindeutig bezeichnet werden, denn für A 13 lange und kurze, offene und geschlossene Vokale steht der gleiche Buchstabe.

Graf, scharf – Brot, Topf – es regnet, meckern – Blume, Ulme – Fibel, sicher – Bär, färben – Öl, fördern – grün, fünf

Ein Vokal ist unter folgenden Bedingungen immer lang zu sprechen:

1. Der Vokal steht am Ende der betonten Silbe innerhalb eines Wortes*).

Sa-me, Re-gen, Fi-bel, Kro-ne, Blu-me, Rä-der, mö-gen, lü-gen

2. Dem Vokal folgt ein stummes h (Dehnungs-h).

Bahn, sehr, ihm, Kohl, Stuhl, ähnlich, versöhnen, Bühne

3. Der Vokal ist verdoppelt (nur bei a, e und o möglich).

Saal, Teer, Moor

4. Der Vokal steht vor ß + Vokal [→ A 14,5].

Straße, rußig, mäßig, Blöße

5. Der Vokal i wird lang durch folgendes stummes e.

Ziel, viel, die, Schiene

Manchmal drückt man die Länge des i durch -eh aus.

Vieh, stiehlt, befiehlt

Ein Vokal ist immer kurz zu sprechen, wenn er vor Doppelkonsonanten steht.

alle, Ebbe, wollen, immer, offen, Suppe, Mutter, Egge, Schlüssel, Hitze, Hexe

Der Buchstabe e in den Endungssilben -e, -en, -el und in unbetonten Vorsilben wie be-, ge-, ver-, zer- wird nur als Murmellaut gesprochen.

Fahne, leben, Engel – bekommen – vergessen, zerstören – gemacht

Die Zeichen für Konsonanten

Bei der Lautung der Konsonanten sind einige wichtige Vorgänge zu beachten. A 14

1. b, d, g werden im Silbenauslaut und vor Konsonanten wie p, t, k gesprochen.

loben, er lobt – Rinde, Rind – gern, Krug

2. Die Endung -ig wird im Auslaut und vor Konsonanten wie -ich gesprochen: König, Ewigkeit; der Buchstabe g wird wie g- im Anlaut gesprochen, wenn ein

---

*) Wenn die folgende Silbe mit ch, sch oder x beginnt, kann der Vokal auch kurz sein:

si-cher, wa-chen, rä-chen, Wä-sche, He-xe

Vokal folgt (Könige, Königin), außerdem vor dem Suffix *-lich* und in dem Wort *Königreich*.

3. *s* wird stimmhaft gesprochen:

im Anlaut vor Vokalen (sagen, Silber, sein, selbst),
im Inlaut zwischen Vokalen (Reise, Besen, Nase) oder wenn ihm *r*, *l*, *m*, *n* vorausgehen und ein Vokal folgt (Ursula, Else, Amsel, Linse),
in allen anderen Fällen ist *s* stimmlos.

4. Doppelkonsonanten werden wie ein Konsonant ausgesprochen.

hoffen, Schaff, bitten, Mappe

Treffen dagegen an der Wort- oder Silbengrenze gleichartige Verschluß- oder Reibelaute *(b, d, g, p, t, k, s, z, f, w)* zusammen, so spricht man sie mit einem Verschluß, der etwas länger angehalten wird.

Er*b*prinz, Han*dt*uch, Dic*k*kopf, Schla*fw*agen, Gra*ss*amen

5. *ss* kann nur dann zwischen zwei Vokalen stehen, wenn der erste Vokal kurz ist. In keinem Fall steht *ss* am Wort- oder Silbenende oder vor Konsonanten; man schreibt in diesen Fällen *ß*.

müssen, ich muß, du mußt – essen, ich esse, du ißt, eßbar – Fluß, Flüsse, Flüßchen

Wenn *ß* zwischen zwei Vokalen steht, ist der erste Vokal immer lang.

Füße, Maße, Größe, Grüße

Für die Aussprache des Vokals vor *ß* gibt es folgende Möglichkeiten:
Am Wort- oder Silbenende:

langer Vokal + ß:	Fuß, Großstadt
kurzer Vokal + ß:	muß, Rußland

Im Wort oder in der Silbe:

langer Vokal + ß + Konsonant:	er grüßt
kurzer Vokal + ß + Konsonant:	du mußt
langer Vokal + ß + Vokal:	grüßen
kurzer Vokal + ss + Vokal:	müssen

6. *st* und *sp* werden in deutschen Wörtern im Anlaut oder nach einer Vorsilbe *scht, schp* gesprochen. Bei Fremdwörtern spricht man meistens *st* und *sp* im Anlaut und im Inlaut *s-t, s-p*.

Stern, Stufe, verstehen, zerstreuen, zustecken; Spiel, spalten, besprechen, aufsperren – aber: Stanniol; Institut, Inspiration

10

Silbentrennung am Zeilenende

Man trennt im Deutschen nach Silben.

Vokalzeichen

1. Einzelne Vokalzeichen werden nicht abgetrennt, also nicht *E-be-ne, sondern Ebe-ne; nicht *Klei-e, sondern Kleie. Zeichen für Diphthonge werden ebenfalls nicht getrennt.

2. Zwei Volkalzeichen dürfen getrennt werden, wenn man sie getrennt ausspricht.

> Be-am-ter, Frei-er, Trau-ung, Drei-einig-keit

Konsonantenzeichen

1. Ein einzelnes Konsonantenzeichen kommt auf die folgende Zeile.

> ge-ben, Ha-se, je-der, Stie-fel, be-we-gen

Dabei bleiben *sch, ch, ß, ph* immer zusammen.

> Wä-sche, la-chen, Fü-ße, Phi-lo-so-phie

2. Von mehreren Konsonantenzeichen kommt das letzte auf die folgende Zeile; *ck* wird dabei zu *k-k*.

> Tisch-ler, Gas-se, im-mer, Hak-ke, Kat-ze, emp-fan-gen, Ver-wechs-lung

Dabei gelten *ng* und *sp* im Inlaut als zwei Konsonanten.

> Fin-ger, Hun-ger, ge-sprun-gen, ras-peln, Knos-pe, aber: auf-sprin-gen

st wird nie getrennt und kommt auf die folgende Zeile.

> be-ste, er-ste, Fen-ster, ber-sten

Die Großschreibung

Mit Großschreibung wird die Eigenart der deutschen Schrift bezeichnet, die Anfangsbuchstaben gewisser Wörter mit Großbuchstaben (Majuskeln) zu schreiben. Wie die ganzen Orthographieregeln ist auch das System der Großschreibung ungenau und inkonsequent. Gleichwohl spielt die Großschreibung für das Deutsche eine wichtige Rolle, denn die Großbuchstaben sind bei den vielfältigen und variablen Satzbauformen äußerst nützliche optische Signale für die Übersicht über einen Satz. Großbuchstaben sollen vor allem bestimmte Inhalte und bestimmte Funktionen im Satz optisch herausstellen.

Man schreibt im Deutschen mit großem Anfangsbuchstaben

1. das erste Wort am Satzanfang, also nach einem Punkt, Fragezeichen, Ausrufungszeichen oder, bei der Wiedergabe einer direkten Rede, nach dem Doppelpunkt;

2. alle Nomen sowie alle Wörter, die in Funktionen auftreten, die auch Nomen einnehmen können;

> das Haus, das Kind, der Arme, das Beste, der Lesende, das Bekannte, das Du, das Nichts, die Acht, der Erste, das Wenn und Aber, das Lesen und Schreiben, das A und das O

3. nachgestellte attributive Adjektive bei unbestimmten Pronomen [→ E 32] wie *alles, etwas, nichts, viel* usw.;

> alles Gute, etwas Besonderes, nichts Wichtiges, viele Blinde

4. von Orts- oder Ländernamen abgeleitete Adjektive auf *-er*;

> Münchener Zeitung, Emmentaler Käse, Briloner Wald

5. von Personennamen abgeleitete Adjektive, wenn sie die persönliche Leistung ausdrücken;

> Schillersche Balladen, Grimmsche Märchen, Kantsche Philosophie

nicht aber, wenn es sich um eine Gattungsangabe handelt;

> die lutherische Religion, homerische Landschaft

6. Adjektive als Teile von Titeln und Namen;

> der Große Bär, die Tägliche Rundschau, die Dresdner Bank, Friedrich der Große, Otto der Erste, das Staatliche Konservatorium

7. Pronomen, die sich auf eine angeredete Person beziehen, also *du, ihr*, sowie *dein* und *euer*, schreibt man in Briefen groß, sonst jedoch klein; die formelle Anrede *Sie* und das dazugehörige Possessivpronomen *Ihr* schreibt man immer groß.

Die Tendenz geht dahin, daß Nomen, die im Prädikatsbereich, also in einer Prädikatsergänzung, stehen, klein geschrieben werden. Doch hat sich das noch nicht durchgesetzt, wird aber in einigen Fällen bereits toleriert oder schon als gültig angesehen. In allen diesen Fällen werden lose Morpheme mit dem Nomen zusammengeschrieben.

> zu Grunde gehen – zugrunde gehen

Das Verb

B 1

Verben sind Wörter, die Handlungen *(arbeiten)*, Vorgänge *(regnen, fallen)* und Sein *(blühen, liegen)* bezeichnen. Sie bilden wegen dieser einheitlichen inhaltlichen Leistung eine Wortklasse.

Je nach der Funktion, in die die Verben eintreten, nehmen sie besondere Formen an: Personalform, Zeitform, Konjunktivform, Infinitiv, Partizip. Verben übernehmen im Satz die Funktion des Prädikats. Sie können auch alle anderen Funktionen im Satz übernehmen: Prädikatsergänzung, Subjekt/Objekt, Angabe und Attribut.

> Die Blumen *blühen*. – Diese Ausführungen sind *überzeugend*. – *Leben* heißt kämpfen. – Er lernt *schwimmen*. – Er blieb *erschrocken* stehen. – Das war eine *gelungene* Veranstaltung

Der Vorrat an Verben wird ergänzt und erweitert durch Vorsilben (*ver*-kaufen), durch Verbzusätze (*ein*-steigen), durch Zusammensetzungen mit Wörtern aus anderen Wortklassen (*kopf*-stehen) und durch Zusammenrückung (*kennen*-lernen, *bekannt*-machen).

Eine weitere Ergänzung und Erweiterung des Verbenvorrats wird durch die Verbalisierung von Wörtern aus anderen Wortklassen und von Ausdrücken erreicht (frühstück-*en*, land-*en*; *über*-nacht-*en*, lang(e)-weile-*n*) [→ E 142].

Die Formen der Verben

B 2

Die Personalform des Verbs läßt erkennen, daß das Verb in Prädikatsfunktion steht, und kennzeichnet den formalen Bezug zum Subjekt. Es gibt Personalformen für die sprechende Person oder Personengruppe *(ich gehe, wir gehen)*, für die angesprochene Person oder Personengruppe *(du gehst, ihr geht, Sie gehen)* und für die Person, die Sache oder den Begriff, über den gesprochen wird, ebenfalls im Singular und im Plural *(der Handwerker kommt, der Zug hält, die Zeit vergeht, die Blätter fallen)*.

B 3

Bei der Bildung der Verbformen sind zwei Verbgruppen zu unterscheiden: die schwachen Verben und die starken Verben.

Schwache Verben verändern ihren Wortstamm nicht:

> *sag*-en: er *sag*-t,   er *sag*-te,   ge-*sag*-t

Starke Verben verändern ihren Wortstamm:

> *nehm*-en: er *nimm*-t,   er *nahm*,   ge-*nomm*-en

Übersicht über die Konjugationsendungen

Präsens	Präteritum		Konjunktiv I und II
schwach und stark	schwach	stark	schwach und stark
-e	-t-e- -	–	-e
-(e)st	-t-e-st	-(e)st	-est
-(e)t	-t-e- -	–	-e
-en	-t-e-n	-en	-en
-(e)t	-t-e-t	-(e)t	-et
-en	-t-e-n	-en	-en

Partizip I	Partizip II	
schwach und stark	schwach	stark
-en-d	ge-(e)t	ge-en

Die einfachen Verbformen

PRÄSENS

Schwache Verben

Der Wortstamm erhält folgende Endungen:

-e	ich sag-e		-en	wir sag-en
-st	du sag-st		-t	ihr sag-t
-t	er sag-t		-en	sie sag-en

Wenn der Wortstamm des Verbs auf -*t* oder -*d* endet oder wenn er auf -*m* oder -*n* endet und ein anderer Konsonant (außer -*r*- oder -*l*-) davorsteht, schiebt man der Aussprache wegen vor eine Endung, die mit einem Konsonanten beginnt, ein -*e*- ein.

-e	ich bad -e	ich atm -e	ich rechn -e
-*e*-st	du bad-*e*-st	du atm-*e*-st	du rechn-*e*-st
-*e*-t	er bad-*e*-t	er atm-*e*-t	er rechn-*e*-t
-en	wir bad -en	wir atm -en	wir rechn -en
-*e*-t	ihr bad-*e*-t	ihr atm-*e*-t	ihr rechn-*e*-t
-en	sie bad -en	sie atm -en	sie rechn -en

aber: er *erbarmt* sich, er *lernt*, er *qualmt*, er *filmt*

Wenn der Wortstamm des Verbs auf *-s (-ß)*, *-x* oder *-z* endet, fällt bei der B 6 Endung der 2. Person Singular das *-s-* weg.

    du grüß-t   du mix-t   du kratz-t

Wenn der Infinitiv des Verbs auf *-eln* endet, verliert der Wortstamm in der 1. Person Singular das *-e-*.

    kling*el*-n – ich kling*l*-e (du kling*el*st usw.)

Wenn der Infinitiv auf *-ern* endet, bleibt das *-e-* meist erhalten.

    änd*er*-n – ich änd*ere* (manchmal auch: ich änd*re* – du änd*er*st usw.)

Wenn der Infinitiv des Verbs auf *-eln* oder *-ern* endet, sind die Endungen in der 1. und 3. Person Plural nur *-n*; diese Personalformen entsprechen immer den Infinitivformen.

klingeln	*ändern*	*verbessern*
wir klingel-n	wir änder-n	wir verbesser-n
sie klingel-n	sie änder-n	sie verbesser-n

Wenn der Infinitiv auf *-ien* endet, so gehört das *-e-* zum Stamm, obwohl es wie die Infinitivendung ausgesprochen wird. Das *-e-* wird in allen Endungen ausgesprochen, die ein *-e-* enthalten.

    ich kni-*e*, du knie-st, er knie-t, wir kni-*e*n, ihr knie-t, sie kni-*e*n

Starke Verben

Starke Verben bilden das Präsens nach den gleichen Regeln wie die schwachen Verben. Wenn der Wortstamm auf *-t* oder *-d* endet, wird auch beim starken Verb in der 2. und 3. Person Singular und in der 2. Person Plural ein *-e-* eingeschoben; das *-e-* fällt aber weg, wenn der Stammvokal umgelautet ist.

    ich b*i*nde, du b*i*ndest, er b*i*ndet – aber: ich r*a*te, du r*ä*tst, er r*ä*t;
    ich l*a*de, du l*ä*dst, er l*ä*dt

Wenn der Wortstamm auf *-s (-ß)* oder *-z* endet, fällt wie bei den schwachen B 7 Verben das *-s* der Endung der 2. Person Singular weg: du blä*s*-t, du sit*z*-t. Das Verb *tun* hat im Pural Präsens 1. und 3. Person die Endung *-n*: wir tu*n*, sie tu*n*.

Starke Verben mit dem Stammvokal *-e-*, *-a-*, *-au-* und *-o-* ändern ihren Stamm- B 8 vokal, manche auch ihren Stammauslaut; der Stammvokal *-e-* wird zu *-i- (-ie-)*, *-a-* zu *-ä-*, *-au-* zu *-äu-*, *-o-* zu *-ö-* (Umlaut).

nehmen	*fahren*	*laufen*	*stoßen*
ich nehm-e	ich fahr-e	ich lauf-e	ich stoß-e
du n*i*mm-st	du f*ä*hr-st	du l*äu*f-st	du stöß-t
er n*i*mm-t	er f*ä*hr-t	er l*äu*f-t	er stöß-t
wir nehm-en	wir fahr-en	wir lauf-en	wir stoß-en
usw.	usw.	usw.	usw.

B 9 Die Verben *kommen, gehen, stehen, genesen* und *heben* ändern ihren Stammvokal nicht: *ich komme, du kommst; ich hebe, du hebst* usw. Dasselbe gilt für Verben, die auch schwach konjugiert werden können: *er bewegt, er schert, er pflegt, er schafft, er haut* usw. [→ B 33].

Die Verben *erlöschen, verlöschen* ändern ihren Stammvokal in *-i-*: es erl*i*scht*). *werden* verliert in der 2. Person Singular den Stammauslaut, in der 3. Person hat es keine Endung: *du wirst, er wird* [→ B 43].

haben verliert in der 2. und 3. Person Singular den Stammauslaut: *du hast, er hat* [→ B 43].

sein bildet das Präsens in allen Formen unregelmäßig: *ich bin, du bist, er ist, wir sind, ihr seid, sie sind* [→ B 43].

PRÄTERITUM

Schwache Verben

B 10 Der Wortstamm erhält folgende Endungen:

-t-e- -	ich sag-t-e- -		-t-e-n	wir sag-t-e-n
-t-e-st	du sag-t-e-st		-t-e-t	ihr sag-t-e-t
-t-e- -	er sag-t-e- -		-t-e-n	sie sag-t-e-n

Wenn der Wortstamm der Verben auf *-t, -d* oder *-m, -n* hinter einem anderen Konsonanten (außer *-r-* oder *-l-*) endet, wird zwischen Stamm und Endung immer *-e-* eingeschoben [→ B 4].

ich antwort-*e*-te   du bad-*e*-test   er atm-*e*-te   wir rechn-*e*-ten
aber: er erbarm-te sich, er lern-te, er qualm-te, er film-te

Starke Verben

B 11 Die starken Verben ändern im Präteritum ihren Wortstamm und erhalten folgende Endungen:

	kommen	*fahren*	*gehen*
-	ich *kam*	ich *fuhr*	ich *ging*
-st	du *kam*-st	du *fuhr*-st	du *ging*-st
-	er *kam*	er *fuhr*	er *ging*
-en	wir *kam*-en	wir *fuhr*-en	wir *ging*-en
-t	ihr *kam*-t	ihr *fuhr*-t	ihr *ging*-t
-en	sie *kam*-en	sie *fuhr*-en	sie *ging*-en

---

*) Das Grundverb *löschen* folgt der schwachen Konjugation: *ich lösche* das Licht, *ich löschte* das Licht; aber: *das Licht erlischt, das Licht erlosch.*

Die Vokale ändern sich nach bestimmten Ablautreihen [→ B 28], die Konsonanten im Stammauslaut nach dem sogenannten grammatischen Wechsel (z. B.: *d → tt:* lei*d*en, li*tt*; *h → g:* zie*h*en, zo*g*; *s → r:* erkie*s*en, erko*r*), durch Konsonantenwechsel (*tz → ß:* sit*z*en, sa*ß*) oder durch Konsonantenzusatz (ste*h*en, sta*nd*; ge*h*en, gi*ng*; hauen, hie*b*).

Wenn der Wortstamm des Verbs auf *-t, -d, -ss (-ß)* oder *-chs* endet, wird der Aussprache wegen ein *-e-* zwischen Stamm und Endung eingeschoben, wenn diese mit einem Konsonanten beginnt [→ B 4]. In der Umgangssprache fällt das *-e-* weg, außer in der 2. Person Plural nach *t-* oder *d-*. **B 12**

	bieten	laden	essen	wachsen
-	ich bot	ich lud	ich aß	ich wuchs
-*e*-st	du bot-*e*-st	du lud-*e*-st	du aß-*e*-st	du wuchs-*e*-st
-	er bot	er lud	er aß	er wuchs
-en	wir bot-en	wir lud-en	wir aß-en	wir wuchs-en
-*e*-t	ihr bot-*e*-t	ihr lud-*e*-t	ihr aß-*e*-t	ihr wuchs-*e*-t
-en	sie bot-en	sie lud-en	sie aß-en	sie wuchs-en

Wenn der Wortstamm im Präteritum auf *-ie* endet, fällt in der 1. und 3. Person Plural das *-e-* der Endung weg. Das Stamm-*e* wird dann ausgesprochen: z. B. ich schrie, wir schri-en, sie schri-en [→ B 4].

Das Präteritum von *werden* heißt in Anlehnung an schwache Verbformen *ich wurde, du wurdest* usw. In feierlicher oder poetischer Sprache hat sich in der 3. Person Singular die Form *er ward* erhalten.

> Gott sprach, es *werde* Licht, und es *ward* Licht.
> Armut *ward* nicht oft sichtbar im Lübeck der siebziger Jahre.
> *(Thomas Mann)*

IMPERATIV

Schwache Verben

Der Wortstamm erhält folgende Endungen: **B 13**

du:	- -e	sag! sag-e!	rechn-e!
ihr:	-t, -et	sag-t!	rechn-e-t!
Sie:	-en Sie	sag-en Sie!	rechn-en Sie!

Den Imperativ für die 2. Person Singular *(du)* bildet man aus der Infinitivform, indem man das *-n* oder *-en* der Infinitivendung wegläßt. Man gebraucht diese Form ohne das Pronomen *du*. **B 14**

kaufe(n):   *Kaufe* mir ein Buch!
rede(n):   *Rede* nicht so laut!

Bei vielen Verben kann man auch, vor allem in der Umgangssprache, auf die ganze Endung verzichten.

kauf(en): *Kauf* mir ein Buch!
rauch(en): *Rauch* nicht so viel!
mach(en): *Mach* deine Aufgaben!

Verben, deren Stamm auf *-d, -t, -ig* oder *-m* und *-n* mit vorhergehendem Konsonanten außer *-l-, -r-* [→ B 4] enden, können auf das *-e* am Ende der Imperativform nicht verzichten.

antworte(n): *Antworte* mir sofort!
bade(n): *Bade* nicht so heiß!
entschuldige(n): *Entschuldige* bitte!

Verben, die im Infinitiv auf *-eln* enden [B 4], können das *-e-* in der letzten Silbe des Wortstamms verlieren, müssen aber dafür die Endung *-e* haben; auch bei Verben auf *-ern* ist das oft der Fall.

klingeln: *Klingle* laut!
ändern: *Ändre (ändere)* deine Meinung!

Der Imperativ für die 2. Person Plural entspricht der Konjugationsform der 2. Person Plural Präsens ohne das Personalpronomen *ihr*.

hören, ihr hört: *Hört* auf eure Eltern!
öffnen, ihr öffnet: *Öffnet* die Tür!

B 15 Der Imperativ für die formale Anrede von Personen entspricht der Konjugationsform im Präsens und hat wie diese Singular- und Pluralbedeutung; das Personalpronomen *Sie* steht hinter dem Verb.

kaufen, Sie kaufen: Kaufen *Sie* das Buch!
öffnen, Sie öffnen: Öffnen *Sie* bitte die Tür!

Starke Verben

B 16 Der Imperativ der starken Verben hat folgende Formen:

du:	-, -e	komm! komme!	nimm!	biete!
ihr:	-t, -et	kommt!	nehmt!	bietet!
Sie:	-en Sie	kommen Sie!	nehmen Sie!	bieten Sie!

B 17 Der Imperativ für die 2. Person Singular:
Verben, die ihren Stammvokal im Präsens nicht in *-i-* ändern, bilden den Imperativ für die 2. Person Singular wie die schwachen Verben [→ B 8].

kommen: *Komme* morgen zu mir! *Komm* schnell her!
fahren: *Fahre* mit der Bahn! *Fahr* nicht mit dem Auto!
tun: *Tue* recht und scheue niemand! *Tu* mir den Gefallen!

Verben, die ihren Stammvokal im Präsens in -*i*- ändern, bilden die Imperativform für die 2. Person Singular aus der 2. Person Singular Präsens, verzichten aber auf die Konjugationsendung.

nehmen, du n*i*mmst: *Nimm* dieses Buch!
helfen, du h*i*lfst: *Hilf* deinem Freund!
essen,   du *i*ßt: *Iß* mehr Obst!

Bei Hinweisen in Büchern ist für den Imperativ von *sehen* die Form *siehe* üblich: *siehe Seite 8; siehe § 16.* Auch für den Ausruf steht oft *siehe da!* statt *sieh da!*, vor allem wenn er nicht am Satzanfang steht.

Gestern habe ich an ihn gedacht, *und siehe da*, heute hat er geschrieben!

Die Verben *werden* und *sein* bilden den Imperativ aus der Konjunktivform.

Werde glücklich!*)
Sei (Seid) zufrieden!

Den Imperativ für die 2. Person Plural und für die formale Anrede von Personen bildet man wie bei den schwachen Verben [→ B 8].   **B 18**

Geht jetzt nach Hause! – Fahrt mit der Straßenbahn! – Essen Sie viel Obst! – Helfen Sie Ihrem Freund! – aber: Seien Sie zufrieden!

KONJUNKTIV

Schwache Verben

Man unterscheidet zwei Konjunktivformen: den Konjunktiv I und den Konjunktiv II.   **B 19**

Die Form des Konjunktiv I erhält man aus der Form der 1. Person Plural Präsens, die Form des Konjunktiv II aus der 1. Person Plural Präteritum. Beide Konjunktive haben die gleichen Personalformen.

	Konjunktiv I (wir sag-en)	Konjunktiv II (wir sagt-en)
-e	ich sag-e	ich sag-te-
-e-st	du sag-est	du sag-te-st
-e	er sag-e	er sag-te-
-e-n	wir sag-en	wir sag-te-n
-e-t	ihr sag-et	ihr sag-te-t
-e-n	sie sag-en	sie sag-te-n

Bei den schwachen Verben unterscheiden sich im Konjunktiv I nur die folgenden Verbformen vom Präsens:
die 3. Person Singular bei allen Verben: *er sagt – er sage;*

---

*) Vgl. auch *wissen:* Imperativ für die 2. Person Singular: *Wisse!*

die 2. Person Singular und Plural nur bei den Verben, die im Präsens in diesen Formen zwischen Stamm und Endung kein -e- einschieben müssen.

du sagst – du sag*e*st   ihr sagt – ihr sag*e*t
aber: du antwortest   ihr antwortet

Verben, die auf *-ern* oder *-eln* enden, schieben in der 2. Person Singular und Plural Konjunktiv *kein -e-* ein.

du änderst, du klingelst   ihr ändert, ihr klingelt

Alle anderen Formen des Konjunktiv I entsprechen den Präsensformen [→ B 4].
Der Konjunktiv II unterscheidet sich bei den schwachen Verben nicht vom Präteritum [→ B 6].

Starke Verben

B 20 Man unterscheidet, wie beim schwachen Verb, zwei Konjunktivformen. Die Form des Konjunktiv I erhält man aus der Form der 1. Person Plural Präsens, die Form des Konjunktiv II aus der Form der 1. Person Plural Präteritum. Die starken Verben mit den Vokalen *-a-*, *-o-*, *-u-* im Präteritum haben den Umlaut. Beide Konjunktive haben die gleichen Personalformen.

	Konjunktiv I (wir fahr-en)	Konjunktiv II (wir füh-ren)
-e	ich fahr-e	ich führ-e
-est	du fahr-est	du führ-est
-e	er fahr-e	er führ-e
-en	wir fahr-en	wir führ-en
-et	ihe fahr-et	ihr führ-et
-en	sie fahr-en	sie führ-en

Bei den starken Verben unterscheiden sich im Konjunktiv I nur folgende Formen vom Präsens.

2. und 3. Person Singular: du fährst – *du fahrest*
                             er fährt – *er fahre*
2. Person Plural: ihr fahrt – *ihr fahret*

Alle anderen Formen sind im Konjunktiv I und im Präsens gleich.

B 21 Im Konjunktiv II sind alle Formen vom Präteritum verschieden, wenn die Konjunktivformen den Umlaut im Stammvokal haben.

wir f*u*hren – wir f*ü*hren; du f*u*hrst – du f*ü*hrest

20

Wenn die Stammvokale keinen Umlaut haben, sind die Formen der 1. und 3. Person Plural im Konjunktiv II und im Präteritum gleich.

wir blieben – sie blieben

Einige starke Verben bilden den Konjunktiv II unregelmäßig; diese Formen werden heute aber kaum mehr gebraucht.

B 22

Präteritum:	Konjunktiv II:
er starb	er stürbe
er half	er hülfe
er warf	er würfe
er stand	er stünde
er verdarb	er verdürbe
er warb	er würbe

Die anderen unregelmäßigen Konjunktivformen sind heute veraltet, z. B.:

er empfahl	er empföhle	dafür: er empfähle
er begann	er begönne	dafür: er begänne
er sann	er sönne	dafür: er sänne

INFINITIV

Der Infinitiv der schwachen Verben hat am Wortstamm folgende Endungen:

B 23

| -en, -n |

sag-*en*, klingel-*n*, änder-*n*

Der Infinitiv der starken Verben endet auf:

| -en |

komm-*en*, nehm-*en*, biet-*en*

Als einziges starkes Verb bildet *tun* den Infinitiv mit der Endung -*n* [→ B 5].
Der Infinitiv kann zusammengesetzte Zeitformen bilden [→ B 60].

PARTIZIP

Schwache Verben

Man unterscheidet das Partizip I (Präsens) und das Partizip II (Perfekt):

B 24

Partizip I:	-en-d, -n-d	sag-en-d	klingel-n-d
Partizip II:	ge—t, ge—et	ge-sag-t	ge-antwort-et

Man bildet das Partizip I, indem man der Infinitivform die Endung -*d* anfügt:

sagen-*d*, klingeln-*d*, ändern-*d*

21

Das Partizip II wird mit der Vorsilbe *ge-* vor dem Stamm und der an den Stamm angefügten Endung *-t* oder *-et* gebildet.

sagen – ge-sag-t   antworten – ge-antwort-et   einkaufen – ein-ge-kauf-t

B 25   Folgende Verben bilden das Partizip II ohne die Vorsilbe *ge-*:

1. Alle zusammengesetzten Verben mit untrennbarer Vorsilbe [→ B 35]:

verkaufen   –   *verkauft*   beantworten   –   *beantwortet*

2. Verben, die nicht auf der Stammsilbe betont werden. Es sind dies meist eingedeutschte Fremdwörter, die alle schwach konjugiert werden, vor allem alle Verben mit der Endung *-ieren* und *-eien**), z. B.:

rasíeren	– *rasiert*	fotografíeren –	*fotografiert*
studíeren	– *studiert*	frisíeren	– *frisiert*
trompéten	– *trompetet*	krakéelen	– *krakeelt*
schmarótzen	– *schmarotzt*	rumóren	– *rumort*
kredénzen	– *kredenzt*	prophezéien	– *prophezeit*
áusposaunen (er posaunt ... aus) –	*ausposaunt*		
u. a.			

Starke Verben

B 26   Partizip I: ┌─────────┐   komm-en-d   geb-en-d   biet-en-d
         Partizip II: │ —en-d   │
                       │ ge—en   │   ge-komm-en   ge-geb-en   ge-bot-en
                       └─────────┘

Man bildet das Partizip I wie bei den schwachen Verben, indem man die Endung *-d* an den Infinitiv anfügt: kommen-*d*, sprechen-*d*.

Das Partizip II wird mit der Vorsilbe *ge-* vor dem Stamm und der an den Stamm gefügten Endung *-en* gebildet; wie beim Präteritum ändern die starken Verben auch im Partizip II ihren Wortstamm; manche Verben erhalten dabei wieder den gleichen Stamm wie im Infinitiv.

kommen – kam – gekommen	fahren – fuhr – gefahren
werfen – warf – geworfen	schreiben – schrieb – geschrieben

B 27   Die Vorsilbe *ge-* fällt weg, wenn das Verb mit einer untrennbaren Vorsilbe oder einem festen Verbzusatz verbunden ist [→ B 25].

entwerfen   –   *entworfen*   widersprechen –   *widersprochen*
zerspringen   –   *zersprungen*   vollbringen   –   *vollbracht*

---

*) *Ausnahme:* benedéien, gebenedeit; frohlócken, frohlockt oder gefrohlockt; liebkósen, liebkost oder geliebkost; offenbáren, offenbart oder geoffenbart.

Das Verb *tun* hat die Partizipendung *-n* [→ B 7, B 23].

    tun – *getan*

Bei dem Verb *essen* schiebt man im Partizip II ein *-g-* nach der Vorsilbe *ge-* ein:
    essen, aß, ge*g*essen.

Ablautreihen der starken Verben

1. Der Stammvokal ändert sich im Präteritum und im Partizip II in gleicher   **B 28**
Weise.

a) ei	ĭ	ĭ	schreiben	schrieb	geschrieben
b) ei	ĭ	ĭ	leiden	litt	gelitten
c) ǟ	ō	ō	gären	gor	gegoren
au	ō	ō	saugen	sog	gesogen
ē	ō	ō	heben	hob	gehoben
ī	ō	ō	biegen	bog	gebogen
ȫ	ō	ō	schwören	schwor	geschworen
ǖ	ō	ō	lügen	log	gelogen
d) ă	ŏ	ŏ	erschallen	erscholl	erschollen
au	ŏ	ŏ	saufen	soff	gesoffen
ĕ(i)	ŏ	ŏ	schmelzen (er schmilzt)	schmolz	geschmolzen
ī	ŏ	ŏ	schießen	schoß	geschossen
ĭ	ŏ	ŏ	glimmen	glomm	geglommen
ŏ	ŏ	ŏ	erlöschen	erlosch	erloschen
e) ū	ā	ā	tun	tat	getan
f) ē	ă	ă	stehen	stand	gestanden

2. Der Stammvokal ändert sich nur im Präteritum; im Infinitiv und im Partizip II steht der gleiche Stammvokal.

a) ĕ(ī)	ā	ē	lesen (er liest)	las	gelesen
ē(ī)	ā	ē	geben (er gibt)	gab	gegeben
ĕ(i)	ā	ĕ	messen (er mißt)	maß	gemessen
ŏ	ā	ŏ	kommen	kam	gekommen
b) ā(ǟ)	ū	ā	fahren (er fährt)	fuhr	gefahren
ă(ä̆)	ū	ă	wachsen (er wächst)	wuchs	gewachsen
c) ā(ǟ)	ī	ā	schlafen (er schläft)	schlief	geschlafen
au(äu)	ī	au	laufen (er läuft)	lief	gelaufen
ei	ī	ei	heißen	hieß	geheißen
ō(ȫ)	ī	ō	stoßen (er stößt)	stieß	gestoßen
ū	ī	ū	rufen	rief	gerufen
d) ă(ä̆)	i	ă	fallen (er fällt)	fiel	gefallen
e) ă(ä̆)	i	ă	fangen (er fängt)	fing	gefangen

3. Infinitiv, Präteritum und Partizip II haben verschiedene Stammvokale.

a) ĭ	ā	ē	liegen	lag	gelegen
ĭ	ā	ē	bitten	bat	gebeten
b) ĭ	ā	ĕ	sitzen	saß	gesessen
c) ā̈	ā	ō	gebären	gebar	geboren
ē(ĭ)	ā	ō	stehlen (er stiehlt)	stahl	gestohlen
d) ĕ(ĭ)	ā	ŏ	brechen (er bricht)	brach	gebrochen
e) ĕ(ĭ)	ă	ŏ	helfen	half	geholfen
ĭ	ă	ŏ	schwimmen	schwamm	geschwommen
f) ĭ	ă	ŭ	finden	fand	gefunden
g) ē	ĭ	ă	gehen	ging	gegangen
ä̆	ĭ	ă	hängen	hing	gehangen

Besonderheiten einiger Verben

B 29 Einige Verben folgen der schwachen Konjugation, ändern aber ihren Wortstamm.

Folgende Verben ändern im Präteritum und beim Partizip ihren Stammvokal:

Infinitiv	Präsens	Präteritum	Partizip II
brennen	er brenn-t	er brann-te	ge-brann-t
kennen	er kenn-t	er kann-te	ge-kann-t
nennen	er nenn-t	er nann-te	ge-nann-t
rennen	er renn-t	er rann-te	ge-rann-t
senden	er send-et	er sand-te	ge-sand-t
wenden	er wend-et	er wand-te	ge-wand-t

Folgende Verben ändern im Präteritum und beim Partizip II ihren Stammvokal und gleichzeitig den konsonantischen Stammauslaut:

bringen	er bring-t	er brach-te	ge-brach-t
denken	er denk-t	er dach-te	ge-dach-t

B 30 Hierzu gehört auch: *dünken – deuchte – gedeucht;* diese Konjugationsformen sind aber veraltet, man verwendet heute nur noch: *dünken – dünkte – gedünkt.*

Die Verben *senden* und *wenden* bilden auch schwache Verbformen.

er send-et	er send-ete	ge-send-et*)
er wend-et	er wend-ete	ge-wend-et

senden und *wenden* bilden den Konjunktiv II nur nach ihrer schwachen Verbform: *er sendete, er wendete.*

---

*) Zum Ausdruck bestimmter Bedeutungen kann nur die schwache Verbform stehen: Der Münchner Rundfunk *sendete* früher um diese Zeit die Nachrichten. – Der alte Mantel ist *gewendet* worden.

Die Verben *wissen* und *haben* sind im Singular Präsens unregelmäßig und ändern ihren Stamm im Präteritum; *wissen* ändert seinen Stammvokal auch im Partizip II. *werden* ist im Singular Präsens unregelmäßig, nimmt im Präteritum bei Vokaländerung die Endung -*e* an [er ward → B 43] [→ Modalverben B 44, Hilfsverben B 43].

wissen:	ich weiß, du weißt, er weiß	wir wissen usw.
	wisse! (Imperativ)	
	ich wußte	gewußt
haben:	ich habe, du hast, er hat	wir haben usw.
	ich hatte	gehabt
werden:	ich werde, du wirst, er wird	wir werden usw.
	ich wurde	geworden

Bei den Verben *brennen, kennen, nennen* und *rennen* tritt im Konjunktiv II der ursprüngliche Vokal wieder ein.

Präteritum	*Konjunktiv II*
wir brannten	wir brennten
wir kannten	wir kennten
wir nannten	wir nennten
wir rannten	wir rennten

haben, denken, bringen, werden und *wissen* bilden den Konjunktiv II mit dem Umlaut.

wir hatten	– wir hätten	wir dachten	– wir dächten
wir wurden	– wir würden	wir wußten	– wir wüßten
wir brachten	– wir brächten		

Die Verben *mahlen, salzen* und *spalten* bilden das Partizip II nach der starken Konjugation. **B 31**

mahlen	mahlte	gemahlen
salzen	salzte	gesalzen
spalten	spaltete	gespalten*)

Manche Verben haben eine andere Bedeutung, je nachdem wie sie konjugiert werden; solche Verben sind: **B 32**

backen (er bäckt)	{ backte/buk	gebacken
backen (er backt)	{ backte	gebackt

Das Brot wird im Backofen *gebacken*. – Der Schnee ist an meinem Ski *festgebackt*.

---

*) Auch: *gespaltet*: Er hat Holz *gespaltet* (oder: *gespalten*). – Das Holz ist gespalten [→ B 32].

bewegen	{ bewog bewegte	bewogen bewegt

Er hat ihn *bewogen*, ihm zu helfen. – Er *bewegte* die Arme schnell hin und her.

schaffen	{ schuf schaffte	geschaffen geschafft

Am Anfang *schuf* Gott Himmel und Erde. – Der Künstler hat ein großes Werk *geschaffen*. – Er *schaffte* Tag und Nacht. – Jetzt hat er es *geschafft!* (mit viel Anstrengung erreicht).

schleifen	{ schliff schleifte	geschliffen geschleift

Das Messer ist *geschliffen*. – Der Mantel *schleifte* am Boden auf.

schwellen	{ schwoll schwellte	geschwollen geschwellt

Seine Backe ist *geschwollen*. – Starker Wind *schwellte* die Segel.

wiegen	{ wog wiegte	gewogen gewiegt

Das Kind *wog* bei der Geburt 8 Pfund. – Sie *wiegte* ihr Kind auf den Armen.

Andere Verben, deren Infinitiv gleich ist, werden schwach konjugiert, wenn sie transitiv sind; werden sie intransitiv gebraucht, so folgen sie der starken Konjugation. Solche Verben sind:

erschrecken	{ erschrak erschreckte	erschrocken [→ B 50] erschreckt

Das laute Geschrei hat ihn *erschreckt*. – Er ist vor dem Hund *erschrocken*.

hängen	{ hing hängte	gehangen gehängt

Der Mantel *hing* in der Garderobe. – Ich habe den Mantel in die Garderobe *gehängt*.

pflegen	{ pflog pflegte	gepflogen gepflegt

Er *pflog* (auch: *pflegte*) der Ruhe. – Die Krankenschwester hat den Patienten lange *gepflegt*. – Er *pflegte* morgens um sechs Uhr aufzustehen.

quellen	{ quoll quellte	gequollen gequellt

Die Erbsen sind im Wasser *geéuollen*. – Die Köchin *quellte* die Erbsen.

stecken	{ stak steckte }	gesteckt

Er *steckte* den Schlüssel ins Schloß. – Der Schlüssel *stak (steckte)* im Schloß.

Andere Verben folgen als einfache Verben der schwachen Konjugation, während sich in den Zusammensetzungen noch starke Formen erhalten haben.
Solche Verben sind:

bleichen	bleichte	gebleicht
erbleichen	{ erblich { erbleichte	erblichen erbleicht

Die Sonne hat die Wäsche *gebleicht*. – Als er das hörte, *erbleichte* er (= wurde er bleich). – Der *Verblichene* (= der Gestorbene) war ein guter Freund von ihm.

löschen	löschte	gelöscht
erlöschen	erlosch	erloschen
verlöschen	verlosch	verloschen

Die Nachbarn haben das Feuer *gelöscht*. – Das Feuer flammte noch einmal auf und *erlosch*.

Unregelmäßige Konjugationsformen

Zusammenstellung der wichtigsten Verben, die unregelmäßige Konjugationsformen aufweisen, indem sie bei gleicher Bedeutung im Präteritum und im Partizip II schwache und starke Konjugationsformen bilden können*):

B 33

Infinitiv	Präteritum	Partizip II
backen (er bäckt)	backte / buk	gebacken
dingen	dingte / dang	gedungen / gedingt
dünken	dünkte / deuchte	gedünkt / gedeucht
gären	gärte / gor	gegoren / gegärt
glimmen	glimmte / glomm	geglommen / geglimmt
hauen	haute / hieb	gehaut / gehauen
klimmen	klomm / klimmte	geklommen / geklimmt
mahlen [→ B 31]	mahlte	gemahlen
melken	melkte / molk	gemolken / gemelkt
salzen [→ B 31]	salzte	gesalzen
saugen	saugte / sog	gesaugt / gesogen
schallen	schallte / scholl	geschallt / geschollen
scheren	schor / scherte	geschoren / geschert
schnauben	schnaubte / schnob	geschnaubt / geschnoben
schwören	schwor / schwörte	geschworen / geschwört
senden [→ B 30]	sandte / sendete	gesandt / gesendet
sieden	siedete / sott	gesotten / gesiedet
spalten [→ B 31]	spaltete	gespalten
stecken	steckte / stak	gesteckt
triefen	triefte / troff	getrieft
verderben, er verdirbt	verdarb	verdorben / verderbt**)
weben	webte / wob	gewebt / gewoben
wenden [→ B 30]	wandte / wendete	gewandt / gewendet

*) Wenn in der Liste keine Hinweisziffer steht, wird die erstgenannte Form heute in der Umgangssprache häufiger gebraucht.
**) *verderbt:* sittlich verkommen.

Unvollständige Konjugationen einiger Verben

B 34 Einige Verben bilden nur die Personalform der 3. Person. Sie werden immer zusammen mit einem Prädikatssubjekt gebraucht [→ E 8]. Es sind dies vor allem Verben, die ein Geschehen oder ein Sein signalisieren, es aber nicht nennen.

gelingen	Dem Forscher *gelingt das Experiment*.
geschehen	Gestern *geschah ein schweres Unglück*.
stattfinden	Heute *findet ein Konzert statt*.
vorkommen	In dieser Gegend *kommt Erdöl vor*.
passieren	Der Film war langweilig. Es *passierte nichts*.
sich ereignen	Heute *hat sich* bei uns *nichts ereignet*.

Dazu gehören auch die Verben, die metereologische Erscheinungen bezeichnen und ein Funktionssubjekt erfordern [→ E 8].

es regnet, es hagelt, es schneit, es friert, es donnert, es blitzt

Ebenso auch die Verben *geben (es gibt)* im Sinne von ‚vorhanden sein‘, ‚existieren‘ und *gehen (es geht)* im Sinne von ‚möglich sein‘ u. a.

In unserer Stadt *gibt es* zahlreiche Kinos. – Kannst du morgen kommen? Ja, *es wird gehen*.

Zusammengesetzte Verben

B 35 Zur Ergänzung und Erweiterung des Verbenvorrats bedient sich das Deutsche verschiedener Mittel. So können sich fast alle Grundverben mit Vorsilben oder Verbzusätzen verbinden und sodann mit einem gänzlich veränderten oder nur modifizierten Wortinhalt auftreten.

Folgende Vorsilben gehen mit dem Grundverb eine feste, untrennbare Verbindung ein [→ B 141]:

be-	*be*fehlen, *be*kommen, *be*lagern
ge-	*ge*hören, *ge*denken, *ge*brauchen
emp-	*emp*fangen, *emp*fehlen, *emp*finden
ent-	*ent*nehmen, *ent*behren, *ent*werfen
er-	*er*fahren, *er*gehen, *er*suchen
miß-	*miß*achten, *miß*brauchen, *miß*fallen
ob-	*ob*liegen, *ob*siegen, *ob*walten
ver-	*ver*kaufen, *ver*bringen, *ver*gehen
zer-	*zer*reißen, *zer*fallen, *zer*legen

B 36 Als Verbzusätze gehen Wörter anderer Wortklassen und Präpositionen feste oder unfeste Verbindungen ein.

Feste Verbzusätze sind mit dem Verb verbunden. Das Verb trägt den Wortton.

Präposition:	*über*bríngen, *unter*hálten, *hinter*géhen
Adverb:	*wieder*hólen
Adjektiv:	*voll*führen, *voll*bríngen

Unfeste Verbzusätze sind nur mit dem Verb im Infinitiv oder Partizip verbunden, oder wenn das Verb im Nebensatz in Prädikatsfunktion steht. In allen anderen Fällen trennen sie sich vom Verb [→ E 53 f.] Stellung der Prädikatsteile]. Unfeste Verbzusätze stimmen sprachlich weitgehend mit den Prädikatsergänzungen überein, müssen aber grammatisch von ihnen unterschieden werden [→ E 3 f. Prädikatsergänzungen]. Unfeste Verbzusätze tragen den Wortton, das eigentliche Verb bleibt unbetont [→ B 39].

Präposition:	*ab*fahren, *an*kommen, *vor*bringen
Adverb:	*hinaus*gehen, *her*kommen, *zurück*fahren, *entlang*gehen
Adjektiv:	*fest*stellen, *frei*sprechen, *tot*schlagen
Nomen:	*acht*geben, *heim*kommen, *teil*nehmen
Verb:	*spazieren*gehen, *kennen*lernen, *verloren*gehen

Bei den zusammengesetzten Verben ergeben sich folgende formale Besonderheiten: **B 37**

Bei den Personalformen bleibt die Vorsilbe immer mit dem Verb verbunden [→ B 35], während der unfeste Verbzusatz einen anderen Platz im Satz einnimmt [→ E 54].

kommen – kam – *ge*kommen:

*be*kommen (er *be*kommt)	*be*kam	*be*kommen
*an*kommen (er kommt … *an*)	kam … *an*	*an*gekommen

raten (er rät) – riet – *ge*raten:

*ver*raten (er *ver*rät)	*ver*riet	*ver*raten
*ab*raten (er rät … *ab*)	riet … *ab*	*ab*geraten

Der unfeste Verbzusatz, der immer betont ist, steht im 2. Prädikatsteil (trennbare Verben).

ábfahren: ich fahre .... *ab*.
ich fahre morgen vormittag mit dem Zug um 9 Uhr 15 *ab*.

Im Nebensatz, bei dem die Personalform am Ende stehen muß [→ E 56], verbindet sich das Verb wieder mit dem Verbzusatz.

Ich kann dich leider nicht mehr besuchen, weil ich morgen *ab*fahre.

Vorsilben und feste Verbzusätze, die beide unbetont sind, bleiben immer mit dem Verb verbunden (untrennbare Verben).

besúchen:	Mein Freund *besucht* mich morgen.
unterhálten:	Hoffentlich *unterhalten* Sie sich gut!

Bei Verben mit unfestem Verbzusatz (trennbaren Verben) stehen im Partizip II   **B 38**
und beim Infinitiv mit *zu* [→ B 60], *ge*- und *zu* zwischen dem Verbzusatz und dem Verb.

abfahren: ab*ge*fahren, ab*zu*fahren

Verben mit Vorsilbe und Verben mit festem Verbzusatz haben im Partizip II kein *ge-* [→ B 27].

Mein Freund hat mich gestern *besucht.* – Wir haben uns gut *unterhalten.*

Es ist zu beachten, daß Verben mit der Vorsilbe *ge-* das gleiche Partizip II haben wie die Grundverben.

einfaches Verb:	hören	hörte	gehört
Verb mit Vorsilbe:	gehören	gehörte	gehört
einfaches Verb:	fallen	fiel	gefallen
Verb mit Vorsilbe:	gefallen	gefiel	gefallen

Bei trennbaren Verben fällt *ge-* im Partizip II aus, wenn die erste Silbe des Grundwortes unbetont ist.

ábstellen, abgestellt – bestéllen, bestellt
ábbestellen, abbestellt   aber: ab*zu*bestellen
vór*be*reiten, vorbereitet   aber: vor*zu*bereiten
aúsradieren, ausradiert   aber: aus*zu*radieren
heímbegleiten, heimbegleitet   aber: heim*zu*begleiten

Steht vor einem unfesten Verbzusatz eine Vorsilbe, so bleibt der Verbzusatz mit dem Verb verbunden:

*an*schlagen:	ich schlage ... *an*	an*zu*schlagen
*veran*schlagen:	ich *veran*schlage	*zu* veranschlagen

B 39 Die Verbzusätze *durch-, über-, um-, unter-, voll-, wider-, wieder-* können fest und unfest gebraucht werden. Der Wortinhalt dieser zusammengesetzten Verben ändert sich entsprechend. Die Verben mit festen Verbzusätzen haben gegenüber den Verben mit unfesten Verbzusätzen oft einen übertragenen Wortinhalt.

dúrchschneiden:	Die Mutter *schneidet* den Apfel *durch.*
durchschnéiden:	Das Schiff *durchschneidet* die Wellen.
úbersetzen:	Er *setzt* die Leute mit seinem Boot *über.*
übersétzen:	Ich *übersetze* den Brief ins Deutsche.
úmfahren:	Das Auto *fährt* den Mann *um.*
umfáhren:	Wir *umfahren* die Stadt.
únterkommen:	Er *kam* in Frankfurt nicht *unter.*
unterlássen:	Bitte, *unterlassen* Sie diese Bemerkungen!
vóllmachen:	*Machen* Sie das Glas nicht so *voll!*
vollbríngen:	Er *vollbrachte* ein großes Werk.
wíderspiegeln:	Sein Gesicht *spiegelte* sich im Wasser *wider.*
widerspréchen:	Diese Meinung *widerspricht* jeder Vernunft.
wíederkommen:	Er *kommt* heute abend *wieder.*
wiederhólen:	Der Lehrer *wiederholt* die Regel.

hinter- steht als fester Verbzusatz meist in übertragener Bedeutung.

Er *hinterläßt* ein großes Vermögen. – Er hat seinen Freund *hintergangen*.

Beachten Sie den Unterschied zwischen Verbzusatz und Präposition!

Wir *durch*reisten Frankreich (um in verschiedenen Gegenden etwas zu besichtigen, zu besuchen). – Wir reisten *durch* Frankreich (z. B. weil wir von Deutschland nach Spanien fahren wollen).

Diesen Punkt *über*gehe ich lieber (ich spreche nicht davon). – Wir gehen zu einem anderen Punkt *über* (setzen das Gespräch fort und kommen zum nächsten Punkt). – Wir gehen *über* die Straße.

UNVOLLSTÄNDIGE FORMEN ZUSAMMENGESETZTER VERBEN

Von einigen zusammengesetzten Verben werden nur die Infinitivform und die Form des Partizip II gebraucht, z. B.: **B 40**

kunststopfen	–	kunstgestopft	uraufführen	–	uraufgeführt
nottaufen	–	notgetauft	notlanden	–	notgelandet
nachtwandeln	–	nachtgewandelt	auferstehen	–	auferstanden

Die meisten Zusammensetzungen mit *wett-* *(wettlaufen, wettrennen, wettschwimmen)* kommen nur im Infinitiv vor.

Von manchen zusammengesetzten Verben gebraucht man nur das Partizip II: *preisgekrönt, totgeboren*.

Präsens, Präteritum und Imperativ dieser Verben werden umschrieben.

Der Intendant *bereitet eine Uraufführung vor*. – Der Pfarrer *muß* das Kind *nottaufen*. – Der Flieger *muß* (*will*, *konnte*) *notlanden*. – Sie *laufen um die Wette*.

Stehen im Nebensatz aber Verbzusatz und Verb zusammen, so kann man Präsens und Präteritumformen bilden.

Wer *fernsieht*, weiß, was auf der Welt geschieht.*) – Es war eine große Tat, daß ein Münchner Theater dieses Werk *uraufführte*.

Die Verben in den Ausdrücken ‚*was das anbetrifft, ...*‘ und ‚*was das anbelangt, ...*‘ werden nur in der 3. Person und in der verbundenen Form im Nebensatz gebraucht.

Was mich anbetrifft, rate ich vom Kauf ab.

SCHEINBAR ZUSAMMENGESETZTE VERBEN

Auf Grund der Tatsache, daß einige Nomen aus der Funktion der Prädikatsergänzung ins Prädikat hinübergewechselt sind, wurden sie durch diesen Funktionswechsel ‚verbalisiert‘, d. h. sie haben die mit der Funktion des Prädi- **B 41**

---

*) Das Verb *fernsehen* wird häufig auch in seinen anderen Verbformen gebraucht: *Sieh fern* mit Stern!

kats verbundenen Eigenheiten, wie Personalformen, Partizip- und Infinitivformen, angenommen und bezeichnen als Prädikate ein Geschehen oder ein
Sein, das mit dem vom eigentlichen Nomen Bezeichneten zusammenhängt.
Die zusammengesetzten Nomen behalten auch in diesem Gebrauch ihren ursprünglichen Wortton und bleiben wie in allen anderen ähnlichen Fällen un-
trennbar, obwohl der Wortton auf dem ersten Wort, dem scheinbaren Verbzusatz, liegt.

das Frühstück:	frühstücken	ich frühstücke	gefrühstückt
die Ántwort:	ántworten	ich antworte	geantwortet
der Wétteifer:	wétteifern	ich wetteifere	gewetteifert
der Kátzenbuckel:	kátzbuckeln	ich katzbuckle	gekatzbuckelt

Wie alle Nomen, Adjektive und Adverbien, die durch Funktionswechsel aus
der Prädikatsergänzung ins Prädikat treten, folgen sie der schwachen Konjugation [→ B 5 ff., B 10].

	tragen, er trägt	trug	getragen
	antragen, er trägt ... an	trug ... an	angetragen
der Antrag:	*beantragen, er beantragt*	*beantragte*	*beantragt*
	auftragen, er trägt ... auf	trug ... auf	aufgetragen
der Auftrag:	*beauftragen, er beauftragt*	*beauftragte*	*beauftragt*
	leiden	litt	gelitten
das Mitleid:	*bemitleiden*	*bemitleidete*	*bemitleidet*
	haben	hatte	gehabt
die Handhabe:	*handhaben*	*handhabte*	*gehandhabt*
	schlagen	schlug	geschlagen
der Ratschlag:	*beratschlagen*	*beratschlagte*	*beratschlagt*
	fahren	fuhr	gefahren
die Wallfahrt:	*wallfahrten*	*wallfahrtete*	*gewallfahrtet*

Hilfsverben

B 42 Das deutsche Verb kann nur das Präsens, das Präteritum und den Konjunktiv I
und II mit eigenen Formen bilden. Für die übrigen Formen treten die Verben
haben, *sein* oder *werden* als Hilfsverben mit dem Partizip II oder dem Infinitiv
ein.

Das Perfekt und das Plusquamperfekt werden mit *haben* oder *sein* und dem
Partizip II gebildet.

Präsens von $\begin{cases} haben \\ sein \end{cases}$ + Partizip II = Perfekt

Präteritum von $\begin{cases} haben \\ sein \end{cases}$ + Partizip II = Plusquamperfekt

Das Futur wird mit *werden* und dem Infinitiv gebildet.

Präsens von $\begin{cases} werden & + \text{Infinitiv} & = \text{Futur} \\ werden & + \text{Infinitiv Perfekt} & = \text{Futur Perfekt} \end{cases}$

Das Passiv wird mit *werden* und dem Partizip II gebildet.

Präsens   Perfekt   Futur   ⎫ von *werden* + Partizip II
Präteritum Plusquamperfekt Futur Perfekt ⎭ = Passiv

DIE FORMEN DER HILFSVERBEN

Präsens:

ich habe	ich bin	ich werde
du hast	du bist	du wirst
er hat	er ist	er wird

wir haben	wir sind	wir werden
ihr habt	ihr seid	ihr werdet
sie haben	sie sind	sie werden

Präteritum:

ich hatte	ich war	ich wurde
du hattest	du warst	du wurdest
er hatte	er war	er wurde

wir hatten	wir waren	wir wurden
ihr hattet	ihr wart	ihr wurdet
sie hatten	sie waren	sie wurden

Konjunktiv I:

ich habe	ich sei	ich werde
du habest	du seiest	du werdest
er habe	er sei	er werde

wir haben	wir seien	wir werden
ihr habet	ihr seiet	ihr werdet
sie haben	sie seien	sie werden

Konjunktiv II:

ich hätte	ich wäre	ich würde
du hättest	du wärest	du würdest
er hätte	er wäre	er würde

wir hätten	wir wären	wir würden
ihr hättet	ihr wäret	ihr würdet
sie hätten	sie wären	sie würden

Infinitiv:

haben	sein	werden

Partizip I:

habend	seiend	werdend

Partizip II:

gehabt	gewesen	worden

haben, *sein* und *werden* bilden nur als selbständige Verben den Imperativ [→ B 13 ff.].

du:	habe! hab!	sei!	werde!
ihr:	habt!	seid!	werdet!
Sie:	haben Sie!	seien Sie!	werden Sie!

werden hat als selbständiges Verb das Partizip II *geworden*.

In feierlicher oder poetischer Sprache hat sich im Präteritum Singular von *werden* die Form *ward* erhalten.

Gott sprach, es werde Licht, und es *ward* Licht.

Modalverben

B 44 Modalverben stehen meistens mit dem Infinitiv eines anderen Verbs zusammen [→ B 132].

DIE FORMEN DER MODALVERBEN

Präsens:

ich kann	ich darf	ich will	ich muß	ich soll	ich mag
du kannst	du darfst	du willst	du mußt	du sollst	du magst
er kann	er darf	er will	er muß	er soll	er mag
wir können	wir dürfen	wir wollen	wir müssen	wir sollen	wir mögen
ihr könnt	ihr dürft	ihr wollt	ihr müßt	ihr sollt	ihr mögt
sie können	sie dürfen	sie wollen	sie müssen	sie sollen	sie mögen

Präteritum:

ich konnte	ich dürfte	ich wollte	ich mußte	ich sollte	ich mochte
usw.	usw.	usw.	usw.	usw.	usw.

Konjunktiv I:

ich könne	ich dürfe	ich wolle	ich müsse	ich solle	ich möge
usw.	usw.	usw.	usw.	usw.	usw.

Konjunktiv II:

ich könnte	ich dürfte	ich wollte	ich müßte	ich sollte	ich möchte
usw.	usw.	usw.	usw.	usw.	usw.

Infinitiv:

können	dürfen	wollen	müssen	sollen	mögen

Partizip I:

könnend	dürfend	wollend	müssend	sollend	mögend

Ersatzinfinitiv (statt Partizip II) [→ B 51]:

können	dürfen	wollen	müssen	sollen	mögen

Die Modalverben können auch allein stehen und bilden dann das Partizip II regelmäßig.

gekonnt, gedurft, gewollt, gemußt, gesollt, gemocht

Modalverben können aber in der Regel keinen Imperativ bilden, doch findet man ihn manchmal in der literarischen Sprache.

> Wolle! – Wollet!

Modalverben bilden sehr selten das Partizip I; meist nur, wenn sie mit einem Verbzusatz oder einem anderen Ausdruck zusammenstehen.

> wohlwollend, vermögend, nicht enden wollend

Im Satz konjugiert man das Modalverb; das übergeordnete Verb steht im Infinitiv am Ende des Satzes.

> Er *muß* einen Brief *schreiben*. – Ich *will* in Berlin *studieren*.

Die zusammengesetzten Verbformen

Das deutsche Verb kann nur die Formen für das Präsens und für das Präteritum selbständig bilden, ebenso die Formen für den Konjunktiv I und II und für den Imperativ. Alle übrigen für die Sprache notwendigen formalen Ausdrucksmittel können nur durch Konstruktionen mit Hilfe der Hilfsverben *haben*, *sein* und *werden* und dem Infinitiv und dem Partizip II des sinntragenden Verbs hergestellt werden. Dies gilt für das Perfekt, das Plusquamperfekt und für das Futur sowie für die Mittel zum Ausdruck der Vergangenheit mit den Konjunktiv I und II und für alle Zeitformen und Konjunktivformen des Passivs. **B 45**

PERFEKT

Das Perfekt wird mit dem Präsens der Hilfsverben *haben* oder *sein* [→ B 43] und dem Partizip II des sinntragenden Verbs gebildet. Dabei bleibt das Partizip stets unverändert und bildet den 2. Prädikatsteil. **B 46**

> Ich *habe* gestern einen Brief *geschrieben*.
> Ich *bin* heute einem Bekannten *begegnet*.

Die meisten deutschen Verben bilden das Perfekt mit dem Hilfsverb *haben*. Das sind: **B 47**

1. alle transitiven Verben, d. h. alle Verben, die ein direktes Objekt im Akkusativ haben können;

> Mein Freund *hat mich* gestern *besucht*. – Ich *habe das Heft gefunden*. – Er *hat das Buch gelesen*.

2. alle reflexiven Verben, gleichgültig, ob das Reflexivpronomen im Akkusativ oder im Dativ steht;

> Der Mann *hat sich* nach dem Weg *erkundigt*. – Wir *haben uns* sehr *gefreut*. – Du *hast dir* gute Kenntnisse in der deutschen Sprache *angeeignet*.

35

3. viele intransitive Verben, vor allem solche, bei denen man an die Dauer eines Geschehens oder Seins denkt;

> Der Mann *hat* auf der Bank *gesessen*. – Er *hat* vor dem Haus *gestanden*. – Wir *haben* gut *geschlafen*. – Sie *haben* dem armen Mann *geholfen*. – Er *hat* an seine Familie *gedacht*.

4. alle Modalverben;

> Mein Vater *hat* ins Büro gehen *müssen*. – Er *hat* die Rechnung nicht bezahlen *können*. – Das Kind *hat* nicht einschlafen *wollen*.

5. unpersönliche Verben [→ B 22];

> Gestern *hat es geregnet*. – *Es hat* mir gut *gefallen*. – *Es hat gedonnert* und *geblitzt*. – Heute *hat es* gutes Essen *gegeben*.

Ausnahmen: es geschieht, es gelingt, es passiert, es kommt vor, es bekommt.

> Es *ist* bei diesem Unfall nicht viel *geschehen*. – Es *ist* mir nicht *gelungen*, ihn zu überzeugen. – Was *ist* denn hier *passiert?* – So etwas *ist* nicht *vorgekommen!* – Das fette Essen *ist* mir nicht *bekommen*.

B 48 Das Perfekt mit dem Hilfsverb *sein* bilden

1. intransitive Verben, die eine Zustandsänderung bezeichnen;

> Er *ist* gestern spät *eingeschlafen*. – Der Kranke *ist* heute nacht *gestorben*. – Der See *ist* noch nicht *zugefroren*. – Der Autoreifen *ist geplatzt*.

erster Zustand →	Veränderung	→	neuer Zustand
ich bin wach	ich schlafe ein		ich schlafe
er schläft	er wacht auf		er ist wach
er lebt	er stirbt		er ist tot
es ist hier	es verschwindet		es ist fort

Hierzu gehören auch die Verben, die eine Ortsveränderung angeben.

> Heute *sind* meine Freunde *gekommen*. – Er *ist* am Nachmittag *spazierengegangen*. – Wir *sind* nach Deutschland *gefahren*.

2. die Verben *sein, bleiben* und *werden;*

> Karl *ist* im letzten Jahr in Köln *gewesen*. – Dort *ist* er drei Monate *geblieben*. – Er *ist* krank *geworden*.

Verben, die das Perfekt mit haben oder sein bilden

B 49 Einige Verben können sowohl eine Handlung als auch einen Vorgang ausdrücken; bezeichnen sie eine Handlung, so sind sie transitiv und bilden das

Perfekt mit *haben;* bezeichnen sie einen Vorgang, dann haben sie kein Akkusativobjekt und bilden das Perfekt mit *sein.* Solche Verben sind z. B.:

brechen:
Er bricht sein Wort.   Er *hat* sein Wort *gebrochen.*
Das Eis bricht.   Das Eis *ist gebrochen.*

abbrechen:
Ich breche den Ast ab.   Ich *habe* den Ast *abgebrochen.*
Der Ast bricht ab.   Der Ast *ist abgebrochen.*

zerbrechen:
Sie zerbricht das Glas.   Sie *hat* das Glas *zerbrochen.*
Das Glas zerbricht.   Das Glas *ist zerbrochen.*

heilen:
Der Arzt heilt die Wunde.   Der Arzt *hat* die Wunde *geheilt.*
Die Wunde heilt gut.   Die Wunde *ist* gut *geheilt.*

schmelzen:
Die Sonne schmilzt den Schnee.   Die Sonne *hat* den Schnee *geschmolzen.*
Der Schnee schmilzt.   Der Schnee *ist geschmolzen.*

spritzen:
Er spritzt den Garten.   Er *hat* den Garten *gespritzt.*
Das Wasser spritzt auf die Straße.   Das Wasser *ist* auf die Straße *gespritzt.*

stoßen:
Er stößt ihn.   Er *hat* ihn *gestoßen.*
Er stößt auf einen Bekannten.   Er *ist* auf einen Bekannten *gestoßen.*

trocknen:
Ich trockne die Wäsche am Ofen.   Ich *habe* die Wäsche am Ofen *getrocknet.*
Die Wäsche trocknet in der Sonne.   Die Wäsche *ist* in der Sonne *getrocknet.*

verderben:
Schlechte Filme verderben die Jugend.   Schlechte Filme *haben* die Jugend *verdorben.*
Das Fleisch verdirbt bei der Hitze.   Das Fleisch *ist* bei der Hitze *verdorben.*

Einige Verben drücken die Dauer eines Seins oder einen Vorgang aus. Bezeichnen sie die Dauer eines Seins, so bilden sie das Perfekt mit *haben,* im anderen Fall mit *sein.* Solche Verben sind z. B.:

irren:
Hier irrt der Autor.   Hier *hat* der Autor *geirrt.*
Er irrt durch die Straßen.   Er *ist* durch die Straßen *geirrt.*

tropfen:
Der Wasserhahn tropft.   Der Wasserhahn *hat getropft.*
Das Wasser tropft auf den Boden.   Das Wasser *ist* auf den Boden *getropft.*

Einige Verben der Fortbewegung bilden das Perfekt mit *haben,* wenn der Verlauf, nicht aber das Ziel der Bewegung ausgedrückt werden soll, z. B.:

tanzen:
Er tanzt jeden Tanz.   Er *hat* jeden Tanz *getanzt*.
Wir tanzen durch den Saal.   Wir *sind* durch den Saal *getanzt*.

schwimmen:
Er schwimmt eine Stunde.   Er *hat* eine Stunde *geschwommen*.
Er schwimmt über den Fluß.   Er *ist* über den Fluß *geschwommen*.

fahren:
Ich fahre den Wagen selbst.   Ich *habe* den Wagen selbst *gefahren*.
Ich fahre nach Frankfurt.   Ich *bin* nach Frankfurt *gefahren*.

B 50   Zusammengesetzte Verben verwenden oft nicht das gleiche Hilfsverb im Perfekt wie ihre Grundverben, z. B.:

kommen: ich *bin gekommen;* ich *habe bekommen;* es *ist vorgekommen*
kochen: ich *habe* die Suppe *gekocht;* das Fleisch *ist verkocht*.
gehen: er *ist* nach Hause *gegangen;* er *hat* eine schlechte Tat *begangen*.
reisen: ich *bin* durch Frankreich *gereist;* ich *habe* Frankreich *durchreist*.

erschrecken folgt der schwachen Konjugation, wenn es eine Handlung ausdrückt, und bildet dann das Perfekt mit haben; wenn *erschrecken* einen Vorgang ausdrückt, so folgt es der starken Konjugation und bildet das Perfekt mit sein [→ B 34].

Der Hund *erschreckt* das Kind.   Der Hund *hat* das Kind *erschreckt*.
Das Kind *erschrickt* vor dem Hund.   Das Kind *ist erschrocken*.

B 51   Modalverben bilden das Perfekt mit dem Infinitiv (Ersatzinfinitiv) statt mit dem Partizip II [→ B 130, B 132]; dasselbe gilt auch für das Verb *lassen*, wenn es mit einem Infinitiv zusammensteht, ebenso für *brauchen*, wenn es mit einem Präpositional-Infinitiv zusammensteht.

> Er *hat* uns leider bald wieder verlassen *müssen*. – Er *hat* nicht lange bleiben *können*. – Der Kranke *hat* noch nicht aufstehen *dürfen*. – Ich *habe* mir einen Anzug machen *lassen*. – Er *hätte* das nicht zu tun *brauchen*.

Wenn die Modalverben als selbständige Verben gebraucht werden, bilden sie das Perfekt regelmäßig mit dem Partizip II.

> Ich habe das nicht *gekonnt*. – Wir haben das Beste *gewollt*. – Er hat das Essen nicht *gemocht*. – Gestern haben wir ins Kino *gedurft*. – Ich habe mein Buch zu Hause *gelassen*.

PLUSQUAMPERFEKT

B 52   Das Plusquamperfekt wird mit dem Präteritum der Hilfsverben *haben* oder *sein* [→ B 43] und dem Partizip II des sinntragenden Verbs gebildet [→ B 24ff.].

Man gebraucht die Hilfsverben *haben* oder *sein* nach den gleichen Regeln wie beim Perfekt [→ B 46].

Ich *hatte* ihm einen Brief *geschrieben.*
Du *hattest* ihm einen Brief *geschrieben.*
usw.
Ich *war* einem Bekannten *begegnet.*
Du *warst* einem Bekannten *begegnet.*
usw.

Die Modalverben erhalten wie im Perfekt statt des Partizips den Ersatzinfinitiv [→ B 51].

Ich *hatte* vor dem Haus nicht parken *können.*

FUTUR

Das deutsche Verb bildet das Futur mit dem Präsens des Hilfsverbs *werden* [→ B 43] und dem Infinitiv. Der Infinitiv bildet den 2. Prädikatsteil.

B 53

Ich *werde* ihm einen Brief *schreiben.*
Du *wirst* ihm einen Brief *schreiben.*
usw.

FUTUR PERFEKT

Das Futur Perfekt wird mit dem Präsens des Hilfsverbs *werden* und dem Infinitiv II [→ B 60] gebildet.

B 54

Ich *werde* ihm einen Brief *geschrieben haben.*
Du *wirst* ihm einen Brief *geschrieben haben.*
usw.

KONJUNKTIV DER VERGANGENHEIT

Der Konjunktiv der Vergangenheit wird mit dem Konjunktiv I und II der Hilfsverben *haben* oder *sein* und dem Partizip II des sinntragenden Verbs gebildet. Man gebraucht die Hilfsverben *haben* oder *sein* nach den gleichen Regeln wie beim Perfekt [→ B 46 ff.].

B 55

Konjunktiv I	Konjunktiv II
Ich *habe* den Brief *geschrieben.*	Ich *hätte* den Brief *geschrieben.*
Du *habest* den Brief *geschrieben.*	Du *hättest* den Brief *geschrieben.*
Er *habe* den Brief *geschrieben.*	Er *hätte* den Brief *geschrieben.*
usw.	usw.
Ich *sei* einem Bekannten *begegnet.*	Ich *wäre* einem Bekannten *begegnet.*
Du *seiest* einem Bekannten *begegnet.*	Du *wärest* einem Bekannten *begegnet.*
usw.	usw.

PASSIV

Das Passiv wird mit dem Hilfsverb *werden* und dem Partizip II des sinntragenden Verbs gebildet. Das Hilfsverb kann alle Personalformen und alle Zeitformen sowie alle Formen des Konjunktivs bilden. Der Infinitiv Passiv setzt sich aus dem Partizip II des sinntragenden Verbs und dem Infinitiv des Hilfsverbs zusammen; das Partizip II des Hilfsverbs ist *worden* [→ B 43].

Formen des Passivs:

Infinitiv	*gebaut werden.*
Präsens	Das Haus *wird gebaut.*
Präteritum	Das Haus *wurde gebaut.*
Perfekt	Das Haus *ist gebaut worden.*
Plusquamperfekt	Das Haus *war gebaut worden.*
Futur	Das Haus *wird gebaut werden.*
Futur Perfekt	Das Haus *wird gebaut worden sein.*
Konjunktiv I	Das Haus *werde gebaut.*
Konjunktiv II	Das Haus *würde gebaut.*
Konjunktiv I Vergangenheit	Das Haus *sei gebaut worden.*
Konjunktiv II Vergangenheit	Das Haus *wäre gebaut worden.*

Mit dem Hilfsverb *werden* kann man keinen Imperativ Passiv bilden. In seltenen Fällen, meist in dichterischer Sprache, bildet man den Imperativ Passiv mit dem Imperativ des Hilfsverbs *sein* und dem Partizip II des sinntragenden Verbs.

Sei gegrüßt!	*Seid* gegrüßt!	*Seien Sie* gegrüßt!
Sei bedankt!	*Seid* bedankt!	*Seien Sie* bedankt!

Intransitive Verben können Passivformen nur ohne Subjekt bilden; das Hilfsverb erhält dann die Personalform der 3. Person Singular. Zum Gebrauch des unbestimmten Pronomens *es* vergleiche [→ C 10, E 65].

Aktiv:	Passiv:	
Ich helfe *ihm.*	*Ihm* wird geholfen.	Es wird *ihm* geholfen.
Sie sprachen *davon.*	*Davon* wurde gesprochen.	Es wurde *davon* gesprochen.

Modalverben bilden keine Passivformen. Im Passivsatz folgt dem Modalverb in allen Personal- und Zeitformen [→ B 44] der Infinitiv Passiv des sinntragenden Verbs.

Aktiv:	Passiv:
Infinitiv I	
bauen müssen	gebaut werden müssen
Präsens	
Er muß das Haus bauen.	Das Haus muß gebaut werden.

Präteritum
Er mußte das Haus bauen.   Das Haus mußte gebaut werden.

Perfekt
Er hat das Haus bauen müssen.   Das Haus hat gebaut werden müssen.

Plusquamperfekt
Er hatte das Haus bauen müssen.   Das Haus hatte gebaut werden müssen.

Futur
Er wird das Haus bauen müssen.   Das Haus wird gebaut werden müssen.

Futur Perfekt
keine Form   keine Form

Konjunktiv I
Er müsse das Haus bauen.   Das Haus müsse gebaut werden.

Konjunktiv II
Er müßte das Haus bauen.   Das Haus müßte gebaut werden.

Konjunktiv I Vergangenheit
Er habe das Haus bauen müssen.   Das Haus habe gebaut werden müssen.

Konjunktiv II Vergangenheit
Er hätte das Haus bauen müssen.   Das Haus hätte gebaut werden müssen.

Auch wenn Modalverben selbständig gebraucht werden, können sie kein Passiv bilden.

Ich *kann* heute meine Aufgabe nicht. – Er *mag* kein Fleisch mehr.

Folgende Verben können ebenfalls kein Passiv bilden: **B 58**

1. die Verben *haben, sein* und *werden;*

Du hast einen Bleistift. – Das Wetter ist schön. – Der Kranke wird hoffentlich bald wieder gesund.

2. die unpersönlichen Verben;

Es regnet. – Es gefällt mir sehr gut. – Es geht ihm schlecht.

3. *kommen* und einige andere Verben, die einen Vorgang beschreiben, z. B.:
klingen, glänzen, schmerzen, schimmern, freuen, grausen, widerhallen, lodern, brausen;

Er kommt von Berlin. – Die neuen Kirchenglocken klingen weit über das Tal. – Der Schnee glänzte in der Sonne. – Die Flamme loderte in die Höhe.

4. reflexive Verben und Verben mit Reflexivpronomen [→ C 12 f.];

Er beeilt *sich* mit seiner Arbeit. – Ich freue *mich* auf die Ferien. – Das Kind wäscht *sich* die Hände. – Er hat *sich* viele Kenntnisse angeeignet.

5. die Verben *hören, sehen, helfen, heißen,* wenn das Objekt gleichzeitig Subjekt der Infinitivhandlung ist [→ E 21];

    Ich höre ihn. – Er wird gehört.
    Ich höre ihn singen. – Keine Passivform.

6. *lassen* mit dem Infinitiv eines Verbs, außer wenn der Infinitiv ein Sein beschreibt. In diesem Fall wird *lassen* meist im Partizip II und nicht im Ersatzinfinitiv gebraucht [→ B 45].

Aktiv:	Der Lehrer läßt eine Aufgabe schreiben.
Passiv:	Kein Passivsatz.
Aktiv:	Er *hat* das Buch auf dem Tisch liegen *lassen.*
Passiv:	Das Buch *wurde* auf dem Tisch *liegen gelassen.*

Einige Vorgangsverben bezeichnen im modernen Deutsch auch eine Handlung und können dann auch eine Passivform bilden, z. B.:

blitzen:	Es blitzt (bei einem Gewitter).	Keine Passivform.
	Ich blitze (beim Fotografieren).	*Es wird geblitzt.*
brausen:	Der Sturm braust.	Keine Passivform.
	Ich brause (stehe unter der Brause).	*Es wird gebraust.*

B 59   Bei manchen starken Verben sind die Infinitivform und die Form des Partizip II gleich [→ B 29/2, 39].

    empfangen, empfing, empfangen – behalten, behielt, behalten
    Sie werden empfangen kann also bedeuten:

Futur	= sie werden *Gäste*	empfangen.
Präsens Passiv	= sie werden *(von dem Direktor)*	empfangen.

INFINITIV

B 60   Beim Infinitiv unterscheidet man folgende Formen:

Infinitiv I	sagen	fahren
Infinitiv II	gesagt haben	gefahren sein
Infinitiv I Passiv	gesagt werden	gefahren werden
Infinitiv II Passiv	gesagt worden sein	gefahren worden sein

Der Infinitiv wird im Satz oft mit der Präposition *zu* gebraucht. Die Präposition *zu* steht unmittelbar vor dem Infinitiv.

Infinitiv I	zu sagen	zu fahren
Infinitiv II	gesagt zu haben	gefahren zu sein
Infinitiv I Passiv	gesagt zu werden	gefahren zu werden
Infinitiv II Passiv	gesagt worden zu sein	gefahren worden zu sein

Bei trennbaren Verben steht die Präposition *zu* zwischen dem Verbzusatz und dem Verb [→ B 38].

    aus*zu*kommen, teil*zu*nehmen, rad*zu*fahren, spazieren*zu*gehen

Der Gebrauch der Zeitformen

Die Zeitformen dienen zum Ausdruck der Zeit, in der der beschriebene Sach- B 61
verhalt anzutreffen ist. Die Bezeichnungen für die Zeitformen geben keinen
Hinweis auf die Zeitlage, die sie bezeichnen sollen. Im Deutschen läßt sich
nur die Vergangenheit durch Zeitformen verhältnismäßig sicher von den anderen Zeitstufen, Gegenwart und Zukunft, abgrenzen.

Zunächst sind zwei Zeitkategorien zu unterscheiden:

1. *Die Berichtszeit*, das ist die Zeit der Äußerung, die Zeit, von der aus sich
der Mitteilende orientiert, von der aus er die zu schildernden Geschehnisse
betrachtet. Die Berichtszeit fällt stets mit der Gegenwart zusammen. Aus der
Sicht der Berichtszeit sind drei Zeitstufen zu unterscheiden: Gegenwart, Zukunft und Vergangenheit.

2. *Die Bezugszeit*, das ist die Zeit, die die zeitliche Beziehung der geschilderten
Sachverhalte untereinander unterscheidet.

Die Zeitformen, die im Deutschen zum Ausdruck der Zeitverhältnisse zur B 62
Verfügung stehen, lassen sich in zwei Tempusgruppen zusammenfassen:

Tempusgruppe I: Präsens und Perfekt

Tempusgruppe II: Präteritum und Plusquamperfekt

Die Zeitformen der Tempusgruppe I werden bei der Schilderung des unmittelbaren, gegenwärtigen *Erlebens* verwendet. Dabei gebraucht man das Präsens
vor allem für zusammenhängende Schilderungen und das Perfekt für die in
der Vergangenheit liegenden Geschehnisse, zu denen man sich noch äußern
will.

Warum bist du so aufgeregt? – Ich habe mein Geld verloren.

Die Zeitformen der Tempusgruppe II werden bei der Schilderung von Geschehnissen verwendet, die man aus der *Erinnerung* mitteilt. Der unmittelbare
Bezug zu den Geschehnissen ist abgebrochen.

Das Präteritum ist auch die Zeitform für die zusammenhängende Schilderung.

Das Plusquamperfekt drückt aus, daß der beschriebene Sachverhalt zeitlich
vor den übrigen im Präteritum oder Perfekt geschilderten Geschehnissen einzuordnen ist.

Ich *bin* nicht länger in Berlin *geblieben*, denn ich *hatte versprochen*, sofort
wieder zurückzukommen.

Unabhängig von den genannten Tempusgruppen wird das Futur gebraucht. B 63
Es drückt aus, daß der geschilderte Sachverhalt in der Zukunft erwartet wird,
aber nicht beeinflußbar ist. Der Mitteilende sieht einem Sachverhalt entgegen,
den er nicht abzuwenden vermag.

Kann man den Leuten nicht helfen? – Nein, sie *werden* alle *umkommen*.

B 64	Vergangenheit	Gegenwart	Zukunft
	Erinnerung············	···Erleben········	···········Erwartung
	(Präteritum)	(Präsens)	(Futur)
	(Plusquamperfekt)	(Perfekt)	

PRÄSENS

B 65 Das Präsens wird für folgende Zeitstufen verwendet:

Vergangenheit	Gegenwart	Zukunft
	A	
	B	
C		
	D	
	E	
F		
		G

A. Der Sachverhalt besteht im Augenblick der Äußerung. Er ist in der Vergangenheit zustande gekommen und reicht in die Zukunft hinein.

> Was machst du, Karl? Ich *schreibe* einen Brief. – Wir *warten* auf die nächste Straßenbahn.

Mit Temporalangaben *(gerade, jetzt* u. a.*)* kann man verdeutlichen, daß der Sachverhalt im Augenblick der Äußerung besteht.

> Ich schreibe *gerade* einen Brief. – Mein Vater schläft *jetzt*. – Robert studiert *in diesem Semester* in Berlin.

B. Die Temporalangabe *jetzt, jeden Augenblick* usw. drückt zusammen mit dem Präsens bestimmter Verben aus, daß der Sachverhalt in unmittelbarer Zukunft eintritt.

> Warum ziehst du deinen Mantel an? Ich gehe *jetzt* in die Stadt. – Wann gehst du zur Post? Ich gehe *jetzt gleich* zur Post. – Ich muß den Tisch decken. Vater kommt *jeden Augenblick* nach Hause.

C. Mit einer Temporalangabe kann das Präsens ausdrücken, daß der Sachverhalt in der Vergangenheit zustande gekommen ist und bis in die Gegenwart hinein noch besteht.

Meine Eltern wohnen *seit zwei Jahren* in Köln. – Wie lange warten Sie schon? Ich warte *schon zwei Stunden*. – Ich bin *schon lange* hier.

D. Die Temporalangabe drückt auch mit dem Präsens aus, daß der Sachverhalt in der Gegenwart zustande kommt und bis in die Zukunft hinein bestehen bleibt.

Ich bin gerade angekommen und bleibe *zwei Wochen* hier.

E. Das Präsens wird auch gebraucht, um auszudrücken, daß etwas zeitlos gültig ist.

Es ist nicht alles Gold, was glänzt. – Die Sonne geht im Osten auf und im Westen unter. – Australien liegt südlich des Äquators.

F. Bei einer lebhaften Schilderung von Geschehnissen kann der Sprecher vom Präteritum [→ B 67] zum Präsens übergehen. Dies läßt erkennen, daß der Sprecher bei seiner Schilderung aus dem Bereich der gelassenen Erinnerung in den Bereich des unmittelbaren Erlebens geraten ist. Nach dem Höhepunkt der Schilderung wird wieder das Präteritum gebraucht.

Neulich fuhr ich mit meinem Wagen nach Köln. Es war viel Verkehr auf den Straßen, und ich mußte vorsichtig fahren. Als ich an einer Straßenkreuzung ankam, da *kommt* doch plötzlich ein Radfahrer von rechts und *fährt* gegen meinen Wagen. Ich *halte* sofort und *sehe*, daß er Gott sei Dank unverletzt *ist*. Danach setzte ich meinen Weg fort. Doch dauerte es noch lange, bis ich meine Aufregung überwunden hatte.

G. Mit einer Temporalangabe kann das Präsens auch ausdrücken, daß der beschriebene Sachverhalt erst in der Zukunft beginnt. Im Gegensatz zum Futur [→ B 69] wird mit dem Präsens festgestellt, daß das Zustandekommen des beschriebenen Sachverhalts feststeht.

Morgen besucht mich mein Freund. – *In zwei Jahren* fahre ich in meine Heimat zurück.

H. Das Präsens wird in Erzählungen nicht selten als Stilmittel verwendet, damit sich der Leser mit dem ‚Helden‘ der Erzählung identifizieren kann und mit ihm in die ‚unbekannte Zukunft‘ vordringt. Die Erzählung wird damit auf die Ebene des unmittelbaren Erlebens gebracht.

‚Karel *ist* allein. Seine Trunkenheit *verhilft* ihm zu einer Art verzweifeltem Mut. Ohne irgendwo anzustoßen, *findet* er den Weg zwischen umgestürzten Körben und Blechwannen durch den dunklen Keller und über die Treppe hinauf. Endlich *entdeckt* er einen Lichtschalter.‘

(Luise Rinser)

I. In der 2. Person Singular oder Plural kann mit dem Präsens auch eine energische Aufforderung ausgedrückt werden, die keinen Widerspruch zuläßt.

Sie *verlassen* sofort mein Haus! – Du *schreibst* jetzt an Onkel Hans und *bedankst* dich für sein Geburtstagsgeschenk.

J. Bei Gliedsätzen verzichtet man auf eine zeitliche Festlegung durch Temporalangaben. Der Kontext macht ausreichend deutlich, daß der im Gliedsatz beschriebene Sachverhalt in der Zukunft liegt.

Vater schickt dir das Geld, damit du dir einen neuen Anzug *kaufst*. – Wenn du *kommst*, gehen wir zusammen aus. – Ich warte, bis du nach Hause *kommst*.

Das Gleiche gilt auch für die zusammenhängende Rede.

Morgen habe ich keine Zeit. Mein Freund *kommt* um 3 Uhr.

PERFEKT

B 66 Das Perfekt wird für folgende Zeitstufen verwendet:

Vergangenheit	Gegenwart	Zukunft

Das Perfekt ist die Gesprächsform für die Vergangenheit. Man kann mit dem Perfekt, im Gegensatz zum Präteritum, keine zusammenhängende Schilderung von Geschehnissen geben.

A. Das Perfekt drückt aus, daß der beschriebene Sachverhalt abgeschlossen ist.

Ich *habe* mein Studium *beendet*. – Wir *haben* alle Äpfel *aufgegessen*. – Nehmen Sie die Vase weg, die Blumen *sind verblüht!* – Ich *habe* ihm nie *geglaubt*, hier aber begriff ich es. *(Böll)* – Fünf Monate *sind vergangen*. Die Untersuchung ist abgeschlossen. *(Enzensberger)*

B. Das Perfekt drückt aus, daß der beschriebene Sachverhalt in der Vergangenheit bestand und noch für die Gegenwart von Bedeutung ist.

Peter *ist* vor einem Jahr nach Berlin *gefahren*. Er studiert dort Medizin. – Ich verstehe Englisch, denn ich *habe* es in der Schule *gelernt*. – Hans! Ich *habe* dein Heft *gefunden*.

Die Temporalangaben *jetzt, gerade, eben, soeben* u. a. machen deutlich, daß der Sachverhalt unmittelbar vor der Äußerung bestanden hat.

> Wir haben *soeben* ein Telegramm bekommen. – Peter ist *gerade* fortgegangen.

C. Mit dem Perfekt kann man auch einen Sachverhalt bezeichnen, der erst in der Zukunft abgeschlossen wird. Eine Temporalangabe verdeutlicht die Zeitlage, wenn sie nicht aus dem Kontext zu erschließen ist. Mit diesem Gebrauch des Perfekts beschreibt der Sprecher von einem in der Zukunft liegenden Zeitpunkt aus rückblickend einen bis dahin realisierten Sachverhalt.

> Morgend abend *habe* ich meine Arbeit *beendet*. – Wenn Richard seine Prüfung *gemacht hat*, fährt er in seine Heimat zurück.

D. Das Perfekt wird auch für die Zukunft gebraucht, wenn sich der Sprecher auf eine vorher bestehende Situation einstellt.

> Ihr seid schon da? Wir *haben* euch erst morgen *erwartet*.

E. Bei einer zusammenhängenden Schilderung wird das Perfekt gebraucht, wenn man die Schilderung mit einem zusammenfassenden Überblick über die Geschehnisse einleitet. Danach wird die Schilderung mit dem Präteritum fortgesetzt.

> Wenn man später immer wieder *behauptet hat*, die Paulskirche habe ihre Kraft unterschätzt und sei daran gescheitert, so ist gerade das Gegenteil richtig. Von Anfang an *warb* sie ... (Fortsetzung im Präteritum; *W. Mommsen*)

F. Ebenso wird das Perfekt am Ende von Schilderungen gebraucht, wenn im Rückblick auf die geschilderten Geschehnisse die Folgerung gezogen und damit die Schilderung abgeschlossen wird.

> ... Daß die Einbrecher so kurze Zeit nach der Tat gefaßt würden, *haben* sie sicherlich nicht *erwartet*.

G. Im Zusammenhang mit dem Gebrauch des Präsens wird das Perfekt verwendet, um die vorhergegangene Zeitstufe zu bezeichnen.

> Ich gehe jetzt zum Direktor. Ich *habe* ihn um eine Unterredung *gebeten*. – Wenn wir die Fahrkarte *gelöst haben*, gehen wir sofort zum Zug. – Was ich hier aussage, *habe* ich schon in der Voruntersuchung *gesagt*.

PRÄTERITUM

A. Das Präteritum ist die Erzählform. Man gebraucht es für eine zusammenhängende Schilderung von Geschehnissen, die in der Vergangenheit liegen und die man mitteilen möchte, ohne in eine Diskussion darüber einzutreten. B 67

Vergangenheit	Gegenwart	Zukunft

> ········ A ········|

Plötzlich *wachte* sie auf. Es *war* halb drei. Sie *überlegte*, warum sie auf-gewacht war. Ach so! In der Küche hatte jemand gegen einen Stuhl gestoßen. Sie *horchte* nach der Küche. Es *war* still. Es *war* zu still, und als sie mit der Hand über das Bett neben sich *fuhr, fand* sie es leer. Das *war* es, was so besonders still gemacht hatte: sein Atem *fehlte*. Sie *stand* auf und *tappte* durch die dunkle Wohnung zur Küche. In der Küche *trafen* sie sich. Die Uhr *war* halb drei. *(Böll)*

B. Das Präteritum wird an Stelle des Perfekts [→ B 66] gebraucht, wenn ein in der Vergangenheit bestehendes Sein mit den Verben *haben* oder *sein* in Verbindung mit einer Prädikatsergänzung beschrieben wird.

Wie lange *warst* du *in England?* Ich *war* ungefähr zwei Jahre *dort.* – Der Junge *hatte Mut*, als er sich dem Dieb in den Weg stellte. – Herr Meier *hatte* gestern *starke Kopfschmerzen* und ist deshalb nicht zur Arbeit ge-gangen. – Das Essen *war ausgezeichnet.* Wir haben nichts übriggelassen.

C. Das Präteritum wird auch bei der Beschreibung eines noch für die Gegen-wart gültigen Sachverhalts verwendet, wenn sich der Sprecher rückblickend auf eine vorher bestehende Situation einstellt.

Fräulein, ich *bekam* noch ein Glas Bier. – Wie *war* doch noch der Name des Jungen, mit dem wir eben gesprochen haben? – Die Stadt, durch die wir gerade gekommen sind, *hieß* Traunstein. – Wer *war* noch ohne Fahrschein? Hier, ich.

PLUSQUAMPERFEKT

B 68

Vergangenheit		Gegenwart	Zukunft
	Präteritum ········|		
Plusquamperfekt ········→			
	Perfekt ········→		

Das Plusquamperfekt wird im Zusammenhang mit dem Gebrauch des Präteri-tums oder des Perfekts gebraucht, um auszudrücken, daß ein Sachverhalt einem anderen Sachverhalt in der Vergangenheit zeitlich vorausgegangen ist [→ B 66f.].

Ich bin zum Direktor gegangen. Ich *hatte* ihn vorher um eine Unter-redung *gebeten.* – Als wir die Fahrkarte *gelöst hatten*, gingen wir schnell zum Zug. – Nachdem ich mein Studium *beendet hatte*, arbeitete ich zu-nächst einmal als Assistent, dann …

48

Das Plusquamperfekt wird auch gebraucht, wenn im Verlaufe einer Schilderung im Präteritum, eine Erklärung oder eine Überleitung eingeschoben wird, die Sachverhalte beschreiben, welche der erzählten Zeitlage voraufgehen.

> Redluff lehnte sich in seinen Stuhl zurück. Die Spannung in ihm zerbröckelte, die eisige Ruhe schmolz ... Das war es, das war die Probe, und er *hatte* sie *bestanden.* *(Malecha)*

Das Plusquamperfekt eignet sich auch für Einleitungen, die vor einer Schilderung einen situationsgerechten Überblick geben.

> Hans Castorp *hatte gefürchtet,* die Zeit zu verschlafen, da er so überaus müde *gewesen war,* aber er war früher als nötig auf den Beinen und hatte Muße im Überfluß, ... *(Th. Mann)*

FUTUR

Das Futur rechnet zu den Zeitformen, drückt aber im Deutschen die Einstellung des Sprechers zu dem von ihm beschriebenen Sachverhalt aus. Damit ähnelt der Gebrauch des deutschen Futurs dem Gebrauch der Modalverben [→ B 132].
B 69

A. Mit dem Futur wird ausgedrückt, daß man erwartet oder befürchtet, daß der mit dem Satz beschriebene Sachverhalt in der Zukunft eintritt. Eine Beeinflussung der Geschehen, die zu dem beschriebenen Sachverhalt führen, ist ausgeschlossen oder erscheint unmöglich. Das Futur wird daher in diesem Gebrauch bei der Beschreibung von Vorgängen oder von Handlungen gebraucht, die der Sprecher nicht ändern oder verhindern kann.

> Morgen *wird* es wieder *regnen.* – Du *wirst* durch die Prüfung *fallen.* – Du *wirst* dein Glück *machen.* – Er *wird* sie noch *umbringen.* – Im zweiten Akt offenbart sich – wie du gleich *sehen wirst* – des jungen Mannes wahre Natur. *(Grass)*

Die Befürchtung des Sprechers, daß ein Sachverhalt eintritt, den er nicht für wünschenswert hält. Das Modalglied *doch* + Negation verdeutlicht die Einstellung des Sprechers.

> Ihr *werdet doch* keinen so kleinen Wagen kaufen! – Er *wird doch* nicht das ganze Geld verbraucht haben!

B. Das Futur dient auch zum Ausdruck einer Vermutung, besonders in der 3. Person. Die Vermutung wird durch Modalglieder wie *wohl, sicher, vielleicht, wahrscheinlich* verdeutlicht.

> Das Essen *wird* jetzt fertig sein. – Herr Müller *wird* in seinem Büro *arbeiten.* – Nächstes Jahr um diese Zeit *werde* ich *wohl* wieder bei meiner alten Firma tätig *sein.* – Spätestens hier *wird* der kluge Leser *wissen,* was wir ... nicht länger vorenthalten sollten. *(Böll)*

Für Sachverhalte, die in der Vergangenheit bestanden haben können, gebraucht man den Infinitiv II [→ B 60, Futur Perfekt B 54].

> Peter *wird* inzwischen schon zu Hause *angekommen sein.* – Du *wirst* gestern im Theater *gewesen sein.* – Du *wirst* gestern nicht allzu lange auf uns *gewartet haben.* – Mein Freund *wird* den Brief *sicher* schon *bekommen haben.*

Ebenso gebraucht man den Infinitiv II, wenn man ausdrücken will, daß ein Sachverhalt zu einem in der Zukunft liegenden Zeitpunkt der Vergangenheit angehört.

> Morgen abend *werde* ich meine Arbeit *wahrscheinlich beendet haben.* – Wenn Sie um 5 Uhr noch einmal anrufen, *wird* mein Mann inzwischen nach Hause *gekommen sein.*

C. Das Futur wird weiterhin zum Ausdruck einer Ankündigung oder Androhung gebraucht. Im allgemeinen stellen die angekündigten oder angedrohten Sachverhalte Handlungen dar.

> Ich *werde* dir dein Geld morgen *zurückgeben.* – Am Sonntag *werden* meine Eltern *kommen.* – Wenn du wieder das ganze Geld ausgibst, *werde* ich dir nicht mehr *helfen.* – Wenn Sie sich nicht warm genug anziehen, *werden* Sie sich bei unserem Klima *erkälten.*

Ebenso kann auch mit dem Futur die Absicht oder ein Versprechen ausgedrückt werden.

> Morgen *werde* ich nach München *fahren.* – *Werden* Sie im nächsten Urlaub wieder nach Frankreich *fahren?* – Was *wirst* du morgen *tun?* Ich *werde* zu Hause *bleiben* und *lesen.* – „... bitte richten Sie Herrn Sch. aus, ...“ „Ich *werde* es *ausrichten.*“ *(Böll)*

D. Das Futur dient auch zum Ausdruck einer Aufforderung an die angesprochene Person (2. Person). Eine mit dem Futur ausgedrückte Aufforderung duldet keinen Widerspruch.

> Du *wirst* jetzt deine Schulaufgaben *machen.* – Du *wirst* dich bei der Dame *entschuldigen.* – *Werdet* ihr wohl sofort hierher *kommen!*

Der Gebrauch des Konjunktivs

B 70 Der Konjunktiv drückt aus, daß sich der Sprecher den beschriebenen Sachverhalt nur vorstellt, daß ihm die Verwirklichung dieses Sachverhalts wünschenswert erscheint oder auch daß der Sprecher den beschriebenen Sachverhalt nicht beobachtet, sondern nur davon erfahren hat.

Die Verwendung des Konjunktivs ist im Deutschen nicht an bestimmte Konjunktionen oder Verben gebunden, von denen ein Konjunktivsatz abhängt, sondern ausschließlich der Ausdruck dafür, wie der Sprecher zum Sachverhalt steht. Ist der beschriebene Sachverhalt nach Ansicht des Sprechers möglich, ungewiß oder unwirklich, so gebraucht er den Konjunktiv. Es können deshalb, je nach der Stellungnahme des Sprechers zum Sachverhalt, in gleichen Satzverbindungen sowohl Zeitformen als auch Konjunktivformen vorkommen.

Ich habe gelesen, daß der Minister nach Berlin gefahren *ist* (ich zweifle nicht daran). – Ich habe gelesen, daß der Minister nach Berlin gefahren *sei* (ich verbürge mich nicht dafür). – Hans schrieb, daß er morgen *kommt* (ich halte es für ganz sicher). – Hans schrieb, daß er morgen *komme* (ich habe von seiner Mitteilung Kenntnis genommen und berichte sie weiter).

In einigen Satzarten, die ihrer Art nach etwas nicht Wirkliches ausdrücken (Konzessivsätzen, Wunschsätzen, Finalsätzen, irrealen Bedingungssätzen), muß der Konjunktiv stehen. Er wird auch in bestimmten Aufforderungssätzen und in der indirekten Rede gebraucht [→ B 79 ff.].

KONJUNKTIV I

Mit dem Konjunktiv I drückt man einen Wunsch aus, dessen Erfüllung möglich erscheint. Man gebraucht in diesem Sinne oft den Konjunktiv I des Modalverbs *mögen* [→ B 44, B 134].

B 71

Es *lebe* der König! – Gott *segne* den König! – Gott *sei* Dank! – Du *mögest* in deinem Leben Erfolg haben. – *Mögest* du in deinem Leben Erfolg haben!

Mit dem Konjunktiv I kann ebenfalls eine Aufforderung ausgedrückt werden, die sich vor allem an die 3. Person Singular oder Plural richtet; für diese Person gibt es im Deutschen keine Imperativform. In einigen Wendungen kann es sich auch um die 1. Person handeln.

Man *nehme* einen kleinen Löffel Nescafé, *gebe* ihn in die Tasse, *gieße* heißes Wasser nach und *rühre* gut um. – Von dieser Medizin *nehme* man täglich dreimal drei Tropfen auf Zucker. – *Gehen* wir jetzt! – *Sprechen* wir nicht mehr davon!

Der Konjunktiv I steht auch in Konzessivsätzen [→ B 76]; hier wird oft das Modalverb *mögen* im Präsens oder Konjunktiv I gebraucht [→ B 44].

Was er auch immer *wünsche*, mir soll es recht sein. – Sein Zeugnis *sei* wie es wolle, der Vater erlaubt das Studium doch nicht. – Was immer geschehen *mag*, wir sind vorbereitet. – Was immer geschehen *möge*, wir werden es mit Ruhe ertragen.

Im Nebensatz gebraucht man den Konjunktiv I, wenn man ausdrücken will, daß man für die Richtigkeit der Mitteilung eines anderen nicht einstehen möchte.

Paul ist nicht zum Unterricht gekommen, weil er (wie er sagte) Kopfschmerzen *habe*. – Er will den Zug versäumt haben [→ B 133], weil die Straßenbahn nicht fahrplanmäßig gefahren *sei*.

Der Konjunktiv I steht manchmal auch in Finalsätzen [→ D 119.3], besonders nach der Konjunktion *damit* [→ D 152]. Der Sachverhalt, von dem der Finalsatz abhängt, liegt meist in der Vergangenheit. Man kann in dieser Konstruktion auch den Konjunktiv II oder die Zeitformen verwenden.

Der Vater gab seinem Sohn Geld, *damit* er sich einen Anzug *kaufe*. – Ich brachte ihm meinen Regenschirm, *damit* er nicht naß *werde*. – ... manchmal hieß mich mein Vater die Gerte halten, *damit* er sich etwas Bewegung machen *könne*. *(Britting)*

KONJUNKTIV II

B 72 Mit dem Konjunktiv II bezeichnet man einen Sachverhalt, den man sich nur vorstellt, der aber noch nicht eingetreten ist oder nicht eintreten kann. Man stellt sich den Sachverhalt nur als möglich vor[→ G 24, G 26].

Zum Ausdruck der Zeitlage wird der Konjunktiv II wie folgt gebraucht:

Der Sachverhalt liegt in der Gegenwart, Zukunft	Im Konjunktiv II steht das Verb oder Modalverb
Der Sachverhalt liegt in der Vergangenheit	Im Konjunktiv II steht *haben* oder *sein* + Partizip II oder Ersatzinfinitiv des Modalverbs [→ B 44, B 51, B 82]

1. Wenn ich Geld *hätte, ginge* ich heute ins Theater. (Ich habe aber kein Geld, also kann ich nicht ins Theater gehen.) – Wenn mir mein Vater heute Geld *schickte, führe* ich nach Berlin. (Ich weiß aber, daß mir mein Vater kein Geld schickt.)
2. Wenn du mich letzten Sonntag *besucht hättest, wären* wir zusammen ins Theater *gegangen*. (Du hast mich aber nicht besucht, also sind wir nicht ins Theater gegangen.)

Bei allen schwachen Verben und bei starken Verben, die keinen Umlaut bilden können, sind, mit Ausnahme der 1. und 3. Person Singular (ich ging – ich ginge), die Formen des Konjunktivs II und die Formen des Präteritums gleich. Um aber den Konjunktiv zu verdeutlichen, gebraucht man bei gleichen Formen den Konjunktiv II von *werden* oder einen Modalverb + Infinitiv. Dies ist aber nicht erforderlich, wenn im anderen Satz ein anderer erkennbarer Konjunktiv II steht.

Ich habe nicht geglaubt, daß er die Rechnung *bezahlen würde*. – Wir *gingen* ins Theater, wenn mein Freund *mitkäme*. – Wir *würden* ins Theater *gehen*, wenn uns mein Freund *besuchte*. – Ich *kaufte* mir einen Anzug, wenn der Briefträger das Geld von meinem Vater *brächte*. – Ich *würde* mir einen Anzug *kaufen*, wenn mein Vater Geld *schickte* .– Ich *kaufte* mir einen Anzug, wenn mein Vater Geld *schicken sollte*.

Man gebraucht den Konjunktiv II vor allem in irrealen Konditionalsätzen B 73 [→ D 119.2]*), die meistens als Gliedsätze mit der Konjunktion *wenn* auftreten. In diesen *wenn*-Sätzen wird im gesprochenen Deutsch häufig die Umschreibung mit dem Konjunktiv II von *werden* gebraucht. Man kann auch die Umschreibung mit einem Modalverb wählen**).

Der arme Mann! Wenn ihm doch jemand etwas schenken *wollte!*

Wenn statt eines Konditionalsatzes eine freie Angabe steht, gebraucht man den Konjunktiv II auch in unabhängigen Sätzen.

Bei schönem Wetter *gingen* wir jetzt spazieren. (Wenn das Wetter schön wäre, ...). – Mit einem besseren Diplom *könnten* Sie bei unserer Firma arbeiten. (Wenn Sie ein besseres Diplom hätten, ...)

In vielen Fällen verzichtet man auf den irrealen Konditionalsatz, weil er sich wegen des Zusammenhangs mit der gesamten Aussage erübrigt.

Mein Freund hat damals an der Universität nicht weiterstudiert. Jetzt *könnte* er schon Doktor sein. – Ich *hätte* den Brief geschrieben, aber ich hatte keine Zeit.

In irrealen Wunschsätzen steht der Konjunktiv II. Diese Wunschsätze haben B 74 die Form eines irrealen Konditionalsatzes mit oder ohne *wenn* [→ D 247]. Diese Wunschsätze enthalten meistens das Adverb *doch* als Modalglied [→ E 27].

Wenn mein Vater *doch käme! – Käme* mein Vater *doch!* – Wenn ich diesen Fehler *doch* nicht *gemacht hätte!* – Hätte ich *doch* diesen Fehler nicht *gemacht!*

Bei irrealen Vergleichssätzen steht hinter den Konjunktionen *als, als ob, als* B 75 *wenn* das Verb im Konjunktiv II [→ B 19 ff.]***).

Er gibt *so* viel Geld aus, *als wäre* er ein Millionär. – Tun Sie *so, als ob* Sie zu Hause *wären.*

Wenn der Vergleichssatz von einem Adjektiv oder einem Adverb abhängt, wird er mit der Konjunktion *als daß* eingeleitet und enthält den Konjunktiv II.

---

*) Die deutsche Sprache kennt keine Konditionalform. In irrealen Konditionalsätzen steht der Konjunktiv II, in realen Konditionalsätzen stehen die Zeitformen: Wenn ich Zeit habe, komme ich. – Wenn ich Zeit hätte, käme ich.

**) Sprachkritiker lehnen die Ersatzform des Konjunktivs mit *würde* im *wenn*-Satz ab. Trotzdem setzt sich der Gebrauch dieser Form in der gesprochenen Sprache weiter durch. Da der Konditionalsatz mit *wenn* aber meist im Präsens steht, ist auch die Konjunktiv II-Form, die sich nicht von der Zeitform unterscheidet, deutlich als Konjunktiv erkennbar: Ich *kaufte* mir den Anzug, wenn mein Vater Geld *schickte.*

***) Im irrealen Vergleichssatz kann auch Konjunktiv I stehen: (Der Rauch) ... war so plötzlich vor ihr, als *sei* sie in die Russen *hineingelaufen. (Johnson)*

Man drückt damit aus, daß der Sachverhalt nicht zustande kommen kann.

> Ich habe zu wenig Geld, *als daß* ich ein Haus kaufen *könnte*. – Es ist schon zu spät, *als daß* mein Vater noch im Büro *wäre*.

B 76 Konzessivsätze [→ B 71] mit dem Konjunktiv II drücken aus, daß man nicht daran glaubt, daß der im Gliedsatz beschriebene Sachverhalt eintritt.

> Wenn du mir auch hundert Mark *gäbest*, *täte* ich diese Arbeit nicht. – Wenn du mir auch das Geld *gegeben hättest*, ich *hätte* diese Arbeit nicht *getan*.

Konsekutivsätze, deren Sachverhalt man sich nur vorstellt, erhalten den Konjunktiv II. Man gebraucht dabei meistens das Modalverb *können*.

> Du bist *so* reich, daß du dir ein Auto kaufen *könntest*. – Ich habe jetzt *so* viel Zeit, daß ich auf Reisen gehen *könnte*.

Wenn man ausdrücken will, daß ein Sachverhalt nicht eingetreten ist, obwohl man ihn erwartet hatte, gebraucht man Gliedsätze mit der Konjunktion *ohne daß* [→ D 169] und den Konjunktiv II.

> Mein Freund benutzte mein Fahrrad, *ohne daß* er mich darum *gebeten hätte*. – Er verließ seine Familie, *ohne daß* er sich weiter um sie *gekümmert hätte*.

Relativsätze [→ E 37] können den Konjunktiv II enthalten, wenn sie eine Möglichkeit oder einen Wunsch ausdrücken sollen.

> Mein Freund hat ein Auto, mit dem du nach München fahren *könntest*. – Wenn doch jetzt ein Bekannter käme, der mit mir spazieren *ginge!*

B 77 Man gebraucht den Konjunktiv II, wenn man Realität und Irrealität unterscheiden will.

> Er *könnte* mir Geld leihen, aber er will nicht. – Ich *hätte* ihm einen Brief geschrieben, aber ich konnte nicht.

In zweifelnden Fragen gebraucht man den Konjunktiv II:

> *Gäben* Sie mir wirklich das Geld? – *Hätte* er mir tatsächlich geholfen? – *Sollte* er das vergessen haben?

Höfliche Bitten drückt man in der Fragesatzform mit dem Konjunktiv II aus.

> *Brächten* Sie mir bitte das Buch mit? – *Wären* Sie so freundlich, mir das Salz zu reichen?

Oft gebraucht man in diesem Sinne auch den Konjunktiv II von *werden* mit dem Infinitiv. [→ B 59].

> *Würden* Sie mir bitte das Buch *mitbringen?* – *Würden* Sie so freundlich *sein* und mir das Salz *reichen?* – *Würden* Sie so freundlich *sein*, mir das Salz zu reichen?

Wenn man seine Meinung vorsichtig und zurückhaltend ausdrücken will, gebraucht man den Konjunktiv II von *dürfen* [→ B 137] mit dem Infinitiv.

Mein Freund ist heute morgen nach Köln gefahren. Er *dürfte* jetzt schon dort sein. – Die junge Dame *dürfte* etwa 25 Jahre alt sein.

Der Konjunktiv II der Vergangenheit mit *beinahe* oder *fast* drückt aus, daß ein Sachverhalt im letzten Augenblick nicht eingetreten ist.

Ich *hätte* die Prüfung beinahe nicht *bestanden*. – Sie *wäre* fast vom Pferd *gefallen*.

Wenn man ausdrücken will, daß nur ein Teil eines Sachverhalts abgeschlossen ist, gebraucht man den Konjunktiv II.

Für heute *wären* wir mit der Arbeit *fertig*, (aber morgen müssen wir sie fortsetzen). – Den größten Teil der Waren *hätte* ich *verkauft*. (Jetzt muß ich nur noch versuchen, auch noch den Rest zu verkaufen.) – Das *hätte* ich *geschafft*! (Jetzt kommt das Nächste!)

B 78

Während man in der geschriebenen und in der gehobenen Sprache den Konjunktiv durchweg verwendet, kann man feststellen, daß in der Umgangssprache gewisse Konjunktivformen zugunsten der Umschreibung mit *werden* (oder Modalverb) + Infinitiv zurücktreten; dies gilt vor allem von den unregelmäßigen Konjunktivbildungen bei starken Verben [→ B 23]; der Konjunktiv von *sein* und *haben* wird jedoch nicht umschrieben.

Was nützte es ihm, wenn er die ganze Welt gewönne und litte doch Schaden an seiner Seele. (Luther)
Was nützte es ihm, wenn er in der Lotterie *gewinnen sollte*, er *würde* davon nicht glücklicher. – Auch wenn es regnete, *würde* uns das die gute Laune nicht *verderben*. – Wenn er schwer krank *wäre* und Hilfe *brauchte*, *würde* ich ihm *helfen*!

DIE INDIREKTE REDE

B 79

Die indirekte Rede ist eine Mitteilungsform, in der der Sprecher oder Schreiber die Mitteilung einer 3. Person weitergibt. Wenn man die Mitteilung ohne Bedenken hinsichtlich ihrer Richtigkeit weiterberichtet, gebraucht man die Zeitformen [→ B 62]. Möchte man aber die Mitteilung ohne Gewähr für ihre Richtigkeit weitergeben, gebraucht man in der indirekten Rede den Konjunktiv I. Der Konjunktiv macht hier deutlich, daß es sich um eine fremde Äußerung handelt, für deren Inhalt man nicht einstehen will. Wenn der Konjunktiv I von der Präsensform nicht zu unterscheiden ist, gebraucht man ersatzweise den Konjunktiv II.
Aus dieser Regel ergibt sich für den praktischen Gebrauch folgende Konjugationsreihe (für das Hilfsverb *sein* → B 43).

	schwache	starke Verben	
Singular			
1. Person Konjunktiv II	ich lernte	ich käme	ich nähme
2. Person Konjunktiv I	du lernest	du kommest	du nehmest
oder II	du lerntest	du kämest	du nähmest
3. Person Konjunktiv I	er lerne	er komme	er nehme
Plural			
1. Person Konjunktiv II	wir lernten	wir kämen	wir nähmen
2. Person Konjunktiv I	ihr lernet	ihr kommet	ihr nehmet
oder II	ihr lerntet	ihr kämet	ihr nähmet
3. Person Konjunktiv II	sie lernten	sie kämen	sie nähmen

B 80 Die indirekte Rede folgt der Einleitung des Berichtenden als Gliedsatz mit der Konjunktion *daß*, wenn die Mitteilung kurz ist, sonst als unabhängiger Satz ohne Konjunktion.

> Karl schrieb mir, *daß* er morgen *komme*. – Karl schrieb mir, er *komme* morgen (usw.).

Fragesätze folgen in der indirekten Rede als Gliedsätze. Die Fragewörter werden dann Konjunktionen. Entscheidungsfragen [→ G 3] erhalten in der indirekten Rede die Konjunktion *ob*.

> Er erklärte mir, *warum* er nicht komme. – Er erzählte mir, *wo* er gewohnt habe. – Sie fragte ihn, *ob er* in Berlin studiert habe.

B 81 In der indirekten Rede gibt es nur drei Temporalbildungen:
Den weiterberichteten Sachverhalt in der Gegenwart oder Zukunft drückt der Konjunktiv I (II) des sinntragenden Verbs aus [→ B 65 Präsens].

> Gegenwart: Er sagte mir, daß er bei der Firma Müller & Co. *arbeite*.
> daß sie bei der Firma Müller & Co. *arbeiteten*.

> Zukunft: Karl erzählte, sein Freund *fahre* im Sommer nach Italien.
> seine Freunde *führen* im Sommer nach Italien.

Wenn aus dem Zusammenhang der Rede die Zukunft nicht deutlich wird, gebraucht man den Konjunktiv I (II) von *werden* mit dem Infinitiv des sinntragenden Verbs [→ B 69].

> Er schreibt mir, daß er *kommen werde*. – Sie sagt, daß ihre Eltern *kommen würden*.

B 82 Ein Sachverhalt in der Vergangenheit wird mit dem Konjunktiv I (II) der Hilfsverben [→ B 43] und dem Partizip II des sinntragenden Verbs oder dem

Infinitiv (Ersatzinfinitiv) des Modalverbs [→ B 44] ausgedrückt.

Ich habe gehört, daß Karl gestern *gekommen sei*. – Er schreibt mir, daß seine Eltern ein Auto *gekauft hätten*. – Die Leute sagen, daß die Polizei den Dieb *habe verhaften können*. – Ich hörte im Radio, die Fußballer *hätten* in unserer Stadt *spielen wollen*.

Bei der indirekten Rede ist es für die Temporalbildung gleichgültig, welche Zeitform der Satz enthält, der die indirekte Rede einleitet:

Er *schreibt* mir, er komme bald, aber seine Eltern könnten nicht mitkommen. – Er *schrieb* mir, er komme bald, aber seine Eltern könnten nicht mitkommen.

Temporalbildungen des Konjunktivs in der indirekten Rede. B 83

Konjunktiv I (II) Gegenwart:

er lerne (ich lernte)   er komme (ich käme)

Konjunktiv I (II) Zukunft:

er lerne morgen (ich lernte morgen)   er komme morgen (ich käme morgen)
er werde lernen (ich würde lernen)   er werde kommen (ich würde kommen)

Konjunktiv I (II) Vergangenheit:

er habe gelernt (ich hätte gelernt)   er sei gekommen (ich sei gekommen)

Den Imperativ gibt man in der indirekten Rede mit dem Konjunktiv I (II)   B 84
der Modalverben *sollen, müssen, mögen* und dem Infinitiv des sinntragenden Verbs wieder [→ B 138].

Karl sagte mir, du *mögest* ihn morgen *besuchen*. – Die Polizei schrieb, ich *solle* zum Polizeirevier *kommen*. – Das Gericht teilte den Leuten mit, daß sie die Strafe *bezahlen müßten*.

Bei der weiterberichteten Mitteilung richten sich natürlich alle Pronomen und   B 85
Lokalangaben nach dem Standpunkt des Berichtenden.

Direkte Rede:	Indirekte Rede:
Ich sagte: „*Ich komme morgen.*"	Ich sagte, *ich käme morgen.*
Du sagtest zu mir: „*Ich komme zu dir.*"	Du sagtest zu mir, *du kommst zu mir.*
Er sagte: „*Ich komme mit meinem Bruder.*"	Er sagte, *er komme mit seinem Bruder.*
Er schrieb: „*Ich bin seit drei Wochen hier.*"	Er schrieb, *er sei seit drei Wochen dort.*

Wenn man in der direkten Rede von zwei oder mehr Personen spricht, gebraucht man, um Mißverständnisse zu vermeiden, besser Nomen statt Pronomen.

Direkte Rede:	Indirekte Rede:
Karl schreibt mir: „*Ich* bin gestern zu *meinem* Onkel gefahren. Nachdem *ich* mit *ihm* zu Abend gegessen hatte, hat *er mich* ins Theater eingeladen."	Karl schreibt mir, *er* sei gestern zu *seinem* Onkel gefahren. Nachdem *er* mit *seinem Onkel* (Nachdem *Karl* mit *ihm*) zu Abend gegessen habe, habe *sein Onkel ihn* (habe *er Karl*) ins Theater eingeladen.

Übersicht zum Gebrauch des Konjunktivs I in der indirekten Rede

B 86

Sachverhalt in der	Direkte Rede	Indirekte Rede
	sinntragendes Verb oder Modalverb steht im	Im Konjunktiv I (oder II) stehen
1. Gegenwart	Präsens	sinntragendes Verb oder Modalverb
2. Vergangenheit	Präteritum, Perfekt, Plusquamperfekt	*sein* oder *haben* (+ Partizip II oder Infinitiv des Modalverbs)
3. Zukunft	Präsens, Futur	*werden* (+ Infinitiv) sinntragendes Verb oder Modalverb
4.	Imperativ	*sollen, müssen, mögen* (+ Infinitiv)

Direkte Rede	Indirekte Rede
1. Ein Land *besucht* man ja nicht nur eben des Landes, sondern auch der Leute wegen. Ich *bin* mir bewußt, daß ich mich so mangelhaft *ausdrücke*, …	Ein Land, sagte ich, *besuche* man ja nicht eben nur des Landes, sondern auch … der Leute wegen. Ich *sei* mir bewußt, daß ich mich so mangelhaft *ausdrückte*, … *(Th. Mann)*
2. Dem *war* eine solche Frage nicht recht. (Dem *ist* eine solche Frage nicht recht *gewesen*.)	B. glaubte vielmehr, dem *sei* eine solche Frage nicht recht gewesen. *(Johnson)*
Ich teilte dem Prinzen mit: „Mein Gemahl *mußte* heute leider verreisen."	… ließ ich den Prinzen rufen und teilte ihm mit, daß mein Gemahl leider *habe verreisen müssen. (Hildesheimer)*
3. Der Portier wußte: Hugo *geht* jetzt ins Restaurant und *ist* bis elf *verschwunden.*	Der Portier wußte, daß Hugo ins Restaurant *gehen* … und bis elf *verschwunden sein würde. (Böll)*
4. „*Holt* eure Schippen und *bringt* die Leiter her!"	Sie *sollten* ihre Schippen *holen*, schrie er, und die Leitern *herbringen.*

Der Gebrauch des Passivs

Für die Wahl der sprachlichen Mittel und der grammatischen Form ist die Mitteilungsperspektive maßgebend. Die Mitteilungsperspektive ist auf die Person oder Sache gerichtet, über die etwas mitgeteilt wird, die also Thema der Mitteilung ist; sie kann ebenso auf einen ganzen Sachverhalt gerichtet sein, der Inhalt der Äußerung ist. Die Mitteilungsperspektive ist entscheidend für die Wahl des Subjekt [→ E 11], nach dem sich der lexikalische und strukturale Aufbau des Satzes richtet. Eines der grammatischen Mittel für die Beibehaltung oder Änderung der Mitteilungsperspektive zur Anpassung der Beschreibung an die Sprechsituation oder an den Kontext ist das Passiv [→ B 93].

Wir fuhren sehr schnell. *Ein Polizist* hielt uns an.
Wir fuhren sehr schnell und wurden (von einem Polizisten) angehalten.

Durch die Änderung der Mitteilungsperspektive bei der Beschreibung eines Sachverhalts ergibt es sich, daß Handlungen durch das Passiv als Vorgänge gesehen werden. Der Urheber des als Vorgang betrachteten Sachverhalt kann, wenn es für die Mitteilung von Bedeutung ist, in einer freien Angabe [→ E 24.5] genannt werden. Ebenso kann auch die Ursache eines Vorgangs genannt werden, wenn wegen der Mitteilungsperspektive ein Vorgang mit dem Passiv beschrieben werden muß.

Mit Hilfe des Passivs läßt sich vor allem die im Akkusativobjekt bezeichnete Person oder Sache in die Mitteilungsperspektive bringen.

Der Urheber oder die Ursache ist in der Mitteilungsperspektive und damit Subjekt des Satzes	geänderte Mitteilungsperspektive
Von 10 bis 12 Uhr bereitet *der Koch* das Mittagessen vor.	Von 10 bis 12 Uhr wird *das Mittagessen* vorbereitet.
Herr Müller machte mich mit dem neuen Direktor bekannt.	*Ich* wurde mit dem neuen Direktor bekannt gemacht.
Am Vormittag räumt *das Mädchen* mein Zimmer auf.	Am Vormittag wird *mein Zimmer* aufgeräumt.
Den Schmuck hat *ein berüchtigter Juwelendieb* gestohlen.	*Der Schmuck* ist (von einem berüchtigten Juwelendieb) gestohlen worden.
Nachts strahlen *Scheinwerfer* die alte Burgruine an.	Nachts wird *die alte Burgruine* (von Scheinwerfern) angestrahlt.
Diese Maschine stellt täglich 200 000 Zigaretten her.	Von dieser Maschine werden täglich 200 000 *Zigaretten* hergestellt.

Mit Hilfe des Passivs kann auch das Geschehen in die Mitteilungsperspektive rücken. Hierbei entstehen die sogenannten subjektlosen Passivsätze. Die Personalform im Prädikat steht in der 3. Person Singular.

Der Urheber oder die Ursache ist in der Mitteilungsperspektive und damit Subjekt des Satzes	geänderte Mitteilungsperspektive
Letzte Nacht ist *ein Dieb* in unsere Wohnung eingebrochen.	Letzte Nacht *ist* in unsere Wohnung *eingebrochen worden*.
Die Leute halfen sofort dem Verletzten.	Dem Verletzten *wurde* sofort *geholfen*.
Meine Freunde mußten eine Stunde auf den Fremdenführer warten.	Auf den Fremdenführer *mußte* eine Stunde *gewartet werden*.
Die Hersteller müssen bei der Konstruktion eines guten Staubsaugers besonders darauf achten, daß die Düsen richtig angeordnet sind.	Bei der Konstruktion eines guten Staubsaugers *muß* besonders darauf *geachtet werden*, daß die Düsen richtig angeordnet sind.

Wenn es für die Mitteilung von Bedeutung ist, kann beim Passiv der Urheber oder die Ursache des Sachverhalts genannt werden.
Der Urheber oder die Ursache wird mit der Präposition *von* gekennzeichnet.

Urheber:

Der Junge ist *von einem Hund* gebissen worden. – Der Brief wurde mir *von einem Boten* überbracht.

Ursache:

Der Bauernhof ist *von einem Großfeuer* zerstört worden. – Nach den heftigen Regenfällen wurde das umliegende Land *vom Wasser* überschwemmt.

Wenn hinter dem Urheber eines Sachverhalts ein Auftraggeber steht, wird der Urheber mit der Präposition *durch* gekennzeichnet.

Das Todesurteil wurde *durch den Henker* vollstreckt. – Der Brief wurde mir *durch einen Boten* zugestellt.

Wenn hinter der Ursache ein Handelnder zu vermuten ist, wird die Ursache ebenfalls mit der Präposition *durch* gekennzeichnet.

Die Stadt ist *durch Bomben* zerstört worden. – Der Kranke wurde *durch ein neues Medikament* geheilt.

Wenn das Mittel genannt werden soll, das den Sachverhalt zustande kommen läßt, wird es mit der Präposition *mit* gekennzeichnet.

Die Maschine wird *mit Dieselöl* angetrieben.

Folgende Satzbildungen lassen kein Passiv zu, weil kein Wechsel der Mitteilungsperspektive möglich ist:

1. Sätze mit Reflexivpronomen als Objekt. Bei diesen Sätzen ist das Subjekt mit dem Objekt identisch.

> Ich wasche *mich*. – Wir beschäftigen *uns*.

2. Sätze, bei denen das Akkusativobjekt einen Teil des Subjekts bezeichnet. Auch hier besteht im Grund Identität mit dem Subjekt.

> Mein Freund legte mir *die Hand* auf die Schulter. – Du hast *deinen Fuß* auf den Stuhl gestellt. – Ich habe mir *das Bein* gebrochen.

3. Sätze mit Prädikatsergänzungen, die Akkusativform haben oder haben könnten [→ E 18 Prädikatsobjekt].

> Er verlor *den Mut*. – Das Kunstwerk nimmt allmählich *Gestalt* an. – 1938 erblickte er *das Licht der Welt*.

4. Sätze, in denen das Akkusativobjekt ein eignes Prädikat hat [→ E 21 Objektsprädikat].

> Ich sehe *meinen Freund kommen*. – Wir hören *die Kinder singen*.

5. Sätze mit freien Angaben, die Akkusativform haben.

> Er schlief *den Schlaf des Gerechten*. – Ich gehe *die Straße* entlang. – Wir steigen *den Berg* hinauf. – Er geht *jeden Tag* ins Büro.

6. Eine Änderung der Mitteilungsperspektive ist mit Hilfe des Passivs nicht möglich

a) bei Verben, die ein Sein bezeichnen;

> Er *hat* viel Geld. – Er *besitzt* drei Häuser. – Das Buch *kostet* zehn Mark. – Das *wiegt* einen Zentner. – Wir *kennen* ihn nicht.

b) bei den meisten Verben, die einen Vorgang bezeichnen [→ G 8].

> Morgen *bekommen* wir die neuen Möbel. – Ich habe die Geschichte schon von einem Kollegen *erfahren*.

Wenn bei subjektlosen Passivsätzen kein Satzglied als Kontaktglied [→ E 63] den Platz im Vorfeld beansprucht, nimmt das Pronomen *es* den freien Platz im Vorfeld ein. Das Pronomen *es* ist nicht als Subjekt des Satzes anzusehen! [→ E 65]

> *Es wurde* mir nicht *geantwortet*. – *Es wurde* ihm nicht *geholfen*. – *Es wurde* bei der gestrigen Feier des Verstorbenen *gedacht*. – *Es wird* vor dem Hund *gewarnt*. – *Es wird* sonntags nicht *gearbeitet*. – *Es wurde* in dem Café bis in die Nacht *getanzt*.

Andere sprachliche und grammatische Mittel
zur Anpassung an die Mitteilungsperspektive

B 93 Neben dem Passiv gibt es noch weitere Mittel, um die Mitteilungsperspektive der Sprechsituation oder dem Kontext anzupassen. Oft werden diese Mittel dem Passiv vorgezogen, außerdem lassen sich mit dem Passiv nicht alle Inhalte in die Mitteilungsperspektive rücken. Vergleiche:

Der Urheber der Handlung ist in der Mitteilungsperspektive und damit Subjekt des Satzes	geänderte Mitteilungsperspektive
Hans hat Inge das Buch geschenkt.	*Das Buch* ist Inge geschenkt worden. *Inge* hat das Buch geschenkt bekommen. (Kein Passiv!)

B 94 Mit folgenden sprachlichen und grammatischen Mitteln läßt sich die Mitteilungsperspektive dem Kontext anpassen. Man vergleiche diese Konstruktionen mit dem Passiv, dabei ist aber von einer Äußerung auszugehen, in der der Sachverhalt als Handlung beschrieben wird, in der also der Urheber Subjekt des Satzes ist.

1. Mit Hilfe des Reflexivpronomens [→C12]. In diesen Sätzen kann der Urheber oder die Ursache des Geschehens nicht genannt werden.

Passiv	
Der Vorhang vor der Bühne wird geöffnet.	Der Vorhang vor der Bühne öffnet sich.
Die Unstimmigkeiten wurden aufgeklärt.	Die Unstimmigkeiten klärten sich auf.

2. Mit dem Verb *lassen* und dem Reflexivpronomen.

Die Besorgungen können schnell erledigt werden.	Die Besorgungen lassen sich schnell erledigen.
Dieses Fleisch kann besser gekocht als gebraten werden.	Dieses Fleisch läßt sich besser kochen als braten.

3. Mit den Verben *bekommen, erhalten* und dem Partizip II eines Handlungsverbs.

Mir wurde von Peter ein Buch geschenkt.	Ich habe von Peter ein Buch geschenkt bekommen.
Die Ware wird uns ins Haus geliefert.	Wir bekommen die Ware ins Haus geliefert.

4. Mit dem Verb *sein* und einem Infinitiv mit *zu*.

Wegen des großen Lärms konnte der Redner nicht verstanden werden.

Wegen des großen Lärms war der Redner nicht zu verstehen.

Der Koffer kann abgeschlossen werden.

Der Koffer ist abzuschließen.

5. Mit Hilfe von Prädikatsergänzungen [→ E 3] und Funktionsverben im Prädikat [→ A 11] lassen sich, im Gegensatz zum Passivausdruck, vielfältige Aspekte wiedergeben.

Er wurde oft belästigt.

Er war vielfältigen Belästigungen ausgesetzt.

Die Pflanzen müssen gepflegt werden.

Die Pflanzen bedürfen sorgfältiger Pflege.

Er wurde hart bestraft.

Er bekam eine harte Strafe.

Ihr wurde zugesichert, daß ...

Sie bekam die Zusicherung, daß ...

Der Mann wurde verletzt.

Der Mann trug mehrere Verletzungen davon.

Das Werk wurde gestern uraufgeführt.

Das Werk gelangte gestern zur Uraufführung.

Der Vorfall wurde vergessen.

Der Vorfall geriet in Vergessenheit.

Die Produktion wird ständig kontrolliert.

Die Produktion steht unter ständiger Kontrolle.

Der Junge wurde getadelt.

Der Junge zog sich einen unnötigen Tadel zu.

Der Gebrauch des Imperativs

B 95

Der Imperativ ist die Verbform zum Ausdruck einer Aufforderung, die unmittelbar an eine oder mehrere Personen gerichtet ist. Die Äußerung wird im allgemeinen mit der Imperativform eingeleitet. In der Schrift wird die Aufforderung mit einem Ausrufezeichen am Ende des Satzes gekennzeichnet.

Hole mir ein Glas Wasser! – *Sprich* nicht so laut! – *Kommt* nicht so spät nach Hause! – *Fahren Sie* nicht so schnell. – *Seid* nett zueinander!

Reflexivpronomen und reflexiv gebrauchte Personalpronomen erhalten in einem Imperativsatz die Form, die der angeredeten Person entspricht.

Wasche *dich* mit kaltem Wasser! – Freut *euch* über das schöne Geschenk. – Erkundigen Sie *sich* auf dem Reisebüro!

Schließt die Aufforderung den Sprechenden mit ein, gebraucht man statt des Imperativs die 1. Person Plural des Konjunktivs I; das Personalpronomen steht dabei hinter der Personalform.

Gehen wir jetzt! – *Bleiben wir* noch! – *Seien wir* froh, daß alles gut vorübergegangen ist.

Will man der Aufforderung besonderen Nachdruck verleihen, gebraucht man den Imperativ von *lassen* mit dem Infinitiv im zweiten Prädikatsteil und das Personalpronomen *uns* als Objekt.

Laßt uns jetzt gehen! – *Laßt uns* noch bleiben!

B 96 Nach dem Imperativ stehen auch manchmal die Personalpronomen *du* oder *ihr*. Diese Pronomen haben hinweisende Wirkung und erhalten daher den Unterscheidungston [→ F 14].

Bring *du* mir das Buch! – Helft *ihr* dem Verletzten, ich werde die Unfallstation benachrichtigen.

Durch die Modalglieder [→ E 27] *doch einmal* oder durch den Ausdruck *bitte* kann eine mit einem Imperativ ausgedrückte Aufforderung einen höflicheren oder entgegenkommenderen Charakter bekommen. Der Ausdruck *bitte* kann die Aufforderung einleiten, sonst steht er im Satzfeld.

Komm *doch einmal* her! – Helfen Sie mir *doch!* – *Bitte* geben Sie mir bald Nachricht! – Herr Ober, bringen Sie mir *bitte* die Speisekarte!

Mitunter können Imperativsätze auch mit einem Kontaktglied eingeleitet werden [→ E 63]. Diese Aufforderungen sind allerdings sehr eng an die Sprechsituation oder an den Redezusammenhang gebunden. Das Kontaktglied erhält den Unterscheidungston.

Jetzt kommt aber einmal her! – *Mich* fragt aber nicht!

Mit den Imperativen von *machen* oder *tun* gibt der Sprecher der Aufforderung eine bestimmte subjektive Färbung.

Verärgerung:	*Mach, daß* du fortkommst!
höflich bittende Aufforderung:	*Tun Sie mir (bitte) den Gefallen und bleiben Sie bei mir!*

B 97 Die Imperativform der 2. Person Singular wird gelegentlich auch in Aufforderungen gebraucht, die nicht an eine bestimmte Person gerichtet sind, sondern für einen nicht näher bezeichneten Personenkreis gelten sollen, z. B.:

1. allgemeine Hinweise an die Bevölkerung:

Geh! Steh! (an Verkehrsampeln) – *Kaufe* billig bei Müller & Co.! – *Iß* mehr Obst, und du bleibst gesund!

2. in Sprichwörtern und in bestimmten Redensarten:

Iß, was gar ist, *trink,* was klar ist, *sprich,* was wahr ist! – Seine Schulden betragen doch nur eine kleine Summe, *sprich* 20 000 Mark. (ironisch)

3. bei Hinweisen in Büchern (ohne Ausrufezeichen):

siehe Seite 9 (s. S. 9) – *vergleiche* § 14 (vgl. § 14)

Neben dem Imperativ können auch andere sprachliche und grammatische B 98
Formen eine Aufforderung ausdrücken:

1. der Infinitiv oder das Partizip II zur Aufforderung an die Allgemeinheit
oder an eine bestimmte Personengruppe:

> Rechts *gehen!* – Langsam *fahren!* – Nicht *hinauslehnen!* – Rauchen *verboten!* – *Weggetreten!* – Jetzt *aufgepaßt!*

2. die übrigen Satzformen:

Mitteilungssatz mit Präsens	Ihr geht jetzt!
Fragesatz mit Präsens	Gehst du nun endlich?!
Mitteilungssatz mit Futur	Du wirst jetzt nach Hause gehen!
Fragesatz mit Futur	Werdet ihr jetzt endlich arbeiten?!
Fragesatz mit *wollen* im Präsens	Willst du jetzt kommen?!
Mitteilungssatz mit *sollen* im Präsens	Du sollst den Hund nicht schlagen!
Fragesatz mit *mögen* im Konjunktiv II	Möchten Sie mir bitte das Salz herüberreichen?
Fragesatz mit *dürfen* im Präsens	Darf ich Sie um das Salz bitten?

3. ein alleinstehender *daß*-Satz drückt eine Aufforderung aus, die einen beschwörenden oder drohenden Unterton enthält. Das Modalglied *ja* hebt die Besorgnis oder die Drohung noch hervor.

> *Daß* du pünktlich zu Hause bist! – *Daß* ihr *ja* nicht zu weit in den See hinausschwimmt!

4. Bei Aufforderungen, denen unbedingt und unverzüglich Folge geleistet werden soll, wird die Äußerung auf das Sinnwort reduziert.

> Ruhe! – Schnell! – Raus! – Ab! – Los! – Fertig! – Hierher!

Bei Aufforderungen, die nicht für den Angesprochenen, sondern für dritte, B 99
nicht anwesende Personen bestimmt sind, gebraucht man

1. das Modalverb *sollen* im Präsens

> Rufen Sie Fräulein Müller! Sie *soll* mir die Post bringen, die heute eingegangen ist.

2. das Modalverb *mögen* im Konjunktiv II. Die Aufforderung erhält dadurch einen höflicheren, verbindlicheren Charakter.

> Herr Berger *möchte* noch etwas warten. Bestellen Sie es ihm!

Bei Aufforderungen, die an keinen bestimmten Personenkreis gerichtet sind, gebraucht man den Konjunktiv I mit unbestimmtem Pronomen *man* als Subjekt.

> *Man nehme* 3 Eier und 100 g Zucker ... – Den Namen *merke man* sich gut!

Der Gebrauch des Partizips

B 100 Verben und verbalisierte Wörter anderer Wortklassen [→ B 139] können zwei Partizipformen bilden [→ B 24]: das Partizip I und das Partizip II. Beide Partizipien können Satzglied- und Attributfunktionen in einem Satz übernehmen. Ins Prädikat kann jedoch nur das Partizip II treten, nicht aber das Partizip I*). Als Attribute nehmen die Partizipien die Kasusmorpheme oder die Attributmorpheme an, ebenso auch wenn sie für Nomen stehen [→ B 104, D 5, D 8].

Partizip I

B 101 Das Partizip I steht im Satz

1. als Attribut [→ E 28 ff.]

   Achten Sie auf *herabfallende* Steinbrocken! – Wir haben die politische Entwicklung der letzten Wochen mit *wachsendem* Interesse verfolgt. – Er hat sich die *blutende* Wunde selbst verbunden.

2. für Nomen [→ B 144, 186]

   Das ist ein Sanatorium für *Genesende*. – Der Feind setzte den *Fliehenden* nach. – Alle *Reisende* in Richtung Salzburg und Wien müssen in Freilassing umsteigen.

3. als Modalangabe [→ E 24.3]

   Der Schiffbrüchige erreichte *schwimmend* das rettende Ufer. – Das Kind kam *weinend* von der Schule heim.

4. als Objektsprädikat [→ E 21]

   Wir trafen den Kranken *schlafend* an. – Der Förster fand das Reh *sterbend* am Rande der Autobahn.

B 102 Das Partizip I kann als Attribut eigene Satzglieder annehmen, die attributiv vor das Partizip gestellt werden.

   Wir beobachteten die *heftig im Winde schwankenden* Baumwipfel. – Bei *jeder sich ihm bietenden* Gelegenheit geht mich Karl um Geld an.

Die Zeitlage des mit dem Partizip I bezeichneten Geschehens/Seins stimmt mit der Zeitlage des Prädikats überein.

   Wir trösteten das *weinende* Kind. – Er ist durch einen *umstürzenden* Baum verletzt worden.

Unterschiedliche Zeitlagen werden durch Temporalangaben zum attributiven Partizip ausgedrückt.

   Die *einst blühende* Stadt ist jetzt verlassen. – Die *im Mittelalter regierenden* Fürsten liegen in diesem Dom begraben.

---

*) Eine Entsprechung für die im Englischen gebräuchliche Progressivform (I am going, he is sleeping) gibt es im Deutschen nicht.

Das Partizip I einiger Verben hat gegenüber den übrigen Formen dieser Verben einen eigenen, eingeengten Inhalt bekommen. Diese Partizipien stehen häufig als Prädikatsergänzungen.

Der Mann ist *wütend*. – Die Frau ist *leidend (zuvorkommend, reizend, entzückend)*.

Partizip II

1. Das Partizip II bezeichnet ein abgeschlossenes, beendetes Geschehen/Sein. Es dient daher vor allem zur Bildung der zusammengesetzten Zeitformen für die Vergangenheit, des Perfekts [→ B 46] und des Plusquamperfekts [→ B 52]. In Verbindung mit *werden* bildet es die Passivkonstruktion, mit der ein Vorgang zum Ausdruck gebracht wird [→ B 56], und mit *sein* drückt es ein Sein aus, das nach Ablauf eines Geschehens erreicht wurde.

B 103

Er schließt die Tür ab.   Die Tür ist abgeschlossen.
Die Tür wird abgeschlossen.

Im Prädikat bildet es den zweiten Prädikatsteil und erhält dadurch als einer der inkorporierenden Teile des Satzes eine wichtige Aufgabe für den Satzbau [→ E 54].

Gestern hat uns Peter in unserem neuen Heim *besucht*. – Die Gesetzesvorlage ist gestern vom Plenum des Bundestages *angenommen worden*.

2. Das Partizip II steht als Modalangabe [→ E 24.3] und kann selbst Attribute annehmen; Frage: *wie?*

Die Frau ging *gekränkt* nach Hause. – Sie schlug *entsetzt* die Hände über dem Kopf zusammen. – Dort steht ein Schirm *gänzlich verloren* in der Ecke.

Ebenso steht es als Modalangabe mit dem Verb *kommen* im Prädikat, wenn es mit Verben der Fortbewegung gebildet wurde; Frage: *wie?* [→ E 24.3]

Dort kommt Peter *gelaufen*. – Ein Vogel kam *geflogen*. (Liedanfang) – Der Bote kam *herbeigeeilt*.

Bei den Verben ohne Vorsilbe und ohne Verbzusatz erhält das Partizip II meistens den Verbzusatz *an-*, ohne daß sich am Verbinhalt etwas ändert.

Dort kommt Peter *angelaufen*. – Ein Vogel kam *angeflogen*.

Eine ähnliche Konstruktion ist *verlorengehen*, bei der das Partizip II *verloren* als Verbzusatz anzusehen ist.

Paß auf, daß der lose Knopf an deinem Mantel nicht *verlorengeht*!

3. Das alleinstehende Partizip II kann auch als Aufforderung gebraucht werden, die sich an eine bestimmte Person oder an eine bestimmte Personengruppe

B 104

richet und der unverzüglich Folge zu leisten ist. Die Aufforderung wird oft noch durch *jetzt aber, nun aber* unterstrichen.

> *Stillgestanden! – Aufgepaßt!* Dort kommt ein Auto. – *Jetzt aber* schnell *eingestiegen!* Der Zug fährt sofort ab! – Nun aber *stillgehalten!*

4. Das Partizip II steht auch als Attribut und bezeichnet das erreichte Sein, den erreichten Zustand. Es kann ebenfalls durch eigene Attribute erweitert werden.

> Lauf nicht über den *frisch gepflügten* Acker! – Möchten Sie eine Scheibe *getoastetes (geröstetes)* Brot? – Ist das ein *weichgekochtes* Ei?

5. Das Partizip II steht auch für Nomen [→ B 144, B 186]

> Gestern habe ich einen *Bekannten* aus meiner Studienzeit getroffen. – Unter den *Geretteten* waren zwei *Verletzte*. – *Alt Bewährtes* bedarf keiner besonderen Empfehlung.

Einige nominal gebrauchte Partizipien haben ihren eigentlich verbalen Charakter fast ganz verloren und bezeichnen nur noch Personen. Formal werden sie aber noch immer wie Attribute behandelt und nehmen Kasus- oder Attributmorpheme an [→ D 5, D 8].

der Bekannte,	ein Bekannter,	die Bekannten,	Bekannte
die Bekannte,	eine Bekannte		
der Verwandte,	ein Verwandter,	die Verwandten,	Verwandte
die Verwandte,	eine Verwandte		
der Verlobte,	mein Verlobter,	die Verlobten,	Verlobte
die Verlobte,	meine Verlobte		
der Beamte,	ein Beamter,	die Beamten,	Beamte

aber feminin!:

die Beamtin,	eine Beamtin,	die Beamtinnen,	Beamtinnen

B 105 Das Partizip II bestimmter Verben kann nicht als Attribut gebraucht werden:

1. Das Partizip II von Verben, die den Verlauf eines Geschehens oder das Bestehen eines Seins bezeichnen und das Perfekt mit *haben* bilden.

> blühen: Die Blume hat *geblüht*.
> aber verblühen: Die Blume ist *verblüht*. – Die *verblühte* Blume.

Ebenso können die Partizipien *geschlafen, gewohnt, geholfen, geantwortet, gegessen* u. a. sowie die Partizipien der Verben, die ein Wettergeschehen bezeichnen, *geregnet, geblitzt* usw., nicht als Attribute gebraucht werden.

2. Die Partizipen II der Verben der Fortbewegung *(gelaufen, geeilt, gefahren, gegangen);* sie können allerdings als Attribute gebraucht werden, wenn eine Lokalergänzung das Ziel angibt.

> Das *auf die Fahrbahn gelaufene* Kind ist von einem Auto erfaßt worden.

68

Beziehen diese Verben die Angabe eines Maßes mit ein, können sie auch allein als Attribut gebraucht werden.

Der Junge ist die Strecke in 10,8 Sekunden gelaufen. Der Sportwart hat die *gelaufene* Zeit mit der Stoppuhr festgestellt. – Der Busfahrer ist gestern 150 km gefahren. Er muß die *gefahrenen* Kilometer ins Fahrtenbuch eintragen.

3. Die Partizipien II der Modalverben *können* und *wollen* werden nur als Attribute gebraucht, wenn sie einen bestimmten Inhalt bekommen haben. *gekonnt* im Sinne von ‚mit Geschick und Kunstfertigkeit gemacht‘; *gewollt* im Sinne von ‚beabsichtigt‘.

Das ist wirklich ein *gekonntes* Bild. – Mit *gewollter* Gleichgültigkeit hörte er sich den Disput an.

4. Die Partizipien II der reflexiven Verben *(sich schämen, sich freuen* usw.*)* können nicht attributiv gebraucht werden, mit Ausnahme einiger weniger, die dann ohne Reflexivpronomen als Attribute eingesetzt werden können.

sich verirren: das *verirrte* Kind
sich verlieben: der *verliebte* Bräutigam
sich betrinken: der *betrunkene* Autofahrer

Ein Partizip II kann Komparativformen bilden, wenn es seinen verbalen Bedeutungsgehalt zugunsten eines adjektivischen Bedeutungsgehalts aufgegeben hat, wie z. B. die Partizipien *erfahren, geeignet* u. a.

Dieses Mittel erscheint mir *geeigneter* als viele andere. – Dem *erfahrensten* Menschen kann einmal ein Fehler unterlaufen. – Ihre Firma gehört zu den *angesehensten* unserer Stadt. – Du bist mit diesen Dingen *vertrauter* als ich.

Partizipien mit eigenen Satzgliedern (Partizipialsatz)

Da Partizipien Verbformen sind und daher Geschehen oder Sein bezeichnen, können sie durch weitere Inhalte näher bestimmt werden, die ihnen attributiv vorangestellt werden. Solche erweiterten Partizipien erhalten dadurch den Charakter von Gliedsätzen [→ D 118] oder Attributsätzen [→ E 33, E 36f.]. Als Satzglied ist das erweiterte Partizip Angabe [→E 23]. Das im Satz genannte Subjekt bezieht sich auch auf das mit dem erweiterten Partizip bezeichnete Geschehen oder Sein.
Das erweiterte Partizip steht, wie die einfachen Partizipien,

B 106

1. als Modalangabe

Laut um Hilfe schreiend, rannte die Frau durch die nächtliche Straße. – Die Expedition versuchte, *sich mühsam einen Weg durch den Urwald bahnend,* das geplante Tagesziel zu erreichen. – *Die Augen vor Angst weit aufgerissen,* starrte er auf das Raubtier.

2. als Kausalangabe

Von einem Giftpfeil zu Tode getroffen, stürzte der Vogel zur Erde hernieder.
– Die Gazelle war, *vor tödlichem Schrecken vollkommen gelähmt*, keiner
Fluchtbewegung mehr fähig.

3. als Temporalangabe

In München angekommen, begaben sich die ausländischen Delegationen zu-
nächst in die für sie reservierten Hotels.

B 107   Als Attribut gleicht das erweiterte Partizip in seiner Struktur einem Relativsatz ohne Relativpronomen und ohne Personalform.

Das Wild, *von dem Schuß aufgeschreckt*, (Das *von dem Schuß aufgeschreckte*
Wild) lief eilends in den Wald zurück. – Sofort löschte die Feuerwehr,
aus den umliegenden Ortschaften herbeigeeilt, den Brand, der den Bauernhof
zu vernichten drohte.

Bem.: Solche erweiterten Partizipien werden, besonders wenn sie mit mehreren Satzgliedern erweitert werden, im Deutschen vermieden. Sie finden sich
meistens in der literarischen Sprache.

Vergleichen Sie das erweiterte Partizip als Satzglied und als Attribut:

Attribut: Das Wild, (das) *von dem Schuß aufgeschreckt* (war), lief eilends in den
Wald zurück.

Satzglied: Das Wild lief, (weil es) *von dem Schuß aufgeschreckt* (worden war),
eilends in den Wald zurück.

Zum Ausdruck einer in Betracht zu ziehenden Möglichkeit können Äußerungen mit dem Partizip II bestimmter Verben eingeleitet werden.

Angenommen, dein Vater schickt dir kein Geld; was willst du dann
machen? – *Gesetzt den Fall*, ich hätte morgen keine Zeit, zu dir zu kommen, dann rufe ich dich an.

Der Gebrauch des Infinitivs

B 108   Neben dem Partizip ist der Infinitiv eine Form, mit der das Verb Satzglied-
und Attributfunktionen in einem Satz übernehmen kann.
Es sind zwei Arten der Anwendung des Infinitivs zu unterscheiden: 1. der
einfache Infinitiv und der mit der Präposition *zu* eingeführte Infinitiv *(Präpositional-Infinitiv)*

lernen	*zu* lernen
können	*zu* können
wissen	*zu* wissen
sein	*zu* sein
vorkommen	vor*zu*kommen

Wann der Infinitiv mit *zu* oder ohne *zu* gebraucht wird, hängt von der Funktion oder der Satzstruktur ab, in der der Infinitiv eingesetzt wird.

Ich will morgen nach Wien *fahren.* – Er hofft, bald reich *zu werden.* – Seine Hoffnung, reich *zu werden*, wird sich nicht so schnell *erfüllen.* – Ist es nicht schön *zu reisen?*

Der *einfache Infinitiv* unterliegt als Prädikatsteil den Stellungsregeln des Prädikats [→E 54]. Er gehört immer zum 2. Prädikatsteil, alle übrigen Satzglieder stehen vor ihm.

Wir wollten schon lange eine Reise nach Italien *machen.* – Du kannst von diesem Fenster aus die Kinder im Garten *spielen sehen.* – Weißt du, daß unser Direktor morgen nach Berlin *fahren* muß?

Der *Präpositional-Infinitiv* steht als Satzglied oder als Attribut und kann eigene Satzglieder anschließen. Wenn er eigene Satzglieder aufnimmt, bildet er ein eigenes Satzsystem und gilt als Gliedsatz oder Attributsatz [→E 57]. Man bezeichnet ihn seiner Form wegen als *Infinitivsatz*. In der Schrift wird der Infinitivsatz als eigenes Satzsystem durch Komma getrennt.

Der Infinitivsatz unterscheidet sich von den Nebensätzen gleicher Funktion dadurch, daß

B 109

1. kein Subjekt ausgedrückt wird und damit die Bildung einer Personalform entfällt. Die Regeln der Kongruenz zwischen Subjekt und Prädikat werden hier nicht wirksam [→E 14].

2. zum Ausdruck der Zeitlage des Geschehens oder Seins nur zwei Formen zur Verfügung stehen.

	Nebensatz	Infinitivsatz
Gegenwart	*, daß er ... kauft*	*... zu kaufen*
Zukunft	*, daß er ... kaufen wird*	
Vergangenheit	*, daß er ... kaufte* *, daß er ... gekauft hat* *, daß er ... gekauft hatte*	*... gekauft zu haben*
	, daß er ... kam *, daß er ... gekommen ist* *, daß er ... gekommen war*	*... gekommen zu sein*

Als Subjekt zum Infinitiv oder zum Infinitivsatz ist das Subjekt oder das Objekt des Satzes anzusehen, dem der Infinitivsatz syntaktisch zugeordnet ist.

Ich will Deutsch *lernen.* – Wie lange mußt *du* in der Schule *bleiben?* – Hörst du *die Kinder* in der Schule *singen?* (Die Kinder singen in der Schule.) – Ich sehe *Peter* im Garten *arbeiten.* (Peter arbeitet im Garten.)

71

B 110   Die Zeitform des Infinitivs richtet sich nach der Zeitform des Prädikats im übergeordneten Satz. Das mit dem Infinitiv bezeichnete Geschehen/Sein kann mit dem im übergeordneten Satze bezeichneten Geschehen/Sein gleichzeitig verlaufen, es kann ihm zeitlich vorangehen oder auch folgen.

> Wir *hören* (Gegenwart) das Kind *schreien* (gleichzeitig).
> Wir *wollen* (Gegenwart)heute ins Kino *gehen* (bevorstehend).
> Wir *wollten* (Vergangenheit) damals ein Haus *kaufen* (bevorstehend).
> Er *will* (Gegenwart) diesen Brief nicht *geschrieben haben* (vergangen).
> Ich *hoffe* (Gegenwart), dich bald *wiederzusehen* (bevorstehend).
> Wir *glaubten* (Vergangenheit), bereits in München *angekommen zu sein* (vergangen).
> Er *meinte* (Vergangenheit), ein Künstler *zu sein* (gleichzeitig).

Der Infinitivsatz bildet ein eigenes Satzfeld [→E 57] und steht zumeist im Nachfeld des übergeordneten Satzes [→E 62]. Die Stellung der Satzglieder im Infinitivsatz richtet sich nach den allgemeinen Stellungsregeln [→E 66 f.].

> Wir wünschen,   zu Hause in Ruhe   zu arbeiten.
> Er kam nach Köln,   um dort an der Universität   zu studieren.

Als Attribut folgt der Präpositional-Infinitiv wie auch der Infinitivsatz dem übergeordneten Nomen [→ E 36 ff.].

> Er hat keine *Lust zu arbeiten.* – Seine *Hoffnung, in diesem Jahr in seine Heimat zurückzukehren,* hat sich zerschlagen.

Der Infinitiv als Prädikatsteil

B 111   Der Infinitiv bildet zusammen mit *werden* das Futur [→B 53] und das Futur Perfekt [→ B 54]. Das Hilfsverb *werden* bildet dabei nur die Präsensformen.

> Wir *werden* bald am Reiseziel *sein.* – In einem Jahr *wird* sich der Junge hier *eingelebt haben.*

In der gleichen Weise werden Vermutung, Absicht u. a. zum Ausdruck gebracht, wobei die Zeitlage der beschriebenen Geschehen/Sein mit der entsprechenden Infinitivform wiedergegeben wird [→ B 69; B 110].

> Peter *wird* jetzt in Berlin *sein.* (Gegenwart)
> Morgen *wird* mein Brief bei meinem Onkel *sein.* (Zukunft)
> Nächstes Jahr um diese Zeit *werde* ich mein Studium *beendet haben.* (Zukunft)
>
> Mein Freund *wird* inzwischen zu Hause *angekommen sein.* (Vergangenheit)
>
> Deine Schwester ist so braun gebrannt; sie *wird* im Wintersport *gewesen sein.* (Vergangenheit)

B 112   Der einfache Infinitiv steht auch zusammen mit Modalverben [→B 132]. Wenn die Modalverben zum Ausdruck der subjektiven Stellung des Sprechers eingesetzt werden, können in einem Satz zwei unterschiedliche Zeitverhältnisse

72

auftreten. Die Zeitlage des beschriebenen Sachverhalts wird von der Infinitivform wiedergegeben, während die gegenwärtige Einstellung des Sprechers
durch das Präsens des Modalverbs und die auf einen früheren Zeitpunkt bezogene Einstellung durch das Präteritum des Modalverbs ausgedrückt wird.
Gegenwärtige Einstellung des Sprechers:

Der Sachverhalt liegt in der Gegenwart:	Der Verletzte *muß* starke Schmer-zen *haben*.
Der Sachverhalt in der Vergangenheit:	Bei dem Unfall *sollen* fünf Personen verletzt *worden sein*.

Die Einstellung des Sprechers ist auf einen früheren Zeitpunkt bezogen:

Der Sachverhalt in der Vergangenheit:	Wie ich damals annahm, *mußtet* ihr sehr erfolgreich *gewesen sein*.

Der Präpositional-Infinitiv steht als Prädikatsteil zusammen mit den Verben **B 113**
haben oder *sein*. *haben* drückt dabei die Notwendigkeit und den Zwang zu einer
Handlung aus; *sein* bezeichnet eine Möglichkeit oder Notwendigkeit von Vorgängen [→ B 136].

> Der Mann *hat* diese Arbeit *zu machen*. Es gibt für ihn keine andere
> Möglichkeit. – Das Material *ist* genau *zu prüfen*, bevor es für den Bau
> eines Motors verwendet werden soll. – Kinder *haben zu schweigen*, wenn
> Erwachsene sprechen. – *Haben* Sie heute *zu tun?* Heute *habe* ich nichts
> (wenig, etwas, genug, viel) *zu tun*. – Der Vorschlag *ist zu begrüßen*. (Man
> begrüßt den Vorschlag.) – Die Sprache *ist* gut *zu verstehen*. (Man ver-
> steht die Sprache gut.)

Der Präpositional-Infinitiv steht als Prädikatsteil bei modalem Gebrauch der
Verben *brauchen, drohen, pflegen, scheinen, vermögen, versprechen*. Das Verb *brauchen*
verwendet man in dieser Konstruktion nur, wenn der Infinitiv oder ein Satzglied des Infinitivs verneint oder durch *nur* oder *bloß* eingeschränkt ist
[→ B 136].

> Ich brauche heute *nicht zu arbeiten*. – Ich brauche heute *nur* eine *(keine)*
> Übung *zu schreiben*. – Du brauchst *nur zu arbeiten*, wenn du Geld ver-
> dienen willst. – Das alte Haus droht *einzustürzen*. – Peter pflegt bis in die
> Nacht *zu arbeiten*. – Du scheinst gestern lange *gearbeitet zu haben*. – Wir
> vermögen (= können) ihm kein Leid *zu tun*. – Die Ernte verspricht
> (= scheint) in diesem Jahr gut *zu werden*.

Vergleichen Sie den Gebrauch der Verben *brauchen, pflegen* und *scheinen* in nicht-
modaler Funktion.

> Ich *brauche* dringend Erholung. – Die Krankenschwester *pflegte* den Pa-
> tienten viele Wochen. – Heute *scheint* der Mond.

Die Verben *drohen* und *versprechen* stehen mit dem Präpositional-Infinitiv auch in nicht-modaler Funktion.

> Der Vater *drohte*, seinen Sohn von der Schule *zu nehmen*. – Der Vater *drohte* seinem Sohn, ihn von der Schule *zu nehmen*.
> Mein Freund *versprach*, mir sein Fahrrad *zu leihen*. – Mein Freund *versprach* mir, meinem Bruder sein Fahrrad *zu leihen*.

In einigen Redewendungen steht der Präpositional-Infinitiv auch nach den Verben *geben, stehen, wissen, verstehen*.

> Er gab uns *zu verstehen*, daß wir ihn allein lassen sollten. – Das Benehmen dieses jungen Mannes gibt *zu denken*. – Du weißt (verstehst) *zu reden*. – Es steht *zu hoffen (zu erwarten)*, daß er seine Rechnung in der nächsten Woche bezahlen kann.

Der Infinitiv als Satzglied

1. ALS SUBJEKT

B 114 Der einfache Infinitiv steht als Subjekt und wird dann wie ein Nomen mit großem Anfangsbuchstaben geschrieben. Er erhält nur selten einen Artikel und kann keine Attribute und keine eigenen Satzglieder annehmen.

> *Irren* ist menschlich. – *Schenken* macht Freude. – *Vergeben* ist leichter als *Vergessen*. – *Geben* ist seliger denn *Nehmen*.

Wenn der Infinitiv zur Ergänzung seines Inhalts eine Prädikatsergänzung braucht [→ E 3], schreibt man ihn wieder mit kleinem Anfangsbuchstaben.

> *Unrecht leiden* ist besser als *Unrecht tun*.

Der Präpositional-Infinitiv steht in allen Fällen, in denen der Infinitiv durch eigene Satzglieder erweitert werden muß und sich damit zum Infinitivsatz entfaltet. Als Subjekt des Infinitivgeschehens kann man eine nicht genannte Person auffassen. Wenn der Infinitivsatz im Nachfeld steht, steht *es* als Korrelat im Vorfeld oder im Satzfeld [→ D 126].

> *Viel Kaffee zu trinken* ist der Gesundheit nicht zuträglich. – Der Gesundheit ist es nicht zuträglich, *viel Kaffee zu trinken*. – Mich freut es, *Sie wieder gesund zu sehen*. – Es macht Spaß, *im Sommer in einem See zu schwimmen*. – *Es* gehört sich nicht, *einen alten Mann zu ärgern*. (Man ärgert einen alten Mann nicht.)

Das Subjekt zum Infinitivgeschehen kann auch aus dem Zusammenhang der Rede ermittelt werden.

> Ich überlegte: Ist es besser *zu fahren* oder *zu bleiben?*

2. ALS OBJEKT

B 115

Der einfache Infinitiv hat bei den Modalverben im objektiven Gebrauch [→ B 132] die Funktion eines Objekts.

Was wollte Herr Müller gestern in eurem Büro? Er wollte *mit unserem Direktor sprechen*. – Was sollen wir hier? Ihr sollt hier *Deutsch lernen*. – Mußtest du gestern *zu Hause bleiben*? Ich habe gestern *nicht ins Kino gehen dürfen*. – Der Vater will schon seit langer Zeit *seinen Sohn auf eine höhere Schule schicken*.

In gleicher Funktion steht der einfache Infinitiv nach dem Verb *lernen* und manchmal auch bei *spielen*.

Das Kind lernt *sprechen*. – Die Kinder lernen in der Schule *lesen (schreiben, rechnen)*. – Mein Bruder lernt *schwimmen (reiten, Ski laufen, Auto fahren)*. – Die Kinder spielen *fangen*.

Der Präpositional-Infinitiv steht als Objekt nach vielen transitiven Verben.

Langsam *begann* er, die fremde Sprache *zu verstehen*. – Sie *begehrt*, ihren Bruder *zu sprechen*. – Wir *gedenken*, morgen *abzureisen*. – Er *fürchtet*, zu spät nach Hause *zu kommen*. – Er *schwor*, die Tat nicht *begangen zu haben*. – Ich *wähnte*, auf dem Wasser *zu schwimmen*.

Nach vielen transitiven Verben bezeichnet der Präpositional-Infinitiv ein Geschehen oder ein Sein, das erst erwartet wird. Zu diesen Verben gehören vor allem

anfangen	hoffen	vermögen
belieben	suchen	versprechen
beschließen	nicht verfehlen	versuchen
beabsichtigen	vergessen	wissen
erwarten	verheißen	wünschen
geloben	verlangen	

Ich *hoffe*, in der nächsten Zeit nach Berlin *zu reisen*. – Wir *versuchen*, bis morgen unsere Arbeit *zu beenden*. – Er *versprach* mir, mich bei meiner Arbeit *zu unterstützen*. – Man *suchte*, ihn noch im Büro *zu erreichen*.

B 116

Bei vielen Verben steht der Präpositional-Infinitiv zum Ausdruck eines Geschehens oder Seins, das bereits eingetreten ist oder schon zu Ende ist. Wenn das Geschehen in der Vergangenheit liegt, braucht man den Infinitiv Perfekt. Die wichtigsten Verben dieser Gruppe sind

angeben	erklären	versichern
behaupten	gestehen	vorgeben
bekennen	glauben	zugestehen
beteuern	leugnen	
einräumen	meinen	

Der Angeklagte *leugnete*, die Tat *begangen zu haben*. – Er *glaubt*, im Irrtum *zu sein*. – Wir *meinen*, recht *zu haben*. – Ich *gestehe*, bei dem letzten Geschäft große Verluste *gehabt zu haben*. – Sie *versicherte* uns, im letzten Monat im Krankenhaus *gelegen zu haben*.

Bei folgenden Verben besetzt *es* als Korrelat die Objektstelle im Satzfeld und kündigt einen Infinitivsatz im Nachfeld an.

ablehnen	nicht erwarten können	verdienen
aufgeben	finden (mit Modal-	vermeiden
aufschieben	ergänzungen dumm,	versäumen
aushalten	klug, töricht usw.)	verschmähen
beklagen	unterlassen	verschieben
ertragen	unternehmen	

Er unterläßt *es* nicht, mich dauernd *zu fragen*. – Wir lehnen *es* ab, ihm nochmals Geld *zu leihen*. – Kannst du *es* nicht erwarten, auf Urlaub *zu fahren?* – Ich finde *es* nicht klug von ihm, jetzt sein Haus *zu verkaufen*.

Bei den Verben *lieben*, *verstehen* und *wagen* kann *es* im Satzfeld fehlen.

Ich wage *(es)* nicht, meinen Vater *zu fragen*. – Verstehst du *(es)*, mit einem Pferd *umzugehen?* – Meine Eltern lieben *(es)*, am Wochenende an einen See *zu fahren*.

Auch einige intransitive Verben können einen Präpositional-Infinitiv aufnehmen, z. B.

anstehen	eilen	zaudern
aufhören	nicht ermangeln	zögern
drohen	gedenken	

Er drohte, es dem Lehrer *zu sagen*. – Gestern abend hörte es *zu regnen* auf. – Warum zögerst du, ins Auto *einzusteigen?* – Ich stehe nicht an, diesen Mann *zu kritisieren*.

B 117 In Satzstrukturen, die ein Präpositional-Objekt verlangen, steht der Präpositional-Infinitiv immer im Nachfeld. Die Präposition verbindet sich mit dem Demonstrativadverb *da(r)-* [→ C 92] und steht als Korrelat im Satzfeld und kündigt den im Nachfeld folgenden Infinitivsatz an [→ D 126]. Die wichtigsten Verben dieser Art sind

sich abgeben mit	dienen zu	umgehen mit
absehen auf	gewöhnen an	sich unterhalten mit
abzielen auf	sich kümmern um	sich vergnügen mit
es anlegen auf	sich machen über	verhelfen zu
bauen auf	sich etwas (nichts)	sich verlassen auf
sich beschäftigen mit	daraus machen	sich verstehen zu
beitragen zu	sinnen auf	vertrauen auf
denken an	sich tragen mit	

Wir können uns nicht *daran* gewöhnen, jeden Morgen früh *aufzustehen*.
Er beschäftigt sich *damit*, seinen Garten wieder in Ordnung *zu bringen*.
Er will sich nicht *dazu* hergeben, für andere Leute schmutzige Arbeit *zu tun*. – Du legst es *darauf* an, eine bessere Stelle in der Fabrik *zu bekommen*.

76

Mitunter kann das Korrelat auch fehlen, wie z. B. bei

ablassen von	sich freuen über	prahlen mit
beginnen mit	sich herbeilassen zu	rechnen auf
sich begnügen mit	sich hergeben zu	streben nach
sich bemühen um	sich hüten vor	warnen vor
erinnern an	klagen über	sich wundern über

Warum bemühst du dich nicht *(darum)*, eine Arbeit *zu finden*. – Hüten Sie sich *(davor)*, diesem Menschen Geld *zu leihen*. – Ich warne Sie *(davor)*, diese Reise *zu machen*.

Der Präpositional-Infinitiv ist in vielen Satzstrukturen Objekt zu Modalergän- B 118
zungen [→ E 8].

anheischig	erfreut	sicher
begierig	erstaunt	stolz
bekümmert	fähig	traurig
bereit	froh	vergnügt
betrübt	geeignet	wert
bewußt (mit Dativ)	gerührt	würdig
weit entfernt	gewiß	zufrieden
entzückt	gewohnt	

Wir sind bereit, nach Hause *zu gehen*. – Er ist nicht fähig, eine fremde Sprache *zu lernen*. – Wir sind traurig, so viel Geld *verloren zu haben*. – Ich bin erfreut, Ihre Bekanntschaft *gemacht zu haben*. – Wir sind erstaunt, hier so viele Menschen *zu finden*. – Bist du dir bewußt, uns *beleidigt zu haben*? – Ich bin weit entfernt, seinen Worten *zu glauben*.

Bei *gewohnt* und *wert* kann im Satzfeld *es* als Korrelat den Infinitivsatz im Nachfeld ankündigen.

Wir sind *es* nicht gewohnt, so früh am Morgen schon *zu arbeiten*. – Er ist *es* nicht wert, diese gut bezahlte Arbeit *zu bekommen*.

3. ALS LOKALERGÄNZUNG

Der einfache Infinitiv steht nach den Verben der Fortbewegung *kommen, gehen,* B 119
fahren, reiten als Lokalergänzung [→ E 8]. Frage: *wohin?*

Er geht jetzt *schlafen*. (Er geht *zu Bett*.) – Wir wollen nächsten Sonntag *baden* gehen (... *in einen See* oder *Fluß* zum Baden gehen). – Ihr geht (fahrt, reitet) jeden Tag *spazieren*. – Der alte Mann arbeitet nicht, er geht *betteln*. – Kommst du mit mir *Tennis spielen?* – Meine Mutter geht jetzt *einkaufen*. – Wir wollen jetzt *essen* gehen. – Gehst du es dem Nachbarn *sagen?* – Er geht einen Anzug *kaufen*.

Der Präpositional-Infinitiv steht mitunter als Lokalergänzung im übertragenen Sinn. Die Abgrenzung zwischen den Funktionen „Lokalergänzung" und „Präpositional-Objekt" [B 117] ist nicht immer klar zu erkennen. Es hängt von

dem zu schildernden Sachverhalt ab, welche der beiden Funktionen zutrifft *).
Die Beziehung zum Infinitiv wird durch Präpositionen hergestellt, die sich mit
dem Demonstrativadverb *da(r)*- verbinden [→ C 92].

ankommen auf	daran sein	sich daran machen
arbeiten an	darauf aus sein	sich darüber machen
ausgehen auf	darein willigen	sich ergeben in
beharren auf	darüber sein	sich finden in
dabei bleiben	drauf und dran sein	sich fügen in
dabei sein	kommen an	
daran gehen	pochen auf	

Wir waren gestern *drauf und dran abzureisen.* – Ich mache mich morgen
daran, den Garten in Ordnung *zu bringen.* – Er pocht *darauf,* morgen
einen freien Tag *zu bekommen.* – Der Mann war *darauf* aus, eine gute
Stellung in dieser Firma *zu bekommen.* – Bleiben wir *dabei,* die angebotene
Arbeit *abzulehnen?* – Er kann sich nicht *darein* finden, jeden Tag so früh
aufstehen zu müssen.

4. ALS MODALERGÄNZUNG

B 120 Der einfache Infinitiv von Verben, die eine Lage im Raum bezeichnen, steht
als Modalergänzung [→ E 8] zum Verb *bleiben.* Es sind dies die Infinitive
folgender Verben: *stehen, liegen, sitzen, hängen, stecken, kleben, haften, wohnen,
leben, bestehen.*

Du bleibst morgens immer zu lange im Bett *liegen.* – Wenn der Lehrer
in die Klasse kommt, bleiben die Schüler nicht auf ihren Bänken *sitzen.* –
Ich bleibe für die nächsten Wochen hier *wohnen.*

5. ALS PRÄDIKATSNOMINATIV, PRÄDIKATSAKKUSATIV

B 121 Der einfache Infinitiv steht an Stelle eines Prädikatsnominativs [→ E 8] und
eines Prädikatsakkusativs [→ E 8]. Sobald der Infinitiv eigene Satzglieder annimmt, erhält er die Präposition *zu.*

Rasten heißt *rosten.* – Leben heißt *hoffen.* – Ist das *arbeiten?* – Unser aller
Hoffnung ist, bald in die Heimat *zurückzukehren.* – Nennst du das *arbeiten?* – Das nenne ich Eulen nach Athen *tragen.*

6. ALS ANGABE

B 122 Der einfache Infinitiv nach den Verben *kommen* und *gehen* steht als Angabe. Er
kann mit eigenen Satzgliedern erweitert werden.

Hans kommt morgen zu uns *Fußball spielen.* – Ich gehe zur Post *telefonieren.* – Kommt mit uns Kaffee *trinken!*

---

*) Er arbeitet an der Maschine kann heißen: er konstruiert, repariert sie (Objekt)
oder: er arbeitet mit ihr (Was arbeitet er?).

Der Präpositional-Infinitiv nach *um* [→ D 231] nennt den Zweck einer Handlung (final). Er steht im Nachfeld eines Satzes.

Herr Müller ist in die Stadt gegangen, *um* Zigaretten *zu kaufen*. – Er hat bei der Bank einen Kredit aufgenommen, *um* sich ein Haus *kaufen zu können*.

Der Infinitivsatz kann sich auf das Subjekt oder auch auf das Objekt beziehen.

Ich kam nach Berlin, *um* Medizin *zu studieren*. – Das Essen genügt *mir*, *um* davon satt *zu werden*.

Ebenso ist auch ein ungenanntes, unbestimmtes Subjekt möglich.

Der Platz ist groß genug, *um* darauf Fußball *zu spielen*.

Redewendungen, die auf einen unausgedrückten Zwischengedanken hinweisen, enthalten auch ein unbestimmtes Subjekt zum Infinitiv.

Um es kurz zu sagen, ich fahre nicht mit. – Wir haben *sozusagen* Urlaub.

Ein mit *um* eingeleiteter Infinitivsatz drückt eine Folge aus, wenn er von einer Modalergänzung abhängt, die durch *zu* verstärkt ist [→ D 232].

Es ist *zu*viel, *um* alles *essen zu können*. – Es ist *zu*wenig, *um* davon *leben zu können*. – Es ist *zu* heiß, *um* in der Sonne *zu liegen*.

Der Präpositional-Infinitiv nach den Konjunktionen *ohne, anstatt* hat modale Bedeutung [→ D 140, D 208]. Er bezieht sich auf das Satzsubjekt.

Der Zug fuhr bis Köln, *ohne* auch nur einmal *zu halten*. – *Anstatt (statt) zu arbeiten*, geht Karl jeden Tag auf den Fußballplatz.

Manchmal kann das Subjekt auch unbestimmt sein.

Es ist einfacher *zu telefonieren*, statt einen Brief *zu schreiben*.

7. ALS OBJEKTSPRÄDIKAT

Der einfache Infinitiv ist Prädikat zu den Objekten folgender Verben: *lassen, spüren, sehen, hören, fühlen, finden, wissen, haben, legen, schicken, heißen;* d. h. das Subjekt zum Infinitiv ist Objekt des übergeordneten Verbs [→ E 21].

B 123

Ich lasse *den Gast eintreten. (Der Gast tritt ein.)* – Siehst du dort *den Vogel fliegen? (Der Vogel fliegt.)* – Wir hören *deine Schwester* ein fröhliches Lied *singen*. – Die alte Frau fühlte *ihren Tod nahen*. – Unsere Firma hat in München *drei Lastwagen fahren*. – Sie hat *viele elegante Kleider* im Schrank *hängen*. – Ich hieß *ihn sich setzen*. – Sie legte *das Kind schlafen*. – Ich schickte *ihn einkaufen*.

Bei einigen dieser Verben kann der Infinitiv Objektsprädikat sein, ohne daß ein Objekt genannt wird. Das Objekt bzw. das Subjekt zum Infinitivgeschehen ist ungenannt, kann aber dem Sinn nach leicht ergänzt werden.

Ich höre *klopfen*. – Ich sehe gern *tanzen*.

Der Präpositional-Infinitiv steht nach folgenden Verben als Prädikat zum Dativobjekt und ist gleichzeitig Objekt im übergeordneten Satz. Frage: *was?*

anheimstellen	empfehlen	raten
aufgeben	erlauben	verbieten
auftragen	freistellen	vorschlagen
befehlen	gebieten	vorschreiben
belieben	gestatten	zumuten

Ich empfehle *dir*, den neuen Film *anzusehen*. (*Du sollst* den neuen Film *ansehen*.) – Der Offizier befahl *den Soldaten*, in der Kaserne *zu bleiben*. (*Die Soldaten sollten* in der Kaserne *bleiben*.) – Der Arzt hat *dem Kranken* verboten, so viele Zigaretten *zu rauchen*. (*Der Kranke soll* nicht so viele Zigaretten *rauchen*.) – *Was* hat euch der Lehrer für morgen aufgegeben? Er hat *uns* aufgegeben, einen Aufsatz *zu schreiben*.

B 124 Nach dem Verb *helfen* steht der Präpositional-Infinitiv als Objektsprädikat zum Dativobjekt, wenn das Satzsubjekt nicht am Ergebnis der Bemühung teilhat.

Ich helfe *meinem Freund*, ein Zimmer *zu finden*. (*Mein Freund findet* ein Zimmer.) – Helfen Sie *mir*, mein Auto günstig *zu verkaufen*. (*Ich verkaufe* mein Auto.) – Der Lehrer hilft *den Schülern*, eine neue Sprache *zu erlernen*. (*Die Schüler erlernen* eine neue Sprache.)

Wenn jedoch Satzsubjekt und Dativobjekt das Gleiche tun, steht der einfache Infinitiv. Der Infinitiv ist dann zweiter Prädikatsteil.

Ich helfe *meinem Freund* die Pakete zur Post *tragen*. (*Mein Freund und ich tragen* die Pakete zur Post.) – *Die Tochter* hilft *der Mutter* das Essen *kochen*. (*Die Tochter und die Mutter kochen* das Essen.) – Helfen *Sie mir* den Wagen aus dem Graben *schieben*. (*Sie und ich* schieben den Wagen aus dem Graben.) – *Die Mädchen* haben *den Bauern* die Kirschen *pflücken* helfen. (*Die Bauern und die Mädchen* haben die Kirschen gepflückt.)

Bei den Verben *einbilden, versagen, vornehmen* mit dem Reflexivpronomen im Dativ ist der Präpositional-Infinitiv auch Objektsprädikat, obwohl dies wegen der Identität des Subjekts mit dem Dativobjekt nicht erkennbar ist.

Ich nahm *mir* vor, nicht mehr mit ihm *zu sprechen*. – Er bildet *sich* ein, ein reicher Mann *zu sein*.

Bei einigen Verben, besonders bei *ausreden, gestatten, gönnen, mißgönnen, überlassen, verwehren*, besetzt oft *es* als Korrelat die Objektstelle im Satzfeld und kündigt den Infinitivsatz im Nachfeld an [→ D 126].

Ich gestatte *es* Ihnen, morgen zu Hause *zu bleiben*. – Wir überlassen *es* unseren Kollegen, zu unserer Feier *zu kommen* oder nicht. – Gönnen Sie *es* Ihrem Freund, im Sommer nach Italien *zu fahren*.

Bei folgenden Verben steht der Präpositional-Infinitiv als Objektsprädikat.

Der Infinitiv nimmt hier die Stelle eines Präpositional-Objekts oder eines Genitivobjekts ein [→ E 72, E 77].

B 125

abhalten	bezichtigen	treiben
anfeuern	bitten	überführen
anklagen	drängen	überreden
anreizen	ermuntern	veranlassen
anstiften	ermutigen	verbinden
antreiben	ersuchen	verführen
auffordern	gewöhnen	verhindern
aufhetzen	es gelüstet	verklagen
aufstacheln	hindern	es verlangt
beschuldigen	mahnen (ermahnen)	verleiten
beschwören	nötigen	verpflichten
bewegen	reizen	zwingen

Ich bitte *Sie*, morgen zu mir *zu kommen*. (*Sie kommen* morgen zu mir.) – Er trieb *die Arbeiter* an, die Arbeit schnell *zu beenden*. (*Die Arbeiter beenden* die Arbeit schnell.) – Man beschuldigte *den Mann*, das Geld *gestohlen zu haben*. (*Der Mann hat* das Geld *gestohlen*.) – Es verlangt *ihn*, ins kühle Wasser *zu springen*. (*Er springt* ins kühle Wasser.)

Bei diesen Verben ist die Bildung des Passivs möglich, ohne daß sich am Präpositional-Infinitiv etwas ändert. Der Präpositional-Infinitiv bezieht sich dann auf das Satzsubjekt.

Die Arbeiter wurden angetrieben, die Arbeit schnell *zu beenden*. – *Der Mann* wurde beschuldigt, das Geld *gestohlen zu haben*.

Auch bei vielen reflexiven Verben ist der Präpositional-Infinitiv Objektsprädikat, obwohl dies wegen der Identität des Subjekts mit dem Akkusativobjekt nicht erkennbar ist, z. B.

B 126

sich in acht nehmen	sich eignen	sich schämen
sich anstrengen	sich entschließen	sich sehnen
sich ärgern	sich erinnern	sich sträuben
sich bedenken	sich freuen	sich unterstehen
sich beeilen	sich fürchten	sich vorsehen
sich bemühen	sich hüten	sich weigern
sich bestreben	sich rühmen	sich wundern

Das Kind fürchtet *sich*, mit dem fremden Mann *zu sprechen*. – Wir freuen *uns*, Sie *wiederzusehen*. – Ich erinnere *mich* nicht, früher schon einmal in dieser Stadt *gewesen zu sein*. – Er entschloß *sich*, in Deutschland Medizin *zu studieren*. – Warum weigert ihr *euch*, das Geld *anzunehmen*?

Der Infinitiv als Attribut

Der Präpositional-Infinitiv steht als Attribut bei nominal gebrauchten Infinitiven (z. B. *Vergnügen, Streben, Verlangen, Bemühen* usw.), bei Aktionsnomen

B 127

und bei Nomen, die aus Adjektiven abgeleitet wurden. Er folgt unmittelbar dem übergeordneten Wort. Steht das übergeordnete Wort am Ende des Satzfelds, folgt der Infinitivsatz im Nachfeld.

> Der Angeklagte widerrief *das Geständnis*, den Mann *ermordet zu haben*. – Geben Sie mir *die Erlaubnis*, Ihre Fabrik *zu besichtigen*. – Wir gaben endgültig *die Hoffnung* auf, in diesem Jahr noch Urlaub *zu bekommen*. – *Sein Wunsch*, in Deutschland *zu bleiben*, wurde nicht erfüllt. – Ich habe nicht *die Absicht*, dich morgen *zu besuchen*.

Die Ausdrücke *im Begriff, im Falle, in der Lage, auf dem Sprung*, die als Prädikatsergänzung stehen, erhalten meist einen Präpositional-Infinitiv als Ergänzung.

> Wir waren gerade *im Begriff abzureisen*, als dein Telegramm kam. – Er ist nicht *in der Lage* gewesen, seine Rechnung *zu bezahlen*. – Ich bin gerade *auf dem Sprung fortzugehen*.

Der Präpositional-Infinitiv kann auch als Attribut bei einigen unbestimmten Pronomen und bei einigen Adverbien stehen.

> Hier ist *viel (wenig, genug, etwas, nichts) zu tun*. – Dort scheint (bleibt) *viel (wenig, genug, etwas, nichts) zu tun*. – Ich habe *etwas* (usw.) *einzuwenden*. – Das hat *nichts* (usw.) *zu sagen (zu bedeuten)*. – Wo finden wir hier *etwas zu essen (zu trinken)*?

Der Infinitiv als Nomen

B 128 Der einfache Infinitiv kann im Satz wie ein Nomen behandelt werden und Artikel und Attribute annehmen [→ D 25, D 32f.].

> *Reden* ist Silber, aber *Schweigen* ist Gold. – Wir lieben *das viele Reden* nicht. – Der Arzt hat mir gesagt, ich solle *das viele Rauchen* aufgeben.

Sobald aber der Infinitiv eigene Satzglieder annimmt, verliert er seine nominale Form und nimmt die Präposition *zu* an [→ B 108].
Einige Infinitive haben schon vollkommen den Charakter eines Nomens angenommen und gehören der neutralen Nomenklasse an. Sie können z. T. auch als Plural verwendet werden und Attribute aufnehmen. Solche Nomen sind:

Andenken	Grauen*)	Vergnügen
Ansehen*)	Gutachten	Verhalten*)
Anwesen	Guthaben	Vermögen
Behagen*)	Leben	Versehen
Benehmen*)	Leiden	Versprechen
Betragen*)	Schreiben	Vertrauen*)
Einkommen	Unternehmen	Vorhaben
Entzücken*)	Verbrechen	Wohlwollen*)
Erbarmen*)	Verfahren	Wesen
Essen		

*) bildet keinen Plural.

82

Der Infinitiv zum Ausdruck einer Aufforderung

Wenn eine Aufforderung nicht an eine bestimmte Person oder Personengruppe gerichtet ist, gebraucht man statt eines Imperativs den einfachen Infinitiv [→ B 13].

B 129

> *Einsteigen! – Türen schließen! –* Nicht *öffnen,* bevor der Zug hält! – Rechts *fahren!* – Links *überholen!* – Bitte hier *klingeln!*

Ersatzinfinitiv

Der einfache Infinitiv steht für ein Partizip II, wenn die Modalverben *dürfen, können, mögen, müssen, sollen, wollen* das Perfekt oder Plusquamperfekt bilden und von ihnen ein weiterer Infinitiv abhängt. Das gleiche gilt für die Verben *sehen, hören, lassen, helfen* [→ B 124], *heißen* (= befehlen) sowie *brauchen* [→ B 136]. In der Umgangssprache kann bei den letztgenannten Verben auch das Partizip II gebraucht werden.

B 130

> Wir haben die Vögel im Wald singen *hören.* – Wir haben gestern nicht arbeiten *müssen.* – Hast du vor drei Jahren schon Deutsch sprechen *können?* – Paul hat der Dame die Koffer tragen *helfen.* – Wir haben unsere Gäste willkommen *heißen.* – Wer hat ihm das Brett wegnehmen *heißen?*

Der Infinitiv im Vorfeld

Wenn der Inhalt eines Verbs im Präsens oder Präteritum als Kontaktglied [→E 63] ins Vorfeld rückt, nimmt es die Infinitivform an. Die Funktion des Prädikats übernimmt dann das Verb *tun.*

B 131

> *Lieben tut* er sie nicht, aber heiraten will er sie. – *Arbeiten tust* du nicht, aber gut leben willst du.

Der Gebrauch der Modalverben

Modalverben sind wichtige sprachliche Mittel zur Modifizierung einer Äußerung. Ihr Gebrauch ist vielfältig und vielschichtig und kann nur durchschaut werden, wenn man die Sprache nicht nur formalgrammatisch, sondern auch inhaltsbezogen betrachtet.

B 132

Im Deutschen können Modalverben allein im Prädikat stehen und auch mit dem Infinitiv eines anderen Verbs zusammenwirken.

> Die Kinder *müssen* jetzt ins Bett. – Hans *will* ein Buch. – *Kannst* du Französisch? – Wir *müssen* fort.
> Ich *muß* die Rechnung noch *nachprüfen.* – Er *will* mir nicht sein Fahrrad *leihen.*

Für den Gebrauch sind zwei wesentliche Verwendungsarten der Modalverben zu unterscheiden:

1. Die *objektive Aussageweise*, bei welcher der Sprecher einen Sachverhalt als so gegeben darstellt. Die Modalverben haben bei dieser Aussageweise deutlichen Bezug zum Subjekt des Satzes [→ G 16 f.[.

> Ich muß jetzt ins Büro. (Notwendigkeit)
> Er kann Englisch. (Fähigkeit)
> Sie möchte im Garten spazieren gehen. (Wunsch)

2. Die *subjektive Aussageweise*, bei welcher der Sprecher seine subjektive Einstellung zu dem von ihm geschilderten Sachverhalt zum Ausdruck bringt. Die Modalverben beziehen sich nicht auf das Subjekt des Satzes – obwohl sie durch die Personalform syntaktisch mit dem Subjekt verknüpft sind –, sondern auf die Einstellung des Sprechers. Bei der subjektiven Aussageweise kann das Modalverb nicht allein im Prädikat stehen, sondern muß mit dem Infinitiv eines anderen Verbs die Prädikatstellen besetzen [→ G 20 f.].

> Bei euren unterschiedlichen Ansichten *müßt* ihr ja einen Streit bekommen. (Das ist die Schlußfolgerung des Sprechers.) – Die Firma *soll* gute Geschäfte mit amerikanischen Firmen machen. (Das ist eine Information, die der Sprecher erhalten hat und ohne Gewähr weitergibt.)

Beide Aussageweisen unterscheiden sich formal nur im Ausdruck der Vergangenheit, wenn der Sachverhalt als vergangen beschrieben wird.

Objektive Aussageweise:	Er *hat* das *gekonnt*.
	Er *hat* das *machen können*.
Subjektive Aussageweise:	a) Er kann das *gemacht haben*.
	b) Er konnte das *gemacht haben*.

Zu a) Der Sachverhalt ist vergangen. Die Vermutung des Sprechers besteht zum Zeitpunkt der Äußerung.

Zu b) Der Sachverhalt ist vergangen. Die Vermutung wird auf einen zurückliegenden Zeitpunkt bezogen. Sie kann zur Zeit der Äußerung noch bestehen oder nicht mehr zutreffen.

Zur Deutung der Modalverben muß unterschieden werden, ob der Sachverhalt als Handlung, als Vorgang oder als ein Sein angesehen und geschildert wird, und ob das Subjekt eine Person oder eine Sache bezeichnet [→ G 8].

Das Modalverb wollen

B 133   1. Objektive Aussageweise

Das Subjekt bezeichnet eine Person in bezug auf eine Handlung.

> Der alte Mann *will* arbeiten, findet aber keine Arbeit. (Fester Wille)
> Ich *will* jetzt zu meinem Freund gehen. (Absicht, Plan, Entschluß)
> Hilde *will* ihrer Mutter bei der Arbeit helfen. (Bereitschaft)

Das Subjekt bezeichnet eine Person in bezug auf einen Vorgang oder ein Sein.

> Wir *wollen* dein Glück. (Wunsch)
> Der Kranke *will* wieder gesund werden. (Wunsch)
> Die Polizei *will* die geflüchteten Gefangenen wieder fassen. (Bestrebung)
> Ich *will* deine Frechheiten vergessen. (Bereitschaft)

Das Subjekt bezeichnet eine Sache in bezug auf ein Sein.

> Die Blumen *wollen* täglich frisches Wasser. (Erfordernis)

Anm.: Präteritum und Perfekt sind wenig üblich.

Das Subjekt bezeichnet eine Sache in bezug auf einen Vorgang.

> Die Maschine *will* gut gepflegt werden. (Erfordernis, richtige Behandlung)
> Im Ofen *will* heute das Feuer nicht brennen. (Ausbleiben eines Vorgangs)

2. Subjektive Aussageweise

> Er *will* lange Zeit in Amerika gewesen sein und spricht fast kein Wort Englisch. (Zweifel des Sprechers an der Richtigkeit)
> Sie *wollen* ein gebildeter Mensch sein und benehmen sich so schlecht! (Äußerung der Empörung)

Das Modalverb mögen

1. Objektive Aussageweise   B 134

Das Subjekt bezeichnet eine Person.

> Hans *mag* Peter. – Die Bauern *mochten* die Städter nicht. (Sympathie; negativ: Antipathie)
> *Mögen* Sie Fisch? (Vorliebe für eine Sache)
> Das Mädchen *möchte* nähen lernen. (Lust, Neigung, Bereitwilligkeit)

> negativ: Das Mädchen *will* nicht nähen lernen.
> Perfekt: Das Mädchen *hat* nähen lernen *wollen*.
> Präteritum: Das Mädchen *wollte* nähen lernen.

> Herr Müller *möchte* morgen bei mir vorbeikommen! (Auftrag zur Weitergabe einer Aufforderung)
> Ich soll Ihnen ausrichten, daß Sie morgen bei Herrn Breuer vorbeikommen *möchten*. (Weitergabe einer Aufforderung)

2. Subjektive Aussageweise.

> Er *mag* damals 19 Jahre alt gewesen sein, als er in die Schauspielschule eintrat. (Eine Vermutung, die sich auf eine vorsichtige Überlegung stützt)
> Er *mag* ruhig kommen. Er kann nichts mehr ändern. (Ausdruck der Gleichgültigkeit)

Das Modalverb können

B 135 1. Objektive Aussageweise

Das Subjekt bezeichnet eine Person in bezug auf eine Handlung.

> Wenn er in der Stadt ist, *kann* er bei dir vorbeikommen. (Gelegenheit)
> Von diesem Punkt aus *kann* man die ganze Stadt überblicken. (Möglichkeit)
> Mein Bruder *kann* Englisch. – Er *kann* schwimmen. (Fähigkeit)
> Die Arbeit ist fertig. Ihr *könnt* nach Hause gehen. (Günstige Voraussetzung)

Das Subjekt bezeichnet eine Person in bezug auf einen Vorgang; das Modalverb bezieht sich auf eine 3. Person, die im allgemeinen nicht genannt wird.

> Der Dieb *konnte* (von der Polizei) schnell gefaßt werden. (Möglichkeit)
> Bei der Feier *konnte* auch der Bürgermeister begrüßt werden. (Gelegenheit)

Das Subjekt bezeichnet eine Sache in Bezug auf einen Vorgang.

> In der Sonne *konnte* die Wäsche schnell trocknen. (Günstige Voraussetzung; negativ: Fehlende Voraussetzung)

2. Subjektive Aussageweise

> Hans *kann* auf seiner Reise auch in Paris gewesen sein. (Vermutung, die sich auf eine gute Kenntnis der Umstände stützt.)
> Du *kannst* recht haben. Es *könnte* der Briefträger gewesen sein. (Vorsichtig geäußerte Vermutung, die sich auf eine gute Kenntnis der Umstände stützt.)
> Er *könnte* jetzt wirklich seine Schulden bezahlen. (Ungeduldige Erwartung)

Das Modalverb müssen

B 136 1. Objektive Aussageweise

Das Subjekt bezeichnet eine Person oder Sache in bezug auf ein Geschehen oder ein Sein.

> Inge *muß* heute ihrer Mutter in der Küche helfen. (Zwang)
> Der Gastgeber *muß* seine Gäste begrüßen. (Zwang durch Brauch und Sitte)
> Der Vater *muß* seine Familie ernähren. (Zwang durch Beruf oder Stellung)
> Ich *muß* jetzt nach Hause. Es ist schon spät. (Zwang durch Umstände oder Lage)
> Du *mußt* dich überall wichtig machen. (Natur oder Veranlagung)
> Das Gemüse *muß* eine halbe Stunde kochen. (Sachgerechtes Erfordernis)
> Man *muß* sich in sie verlieben. So schön ist sie. (Notwendige Folge)

Ich *muß* leider feststellen, daß du lügst. (Unvermeidliche Erfahrung)
Sie *müssen* das Buch unbedingt einmal lesen. (Unerläßliche Empfehlung)
Du *mußt* mich nicht immer stören. (Notwendige Ermahnung)

Anm.: Bei einigen Gebrauchsweisen sind die Zeitformen für die Vergangenheit unüblich.

Bei der Negation der Sätze ist auf die unterschiedliche Wirkungsweise der Negation zu achten. Die Negation kann sich auf den vom Modalverb signalisierten Inhalt beziehen oder auf den beschriebenen Sachverhalt. Soll der Sachverhalt verneint werden, muß vielfach eine andere Ausdrucksweise gewählt werden.

Inge *muß* ihrer Mutter *nicht helfen*. (Es besteht für sie kein Zwang, es ist ihrer freien Entscheidung überlassen.)
Inge *braucht* ihrer Mutter *nicht zu helfen*. (Diese Forderung ist nicht an sie gestellt worden.)
In dieser Straße *muß* man auf der linken Seite parken, auf der rechten Seite *darf* man *nicht* parken. (Der Gegensatz wird mit Hilfe von *dürfen* ausgedrückt)

2. Subjektive Aussageweise

Sie *müssen* viel Geld haben, wenn Sie sich so einen Wagen leisten können. – Dieser Mann *muß* der Täter gewesen sein. (Vermutung auf Grund aufmerksamer Beobachtung oder auf Grund reiflicher Überlegung)
Ihr *müßtet* das jetzt verstanden haben, was ich euch erklärt habe. (Vorsichtige Schlußfolgerung nach Berücksichtigung der Umstände)
Du *müßtest* vorher Französisch lernen, wenn du mehr von einer Frankreichreise haben willst. (Zurückhaltend geäußerte Empfehlung)

Das Modalverb dürfen

1. Objektive Aussageweise

B 137

Das Subjekt bezeichnet eine Person in bezug auf eine Handlung.

Ihr *dürft* heute zum Schwimmen gehen. (Erlaubnis)
Ein Polizist *darf* nach den Personalpapieren fragen. (Offizielle Genehmigung)
In unserem Land *darf* man schon mit 18 Jahren wählen. (Recht, Befugnis)

Das Subjekt bezeichnet eine Sache in bezug auf einen Vorgang oder ein Sein.

Butter *darf* nicht in der Sonne liegen. – Ein Ei *darf* nur vier Minuten kochen. (Richtige Behandlung: Das Modalverb wird in diesem Gebrauch mit der Negation *nicht* oder mit dem einschränkenden Adverb *nur* gebraucht. Für den positiven Ausdruck gebraucht man *wollen*; vgl. B 133.)

2. Subjektive Ausdrucksweise

Unsere Geschäftsfreunde sind vor drei Stunden von Istanbul abgeflogen. Sie *dürften* inzwischen schon in München angekommen sein. (Vermutung, die sich auf Erfahrung stützt)

Das Modalverb sollen

B 138 1. Objektive Aussageweise

Das Subjekt bezeichnet eine Person oder Sache in bezug auf ein Geschehen oder Sein.

Ich *soll* Ihnen Grüße von Herrn Meier bestellen. (Auftrag von jemandem)
Du *sollst* einen Moment warten. (Weitergegebener Auftrag)
Die Kinder *sollen* zum Essen kommen. (Auftrag an jemanden)
Man *soll* im Straßenverkehr rücksichtsvoll sein. (Allgemeingültige Pflicht)
Du *sollst* nicht so viel lesen, das schadet deinen Augen. (Belehrung)
Wir *hätten* uns den Film anschauen *sollen*. (Bedauern über eine Unterlassung)
Du *sollst* mein Freund sein. (Wunsch, der sich ein Sein bezieht)
Ihr *sollt* mit uns zufrieden sein. (Versprechen)
Das Haus *sollte* bald verkauft werden. (Empfehlung)
Nächste Woche *soll* der Kaufvertrag geschlossen werden. (Erwartung auf Grund einer Vereinbarung)
Unser Gartenfest *soll* nächsten Sonntag stattfinden. (Absicht, Plan, Programm)
Die Sekretärin einer Exportfirma *soll* auch Fremdsprachen können. (Voraussetzung)
Wir *sollen* kein Glück mit dem Wetter haben. (Ergebenheit in eine ungünstige Situation)
Was *soll* das werden? Das *soll* eine moderne Skulptur werden. – *Soll* dieses Gebäude das Theater sein? (Sinn oder Zweck einer Sache)

2. Subjektive Aussageweise

Bei euch *soll* es im Winter sehr kalt sein. (Information über einen Sachverhalt, den man nicht aus eigener Erfahrung kennt)
Sollten Sie mein Angebot annehmen, teilen Sie es mir bitte umgehend mit! (Einräumung einer Möglichkeit)
Sollte er das wirklich getan haben? (Zweifelnde Frage)

Die Erweiterung des Verbenvorrats

B 139 Zur Bezeichnung von Geschehen und Sein stehen einer Sprache die Verben zur Verfügung. Doch ist der Verbenvorrat im Verhältnis zum wahrnehmbaren Geschehen und Sein und dem Bedürfnis, dieses in verschiedenen Phasen und Sehweisen auszudrücken, nur sehr begrenzt. So sind verschiedene Gebrauchsweisen der Verben entstanden, außerdem haben sich verschiedene Mittel herausgebildet, mit denen der verfügbare Verbenvorrat erweitert und ergänzt wird.

1. Die Abhängigkeit des Verbinhalts von der Satzstruktur, in der ein bestimmtes Verb verwendet wird. Man spricht hier im allgemeinen von den verschiedenen Bedeutungen, die ein Verb haben kann [→ E 40ff.].

> *gehen:* Er *geht* nach Hause. (Satzstruktur 1E.4)
> Er *geht* barfuß. (Satzstruktur 1E.8)
> Das Geschäft *geht* gut. (Satzstruktur 1E.8)
> Die Uhr *geht*. (Satzstruktur 1.1)
> Ihm *geht* es besser. (Satzstruktur 3E.7)
> Kannst du morgen kommen? – Ja, es *geht*. (Satzstruktur 1.3)
> Er *ging* vor die Hunde. (Satzstruktur 1E.1)
> usw.

Der Inhalt eines Verbs innerhalb einer bestimmten Satzstruktur ist auch davon abhängig, ob das Verb zur Beschreibung einer Handlung, eines Vorgangs oder eines Seins verwendet wird und ob das Subjekt des Satzes eine Person, eine Sache, einen Begriff oder einen Sachverhalt bezeichnet [→ G 8].

2. Das Zusammenwirken zweier Verben im Prädikat eines Satzes.

> kennenlernen, spazierengehen, stehenlassen, bekanntmachen

3. Die Erweiterung des Verbs durch feste und unfeste Verbzusätze [→ B 36].   **B 140**
Hierbei wird beim Sprechen der Wortton [→ F 4] und in der Schrift mitunter die Getrennt- oder Zusammenschreibung als unterscheidendes Merkmal angewendet. Die Verbzusätze stammen zum größten Teil aus dem Vorrat der Präpositionen.

> *ab*fahren, *an*kommen, *auf*stehen, *aus*sterben, *bei*stehen, *entgegen*fahren, *entlang*gehen, *für*sprechen, *gegenüber*sitzen, *hinter*gehen, *mit*spielen, *nach*sehen, *ob*walten, *über*gehen, *unter*suchen, *vor*kommen, *wider*sprechen, *zu*sehen

Ebenso werden aus dem Vorrat folgender Wortklassen Verbzusätze verwendet:
Adverbien

> *aufwärts*gehen, *daher*reden, *hin*kommen, *fort*laufen, *hinaus*gehen, *beisammen*sitzen, *gerade*stehen, *zusammen*stoßen

Adjektive

> *tot*schlagen, *groß*tun, *klein*kriegen, *schlapp*machen, *schlecht*machen, *schwer*nehmen, *steif*halten

Nomen

> *rad*fahren, *kopf*stehen, *statt*finden, *weg*fliegen, *kunst*stopfen, *not*taufen, *kegel*schieben

Die Verbzusätze, die aus anderen Wortklassen entlehnt wurden, stehen den Prädikatsergänzungen [→ E 3ff.] sehr nahe. Sie unterscheiden sich von den Prädikatsergänzungen vor allem dadurch, daß sie nicht als selbständige Satzglieder auftreten können, sondern nur als zweite Prädikatsteile, und daher keine Kasusmorpheme oder andere Funktionskennzeichen annehmen und auch keine Attribute bei sich haben können. Verbzusätze bilden mit dem Verb eine lexikalische Einheit, während Prädikatsergänzungen selbständige lexikalische Einheiten sind. Vielfach sind die Grenzen zwischen diesen beiden Strukturteilen fließend, was besonders in der Schrift zum Ausdruck kommt.

Dank sagen – danksagen
Auto fahren – radfahren (er fährt Rad)
ein Recht geben – recht geben
zu Grunde gehen – zugrunde gehen

B 141 4. Die Erweiterungsmöglichkeiten des Verbenvorrats durch Verwendung von Präfixen. Die Inhalte der mit Hilfe von Präfixen gewonnenen neuen Verben sind ebenfalls abhängig von der Satzstrukturform, in der die betreffenden Verben gebraucht werden.

be-	*be*fahren, *be*lügen, *be*kommen, *be*zahlen
ent-	*ent*fliehen, *ent*stehen, *ent*behren, *ent*heben
emp- (em-)	*emp*finden, *emp*fangen, *em*pören
er-	*er*wachen, *er*schlagen, *er*zählen, *er*nähren
ge-	*ge*dulden, *ge*horchen, *ge*bären, *ge*nießen, *ge*hören
miß-	*miß*achten, *miß*fallen, *miß*lingen, *miß*trauen
ob-	*ob*siegen, *ob*walten, *ob*liegen
ver-	*ver*kaufen, *ver*schreiben, *ver*sinken, *ver*heiraten
zer-	*zer*brechen, *zer*streiten, *zer*legen, *zer*streuen

5. Erweiterung des Verbenvorrats durch Suffixe.

| -el- | brumm*el*n, läch*el*n, grüb*el*n, spött*el*n |
| -ch- | hor*ch*en, schnar*ch*en |

6. Erweiterung des Verbenvorrats durch Modifizierung des Wortstamms.

schnitzen (von ‚schneiden‘), sticheln (von ‚stechen‘), schluchzen (von ‚schlucken‘)

B 142 7. Den weitaus größten Zuwachs erhalten die Verben dadurch, daß Wörter aller Wortklassen aus dem Bereich der Prädikatsergänzungen ins Prädikat rücken. Ein großer Teil dieser Wörter wechselt ohne eine Veränderung am Wortkörper ins Prädikat hinüber und nimmt dort die Funktionsmerkmale des Prädikats an, so die Personalform zur syntaktischen Anknüpfung an das Subjekt oder die Partizipform zur Bildung der Zeitformen. Andere Wörter wiederum nehmen bestimmte Suffixe an, um diese Formenbildung zu erleichtern. Solche Suffixe sind: *-el-*, *-er-*, *-ig-*, *-sch-*, *-ch-*, *-z-*, *-enz-*, *-ier-*, *-isier-*.
Die so entstandenen ‚Neuverben‘ werden als schwache Verben konjugiert und können, wie die übrigen Verben, mit Präfixen und Suffixen versehen werden und auch Verbzusätze annehmen.

Wörter folgender Wortklassen können ins Prädikat treten:

Namen	Röntgen*)	jemanden *röntgen*
	Lynch	jemanden *lynchen*
	Boykott	jemanden, etwas *boykottieren*
	Weck	Obst, Gemüse ein*weck*en
	Ballhorn	etwas ver*ballhornen*
	Morse	*morsen*

Nomen	an *Land* anlegen	*land*en
	im *Kreise* drehen	*kreis*en
	mit *Kabel* verlegen	ver*kabel*n
	wie *Zigeuner* leben	umher*zigeunern*
	eine *Wallfahrt* machen	*wallfahrt*en
	das *Frühstück* einnehmen	*frühstück*en
	einen *Auftrag* geben	be*auftrag*en
	in der *Schule* anmelden	ein*schul*en
	als *Schriftsteller* arbeiten	*schriftstellern*

Adjektive	mit Kalk *weiß* anstreichen	*weiß*en
	grün werden	*grün*en
	etwas *besser* machen	ver*besser*n

Adverbien	mit ‚*ja*‘ antworten	be*ja*hen
	mit ‚*nein*‘ antworten	ver*nein*en
	nicht	ver*nicht*en

| *Pronomen* | ‚*du*‘ zu jemandem sagen | *du*zen |
| | ‚*Sie*‘ zu jemandem sagen | *sie*zen |

Ebenso können Prädikatsergänzungen mit allen Funktionskennzeichen und mit ihren Attributen vollständig ins Prädikat hinüberwechseln.

Langeweile machen	*langweil*en
jemandem *liebe Augen* machen	*liebäugel*n
über Nacht bleiben	*übernacht*en

8. Wörter aus anderen Sprachen können ebenso den Verbenvorrat ergänzen B 143 und passen sich dem deutschen Formensystem an, indem sie die Endung *-ieren, -isieren, -izieren* oder das im Deutschen wie eine Endung erscheinende *-fizieren* (lat.: *facere*) annehmen.

bombard*ieren,* oper*ieren,* polit*isieren,* fratern*isieren,* expl*izieren,* elektri*fizieren,* exempli*fizieren*

---

*) Die Endung des Namens wurde hier als Flexionsendung übernommen.

Das Nomen

B 144 Nomen sind Wörter, die Lebewesen *(Mann, Frau, Hund, Baum)*, Dinge *(Haus, Tisch, Zange)* und Begriffe *(Glaube, Freundschaft, Freiheit)* bezeichnen. Sie bilden eine Wortklasse.

Die Nomen teilen sich im Deutschen in drei Nomenklassen auf, die durch den Artikel gekennzeichnet sind *(der, das, die)*.

1.	*der* Mann	*der* Tisch	*der* Streit
2.	*das* Kind	*das* Haus	*das* Gefühl
3.	*die* Frau	*die* Straße	*die* Vernunft

B 145 Die meisten Nomen können durch Pluralformen ausdrücken, wenn mit dem Nomen mehr als ein Lebewesen, mehr als eine Sache gemeint ist oder wenn der Begriff mehrfach anzuwenden ist (Numerus).

Mann, Männer –Pferd, Pferde – Freundschaft, Freundschaften

Bei fehlenden Pluralformen der Nomen kennzeichnen Artikel oder Attribute den Plural.

der Lehrer, *die* Lehrer – das Zimmer, *die* Zimmer, groß*e* Zimmer

Mit den Deklinationsformen wird die syntaktische Abhängigkeit des Nomens im System eines Satzes gekennzeichnet und seine Funktion im Satz signalisiert. Da die deutschen Nomen nur noch zwei Deklinationsformen aufweisen (maskulin und neutral Genitiv Singular und Dativ Plural), verbleibt die Funktionskennzeichnung beim Artikel und den Attributen, die das Nomen begleiten.

Der Mann liest. – Ich sehe *den* Mann lesen. – Ich suche *ein* Zimmer mit fließendem Wasser. – *Die* Form *meiner* Schuhe ist sehr elegant.

Die Nomenklassen

B 146 Im Deutschen teilen sich die Nomen in drei Klassen auf, die mit dem Artikel gekennzeichnet sind: 1. die *der*-Klasse, 2. die *das*-Klasse und 3. die *die*-Klasse. Diese Klassen werden nach der traditionellen Grammatik, wenn auch sehr mißverständlich, mit den Bezeichnungen ‚maskulin‘, ‚neutral‘ und ‚feminin‘ unterschieden. Im Plural ist diese Unterscheidung nicht zu erkennen. Da diese grammatischen Bezeichnungen nicht mit dem natürlichen Geschlecht der mit den Nomen bezeichneten Wesen und Dingen übereinstimmen, spricht man hierbei von einem ‚grammatischen Geschlecht‘ (Genus).

maskulin:	*der* Mann	*der* Stuhl	*der* Gedanke
neutral:	*das* Kind	*das* Haus	*das* Licht
feminin:	*die* Frau	*die* Stadt	*die* Geduld

Bei Lebewesen stimmt das natürliche Geschlecht oft, aber keineswegs immer, mit dem grammatischen Geschlecht überein (vgl. *das Weib, das Fräulein, das Staatsoberhaupt, die Ordonnanz, die Schildwache, der Backfisch, das Pferd*). In einigen Fällen wird das grammatische Geschlecht vom Inhalt der Nomen, von seiner Endung oder von seiner Form bestimmt *(der Gehalt, das Gehalt – die Frau, das Fräulein – der Lehrer, die Lehrerin – der Spalt, die Spalte)*.

Maskulin sind

1. männliche Personen und Tiere:

B 147

> *der* Mann, *der* König, *der* Vater, *der* Wirt, *der* Löwe

aber: *die* Drohne, *die* Schildwache sowie männliche Personen und Tiere mit dem Diminutivsuffix -*chen* oder -*lein* [→ B 148,7, B 178]:

> *das* Söhn*chen, das* Männ*chen, das* Bär*lein, das* Häs*lein*

2. die Namen der Tage, Monate und Jahreszeiten sowie der Himmelsrichtungen:

> *der* Sonntag, *der* Mittwoch, *der* März, *der* Sommer, *der* Osten

Ausnahmen: *die* Woche (aber: *der* Mittwoch), *das* Jahr

3. die Namen der Steine:

> *der* Stein, *der* Diamant, *der* Basalt, *der* Granit (aber: *die* Kreide)

4. Namen für Niederschläge und Winde:

> *der* Regen, *der* Tau, *der* Hagel, *der* Föhn, *der* Monsun (aber: *die* Bora)

5. fünf Wörter auf -ee:

> *der* Kaffee, *der* Klee, *der* Schnee, *der* See (vgl. *die* See = das Meer), *der* Tee

6. Die meisten Verbalnomen ohne Suffix:

> *der* Wurf, *der* Kauf, *der* Riß, *der* Reiz, *der* Gang

7. Nomen, die mit den Ableitungssuffixen -*er*, -*el*, -*ling* und -*s* [→ B 180 f.] gebildet sind*):

> *der* Lehr*er, der* Koch*er, der* Weck*er, der* Schlüss*el, der* Fremd*ling, der* Säug*ling, der* Feig*ling, der* Schlip*s*

8. die meisten Nomen mit der Endung -*en* (nicht mit dem Diminutivsuffix -*chen* und der Infinitivendung -*en*):

> *der* Bod*en, der* Reg*en, der* Wag*en, der* Seg*en, der* Sam*e(n)*

---

*) Nomen mit den Endungen -*er* oder -*el*, die keine Ableitungssuffixe sind, haben oft ein anderes Geschlecht, z. B.: *die* Schüssel, *die* Fessel, *die* Trommel, *die* Butter, *das* Siegel, *das* Wetter, *das* Zimmer – ebenso Nomen mit dem Suffix -*sel*: *das* Rät*sel* [→ B 155].

9. Nomen, die mit den fremden Suffixen *-and, -ant, -ar, -är, -ent, -eur, -ier* (gesprochen *i:r* oder *je:*), *-ist, -or* bei Personenbezeichnungen, *-(is)mus* (bei Gattungsbegriffen und Sachen) und *-us* gebildet werden [→ B 183]:

> der Konfirm*and*, der Spekul*ant*, der Kommiss*ar*, der Volont*är*, der Spedit*eur*, der Reg*ent*, der Offiz*ier*, der Rent*ier*, der German*ist*, der Lekt*or* – der Katholiz*ismus* – der Sozi*us*, der Habit*us*

Neutral sind

B 148 1. junge Personen und Tiere, soweit sie nicht durch die Endung oder das Suffix ein anderes grammatisches Geschlecht haben müssen (z. B. *der* Säug*ling*, *der* Schül*er*):

> *das* Kind, *das* Kalb, *das* Küken, *das* Lamm, *das* Fohlen

2. gemeinsame Bezeichnungen für männliche und weibliche Lebewesen:

> *das* Pferd, *das* Rind, *das* Kamel, *das* Schwein

3. die Namen der Städte und Orte, der Kontinente und der meisten Länder:

> *das* alte Berlin, *das* schöne Italien, *das* benachbarte Frankreich, *das* heutige Asien

Ländernamen mit der Endung *-ei* sind feminin: *die* Türkei, *die* Mongolei. Weitere Ausnahmen sind: *die* Schweiz, *der* Irak, *der* Iran, *der* Sudan, *der* Libanon [→ D 128].

4. Namen der Metalle und der chemischen Elemente:

> *das* Gold, *das* Silber, *das* Eisen, *das* Nickel, *das* Chrom, *das* Blei, *das* Brom, *das* Uran
> aber: *der* Stahl, *der* Schwefel – *die* Bronze

5. alle wie Nomen gebrauchten Wörter, soweit sie nicht Personen bezeichnen:

> *das* Essen, *das* Leben, *das* Rauchen, *das* Ich, *das* Wenn und Aber, *das* Blau, *das* Blaue, *das* A und *das* O
> aber: *der* Blinde, *die* Gute, wenn Personen gemeint sind.

6. Nomen, die Kollektiva bezeichnen, außer wenn sie mit den Suffixen *-schaft* und *-ei* [→ B 179, B 148] gebildet sind:

> *das* Volk, *das* Gebirge, *das* Besteck, *das* Getriebe, *das* Gebälk

7. Nomen, die mit den Suffixen *-chen, -lein* und *-sel* abgeleitet sind [→ B 178]:

> *das* Fräu*lein*, *das* Mäd*chen*, *das* Büch*lein*, *das* Rät*sel*

8. Nomen, die mit den fremden Suffixen *-ett, -ment* und *-um* abgeleitet sind:

> *das* Ball*ett*, *das* Son*ett*, *das* Bill*ett*, *das* Sakra*ment*, *das* Firma*ment*, *das* Parla*ment*, *das* Neutr*um*, *das* Harmoni*um*, *das* Heli*um*

Feminin sind

1. weibliche Personen und Tiere, oft auch gebildet mit dem Suffix *-in* [→ B 180]:   **B 149**

> *die* Frau, *die* Tochter, *die* Stute, *die* Kuh, *die* Lehrer*in*, *die* Wölf*in*
> aber: *der* Backfisch, *das* Weib, *der* Teenager, *das* Huhn, *das* Mannequin

2. die Zahlen als Ziffern:

> *die* Eins, *die* Tausend, *die* Million

3. Schiffs- und Flugzeugnamen:

> *die* Bismarck, *die* Europa, *die* Caravelle, *die* Ju 52, *die* Boeing

Ausnahmen sind Tiernamen für Schiffe und Flugzeuge; sie verbleiben meist in ihrer Nomenklasse:

> *der* Kormoran, *der* Fieseler Storch, *der* Condor

4. sehr viele Wörter auf *-e*, wenn sie nicht männliche Lebewesen (*der* Hirt*e*, *der* Bot*e*, *der* Löw*e* u. a.) bezeichnen:

> *die* Wann*e*, *die* Birn*e*, *die* Tulp*e*, *die* Tass*e*, *die* Schürz*e*, *die* Bürst*e*, *die* Lieg*e*, *die* Weis*e*

5. alle Nomen mit den Ableitungssuffixen *-ei, -heit, -keit, -schaft, -t (-d), -ung* [→ B 178 f.]:

> *die* Bäcker*ei*, *die* Krank*heit*, *die* Freundlich*keit*, *die* Gesell*schaft*, *die* Fahr*t*, *die* Jag*d*, *die* Wohn*ung*

6. alle Nomen, die mit den fremden Suffixen *-age, -enz, -esse, -euse, -ie, -ik, -ion, -itis, -tät, -ur* usw. abgeleitet sind:

> *die* Report*age*, *die* Liz*enz*, *die* Delikat*esse*, *die* Souffl*euse*, *die* Melod*ie*, *die* Polit*ik*, *die* Nat*ion*, *die* Gastr*itis*, *die* Universi*tät*, *die* Nat*ur*

Besonderheiten bei den Nomenklassen

Einige Nomen sind maskulin, bezeichnen aber männliche und weibliche Personen: **B 150**

> *der* Mensch, *der* Gast, *der* Lehrling, *der* Liebling, *der* Minister, *der* Star

Maskuline Nomen gebraucht man auch für weibliche Personen, obwohl man von diesen Nomen mit dem Suffix *-in* die feminine Form bilden könnte. Die maskuline Form ist meist ein Titel:

> *Sie* ist *Doktor* der Philosophie. – *Frau* Dr. Müller ist *Professor* an der Universität. – *Sie* ist ein *Landsmann* von mir.

Zusammengesetzte Nomen folgen dem Geschlecht des Grundwortes [→ B 172]:

die Eisenbahn	das Eisen, *die* Bahn
das Motorboot	der Motor, *das* Boot
der Haustürschlüssel	das Haus, die Tür, *der* Schlüssel

Eine Ausnahme machen außer *der* Mittwoch analog zu den anderen Wochentagen [→B 147] die Ortsnamen auf *-furt, -berg, -au, -stadt*, die wie alle Ortsnamen neutral sind [→ B 148]:

der Franke, *die* Furt   *das* bekannte Frank*furt*
das Eisen, *die* Stadt   *das* schön gelegene Eisen*stadt*
ebenso: Nürn*berg*, Heidel*berg*, Ober*au* (*die* Au) u. a.

Abkürzungswörter richten sich meist nach dem Geschlecht der vollen Wörter:

die AG (Aktien-Gesellschaft), *der* PKW (Personenkraftwagen), *das* Auto (Automobil)
aber: *das Foto* (*die* Fotografie), *das* Kino (*der* Kinematograph), *das* Taxi, *die* Taxe (*der* Taxameter)

Nomen mit verschiedenem grammatischem Geschlecht

B 151 Bei Nomen, die verschiedene Bedeutung haben, schwankt häufig das grammatische Geschlecht. Diese Nomen können aus der gleichen Wurzel oder aus verschiedenen Wurzeln stammen.

Aus der gleichen Wurzel kommen Nomen wie:

der See (Binnengewässer)   *die* See (Meer)
der Erbe (jemand, der eine Erb-   *das* Erbe (die Erbschaft)
schaft macht)
der Verdienst (das Geld, das je- *das* Verdienst (besondere Tat)
mand verdient)
das Steuer (zum Lenken)   *die* Steuer (Abgabe an den Staat)
der Gehalt (Inhalt)   *das* Gehalt (das Geld, jemand im
                                    Monat verdient)

Aus verschiedenen Wurzeln stammen Wörter wie:

der Tau (Niederschlag)   *das* Tau (dickes Seil)
der Tor (dummer Mensch)   *das* Tor (Tür für Fahrzeuge)
der Reis (Getreideart)   *das* Reis (kleiner Zweig)
der Kiefer (Kinnlade)   *die* Kiefer (Nadelbaum)
der Leiter (jemand, der etwas leitet) *die* Leiter (zum Steigen)

B 152 Nur bei wenigen Nomen schwankt das Geschlecht bei völlig gleicher Bedeutung. Dies ist besonders bei Fremdwörtern der Fall, z. B.:

der (das) Bonbon, *der (das, die)* Dschungel, *der (das)* Katheder, *der (das)* Lampion, *der (das)* Radar, *das (der)* Radio

Schwankendes Geschlecht haben auch die Nomen *der (das) Liter, Meter* und *Teil.* Bei *Liter* und *Meter* führte die Analogie zu den vielen Maskulina auf *-er* dazu, daß die ursprünglich nur neutralen Nomen auch maskulin gebraucht werden. Zusammengesetzte Nomen mit *-meter* als Grundwort sind immer maskulin, wenn eine Maßeinheit bezeichnet wird: *der* Zentimeter, *der* Kilometer. Handelt es sich um ein Meßgerät, so sind sie neutral: *das* Barometer, *das* Thermometer.

der Teil ist ein noch mit dem Ganzen verbundenes Stück: *der* obere Teil, *der* untere Teil, während *das* Teil ein abgetrenntes oder abtrennbares Stück eines Ganzen ist:

    das Oberteil, *das* Unterteil. – Ich habe *mein* Teil erhalten.

Die meisten Zusammensetzungen mit dem Grundwort *Teil* sind maskulin, vor allem, wenn das Bestimmungswort ein Nomen ist.

    der Körperteil, *der* Vorteil, *der* Bruchteil – aber: *das* Abteil, *das* Altenteil

Schwankendes Geschlecht haben außerdem noch einige weitere deutsche Wörter, z. B.

    der (das) Dotter, *das (der)* Erbteil, *der (das)* Mündel, *der (das)* Zubehör, *der (das)* Knäuel, *der (die)* Abscheu

Einige Nomen können mit oder ohne die Endungen *-e* oder *-en* gebraucht werden; mit der Endung *-e* sind sie feminin [→ B 149], mit der Endung *-n* maskulin, z. B.

    das Eck, *die* Ecke – *der* Quell, *die* Quelle – *der* Schurz, *die* Schürze – *das* Rohr, *die* Röhre – *der* Spalt, *die* Spalte
    die Backe, *der* Backen – *die* Karre, *der* Karren – *die* Socke, *der* Socken – *die* Zacke, *der* Zacken

B 153

Einige Nomen können mit oder ohne die Endung *-e* oder *-(e)n* gebraucht werden, ohne ihr Geschlecht zu ändern, z. B.

    der Bub (kleiner Junge), *der* Bube (schlechter Mensch) – *der* Gesell (Wandersmann), *der* Geselle (Handwerker) – *der* Same, *der* Samen – *der* Friede, *der* Frieden – *der* Haufe, *der* Haufen – *der* Fels, *der* Felsen – *der* Fleck, *der* Flecken – *der* Schreck, *der* Schrecken [→ B 167]

Der Numerus der Nomen

Der Numerus gibt an, ob ein Nomen ein oder mehrere Wesen oder Dinge bezeichnet. Man unterscheidet im Deutschen nur Singular und Plural. Nicht alle Nomen haben eine eigene Pluralform. Die Pluralbedeutung ist dann nur am Artikel oder an den Attributen zu erkennen. Für die Bildung des Plurals gibt es keine sicheren Regeln.

B 154

Man unterscheidet folgende Pluralformen:

Singular	Plural		
1. der Onkel	die Onkel	keine Pluralform	–
das Fenster	die Fenster		
der Vater	die Väter	ohne Endung, mit Umlaut	¨
das Kloster	die Klöster		
die Mutter	die Mütter		

2. der Tag	die Tage			
das Bein	die Beine	Endung -e,	ohne Umlaut	-e
die Kenntnis	die Kenntnisse			
der Sohn	die Söhne			
das Floß	die Flöße	Endung -e,	mit Umlaut	ö e
die Hand	die Hände			
3. der Leib	die Leiber	Endung -er,	ohne Umlaut	-er
das Kind	die Kinder			
der Mann	die Männer	Endung -er,	mit Umlaut	ö er
das Haus	die Häuser			
4. der Hase	die Hasen			
das Bett	die Betten	Endung -(e)n,	ohne Umlaut	-(e)n
die Tafel	die Tafeln			
5. der Streik	die Streiks			
das Haff	die Haffs	Endung -s,	ohne Umlaut	-s
die Kamera	die Kameras			

B 155 **Keine Pluralendung** haben vor allem

1. alle maskulinen und neutralen Nomen auf *-el, -en* und *-er*:

der Hebel, die Hebel – der Wagen, die Wagen – der Schüler, die Schüler
das Mittel, die Mittel – das Kissen, die Kissen – das Zimmer, die Zimmer

aber: der Muskel, der Stachel, der Pantoffel, die die Pluralendung *-n* haben.

einige maskuline Nomen haben Umlaut:

der Apfel, die *Ä*pfel – der Kasten, die K*ä*sten – der Bruder, die Br*ü*der

nur ein neutrales Nomen hat Umlaut:

das Kloster, die Klöster (außerdem noch Komposita von *Wasser*: die Abw*ä*sser)

nur zwei feminine Nomen auf *-er* erhalten keine Pluralendung:

die Mutter, die Mütter – die Tochter, die Töchter

2. neutrale Nomen mit dem Ableitungssuffix *-chen, -lein* und *-sel*:

das Mädchen, die Mädchen – das Tischlein, die Tischlein – das Rätsel, die Rätsel

B 156 **Die Pluralendung -e** erhalten unter anderen

1. einsilbige maskuline Nomen; sie haben im Plural oft Umlaut:

der Arzt, die *Ä*rzte – der Brief, die Brief*e* – der Hund, die Hund*e* –
der Platz, die Pl*ä*tz*e* – der Stoff, die Stoff*e* – der Weg, die Weg*e*

2. einsilbige neutrale Nomen; sie haben im Plural meist keinen Umlaut:

das Boot, die Boot*e* – das Heft, die Heft*e* – das Jahr, die Jahr*e* – das Spiel, die Spiel*e* – aber: das Floß, die Fl*ö*ße

3. einsilbige feminine Nomen; sie haben im Plural Umlaut:

die Bank, die B*ä*nk*e* – die Frucht, die Fr*ü*cht*e* – die Maus, die M*ä*us*e* – die Stadt, die St*ä*dt*e*

4. mehrsilbige maskuline Nomen; sie haben im Plural keinen Umlaut:

der Besuch, die Besuch*e* – der König, die König*e* – der Monat, die Monat*e* – der Plural, die Plural*e*

5. mehrsilbige maskuline Nomen; sie haben Umlaut im Plural und leiten sich meist von zusammengesetzten Verben ab:

-lassen:

der Anlaß, die Anl*ä*ss*e*   der Nachlaß, die Nachl*ä*ss*e*

-stehen:

der Abstand, die Abst*ä*nd*e*   der Bestand, die Best*ä*nd*e*
der Vorstand, die Vorst*ä*nd*e*

-tragen:

der Antrag, die Antr*ä*g*e*   der Beitrag, die Beitr*ä*g*e*
der Vertrag, die Vertr*ä*g*e*   der Vortrag, die Vortr*ä*g*e*

-wenden:

der Einwand, die Einw*ä*nd*e*   der Vorwand, die Vorw*ä*nd*e*

-drücken:

der Abdruck, die Abdr*ü*ck*e*   der Ausdruck, die Ausdr*ü*ck*e*
der Eindruck, die Eindr*ü*ck*e*

-drucken (ohne Umlaut):

der Abdruck, die Abdruck*e*   der Nachdruck, die Nachdruck*e*

6. Nomen, die mit dem Suffix *-ling* und *-nis* gebildet sind; bei *-nis* wird der Endkonsonant verdoppelt:

der Lehr*ling*, die Lehr*linge* – der Täuf*ling*, die Täuf*linge* – das Hinder*nis*, die Hinder*nisse* – die Kennt*nis*, die Kennt*nisse*

7. Nomen, die mit den fremden Suffixen *-an, -ar, -är, -at, -eur, -ier* (wenn das Suffix *i:r* gesprochen wird), *-il, -iv* und *-us* [→ B 158, 161] gebildet sind; bei *-us* verdoppelt man das *-s (-usse)* | sowie einige Fremdwörter auf *-ment* und *-on**):

der Dek*an*, die Dek*ane* – der Bibliothek*ar*, die Bibliothek*are* – der Volont*är*, die Volont*äre* – das Sulf*at*, die Sulf*ate* – der Fris*eur*, die Fris*eure* – der Offiz*ier*, die Offiz*iere* – das Vent*il*, die Vent*ile* – das Mot*iv*, die Mot*ive* – der Autob*us*, die Autob*usse* – das Tempera*ment*, die Tempera*mente* – der Ball*on*, die Ball*one*

---

*) s. dazu B 157.4 und B 161.

B 157 **Die Pluralendung -er** erhalten nur maskuline oder neutrale Nomen, z. B.

1. einige einsilbige maskuline Nomen mit und ohne Umlaut im Plural:

der Gott, die Götter – der Wald, die Wälder – der Mann, die Männer – der Ski, die Skier (der Schi, die Schier)

2. viele einsilbige neutrale Nomen mit und ohne Umlaut im Plural:

das Amt, die Ämter – das Bild, die Bilder – das Ei, die Eier – das Kind, die Kinder – das Rad, die Räder – das Volk, die Völker

3. alle Nomen, die mit dem Suffix *-tum* gebildet sind:

das Fürstentum ,die Fürstentümer – der Irrtum, die Irrtümer – der Reichtum, die Reichtümer

4. einige Fremdwörter:

das Hospital, die Hospitäler – das Spital, die Spitäler – das Regiment, die Regimenter [→ B 156.7, B 161]

B 158 **Die Pluralendung -(e)n** erhalten

1. alle femininen Nomen auf *-e* im Singular

die Blume, die Blumen – die Katze, die Katzen – die Schule, die Schulen – die Straße, die Straßen

2. alle Nomen, die mit den Suffixen *-ei, -heit, -keit, -schaft, -ung* und *-in* gebildet sind; bei *-in* verdoppelt man den Endkonsonanten *(-innen)*

die Bäckerei, die Bäckereien – die Schönheit, die Schönheiten – die Neuigkeit, die Neuigkeiten – die Freundschaft, die Freundschaften – die Wohnung, die Wohnungen – die Freundin, die Freundinnen

3. Nomen, die mit den fremden Suffixen *-age, -ant, -enz, -ion, -ist, -or**), *-tät* und *-ur* gebildet sind

die Etage, die Etagen – der Lieferant, die Lieferanten – die Magnifizenz, die Magnifizenzen – die Nation, die Nationen – der Sozialist, die Sozialisten – der Doktor, die Doktoren – die Universität, die Universitäten – die Natur, die Naturen

4. manche maskuline Nomen auf *-us*, die diese Endung im Plural verlieren [→ auch B 156.7]

der Virus, die Viren – der Genius, die Genien – der Organismus, die Organismen – der Rhythmus, die Rhythmen – der Typus, die Typen – der Globus, die Globen (auch: Globusse) – der Kaktus, die Kakteen (gesprochen: Káktus, Kaktéen)

---

*) Bei Nomen mit dem unbetonten Suffix *-or* verlagert sich der Wortton im Plural auf das Suffix: der Proféssor, die Professóren – der Mótor, die Motóren (aber: der Majór, die Majóre).

Die Pluralendung -s erhalten viele Fremdwörter, vor allem solche, die auf Vokal enden.

B 159

die Kamera, die Kameras – das Kino, die Kinos – das Auto, die Autos – das Baby, die Babys – der Park, die Parks

Einige wenige deutsche Wörter erhalten die Pluralendung -s.

1. Nomen aus dem Niederdeutschen, besonders aus der Seemannssprache

   das Deck, die Decks – das Wrack, die Wracks – das Haff, die Haffs – das Hoch, die Hochs (Wetterkunde)

2. Nomen, die mit einem Vokal auslauten, vor allem bei Abkürzungswörtern

   die Mutti, die Muttis – der Uhu, die Uhus – das Karo, die Karos – der Schupo, die Schupos – der PKW, die PKWs (aber: die Seen, die Alleen)

3. Familiennamen, wenn man die ganze Familie oder deren Wohnung meint

   Wir gehen zu Müllers. – Bei Baumanns ißt man gut.

4. Nominal gebrauchte syntaktische Gruppen

   das Stelldichein, die Stelldicheins – der Dreikäsehoch, die Dreikäsehochs

5. in der Umgangssprache einige Nomen, die Personen bezeichnen

   der Junge, die Jungens (auch: Jungs) – der Kerl, die Kerls – das Fräulein, die Fräuleins – das Mädel, die Mädels – der Bengel, die Bengels

Besonderheiten der Pluralbildung

Nur bei wenigen Nomen findet man Unregelmäßigkeiten in der Pluralbildung. Nomen auf -nis, -in und manche Nomen auf -us [→ B 158] verdoppeln den Endkonsonanten.

B 160

Hindernisse, Lehrerinnen, Krokusse

Die Pluralform ist unregelmäßig bei

der Bau, *die Bauten* – der Sporn, *die Sporen*

Einige der Nomen, die verschiedene Grundbedeutung haben, aber gleich lauten und das gleiche grammatische Geschlecht besitzen, haben verschiedene Pluralformen, z. B.

die Bank	die Bänke (zum Sitzen)	die Banken (Geldinstitute)
die Mutter	die Mütter	die Muttern (an Schrauben)
das Gesicht	die Gesichter	die Gesichte (Visionen)
der Strauß	die Sträuße (Blumen)	die Strauße (Vögel)
das Wort	die Wörter (einzelne)	die Worte (zusammenhängende)
der Mann	die Männer	die Mannen (Gefolgsleute)
der Block	die Blöcke (Steinblock)	die Blocks (Notizblock)
das Schild	die Schilde (Schutz)	die Schilder (Türschild)

Nomen, die mit dem Grundwort -*mann* zusammengesetzt sind, ändern im Plural das Grundwort in -*leute;* sie bezeichnen die Gattung, z. B.

> der Kaufmann, die Kauf*leute* – der Schutzmann, die Schutz*leute* – der Fachmann, die Fach*leute* – der Landmann, die Land*leute* – der Landsmann, die Lands*leute*

Handelt es sich nicht um eine Gattung, so bleibt das Grundwort -*mann* erhalten, z. B.

> der Staatsmann, die Staats*männer* – der Steuermann, die Steuer*männer* – der Ersatzmann, die Ersatz*männer* – der Strohmann, die Stroh*männer* – der Schneemann, die Schnee*männer* – der Weihnachtsmann, die Weihnachts*männer*

Manchmal sind auch beide Bildungen möglich, z. B.

> See*männer*, See*leute* – Feuerwehr*männer*, Feuerwehr*leute*

Ehe*männer* sind mehrere verheiratete Männer, Ehe*leute* = Ehepaar, d. i. Ehemann und Ehefrau.

B 161   Einige Fremdwörter bilden eigene Pluralformen [→ B 158], z. B.

Singular	Plural	Singular	Plural
-a	-en	das Them*a*	die Them*en*
		die Firm*a*	die Firm*en*
-a	-ata	das Schem*a*	die Schem*ata*
-al	-alien	das Miner*al*	die Miner*alien*
-as	-anten	der Atl*as*	die Atl*anten*
-ium	-ien	das Minister*ium*	die Minister*ien*
-il	-ilien	das Foss*il*	die Foss*ilien*
-um	-en	das Alb*um*	die Alb*en*

der Saldo hat drei Pluralformen: *die Saldi, Salden* oder *Saldos*

Einige Nomen auf -*on* und -*ment*, die aus dem Französischen stammen, bilden den Plural mit der Endung -*e* oder -*s*. Bei den Nomen auf -*on* sind beide Formen beim gleichen Wort möglich, je nachdem, ob man den nasalen Laut am Ende der Wörter beibehält oder nicht; von den Wörtern auf -*ment* sind einige so eingedeutscht, daß man den Nasallaut nicht mehr spricht, sie haben meist die Endung -*e* [→ aber B 157.4]; bei anderen spricht man noch den Nasallaut, sie haben die Pluralendung -*s*.

der Balkon	die Balkon*e*	die Balkon*s*
der Ballon	die Ballon*e*	die Ballon*s*
der Waggon	die Waggon*e*	die Waggon*s*
der Salon	die Salon*e*	die Salon*s*

das Temperament, die Temperament*e* – das Medikament, die Medikament*e* – aber: das Abonnement, die Abonnement*s*

Eine Reihe von Nomen kann ihrer Bedeutung nach keinen Plural bilden. Dazu gehören

Material- und Stoffnamen, wenn man darunter den Stoff, nicht einzelne Arten des Stoffes versteht:

> das Eisen, der Zucker, der Sand, der Beton, das Holz, der Wein, der Regen

Will man einzelne Arten dieser Stoffe unterscheiden, so kann man den Plural bilden.

> *Die* edelsten *Hölzer* wurden bei diesem Bau verwendet. – Kennen Sie *die Weine* des Rheingaus?

Diese können auch durch Zusammensetzung mit Wörtern wie *-arten*, *-sorten* und anderen unterschieden werden [→ B 162]; man kann dadurch auch ausdrücken, daß man von einer Vielfalt oder einer großen Menge spricht.

> der Zucker, die Zucker*sorten* – der Regen, die Regen*fälle* – der Schnee, die Schnee*massen*

Allgemeine und abstrakte Nomen stehen im allgemeinen im Singular.

> der Hunger, das Glück, die Wärme, die Gesundheit

Wenn sie eine konkrete Bedeutung erhalten, dann können sie auch eine Pluralform haben.

> das Leiden (allgemein), die Leiden (verschiedene Krankheiten) – die Freiheit (allgemein), die Freiheiten (er nimmt sich viele Freiheiten)

Auch diese Plurale kann man durch Zusammensetzung mit verschiedenen Grundwörtern bilden. Aus diesen Pluralen hat sich wieder eine Singularform gebildet, die dann aber die konkretere Bedeutung des Plurals erhält.

Singular	Plural	Singular
der Rat	die Rat*schläge*	*der Ratschlag*
das Glück	die Glücks*fälle*	*der Glücksfall*
der Schutz	die Schutz*maßnahmen*	*die Schutzmaßnahme*

Verben, die wie Nomen gebraucht werden, und nominal gebrauchte Adjektive, die keine Personen bezeichnen, können in der Regel keinen Plural bilden.

B 162

> das Lesen und Schreiben, das Singen, das Gute, das Blau

Auch hier kann der Plural gebildet werden, wenn sich der Wortinhalt konkretisiert hat.

> das Gut, *die Güter*

Nomen, die Kollektiva bezeichnen, bilden in der Regel keinen Plural.

> das Getreide, die Polizei, das Publikum, die Lehrerschaft

Auch hier sind aber Pluralformen möglich, wenn man an mehrere verschiedene Arten denkt; von manchen Wörtern kann die Pluralform direkt gebildet werden, bei anderen bildet man sie durch Zusammensetzungen.

die Mannschaft, die Mannschaft*en* – das Getreide, die Getreide*sorten*

Eigennamen können ihrem Charakter nach im allgemeinen keinen Plural bilden, es sei denn, es handelt sich um mehrere Träger des gleichen Namens innerhalb einer Herrscherfamilie, z. B. *die Ottonen,* oder um alle Mitglieder einer Familie: *die Meyers, die Baumanns* [→ B 159.3].
Gewisse Nomen gebraucht man nur im Plural, z. B.

Geschwister, Kosten, Personalien, Möbel und alle Zusammensetzungen mit *-waren:* Metall*waren,* Rauch*waren,* Schreib*waren*

In seltenen Fällen kann aber auch der Singular gebraucht werden:

Karl hat ein Geschwisterchen bekommen. – Dieses alte Möbel habe ich geerbt.

Die Pluralformen *Weihnachten, Ostern* und *Pfingsten* werden heute nicht mehr als solche empfunden, sondern als Singular gebraucht.

Weihnachten *ist* das schönste Fest des Jahres. – Ostern *ist* in diesem Jahr am 17. April.

B 163   Maskuline und neutrale Nomen bilden als Maßbezeichnung keinen Plural, wenn sie vor einem anderen Nomen stehen.

Singular	Plural	Maßbezeichnung
der Grad	die Grade	*zehn Grad* Kälte
der Mann	die Männer	*hundert Mann* Polizei
das Glas	die Gläser	*zwei Glas* Wein
das Pfund	die Pfunde	*fünf Pfund* Kartoffeln

Feminine Nomen auf *-e* bilden auch als Maßbezeichnung den Plural.

Singular	Plural	Maßbezeichnung
die Tasse	die Tassen	*zwei Tassen* Kaffee
die Flasche	die Flaschen	*drei Flaschen* Wein
die Kanne	die Kannen	*zwei Kannen* Kaffee

Nomen, die Geldwerte bezeichnen, haben in Verbindung mit Zahlen keine Pluralform, soweit es sich um gültige deutsche Münzwerte handelt.

drei Mark, achtzig Pfennig

Denkt man an die einzelnen Geldstücke oder Scheine, so verwendet man den Plural.

drei Mark*stücke,* vier (einzelne) Pfennig*e*

Die Deklination der Nomen

Die Deklinationsform eines Nomens hängt von der Funktion ab, die ein Nomen im Satz hat. Sie signalisiert damit die Funktion und die Abhängigkeit des Nomen von anderen Funktionsteilen.

Im Deutschen werden vier Fälle (Kasus) unterschieden: Nominativ, Akkusativ, Dativ und Genitiv. Zur Kennzeichnung dieser Fälle stehen dem deutschen Nomen nur zwei Deklinationsformen zur Verfügung: *-s (-es)* für den Genitiv Singular maskulin und neutral, *-n (-en)* für den Dativ Plural. Die Kennzeichnung der Fälle und damit der Funktionen des Nomens übernehmen in erster Linie die Begleiter eines Nomens, das sind Artikel und Attribute [→ D 6].

Neben dem Dativ ohne Endung gibt es bei einsilbigen maskulinen und neutralen Nomen im Singular noch die Dativendung *-e*, die aber nur als Stilmittel verwendet wird. Man findet die Endung *-e* vor allem in bestimmten festen Redensarten und in dichterischer Sprache:

nach Haus*e*, auf dem Land*e*
Ich ging im Wald*e* so für mich hin.

Übersicht über die Deklinationsformen

	maskulin I	maskulin II	neutral	feminin
Singular				
Nominativ	der Freund	der Mensch	das Kind	die Mutter
Akkusativ	den –	den – en	das –	die –
Dativ	dem –	dem – en	dem –	der –
Genitiv	des – es	des – en	des – es	der –
Plural				
Nominativ	die Freunde	die Menschen	die Kinder	die Mütter
Akkusativ	die – -	die – -	die – -	die – -
Dativ	den – -n	den – -	den – -n	den – -n
Genitiv	der – -	der – -	der – -	der – -

Deklinationsendungen im Singular

Für das maskuline Nomen gibt es nur zwei Deklinationsendungen: *-es (-s)* im Genitiv oder *-en (-n)* im Akkusativ, Dativ und Genitiv. Für das neutrale Nomen gibt es nur die Endung *-s (-es)* im Genitiv. Das feminine Nomen hat im Singular keine Deklinationsendungen.

-s (-es) im Genitiv bei maskulinen und neutralen Nomen

Diese Endung haben alle neutralen Nomen, sowie alle maskulinen, die im Plural nicht die Endung *-en (-n)* haben [→ B 164].

Man gebraucht die Endung *-es*

1. bei Nomen, die auf *-s, -ß, -tsch, -tz, -z* und *-zt* enden

das Gra*s*, des Gra*ses* – der Fu*ß*, des Fu*ßes* – der Pu*tsch*, des Pu*tsches* – das Antli*tz*, des Antli*tzes* – der Refle*x*, des Refle*xes* – der Ner*z*, des Ner*zes* – der Ar*zt*, des Är*ztes*

2. bei vielen einsilbigen Nomen, außer solchen, die auf Vokal oder Dehnungs-*h* enden

der Mann, des Mann*es* – das Kleid, des Kleid*es* – das Buch, des Buch*es* – aber: der Klee, des Klee*s* – der Bau, des Bau*s* – das Vieh, des Vieh*s* – der Schuh, des Schuh*s*

Nicht alle einsilbigen Nomen haben im Genitiv *-es*, z. B.

der Lärm, des Lärm*s* – der Schirm, des Schirm*s* – der Film, des Film*s*

Nomen, die auf *-nis* oder *-us* enden, verdoppeln den Endkonsonanten (wie im Plural → B 156].

das Hinder*nis*, des Hinder*nisses* – der Krok*us*, des Krok*usses*

Wenige Fremdwörter auf *-us* und *-os* bleiben im Genitiv Singular ohne Endung.

der Rhythmus, des Rhythmus – das Epos, des Epos

Tritt ein einsilbiges Nomen als Grundwort in einer Zusammensetzung auf, so erhält es vorzugsweise die Genitivendung *-s*.

der Stift, des Stift*es*   der Bleistift, des Bleistift*s*
das Buch, des Buch*es*   das Wörterbuch, des Wörterbuch*s*

-en (-n) im Akkusativ, Dativ und Genitiv bei maskulinen Nomen

Diese Endung haben alle maskulinen Nomen, die im Plural die Endung *-en (-n)* erhalten. Die Endung *-n* steht dann, wenn das Nomen auf *-e* endet.

der Mensch	den Mensch*en*	dem Mensch*en*	des Mensch*en*
(Plural: die Mensch*en*)			
der Bote	den Bote*n*	dem Bote*n*	des Bote*n*
(Plural: die Bote*n*)			

Das Nomen *Herr* erhält im Singular nur *-n*.

der Herr	den Herr*n*	dem Herr*n*	des Herr*n*
(aber Plural: die Herr*en*)			

Besonderheiten

Einige wenige maskuline Nomen haben im Plural die Endung *-en*, folgen aber B 167
im Singular der Deklination I der maskulinen Nomen.

der Dorn	des Dorn*s*	die Dorn*en* (technisch: Dorn*e*)
der Fleck	des Fleck*s*	die Fleck*en*
der Lorbeer	des Lorbeer*s*	die Lorbeer*en*
der Mast	des Mast*es*	die Mast*en*
der Muskel	des Muskel*s*	die Muskel*n*
der Nerv	des Nerv*s*	die Nerv*en*
der Pantoffel	des Pantoffel*s*	die Pantoffel*n*
der Pfau	des Pfau*s*	die Pfau*en*
der Schmerz	des Schmerz*es*	die Schmerz*en*
der Schreck	des Schreck*s*	die Schreck*en*
der See	des See*s*	die See*n*
der Staat	des Staat*es*	die Staat*en*
der Stachel	des Stachel*s*	die Stachel*n*
der Strahl	des Strahl*s*	die Strahl*en*
der Typ	des Typ*s*	die Typ*en*
der Untertan	des Untertan*s*	die Untertan*en*
der Vetter	des Vetter*s*	die Vetter*n*
der Zins	des Zins*es*	die Zins*en*

Dazu gehören auch zwei Nomen mit unregelmäßigem Plural [→ B 160]

der Bau	des Bau*s*	die Bau*ten*
der Sporn	des Sporn*s*	die Spor*en*

und alle Nomen mit dem unbetonten Suffix *-or* [→ B 158]*)

der Professor	des Professor*s*	die Professor*en*
der Traktor	des Traktor*s*	die Traktor*en*

Einige Nomen, die auf *-e* enden, erhalten im Genitiv Singular außer ihrer
normalen Endung *-n* noch die Endung *-s*. Ein Teil dieser Nomen kann im
Nominativ auch mit der Endung *-en* gebraucht werden [→ B 153], so daß ihre
Pluralform mit der Singularform übereinstimmt und das Genitiv *-s* regelmäßig ist.

der Buchstabe	des Buchstaben*s*	der Glaube	des Glaube*ns*
der Drache	des Drachen*(s)*	der Haufe	des Haufe*ns*
der Friede	des Friede*ns*	der Name	des Name*ns*
der Funke	des Funke*ns*	der Same	des Same*ns*
der Gedanke	des Gedanke*ns*	der Wille	des Wille*ns*

Als einziges neutrales Nomen hat *Herz* im Singular Dativ und Genitiv die
Endung *-en* und nimmt im Genitiv noch die Endung *-s* zusätzlich an.

das Herz, dem Herz*en*, des Herz*ens*

---

*) Wenn die Endsilbe betont ist, ist der Plural regelmäßig: der Maj*or*, des Maj*ors*,
die Maj*ore* – der Ten*or*, des Ten*ors*, die Ten*öre* – das Lab*or*, des Lab*ors*, die Lab*ore*.

Deklinationsendung im Plural

B 168 Die Pluralform [→ B 154] bleibt in allen vier Fällen des Plurals ausnahmslos erhalten. Zu dieser Pluralform tritt nur im Dativ bei allen Nomen (maskulinen, neutralen und femininen) die Endung -n. Weitere Kennzeichen der Fälle im Plural ergeben sich aus der Deklination des Nomens nicht.

die Schüler, den Schülern – die Ereignisse, den Ereignissen – die Hände, den Händen – die Häuser, den Häusern

Die Endung -n beim Dativ entfällt

1. wenn der Nominativ Plural schon auf -n endet

die Bauern, den Bauern – die Ohren, den Ohren – die Frauen, den Frauen

2. wenn der Nominativ Plural die Endung -s erhält

die Autos, den Autos – die Parks, den Parks – die Uhus, den Uhus

Die Wörterbücher geben bei Nomen die Singularform im Nominativ, den Genitiv Singular und die Pluralform an:

der Vater	-s	··	= des Vaters	die Väter
der Freund	-es	-e	= des Freundes	die Freunde
der Mann	-es	·· er	= des Mannes	die Männer
der Mensch	-en	-en	= des Menschen	die Menschen
das Kind	-es	-er	= des Kindes	die Kinder
die Mutter	–	··	= der Mutter	die Mütter
das Auto	-s	-s	= des Autos	die Autos

Ersatz des Genitivs durch die Präposition von

B 169 Da man im Plural am Nomen den Genitiv nicht erkennen kann, muß er durch die Präposition *von* mit Dativ ersetzt werden, wenn er weder durch den Artikel noch durch ein attributives Adjektiv gekennzeichnet werden kann [→ D 23, D 107,7].

das Heft eines Schülers   die Hefte *von Schülern*
das Heft eines guten Schülers   die Hefte *guter Schüler*

Genitiv der Eigennamen

B 170 Personennamen haben im allgemeinen keinen Artikel und erhalten im Akkusativ und Dativ keine Endung. Männliche und weibliche Personennamen erhalten im Genitiv die Endung -s. Der Genitiv steht vor dem Nomen, zu dem er gehört. Das übergeordnete Nomen verliert seinen Artikel.

Peters Vater – *Inges* Mutter – *Müllers* Garten – um *Gottes* Willen
Ich kenne *Pauls* Schwester sehr gut. – Haben Sie *Goethes* Werke gelesen?
– *Erikas* Arbeit war die beste aller Klassenarbeiten.

108

Wenn eine Person mit mehreren Namen bezeichnet wird, so erhält nur der letzte Name im Genitiv die Endung -*s*.

Friedrich Schiller*s* Werke. – Wolfgang Amadeus Mozart*s* Oper „Die Zauberflöte".

Personennamen auf -*s*, -*ß*, -*tz*, -*x*, -*z* oder -*e* erhalten die erweiterte Genitivendung -*ens*. Diese Endung wird allerdings nur in der Schriftsprache gebraucht; in der Umgangssprache umschreibt man solche Genitivformen mit *von* [→ D 107.7] oder setzt ein Auslassungszeichen.

Hans*ens* Bruder – Max*ens* Vater – Schulz*ens* Haus – Mari*ens* Hut
der Bruder *von Hans* – der Vater *von Max* – das Haus *von Familie Schulz* –
der Hut *von Marie* – die Werke *von Aristoteles* – *Aristoteles'* Werke

Wörter, die nahe Verwandtschaftsgrade bezeichnen *(Vater, Mutter, Onkel, Tante* u. a., aber nicht *Bruder* und *Schwester)*, folgen nur dann den Regeln für Personennamen, wenn sie innerhalb der eigenen Familie an Stelle der Vornamen gebraucht werden.

Ich gehe jetzt in *Vaters* Zimmer. – Das ist *Mutters* Platz.

Wenn vor Personennamen ein Titel steht *(Frau, Fräulein, General, Direktor, Kaiser* usw.*)*, dann nimmt der Titel keine Genitivform an.

Ich habe gestern *Frau* Meier*s* Sohn getroffen. – Er wohnt in *Professor* Richter*s* Haus. – Wir lasen eine Geschichte von *Kaiser* Barbarossa*s* Leben.

Nur *Herr* erhält in allen Fällen die Deklinationsendungen.

Kennen Sie *Herrn* Schmidt? – Ich habe *Herrn* Schmidt einen Brief geschrieben. – Dieser Junge dort ist der Sohn von *Herrn* Schmidt. – Dort steht *Herrn* Schmidts Sohn.

Länder-, Städte- und Ortsnamen folgen der gleichen Regel wie die Personennamen. Sie haben außer der Endung -*s* im Genitiv keine anderen Endungen. Der Genitiv kann vor oder hinter dem Nomen stehen. Steht er vor dem Nomen, so verliert es seinen Artikel.

B 171

Deutschland*s* Hauptstadt   *die* Hauptstadt Deutschland*s*
München*s* Straßenbahnen   *die* Straßenbahnen München*s*

Bei Länder- und Städtenamen gebraucht man oft die Konstruktion *von* mit dem Dativ an Stelle des Genitivs. Man wendet sie fast immer an bei Namen, die auf -*s*, -*x* oder -*z* enden [→ D 107.7].

Die Hauptstadt *von* Deutschland. – Die Straßenbahnen *von* München. Die Straßen *von* Mainz. – Die Metro *von* Paris.

Ländernamen, die immer mit Artikel gebraucht werden [→ D 28], dekliniert man wie normale Nomen.

Er macht eine Reise in *die Schweiz*. – Die Hauptstadt *der Schweiz* ist Bern.

Bei Personen- und Ländernamen die Endung -*s* im Genitiv oft weg, wenn der Genitiv durch den Artikel oder ein attributives Adjektiv gekennzeichnet ist.

Die Geschichte Deutschland*s*.   Die Wirtschaft *des* heutigen Deutschland.

Die Bilder Holbein*s*.   Die Bilder *des* jüngeren Holbein.

Monatsnamen stehen im Genitiv oft ohne Endung.

Erinnern Sie sich noch *des* schönen Mai?

Folgen sie dem Wort *Monat*, so fällt die Genitivendung immer weg.

Während *des* Monat*s* September ist der Betrieb wegen Umbaus geschlossen.

Die Erweiterung des Nomenvorrats

B 172   Der Vorrat an Nomen läßt sich im Deutschen durch Zusammensetzungen, durch Vor- und Nachsilben und durch Ableitungen aus anderen Wortklassen beträchtlich erweitern.

Zusammensetzungen

Bei den Zusammensetzungen ist zwischen dem Grundwort und dem Bestimmungswort zu unterscheiden. Das Grundwort gibt den eigentlichen Wortinhalt, während das Bestimmungswort das Grundwort näher erklärt.

Bestimmungswort	*Grundwort*
Haus-	tür
Garten-	tür
Schrank-	tür
Tisch-	tuch
Hals-	tuch
Hand-	tuch
Taschen-	tuch

Bei einigen Zusammensetzungen ist die Aufgabe des Bestimmungswortes allerdings nicht mehr so deutlich erkennbar.

Eisenbahn

Das Bestimmungswort kann jeder Wortklasse angehören, ebenso können auch Präpositionen gebraucht werden.

Verb:	*Strick*-garn
Nomen:	*Haus*-schuh
Adjektiv:	*Roh*-eisen, *Vier*-füßler
Pronomen:	*Ich*-Sucht
Präposition:	*Vor*-ort

110

Das Bestimmungswort kann seinerseits durch ein weiteres Bestimmungswort näher bestimmt werden usw., so daß ganze Wortketten entstehen können.

der Fern-seh-nachrichten-sprecher,
die Kraft-fahr-zeug-zulassungs-stelle

Maßgebend für die Bestimmung der Nomenklasse, der Pluralform und der Deklination ist das Grundwort.

das Tisch*tuch, die* Tischt*ücher,* mit den Tischt*üchern*

Der Wortton liegt bei diesen Zusammensetzungen auf dem Bestimmungswort; besteht die Zusammensetzung aus mehreren Wörtern, so kann auf dem Grundwort ein Nebenton liegen [→ F 6].

Schútzmann, Wíndschutzscheíbe

Bei einigen Zusammensetzungen liegt der Wortton auf dem Grundwort, vor allem bei den Namen von Feiertagen.

Jahrhúndert, Muttergóttes, Vaterúnser, Ostersónntag, Aschermíttwoch, Karfréitag, Allerhéiligen

Das Bestimmungswort

Ein Nomen als Bestimmungswort kann unverändert vor dem Grundwort stehen.   B 173

*Eis*bahn, *Zucker*rohr, *Ehe*ring, *Haus*tür

Feminine Nomen können das *-e* am Wortende verlieren.

*Schul*zimmer, *Kirch*gang, *Miet*zins, *Erd*arbeiten

Zwischen einem Nomen als Bestimmungswort und dem Grundwort kann man einen Fugenlaut oder eine Fugensilbe setzen. Diese Fugenzeichen entsprachen früheren Deklinationsendungen (Genitiv Singular, Plural); heute sind so viele Analogiebildungen vorhanden, daß man aus den Fugenzeichen nicht mehr die Deklinationsart des Substantivs erkennen kann.
Oft steht das Bestimmungswort im Plural, weil die Pluralendungen der Nomen als Fugenzeichen auftreten können; dem Sinn nach müßte aber das Bestim» mungswort im Singular stehen.

*Mäuse*gift, *Rinder*brust (eines Rindes), *Hühner*stall, *Hühner*ei (eines Huhnes)

Im Gegensatz dazu steht das Bestimmungswort manchmal auch im Singular, obwohl es Pluralbedeutung hat.

*Baum*schule, *Schul*amt, *Bischofs*konferenz, *Fluß*system

In vielen Fällen steht aber das Bestimmungswort je nach seiner Bedeutung im Singular oder im Plural:

*Haus*verwalter, *Häuser*makler – *Stadt*verwaltung, *Städte*bund – *Land*tag, *Länder*versammlung

B 174 Weitere Fugenzeichen sind:

-(e)n, eine frühere Genitivendung maskuliner und femininer Nomen.

Sonne*n*schirm, Asche*n*bahn, Linde*n*blatt, sterne*n*klar (auch: sternklar), Bühne*n*deutsch, Woche*n*tag, Bote*n*gang, Dokumente*n*schrank

-(e)s, -(e)ns geht zurück auf maskuline und neutrale Genitivendung (steht aber auch bei femininen Nomen).

Liebe*s*brief, Königs*krone, Glaube*n*sgenosse, Betrieb*s*ausflug

Der Fugenlaut *-s* steht immer nach den Suffixen *-heit, -ing, -ion, -keit, -ling, -schaft, -tät, -tum, -ung*.

Frei*heit*skrieg, Fasch*ing*sprinz, Säug*ling*spflege, Freund*schafts*dienst, Alter*tum*skunde, Universi*tät*sprofessor, Hand*lungs*freiheit

Einige Nomen stehen mit oder ohne Fugen-*s*.

Königs*krone, Königreich – Liebe*s*brief, liebevoll – Mie*ts*haus, Mietverhältnis – Lamm*s*geduld, Lammfleisch – Herze*n*slust, Herzblut – Land*s*mann (jemand aus dem gleichen Land), Landmann (Bauer)

Wenn das Bestimmungswort mehrgliedrig ist, kann das Fugenzeichen *-s* stehen, auch wenn es bei dem eingliedrigen Bestimmungswort nicht steht:

Durchfahr*ts*erlaubnis, Fahrterlaubnis – Kirchhof*s*tor, Hoftor – Oberlande*s*gericht, Landgericht

B 175 Ein Verb steht mit seinem Wortstamm als Bestimmungswort. Hierbei kann der Fugenvokal *-e* auftreten.

Heizrohr, Spaziergang, Kaufkraft, Trinkgeld, Zitteraal – Werb*e*brief, Send*e*zeit, Les*e*buch

Manche Verben auf *-nen* verlieren das erste *-n-*, wenn ein Konsonant vorangeht.

zeichnen, der Zeiche*n*block – rechnen, das Reche*n*buch – trocknen, das Trocke*n*eis – aber: mahnen, das Mahnwesen – sich sehnen, die Sehnsucht

Adjektive und Präpositionen werden als Bestimmungswörter unmittelbar vor das Grundwort gesetzt. Ein Fugenzeichen tritt nicht dazwischen.

*Stark*bier, *Klein*wohnung, *Hinter*haus

Ausnahmen sind Zusammensetzungen wie *der Hohepriester*. Hier wird das Adjektiv dekliniert: *den* Hohe*n*priester.

Bei *Langeweile* gibt es zwei Möglichkeiten. Hier kann das Adjektiv dekliniert oder undekliniert stehen: *aus Langerweile, aus Langeweile.*

Ableitungen

Durch Ableitungen von Wörtern aus anderen Wortklassen werden Nomen gewonnen. Mit diesen Ableitungen lassen sich Wortinhalte syntaktisch in Zusammenhänge einordnen, in die sie in ihrer eigentlichen Form nicht gebracht werden könnten. Ableitungen kommen zustande durch Änderung des Lautbestandes der Stammsilbe und durch Anhängen von Silben an den Wortstamm.   **B 176**

ABLEITUNGEN OHNE SUFFIXE

Die Ableitung durch Änderung des Stammvokals ist auf starke Verben als Grundwörter begrenzt; analog dazu werden auch aus schwachen Verben unter Wegfall der Infinitivendung Nomen abgeleitet.   **B 177**

> werfen, der *Wurf* – reißen, der *Riß* – kaufen, der *Kauf*

Ableitungen aus dem Infinitiv der starken und schwachen Verben (meist maskuline Nomen)

> der Befehl, der Beginn, der Fall, der Fang, der Gewinn, der Rat, der Ruf, der Schein, der Schlaf, der Schlag, der Schreck, der Schrei, der Kauf, der Dank, der Gruß, der Schwindel – das Grab, das Leid, das Siegel – die Klingel, die Trommel

Ableitungen mit dem Präsensvokal

> der St*i*ch, der Tr*i*tt

Ableitungen mit dem Präteritumvokal

> der B*a*nd, der Dr*a*ng, der Gr*i*ff, der Kl*a*ng, der R*i*ß, der R*i*tt, der Schn*i*tt, der Schr*i*tt, der Schw*u*r, der S*a*ng, der Strich, der Tr*a*nk, der W*u*chs – das B*a*nd, das M*a*ß, das Schl*o*ß – die T*a*t

Ableitungen mit dem Vokal des Partizips II (*o* wird oft zu *u*)

> der B*u*nd, der F*u*nd, der G*a*ng, der H*a*ng, der Schw*u*nd, der Spr*u*ng, der Tr*u*nk –
> der Br*u*ch, der Fl*u*g, der Fl*u*ß, der G*u*ß, der Sch*u*b, der Z*u*g

ABLEITUNGEN MIT HILFE VON SUFFIXEN

Durch Suffixe, die an den Wortstamm angefügt werden, können von Verben Nomen gebildet werden.   **B 178**

> fragen – die Frag*e*   glauben – der Glaub*e*

113

Ebenso können aus Adjektiven Nomen gebildet werden.

krank – die Krank*heit*   richtig – die Richtig*keit*

Nomen können durch Anfügung eines Suffixes ihren Inhalt ändern oder modifizieren.

der Freund – die Freund*schaft*   die Frau – das Fräu*lein*

-chen, *-lein* bilden aus Nomen neutrale Diminutiva; *-chen* ist heute die gebräuchlichere Diminutivform (Umlaut); die Endungen *-e* und *-en* des Grundwortes fallen meist weg.

> das Kind*chen*, das Fläsch*chen*, das Städt*chen*, das Zwerg*lein*, das Häs*chen*, das Gärt*chen*

-de bildet feminine und neutrale Nomen aus Verben (heute keine Neubildungen mehr).

> die Freu*de*, die Zier*de*, die Schan*de* (von schämen), die Begier*de*, die Gemein*de* – das Gebäu*de*, das Gelüb*de*, das Getrei*de*

-e bildet Nomen aus Verben oder Adjektiven, oft mit Ablaut oder Umlaut [→ B 184].

> die Hilf*e*, die Bitt*e*, die Sprach*e*, die Lieb*e* – der Will*e*, der Glaub*e* – die Größ*e*, die Breit*e*, die Eben*e*, die Höh*e*, die Schwärz*e*, die Röt*e*

Oft bezeichnen diese Nomen Werkzeuge oder Geräte.

> die Säg*e*, die Trag*e*, die Schraub*e*, die Wind*e*, die Lieg*e*, die Leucht*e*

B 179 *-ei.* Das ursprünglich fremde Suffix ist völlig eingedeutscht, doch verlagert es noch den Wortton auf die letzte Silbe; es bildet feminine Nomen aus Verben und Nomen. Sie bezeichnen eine intensive Tätigkeit, manchmal in verächtlichem Sinn

> die Zauber*ei*, die Schmeichel*ei*, die Schreiber*ei*, die Klingel*ei*

einen Gewerbebetrieb (meist *-erei*) oder den Ort des Wirkens.

> die Molk*erei*, die Druck*erei*, die Büch*erei*, die Schneid*erei* – die Pfarr*ei*, die Abt*ei*, die Einsiedel*ei*

-el bildet meist maskuline, aber auch feminine Nomen aus Verben; die Nomen bezeichnen oft Geräte.

> der Deck*el*, der Heb*el*, der Schleg*el*, der Schlüss*el*, der Flüg*el* – die Schüss*el*

Manchmal haben die Nomen pejorativen Sinn: der Dünk*el*, der Greu*el*.

-er (-ler) bildet maskuline Nomen aus Verben und gelegentlich auch aus anderen Wortarten als Berufsbezeichnung (Umlaut).

> der Bäck*er*, der Verkäuf*er*, der Lehr*er* – der Schrein*er*, der Tisch*ler*, der Schül*er*, der Schäf*er*

114

Diese Nomen charakterisieren Personen auch nach besonderen Merkmalen oder nach dem Herkunftsort oder -land.

der Bummler, der Schwindler, der Betrüger, der Schreier, der Bettler, der Sammler – der Berliner, der Holländer, der Italiener

Die Ableitungen können auch Geräte bezeichnen.

der Bohrer, der Füller, der Empfänger, der Sender (Rundfunk), der Kocher, der Wecker, der Schalter

Manchmal kann man nicht von dem Grundwort, wohl aber von einem zusammengesetzten Verb Nomen mit dem Suffix -er bilden.

der Überbringer (nicht: *Bringer*), der Absender (nicht: *Sender*), der Nachfolger (nicht: *Folger*)

-heit (-keit) bilden aus Nomen, Adjektiven und Partizipien Nomen, die einen Zustand oder eine Eigenschaft bezeichnen; da die Suffixe früher selbständige Wörter waren, findet man manchmal noch das Fugenzeichen [→ B 173 f.] (immer feminin). B 180

die Schön*heit*, die Bos*heit*, die Schlau*heit*, die Ausgeglichen*heit*, die Gelegen*heit*, die Verschwiegen*heit*, die Verlassen*heit*, die Mensch*heit*, die Gott*heit*, die Christen*heit*

-keit steht nach den Suffixen *-bar, -ig, -lich, -sam* und meist nach *-el* und *-er*.

die Dank*barkeit*, die Süß*igkeit*, die Freund*lichkeit*, die Ein*samkeit*, die Heiter*keit*, die Sauber*keit*, die Tapfer*keit*, die Eitel*keit* (aber: die Sicher*heit*, die Dunkel*heit*)

-in (Plural: *-innen*) bildet feminine Nomen, die Berufe oder das Geschlecht bezeichnen; bei Berufsbezeichnungen steht vorher meist das Suffix *-er*.

die Lehr*erin*, die Ärzt*in*, die Meister*in*, die Bügler*in*, die Münchner*in*, die Sekretär*in*, die König*in*, die Erb*in* – die Löw*in*, die Bär*in*, die Häs*in*

-ling bildet aus Verben, Nomen und Adjektiven maskuline Nomen. Diese charakterisieren Personen nach ihrer Herkunft oder dem Zustand, in dem sie sich befinden; sie haben meist Umlaut.

der Flücht*ling*, der Lehr*ling*, der Misch*ling*, der Säug*ling*, der Sträf*ling*, der Jüng*ling*, der Lieb*ling*

Oft haben sie einen pejorativen Sinn.

der Dichter*ling*, der Schwäch*ling*, der Feig*ling*, der Weich*ling*

Einige Bildungen mit *-ling* bezeichnen auch Tiere, Dinge und Begriffe.

der Früh*ling*, der Silber*ling*, der Hänf*ling*

B 181   *-nis* (Plural: *-nisse*) bildet aus Verben, Nomen und Adjektiven neutrale oder feminine Nomen, die Handlungen, Zustände oder Dinge benennen (Umlaut).

> das Gefäng*nis*, das Verlöb*nis*, das Verzeich*nis*, das Hinder*nis*, das Bünd*nis*, die Bitter*nis*, die Wild*nis*, die Finster*nis*

-s bildet maskuline Nomen aus Verben; heute gibt es keine Neubildungen mehr.

> der Knick*s*, der Klap*s*, der Schnap*s*, der Schwip*s*

-sal, *-sel* bilden meist neutrale Nomen, meist aus Verben.

> das Schick*sal*, das Scheu*sal*, das Lab*sal* – die Trüb*sal* – das Rät*sel*, das Mitbring*sel*, das Überbleib*sel*, das Anhäng*sel* – der Stöp*sel*

-schaft bildet aus Nomen feminine kollektive Bezeichnungen für politische Gebiete und Stände; manchmal bezeichnen diese Nomen auch einen Zustand.

> die Graf*schaft*, die Herr*schaft*, die Land*schaft* – die Bürger*schaft*, die Ge-werk*schaft*, die Lehrer*schaft*, die Arbeiter*schaft* – die Freund*schaft*, die Bruder*schaft*

B 182   Aus Adjektiven und Partizipien bildet das Suffix Nomen, die neben Kollektiven auch eine Eigenschaft oder einen Zustand bezeichnen.

> die Eigen*schaft*, die Bar*schaft*, die Gefangen*schaft*, die Verwandt*schaft*

-t, *-st* bildeten aus Verben Nomen; heute gibt es keine Neubildungen mehr.

> die Fahr*t*, die Wach*t*, die Trach*t*, die Fur*t* – die Kun*st*, das Gespin*st*

-tum bildet meist neutrale Nomen, die, wie *-schaft*, Gebiete und Stände bezeichnen können, aber auch andere Bedeutungen haben.

> das Fürsten*tum*, Herzog*tum*, Bis*tum*, das Bauern*tum*, das Bürger*tum* – das Brauch*tum*, das Alter*tum* – der Reich*tum*, der Irr*tum*

-ung bildet feminine Nomen aus Verben, sehr häufig aus Verben mit Präfixen.

> die Hoffn*ung*, die Halt*ung*, die Brech*ung*, die Zerr*ung*, die Weis*ung*, die Scheid*ung*, die Schilder*ung* – die Bekanntmach*ung*, die Voraussetz*ung*, die Beerdig*ung*, die Aufforder*ung*

Fremde Suffixe

B 183   Maskuline Nomen bildet man mit den Suffixen
-(is)mus (Gattungsbegriffe und Sachen).

> Sozial*ismus*, Kapital*ismus*, Fetisch*ismus*

-and, *-ant-*, *-är*, *-ast*, *-eur* (feminin: *-euse*), *-ier*, *-ist*, *-or* (nur Personenbezeichnun-gen)

> Konfirm*and*, Spekul*ant*, Volont*är*, Kontr*ast*, Fris*eur* (Fris*euse*), Bank*ier*, Pension*ist*, Human*ist*, Profess*or* – auch: der Mot*or*, der Fakt*or*, der Sekt*or*, der Trakt*or*

116

Feminine Nomen bildet man oft aus Verben auf *-ieren* mit den Suffixen
-ion, -ur, -age

    Rebell*ion*, Frakt*ion*, Polit*ur*, Staff*age*, Blam*age*

-tät, -enz, -ie, -ik

    Universi*tät*, Pestil*enz*, Melod*ie*, Droger*ie*, Poli*tik*

-itis

    medizinische Ausdrücke wie Rach*itis*, Bronch*itis*

ERWEITERUNG DES NOMENVORRATS MIT HILFE VON PRÄFIXEN

Präfixe ändern den Wortinhalt eines Nomens. Sie übernehmen, mit wenigen B 184
Ausnahmen, den Wortton.

    Ún-treue, *Míß*-gunst, *Áber*-glaube, *Víze*-präsident, *Ge*-dúld, *Ge*-hör, *Trans*-európa-Express

aber- (after-) wird nur noch bei wenigen Nomen gebraucht. Es gibt dem Nomen einen negativen Inhalt im Sinne von ‚falsch' oder ‚schlecht'.

    *Aber*glaube, *Aber*witz

erz- (entstanden aus *archi-*) verstärkt den negativen Inhalt von Nomen.

    *Erz*gauner, *Erz*halunke, *Erz*lump, *Erz*spitzbube

Der ursprüngliche Gebrauch ist noch in folgenden Nomen erhalten.

    *Erz*bischof, *Erz*engel, *Erz*herzog, *Erz*vater

ge- steht vor Nomen, die Kollektives bezeichnen. Sie erhalten zum Teil auch noch das Suffix *-e* [→ B 178]. Diese Nomen sind neutral, einige von ihnen werden auch als Plurale gebraucht.

    das *Ge*birg*e*, das *Ge*bild*e*, das *Ge*mäld*e*
    das *Ge*bäck, das *Ge*fieder, das *Ge*hölz, das *Ge*wächs
    die *Ge*schwister, die *Ge*brüder

Von Verben abgeleitete Nomen mit *ge-* bezeichnen ein Geschehen, das durch sein wiederholtes Auftreten als unangenehm empfunden wird.

    das *Ge*schrei, das *Ge*tue, das *Ge*poche, das *Ge*klimper, das *Ge*plauder,
    das *Ge*klopfe, das *Ge*habe, das *Ge*flacker

Nomen mit *ge-* können aber auch andere Inhalte haben.

    das *Ge*dicht, das *Ge*fühl, das *Ge*lage, das *Ge*nick, das *Ge*werbe, das
    *Ge*schäft

Viele dieser von Verben abgeleiteten Nomen sind formengleich mit dem Partizip II; sie können auch maskulin oder feminin sein.

    der Gebrauch, der Gefährte, der Geselle, der Gehalt, das Gehalt, die
    Geduld, die Gefahr, die Gestalt, die Gewalt

B 185   *miß-* gibt dem Nomen einen gegensätzlichen, negativen Inhalt. Der mit einem solchen Nomen bezeichnete Sachverhalt hat Nachteile zur Folge.

> der *Miß*stand, der *Miß*brauch, das *Miß*trauen, die *Miß*ernte

un- gibt dem Nomen einen gegensätzlichen, negativen Inhalt.

> der *Un*glaube, der *Un*friede, der *Un*dank, der *Un*mensch, der *Un*hold, das *Un*kraut, die *Un*treue, die *Un*sicherheit, zur *Un*zeit

un- kann auch den Wortinhalt verstärken, sowohl im negativen als auch im positiven Sinne.

> das *Un*wetter, die *Un*menge, das *Un*tier, die *Un*tiefe, die *Un*kosten (Plural)

ur- bezeichnet den ersten, ursprünglichen Zustand oder das erste mit dem Nomen bezeichnete Geschehen.

> der *Ur*wald, der *Ur*mensch, der *Ur*ahne, die *Ur*sache, die *Ur*schrift, die *Ur*aufführung

Das Präfix kann aber auch den Wortinhalt verstärken (die *Ur*gewalt) aber auch Nomen gänzlich verschiedener Inhalte können mit diesem Präfix beginnen.

> der *Ur*laub, das *Ur*teil

ERWEITERUNG DES NOMENVORRATS DURCH WÖRTER AUS ANDEREN WORTKLASSEN

B 186   Eine große Anzahl von Wörtern anderer Wortklassen sind zu den Nomen übergewechselt.

Dazu gehören eine Reihe von Verben, die in ihrer Infinitivform zu Nomen wurden. Sie haben ihren Charakter als Verb mehr oder weniger verloren und bezeichnen nur noch Dinge, Begriffe oder Sachverhalte. Sie gehören alle der neutralen Nomenklasse an. Die mit *) bezeichneten Nomen bilden keinen Plural.

Andenken	Grauen*)	Vergnügen
Ansehen*)	Gutachten	Verhalten*)
Anwesen	Guthaben	Vermögen
Behagen*)	Leben	Versehen
Benehmen*)	Leiden	Versprechen
Betragen*)	Schreiben	Vertrauen*)
Einkommen	Unternehmen	Vorhaben
Entzücken*)	Verbrechen	Wesen
Erbarmen*)	Verfahren	Wohlwollen*)
Essen		

Ebenso sind einige Adjektive zu den Nomen übergewechselt.

das *Blau* des Himmels, die *Röte*, mein *Französisch*, der Unterschied zwischen *Deutsch* und *Holländisch*, der *Deutsche*

ERWEITERUNG DES NOMENVORRATS DURCH ÜBERNAHME SYNTAKTISCHER GRUPPEN

Durch Übernahme ganzer syntaktischer Gruppen sind einige Nomen gebildet worden. **B 187**

die Langeweile, der Tunichtgut, der Nichtsnutz, das Stelldichein, das Vergißmeinnicht

Der syntaktische Gebrauch des Nomens

Das Nomen kann in allen syntaktischen Funktionen auftreten. **B 188**

Als Subjekt und Objekt:

Der Junge schenkt *dem Mädchen* seinen Ball. – *Die* gerichtliche *Untersuchung* wurde gestern abgeschlossen.

Als freie Angabe:

Ich habe *in der* letzten *Nacht* merkwürdige Geräusche gehört.

Als Prädikatsergänzung:

Der Vertreter befindet sich *auf Geschäftsreisen*. – Das Flugzeug setzte *zur Landung* an.

Als Prädikat nimmt es die mit dieser Funktion verbundenen Merkmale an, **B 189** wie Personalform und Zeitform, und nennt im Prädikat ein Sein oder ein Geschehen, das dem vom Nomen bezeichneten Wesen oder Ding in irgendeiner Weise anhaftet oder mit dem es in Verbindung zu bringen ist. Das Nomen ist in dieser Funktion zum ‚Quasiverb‘ geworden. Diese Prädikatfähigkeit des Nomens gibt einer Sprache nahezu unbegrenzte Möglichkeiten, Geschehen oder Sein zu beschreiben [→ G 8].
Alle prädikatfähigen Nomen folgen der ‚schwachen‘ Konjugation.
Diese Nomen sind aus anderen Satzgliedfunktionen, vor allem aus der Prädikatsergänzung zum Prädikat übergewechselt [→ B 142].

Eine Wand mit *Kalk* anstreichen (eine Wand *kalken*). – Die Fahrkarte mit einem *Loch* versehen (die Fahrkarte *lochen*). – Das *Frühstück* einnehmen *(frühstücken)*. – Auf dem *Wasser* niedergehen *(wassern)*.

das Haus: hausen	die Schule: schulen
der Draht: drahten	die Erde: erden
der Schneider: schneidern	das Salz: salzen
der Schuster: schustern	das Buch: buchen

119

Auch Namen von Personen, die mit einem bestimmten, allgemein bekannten Geschehen in Verbindung gebracht werden können, sind ins Prädikat gerückt.

Röntgen*): Der Verletzte wurde geröntgt.
Lynch: Der Pöpel wollte den Mann lynchen.

Alle diese prädikatfähigen Nomen können wie Verben behandelt werden, nämlich Vorsilben oder Verbzusätze annehmen.

Eine Pflanze in einen anderen *Topf* um*setzen (eine Pflanze *umtopf*en). – Ein Kind in der Schule anmelden (ein Kind *einschulen*). – Jemandem etwas zum Essen *auf den Tisch* stellen (jemandem etwas *auftischen*) (meist figurativ). – Jemandem einen *Auftrag* geben (jemanden *beauftragen*).

Auch prädikatfähige Personennamen können, wenn es zum Ausdruck des Inhalts notwendig ist, mit Vorsilben oder Verbzusätzen versehen werden.

Weck: Die Frau *weckt* frisches Obst *ein*.

Eine große Anzahl dieser prädikatfähigen Nomen müssen bestimmte Endungen annehmen, damit sie die im Prädikat erforderlichen Formen, Personalformen und Zeitformen, bilden können.

Mit dem Rad fahren (rad*eln*). – Einen Prozeß anstrengen (prozess*ieren*).

Ebenso auch einige Personennamen, die im Prädikat stehen sollen:

Boykott: boykott*ieren*

B 190   *Als vorangestelltes Attribut* [→ E 24, E 90, F 8]:

Vaters Haus, Frankreichs Ministerpräsident

Als nachgestelltes Attribut [→ E 28, E 90, F 8]:

Das Haus meines Vaters. – Ein Anzug nach Maß. – Ein Glas Bier. – Eine Gruppe von Schülern.

---

*) Bei dem Namen ‚Röntgen' ist das auslautende -en als Flexionsendung übernommen worden.

Das Adjektiv

B 191

Adjektive bezeichnen Qualität und Quantität. Sie charakterisieren damit Personen, Sachen, Begriffe und Sachverhalte. Wegen ihrer einheitlichen inhaltlichen Leistung bilden Adjektive eine eigene Wortklasse.
Adjektive können in alle Satzfunktionen eintreten. Sie können Satzglieder oder Attribute sein.

Deklination

B 192

Wie alle anderen nichtnominalen Wörter folgt auch das Adjektiv den Deklinationsregeln der vorangestellten Attribute [→ D 4 f., D 8].

1. Das Adjektiv nimmt ein Funktionskennzeichen an, wenn dieses innerhalb des Satzglieds, dem das Adjektiv als Attribut angehört, sonst nicht zum Ausdruck gebracht wird.

> ein junger Hund, mit wessen neuem Wagen, alter Wein, ..., dessen jüngster Sohn, manch reicher Mann

Ebenso auch als nachgestelltes Attribut bei einigen unbestimmten Pronomen.

> etwas Neues, mit niemand Bekanntem, mit viel Schlechtem

2. Wenn das Adjektiv keine Funktionskennzeichen annimmt, erhält es wie alle vorangestellten nichtnominalen Attribute besondere Deklinationsendungen. Diese sind

a) im Singular Nominativ maskulin, neutral und feminin -e
             Akkusativ neutral und feminin   -e

b) in allen anderen Kasus im Singular und Plural   -en

Übersicht über die Deklinationsformen aller vorangestellten nichtnominalen Attribute

(Adjektivdeklination)

B 193

1. Die Attribute erhalten folgende Funktionskennzeichen unter der in B 192 und D 6 genannten Bedingung.

Singular		m	n	f
	Nom.	-er	-es	-e
	Akk.	-en	-es	-e
	Dat.	-em	-em	-er
	Gen.	-en*)	-en*)	-er

Plural		m	n	f
	Nom.	-e	-e	-e
	Akk.	-e	-e	-e
	Dat.	-en	-en	-en
	Gen.	-er	-er	-er

		maskulin	neutral	feminin
Singular	Nom.	alt-er Wein	rot-es Licht	kühl-e Luft
	Akk.	-en Wein	-es Licht	-e Luft
	Dat.	-em Wein	-em Licht	-er Luft
	Gen.	-en Wein*es**)	-en Licht*es**)	-er Luft
Plural	Nom.	-e Weine	-e Lichter	-e Lüfte
	Akk.	-e Weine	-e Lichter	-e Lüfte
	Dat.	-en Weinen	-en Lichtern	-en Lüften
	Gen.	-er Weine	-er Lichter	-er Lüfte

Dort stehen drei alt*e* Frauen. – Bei solch groß*em* Fleiß wird er eine gute Prüfung machen. – Bei etwas besser*em* Wetter könnten wir einen Ausflug machen. – Wir fuhren mit Roberts neu*em* Wagen an die See. – Der Autor, dessen neu*es* Buch ich gelesen habe, ist Franzose. – Wessen rot*es* Tuch hängt dort?

Nachgestellte Attribute zu Personalpronomen erhalten ebenfalls die Funktionskennzeichen, obwohl die Form des übergeordneten Pronomens die Funktion deutlich genug kennzeichnet. Das Attribut steht hier als Apposition [→ E 35].

Du arm*er* Mensch mußt morgen arbeiten. – Sie erbärmlich*er* Wicht haben mir ganz übel mitgespielt. – Ihr Deutsch*e* habt noch viele Schwierigkeiten zu überwinden. – Mir arm*er* Frau hat man solch große Freude gemacht.

Es können allerdings auch die Endungen der Attributdeklination auftreten. Zum Teil ist der Gebrauch schwankend.

Ihr arm*en* Leute! – Wir fleißig*en* (fleißig*e*) Schüler. – Wir Deutsch*en* (Deutsch*e*).

B 194 2. Die Attribute erhalten die Endungen der Attributdeklination
a) nach dem bestimmten Artikel, nach den Demonstrativpronomen *dies-, jen-, solch-, derjenig-, derselb-*, nach dem Fragepronomen *welch-*, nach den unbestimmten Pronomen *all-, jed-, manch-* und dem Zahladjektiv *beide*. Sie alle ziehen als Attribute die Funktionskennzeichen an sich.

		m	n	f				m	n	f
Singular	Nom.	-e	-e	-e		Plural	Nom.	-en	-en	-en
	Akk.	-en	-e	-e			Akk.	-en	-en	-en
	Dat.	-en	-en	-en			Dat.	-en	-en	-en
	Gen.	-en	-en	-en			Gen.	-en	-en	-en

---

*) Die Endungen im Singular Genitiv maskulin und neutral sind keine Funktionskennzeichen, sondern Endungen der Attributdeklination. Das für diese Funktion gültige Funktionskennzeichen erscheint beim übergeordneten Nomen: alten Wein*es*, roten Licht*es*.

122

		maskulin	neutral	feminin
Singular	Nom.	der alt-e Mann	das klein-e Haus	die jung-e Frau
	Akk.	den -en Mann	das -e Haus	die -e Frau
	Dat.	dem -en Mann	dem -en Haus	der -en Frau
	Gen.	des -en Mannes	des -en Hauses	der -en Frau
Plural	Nom.	die -en Männer	die -en Häuser	die -en Frauen
	Akk.	die -en Männer	die -en Häuser	die -en Frauen
	Dat.	den -en Männern	den -en Häusern	den -en Frauen
	Gen.	der -en Männer	der -en Häuser	der -en Frauen

Wer ist *der* alte Mann dort? – Kennen Sie *diesen* jungen Mann? – Hast du *jenes* bekannte Buch gelesen? – *Welchen* teuren Wein hast du gekauft? – Er liest *jedes* wichtige Buch. – *Aller* gute Wille nützte nichts. – *Beide* neuen Ingenieure sind wieder entlassen worden.

b) nach dem unbestimmten Artikel, nach den Possessivpronomen und nach dem unbestimmten Pronomen *kein-*. Da diese *im Singular Nominativ maskulin* und *neutral* und *Akkusativ neutral* keine Funktionskennzeichen tragen, muß es zum folgenden Attribut treten. Alle übrigen Kasusformen entsprechen denen unter a) aufgeführten.

B 195

		m	n	f
Singular	Nom.	-er*)	-es*)	-e
	Akk.	-en	-es*)	-e
	Dat.	-en	-en	-en
	Gen.	-en	-en	-en
Plural	Nom.	-en	-en	-en
	Akk.	-en	-en	-en
	Dat.	-en	-en	-en
	Gen.	-en	-en	-en

		maskulin	neutral	feminin
Singular	Nom.	ein alt-er Mann	ein klein-es*)Haus	eine jung-e Frau
	Akk.	einen -en Mann	ein -es*)Haus	eine -e Frau
	Dat.	einem -en Mann	einem -en Haus	einer -en Frau
	Gen.	eines -en Mannes	eines -en Hauses	einer -en Frau
Plural	Nom.	meine -en Männer	meine -en Häuser	meine -en Frauen
	Akk.	meine -en Männer	meine -en Häuser	meine -en Frauen
	Dat.	meinen -en Männern	meinen -en Häusern	meinen -en Frauen
	Gen.	meiner -en Männer	meiner -en Häuser	meiner -en Frauen

*) Funktionskennzeichen.

Ein kleine*r* Junge fragte mich nach dem Weg. – *Mein* kleine*s* Haus steht am Rande der Stadt. – *Unser* alte*r* Vater hat heute Geburtstag. – Ich habe *kein* deutsch*es* Geld. – Ich habe kein*en* großen Hunger.

Besonderheiten bei der Deklination der Adjektive

B 196 Wenn bei Adjektiven auf -*el* die Endung mit dem Vokal -*e* beginnt, fällt das -*e*- der letzten Stammsilbe aus.

> dunkel: das *dunkle* Zimmer   im *dunklen* Zimmer

Bei der Endung -*el* kann auch das -*e*- der letzten Stammsilbe bleiben und das -*e* der Endung ausfallen.

> im *dunklen* Zimmer   im *dunkeln* Zimmer

Auch Adjektive auf -*er* und -*en* können ihr -*e*- verlieren, wenn die Endung mit einem Vokal beginnt; bei den Adjektiven auf -*er* kann auch die Endung -*en* ihr -*e*- verlieren.

bitter:	ein bitterer Kaffee	einen bitteren Kaffee
	ein bittrer Kaffee	einen bittren Kaffee
		einen bittern Kaffee
teuer:	ein teueres Auto	eines teueren Autos
	ein teures Auto	eines teuren Autos
		eines teuern Autos
offen:	eine offene Tür	einer offenen Tür
	eine offne Tür	einer offnen Tür

Das Adjektiv *hoch* verliert den verhärteten Auslaut, wenn es dekliniert wird.

> Das Haus ist ho*ch* – das ho*h*e Haus – ein ho*h*es Haus

B 197 Einige attributive Adjektive nehmen keine Deklinationsendungen an. Das sind: fremde Adjektive auf -a, besonders Farbadjektive

> Das Mädchen trug ein *rosa* Kleid. – Es hatte ein *lila* Band im Haar. – Auf dem Markt können Sie *prima* Obst kaufen.

von Städtenamen abgeleitete Adjektive auf -*er*. Man schreibt diese Adjektive groß.

> die *Frankfurter* Straße – im *Kölner* Dom – Ich wohne in der *Salzburger* Straße 10. – Wir besichtigten das *Straßburger* Münster.

B 198 Wenn bei einem Nomen mehrere attributive Adjektive stehen, erhalten alle die gleichen Deklinationsendungen.

> ein arme*r*, alt*er* Mann – das große, neu*e* Haus – gute, frisch*e* Luft.

Ein attributives Adjektiv kann zusammen mit einem Nomen als fester Begriff aufgefaßt werden. Wenn das Nomen ohne Artikel steht, so nimmt das erste attributive Adjektiv die Funktionskennzeichen an, alle übrigen richten sich nach der Attributdeklination [→ B 195].

> *Guter* roter Wein – Ein Prosit mit gut*em* rot*en* Wein! – Das Zimmer hat fließend*es* kalt*es* und warm*es* Wasser. – Er sucht ein Zimmer mit fließend*em* kalten und warm*en* Wasser.

Einige attributive Partizipien haben ihrem Inhalt nach demonstrativen Charakter. Sie nehmen die Funktionskennzeichen an. Die folgenden Adjektive werden nach der Attributdeklination dekliniert.

> *Folgender* interessant*e* Bericht stand heute in der Zeitung. – *Beiliegendes* klein*e* Geschenk soll Ihnen Freude machen.

B 199

Einige Adjektive nehmen keine Deklinationsendungen an, weil sie nicht attributiv gebraucht werden. Solche Adjektive sind z. B. *leid, gram, quitt, schuld, schade, gewärtig, allein, barfuß* usw. Manche dieser Adjektive kommen heute nur noch in bestimmten Verbindungen vor: *gewahr werden, abspenstig machen.* Einige dieser Adjektive können durch die Nachsilbe *-ig* attributfähig gemacht werden.

> Ich bin *allein*. – Das ist seine *alleinige* Schuld. – Die Angelegenheit ist mir *leid*. – Es ist eine *leidige* Angelegenheit. – Die Kinder waren *barfuß*. – *Barfüßige* Kinder spielten vor dem Haus.

Adjektive, die eine Nationalität bezeichnen, kann man nur dann als Satzglied gebrauchen, wenn man ausdrücken will, daß etwas typisch für die betreffende Nation ist, sonst muß man sie umschreiben.

> Das Werk dieses Malers hat typisch *französische* Züge. – Das Werk dieses Malers ist echt *französisch*.
> Wir haben drei *spanische* Studenten. – Drei Studenten sind *Spanier*.
> Ich lese ein *englisches* Buch. – Es ist ein Buch *in englischer Sprache*.

Die Komparation

Bei der Komparation der Adjektive unterscheidet man zwei Vergleichsstufen, die aus der Grundform der Adjektive gebildet werden. Diese Vergleichsstufen sind der Komparativ und der Superlativ.

B 200

Bei den attributiven Adjektiven bildet man die Komparativform mit der Endung *-er-* und die Superlativform mit der Endung *-st-*. Diese Endungen hängen an der Grundform des Adjektivs, dann erst folgen die Deklinationsendungen. Vor der Superlativform steht meistens der bestimmte Artikel, niemals aber der unbestimmte Artikel oder ein unbestimmtes Pronomen.

> Heute ist ein schön-*er* Tag, aber gestern war ein schön-*er-er* Tag. Der schön-*st-e* Tag dieser Woche war Sonntag.
> Mein Onkel hat ein schnell-*es* Motorboot, aber mein Vater kauft ein schnell-*er-es* Motorboot. Er hat das schnell-*st-e* Boot auf dem See.

125

Komparationsformen der attributiven Adjektive

B 201 Der Komparativ erhält die Endung -er-, der Superlativ erhält die Endung -st-.

billig-   billiger-   (der, das, die) billig*st*-
schnell-   schneller-   (der, das, die) schnell*st*-

Wenn das Adjektiv auf -*d*, -*t*, -*tz*, -*s*, -*ß*, -*st*, -*x* oder -*z* endet, ist die Superlativ-endung -*est*-, ebenso auch bei den meisten Adjektiven auf -*sch*.

weit-   weiter-   (der, das, die) weit*est*-
kurz-   kürzer-   (der, das, die) kürz*est*-
fix-   fixer-   (der, das, die) fix*est*-
geschickt-   geschickter-   (der, das, die) geschickt*est*-
frisch-   frischer-   (der, das, die) frisch*est*- (auch: frisch*st*-)

Ausnahmen sind die mehrsilbigen Adjektive auf -*isch*, die Partizipien I und die Partizipien II der Verben, deren Stamm auf -*t* endet [→ B 5, B 24].

maler*isch:* Das ist der maler*isch*ste Platz unserer Reise.

brennen*d:* Neue Wohnungen zu bauen ist die brennen*dste* Sorge dieser Gemeinde.

gefürch*tet:* Er ist der gefürch*tetste* Beamte in dieser Behörde.

Wenn das Adjektiv auf -*el*, -*en*, -*er* endet, fällt im Komparativ das -*e* der letzten Stammsilbe vor -*l* immer, vor -*n* und -*r* oft aus.

dunk*el:* Diese Straße ist heute dunk*l*er als sonst.

trock*en:* In diesem Sommer ist das Wetter troc*kn*er (troc*ken*er) als im vorigen Jahr.

teu*er:* Im Winter ist das Obst teu*r*er (teu*er*er) als im Sommer.

Beim Partizip II der starken Verben bleibt das -*e*- vor -*n* im Komparativ erhalten.

gelung*en:* Diese Feier war gelung*en*er als alle früheren.

Einsilbige Adjektive können im Komparativ und Superlativ Umlaut haben.

alt-   *älter*-   (der, das, die) *ältest*-
jung-   *jünger*-   (der, das, die) *jüngst*-
dumm-   *dümmer*-   (der, das, die) *dümmst*-

Einige Adjektive können die Komparation mit und ohne Umlaut bilden: *bang, blaß, glatt, naß, schmal, fromm, rot, krumm* und *gesund.*

Nur wenige Adjektive haben unregelmäßige Formen.

groß-   *größer*-   (der, das, die) *größt*-
(hoch) hoh-   *höher*   (der, das, die) *höchst*- [→ B 196]
nah-   *näher*-   (der, das, die) *nächst*-
gut-   *besser*-   (der, das, die) *best*-
viel, viele   *mehr*   (der, das, die) *meist*-

Zu *wenig* gibt es auch die Steigerungsformen *minder* (nur vor Adjektiven gebraucht) (der, das, die) *mindest-*, als Satzglied *im mindesten*.

Die Angelegenheit ist *minder* wichtig. – Das ist *das Mindeste*, was man verlangen kann. – Es ist bemerkenswert, daß wir gerade von den Menschen, die wir lieben, *am mindesten* aussagen können, wie er sei. *(Frisch)*

Die Komparative *mehr* und *weniger* erhalten keine Deklinationsendung [→ C 80].

Paul hat *mehr* Geld als Peter. – Mein Freund hat *mehr* Bücher als ich. – Ich habe *weniger* Zeit als du. – Mein Haus hat *weniger* Zimmer als sein Haus.

Komparation der Adjektive als Satzglieder

Die Komparationsformen der Adjektive als Satzglieder entsprechen der Komparation der attributiven Adjektive.
Der Komparativ erhält keine Deklinationsendung.   **B 202**

Das Haus ist *groß*. – Dein Haus ist *größer* als meins.

Der Superlativ muß jedoch immer mit Artikel stehen und erhält Deklinationsendungen. Wenn hinter dem Superlativ eine Ergänzung stehen kann, folgt er dem bestimmten Artikel und erhält Deklinationsendungen *(-e*, Plural *-en)*. Sonst folgt er der Präposition *am* und erhält die Endung *-en*.

Der heutige Tag war schön. – Der heutige Tag war *der* schönst*e* meines Urlaubs. – Diese Wochen waren *die* schönst*en* des Jahres.
Heute war es schön. – Heute war es *am* schönst*en*.

Bemerkungen zur Komparation

Wenn man eine Ungleichheit feststellt, gebraucht man die Konjunktion *als* und den Komparativ [→ D 131, G 25].   **B 203**

Ein Flugzeug ist *schneller als* ein Auto. – Heute ist das Wetter *besser als* gestern. – Ich habe ein *billigeres* Buch gekauft *als* du.

Das zweite Glied des Vergleichs kann auch ein Gliedsatz sein [→ D 132].

Der Läufer war *schneller, als* man erwartet hatte. – Der Film war *besser, als* man nach der Kritik annehmen konnte.

Wenn dem Komparativ ein Nomen mit der Konjunktion *als* folgt, kann man die Konjunktion *denn* gebrauchen, um die Konjunktion *als* nicht zweimal hintereinander zu setzen.

Er ist als Wissenschaftler bedeutender *denn als* Lehrer.

Wird eine Gleichheit festgestellt, gebraucht man *so ... wie* oder *ebenso ... wie* und die Grundform des Adjektivs; das zweite Glied kann auch ein Gliedsatz sein.

Ich bin *so* alt *wie* er. – Mein Freund studiert *ebenso* lange *wie* ich. – Die Fahrt dauerte *so* lange, *wie* ich gedacht hatte.

Man kann einen solchen Vergleich auch mit der negierten Komparativform und der Konjunktion *als* ausdrücken.

> Ich bin *nicht älter als* er. – Mein Freund hat *kein längeres* Studium *als* ich.

B 204 Bei einem Vergleich mit einer höheren Vergleichsstufe gebraucht man *weniger ... als*. Das Adjektiv steht in der Grundform.

> Diese Stadt ist *weniger* schön *als* München. Das Bild war bedeutend *weniger* wert, *als* ich gedacht hatte.

Man kann einen solchen Vergleich auch mit der Konjunktion *nicht so (keinso) ... wie* und der Grundform des Adjektivs ausdrücken [→ auch B 206].

> Diese Stadt ist *nicht so* schön *wie* München. – Es ist *keine so* schöne Stadt *wie* München.

Wenn man zwei Inhalte miteinander vergleicht, gebraucht man die Konstruktion *mehr ... als*.

> Er ist *mehr* traurig *als* ärgerlich (er ist auch ärgerlich).

Wenn man zwei Inhalte miteinander vergleicht und dabei den zweiten ausschließt, gebraucht man die Konstruktion *eher ... als*.

> Er ist *eher* traurig *als* ärgerlich (er ist also nicht ärgerlich).

Die Beziehung zwischen zwei Komparativen wird durch *je ... desto* hergestellt.

> *Je länger* eine Reise ist, *desto teurer* ist sie. – *Je mehr* ich arbeite, *desto müder* bin ich abends. – *Je bessere* Arbeit, *desto größerer* Lohn.

Eine weitere Form des Vergleichs ist der Ausdruck *noch einmal (doppelt) so ... wie, zweimal so ... wie* usw.

> Er ist *noch einmal (nochmal, doppelt) so* reich *wie* ich. – Berlin ist *zehnmal so* groß *wie* unsere Stadt. – Sie haben *doppelt soviel* Zeit *wie* wir.

Das zweite Glied des Vergleichs kann wegfallen, wenn vor dem Komparativ *immer* steht oder wenn (meist bei Erzählungen) der Komparativ wiederholt wird.

> Das Wetter wurde *immer schöner*. – Die Tage wurden *länger und länger*.

Absolute Komparationsformen

B 205 Der absolute Komparativ drückt einen allgemeinen Vergleich aus und bezieht sich auf einen Gegensatz, z. B. *jung, älter, alt; alt, jünger, jung; kurz, länger, lang; alt, neuer, neu.*

> Ich habe eine *längere* Reise gemacht (keine kurze Reise). – Er ist schon ein *älterer* Mann (kein junger Mann). – Reichenhall ist eine *kleine* Stadt. Rothenburg ist eine *größere* Stadt. München ist eine *große* Stadt.

Der absolute Superlativ bezeichnet einen sehr hohen Vergleichsgrad; er steht als Attribut meist ohne Artikel.

Anrede im Brief: *Liebster* Vater! – *Teuerste* Mutter!
Herzlichsten Dank für Ihre freundliche Einladung. – Ich komme mit *größtem* Vergnügen. – Er legte *schärfsten* Protest dagegen ein.

Als Satzglied steht der absolute Superlativ mit der Präposition *auf* (Akkusativ).

Der große runde Tisch war nun *aufs festlichste* gedeckt. *(Dürrenmatt)*

Die ausdruckstärkste Form des absoluten Superlativs bildet man mit *aller-*, das sich mit dem Adjektiv im Superlativ verbindet.

In dieser Zeitung stehen die *allerneusten* Nachrichten. – Gestern war der *allerschönste* Tag meines Lebens.

Den absoluten Superlativ bildet man auch mit den Adverbien *sehr*, *besonders*, *recht*, die vor dem Adjektiv in der Grundform stehen.

Wir haben eine *sehr* interessante Reise gemacht. – Er war ein *besonders* fleißiger Schüler. – Haben Sie *recht* schönen Dank für Ihre Hilfe.

Einen absoluten Superlativ kann man auch dadurch bilden, daß man das Adjektiv mit einem Wort aus einer anderen Wortklasse verbindet, z. B.

*tod*krank, *toten*bleich, *kohl*schwarz, *schnee*weiß, *kreuz*fidel, *kern*gesund, *blitz*sauber, *sternhagel*voll (vollkommen betrunken), *stock*taub, *spindel*-dürr, *stroh*dumm, *hunde*elend

Besonderheiten bei der Komparation

Von der Ordnungszahl *der (das, die) erste* kann man eine Komparativform bilden, wenn man auf zwei Personen oder Sachen hinweisen will. Für die zweite Person oder Sache steht *der letztere* [→ B 216, C 37].

B 206

anders steht bei Ungleichheit [→ D 131]; man gebraucht es wie den Komparativ mit der Konjunktion *als:*

Heute ist das Wetter *anders als* gestern. – Ich habe *andere* Sorgen, *als* du glaubst.

Lokaladverbien kann man durch die Endung *-er* deklinierbar machen, um sie als Attribute vor Nomen zu gebrauchen. Mit dieser Wortform kann der Superlativ gebildet werden, nicht aber der Komparativ:

Adverb	Grundform	Superlativ
vorn	vorder-	(der, das, die) *vorderst-*
hinten	hinter-	(der, das, die) *hinterst-*
mitten in	mittler-	(der, das, die) *mittelst-*
oben	ober-	(der, das, die) *oberst-*
unten	unter-	(der, das, die) *unterst-*
außen	äußer-	(der, das, die) *äußerst-*
innen	inner-	(der, das, die) *innerst-*

Unsere Freunde sind schon *vorn*. – Wir gehen durch die *vordere* Tür. – Wir sitzen in der *vordersten* Reihe.

Adjektive, die keinen Vergleich zulassen, z. B. Farbadjektive und Adjektive, zu denen nur ein Gegensatz, aber kein Vergleich denkbar ist, haben nur in besonderen Fällen eine Steigerung. Solche Adjektive sind z. B.

gelb, schwarz, nackt (angezogen), mündlich, schriftlich, tot, lebendig, dreieckig

In der Werbung findet man heute allerdings schon die Komparation von Farbadjektiven.

Das ist ein Weiß! *Weißer* geht es nicht.

Bei Adjektiven, die sich mit Partizipien verbunden haben, wird nur das Adjektiv gesteigert.

Das Haus wird dem *Meist*bietenden zugeschlagen. – Er ist der *best*gehaßte Mann in der Stadt.

Wenn sich aber aus solchen Verbindungen oder aus der Verbindung zweier Adjektive ein eigener Inhalt herausgebildet hat, behandelt man die Zusammensetzung wie ein Wort und verfährt bei der Steigerung wie bei einfachen Adjektiven.

kaltblütig*st*, weitsichtig*st*, hartgesotten*st*, freisinnig*st*

Zahladjektive

B 207 Bei den Zahladjektiven unterscheidet man zwei Gruppen, von denen man alle Zahlausdrücke ableitet: die Grundzahlen und die Ordnungszahlen.

Grundzahlen

Die Grundzahlen bezeichnen eine bestimmte Anzahl oder Menge. Man fragt nach der Menge mit *wieviel?* und nach der Anzahl mit *wie viele?* Zahlen haben im allgemeinen keine Deklination.

Grundzahlen:

0	null	19	neunzehn
1	eins	20	zwanzig
2	zwei	21	einundzwanzig
3	drei	22	zweiundzwanzig
4	vier	23	dreiundzwanzig
5	fünf	24	vierundzwanzig
6	sechs	25	fünfundzwanzig
7	sieben	26	sechsundzwanzig
8	acht	27	siebenundzwanzig

9	neun	28	achtundzwanzig	
10	zehn	29	neunundzwanzig	
11	elf	30	dreißig	
12	zwölf	40	vierzig	
13	dreizehn	50	fünfzig	
14	vierzehn	60	sechzig	
15	fünfzehn	70	siebzig	
16	sechzehn	80	achtzig	
17	siebzehn	90	neunzig	
18	achtzehn			

100	hundert, einhundert	300	dreihundert
101	hunderteins	900	neunhundert
200	zweihundert	999	neunhundertneunundneunzig

1000	tausend, eintausend	2000	zweitausend
1101	tausendeinhunderteins	3000	dreitausend
1999	tausendneunhunderneunund-		
	neunzig		

999 999 neunhundertneunundneunzigtausendneunhundertneunundneunzig

Wenn man die Zahlen von 1 bis 999 999 in Worten ausdrücken will, schreibt man sie in einem Wort zusammen.

Jahreszahlen liest man

1958 neunzehnhundertachtundfünfzig

Nur die Jahreszahlen zwischen 1000 und 1099 liest man wie normale Zahlen:

1030 (ein)tausenddreißig

Beachten Sie die Aussprache und Schreibung der folgenden Zahlen!

1	eins	21	einundzwanzig (ein-und-zwanzig)		
3	drei			30	dreißig
6	sechs (chs = ks)	16	sechzehn	60	sechzig
7	sieben	17	siebzehn	70	siebzig

Zur Unterscheidung von *zwei* und *drei* (z. B. am Telefon) sagt man statt *zwei* oft *zwo*. Man schreibt aber immer *zwei*.

Die Zahlen von 1 bis 9 heißen *Einer* (maskulin)

10, 20, 30, 40 usw. heißen *Zehner*
100, 200, 300, 400 usw. heißen *Hunderter*
1000, 2000, 3000, 4000 usw. heißen *Tausender*

Man spricht die Einer vor den Zehnern und verbindet sie durch *und*.

25 fünf*und*zwanzig (5 + 20)
87 sieben*und*achtzig (7 + 80)
537 829 fünfhundertsieben*und*dreißigtausendachthundertneun*und*-
zwanzig (5 hundert 7 + 30 tausend 8 hundert 9 + 20)

Die Zahl 1 heißt in Zusammensetzungen mit Zehnern immer *ein-*.

21 *ein*undzwanzig
31 *ein*unddreißig
41 *ein*undvierzig

Am Ende einer Zahlengruppe heißt sie *eins*.

101 einhundert*eins*
2001 zweitausend*eins*

Telefonnummern liest man nicht als ganze Zahl, sondern jede Ziffer für sich.

3159 drei eins fünf neun (3 – 1 – 5 – 9)

Man kann Zahlen aus verschiedenen Gründen „in Worten" schreiben; besonders im Geldverkehr, wenn man Irrtümer und Fälschungen vermeiden will.

Zahlen Sie Herrn Meier 386 DM (dreihundertsechsundachtzig DM) aus! – Sie schulden uns einen Betrag von 126 DM (in Worten: einhundertsechsundzwanzig DM).

Wenn die meist abgerundete Zahl nur „in Worten" geschrieben ist, so handelt es sich um eine ungefähre Anzahl oder Menge.

Es waren sicher zweihundert Leute da (man hat sie nicht gezählt, sondern nur geschätzt). – Von dem über hundert (nicht: 100) Meter hohen Turm hat man eine schöne Aussicht.

Folgende Zahlen sind feminine Nomen und erhalten im Plural die Endung *-en*.

1 000 000	*eine* Million
2 000 000	*zwei* Millionen
1 000 000 000	*eine* Milliarde (= 1000 Millionen)
1 000 000 000 000	*eine* Billion (= 1000 Milliarden)

Diese Zahlen schreibt man „in Worten" nicht mit niedrigeren Zahlen zusammen.

1 500 000	*eine Million fünfhunderttausend*

B 208 Zur Angabe der Jahreszahl gebraucht man die Jahreszahl entweder allein oder in Verbindung mit dem Ausdruck *im Jahr(e)* *).

Ich bin 1959 in Griechenland gewesen.	Ich bin *im Jahr* 1959 in Griechenland gewesen.
Goethe wurde 1749 geboren.	Goethe wurde *im Jahre* 1749 geboren.

---

*) Geschichtliche Jahreszahlen haben manchmal folgende Abkürzungen:

v. Chr.	vor Christus	n. Chr.	nach Christus
v. Chr. G.	vor Christi Geburt	n. Chr. G.	nach Christi Geburt
v. Zr.	vor der Zeitrechnung	n. Zr.	nach der Zeitrechnung

Bei Geldangaben ist *Mark**) immer Singular; *Pfennig(e)* kann man für Singular und Plural gebrauchen [→ B 163]. Man liest

12,23 DM	zwölf Mark dreiundzwanzig
—,51 DM	einundfünfzig Pfennig
3,01 DM	drei Mark eins

Bei der Bezeichnung der Uhrzeiten unterscheidet man zwischen der offiziellen und der umgangssprachlichen Zeitangabe. Man fragt nach der Uhrzeit: *Wieviel Uhr ist es? Wie spät ist es? Uhr* ist als Zeitangabe immer Singular. **B 209**
In der offiziellen Zeitangabe zählt man den Tag mit 24 Stunden:

8.15 Uhr	acht Uhr fünfzehn (Minuten)
12.32 Uhr	zwölf Uhr zweiunddreißig
20.45 Uhr	zwanzig Uhr fünfundvierzig
24.00 Uhr	vierundzwanzig Uhr
0.25 Uhr	null Uhr fünfundzwanzig

In der Umgangssprache gebraucht man andere Uhrzeitangaben:

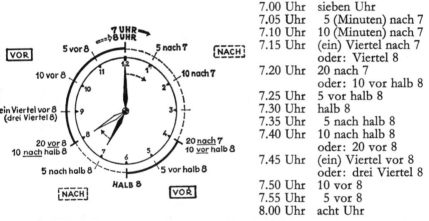

7.00 Uhr	sieben Uhr
7.05 Uhr	5 (Minuten) nach 7
7.10 Uhr	10 (Minuten) nach 7
7.15 Uhr	(ein) Viertel nach 7
	oder: Viertel 8
7.20 Uhr	20 nach 7
	oder: 10 vor halb 8
7.25 Uhr	5 vor halb 8
7.30 Uhr	halb 8
7.35 Uhr	5 nach halb 8
7.40 Uhr	10 nach halb 8
	oder: 20 vor 8
7.45 Uhr	(ein) Viertel vor 8
	oder: drei Viertel 8
7.50 Uhr	10 vor 8
7.55 Uhr	5 vor 8
8.00 Uhr	acht Uhr

Um Mißverständnisse zu vermeiden, gebraucht man bei den umgangssprachlichen Zeitangaben Temporaladverbien:

Ich komme mit dem Zug um 7 Uhr *abends* an. – Er hat bis 12 Uhr *mittags* gearbeitet.

Volle Stunden bezeichnet man wie folgt:

es ist ein Uhr	oder: es ist eins
es ist zwei Uhr	oder: es ist zwei
usw.	usw.

---

*) *Deutsche Mark (DM)* ist die internationale Bezeichnung der deutschen Währungseinheit. In der Umgangssprache gebraucht man nur die Bezeichnung *Mark*. Das Zehnpfennigstück heißt in der Umgangssprache auch oft *der Groschen*.

Der Ausdruck *ich habe drei Uhr* bedeutet, daß meine Uhr drei Uhr zeigt. Die Frage ist: *Wieviel Uhr haben Sie? Wie spät haben Sie?*
Unterscheiden Sie zwischen den Ausdrücken:

Ich habe *ein Uhr*.	(= Meine Uhr zeigt, daß es ein Uhr ist.)
Ich habe *eine Uhr*.	(= Ich besitze eine Uhr.)
Ich habe *zwei Uhr*.	(= Meine Uhr zeigt, daß es zwei Uhr ist.)
Ich habe *zwei Uhren*.	(= Ich besitze zwei Uhren.)

B 210 Mathematische Aufgaben schreibt und liest man:

$5 + 3 = 8$	5 und 3 ist 8
	5 plus 3 ist 8
$8 - 3 = 5$	8 weniger 3 ist 5
	8 minus 3 ist 5
$\left.\begin{array}{l} 3 \cdot 5 = 15 \\ 3 \times 5 = 15 \end{array}\right\}$	3 mal 5 ist 15
$12 : 4 = 3$	12 durch 4 ist 3; 12 geteilt durch 4 ist 3
$6^2 = 36$	6 hoch 2 ist 36
$6^3 = 216$	6 hoch 3 ist 216
$\sqrt[2]{36} = 6$	Quadratwurzel aus 36 gleich 6
$\sqrt[3]{216} = 6$	Kubikwurzel aus 216 gleich 6

DAS ZAHLADJEKTIV EINS

B 211 Als Attribut vor einem Nomen dekliniert man das Zahlwort *ein* wie den unbestimmten Artikel [→ D 26]. Es folgt dann den Deklinationsregeln. Zum Unterschied vom unbestimmten Artikel erhält das Zahlwort den Unterscheidungston [→ F 14].

Wir haben alle aus *einem* Glas getrunken.

Wenn das Zahlwort *ein* in Zusammensetzungen mit Hundertern oder Tausendern an letzter Stelle und vor einem Nomen steht, schreibt man es heute meist getrennt und verbindet es mit der übrigen Zahl durch *und*. Das Nomen steht dann immer im Singular.

Meine Reise hat genau *hundert und einen Tag* gedauert. – Die Märchen aus *Tausendundeiner Nacht*.

Wenn *ein* als Zahlwort dem bestimmten Artikel, einem Demonstrativpronomen, einem Possessivpronomen oder einem Relativpronomen folgt, gebraucht man es wie ein normales Adjektiv [→ B 193 f.].

Hast du mit *der einen* Schülerin gesprochen, die uns neulich besuchte? – Schon bei *diesem einen* Unfall hat es viele Verletzte gegeben. – Der alte Mann geriet mit *seinem einen* Bein in ein Loch und stürzte. – Der Wagen, *dessen eines* Rad zerbrochen war, lag auf der Straße.

Wenn *ein* pronominal gebraucht wird, erhält es die Funktionskennzeichen [→ B 193, D 5].

Einer der Reisenden fuhr mit mir bis Hamburg. – Ich fragte *eine* der Frauen, die dort standen, nach dem Weg. – Er ging mit *einem* von ihnen ins Theater.

Der Ausdruck *der (das, die) eine* steht im Gegensatz zu *der (das, die) andere* [→ C 37].

Wer sind die Frauen dort? – *Die eine* ist Frau Müller, *die andere* kenne ich nicht.

In diesem Gebrauch kann *der (das, die) eine* auch im Plural stehen:

Die Menschen sind verschieden. *Die einen* interessieren sich für Kunst, *die anderen* für Fußball.

ZWEI UND DREI

Die Zahlwörter *zwei* und *drei* bleiben wie alle Zahlwörter meistens unverändert. Sie können aber auch die Funktionskennzeichen erhalten [→ B 193, D 5].

B 212

Ich habe mich gestern *mit zwei* aus unserer Klasse unterhalten. Ich habe mich gestern *mit zweien* aus unserer Klasse unterhalten. – Man kann nicht *zwei* Herren gleichzeitig dienen. Man kann nicht *zweien* Herren gleichzeitig dienen. – In diesem Hotel wohnen Diplomaten *drei* verschiedener Länder. In diesem Hotel wohnen Diplomaten *dreier* verschiedener Länder.

Wenn man sich auf zwei vorher genannte Personen oder Sachen bezieht, gebraucht man das Adjektiv *beide*. Zu der Pluralform gibt es auch die Singularform *beides*, das sich nur auf Sachen oder Sachverhalte bezieht [vgl. *alle* → C 57].

Eben sind *zwei* Herren gekommen. *Beide* hatten sich vorher angemeldet. – Ich habe *zwei* interessante Bücher gesehen und *beide* gekauft. – Kaufen Sie den Füller oder den Kugelschreiber? Ich kaufe *beides*.

Wenn das Nomen oder Pronomen, bei dem *beide* steht, Subjekt ist und im Vorfeld steht, kann *beide* auch im Kontaktbereich auf dem Satzfeld stehen [→ E 36].

Die Geschwister hatten *beide* den gleichen Vorschlag zu machen. – Wir haben *beide* den Geburtstag unserer Tante vergessen.

Das Nomen *das Paar, -e* bezeichnet zwei zusammengehörige Personen oder Sachen [*ein paar* → C 77].

ein *Paar* Schuhe, ein *Paar* Strümpfe, zwei *Paar* Socken
das Brüder*paar*, das Ehe*paar*, das Liebes*paar*

BEMERKUNGEN ZU DEN ÜBRIGEN GRUNDZAHLEN

B 213 In wenigen Fällen können auch die Zahlen von vier aufwärts Funktionskennzeichen erhalten [→ B 193, D 5]. Es handelt sich meist um feste Redewendungen.

> Er spielte einen Grand *mit vieren* (beim Skatspiel). – Er streckte *alle viere* von sich. – Beim Kegeln kann man nicht immer *alle neune* schieben. – Der Verletzte kroch *auf allen vieren* vorwärts. – Früher fuhren die Fürsten *mit vieren* oder *mit sechsen* (mit vier oder sechs Pferden). – Man kann nicht *alle fünfe* gerad sein lassen (sich um nichts kümmern; fünf ist eine ungerade Zahl).

je vor Grundzahlen bezeichnet die gleichmäßige Verteilung von Sachen.

> Ich hatte noch sechs Mark bei mir und gab den drei Arbeitern *je* zwei Mark. – Preis 10 DM *je* (pro) kg.

GRUNDZAHLEN ALS NOMEN

B 214 Man kann alle Grundzahlen als Nomen gebrauchen. Sie sind dann immer feminin; im Singular bleiben sie unverändert; im Plural, der selten gebraucht wird, haben sie die Endung *-en* (außer bei *sieben*).

> *Die Sieben* ist eine Glückszahl. – Der große Uhrzeiger steht auf *der Fünf*, der kleine zwischen *der Acht* und *der Neun*. – Sie kamen *zu Tausenden*.

Man gebraucht diese Zahlnomen z. B.

für Straßenbahn- oder Autobuslinien

> *Die Vier* ist gerade abgefahren. – Steigen Sie in *die Zehn* ein!

für Zeugnisnoten (vor allem in Norddeutschland)*)

> Hans hat im Rechnen *eine Drei* bekommen. In Deutsch hat er *eine Eins* geschrieben. – Ein Zeugnis *mit drei Einsen* ist sehr gut.

für eine Fußballmannschaft: *die Elf*

> Die Münchener *Elf* spielt heute in Köln.

für die Angabe des Alters

> Sie hat *die Zwanzig* längst überschritten. – Wenn man *die Siebzig* erreicht hat, sollte man sich zur Ruhe setzen.

Aus Grundzahlen kann man auch maskuline Nomen mit der Endung *-er* bilden. Man gebraucht sie für eine der Zahl nach bestimmte Gruppe, die zusammengehört,

> Man liest die Einer vor *den Zehnern* [→ B 207]. – Ich habe in *der Neuner*wette im Fußballtoto gewonnen. – Geben Sie mir *eine Zehner*packung Zigaretten! – Die Turner zogen *in Sechser*reihen durch die Stadt.

---

*) Die Zeugnisnoten, die allgemein gebraucht werden, bedeuten: 1 sehr gut, 2 gut, 3 befriedigend, 4 mangelhaft, 5 nicht genügend (oder: 4 ausreichend, 5 mangelhaft, 6 ungenügend).

für Geldscheine, kleinere Geldstücke und Briefmarken, besonders in der Umgangssprache,

Können Sie mir *einen Hunderter* wechseln? – Geben Sie mir bitte eine Mark *in Zehnern!* – Am Postschalter: Bitte *3 Zwanziger* und *15 Zehner!* (Briefmarken) – Für *einen Sechser* (Fünf-Pfennig-Stück) kann man nicht viel kaufen. – Das ist *keinen Dreier* wert (altes Drei-Pfennig-Stück, also gar nicht viel).

für Zeugnisnoten in Süddeutschland (1 hier: der Einser),

Er hat *einen Vierer* in Mathematik, aber *einen Einser* in Deutsch.

für die ungefähre Angabe des Alters.

Er ist ein rüstiger *Fünfziger.* – Sie ist in den *Vierzigern.*

Mit hundert oder tausend kann man eine große Anzahl bezeichnen. Es ist dann Nomen im Plural und erhält die Funktionskennzeichen.

In der Fabrik arbeiten *Hunderte* von Arbeitern. – Der Politiker hat zu *Tausenden* gesprochen. – Der Straßenbau braucht die Arbeitskraft *Hunderter* von Menschen.

Ordnungszahlen

Ordnungszahlen geben einer Person oder einer Sache eine bestimmte Stelle in einer Reihe. Man bildet sie aus Grundzahlen mit der Endung -t oder -st. Die Ordnungszahlen von 2 bis 19 haben die Endung *-t*, die Zahlen von 20 aufwärts die Endung *-st*. Unregelmäßig sind die Ordinalzahlen *der (das, die) erste, der (das, die) dritte, der (das, die) achte.* Man dekliniert die Ordnungszahlen wie Adjektive [→ B 139 f.].

B 215

der, das, die	erste	der, das, die	elfte
	zweite		zwölfte
	dritte		dreizehnte usw.
	vierte		zwanzigste
	fünfte		einundzwanzigste
	sechste		usw.
	siebente (siebte)		hundertste
	achte		hunderterste
	neunte		hundertunderste
	zehnte		tausendste

Wie komme ich zur Firma Müller & Co.? Gehen Sie geradeaus, dann *die dritte* Straße links. *Im sechsten* Haus auf der linken Seite befindet sich das Büro der Firma *im ersten* Stock. – Er hat sich *ein zweites* Auto gekauft. – Beim Wettschwimmen wurde er *dritter.*

Bei zusammengesetzten Zahlen wird nur die letzte Zahl durch die Ordnungs-zahl ausgedrückt.

>der fünfundachtzig*ste*
>der zweihundert*dritte*
>der fünftausenddreihundertvierundzwanzig*ste*

Man gebraucht die Ordnungszahlen nach der Frage *der (das, die) wievielte?* oder *welch-*.

>*Im wievielten* Stock (*In welchem* Stock) wohnt Herr Berger? – *Im sechsten* Stock.

Wenn man in Ziffern schreibt, drückt man die Ordnungszahlen durch einen Punkt hinter der Kardinalzahl aus.

>der 1.   = der erste
>der 3.   = der dritte
>der 25.   = der fünfundzwanzigste

B 216 Nach Herrschernamen schreibt man römische Zahlen: *Georg V.*

Nom.	Georg V. = Georg der Fünfte
Akk.	Georg V. = Georg den Fünften
Dat.	Georg V. = Georg dem Fünften
Gen.	Georgs V. = Georgs des Fünften

Dem Ausdruck *der erste* steht der Ausdruck *der letzte* gegenüber.

>Wir wohnen dort *im letzten* Haus der Straße.

der (das, die) erste und *der (das, die) letzte* haben auch eine Komparativform [→ B 206], wenn man von zwei Personen oder Dingen oder im Plural von Personen- oder Sachgruppen spricht: *der (das, die) erstere* und *der (das, die) letztere*. (Diese Ausdrucksform ist nicht sehr häufig, meist sagt man: *der eine ... der andere.*)

>Karl und Fritz sind meine Freunde. Der *erstere* wohnt in Berlin und der *letztere* in Köln.

Bei der Datumsangabe gebraucht man die maskuline Form der Ordnungs-zahlen, weil sie sich auf das Nomen *Tag* beziehen. Man setzt immer den Tag vor den Monat.

Nach dem Datum fragt man mit *der wievielte?*, wenn man eine genaue Angabe des Tages erwartet, sonst mit *wann?* Bei der Antwort auf die Frage mit *der wievielte?* betont man die Tagesangabe.

Die Zahlenangabe für den Tag schreibt man immer in Ziffern, den Monat schreibt man nur bei amtlichen Datenangaben, Zeittafeln, beim Briefdatum und im Geschäftsverkehr in Ziffern, sonst setzt man den Monatsnamen ein.

138

14. 11. = der vierzehnte elfte, vierzehnter elfter,
der vierzehnte November, vierzehnter November
am 6. 8. = am sechsten achten, am sechsten August

Datumsangabe auf dem Briefkopf: München, den 17. 11. 1969

Ich bestätige mit bestem Dank Ihr Schreiben vom 28. 10. – Herr Robert Müller, geboren am 18. 7. 1935, war vom 1. 4. 1966 bis 31. 3. 1969 in unserer Firma als Buchhalter beschäftigt. – Der wievielte ist heute? Heute ist der 10. Heute ist der 10. Mai. – Den wievielten haben wir heute? Heute haben wir den 10. Heute haben wir den 10. Mai. – Wann ist Goethe geboren? Am 28. August 1749.

Man verbindet Ordnungszahlen ohne Deklinationsendung mit Superlativen **B 217** und bezeichnet damit eine bestimmte Rangfolge.

Der Watzmann ist der *zweithöchste* Berg Deutschlands. – Bei den Wettkämpfen war er *der drittbeste.*

Die endungslose Ordnungszahl nach der Präposition *zu* nennt eine der Zahl nach bestimmte Personengruppe.

Wir gingen *zu sechst* spazieren. – Die Soldaten marschierten *zu dritt* in einer Reihe.

Für eine solche Personengruppe kann man auch die Grundzahlen mit der Endung *-en* nach der Präposition *zu* gebrauchen [→ B 213 f.]:

Wir gingen *zu sechsen* spazieren. – Die Soldaten marschierten *zu dreien* in einer Reihe.

Außerdem kann man diese Gruppe mit dem Genitiv der Personalpronomen vor der Kardinalzahl bezeichnen [→ C 8]:

Wir waren *unser sechs.*

Wenn man eine bestimmte Reihenfolge ausdrücken will, stellt man das unbestimmte Pronomen *jed-* vor die Ordnungszahl [→ C 66]:

Er kommt *jeden zweiten* Tag.

Sonstige Zahlwörter

EINTEILUNGSZAHLEN

Einteilungszahlen bezeichnen eine bestimmte Reihenfolge. Man bildet sie aus **B 218** Ordnungszahlen, die die Endung *-ens* erhalten.

Wenn man sie in Ziffern schreibt, unterscheiden sie sich nicht von Ordnungszahlen [→ B 215]:

1.	erst*ens*	15.	fünfzehnt*ens*
2.	zweit*ens*	20.	zwanzigst*ens*
3.	dritt*ens*	30.	dreißigst*ens*
10.	zehnt*ens*	31.	einunddreißigst*ens*
11.	elft*ens*		

139

Heute gehe ich nicht ins Kino. *Erstens* habe ich kein Geld, *zweitens* habe ich keine Zeit und *drittens* kenne ich den Film schon.
Dieser neue Staubsauger ist 1. sehr preisgünstig, 2. sehr einfach zu handhaben, 3. sehr billig im Stromverbrauch.

BRUCHZAHLEN

B 219 Bruchzahlen bezeichnen den Teil eines Ganzen. Sie sind durch Kontraktion aus den Ordnungszahlen und dem Nomen *Teil* entstanden *(der dritte Teil → drittel)*. Man bildet sie aus den Ordnungszahlen, die die Endung *-el* erhalten. Meistens schreibt man Bruchzahlen in Ziffern.

$1/3$	ein Drittel	$3/100$	drei Hundertstel
$2/5$	zwei Fünftel	$1/250$	ein Zweihundertfünfzigstel
$5/16$	fünf Sechzehntel	$13/1000$	dreizehn Tausendstel

Die obere Zahl eines Bruches ist eine Grundzahl und heißt *der Zähler* (1 = ein); die untere Zahl, die Bruchzahl, heißt *der Nenner*.

$1/8$ ein ist *Zähler*, fünftel ist *Nenner*

Bruchzahlen können auch wie Nomen gebraucht werden; sie sind dann neutral: *das Drittel, das Hundertstel*

Ich habe *das erste Drittel* meines Studiums beendet. – Teilen Sie den Kreis *in Sechstel*.

Als Attribute nehmen sie keine Funktionskennzeichen an. Im allgemeinen wird der Zähler mit dem Nenner als ein Wort geschrieben: *dreiviertel* Kilo.

Geben Sie mir ein *viertel* Pfund Wurst! – Er hat schon *dreiviertel* Liter Wein getrunken.

Die Bruchzahlen *halb* ($1/2$) und *ganz* ($1/1$) sind Adjektive und werden ebenso dekliniert [→ B 193 f.].
Die Nomen heißen *die Hälfte* und *das Ganze*.

Er war *ein halbes* Jahr in Berlin. – Was ist *die Hälfte* von 24? – Die Reise dauerte *ein ganzes* Jahr. – Wir müssem immer an *das Ganze* denken.

Bruchzahlen, zu denen ganze Zahlen gehören, liest man

$4 3/4$ Stunden	vier dreiviertel Stunden
$2 1/3$ Kilogramm	zwei eindrittel Kilogramm

Wenn *halb* hinter einer ganzen Zahl steht, schreibt man es mit ihr zusammen und dekliniert es nicht. Das Nomen steht im Plural, wenn es sich nicht um eine Maßangabe (Liter, Pfund usw.) handelt.

Seine Reise dauerte *eineinhalb* Jahre ($1 1/2$ Jahre). – Ich habe *zweieinhalb* Pfund Obst gekauft ($2 1/2$ Pfund).

Statt *eineinhalb* sagt man oft auch *anderthalb*.

Der Streit dauerte schon *anderthalb* Jahre.

Man kann $^1/_2$ mit der vorangehenden ganzen Zahl auch durch *und* verbinden. Dann schreibt man es getrennt. Das folgende Nomen steht dann im Singular [vgl. Tausendundeine Nacht → B 211], *halb* nimmt das Funktionskennzeichen an.

Seine Reise dauerte *ein und ein halbes* Jahr.

Diese Konstruktion verwendet man meist nur, wenn die vorangehende ganze Zahl 1 oder 2 ist und das folgende Nomen im Nominativ oder Akkusativ steht.

GATTUNGSZAHLEN

Gattungszahlen bezeichnen eine Anzahl verschiedener Arten oder Sorten. Man bildet sie aus den Grundzahlen, die die Endung *-erlei* erhalten. Sie nehmen keine Funktionskennzeichen an. **B 220**

Nach Gattungszahlen fragt man mit *wievielerlei?* Wenn das folgende Nomen ein Stoffbegriff oder eine Maßangabe ist, steht es immer im Singular.

> *Wievielerlei* Mahlzeiten gibt es in Deutschland? Es gibt *dreierlei* Mahlzeiten: Frühstück, Mittagessen und Abendessen. – Sie hat ein Kleid aus *zweierlei* Stoff. – Man darf nicht mit *zweierlei* Maß messen. – Für unseren Ausflug gibt es *viererlei* Möglichkeiten: wir gehen zu Fuß, wir fahren mit der Bahn, mit dem Bus oder mit dem Auto.

Gattungszahlen aus hohen Grundzahlen (100, 1000) bezeichnen keine bestimmte Anzahl, sondern nur sehr viele und sehr verschiedene Personen oder Sachen.

> Mein Sohn hat immer *tausenderlei* Fragen. – Es gibt *hunderterlei* Möglichkeiten, diese Sache zu machen.*)

WIEDERHOLUNGSZAHLEN

Wiederholungszahlen geben an, wie oft etwas wiederholt werden muß. Man bildet sie aus den Grundzahlen, die die Endung *-mal* erhalten. Sie antworten auf die Frage *wie oft?* oder *wievielmal?* Man kann Wiederholungszahlen als Attribute gebrauchen, indem man die Endung *-ig* anhängt: einmal, zweimal, dreißigmal, hundertmal – einma*lig*, zweima*lig*, dreißigma*lig*, hundertma*lig*. **B 221**

> Wie oft hast du Deiner Mutter geschrieben? Ich habe ihr *dreimal* geschrieben. – Wievielmal bist du in München gewesen? Ich bin schon *viermal* dort gewesen. – Nach *zweimaligem* Versuch hatte er Erfolg.

---

*) Analog zu den Gattungszahlen bildet man unbestimmte Zahladverbien mit der Endung *-erlei: allerlei, mancherlei, vielerlei*

VERVIELFÄLTIGUNGSZAHLEN

B 222 Vervielfältigungszahlen bezeichnen eine bestimmte Menge gleicher Dinge oder Handlungen. Man bildet sie aus den Grundzahlen, die die Endung *-fach* erhalten. Man fragt nach Vervielfältigungszahlen mit *wie oft?* oder manchmal auch *wievielfach?*: ein*fach*, zwei*fach*, zehn*fach*, tausend*fach*.

> *Wie oft (wievielfach)* muß ich die Formulare ausfüllen? Füllen Sie sie *dreifach* aus. – Der Motor hat eine *zweifache* Sicherung.

Für *zweifach* kann man auch *doppelt* sagen. Eine ältere, heute nur noch literarisch gebrauchte Form ist *zwiefach*.

In gehobener literarischer Sprache kann man für die Vervielfältigungszahl mit hohen Grundzahlen auch die Endung *-fältig* verwenden:

> Was du den Armen gibst, wird Gott dir *tausendfältig* wiedergeben.

Der Gebrauch des Adjektivs

B 223 Mit Adjektiven wie auch mit Partizipien können Personen bezeichnet werden, die sich durch die mit dem Adjektiv ausgedrückte Eigenschaft von anderen Personen unterscheiden.

> der reiche Mann – der Reiche; die arme Frau – die Arme

Für die Wahl des Artikels ist nicht die Nomenklasse maßgebend, sondern nur das natürliche Geschlecht; *der* für männliche Personen und *die* für weibliche Personen.

> *der* Kleine (= Junge); *die* Kleine (= Mädchen)
> *Der Reiche* hat *einer Armen* geholfen. – *Kranke* bedürfen der Hilfe des Arztes. – *Dem Tüchtigen* gehört die Welt.

Mit Adjektiven lassen sich auch Begriffe bezeichnen. Sie werden mit dem Artikel *das* gekennzeichnet. Eine Pluralform ist hierbei nicht denkbar.

> Man muß an *das Gute* im Menschen glauben. – Er tut den Armen *Gutes*. – Ich habe *Interessantes* von deiner Reise gehört. – *Das Schöne* im Leben währt oft nicht lange.

Der nominale Charakter, den die Adjektive in diesem Gebrauch erhalten, bringt es mit sich, daß sie alle Funktionsmerkmale und -kennzeichen annehmen, die auch im syntaktischen Gebrauch der Nomen vorzufinden sind. Tatsächlich ist das Adjektiv aus dem Bereich der Attribute herausgetreten und zum Gliedkern [→ E 89] geworden. Dabei hat es aber, wie das Deklinationsschema zeigt, formal seine Eigenschaften als Attribut beibehalten.

Die Adjektive, die eine Nationalität bezeichnen, bilden zur Bezeichnung der Sprachen zwei Formen;

mit der Endung -e: das Deutsche, das Italienische, das Englische
ohne Endung: das beste Deutsch, das antike Latein

Das Adjektiv mit der Endung -e wird nur mit dem bestimmten Artikel gebraucht und kann meist kein Attribut bei sich haben.

Wir übersetzen aus *dem Deutschen ins Spanische*. – *Das Schwedische* ist *dem Deutschen* verwandt. – Im Mittelalter war *das Lateinische* die Sprache der Gelehrten.

Das Adjektiv ohne Endung steht entweder ohne Artikel oder mit einem Attribut: *auf Deutsch, das beste Englisch, in reinstem Sächsisch*.

Sein Deutsch ist noch nicht einwandfrei. – In Paris spricht man *das beste Französisch*. – *Zwischen Deutsch und Holländisch* bestehen gewisse Unterschiede.

Ebenso bilden Adjektive zur Bezeichnung der Farbe zwei Formen; ihr Gebrauch entspricht dem der Nationalitätenbezeichnungen.

Wir fahren *ins Grüne*. – *Das Grün* der Wälder wechselte mit *dem Grau* der Felsen.

Der Schütze hat *ins Schwarze* getroffen. – *Das Schwarz* der Trauergäste bildete einen Gegensatz zu dem freundlichen Frühlingstag.

Das Weiße in seinen Augen war von Adern durchzogen. – Der beschneite Berg glänzte *in* herrlichem *Weiß*.

Von den Farbadjektiven leiten sich auch feminine Nomen ab: *die Bläue, die Schwärze, die Röte* usw.

Eine Anzahl von Adjektiven und auch Partizipien [→ B 104.5] sind zu festen Bezeichnungen für Begriffe und für Personen geworden, denen die vom Adjektiv genannte Eigenschaft anhaftet oder die mit der vom Partizip genannten (sozialen) Funktion versehen sind.

der (die) Abgeordnete, der (die) Angeklagte, der Beamte (fem.: die Beamtin), der (die) Bekannte, der (die) Fremde, der (die) Gefangene, der Gesandte, der (die) Heilige, der (die) Irre, der (die) Reisende, der (die) Verwandte, der (die) Vorsitzende

die Elektrische (Straßenbahn), die Rechte (Hand, Partei), die Moderne (Kunst, Literatur), die Gerade (Linie), die Senkrechte usw.

Der Beamte ist *ein* guter *Bekannter* von mir. – Dieser Herr ist *der* deutsche *Gesandte*. – *Ein Gesandter* ist *ein* hoher *Beamter*.

Zu diesen Adjektiven gehört auch die Nationalitätenbezeichnung *der Deutsche* (fem.: *die Deutsche;* Plural: *die Deutschen*).

Ein Deutscher und ein Franzose trafen sich bei der Tagung. – *Der Deutsche* saß neben dem Franzosen. – Im Ausland leben *viele Deutsche*.

Deklination

B 226

		maskulin	feminin	neutral
Singular	Nom.	der Krank-e	die Krank-e	das Gut-e
	Akk.	den -en	die -e	das -e
	Dat.	dem -en	der -en	dem -en
	Gen.	des -en	der -en	des -en
Plural	Nom.	die -en		
	Akk.	die -en		
	Dat.	den -en		
	Gen.	der -en		
Singular	Nom.	ein Krank-er	eine Krank-e	ein Gut-es
	Akk.	einen -en	eine -e	ein -es
	Dat.	einem -en	einer -en	einem -en
	Gen.	eines -en	einer -en	eines -en
Plural	Nom.	-e		
	Akk.	-e		
	Dat.	-en		
	Gen.	-er		

Der syntaktische Gebrauch der Adjektive

B 227 Adjektive können in allen syntaktischen Funktionen auftreten. Sie können Satzglied oder Attribut sein, ebenso können sie auch im Prädikat erscheinen. Adjektive können ins *Prädikat* treten und dort ein Geschehen beschreiben. Sie nehmen im Prädikat alle für diese Funktion charakteristischen Merkmale an, wie die Bildung von Personalformen und Zeitformen [→ B 142].

> Die Fabrikmauern sind vom Rauch ge*schwärzt*. – Im Unterricht ver-*bessert* der Lehrer die Fehler. – Unser Klassenraum wird morgen frisch ge*weißt*.

Als *Modalergänzung* bleibt das Adjektiv unverändert.

> Der Vater ist *alt*. – Das Wetter wird *schön*. – Viele Menschen sind *arm* und bleiben *arm*. – Seine vielen Fragen machen mich noch *krank*.

In dieser Funktion bestimmen die Adjektive die Funktionskennzeichen der von ihnen abhängigen Satzglieder [→ D 18, D 21].

Akkusativ:	gewöhnt	Wir sind *diese Arbeit gewöhnt*.
Dativ:	ähnlich	Die Tochter ist *dem Vater ähnlich*.
	recht	Diese Sache ist *mir recht*.
Genitiv:	verdächtig	Er ist *des Diebstahls verdächtig*.
	sicher	Ich bin *meiner Sache sicher*.
Präposition:	besorgt um	Die Mutter ist *um ihren Sohn besorgt*.
	zufrieden mit	Der Lehrer ist *mit seinen Schülern zufrieden*.

Adjektive können abhängige Satzglieder sowohl mit einem Kasusmorphem als auch mit einer Präposition anschließen.

dankbar	+ Dativ (Person)	Ich bin *ihm dankbar.*
	+ für (Sache)	Ich bin *für das Geschenk dankbar.*
gewöhnt	+ Akkusativ	Wir sind *diese Arbeit gewöhnt.*
	+ an (Akkusativ)	Wir sind *an diese Arbeit gewöhnt.*
gleich	+ Dativ	*Mir* ist es *gleich,* ob ich auf diesem Platz sitze oder auf einem anderen.
	+ für	*Für mich* ist es *gleich,* ob er das tut oder nicht.
nützlich	+ Dativ	Seine Arbeit ist *allen nützlich.*
	+ für	Seine Arbeit ist *für alle nützlich.*
fähig	+ Genitiv	Er ist *einer solchen Gemeinheit* nicht *fähig.*
	+ zu	Er ist *zur Leitung dieses Geschäftes* nicht *fähig.*

Als *Prädikatsnominativ* steht das deklinierte Adjektiv, wenn es klassifizieren soll oder einen Gegensatz bezeichnet.

Diese Schuhe sind nicht *die richtigen* für dieses Wetter. – Ihr Hut ist *ein sehr altmodischer.* – Unser Beruf ist *ein sehr gefährlicher.*

Im Superlativ.

Peter ist *der jüngste.* – Du bist *der beste.*

Adjektive mit demonstrativem Charakter.

Es war jeden Tag *das gleiche.* – Er war plötzlich *ein ganz anderer.* – Heute war unser Gewinn *ein doppelter.*

Ordinalzahlen.

Wir sind *die ersten.* – Du bist *der dritte.* – Er ist *der letzte.*

Als *Modalangabe* bleibt das Adjektiv unverändert.

Wir sind gestern *gut* in München angekommen. – Der Mann verließ *unauffällig* das Zimmer. – Er wartete *geduldig* das Ende der Diskussion ab.

Als Attribut [→ E28] steht es vor oder, wenn auch nur sehr selten, hinter dem Nomen. Wenn das Adjektiv als Attribut vor dem Nomen steht, muß es dekliniert werden (vgl. auch das Verhalten der Adjektive als Attribute zu unbestimmten Pronomen [→ C 55]). B 228

Der *reiche* Kaufmann kaufte ein *neues* Auto. – Die Erfindungen *großer* Wissenschaftler bilden die Grundlage der *heutigen* Technik.

Das attributiv gebrauchte Adjektiv kann für den Sinn einer Mitteilung notwendig sein (Herr Müller ist ein sehr *tüchtiger* Mensch) oder nur als Erklärung zur Aussage dienen (Ein *alter* Mann kam langsam die *breite* Straße herunter).

Das Adjektiv kann als erklärendes Attribut oder auch unterscheidendes Attribut gebraucht werden [→ F 8].

> Hans ist mit einem *blonden Mädchen* spazieren gegangen. – Er liebt *blónde Mädchen.*

Andererseits kann das attributive Adjektiv auch den Kern der Mitteilung enthalten. Ohne das attributive Adjektiv hätten folgende Mitteilungen keinen Sinn:

> In unserer Gegend haben die Häuser *rote* Dächer. – Herr Müller verkehrt in *diplomatischen* Kreisen. – Er ist ein *tüchtiger* Mensch. – In der Altstadt gibt es *enge* Straßen.

Als nachgestelltes Attribut bleibt das Adjektiv unflektiert, wenn der Artikel des Nomens nicht wiederholt wird.

> Röslein *rot,* Röslein auf der Heiden. – Ein Mädchen, *jung und schön,* lebte in einem kleinen Dorf. – Im gleichen Augenblick ... war eine der Krähen ... auf ihn zugehüpft, ... die Augen *klein* und *scharf,* die Federn zitternd *geplustert. (Albas)*

In der Fachsprache: Hier wird es in der Regel nicht durch Komma von dem Nomen getrennt.

> Wir bestellen die Möbel in Eiche *mittelbraun.* – Im Genitiv *maskulin* erhält das Adjektiv die Endung -en.
> aber: Wo ist denn das Heft, *das neue?*

Wenn das Adjektiv Attribut zu den unbestimmten Pronomen *etwas, nichts, viel, wenig, mehr* ist, wird es nachgestellt, nimmt aber die Funktionskennzeichen an. Es wird mit großem Anfangsbuchstaben geschrieben.

> Meine Mutter hat heute *etwas Gutes* gekocht. – Ich habe von meinem Freund *nichts Neues* gehört. – Er hat mir *von nichts Angenehmem* erzählt.

B 229 Wenn pronominal gebrauchte Adjektive und Partizipien [→ E 33] ein Adjektiv als Attribut erhalten, bleibt das attributive Adjektiv unverändert.

> Der *wahrhaft* Reiche. – Der *unheilbar* Kranke. – Das *unerhört* Neue. – Das *lang* Entbehrte.

Als Attribut zu anderen Adjektiven und Partizipien bleibt das Adjektiv ebenfalls unverändert.

> Eine *leicht* lesbare Schrift. – Eine *schwer* verdauliche Speise. – Nur *wahrhaft* Unmusikalische vermögen bei ernster klassischer deutscher Musik zu weinen. *(Grass)*

Wenn das Adjektiv Attribut zu einem attributiven Partizip ist, werden beim schriftlichen Ausdruck beide Attribute häufig zusammengeschrieben.

> Ein *gut*gehendes Geschäft. – Ein *blau*gestreiftes Kleid.

Erweiterung des Vorrats an Adjektiven

Der Vorrat an Adjektiven wird mit Hilfe von Suffixen und Präfixen erweitert. B 230
Durch Suffixe können andere Adjektive mit modifiziertem Inhalt gewonnen werden.

> rot – röt*lich;* krank – kränk*lich;* schwach – schwäch*lich*

Ebenso werden mit Hilfe von Suffixen Wörter anderer Wortklassen zu Adjektiven

> frag*lich* (← fragen), glaub*haft* (← glauben), glück*lich* (← Glück), sünd*ig*
> (← Sünde), bald*ig* (← bald)

Wenn der Inhalt eines Adverbs als vorangestelltes Attribut eingesetzt werden soll, muß es sich formal dieser Funktion anpassen. So kann man Lokaladverbien mit der Endung *-er* attributfähig machen, z. B.:

vorn:	Bitte benützen Sie den *vorderen* Eingang!
außen:	Schon die *äußere* Form des Buches gefällt mir.
unten:	Wer wohnt hier in dem *unteren* Stockwerk?
innen:	Der *innere* Hof dieses Schlosses ist sehr schön.

Temporaladverbien mit der Endung *-ig* attributfähig machen, z. B.:

heute, gestern:	Ist das die *heutige* Zeitung oder die *gestrige?*
vor:	Wir sahen uns *vorige* Woche.
hier:	Er besuchte die *hiesigen* Museen.

Temporaladverbien mit dem Suffix *-s* verlieren diese Endung vor *-ig*, z. B.:

damals:	Bei unseren *damaligen* Besprechungen war er nicht anwesend.
ehemals:	Die *ehemaligen* Besitzer dieses Hauses sind weggezogen.

rechts, links, anders, besonders verlieren vor den Deklinationsendungen das Suffix *-s.*

> Er gab mir die *rechte* Hand. – Sie sitzen auf der *linken* Seite in der dritten Reihe. – Heute sind die Verhältnisse anders. Diese *anderen* Verhältnisse machen die Arbeit viel leichter. – Für Mathematik hat er eine *besondere* Begabung.

Adjektivbildende Suffixe

-bar: offen*bar*, frucht*bar*, sicht*bar*, trag*bar*, erfüll*bar*, unbezahl*bar*

-(e)n, -ern bildet Adjektive aus Nomen, die einen Stoff, ein Material bezeichnen: gold*en*, seid*en*, woll*en*, silber*n*, hölz*ern*, gläs*ern*, eis*ern*, blech*ern*

-haft und **-haftig:** krank*haft*, mädchen*haft*, laien*haft*, sünd*haft* – wahr*haftig*, leib*haftig*

-ig bildet Adjektive, die eine Beschaffenheit oder eine Ähnlichkeit bezeichnen: freud*ig*, traur*ig*, gefäll*ig*, anmut*ig*, schläfr*ig*, schaur*ig*, silbr*ig*, holz*ig*

Das Suffix macht auch Adverbien attributfähig: heut*ig*-, morg*ig*-, jetz*ig*-, gestr*ig*-, -monat*ig*-, -jähr*ig*-, -wöch*ig*-

-**isch** bildet Adjektive ,die Herkunft, Zugehörigkeit oder zumeist negative Eigenschaften bezeichnen:

> franzö*sisch*, arab*isch*, münchner*isch*, ird*isch*, himml*isch* – geogra*fisch*, phy-sikal*isch*, chem*isch*, alkohol*isch* – dieb*isch*, kind*isch*, weib*isch*, betrüger*isch*, angeber*isch*, laun*isch*, gespenst*isch* – maler*isch*, zeichner*isch*

-**lich** bildet Adjektive, die Eigenschaften jeder Art, sehr oft auch die über-tragene Bedeutung des Grundwortes bezeichnen. Endet das Stammwort auf -*n*, so tritt das Fugenzeichen -*t*- oder -*d*- ein.

> freund*lich*, herz*lich*, kind*lich*, ängst*lich*, nament*lich*, zerbrech*lich*, erfreu-*lich*, wissent*lich*, ärger*lich*, lächer*lich*

Gelegentlich findet man den Umlaut:

> empfäng*lich*, gebräuch*lich*, verläß*lich*, säch*lich* (andere Bedeutung als *sachlich*)

Beachten Sie den Unterschied zwischen -*ig* und -*lich* bei Zeitangaben!

> Der Zug fährt *stündlich* (= jede Stunde). Er hatte eine *einstündige* Ver-spätung (= Verspätung von einer Stunde).

-**sam**: aus abstrakten Nomen (nicht aus Personennamen) und aus Verben.

> betrieb*sam*, lang*sam*, füg*sam*, bieg*sam*, lenk*sam*, arbeit*sam*

Fremde Suffixe:

Adjektive, allerdings nur selten aus deutschen Wortstämmen, bildet man mit den Suffixen -*abel*, -*al*, -*an* (-*än*), -*ant*, -*är*, -*at*, -*ell*, -*ent*, -*esk*, -*ett*, -*ibel*, *id*, -*il*, -*iv*, -*os* (-*ös*):

> blam*abel*, radik*al*, hum*an*, mark*ant*, revolution*är*, oblig*at*, materi*ell*, emi-n*ent*, grot*esk*, hon*ett*, flex*ibel*, morb*id*, sen*il*, negat*iv*, rigor*os*, gener*ös*

Zusammensetzungen mit Präfixen

erz- verstärkt den negativen Inhalt eines Adjektivs:

> *erz*dumm, *erz*faul

un- verkehrt den Inhalt eines Adjektivs ins Negative.

> *un*möglich, *un*lesbar, *un*verständlich, *un*fern

Der Unterschied zwischen der Zusammensetzung mit *un*- und dem Gegensatz des Grundwortes oder der Verneinung mit *nicht* besteht darin, daß

1. die Verneinung mit *un*- etwas weniger stark ist als der Gegensatz:

> fern, *un*fern, nahe; schön, *un*schön, häßlich

2. die Verneinung mit *un*- ein Werturteil enthalten kann (diese Bedeutung hat auch die fremde Vorsilbe *a*-):

*un*sozial = im schlechten Sinn nicht sozial; noch stärker *a*sozial

ur- drückt in Verbindung mit dem Wortinhalt des Adjektivs den Anfangs- oder Ausgangszustand aus.

*ur*sprünglich, *ur*christlich, *ur*sächlich

Ebenso verstärkt es den Wortinhalt.

*ur*gemütlich, *ur*alt, *ur*plötzlich, *ur*komisch

Das Pronomen

C 1 Die deutsche Sprache verfügt über einen festen, nicht mehr erweiterungsfähigen Bestand an Pronomen. Pronomen sind Bezugswörter ohne eigenen Inhalt. Sie beziehen sich auf Personen, Sachen, Begriffe und auf Sachverhalte. Daraus ergibt sich, daß sie syntaktisch an Stelle von Nomen, Satzgliedern und von ganzen Satzsystemen eingesetzt werden können. Sie werden daher als Satzglieder und als Attribute verwendet.

Pronomen verfügen über einen verhältnismäßig reichen Bestand an Flexionformen, so daß sie deutlich ihre syntaktische Funktion innerhalb eines Satzes kennzeichnen können. Ihnen fällt damit auch die Aufgabe zu, die Funktionskennzeichnung eines ganzen Satzglieds zu übernehmen, wenn sie als vorangestellte Attribute einem Gliedkern zugeordnet sind. In gleichem Maße übernehmen sie als vorangestellte Attribute auch die Kennzeichnung aller anderen syntaktischen Verhältnisse [vgl. auch die Deklination der attributiven Adjektive → B 192 f.].

Nach ihrer inhaltlichen und syntaktischen Leistung sind folgende Arten von Pronomen zu unterscheiden:

1. Personalpronomen
2. Reflexivpronomen
3. Fragepronomen
4. Demonstrativpronomen (Artikel)
5. Relativpronomen
6. Possessivpronomen
7. unbestimmte Pronomen

Personalpronomen

C 2 Personalpronomen bezeichnen den Sprecher *(ich)* oder die Personengruppe, die der Sprecher vertritt *(wir)* und den oder die Angesprochenen *(du, Sie;* Plural: *ihr, Sie)*. Weiterhin beziehen sich Personalpronomen auf bestimmte Personen und Sachen, über die etwas ausgesagt wird *(er, es, sie;* Plural: *sie)*, oder auf Sachverhalte, auf die sich der Sprecher bezieht *(es)*. Entsprechend dieser inhaltlichen Leistung der Personalpronomen bezeichnet man *ich* und *wir* als 1. Person, *du, ihr* und *Sie* als 2. Person und die Personalpronomen *er, es, sie* und Plural *sie* als 3. Person.

Daß das Personalpronomen *Sie* formal zur 3. Person gehört, ändert nichts daran, daß es wegen seiner inhaltlichen Leistung der 2. Person zuzurechnen ist. Soll eine Person oder eine Sache, die nicht durch den bestimmten Artikel gekennzeichnet ist, durch ein Pronomen ersetzt werden, so wird das unbestimmte Pronomen *ein-* verwendet [→ C 60].

Haben Sie noch ein Buch, dann geben Sie mir bitte *eins*.

Deklination

		Singular			Plural		C 3
1. Person	Nom. Akk. Dat. Gen.	ich mich mir meiner			wir uns uns unscr		
2. Person	Nom. Akk. Dat. Gen.	du dich dir deiner		Sie Sie Ihnen Ihrer	ihr euch euch euer		Sie Sie Ihnen Ihrer
3. Person	Nom. Akk. Dat. Gen.	m er ihn ihm seiner	n es es ihm seiner (dessen)	f sie sie ihr ihrer		sie sie ihnen ihrer (deren)	

Du sitzt auf der Bühne, aber *es* langweilt *dich*, was da geschieht. Und deshalb unterhältst *du dich* mit *mir*. – Ach, das ist ein Bekannter. *Er* stört *uns* nicht. *(Hirche)* – *Er* war gewohnt, bei den Leistungen und Erfolgen seines Lebens der Vorfahren zu gedenken. ... *Er* dachte *ihrer* auch jetzt und hier. *(Th. Mann)* – In Lesebüchern ist das Angebot an politischer Literatur gering. Bezeichnend ist, was man statt *dessen* immer wieder findet. *(Heigert)*

2. Person

Die Personalpronomen *du* (Singular) und *ihr* (Plural) gebraucht man als Anrede   C 4

innerhalb der Familie und unter intimen Freunden,

bei Gesprächen von Erwachsenen mit Kindern und von kleinen Kindern mit Erwachsenen,

unter gleichgestellten Berufskollegen, besonders unter Handwerkern, Arbeitern, Soldaten und unter Sportkameraden, und

wenn man zu Tieren spricht.

Wenn man *du* oder *ihr* gebraucht, spricht man die Personen mit dem Vornamen an.

Was machst *du* heute abend, *Paul?*

In Briefen schreibt man *du* und *ihr* und die entsprechenden Possessivpronomen in allen Deklinationsformen immer groß.

> Lieber Stefan! Ich danke *Dir* für *Deinen* Brief, in dem *Du* schreibst, daß *Du* mich mit *Deiner* Schwester besuchen willst. Meine Eltern und *ich* erwarten *Euch* Montag abend. Schreibt bitte, wann *Ihr* kommen wollt!

Die Anrede für alle übrigen Personen ist im Singular und im Plural das Personalpronomen *Sie;* die Personalform im Prädikat entspricht der 3. Person Plural.

Man schreibt *Sie* in allen Deklinationsformen immer groß; ebenso auch die entsprechenden Possessivpronomen, nicht aber das Reflexivpronomen.

Wenn man *Sie* gebraucht, spricht man Personen mit dem Familiennamen oder mit dem Titel an.

> Was machen *Sie* heute abend, *Herr Müller?* – Darf ich *Sie* und Ihre Gattin heute abend besuchen, *Herr Doktor?*

3. Person

C 5 Die Personalpronomen der 3. Person (Singular: *er, es, sie;* Plural: *sie*) können sich sowohl auf Personen als auf Sachen, Begriffe und Sachverhalte beziehen. Welches der Pronomen der 3. Person eingesetzt werden muß, hängt von der Nomenklasse ab, zu der das Nomen gehört, auf das sich das Personalpronomen bezieht.

> Hier liegt der Bleistift. *Er* gehört mir. Ich gebe *ihn* dir. – Das Fenster ist offen. Bitte schließen Sie *es* jetzt. – Kann ich Ihnen die Tasche abnehmen? *Sie* ist sicher recht schwer. – *Es* gibt viele Schwierigkeiten, aber wir werden mit *ihnen* fertig werden. Ich versichere *es* Ihnen.

Wenn ein neutrales Nomen eine Person bezeichnet (z. B. *das Mädchen*), gebraucht man als Personalpronomen *es*. Sobald aber der Name genannt wurde, richtet sich das Personalpronomen nach dem natürlichen Geschlecht. Diese Regel gilt auch für die Possessivpronomen.

> Sehen Sie das kleine Mädchen dort? *Es* ist 6 Jahre alt. Ich kenne *seine* Mutter. – Das Mädchen geht in die Schule. *Es* heißt Elli. *Sie* macht *ihre* Aufgaben immer ohne Fehler.

Eine Ausnahme bildet das Nomen *Fräulein*, weil es sich auf eine erwachsene Person bezieht. Für *Fräulein* gebraucht man vorzugsweise das feminine Personalpronomen *sie*. Im übrigen gebraucht man *Fräulein* nur in ganz wenigen Fällen ohne einen Personennamen.

> Dieses Fräulein geht ins Büro. *Sie* arbeitet schon 5 Jahre dort. – Fräulein Müller kenne ich gut. *Sie* ist die Freundin meiner Schwester.

Wenn sich das Personalpronomen *es* auf eine Sache oder einen Begriff bezieht
und Genitivobjekt ist, so gebraucht man für den Genitiv Singular *dessen* und
für den Genitiv Plural *deren*.

Ich erinnere mich *dessen* genau.

Wenn sich präpositionale Ausdrücke auf Sachen, Begriffe oder Sachverhalte
beziehen, gebraucht man statt der Personalpronomen das Adverb *da* als Pronominaladverb, das sich mit der entsprechenden Präposition verbindet. Treffen
dabei zwei Vokale zusammen, werden sie mit dem Konsonanten *-r-* verbunden.
Der Gebrauch dieser Verbindungen ist schwankend. Man gebraucht sie vor
allem dann, wenn die genannten Präpositionen nicht rein lokale Beziehungen
ausdrücken und wenn sie in übertragener Bedeutung verwendet werden.
Die häufigsten Verbindungen von *da(r)-* gibt es mit folgenden Präpositionen.

dadurch, dafür, dagegen, darum
daraus, dabei, damit, danach, davon, dazu
daran, darauf, dahinter, darin, daneben, darüber, darunter, davor, dazwischen

Dieses Dokument muß mit größter Klugheit benutzt werden. Sie allein
verfügen *darüber*. *(Rothe)* – Dann fingen wir zu wandern an. Ich war *dabei*. *(Weyrauch)* – Ich bekam zwei Schellfischköpfe. Vielleicht, dachte
ich, würde Don Luis doch etwas *davon* essen. *(Eich)*

In der Umgangssprache sind bei den Verbindungen mit vokalisch anlauten-
den Präpositionen auch Kurzformen im Gebrauch.

drum, draus, dran, drauf, drin, drüber, drunter

Einige Präpositionen lassen sich nicht mit *da(r)-* verbinden. Man gebraucht
in diesem Fall Personalpronomen. Zu diesen gehören alle Präpositionen mit
dem Genitiv sowie *ohne, gegenüber* und *seit*.

Ich habe einen Schirm gekauft. Man kann bei diesem Wetter nicht *ohne
ihn* fortgehen. – Die Post ist in der Sonnenstraße. *Ihr gegenüber* ist das
große Kaufhaus. – Bezeichnend ist, was man *statt dessen* immer findet.

Bei Präpositionen, die lokale Beziehungen ausdrücken, verwendet man das
Pronominaladverb nur, wenn es sich um bestimmte örtliche Beziehungen einzelner Gegenstände (oder eines Gegenstands und einer Person) handelt. Wenn
allgemeine Flächen- oder Raumbeziehungen ausgedrückt werden sollen, gebraucht man Lokaladverbien.

Woran hängt das Bild?	Hängt es am Nagel?	Es hängt *daran*.
Wo hängt das Bild?	Hängt es an der Wand?	Es hängt *dort*.
Worauf steigt er?	Steigt er auf den Baum?	Er steigt *hinauf*.
Wo steht er?	Steht er auf der Straße.	Er steht *dort*.

Die lokal gebrauchte Präposition *in* kann man nur dann mit *dar-* verbinden, wenn ausgedrückt werden soll, daß sich eine Person oder eine Sache in einem Raum befindet.

> Das Geld ist in der Kasse. Es ist *darin (drin)*. – Der Vater ist im Zimmer. Er ist *darin (drin)* *).

Bei Ortsveränderungen gebraucht man bei den Präpositionen *in* und *aus* statt einer Verbindung mit *da-* die Lokaladverbien *hinein, hinaus, herein, heraus*.

> Legst du deine Sachen in den Koffer? Ja, ich lege sie *hinein*. – Ich komme zu Dir ins Haus. Ich komme *hinein*. – Ich nehme die Tassen aus dem Schrank. Ich nehme sie *heraus*.

Da sich die Verbindung einer Präposition mit *da(r)-* auch auf einen ganzen Sachverhalt beziehen kann, gebraucht man zur Unterscheidung auch bei Sachen das Personalpronomen mit der Präposition. Man macht damit deutlich, daß es sich nur auf einen einzelnen Inhalt aus dem vorangegangenen Satz oder Satzglied bezieht.

> Der Tag der Prüfung näherte sich. Alle Schüler fürchteten sich vor *ihm* (= vor dem Tag). – Mein Vater schenkte mir zum Geburtstag eine goldene Uhr. Ich freute mich sehr über *sie* (= über die Uhr). Ich freute mich sehr *darüber* (= daß er mir die Uhr schenkte).

Manchmal gebraucht man auch die Verbindung mit *da(r)-* und der Präposition *unter, neben* oder *zwischen* für Personen, wenn man von einer bestimmten Gruppe spricht.

> Wir waren in unserer Klasse vierzehn Schüler, *darunter* war einer, der aus Italien kam. – Peter sitzt neben Michael auf der Bank. Ich setze mich *dazwischen*. – Ich setze mich *daneben*.

Genitiv der Personalpronomen

C 8   Der Genitiv der Personalpronomen steht als Genitivobjekt oder nach Präpositionen, die den Genitiv verlangen. Im heutigen Deutsch findet man diese Formen nur vereinzelt.

> Wir haben *deiner* gedacht (= Wir haben *an dich* gedacht). – Er machte das *statt meiner* (= Er machte das *für mich*).

Der Genitiv der Personalpronomen steht in bestimmten partitiven Konstruktionen; er wird hierfür nur in der gehobenen Sprache und in der 3. Person Plural gebraucht.

> In Europa gibt es viele Campingplätze. Ich habe *deren* manche gesehen (oder: ich habe manche von ihnen gesehen). – Gibt es viele Ausländer

---

*) Beachten Sie: Ich stehe vor der Tür des Büros und frage: „Ist Herr X. *drin?*" Ich telefoniere und will wissen, ob Herr X. im Büro ist; ich frage: „Ist Herr X. *dort?*"

an den deutschen Universitäten? Ja, es gibt *ihrer* viele (oder: es gibt viele).

Das Personalpronomen im Genitiv kann auch vor den Pronomen *all-* und *beid-* stehen; diese erhalten als Funktionskennzeichen die Endung des Genitivs Plural *-er* [→ B 193].

> Peter ist *unser aller* Freund (= der Freund von uns allen). – Sie ist *euer beider* Tochter (= die Tochter von euch beiden).

Das Personalpronomen im Genitiv vor einer Grundzahl nennt eine zahlenmäßig bestimmte Gruppe [→ B 217].

> Es waren *ihrer drei*. – Wir waren *unser sieben*.

Für den Genitiv der Personalpronomen *meiner, deiner, seiner* gebraucht man gelegentlich in Redewendungen noch die Kurzformen *mein, dein, sein* (alte Formen).

> Vergiß *mein* nicht! – *Sein* gedenk ich immer und ewig! – Ich harre *dein*.

Zur Unterscheidung der Personalpronomen

Unter den Personalpronomen sind einige, die für verschiedene Personen stehen C 9 können oder mit den Possessivpronomen gleichlautend sind. Man muß daher ihrer Bedeutung nach genau unterscheiden, worauf sie sich beziehen.

ihr kann sein

Dativ der 3. Person Singular feminin.

> Hier ist meine Tante. Ich gebe *ihr* die Hand.

Nominativ der 2. Person Plural.

> *Ihr* seid alle herzlich eingeladen.

Possessivpronomen für die 3. Person feminin Singular und die 3. Person Plural und, groß geschrieben, für die formelle Anrede.

> Die Schülerin hatte *ihr* Buch vergessen. *Ihr* Vater brachte es ihr in die Schule. – Kennen Sie diese Leute? *Ihr* Sohn ist ein Freund meines Bruders. – Herr Maier, *Ihr* Bruder hat geschrieben, daß er zu Besuch kommt.

sie kann sein

Nominativ und Akkusativ der 3. Person Singular feminin.

> Hier kommt meine Tochter mit ihrer Freundin. *Sie* hat *sie* unterwegs getroffen.

Nominativ und Akkusativ der 3. Person Plural.

> Im Sommer haben die Bäume viele Blätter. *Sie* verlieren *sie* im Herbst.

groß geschrieben: Nominativ und Akkusativ der 2. Person Singular und Plural in der formellen Anrede.

> Bitte kommen *Sie* bald, Herr Müller. Ich warte auf *Sie*. – Meine Damen und Herren! Ich freue mich, daß *Sie* heute gekommen sind, und möchte *Sie* um Ihre Aufmerksamkeit bitten.

Die Formen *meiner, deiner, seiner, unser, euer* können sein
Genitiv der Personalpronomen.

> Erinnert euch *meiner!* – Wir nehmen uns gern *seiner* an. – Herr, erbarme dich *unser!* – Wir gedenken *euer*.

Possessivpronomen für die entsprechenden Personen.

> Ich fahre mit *meiner* Schwester nach München. – *Unser* Bürgermeister ist sehr stolz auf *unser* neues städtisches Krankenhaus.

ihrer kann sein
Genitiv der 3. Person feminin Singular.

> Meine Schwester ist verreist. Wir gedenken *ihrer* und schreiben ihr.

Genitiv der 3. Person Plural.

> Denkt an die Armen! Nehmt Euch *ihrer* an!

Genitiv der 2. Person Singular und Plural in der formellen Anrede (groß geschrieben).

> Sehr geehrte Herren! Wir freuen uns auf Ihren Besuch und werden uns *Ihrer* gern annehmen.

Possessivpronomen für die 3. Person feminin Singular und Plural, und, groß geschrieben, für die formelle Anrede.

> Die Frau nimmt das Geld zur Bezahlung *ihrer* Rechnung aus *ihrer* Brieftasche. – Die meisten Menschen sind mit *ihrer* Lage nicht zufrieden. Ihr Einkommen reicht oft zur Erfüllung *ihrer* Wünsche nicht aus. – Ich soll von *Ihrer* Schwester und von dem Bruder *Ihrer* Frau viele Grüße bestellen.

Gebrauch des unpersönlichen Pronomens es

C 10 *es* ist Subjekt bei Verben, die eine Wahrnehmung oder ein Gefühl bezeichnen, wenn der Urheber des Geschehens unbekannt ist [→ E 12, Funktionssubjekt],

> *Es* klopft an die Tür. – *Es* lärmt auf der Straße. – *Es* rauscht in den Bäumen. – *Es* treibt ihn ins Gasthaus.

bei Verben, die Naturerscheinungen bezeichnen,

> *Es* regnete gestern den ganzen Tag. – *Es* blitzte und donnerte.

bei einigen stehenden Ausdrücken,

> *Es* geht meinem Vater wieder gut. – *Es* kommt auf deine Arbeit an. –
> *Es* gefällt mir in dieser Stadt.

es kann auch Subjekt von Sätzen sein, die ein Sein beschreiben und die man
in Sätze mit dem Modalverb *können* und dem unbestimmten Subjekt *man* um-
wandeln kann.

> In diesem Sessel sitzt *es* sich bequem (... kann man bequem sitzen).

es steht als Füllwort im Vorfeld eines subjektlosen Satzes [→ E 65]. Steht ein
anderes Satzglied im Vorfeld, so fällt *es* weg. Das ist der Fall:

1. bei Verben, die ein Gefühl ausdrücken, ebenso auch bei solchen Adjektiven,
die Modalergänzungen sind [→ E 8].

> *Es* friert mich. – *Es* graut mir vor jenem Mann
> *Es* ist mir kalt. – *Es* wird ihr schlecht. – *Es* war mir merkwürdig zumute.

dagegen:

> Mich friert. – Mir graut vor jenem Mann. – Ihr wird schlecht.

2. bei Verben mit Objekten im Dativ, Genitiv oder mit Präpositionalobjekten
in Passivsätzen [→ E 44],

> *Es* wurde mir gesagt, daß du krank bist. – *Es* wurde von deinem Vater
> gesprochen.

dagegen:

> Mir wurde gesagt, daß du krank bist. – Von deinem Vater wurde ge-
> sprochen.

3. bei anderen subjektlosen Passivsätzen [→ E 44],

> *Es* wurde bei dem Fest viel gegessen und getrunken. – *Es* wurde bis in
> die Nacht gesungen und getanzt.

dagegen:

> Bei dem Fest wurde viel gegessen und getrunken. – Bis in die Nacht
> wurde gesungen und getanzt.

es steht in gewissen Redewendungen bei Verben als Funktionsobjekt [→ E 18]*)   C 11

> Im Urlaub haben wir *es* uns schön gemacht. – Der junge Mann hat *es*
> weit gebracht. – Sie hat *es* nur auf die Stellung abgesehen. – Dieses schö-
> ne Haus hat *es* mir angetan.

---

*) Beachten Sie!: Wir haben *uns* schön gemacht (= Wir haben uns schön angezogen). – Wir haben *es uns* schön gemacht (= Wir haben die Zeit sehr angenehm
verbracht).

Bei reflexiven Verben, die ein Gefühl ausdrücken, kann man das persönliche Subjekt durch das unpersönliche *es* ersetzen; statt des Reflexivpronomens steht das ursprüngliche Subjekt als Objekt.

> Ich ärgere mich, daß das Wetter heute schlecht ist. *Es* ärgert *mich*, daß das Wetter heute schlecht ist. – Er freut sich, daß sein Freund ihn besuchen will. *Es* freut *ihn*, daß sein Freund ihn heute besuchen will. – Der Vater wundert sich, daß sein Sohn schon wieder Geld braucht. *Es* wundert *den Vater*, daß sein Sohn schon wieder Geld braucht.

es besetzt ein leeres Vorfeld, wenn dort kein Satzglied stehen soll [→ E 65]. Die Personalform richtet sich nach dem folgenden Subjekt.

> *Es* wartet mein Freund auf der Straße. – *Es* häufen sich die Tatsachenberichte und Artikel, die Dementis und Verleumdungsklagen. *(Enzensberger)*

Das Pronomen *es* besetzt als Korrelat die Subjekt- oder Objektstelle und weist auf einen folgenden *daß*-Satz oder Infinitivsatz hin.

> *Es* war mir unmöglich, früher zu kommen. – *Es* ist ausgeschlossen, daß wir bis 7 Uhr fertig werden.
> Ich weiß es sicher, daß er morgen kommt. – *Es* weiß ja auch jedes Kind, daß das Bonner Klima ein Rentnerklima ist. *(Böll)*

Wenn der *daß*-Satz oder der Infinitivsatz im Vorfeld steht, wird das Pronomen *es* nicht gebraucht.

> Früher zu kommen war mir unmöglich. – Daß er morgen kommt, weiß ich sicher.

es kann auch als Prädikatsnominativ auf einen Relativsatz ankündigen.

> ... war ich *es, der* geistesgegenwärtig das Nächstliegende tat. *(Grass)*

Reflexivpronomen

C 12 Im Deutschen hat das Reflexivpronomen zwei Aufgaben, einmal eine rein syntaktische und zum andern eine inhaltliche und syntaktische. Im Zusammenwirken mit bestimmten Verben, den sogenannten reflexiven Verben, besetzt es als Funktionsobjekt die Objektstelle [→ E 18]: Das Unglück hat *sich* gestern ereignet.
In anderen Satzstrukturen drückt das Reflexivpronomen die Identität mit dem Subjekt aus: *Er* wäscht *sich. Er* arbeitet *für sich.*
Es gibt nur das eine Reflexivpronomen *sich*, das stets unverändert bleibt, welche Funktion es auch immer haben mag. Für die 1. und 2. Person treten die entsprechenden Personalpronomen als ‚Reflexivpronomen‘ auf. Die Identität mit dem Subjekt wird durch sie ausreichend verdeutlicht.

Deklination

	Singular			Plural		
	1. Person	2. Person	3. Person	1. Person	2. Person	3. Person
Akk.	mich	dich	*sich*	uns	euch	*sich*
Dat.	mir	dir	*sich*	uns	euch	*sich*
Gen.	meiner	deiner	*seiner selbst* *ihrer selbst*	unser	euer	*ihrer selbst*

C 13

sich ist Singular und Plural, Akkusativ und Dativ, maskulin, neutral und feminin.

Das Reflexivpronomen für die formale Anrede *Sie* ist *sich*, das innerhalb eines Satzes stets klein geschrieben wird.

seiner selbst ist Genitiv Singular maskulin und neutral, *ihrer selbst* ist Genitiv Singular feminin und Plural; *Ihrer selbst* ist Genitiv für die formelle Anrede *Sie*.

Eine Anzahl bestimmter Verben können im Satz nur in Verbindung mit dem Reflexivpronomen verwendet werden. Sie werden deshalb als reflexive Verben bezeichnet. Welche Form das Reflexivpronomen als Objekt bekommt, hängt von der Satzstruktur ab [→ E 44].

Es ist Akkusativ, wenn es allein Objekt im Satz ist.

Ich beeile *mich*. Er beeilt *sich*.

Es ist Dativ, wenn der Satz ein Akkusativobjekt erfordert.

Ich leiste *mir* einen neuen Anzug. Er leistet *sich* einen neuen Anzug.

Es ist Akkusativ, wenn das zweite Objekt ein Präpositionalobjekt ist.

Ich besinne *mich* auf unsere Begegnung. Er besinnt *sich* auf unsere Begegnung.

Andere Verben kann man reflexiv oder nicht reflexiv gebrauchen. Meist ändert sich dann der Inhalt des Verbs, z. B. *(sich) verlaufen*, *(sich) verstellen*, *(sich) stellen*, *(sich) geben*, *(sich) irren* usw.

Der Weg verläuft in gerader Richtung. Er hat *sich* im Wald *verlaufen*. – Er verstellt ihm den Eingang (= er läßt ihn nicht eintreten). Er *verstellt sich* (= er zeigt sich anders, als er ist). – Er stellt den Stuhl an den Tisch. Er *stellt sich* krank (= er ist nicht krank, aber er tut so, als ob er krank wäre). – Er gibt dem Kind das Buch. Er *gibt sich* freundlich (er scheint freundlich zu sein, ist es in Wirklichkeit aber nicht). – Hier irrt der Dichter (nur in gehobener Sprache, kein Perfekt üblich). In dieser Sache habe ich *mich geirrt*.

Manchmal ändert sich auch die Konstruktion, z. B. *(sich) eilen.*

Ich bin zu ihm geeilt. – Ich habe mich geeilt, um zu ihm zu kommen.

C 14 Folgende Verben verbinden sich u. a. mit dem Reflexivpronomen als Funktionsobjekt [→ E 18]:

1. Das Subjekt nennt eine Person

a) Das Reflexivpronomen ist Akkusativ, z. B.

sich beeilen	sich gedulden
sich begnügen mit	sich halten an
sich behelfen mit	sich irren
sich benehmen	sich kümmern um
sich besinnen auf	sich schämen
sich bewerben um	sich sehnen nach
sich entscheiden für	sich sorgen um
sich entschließen zu	sich verbeugen
sich erholen	sich wehren gegen
sich erkälten	sich verneigen
sich freuen über/auf	sich weigern

sich totlachen	sich auf den Weg machen
sich (nützlich) machen	sich zur Wehr setzen
sich gehenlassen	sich zu Wort melden

b) Das Reflexivpronomen ist Dativ, z. B.

sich etwas aneignen	sich etwas verbitten
sich etwas einbilden auf	sich etwas vornehmen
sich (eine Erkältung) holen	sich etwas zutrauen
sich etwas leisten	sich etwas zuziehen
sich etwas zu Herzen nehmen	

c) Das Reflexivpronomen hängt von einer Präposition ab, z. B.

in sich gehen	zu sich kommen
außer sich sein	
etwas zu sich nehmen	etwas hinter sich lassen
etwas von sich weisen	etwas vor sich haben

2. Das Subjekt nennt eine Sache oder einen Begriff, z. B.

a) Das Reflexivpronomen ist Akkusativ, z. B.

sich ableiten aus	sich erklären aus
sich belaufen auf	sich erstrecken
sich beziehen auf	sich herausstellen als
sich ergeben aus	sich zusammensetzen aus

b) Das Reflexivpronomen hängt von einer Präposition ab, z. B.

vor sich gehen	etwas nach sich ziehen

3. Das Subjekt nennt eine Person oder eine Sache, das Reflexivpronomen steht im Akkusativ, z. B.

sich befinden   sich verhalten
sich eignen zu (für)

Besonderheiten im Gebrauch

In folgenden Fällen bezieht sich das Reflexivpronomen nicht auf das Subjekt: C 15
1. im Infinitivsatz. Hier bezieht es sich auf das (nicht ausgedrückte) Subjekt des Infinitivsatzes.

> Wir forderten ihn auf, *sich* zu melden. – Es ist seine Pflicht, *sich* pünktlich zur Arbeit einzufinden (daß *er sich* einfindet). – Wir halten es für die Aufgabe dieses Beamten, *sich* der Sache mit besonderem Eifer anzunehmen.

2. in Verbindung mit einer Partizipialkonstruktion.

> Wir sahen die *sich* nähernden Gewitterwolken (die Gewitterwolken nähern sich). – Sie benützte jede *sich* bietende Gelegenheit, um nach Hause zu fahren.

Bezieht sich in diesen Fällen und in Verbindung mit attributiven Adjektiven das Pronomen auf das Subjekt, so muß das Personalpronomen stehen.

> Sie nützte jede sich *ihr* bietende Gelegenheit aus. – Sie sah das *ihr* vertraute Gesicht vor sich.

3. beim Gebrauch von *an sich* (eigentlich) und *für sich* (eigen, selbständig).

> ... daß Literatur zwar etwas Gesellschaftliches, aber doch auch etwas *an sich* sei. *(K. M. Michel)* – Davon sprechen wir nicht. Das ist eine Sache *für sich*. – Er war zielstrebig – *an sich* schon eine unschöne Eigenschaft. *(Hildesheimer)*

Zum Gebrauch der Fälle bei den Reflexivpronomen

Das Reflexivpronomen steht im Akkusativ, wenn Subjekt und Objekt identisch sind.   C 16

sich waschen	Ich wasche *mich* im Badezimmer.
sich rasieren	Er rasiert *sich* täglich zweimal.
sich erkälten	Wo haben Sie *sich* so erkältet?
sich jemand vorstellen	Ich stelle *mich* der Dame vor.
sich jemand oder einer Sache nähern	Der Zug nähert *sich* der Grenze.
sich wundern über etwas (jemand)	Er wundert *sich* über unseren Erfolg.

Einige Verben mit Reflexivpronomen im Akkusativ nennen ein Geschehen, dessen Abschluß in einer Prädikatsergänzung angegeben wird.

> Er hat *sich müde* gearbeitet. – Essen Sie *sich satt!* – Der Kranke muß *sich gesund* schlafen. – Über seine Witze kann man *sich tot*lachen. – Er wird *sich* noch *zu Tode* trinken.

C 17 Das Reflexivpronomen steht im Dativ, wenn das Verb nur ein Dativobjekt haben kann oder wenn das Subjekt zu seinen eigenen Gunsten oder Ungunsten handelt.

sich widersprechen	Du widersprichst dir.
sich etwas einbilden	Das bildet er *sich* nur ein.
sich etwas vorstellen	Ich kann *mir* diese Situation nicht vorstellen.
sich etwas erlauben	Wie konnte er *sich* ein solches Benehmen erlauben!
sich etwas ansehen	Sehen Sie *sich* diesen Film an?

Ebenso:

> Ich kaufe *mir* Zigaretten. – Er holt *sich* eine Tasse Kaffee. – Ich putze *mir* die Schuhe. – Er hat *sich* in den Finger geschnitten.

Das Reflexivpronomen im Dativ zeigt oft, daß das mit dem Akkusativobjekt Bezeichnete zum Subjekt des Satzes gehört (z. B. Teile des Körpers [→ D 19.2, E 47.2]).

> Er wäscht *sich die Hände* (also: *seine* Hände). – Ich habe *mir die Füße* erfroren (also: *meine* Füße). – Sie kämmt *sich das Haar* (also: *ihr* Haar).

Beachten Sie!

Ich wasche *mich*.	Ich wasche *mir* die Hände.
Ich stelle *mich* der Dame vor.	Ich stelle *mir* diese Situation vor.
Du schneidest *dich*.	Du schneidest *dir* in den Finger.

sich getrauen kann das Reflexivpronomen im Akkusativ oder im Dativ haben.

Ich getraue *mich* nicht, zum Direktor zu gehen.	Ich getraue *es mir* nicht, zum Direktor zu gehen.

C 18 Das Reflexivpronomen steht im Genitiv, wenn das Beziehungswort eine Ergänzung im Genitiv verlangt. Die Reflexivpronomen im Genitiv entsprechen· den Personalpronomen. In der 3. Person ergänzt man sie jedoch zur Unterscheidung von den Personalpronomen durch *selbst*, um die reflexive Wirkung zu kennzeichnen.

ich bin *meiner* sicher	wir sind *unser* sicher
er ist *seiner selbst* sicher	sie sind *ihrer selbst* sicher

Das Reflexivpronomen steht bei Vorgängen, die sich ohne erkennbaren Urheber oder ohne erkennbare Ursache vollziehen [→ E 48.1].

Das Gewitter entlädt *sich*. – In dem Augenblick ... öffneten *sich* drei Türen. *(Böll)* – Soviel *sich* erkennen ließ, war es ein älterer Mann ... *(Gaiser)*

Es steht bei Sachverhalten, die ein Sein enthalten, das von einem Handlungsverb beschrieben wird [→ E 49.1].

Das Buch verkauft *sich* gut. – Diese Schuhe tragen *sich* schlecht. – Die Maschine bedient *sich* leicht.

Ebenfalls steht das Reflexivpronomen bei Sachverhalten, die ein Sein enthalten, an dem jeder gleichermaßen teilhaben kann. Das Personalpronomen *es* ist Funktionssubjekt [→ E 12].

Hier *fährt es sich* gut. – Auf dem Lande *lebt es sich* angenehm. – Gut *saß es sich* hier. *(Malecha)*

Ähnliche Bildungen sind idiomatische Ausdrücke, die nur in der Umgangssprache verwendet werden, z. B.

Die Sache *macht sich* (die Sache wird gut). Fräulein Meier *macht sich* (wird z. B. in ihrem Beruf tüchtig). – Er hat *sich herausgemacht* (ist besser geworden, als man gedacht hat). – Es *tut sich* etwas (etwas geschieht).

Wenn man die Identität verdeutlichen will, gebraucht man *selbst* oder *selber*, das dem Reflexivpronomen folgt.   **C 19**

Wir helfen *uns selbst (selber)*. – So gut, ... man kennt *sich* nicht einmal *selber*. *(E. Kästner)*

Man gebraucht *selbst* oder *selber* in der Regel nicht, wenn das Reflexivpronomen einer Präposition folgt, vor der *jeder* steht.

Wir lernen *jeder für sich*.   Heute zahlt *jeder für sich*.

Im Plural ist die Beziehung des Reflexivpronomens oft nicht deutlich. Sie kann reflexiv oder aber reziprok sein.

wir rasieren uns

reflexiv: wir rasieren *uns selbst*, d. h. jeder von uns rasiert sich.
reziprok: wir rasieren *uns gegenseitig*, d. h. jeder von uns rasiert einen anderen von uns.

Viele Verben geben dem Reflexivpronomen einen deutlich reziproken Bezug, z. B. *sich begrüßen, sich schlagen, sich streiten, sich treffen*.

Die Kinder *schlagen sich* auf der Straße. – Die Gäste *begrüßen sich*. – Wann *sehen* wir *uns wieder*? – Die Freunde *sitzen sich gegenüber*. – Die Leute *kennen sich* gut.

Manchmal entsteht auch ein deutlich distributiver Sinn.

Die Leute *teilen sich* in die Arbeit.

C 20   Wenn das Subjekt im Singular steht, kann das Reflexivpronomen manchmal
auch reziproken Bezug haben. Die Person oder Sache, die mit dem Subjekt
in reziproker Beziehung steht, folgt dann der Präposition *mit*.

> Ich habe *mich mit* meinem Freund gestritten. – Wann willst du *dich mit*
> Peter treffen? – Er duzt *sich mit* ihm.

Um die reziproke Beziehung hervorzuheben, kann man statt des Reflexivpronomens auch *einander* einsetzen; bei den reflexiven Verben [→ C 14] ist das
nicht möglich.

> Wir lieben *uns*. Wir lieben *einander*. – Das gemeinsame Leben glich die
> Gesichter *einander* an. *(Gaiser)*

Wenn *einander* von einer Präposition abhängt, verbindet es sich mit ihr. *einander* hat jedoch keine Deklinationsformen. In diesem Fall wird das Wort bei
reflexiven Verben zusammen mit dem Reflexivpronomen gebraucht.

> Sie verlieben *sich ineinander*. – Sie freuen *sich übereinander*. – Sie schämen
> *sich voreinander*. – Die Zwillinge lassen *sich* nicht *voneinander* unterscheiden.

Bei anderen Verben oder Prädikatsergänzungen steht die Verbindung mit *-ein-
ander* ohne Reflexivpronomen.

> Es gibt ... zwei Polizeitruppen, die *voneinander* völlig unabhängig sind.
> *(Enzensberger)* – Wir würden *aneinander* vorbeigehen und uns nicht er-
> kennen. *(Hirche)*

Wenn man die reziproke Beziehung noch deutlicher ausdrücken will, gebraucht
man statt einander auch *einer (jeder) den anderen* ohne Reflexivpronomen oder
gegenseitig.

> Wir loben *einer den anderen*   Wir loben *uns gegenseitig*.
> Sie widersprechen *einer dem anderen*.   Sie widersprechen *sich gegenseitig*.

Fragepronomen

C 21   Fragepronomen erfragen Personen, Sachen, Begriffe oder Sachverhalte und
fordern damit zur Mitteilung auf oder zur Ergänzung einer gegebenen Mitteilung. Sie stehen im Satz als Satzglieder oder als Attribute. Sie beanspruchen
stets den Platz im Vorfeld und leiten damit die Frage ein.

Das Fragepronomen wer?

C 22   *wer?* fragt nach Personen und kann nur als Satzglied, nicht aber als Attribut
gebraucht werden. Die Personalform im Prädikat steht in der 3. Person Singular ohne Rücksicht darauf, ob nach einer oder mehreren Personen gefragt
wird. Seine Form ist unabhängig von den Nomenklassen [→ B 146].

164

Wer kommt?

Der Mann (kommt).	*Die* Männer (kommen).
Das Kind (kommt).	*Die* Kinder (kommen).
Die Frau (kommt).	*Die* Frauen (kommen).

Als Prädikatsergänzung zum Verb *sein* richtet sich die Personalform nach dem im Satzfeld stehenden Subjekt.

Wer *ist der Mann?* – Wer *sind diese Leute?*

Nom.	wer?	*Wer* wohnt in diesem Haus?
Akk.	wen?	*Wen* hast du heute getroffen?
		Für wen arbeitet der Vater?
Dat.	wem?	*Wem* gibt der Lehrer das Buch?
		Mit wem gehst du spazieren?
Gen.	wessen?	*Wessen* Buch ist das?
		In wessen Auto fährt er?

Wenn der Genitiv *wessen?* vor einem Nomen steht, so verliert das Nomen den Artikel [→ *dessen* C 45, D 36].

Wessen Buch ist das? – Das Buch *meines Vaters.* – *Mein* Buch.
Mit wessen Auto fährt er? – Mit dem Auto *seines Freundes.*

Das Fragepronomen was?

was? fragt nach Sachen, Begriffen oder nach Sachverhalten. Es kann nur als Satzglied, nicht aber als Attribut gebraucht werden. Seine Form ist unabhängig von den Nomenklassen [→ B 146].

C 23

Was ist dort?

(Dort ist) *ein* Stuhl.	(Dort sind) Stühle.
(Dort ist) *das* Buch.	(Dort sind) *die* Bücher.
(Dort ist) *die* Tafel.	(Dort sind) *die* Tafeln.

Das Fragepronomen *was?* hat keine Deklinationsformen. Man gebraucht die Form *was?* auch für den Akkusativ. Über den Gebrauch in präpositionalen Ausdrücken → C 24.

Was suchst du? – *Meinen* Füller.

Für Fragen nach einem Genitivobjekt, das eine Sache oder einen Begriff bezeichnet, verwendet man *wessen?* [→ C 22, D 36].

Er ist sich seiner Schuld bewußt.	*Wessen* ist er sich bewußt?
Er ist des Diebstahls beschuldigt.	*Wessen* ist er beschuldigt?

Das Pronomen *was?* fragt auch nach dem Beruf oder der Tätigkeit einer Person; die Personalform richtet sich in diesem Falle nicht nach dem Fragepronomen, sondern nach dem Subjekt [→ E 14].

> *Was ist* dein Bruder? – Mein Bruder ist Lehrer.
> *Was sind* diese Leute? – Diese Leute sind Studenten.

Beachten Sie!

> *Wer ist* dieser Herr? – Es ist Herr Meier.
> *Was ist* dieser Herr? – Er ist Arzt.

In dem Ausdruck *was macht?, was tut?* fragt man nach einer Handlung. Die Antwort auf diese Frage gibt das Prädikat.

> *Was machen* Sie heute abend? – Wir *gehen ins Theater.*
> *Was tust* du? – Ich *schreibe* einen Brief.

Wenn eine Frage mit dem Pronomen *was?* eingeleitet wird und sich auf ein als Satzglied gebrauchtes Adjektiv oder auf das unbestimmte Pronomen *alles* bezieht, hat das Fragepronomen partitiven Sinn.

> *Was* hast du heute *Gutes* gegessen? – *Was* kann er *Interessantes* erzählen?
> – *Was* hat er dir *alles* geschenkt? – *Was* willst du jetzt *alles* tun?

Wird in den mit *was?* beginnenden Satz der Ausdruck *nicht alles* eingefügt, so wird aus der Frage ein Ausruf des Erstaunens oder der Bewunderung.

> *Was* gibt es *nicht alles* in dieser Stadt! – *Was* haben wir *nicht alles* auf unserer Reise gesehen!

C 24 Wenn sich die Frage auf Sachen, Begriffe oder Sachverhalte bezieht und das Erfragte auf Grund der syntaktischen Verhältnisse mit einer Präposition gekennzeichnet werden muß, gebraucht man wegen der fehlenden Deklinationsformen des Pronomens *was* das Frageadverb *wo-?,* das sich mit der Präposition verbindet. Treffen bei diesen Verbindungen zwei Vokale zusammen, wird *-r-* eingeschoben [→ C 7].

Die häufigsten Verbindungen mit *wo(r)-?* und einer folgenden Präposition.

Akkusativpräpositionen:	wodurch?, wofür?, wogegen?, worum?
Dativpräpositionen:	woraus?, wobei?, womit?, wonach?, wovon?, wozu?
Akkusativ- oder Dativpräpositionen:	woran?, worauf?, wohinter?, worin?, worüber?, worunter?, wovor?

Diese Verbindungen gebraucht man, wenn man nach einem Präpositionalobjekt oder einer freien Angabe fragt, die mit einer Präposition gekennzeichnet ist.

Woran denken Sie? – (Ich denke) *an* meine Ferien.
Wofür arbeitet der Student? – (Er arbeitet) *für* seine Prüfung.
Worüber freust du dich? – (Ich freue mich) *über* das schöne Wetter.
Wovon sprechen die Leute? – (Sie sprechen) *von* ihrer Arbeit.

Die Präposition *ohne* gebraucht man immer nur mit dem Fragepronomen *was?*, jedoch sind solche Fragen selten. Es sind meistens Verständigungsfragen.

Ich bin ohne Hut gekommen. – *Ohne was* bist du gekommen?

Wenn der präpositionale Ausdruck, nach dem man fragt, Lokalangabe oder Lokalergänzung ist, fragt man mit *wo?*, *wohin?* oder *woher?*; ist er Temporalangabe oder Temporalergänzung, so fragt man mit *wann?*, ist er Kausalangabe oder Kausalergänzung, so fragt man mit *warum?*.

Das Bild hängt *an der Wand*.   *Wo* hängt das Bild?
Ich hänge das Bild *an die Wand*.   *Wohin* hängst du das Bild?
Ich komme *aus der Stadt*.   *Woher* kommst du?
Ich mache das *nach den Ferien*.   *Wann* machst du das?
Er macht das *aus Freude* an der   *Warum* macht er das?
Sache.

Nach einem Ausdruck mit der Präposition *wegen* fragt man mit *weswegen? (weshalb?, warum?* [→ C 94]*)*.

Wegen des Regens konnte ich   *Weswegen* konntest du nicht kom-
nicht kommen.   men?

In nachlässiger Umgangssprache gebraucht man oft *was?* mit Präpositionen.

An was denkst du? – An meine Reise.
Über was habt ihr euch unterhalten? – Über das Wetter.
Um was haben sie gespielt? – Um Geld.
Aus was ist dieser Ring gemacht? – Aus Gold.

Die Fragepronomen *wer?* oder *was?* können mit Hilfe von Präpositionen Attribute annehmen. Die Fragepronomen haben dann partitiven Sinn.

Wer von den Schülern kommt aus Köln? – *Wer von euch* gibt mir etwas Geld? – *Wer in diesem Haus* ist Arzt? – *Was von diesen Sachen* willst du deinem Freund schenken? – *Was außer dem Paket* soll ich noch mitnehmen?

Das Fragepronomen welch-?

welch-? fragt nach einer bestimmten Person oder Sache aus einer bekannten Gruppe von Personen oder Sachen. Es steht als Satzglied und als Attribut und nimmt wie der bestimmte Artikel alle Funktionskennzeichen an [→ D 26].

C 25

Deklination

| | Singular | | | Plural |
	maskulin	neutral	feminin	m n f
Nom.	welcher?	welches?	welche?	welche?
Akk.	welchen?	welches?	welche?	welche?
Dat.	welchem?	welchem?	welcher?	welchen?
Gen.	welches?	welchen?	welcher?	welcher?
	welchen?			

Im Genitiv maskulin unterscheidet man zwei Formen; wenn *welch-?* als Attribut vor der 2. maskulinen Deklination steht, die am Nomen keine Genitivendung zeigt, gebraucht man *welches?*, sonst *welchen?*. [→ B 166]

Als Satzglied:

Ich habe viele Freunde.
Welcher ist Ihnen der liebste?
Welche werden wir heute treffen?
Welchen haben Sie gestern gesehen?
Mit welchem fahren Sie auf Urlaub?

Ich habe hier zwei
Bücher.
Welches gefällt dir am besten?
Welches möchtest du haben?
In welchem hast du schon gelesen?

Nur selten steht die neutrale Form des Fragepronomens *welch-?* im Singular allein als Prädikatsergänzung zu dem Verb *sein*. Das Verb richtet sich dann nicht nach dem Fragepronomen, sondern nach dem Subjekt.

Welches *sind* die wichtigsten Flüsse Deutschlands?

Als Attribut:

Ich habe viele Freunde.
Welcher Freund ist Ihnen der liebste?
Welchen Freund haben Sie gestern gesehen?
Mit welchem Freund fahren Sie auf Urlaub?

Ich habe hier zwei
Bücher.
Welches Buch gefällt dir am besten?
Welches Buch möchtest du haben?
In welchem Buch hast du schon gelesen?

Das ist das Buch eines
Schülers.
Das Buch *welchen* Schülers?

Das ist das Buch eines
Studenten.
Das Buch *welches* Studenten?

Der pronominale Ausdruck was für ein-?

was für ein-? (Singular) und *was für?* (Plural) fragt nach dem bezeichnenden oder unterscheidenden Merkmal einer Person, einer Sache oder eines Sachverhalts. Es steht als Satzglied, vorwiegend aber als Attribut und nimmt im Singular die Funktionskennzeichen des unbestimmten Artikels an.

> Ich möchte *einen* Hut kaufen. – *Was für einen* Hut wünschen Sie? – Ich möchte einen blauen Hut. Ich möchte einen Sommerhut.
> Sehen Sie dort *die* Leute? – *Was für* Leute sind das? – Das sind Touristen aus Deutschland. Das sind Arbeiter.
> *Was für* Kleider tragen Sie gern? – Moderne Kleider.

Vor Stoffnamen gebraucht man keinen Artikel.

> *Was für* Wein trinken Sie? – Ich trinke Rotwein.
> *Was für* Holz ist das? – Das ist Teakholz.

Wenn *was für ein?* Satzglied ist, erhält *ein* die Funktionskennzeichen wie der bestimmte Artikel. Im Plural wird an Stelle von *ein* das Pronomen *welche* eingesetzt [→ C 60].

Deklination

	Singular			Plural	C 28
	maskulin	neutral	feminin	m n f	
Nom.	was für einer?	was für eins?	was für eine?	was für welche?	
Akk.	was für einen?	was für eins?	was für eine?	was für welche?	
Dat.	was für einem?	was für einem?	was für einer?	was für welchen?	
Gen.	was für eines?	was für eines?	was für einer?	(keine Form)	

> Ein Herr möchte dich sprechen. – *Was für einer?* – Ein junger Herr.
> Ich kaufe ein Auto. – *Was für eins?* – Einen Sportwagen.
> Ich möchte gern Bücher lesen. – *Was für welche?* – Romane.

Die Präposition *für* hat in dem Ausdruck *was für ein?* keinen Einfluß auf die folgenden Funktionskennzeichen. Wenn vor dem ganzen Ausdruck eine Präposition steht, richten sich Artikel und Nomen nach dieser Präposition.

> Ich kaufe das Buch für einen Freund. – *Für was für einen* Freund hast du das Buch gekauft?
> *Mit was für einer* Person haben Sie gesprochen? – *In was für einem* Haus haben Sie gewohnt? – *In was für ein* Haus ist er hineingegangen?

Bei Fragen nach dem Genitivattribut gebraucht man *wessen?* [→C22], wenn es sich um eine Person handelt, und *welch-?* oder *was für ein-?*, wenn es sich um Dinge handelt.

> Das ist der Turm *der* Kirche.   *Welcher* Turm ist das?
> Das ist der Turm *einer* Kirche.   *Was für ein* Turm ist das?

Nach dem Bestimmungswort eines zusammengesetzten Nomens fragt man meist mit *was für ein-?*.

Das ist ein Kirchturm.   *Was für ein* Turm ist das?
Das ist ein Bauernhof.   *Was für ein* Hof ist das?

welch und *was für ein-* stehen auch in Ausrufesätzen. Wenn bei dem Nomen ein attributives Adjektiv steht, kann nach *welch* der unbestimmte Artikel fehlen.

Welch ein schönes Auto! – *Welch* schönes Auto! – *Was für ein* schönes Auto!

Demonstrativpronomen

C 29   Demonstrativpronomen weisen nachdrücklich auf eine schon bekannte oder noch näher zu charakterisierende Person oder Sache hin, ebenso auch auf Begriffe oder Sachverhalte. Sie stehen als Satzglieder oder als Attribute und nehmen stets, wie der bestimmte Artikel, die Funktionskennzeichen an [→ D 26].

Sehen Sie dort den eleganten Wagen unseres Direktors? *Den* möchte ich gerne haben. – Hier sind meine Freunde. Auf *die* kann ich mich bestimmt verlassen. – Ich habe vergebens auf *die* gewartet, die mir ihre Hilfe versprochen haben.
Mein Freund hat ein wunderschönes Haus. Er hat sich *dieses* Haus vor einem Jahr gekauft. – Hast du mit *jenem* Mann in dem Gasthaus gesprochen, der mich so beleidigt hat?

Folgende Demonstrativpronomen werden als Satzglieder oder als Attribute gebraucht:

der (das, die; Plural: *die)*
dieser (dieses, diese; Plural: *diese)*
jener (jenes, jene; Plural: *jene)*
derselbe (dasselbe, dieselbe; Plural: *dieselbe)*
derjenige (dasjenige, diejenige; Plural: *diejenige)*
solcher (solches, solche; Plural: *solche)*

Das Demonstrativpronomen der, das, die

C 30   *der (das, die;* Plural: *die)* sind die kürzesten und am häufigsten gebrauchten Demonstrativpronomen. Sie nehmen, wie der bestimmte Artikel, die Funktionskennzeichen an. Die Genitivformen im Singular und im Plural und die Dativform im Plural ist jedoch um die Silbe *-en* erweitert. Der Genitiv Plural kann auch um die Silbe *-er* erweitert werden.
Aus diesen Demonstrativpronomen sind Artikel und Relativpronomen hergeleitet. Sie unterscheiden sich vom Artikel nur in der gesprochenen Sprache durch den Unterscheidungston [→ F 14], den sie auf sich ziehen.

Deklination

| | Singular | | | Plural |
	maskulin	neutral	feminin	m n f
Nom.	der	das	die	die
Akk.	den	das	die	die
Dat.	dem	dem	der	denen
Gen.	dessen*)	dessen*)	deren	deren
				derer [→C 32]

Die Demonstrativpronomen gebraucht man als Satzglieder im Nominativ, Akkusativ und Dativ an Stelle von Personalpronomen. Sie stehen oft im Vorfeld eines Satzes und erhalten den Unterscheidungston.

> Kennst du diese Leute? Ja, *die* kenne ich gut (statt: Ja, ich kenne *sie* gut). – Hin und wieder kommt ein Mann ... und beobachtet uns heimlich. Aber *den* kenne ich schon. *(Wallraff)* – Ihre älteste Freundin, ... aber was Barbara nur an *der* findet? *(J. Rehn)* – Denn es seufzte ... irgendwer. Der Schnee verschwieg *den. (Borchert)*

Ein Lokalattribut kann das Demonstrativpronomen näher erklären.

> Siehst du hier im Schaufenster die schönen Anzüge? *Der da* gefällt mir am besten. – Welcher ist Ihr Mantel? *Der auf dem Stuhl* gehört mir.

Wenn das Demonstrativpronomen selbst Attribut ist, kann es ebenfalls durch ein Attribut näher erklärt werden. Dieses Attribut wird dem Gliedkern nachgestellt.

> Geben Sie mir bitte *das* Buch *da!* – Schauen Sie sich einmal *den* Vogel *dort* an! – Hat dein Freund *den* Brief *hier* gelesen?

Das Demonstrativpronomen *das* kann sich auch auf maskuline und feminine Nomen und auf Nomen im Plural beziehen, die Prädikatsnominative [→ E 8] sind.

> *Das* ist Herr Müller. – *Das* ist ein ausgezeichneter Wagen. – Eine schwierige Aufgabe ist *das.* – *Das* waren im letzten Jahr wirklich schöne Ferien!

das kann sich auch auf einen Gliedsatz beziehen [→ *es* C 10].

> *Das* freut mich, *daß ihr mir helfen wollt.* – Nennen Sie *das* Höflichkeit, *wenn er eine Dame die Koffer allein tragen läßt?*

---

*) Bei *dessen* wurde das *s* verdoppelt, um den Lautwert des kurzen *e* zu erhalten.

171

Manchmal steht *das* mit dem unbestimmten Pronomen *alles, all* zusammen. In der Schrift kann sich das Demonstrativpronomen mit *all* verbinden, wobei im Dativ oft ein *-e-* eingeschoben wird *(alledem)*.

> Ich habe meinem Freund *das alles* schon gesagt. – Mit *alledem* kannst du mir keine Freude machen. – Wir haben *all das* in der Stadt gekauft.

C 32 Die Genitivformen *dessen, deren* werden hauptsächlich zur Klärung des possessiven Verhältnisses gebraucht und nicht so sehr als Demonstrativ [→ C 52].

> Seine Schwester geht mit ihrer Bekannten und *deren* Freundin (d. i. die Freundin der Bekannten) spazieren. – Karl besuchte Herrn Schmidt und *dessen* Sohn (d. i. der Sohn des Herrn Schmidt).

Die Form *derer* im Genitiv Plural weist auf einen folgenden Relativsatz hin. Durch diese Konstruktion wird ein Attributsatz in eine Genitivkonstruktion einbezogen. Das mit dem Demonstrativpronomen *derer* verknüpfte Relativpronomen kann sich nur auf Personen beziehen [→ C 47].

> Die Namen *derer, die* hier begraben sind, werden wir nicht vergessen. – Ich bedaure das Schicksal *derer, denen* man ihren Besitz geraubt hat. – Die Freude *derer, deren* Kinder nach der Katastrophe wiedergefunden wurden, ist grenzenlos.

Das Demonstrativpronomen dieser

C 33 *dieser (dieses, diese;* Plural: *diese)* wird wie die Demonstrativpronomen *der, das, die* gebraucht. Es weist, besonders aber beim schriftlichen Ausdruck, deutlicher auf das Bezeichnete hin. Es nimmt, wie der bestimmte Artikel, alle Funktionskennzeichen an und wird als Satzglied und als Attribut gebraucht.

> Drei Monate sah ich täglich ein und dasselbe Bild. *Diese* drei Monate waren für mich eine schwere Prüfung. *(Enzensberger)* – Sie hatten noch eine Weile Arbeit, dem Ankömmling aufzuhelfen, auch als *dieser* schon saß und sich mit dem Sacktuch die glitzerige Stirn abtupfte. *(Gaiser) Diese* schweren Kraftwagen, wie man sie hier verwendet, haben einen zu langen Bremsweg. *(Musil)* – Dabei hörte man Weihnachtslieder. Das kommt von *dieser* furchtbaren Stille. *(Borchert)*

dies- kann aber auch Attribut eines Nomens sein, das mit einem Possessivpronomen verbunden ist.

> Die Vertriebenen sind außer in *dieser ihrer* Rolle ... voll in die ... Gesellschaft integriert. *(Grass)*

dies- faßt als Satzglied oder als Attribut bei einem Nomen von allgemeiner Bedeutung vorher genannte Personen, Dinge oder Geschehen zusammen: *auf diese Weise, unter diesen Bedingungen, bei diesen Voraussetzungen* u. a.

Die neutrale Form kann im Nominativ und Akkusativ zu *dies* verkürzt werden.

> Daß *dies* nur für einen Teil der Literatur zutrifft, liegt auf der Hand. *(K. M. Michel)*

Die genaue Lage einer bezeichneten Person oder Sache kann man durch die Adverbien *hier* und *dort (da)* genauer bestimmen [→ C 31].

> Dieses Haus *hier* gehört einem reichen Mann. – Sehen Sie dies neue Auto *dort?* – Dieses Kind *da* ist die Tochter unseres Lehrers.

Das Demonstrativpronomen kann noch durch *eben* hervorgehoben werden, wobei man es mit *dies* zusammenschreibt, wenn es vorangestellt wird. *dies* erhält dann keine Endung; *eben* ist immer unveränderlich.

> Die junge Dame kommt mir so bekannt vor. Ja, *ebendies* wollte ich auch sagen (*dies eben* wollte ich auch sagen).

Wenn das Demonstrativpronomen Attribut ist, steht *eben* getrennt davor oder auch am Ende des Satzglieds.

> Wir wollen mit diesen Zug *eben* (mit *eben* diesem Zug) fahren.

dies- kann sich in seiner neutralen und auch verkürzten Form auf maskuline und feminine Nomen im Singular und auf Nomen im Plural beziehen, wenn diese Nomen Prädikatsnominative [→ E 8] sind [→ C 31, *das*].

> *Dies* ist Herr Müller. – *Dieses* sind die Töchter meines Kollegen. – *Dies* ist die neue Radiostation.

dies (dieses) kann sich auch auf eine vorhergegangene Aussage beziehen.

> Ich glaube nicht, daß das Wetter für unsere Reise besonders günstig ist. Ja, *dies (dieses)* wollte ich auch gerade sagen. – Er wird seine Prüfung sicher gut bestehen. Natürlich, *dies* steht außer Frage.

Manchmal weist *dies-* als Attribut auf etwas allgemein Bekanntes hin. Dieser Ausdruck erhält aber dadurch einen wertmindernden (pejorativen) Sinn.

> Hüten Sie sich vor *diesen* Leuten; sie sind schlecht. – Was soll ich schon mit *diesem* alten Wagen anfangen? – Was kann man schon von *diesem* Herrn Meier erwarten? – Ich halte nicht viel von *dieser* dummen Politik.

Das Demonstrativpronomen jener

jener (jenes, jene; Plural: jene) weist im Gegensatz zu *der* oder *dieser* im allgemeinen auf etwas Entfernterliegendes hin. Es nimmt, wie der bestimmte Artikel, alle Funktionskennzeichen an und wird als Satzglied oder Attribut gebraucht. Allgemein gebraucht man *jen-* bei Personen oder Sachen, die örtlich oder zeitlich etwas entfernt liegen; bei einer Erzählung kann man mit *jen-* in die Erzählzeit einführen.

> Von *jenen* Gegenden wurde kürzlich im Rundfunk berichtet. – Dem Büßer seine Brote ganz zu entziehen, wagte er nicht, damit *jener* nicht an der Güte Gottes verzweifle. *(Hesse)*
> In *jenen* alten Zeiten galten bei uns andere Sitten und Gebräuche. – Sie hatte am Morgen *jenes* Tages bei einer Gefechtsübung zwei Fahrzeuge eingebüßt. *(Gaiser)*

jen- kann auch durch einen folgenden Relativsatz näher erklärt werden.

Wir sprechen nicht von *jenen,* die immer etwas kritisieren wollen.

C 36 Manchmal gebraucht man *jen-* auch, um auf etwas allgemein Bekanntes hinzu-weisen. Die Erklärung, auf die das Demonstrativpronomen hinweist, erscheint als Attribut oder Attributsatz. Im Gegensatz zu *dies-* [→C33] enthält *jen-* keine negative Stellungnahme des Sprechers.

Sie besitzt *jene* Zurückhaltung der Norddeutschen. – Es herrschte unter den Leuten *jene* eigenartige Stimmung, die man oft vor Gewittern emp-findet.

Man gebraucht *jen-* gelegentlich auch gemeinsam mit *dies-,* wenn man zeitlich oder örtlich Näher- oder Entfernterliegendes unterscheiden will.

Der Einwand, daß der wahre Dichter ... an sich dichte, ist so luftig wie die romantische These, daß das Schreiben ... schon Entfremdung sei. Dennoch gehört *jener* Einwand (wie auch *diese* These) zu den Prämissen des bürgerlichen Kulturbetriebs. *(K. M. Michel)*

Bei lokalen Beziehungen kann man die Unterschiede als Attribut *hier, dort (da)* deutlich machen.

Dieses Haus *hier* gehört mir und *jenes dort* meinem Vater.

Auch *jen-* kann man wie *dies* durch *eben* hervorheben.

Eben jenen Anzug möchte ich kaufen. – Mit *jenem* Herrn *eben* möchte ich nicht sprechen.

C 37 Zur Unterscheidung zweier Personen oder Sachen gebraucht man vorzugs-weise den Ausdruck *der eine – der andere;* dabei weist *der eine* auf das Näher-liegende hin [→ B 211].

Robert und Paul sind Brüder. *Der eine* (d. i. Paul) geht noch in die Schule, *der andere* (d. i. Robert) studiert schon Medizin. – *Das eine* war die Geschichte eines Gewerkschaftsfunktionärs gewesen, *das andere* der Daseinskampf einer Firma. *(Johnson)*

In der Amtssprache gebraucht man zu dem gleichen Zweck den Ausdruck *der erstere – der letztere,* wobei die Reihenfolge der Aufzählung gemeint ist [→ B 206, B 216].

Der Bundestag verhandelte gestern über Gesetzesvorschläge zum Vor-fahrtsrecht und zur Rentenversicherung. Über *erstere* konnte man sich schnell einigen, über *die letzteren* kam es zu einer lebhaften Debatte, die jedoch ergebnislos abgebrochen werden mußte.

Die Zusammenstellungen verschiedener Demonstrativpronomen: *der und jener, dieser und jener, dies und das* bezeichnen etwas Unbestimmtes, Unwichtiges.

Was hat er dir erzählt? Ach, er hat *dies und das* erzählt, aber nichts Wich-tiges. – Ich habe im Theater *diesen und jenen* getroffen, aber jemand, der dich interessieren könnte, war nicht darunter.

Das Demonstrativpronomen derselbe

Das Demonstrativpronomen *derselbe (dasselbe, dieselbe;* Plural: *dieselben)* ist eine C 38
Zusammensetzung von *der (die, das)* und *selb-.* Man gebraucht es als Satzglied
und als Attribut. Es bezeichnet die Identität von Personen und von Sachen.
Der erste Teil der Zusammensetzung erhält wie der Artikel die Funktions-
kennzeichen, während der zweite Teil *selb-* der Adjektivdeklination folgt
[→ B 194].

	maskulin	Singular neutral	feminin	Plural m n f
Nom.	derselbe	dasselbe	dieselbe	dieselben
Akk.	denselben	dasselbe	dieselbe	dieselben
Dat.	demselben	demselben	derselben	denselben
Gen.	desselben	desselben	derselben	derselben

Wir wohnten in *demselben* Hotel wie im letzten Jahr. – *Dieselben* Losungen
sind, wenn in Buchform veröffentlicht, andere Losungen. *(K. M. Michel)*

In den Fällen, bei denen die Präposition das Kasusmorphem an sich zieht oder
mit ihm verschmilzt [→ D 44], steht *selb-* als selbständiges Attribut vor dem
Nomen.

Wir wohnten in diesem Jahr im *selben* Hotel wie im letzten Jahr.

Statt *selb-* kann man auch *nämlich-* oder *selbig-* gebrauchen, doch ist der Gebrauch dieser Wörter selten. Man schreibt sie nicht mit dem Artikel zusammen.

Kaufe dir diesen Hut! Ich habe mir *den nämlichen* gekauft.

derselbe usw. bezeichnet die Identität.

Wir sind beide aus *derselben* Stadt (d. h. aus einer Stadt). – Wir haben
nur ein Glas, wir müssen beide also aus *demselben* Glas trinken. – *Am
selben* Tag noch ... schlug mir Klepp vor, mit ihm eine Jazzkapelle zu
gründen. *(Grass)* – Diesmal war es ein Schausteller, ... *derselbe,* der auch
dem Städtischen Gauklerzelt vorsteht. *(Schnurre)*

Zum Ausdruck der Ähnlichkeit gebraucht man das Adjektiv *gleich.*

Meine Freundin trägt das *gleiche* Kleid wie ich, nur hat ihr Kleid einen
weißen Kragen. – Du hast dir den *gleichen* Wagen gekauft, wie ihn mein
Vater schon lange Zeit fährt.

Bei Begriffen können Identität und Ähnlichkeit übereinstimmen. In diesem
Fall kann man entweder *selb-* oder *gleich* gebrauchen.

Wir beide sind *derselben (der gleichen)* Meinung. – Der Zug aus München
und der Zug aus Köln laufen zur *selben (gleichen)* Zeit in den Bahnhof
ein.

Das Demonstrativpronomen selbst (selber)

C 39 Das in seiner Form erstarrte Demonstrativpronomen *selbst* oder *selber* wird nur als Attribut gebraucht. Es wird Nomen oder Pronomen nachgestellt und drückt aus, daß nur die genannte Person oder Sache gemeint ist und alle anderen Personen oder Sachen auszuschließen sind.

> Ich habe *ihm selbst* (und keinen anderen) gefragt. – *Mein Freund selbst* (und kein anderer) wird morgen mit ihnen sprechen. – Genau dieselben Ratschläge gab ich *mir selbst* damals. *(Grass)* – Nicht *uns selber*, noch unsern Feind erkennen wir in ihm. *(Enzensberger)*

In Zusammensetzungen mit anderen Wortarten gebraucht man nur *selbst*.

> selbstgemacht, selbstverständlich, selbstredend, Selbstfahrer, Selbstgespräch, selbstgefällig

Wenn *selbst* vor einem Satzglied steht, ist es Rangattribut [→E39] und hebt den Inhalt dieses Satzglieds hervor.

> *Selbst* mein bester Freund kann mir hier nicht mehr helfen. – *Selbst* in dieser kleinen Stadt finden regelmäßig Konzerte statt. – ... und *selbst* das Wort vom Tod der Kunst gehört zum heiligen Bestand eben jener Kultur, gegen die es ausgespielt wird. *(K. M. Michel)*

Das Demonstrativpronomen derjenige

C 40 Das Demonstrativpronomen *derjenige (dasjenige, diejenige;* Plural: *diejenigen)* gebraucht man, vor allem in der Amtssprache, wenn durch die Formengleichheit von Artikel und Demonstrativpronomen *der (das, die)* Unklarheiten auftreten können. Man dekliniert dieses Demonstrativpronomen in der gleichen Weise wie *derselbe* usw. [→C38], d.h. der erste Wortteil nimmt wie der Artikel die Funktionskennzeichen an, der zweite Wortteil *-jenig-* folgt der Adjektivdeklination [→C38]. *derjenige* usw. weist als Satzglied oder als Attribut auf einen folgenden Relativsatz hin.

> Die Polizei sucht *denjenigen, der* das Verbrechen begangen hat. – Viele haben einen nervösen Ausdruck im Gesicht. Das sind *diejenigen, die* meist schon jahrelang dabei sind. *(Wallraff)*

Wenn Demonstrativpronomen und Relativpronomen im gleichen Fall stehen, gebraucht man dafür *wer, wen, wem* bei Personen und *was* bei Sachen [→B194].

derjenige, der			denjenigen, den		
diejenige, die	}	wer	diejenige, die	}	wen
diejenigen, die			diejenigen, die		

demjenigen, dem		
derjenigen, der	}	wem
denjenigen, denen		

dasjenige,   das (Nominativ und Akkusativ) } was
diejenigen, die (Nominativ und Akkusativ Plural) } was

Wer mich heute besuchen will, möge es mir sagen. – *Wen* wir heute
getroffen haben, könnt ihr nicht erraten. – *Was* mich an ihm ärgert, ist
sein schlechtes Benehmen.

Das Demonstrativpronomen solch-

solcher (solches, solche; Plural: *solche)* weist ganz allgemein auf die Qualität oder   **C 41**
auf die Intensität hin, ohne diese jedoch näher zu beschreiben. Es wird als
Satzglied oder als Attribut gebraucht und nimmt, wenn es Satzglied oder das
erste vorangestellte Attribut ist, die Funktionskennzeichen an. In allen übrigen
Fällen wird es wie die attributiven Adjektive dekliniert.

Als Satzglied oder als Attribut vor artikellosen Nomen sowie nach unbestimmten Zahladjektiven nimmt es, wie der bestimmte Artikel, die Funktionskennzeichen an.

Hast du schon einmal *solchen* Wein getrunken? – Mit *solchen* Leuten wie
euch spreche ich nicht. – Einen wirklichen Gesangskünstler würden wir
in *solcher* Zeit gewiß nicht ertragen. *(Kafka)*

Nach *jed-* folgt *solch-* der Adjektivdeklination [→ B 194].

Jeder solche Sonnentag ist ein Geschenk für die Urlauber.

Nach dem unbestimmten Artikel folgt *solch-* ebenfalls der Adjektivdeklination
[→ B 195].

In *einem solchen* Zimmer wohne ich gern. – Ich habe noch *keine solchen*
Blumen gesehen.

Wenn *solch-* vor einem attributiven Adjektiv steht, erhält das Adjektiv die
Adjektivendungen wie nach dem bestimmten oder dem unbestimmten Artikel.

Gibt es in Ihrem Geschäft auch *solche schöne (schönen)* Bilder?

Vor einem attributiven Adjektiv steht *solch-* auch ohne Endungen. Das Adjektiv erhält dann die Funktionskennzeichen.

Gibt es hier auch *solch schöne* Bilder? – Bei *solch großem* Fleiß muß er am
Ende des Schuljahrs eine gute Prüfung machen können.

Vor dem unbestimmten Artikel steht *solch-* immer ohne Endung.

Ich wohne gern in *solch einem* modernen Hotel (in *einem solchen* modernen
Hotel). – *Solch einen* Mantel, wie du ihn hast, möchte ich mir auch kaufen.

solch- weist allgemein auf die besondere Art oder Beschaffenheit der Person   **C 42**
oder Sache hin, auf die es sich bezieht. Es verallgemeinert den Bedeutungsgehalt eines Adjektivs, dem das Adverb *so* vorangestellt wurde.

ein *so dickes* Buch, ein *so dünnes* Buch – ein *solches* Buch
ein *so altes* Haus, ein *so modernes* Haus – ein *solches* Haus

Man gebraucht deshalb in der Umgangssprache statt *solch* oft auch *so* mit dem unbestimmten Artikel, auch wenn kein charakterisierendes Adjektiv folgt.

so einen Mantel, *so ein* Geschäft, in *so einem* Haus
Ich möchte auch *so einen* Mantel haben. – Hast du schon einmal in *so einem* Hotel gewohnt? – *So ein* Geschäft wie heute habe ich in diesem Jahr noch nicht gemacht.

Statt mit *ein solches* weist man öfters mit *so etwas (so was)* auf Sachen oder auf ganze Sachverhalte hin.

So etwas habe ich noch nie gehört. – Können Sie sich *so was* vorstellen?

Relativpronomen

C 43 Relativpronomen leiten Attributsätze ein. Sie vertreten im Attributsatz als Satzglied den Inhalt (Nomen oder Satzglied), auf den sie sich im übergeordneten Satz beziehen. Sie nehmen das Funktionkennzeichen an, das ihrer Funktion im Attributsatz entspricht.

Relativpronomen sind:

der, das, die; Plural: *die*
welcher, welches, welche; Plural: *welche*
wer, was

Das Relativpronomen der, das, die

C 44 Das am häufigsten gebrauchte Relativpronomen ist *der (das, die)*. Seine Deklinationsformen entsprechen denen des gleichlautenden Demonstrativpronomens [→C30]. Welche Form das Relativpronomen bekommt, hängt von der Klasse des Nomens ab, auf das sich das Relativpronomen bezieht. Die Funktionskennzeichen richten sich nach der Funktion, die das Relativpronomen als Satzglied im Attributsatz ausübt.

Deklination

C 45

| | Singular | | | Plural |
	maskulin	neutral	feminin	m n f
Nom.	..., der	..., das	..., die	..., die
Akk.	..., den	..., das	..., die	..., die
Dat.	..., dem	..., dem	..., der	..., denen
Gen.	..., dessen	..., dessen	..., deren	..., deren

Kennen Sie *den Mann, der* mich gestern besucht hat?
(*Der* Mann hat mich gestern besucht.)
Der Mann, den du gesehen hast, wohnt nicht hier.
(Du hast *den* Mann gesehen.)
Hier ist die Adresse *des Herrn, dem* dein Vater schreiben will.
(Dein Vater will *dem* Herrn schreiben.)
Dort spielen *die Kinder, denen* du den Ball bringen willst.
(Du willst *den* Kindern den Ball bringen.)
Die Mitarbeiter, deren wir heute gedenken, waren hier zehn Jahre tätig.
(Wir gedenken *der* Mitarbeiter.)

Wenn das Relativpronomen Genitivattribut ist, so verliert das Nomen, zu dem es als Attribut gehört, den Artikel [→ D 36].

Dort steht *das Haus, dessen* Bild ich dir gezeigt habe.
(Ich habe dir das Bild *des* Haus*es* gezeigt.)
Die Fluggäste, *deren* Flug aufgerufen ist, begeben sich zum Abfertigungsschalter.
(Der Flug *der* Fluggäste ist aufgerufen.)

Wenn vor dem Nomen, dem das Relativpronomen als Genitivattribut angehört, ein attributives Adjektiv steht, so nimmt das Adjektiv die Funktionskennzeichen an [→ B 193].

Der Kaufmann, *dessen* ältest*er* Sohn hier lebt, besuchte mich heute.
(*Der* ältest*e* Sohn des Kaufmanns lebt hier.)
Die Sportler, *deren* hervorragend*e* Leistungen wir im Fernsehen gesehen haben, werden heute geehrt.
(Wir haben *die* hervorragend*en* Leistungen der Sportler ... gesehen.)

Wenn der Inhalt, auf den sich das Relativpronomen bezieht, im Attributsatz Präpositionalobjekt ist, so steht die Präposition vor dem Relativpronomen.

Der Mann, *mit dem* ich gesprochen habe, ist mein Freund.
(Ich habe *mit dem Mann* gesprochen.)
Die Familie, *bei der* er wohnt, hat ihn zum Essen eingeladen.
(Er wohnt *bei der Familie.*)

Bei Lokalangaben oder Lokalergänzungen kann man an Stelle der Präposition *in* mit dem Relativpronomen auch das Relativadverb *wo* gebrauchen [→C93].

Hier ist das Hotel, *in dem* ich eine Woche gewohnt habe.
Hier ist das Hotel, *wo* ich eine Woche gewohnt habe.

Man gebraucht immer das Relativadverb *wo*, wenn es sich auf Länder- oder Ortsnamen bezieht.

Er fährt morgen nach Paris, *wo* er drei Jahre studiert hat. – Wir sind gestern aus Italien gekommen, *wo* wir alte Freunde besucht haben.

179

C 46 Wenn der Relativsatz Attribut zu den Personalpronomen *ich, du, wir, ihr* ist und diese Personalpronomen auch Subjekt im Relativsatz sind, wiederholt man sie, wenn es die Kongruenz erfordert [→ E 16]; ebenso richten sie sich nach dem natürlichen Geschlecht der Personen.

> Er fragt *dich, der (die) du* seine Sorgen *kennst,* um Rat. – Ich wünsche von *euch, die ihr* mir zuhört, einen solchen Regen. *(Weyrauch)* – Doch nicht nur *ich, der ich* mich schließlich *irren* kann, war von Abneigung erfüllt. *(Brock)*

Wiederholt man die Personalpronomen im Singular *(ich, du)* nicht, steht die Personalform im Relativsatz in der 3. Person.

> *Ich, der* schon zehn Jahre hier wohnt, kenne die Stadt gut. – Er fragt *dich, der* seine Sorgen *kennt,* um Rat.

Das gleiche gilt für Sätze mit dem Subjekt *ich* oder *du,* bei denen der Relativsatz Attribut zu einem Prädikatsnominativ ist, der von dem unpersönlichen Pronomen *es* oder *das* gebildet wird [→ C 11].

> *Ich war es, der* geklopft *hat.* – Warst *du es, der* mich um das Buch gebeten *hatte?* – Und ich wußte nicht mehr, bin *ich das, der* da *trommelt. (Grass)*

Das Personalpronomen *Sie* muß im Relativsatz immer stehen. Man unterscheidet dann beim Relativpronomen den Singular und den Plural, ebenso maskulin und feminin.

> Singular: Ich danke *Ihnen, der (die) Sie* mir geholfen *haben.*
> Plural: Ich danke Ihnen, *die Sie* mir geholfen *haben.*

C 47 Wenn sich ein Relativsatz auf ein Nomen oder Personalpronomen im Plural bezieht, kann man die Gemeinsamkeit der Personen oder Dinge mit dem Pronomen *alle* [→ C 58] hervorheben. *alle* steht dann hinter dem Relativpronomen und erhält die gleiche Deklinationsform.

> Er hatte drei Söhne, *die alle* im gleichen Jahr gestorben sind. – Die Leute, *denen allen* der Film gefallen hat, gingen zufrieden nach Hause. – Wir, *die (wir) alle* in diesem Haus wohnen, kennen uns gut.

Ein Relativsatz kann sich auf die Demonstrativpronomen *der (das, die;* Plural: *die* [→ C 30]*)* beziehen. Im Genitiv Plural erhält das Demonstrativpronomen dann die Form *derer* [→ C 32].

> Bist du *die, der* ich das Buch gegeben habe? – Kennen Sie *den, dessen* Arbeit den ersten Preis bekommen hat?

Wenn ein Relativsatz von einem Demonstrativpronomen abhängt, so wird es oft mit *-jenig-* erweitert [→ C 40].

> Bist du *diejenige, der* ich das Buch gegeben habe? – Kennen Sie *denjenigen, dessen* Arbeit den ersten Preis bekommen hat? – Das Leben *derjenigen, die* blind sind, ist sehr schwer. – Aber die Findung der Wahrheit ... wird *denjenigen* überlassen, *deren* Amt es ist: der Polizei. *(Enzensberger)*

Das Relativpronomen welcher

Das Relativpronomen *welcher* leitet Attributsätze ein, die die gleichen Bezüge aufweisen wie das Relativpronomen *der (das, die)*. Es nimmt auch die gleichen Funktionskennzeichen an, doch fehlen die Genitivformen.

C 48

> Sie brachten mich ... bis zu jener Stelle meines Anzugsstoffes aufs Papier, *welche* ... meinen Buckel begrenzte. *(Grass)* – ... in der Szene, *in welcher* Achim ... die ganze jammervolle Litanei ... herunterbetet. *(Blöker)*

Man gebraucht dieses Relativpronomen zur Unterscheidung, wenn in einem Satz mehrere Relativsätze erscheinen.

> Anna spielt nicht mehr mit Peter, *welcher* den Ball, *der* ihr gehörte, verloren hatte.

In der geschriebenen Sprache kann man *welch-* gebrauchen, um das Zusammentreffen gleichlautender Partikel zu vermeiden.

> Es sprach ein bekannter Gelehrter, *welcher der* Erfinder dieses Verfahrens ist. – Ein großes Bauvorhaben, *welches das* Gesicht dieses Stadtteils ändern wird, ist geplant.

welch- gebraucht man auch attributiv bei einem Nomen, das den Inhalt des vorher beschriebenen Sachverhalts zusammenfaßt.

> Ich schrieb ihm, er müsse das Geld zu dem festgesetzten Termin zurückzahlen, von *welcher* Forderung ich nicht abgehen würde.

Die Relativpronomen wer, was

Das Relativpronomen *wer (wen, wem, wessen)* bezieht sich auf nicht näher bezeichnete Personen. Meist steht dieser Relativsatz zusammen mit dem Demonstrativpronomen *der (den, dem, dessen* usw. [→ C 30]*)* im Vorfeld.

C 49

> *Wer* den ganzen Tag arbeitet, *der* ist abends sehr müde. – *Wer* mir hilft, *dem* bin ich dankbar. – Hinter *wem* Rosa saß, *der* brauchte den Kopf nicht zu drehen. *(Gaiser)*

Wenn das Relativpronomen und das Demonstrativpronomen gleiche Formen haben, so kann das Demonstrativpronomen ausfallen.

> *Wer* den ganzen Tag arbeitet, ist abends sehr müde. – *Was* sich von selbst versteht, bedarf keines Gelöbnisses. *(Heigert)*

Wenn der Relativsatz im Nachfeld steht, entfällt das Demonstrativpronomen.

Glücklich lebt, *wer* sorglos ist.

Die Adverbien *auch, immer, auch immer* nach dem Relativpronomen *wer* heben den verallgemeinernden Sinn hervor.

Wer mir *auch immer* hilft, dem gebe ich eine Belohnung.

C 50 Das Relativpronomen *was* bezieht den Attributsatz auf unbestimmte Inhalte, die durch unbestimmte Pronomen und durch Adjektive bezeichnet werden.

Er ist *das Liebste, was* ich habe. – Du hast *etwas* gemacht, *was* verboten ist. – Er schenkt ihr *alles, was* sie sich wünscht. – Wir wissen *nichts, was* dich interessieren könnte. – Es war *wenig, was* Richard von seiner Reise erzählte.

Das Relativpronomen *was* bezieht den Attributsatz auch auf einen vorher vollständig beschriebenen Sachverhalt. Der Attributsatz ist dann Satzattribut. Für den Genitiv tritt *wessen* ein.

Mein Freund zeigte mir die Sehenswürdigkeiten der Stadt, *was* mich sehr freute. – Er war sehr krank, *was* uns allen leid tat. – Im Verbrecher und seiner Tat tritt jedermann entgegen, *wessen* er selber fähig ist. *(Enzensberger)*

Vergleichen Sie!

Er hatte ein Buch geschrieben, was viele Leute gelesen haben.	Viele Leute haben gelesen, *daß er ein Buch geschrieben hatte.*
Er hatte *ein Buch* geschrieben, *das* viele Leute gelesen haben.	Viele Leute haben *das Buch* gelesen, *das* er geschrieben hatte.

Hängt das Satzattribut von einer Präposition ab, dann tritt statt des Relativpronomens das Relativadverb *wo-* ein, das sich mit der Präposition verbindet. Wenn durch diese Verbindung zwei Vokale zusammenstoßen, wird *-r-* eingeschoben [→ C 92].

Ich ging mit meinem Freund durch die Stadt, *wobei* er mir alle Sehenswürdigkeiten erklärte. – Er half uns bei der Arbeit, *worum* wir ihn gebeten hatten.

Possessivpronomen

C 51 Possessivpronomen bezeichnen die Zugehörigkeit, den Besitz oder das Verfügungsrecht. Man unterscheidet bei ihnen analog zu den Personalpronomen die 1., 2. und 3. Person, auf die sie sich jeweils beziehen. Die Possessivpronomen nehmen die Funktionskennzeichen in der gleichen Weise an wie der unbestimmte Artikel und werden als Satzglieder und als Attribute verwendet.

Deklination

Personal-pronomen		Singular			Plural
		maskulin	neutral	feminin	m n f
ich	Nom.	mein	mein	meine	meine
	Akk.	mein*en*	mein	meine	meine
	Dat.	mein*em*	mein*em*	mein*er*	mein*en*
	Gen.	mein*es*	mein*es*	mein*er*	mein*er*
du	Nom.	dein	dein	deine	deine
	Akk.	dein*en*	dein	deine	deine
	Dat.	dein*em*	dein*em*	dein*er*	dein*en*
	Gen.	dein*es*	dein*es*	dein*er*	dein*er*
er, es, man	Nom.	sein	sein	seine	seine
	Akk.	sein*en*	sein	seine	seine
	Dat.	sein*em*	sein*em*	sein*er*	sein*en*
	Gen.	sein*es*	sein*es*	sein*er*	sein*er*
sie	Nom.	ihr	ihr	ihre	ihre
	Akk.	ihr*en*	ihr	ihre	ihre
	Dat.	ihr*em*	ihr*em*	ihr*er*	ihr*en*
	Gen.	ihr*es*	ihr*es*	ihr*er*	ihr*er*
wir	Nom.	unser	unser	unsre	unsre
	Akk.	unsr*en*	unser	unsre	unsre
	Dat.	unsr*em*	unsr*em*	unsr*er*	unsr*en*
	Gen.	unsr*es*	unsr*es*	unsr*er*	unsr*er*
ihr	Nom.	euer	euer	eure	eure
	Akk.	eur*en*	euer	eure	eure
	Dat.	eur*em*	eur*em*	eur*er*	eur*en*
	Gen.	eur*es*	eur*es*	eur*er*	eur*er*
sie	Nom.	ihr	ihr	ihre	ihre
	Akk.	ihr*en*	ihr	ihre	ihre
	Dat.	ihr*em*	ihr*em*	ihr*er*	ihr*en*
	Gen.	ihr*es*	ihr*es*	ihr*er*	ihr*er*
Sie	Nom.	Ihr	Ihr	Ihre	Ihre
	Akk.	Ihr*en*	Ihr	Ihre	Ihre
	Dat.	Ihr*em*	Ihr*em*	Ihr*er*	Ihr*en*
	Gen.	Ihr*es*	Ihr*es*	Ihr*er*	Ihr*er*

unser und *euer* verlieren das letzte *e*, wenn die Endung mit einem Vokal beginnt. Man gebraucht aber auch die vollen Formen *unseren*, *eueren* usw. Außerdem können auch die Endungen *-en*, *-em* ihr *-e-* verlieren. So entstehen die folgenden Formen: *unsern, unserm, euern, euerm.*

Unterscheiden Sie zwischen dem Personalpronomen *ihr* und dem Possessivpronomen *ihr!*

> *ihr* kommt, *ihr* arbeitet – *ihr* Vater, *ihr* Kind.

Ebenso auch zwischen dem Genitiv der Personalpronomen *meiner*, *deiner*, *seiner* und den entsprechenden Possessivpronomen [→ C 3].

> Sie gedachten *unser*. – Das ist *unser* Haus.

Unterscheiden Sie auch die Possessivpronomen *ihr* (Singular), *ihr* (Plural) und *Ihr*.

> Die Mutter liebt *ihr* Kind (= das Kind *der Mutter*). – Die Eltern lieben *ihr* Kind (= das Kind *der Eltern*). – Herr Müller, *Ihr* Sohn möchte Sie sprechen.

C 52 Das Possessivpronomen der 3. Person *(sein, ihr)* richtet sich nach dem vorausgehenden Nomen, auf das es sich bezieht. Die Endung richtet sich nach dem Nomen, zu dem es gehört und vor dem es steht.

> Der Vater liebt *seinen* Sohn, *sein* Kind, *seine* Tochter, *seine* Kinder. – Das Kind liebt *seinen* Vater, *sein* Brüderchen, *seine* Mutter, *seine* Eltern. – Die Mutter liebt *ihren* Sohn, *ihr* Kind, *ihre* Tochter, *ihre* Kinder. – Die Eltern lieben *ihren* Sohn, *ihr* Kind, *ihre* Tochter, *ihre* Kinder.

Will man ein Besitzverhältnis deutlich machen, gebraucht man das Possessivpronomen zusammen mit dem Adjektiv *eigen*.

> Ich wohne in *meinem eigenen* Haus. – Er hat es mit *seinen eigenen* Augen gesehen. – Sie haben *ihre eigenen* Kinder verlassen.

Sind bei Verwendung des Possessivpronomens in der 3. Person die Besitzverhältnisse nicht klar, so verwendet man besser *dessen* (maskulin und neutral Singular) oder *deren* (feminin Singular; Plural).

> Darf ich Ihnen Herrn Meier, *seinen* Sohn und *seine* Tochter vorstellen? (= die Tochter von Herrn Meier). – Darf ich Ihnen Herrn Meier, *seinen* Sohn und *dessen* Tochter vorstellen? (= die Tochter des Sohnes). – Man hat auf unsere Kosten zwei Ingenieure eingespart. Jetzt müssen wir *deren* Arbeit noch außer der eigenen verrichten. *(Wallraff)*

C 53 Wenn man das Possessivpronomen als Satzglied gebraucht, kann es den bestimmten Artikel erhalten. Man dekliniert es dann wie ein Adjektiv [→ B 194].

> Hier ist mein Heft. Wo hast du *das deine?* – Ich habe meinen Bleistift vergessen. Kannst du mir *den deinen* geben?

Wenn das Possessivpronomen nicht in der Nähe eines Nomens steht, auf das es sich bezieht, schreibt man es groß.

> Grüße bitte *die Deinen* von mir! – Grüße deine Frau von *der meinen!* – Ich besuche heute *die Meinen*. – Wir besuchen seinen Freund und *den meinen*. – Jedem *das Seine!*

Das Possessivpronomen mit dem bestimmten Artikel hat auch eine mit *-ig*-erweiterte Form; man schreibt es groß.

Hier ist mein Heft. Wo ist *das Deinige?* – Ich besuche heute *die Meinigen.*

Gebraucht man das Possessivpronomen ohne Artikel, erhält es wie der bestimmte Artikel die Funktionskennzeichen.

Hier liegt ein Füller. Ist es *deiner?* Ich habe *meinen* in der Tasche. – Ich schenke meiner Schwester ein Buch. Was schenkst du *deiner?*

In der Umgangssprache gebraucht man die kurzen Formen *meins, deins* usw., wenn das Possessivpronomen sich auf ein neutrales Nomen bezieht.

Hier ist mein Heft. Wo hast du *deins?*

Das Possessivpronomen erhält keine Endung, wenn es als Prädikatsnominativ [→ E 8] bei den Verben *sein, werden, bleiben* steht oder als Prädikatsakkusativ bei einigen Verben wie *nennen, heißen* usw. gebraucht wird.

Das Haus wird morgen *dein.* – Endlich kann ich es *mein* nennen! – Du bleibst für allezeit *mein,* Ullrich, und ich bleib *dein* für allezeit. *(Hacks)*

In Briefen schreibt man alle Possessivpronomen groß, die sich auf die angeredeten Personen beziehen.

Ich habe heute *Deinen* Brief bekommen. – Wie geht es *Euren* Eltern?

In dem Adverb *seinerzeit* (= früher, damals, vor langer Zeit) ist *sein* immer unverändert.

Ich habe mir *seinerzeit* fest vorgenommen, mir einmal die Welt anzusehen.

Unbestimmte Pronomen

C 54

Unbestimmte Pronomen beziehen sich auf nicht näher bezeichnete Personen, Sachen, Begriffe und Sachverhalte.

Einige dieser Pronomen beziehen sich nur auf Personen: *man, jemand, niemand, jedermann, einer, irgendwer, keiner*

Andere beziehen sich nur auf Sachen, Begriffe und Sachverhalte: *nichts, etwas.* Eine weitere Gruppe der unbestimmten Pronomen können sich sowohl auf Personen als auch auf Sachen, Begriffe oder Sachverhalte beziehen. Zur Verdeutlichung der Beziehung nehmen sie für Personen die maskulinen und femininen Funktionskennzeichen, für Sachen, Begriffe und Sachverhalte die neutralen Funktionskennzeichen an. Diese unbestimmten Pronomen können als Satzglieder und als Attribute gebraucht werden. Eine geringe Anzahl von unbestimmten Pronomen können nur als Attribute gebraucht werden. Es sind: *sämtlich, eitel, lauter.*

Wenn unbestimmte Pronomen als Satzglieder Adjektive als Attribut annehmen, werden die Adjektive mit großem Anfangsbuchstaben geschrieben, mit Ausnahme von *ander-.*

Übersicht über den Gebrauch der unbestimmten Pronomen

Als Beispiel für die jeweilige Deklinationsform wird der Dativ angegeben. Die Endung **-em** im Dativ Singular und **-en** im Dativ Plural weist deutlich das Funktionskennzeichen aus, die Endung *-en* die Adjektivdeklination.

1. als Satzglied

für Personen	für Sachen usw.	eigene Deklination	Deklination des attributiven Adjektivs
man	—	—	—
jedermann	—	—	—
einer, -e	ein(e), Plural: welche	→ C 68 mit einem, mit dem ein*en*	—
jemand	—	→ C 70	mit jemand Bekannt**em**
niemand	—	→ C 70	mit niemand Bekannt**em**
irgendwer	—	→ C 65	—
—	nichts	mit nichts	mit nichts Neu**em**
alle (alles)	—	mit allen	mit allen Bekannt*en*
—	alles, alle	mit allem	mit allem Neu*en*
—	ein bißchen	mit ein bißchen	—
—	etwas	mit etwas	mit etwas Neu**em**
einige	—	mit einigen	mit einigen Bekannt*en*
—	einiges, -e	mit einigem	mit einigem Neu**em**
einzelne	—	mit einzelnen	mit einzelnen Bekannt*en*
—	einzelnes, -e	mit einzelnem	mit einzelnem Neu**em**
etliche	—	mit etlichen	mit etlichen Bekannt*en*
—	etliches, -e	mit etlichem	mit etlichem Neu**em**
jeder, -e	—	mit jedem	mit jedem Bekannt*en*
—	jedes, -e	mit jedem	mit jedem Neu**em**

für Personen	für Sachen usw.	eigene Deklination	Deklination des attributiven Adjektivs
jeglicher, -e	—	mit jeglichem	mit jeglichem Bekannten
—	jegliches, -e	mit jeglichem	mit jeglichem Neuen
keiner, -e	—	mit keinem	—
—	keines, -e	mit keinem	—
mancher, -e	manches, -e	mit manchem	mit manchem Bekannten
—	manches, -e	mit manchem	mit manchem Neuen
—	manch		mit manch Neuem
mehrere	—	mit mehreren	mit mehreren Bekannten
—	mehreres, -e	mit mehrerem	mit mehrerem Neuem
ein paar	—	—	mit ein paar Bekannten
—	ein paar	—	mit ein paar Neuen
viele	—	mit vielen	mit vielen Bekannten
—	viel, vieles	mit vielem	mit vielem Neuen,
			mit viel Neuem
wenige	—	mit wenigen	mit wenigen Bekannten
—	wenig, weniges	mit wenigem	mit wenigem Neuen,
			mit wenig Neuem
mehr	—	—	mit mehr Bekannten
—	mehr	—	mit mehr Neuem

2. als Attribut

Deklination	mit bestimmtem Artikel	mit unbestimmtem Artikel	Deklination des attributiven Adjektivs
mit allen Leuten	mit all den Leuten	—	mit allen alten Leuten
mit allen Hüten	mit all den Hüten	—	mit allen alten Hüten
—	—	—	mit ein bißchen gutem Willen
			mit etwas gutem Willen
mit einigen Leuten	—	—	mit einigen alten Leuten
mit einigem Willen	—	—	mit einigem guten Willen
mit einzelnen Jungen	mit dem einzelnen Jungen	mit einem einzelnen Jungen	mit einzelnen guten Jungen
mit einzelnen Schuhen	mit dem einzelnen Schuh	mit einem einzelnen Schuh	mit einzelnen roten Schuhen
mit etlichen Leuten	—	—	mit etlichen guten Leuten
mit etlichen Schuhen	—	—	mit etlichen guten Schuhen
im ganzen Haus	in dem ganzen Haus	in einem ganzen Haus	im ganzen alten Haus
mit jedem Mann	—	mit einem jeden Mann	mit jedem alten Mann
mit jedem Hut	—	mit einem jeden Hut	mit jedem neuen Hut
mit jeglichem Mann	—	mit einem jeglichen Mann	mit jeglichem alten Mann
mit jeglichem Hut	—	mit einem jeglichen Hut	mit jeglichem alten Hut
mit keinem Mann	—	—	mit keinem alten Mann
mit keinem Hut	—	—	mit keinem alten Hut

Deklination	mit bestimmten Artikel	mit unbestimmtem Artikel	Deklination des attributiven Adjektivs
mit manchem Mann	—	mit manch einem Mann	mit manchem alten Mann, / mit manch alten Mann
mit manchem Wagen	—	mit manch einem Wagen	mit manchem alten Wagen, / mit manch altem Wagen
mit mehreren Leuten	—	—	mit mehreren alten Leuten
mit mehreren Wagen	—	—	mit mehreren alten Wagen
mit ein paar Leuten	—	—	mit ein paar alten Leuten
mit ein paar Wagen	—	—	mit ein paar alten Wagen
mit vielen Leuten	mit den vielen Leuten	—	mit vielen alten Leuten
mit vielen Wagen	mit den vielen Wagen	—	mit vielen alten Wagen
mit wenigen Leuten	mit den wenigen Leuten	—	mit wenigen alten Leuten
mit wenigen Wagen	mit den wenigen Wagen	—	mit wenigen alten Wagen
mit mehr Leuten	—	—	mit mehr alten Leuten
mit mehr Wagen	—	—	mit mehr alten Wagen
mit sämtlichen Leuten	mit den sämtlichen Leuten	—	mit sämtlichen alten Leuten
mit sämtlichen Wagen	mit den sämtlichen Wagen	—	mit sämtlichen alten Wagen
mit lauter Jungen	—	—	mit lauter guten Jungen
mit lauter Büchern	—	—	mit lauter guten Büchern
mit eitel Freude	—	—	mit eitel großer Freude

all-

all- gebraucht man als Pronomen, wenn es sich auf Personen oder Sachen im Plural bezieht, die schon bekannt sind oder vorher genannt wurden. *all-* erhält die Funktionskennzeichen.

> Hier liegen die Bücher! Sind das *alle?* – Ich habe keine Äpfel mehr. Ich habe *alle* gegessen.

Wenn *alle* (Plural) sich nicht auf ein vorher genanntes Nomen oder Pronomen bezieht, bezeichnet es immer Personen.

> *Alle* sind schon nach Hause gegangen. – Ich habe *mit allen* gesprochen. – Er arbeitet zum Wohle *aller.* – Das Staatsoberhaupt hat im Namen *aller* einen Kranz niedergelegt. *(Handke)*

alles (Singular) bezieht sich in der Regel auf Sachen oder Sachverhalte.

> *Alles* ist in Ordnung. – Er ist *mit allem* zufrieden. – Er hat *alles* verkauft. – *Vor allem* mußt du jetzt auf deine Gesundheit achten.

Ein Adjektiv, das dem Pronomen *alles* folgt, wird groß geschrieben und wie ein attributives Adjektiv vor neutralem Nomen dekliniert [→ B 193].

> Ich wünsche Ihnen für die Zukunft *alles Gute.* – Gehen Sie nach vorn ins Quartier! Der Maat sagt Ihnen *alles Weitere. (Hörschelmann)* – Er hat mir von *allem Wichtigen* erzählt.

alles kann im Nominativ auch für eine Personengruppe in ihrer Gesamtheit stehen. Die Personalform folgt in der 3. Person Singular; bei Aufforderungen steht oft der Infinitiv [→ B 98].

> Mein Freund machte einen Scherz, und *alles* lachte. – *Alles* hört auf mein Kommando! – *Alles* einsteigen!

all- gebraucht man auch als Attribut. Es erhält die Funktionskennzeichen wie der bestimmte Artikel.

> Er hat mir *alle Bücher* geschenkt. – Sie hat *alles Geld* verloren. – *Aller* Anfang ist schwer. – Ich bin *mit allen* Arbeiten vertraut. – Er ist mit *aller* Vorsicht gefahren.

Wenn das Nomen von einem Artikel, einem Demonstrativ- oder einem Possessivpronomen begleitet wird, steht *all-* vor diesen und erhält die Funktionskennzeichen.

> Ich habe *alle die* Bücher schon gelesen. – *Alle diese* Leute fahren zum Wintersport. – Peter hat mich mit *allen seinen* Freunden besucht.

Manchmal hat *all-* in diesem Gebrauch keine Deklinationsendungen.

> Wo hast du *all die* schönen Sachen gekauft? – Er hat mich mit *all seinen* Freunden besucht. – *All diese* Leute sind Ausländer. – *All das* hat er mir geschenkt.

all- steht als Attribut hinter Personalpronomen und erhält wie diese die Funktionskennzeichen. Als Genitivattribut steht das Personalpronomen mit seinem Attribut *all-* vor dem Nomen [→ C 8].

> Mein Freund hat *uns alle* eingeladen. – Ich wünsche *ihnen allen* viel Glück. – Ich gehe gern mit *euch allen* spazieren. – Es ist *unser aller* Wunsch, daß du bald wieder gesund wirst. – Er arbeitet zu *unser aller* Wohl.

Will man die Gesamtheit der Personen und Sachen besonders hervorheben, so wird *all-* als nachgestelltes Attribut verwendet. Wenn das Satzglied, zu dem *all-* gehört, Subjekt ist und im Vorfeld des Satzes steht, so kann *all-* hinter den ersten Prädikatsteil treten [→ E 36, abgerückte Apposition].

> Wir *alle* sind ins Kino gegangen.   Wir sind *alle* ins Kino gegangen.
> Was wollen diese Leute *alle?*   Diese Leute (Sie) wollen *alle* das Gleiche.
> *Alle* Straßen sind überfüllt.   Die Straßen sind *alle* überfüllt.

alle als Prädikatsergänzung nach den Verben *sein* und *werden* bedeutet soviel wie *verbraucht, nicht mehr vorhanden.*

> Mein Geld *ist alle.* Die Dumen *werden* nicht *alle.* –

ein bißchen

ein bißchen (von ‚das Bißchen‘) steht als Pronomen für bereits erwähnte Sachen   C 59
oder Sachverhalte. Es hat keine Deklination.

> Hast du Angst? Ja, *ein bißchen.* – Möchten Sie Zucker in den Kaffee? Ja, *ein bißchen.* – Haben Sie nicht zuviel Salz in den Salat getan? Nein, ich habe nur *ein bißchen* genommen.

Man gebraucht *ein bißchen* auch als Attribut. Folgt ein attributives Adjektiv, so nimmt dieses die Funktionskennzeichen an.

> Haben Sie noch *ein bißchen* Geduld! – Mit *ein bißchen* Mut kann man viel erreichen. – Sie würzt die Speisen immer mit *ein bißchen* schwarz*em* Pfeffer.

In dem Ausdruck *ein klein bißchen* kann das Adjektiv *klein* unverändert bleiben oder auch dekliniert werden.

> Geben Sie mir bitte *ein klein bißchen (ein kleines bißchen)* Suppe! – Haben Sie noch *ein kleines bißchen* Geduld! – Mit *einem kleinen bißchen* Mut kann man viel erreichen.

bißchen kann auch hinter dem bestimmten Artikel, hinter Demonstrativ- oder hinter Possessivpronomen stehen.

> Mit *dem bißchen* Wasser kann ich kein Geschirr spülen. – Mit *diesem bißchen* Butter läßt sich kein Brot streichen. – Mit *meinem bißchen* Geld kann ich keine großen Sprünge machen.

ein- (welch-)

	m	n	f
Nom.	einer	ein(e)s	eine
Akk.	einen	ein(e)s	eine
Dat.	einem	einem	einer
Gen.	–	–	–
Plur.		welche	

Werden Personen, Sachen oder Begriffe, auf die sich das Pronomen bezieht, vorher nicht genannt, so stehen die maskulinen und femininen Formen für Personen, die neutralen für Sachen und Begriffe [*man* → C 73].

Soeben haben sie wieder *einen* ins Krankenhaus gebracht. – Sag mir nur *eins:* warum hast du denn nicht angerufen? – Sie hofft nur *eines*, daß ihr Sohn bald wieder gesund wird. – Nun sag mir *einer*, was für ein Menschenkind du bist. *(Hausmann)*

ein- kann auch mit dem bestimmten Artikel gebraucht werden und wird dann wie ein Adjektiv dekliniert.

Frag mich, nur nicht *das eine*, frag nicht warum?

ein- bildet nur Singularformen im Nominativ, Akkusativ und Dativ, die Genitivformen und der Plural fehlen. Es bezieht sich als Pronomen auf vorher genannte Nomen (Singular). Diese Nomen haben meist den unbestimmten Artikel und können Personen, Sachen oder Begriffe bezeichnen. *ein-* richtet sich nach der Nomenklasse und nimmt die Funktionskennzeichen an. Die negative Form ist *kein-*.

Ich brauche einen Bleistift. Können Sie mir *einen* geben? – Das war ein schlechter Sommer! So *einen* habe ich noch nie erlebt. – Ich möchte ein Glas Wasser. Bitte hol mir *eins*. – Wenn bei Ihnen kein Zimmer mehr frei ist, wo sollen wir um diese Zeit noch *eins* finden?

ein- kann sich auf ein bestimmtes Nomen beziehen, das verallgemeinert werden soll.

Wer aus der Rolle fällt, der muß erst *eine* haben. *(Heigert)*

Bezieht sich das Pronomen auf Nomen ohne Artikel (Singular und Plural), so steht *welch-*.

Hast du auch Butter mitgebracht? Nein, es ist doch noch *welche* im Kühlschrank. – Hanni hätte auch keine Angst vor ihm zu haben brauchen; sie hatte aber doch *welche. (Schnurre)* – Könntest du einen Mann lieben, der abstehende Ohren hat? Hast du *welche? (Hirche)*

einig-

einig- gebraucht man als Pronomen für Nomen im Plural; die Personen oder Sachen müssen vorher genannt oder bekannt sein. *einig-* nimmt die Funktionskennzeichen an.

C 61

> Sind alle deine Freunde gekommen? Nein, *einige* sind nicht gekommen.
> – In unserer Bibliothek stehen viele interessante Bücher. Hast du schon *einige* gelesen? *In einigen* habe ich schon gelesen.

einiges (Singular) bezieht sich nur auf Sachen. Ein nachstehendes attributives Adjektiv schreibt man groß. Es wird wie nach dem bestimmten Artikel dekliniert. Der Genitiv ist ungebräuchlich.

> Ich bin in der Stadt gewesen und habe *einiges* eingekauft. – Er hat in seinem Leben schon *einiges Schwere* durchgemacht. – Es gefällt mir hier sehr gut, *mit einigem* bin ich jedoch nicht zufrieden. – *An einigem* habe ich etwas auszusetzen.

Als Attribut gebraucht man *einige* nur im Plural. Ein weiteres attributives Adjektiv nimmt ebenfalls die Funktionskennzeichen an.

> Ich habe *einige gute* Bücher gelesen. – Durch Briefe *einiger guter* Bekannter habe ich von dem großen Erfolg meines Freundes erfahren.

Bei Begriffen kann *einig-* auch mit einem Singular zusammenstehen.

> Er wohnt *seit einiger Zeit* in Berlin. – Mein Haus steht *in einiger Entfernung* vom Bahnhof.

Vor Grundzahlen bedeutet *einige* „ungefähr" oder etwas mehr als die genannte Zahl.

> Im Bus saßen *einige zwanzig* Reisende. – Sie ist schon *einige dreißig* Jahre alt.

einzeln-, etlich-

einzeln- und *etlich-* richten sich nach den gleichen Regeln wie *einig-*.

C 62

> Die Geschichte hat mich sehr interessiert. *Einzelnes (etliches)* war mir neu [→C 61]. – Aus der Zeitung haben wir *etliches (einzelnes) Neue* erfahren.

Nach dem Artikel oder einem Demonstrativ- oder Possessivpronomen dekliniert man *einzel-* wie ein Adjektiv.

> Für den Kampf, der vor unseren Augen und in *jedem einzelnen* von uns ausgekämpft wird ... *(Enzensberger)*

etwas

C 63   *etwas* (negativ: *nichts* [→ C76]) gebraucht man als Pronomen für Sachen und Sachverhalte. Es ist immer Singular und hat keine Deklination. *was* ist die Kurzform von *etwas.* Folgt ein attributives Adjektiv, so nimmt dieses die Funktionskennzeichen an und wird groß geschrieben (Ausnahme: *anderes*).

> Ich habe *etwas* für Sie. – Hören Sie doch genau her! Sie haben *was* in die falsche Kehle bekommen. *(Gaiser)*
> Meine Mutter will heute *etwas Gutes* kochen. – Er hat mir *etwas Wichtiges* erzählt. – Gibt es *was Neues?*

Von *etwas* kann auch ein präpositionaler Infinitiv abhängen.

> Haben Sie *etwas zu essen?* – Ich möchte *etwas zu trinken.* – Wer gibt mir *etwas zum Rauchen?* – Bring mir doch *was zu lesen* mit!

Als Attribut gebraucht man *etwas* vor Nomen im Singular, die Begriffe bezeichnen, und vor unflektierten Komparativen und Adjektiven des Maßes. *etwas* hat hier partitiven Sinn; die Verneinung ist nicht mit *nichts* auszudrücken. Zu dem Nomen gehörende attributive Adjektive erhalten das Funktionskennzeichen.

> Geben Sie mir bitte *etwas Brot!* – Haben Sie doch noch *etwas Geduld!* – Ich möchte *etwas warmes Wasser* haben.
> Heute geht es ihm schon *etwas besser.* – Ist dieser Rock nicht *etwas lang?* – Vielleicht ist er auch *etwas zu weit.*

irgendwas schreibt man zusammen, *irgend etwas* schreibt man getrennt.

> Kann ich Ihnen mit *irgend etwas* eine Freude machen? – Bring mir *irgendwas* zu lesen!
> Bring mir *irgendwas* zu lesen! – Kann ich Ihnen mit *irgend etwas* eine Freude machen?

etwas Kleines meint in der Umgangssprache ein neugeborenes Kind.

> Müllers haben letzte Woche *etwas Kleines (was Kleines)* bekommen.

ganz-

C 64   *ganz-* gebraucht man als Attribut wie ein Adjektiv. Es steht meistens vor Nomen im Singular.

> Das *ganze* Haus war in Aufregung. – Ich habe gestern einen *ganzen* Tag frei gehabt. – Das Wetter war die *ganzen* Wochen über schön.

Bei Namen von Städten, Dörfern, Ländern und Kontinenten gebraucht man *ganz* ohne Deklination, wenn die Namen ohne Artikel stehen.

> In *ganz* Köln feiert man Karneval. – *Ganz* Europa interessierte sich für die politische Entwicklung der letzten Tage. – Es schneite gestern in *ganz* Österreich.

194

irgendwer

Nom.	irgendwer
Akk.	irgendwen
Dat.	irgendwem
Gen.	—

Nom.	irgendwelche
Akk.	irgendwelche
Dat.	irgendwelchen
Gen.	—

irgendwer, das sich auf Personen bezieht, nimmt **C 65** wie das Fragepronomen *wer?* die Funktionskennzeichen an. Für den Plural gebraucht man die Formen von *irgendwelche*. Der Genitiv fehlt. Attributive Adjektive nehmen die Funktionskennzeichen an und werden groß geschrieben.

Irgendwer wollte dich sprechen. – Frage *irgendwen*, aber nicht mich! – Dort kommen *irgendwelche*. – *Irgendwer Bekanntes* sprach heute im Radio. – Gestern sind *irgendwelche Fremde* angekommen.

jed-

jed- gebraucht man als Pronomen nur im Singular. Die maskulinen und femi- **C 66** ninen Formen beziehen sich nur auf Personen. *jed-* nimmt die Funktionskennzeichen an. Der Genitiv fehlt.

Jeder muß arbeiten. – Er bittet *jeden* um Geld. – Komm ins Foyer! Ich werde *jeden* genau anschauen, ich werde dich erkennen. *(Hirche)*

Als Attribut bildet *jed-* alle Singularformen, auch den Genitiv. Ein folgendes Adjektiv richtet sich nach der Adjektivdeklination.

Jeder Mensch muß arbeiten. – Wir arbeiten *jeden* Tag. – *Jedes normale* Kind muß in die Schule gehen. – Die guten Taten *jedes* Menschen werden belohnt.

Zur Hervorhebung der partitiven Bedeutung kann man vor *jed-* in allen seinen Formen den Artikel *ein* setzen. Man dekliniert *jed-* dann wie ein Adjektiv.

Ein jeder Mann muß arbeiten. – *Ein jeder* muß arbeiten. – Wir sprechen nicht mit *einem jeden (*mit *einem jeden Menschen)*. – Es ist die Pflicht *eines jeden (eines jeden Menschen)* zu helfen.

Ebenso gebraucht man das Attribut *einzeln-* zur Hervorhebung von *jed-* (Deklination wie bei B 194).

Die Polizei fragte *jeden einzelnen (jeden einzelnen Fahrgast)*. – Es ist die Pflicht *jedes einzelnen (jedes einzelnen Menschen)* zu helfen.

Vor *jed- einzeln-* kann auch der Artikel *ein* stehen. *einzeln* wird dann wie ein Adjektiv dekliniert.

Ich habe *einen jeden einzelnen* gefragt. – Ich mußte mit *einem jeden einzelnen* sprechen.

Das Pronomen *jed-* steht manchmal auch als Attribut bei abstrakten Nomen.

Wir haben die Arbeit ohne *jede Schwierigkeit* beendet. – Das ist ohne *jedes* Risiko für Sie.

Wenn sich *jed-* mit Ordinalzahlen verbindet, drückt es damit eine bestimmte Reihenfolge aus [→ B 217].

Er bekommt *jeden zweiten* Tag einen Brief. – *Jeder zehnte* unter uns ist ein guter Sportler.

C 67 Wenn die Angehörigen einer Personengruppe einzeln bezeichnet werden sollen, steht hinter *jed-* das Nomen für die Personengruppe im Genitiv Plural; wird die Personengruppe durch ein Personalpronomen benannt, so folgt dieses mit der Präposition *von*.

Jeder der Gäste wohnt in einem Einzelzimmer. – Ich schenkte *jedem meiner Freunde* ein Buch zum Geburtstag. – Jeder *von uns* hofft, daß dein Freund bald wieder gesund wird. – Ich gab *jedem von ihnen* eine Mark Trinkgeld.

Die gleiche Bedeutung hat *jed-* als Apposition [→ E 36] bei Nomen oder Pronomen im Plural. Es steht im Kontaktbereich auf dem Satzfeld und nimmt das gleiche Funktionskennzeichen an wie das übergeordnete Wort.

Die Gäste wohnen *jeder* in einem Einzelzimmer. – *Wir* hoffen *jeder*, daß dein Freund wieder gesund wird. – *Die Kinder* gaben *jedes* dem armen Mann ein Almosen.

jedermann

C 68

Nom.	jedermann
Akk.	jedermann
Dat.	jedermann
Gen.	jedermanns

jedermann bezieht sich als Pronomen auf Personen und hat außer im Genitiv keine Deklinationsformen. Als Genitivattribut steht es vor dem artikellosen Nomen [→ D 36].

In unserem Dorf geht sonntags *jedermann* in die Kirche. – Er erzählt *jedermann* seine Sorgen. – Er grüßt *jedermann* auf der Straße. – Moderne Musik ist nicht *jedermanns* Geschmack.

jeglich-

C 69 In gehobener Sprache gebraucht man manchmal *jeglich-* für *jed-*. Es richtet sich nach den gleichen Regeln wie *jed-;* meistens wird *jegliches* mit dem unbestimmten Artikel gebraucht [→ C 66].

Sie kamen *ein jeglicher* aus seiner Stadt.

196

jemand, niemand

Nom.	jemand
Akk.	jemand(en)
Dat.	hemand(em)
Gen.	jemands

jemand (negativ: *niemand*) bezieht sich als Pronomen auf Personen. Die Pronomen haben nur Singularformen. Sie nehmen außer im Nominativ die Funktionskennzeichen an. Im Dativ und Akkusativ kann das Funktionskennzeichen entfallen. Als Genitivattribut steht das Pronomen vor dem artikellosen Nomen.

C 70

Stimmen schlugen an sein Ohr, ... *jemand* lachte. *(Malecha)* – Was soll man mit *jemandem* anfangen, der ... Kinderbücher schreibt. *(Kästner)* – Man sieht manchmal *jemand* ähnlich. *(Malecha)* – Das Land ist *niemands* Besitz.

Statt des Genitivs gebraucht man bei diesen Pronomen meist die Präposition *von*, nach der die Deklinationsendung der Pronomen nicht wegfallen kann.

Hier liegt ein Buch *von jemandem!* Wem gehört es?

jemand (niemand) steht vor einem Adjektiv ohne Endungen. Das attributive Adjektiv nimmt die Funktionskennzeichen an und wird groß geschrieben.

Das Kind spricht mit *jemand Fremden.* – Ich habe dort *niemand Bedeutenden* getroffen.

Oft nehmen die attributiven Adjektive im Nominativ und Akkusativ auch die neutralen (!) Deklinationsformen an. Die Adjektive beziehen sich auch dann noch auf Personen.

Hast du gestern im Theater *jemand Bekanntes* gesehen? – Ich habe dort *niemand Bedeutendes* getroffen.

Vor dem attributiven Adjektiv *ander-* nimmt das Pronomen *jemand (niemand)* kein Funktionskennzeichen an. *ander-* schreibt man immer klein. In der Umgangssprache kann das Adjektiv auch im Dativ (!) die Form *anders* haben.

Ich habe dich gestern mit *jemand anderem* gesehen. – *Niemand anders* kommt dafür in Frage. – Ich möchte mit *niemand anders (anderem)* sprechen als mit dem Dichter.

kein-

kein- bezieht sich als Pronomen nur auf Personen oder Sachen, die bekannt sind oder vorher genannt wurden. Es folgt den gleichen Regeln wie *ein-* und *welch-* als Pronomen. Es hat jedoch eine Pluralform: *keine* [→ C 60].

C 71

Siehst du einen Ausweg? Nein, ich sehe *keinen*. – Hast du Geld? Nein, ich habe *keins*. – Haben Sie Kinder? Nein, wir haben *keine*.

Als Attribut nimmt *kein-* die Funktionskennzeichen an.

> Er hat *keinen* Sohn, *kein* Kind, *keine* Tochter, *keine* Kinder. – Sie gehen in *keinen* Zirkus, *kein* Theater, *keine* Bar, *keine* Cafés. – Wir sprechen mit *keinem* Lügner.

Adjektive, die *kein-* folgen, richten sich nach der Adjektivdeklination.

> Ich kaufe *keinen teuren* Wagen. – Wir haben *keine schönen* Bilder. – Warum gibst du mir *kein interessantes* Buch? – Er hat mir *keine eingeschriebenen* Briefe geschickt.

lauter, eitel

C 72 *lauter* und *eitel* (literarisch) gebraucht man nur als Attribute und ohne Artikel oder Attribut. Man dekliniert sie nicht (s. auch Zahladjektive auf *-erlei* [→ B 220]).

> Dieser Mann macht mir *lauter* Schwierigkeiten. – Auf dem Ball traf ich *lauter* Bekannte. – Wir sahen *lauter* Schnee auf dem Berg. – Über seine Worte empfand ich *eitel* Freude.

man

C 73

Nom.	man
Akk.	einen
Dat.	einem
Gen.	—

Das Pronomen *man* bezieht sich auf nicht näher bezeichnete Personen. Es wird nur im Nominativ gebraucht. Für den Nominativ und Dativ werden die Formen von *ein-* [→ C 60] eingesetzt. Nach *man* steht die Personalform der 3. Person Singular.

> *Man* hat ihn gestern im Theater gesehen. – ... kann sein, daß *man's* geschafft hätte, ... Aber so! Was soll *einem* denn jetzt noch die Kraft dazu geben. *(Schnurre)* – Nach der Vorführung wird *einen* das Licht blenden. *(Bichsel)*

manch-

C 74 Wenn sich *manch-* als Pronomen auf Personen bezieht, nimmt es die Funktionskennzeichen an, hat aber keinen Genitiv.

> Ich habe schon *manchen* getroffen, der viele Sprachen sprechen konnte. – *Manche* lernen eine fremde Sprache schnell und *manche* nie. – Ich habe mit *mancher* gesprochen, die mit diesem Hotel sehr zufrieden war.

Wenn sich *manch-* auf Sachen oder Begriffe bezieht, nimmt es die Funktionskennzeichen an. Adjektive hinter *manch-* richten sich nach der Adjektivdeklination; man schreibt sie groß (außer *ander-*).

> Ich habe schon *manches* gesehen. – Er hat schon für *manches andere* Geld ausgegeben. – Wir haben *manches Gute* von ihm gehört.

Als Attribut erhält *manch-* die Funktionskennzeichen. Nachfolgende Adjektive richten sich nach der Adjektivdeklination.

> Er hat schon *manche fremden* Länder gesehen. – Ich bin schon mit *manchem berühmten* Mann zusammengetroffen. – Er hat *manches wertvolle* Buch geschrieben.

Wenn *manch* vor *ein-* steht, wird es nicht dekliniert.

> Ich habe schon *manch einen* guten Freund gehabt. – Er hat schon in *manch einem* Schauspiel mitgespielt. – Sie hat schon *manch einen* Sportwettkampf gewonnen. – *Manch einer* hält sich für klüger, als er ist.

mehrer-

mehrer- folgt den gleichen Regeln wie *einig-* [→ C61].   **C 75**

> Hast du dir Bücher gekauft? Ja, ich habe *mehrere* gekauft [→ C 61]. – Er war *mehrere* Tage in Berlin. – Hier liegen die Geschenke *mehrerer guter* Freunde.

nichts

nichts (positiv: *etwas* [→C63]) bezieht sich auf Sachen und Sachverhalte. Es hat   **C 76** keine Deklinationsformen und ist immer Singular. Adjektive hinter dem Pronomen nehmen die Funktionskennzeichen an und werden groß geschrieben (außer: *ander-*).

> Ich schenke ihm *nichts* zum Geburtstag. – Mit *nichts* kann man *nichts* kaufen. – Du bist zu *nichts* zu gebrauchen. – In dieser Stadt gibt es *nichts Interessantes* zu sehen. – Was sagten Sie denn? *Nichts*, jedenfalls *nichts Nachteiliges*. *(Hoerschelmann)* – Ich wüßte *nichts Rechtes* zu antworten. *(Kunert)* – Es geht hier um *nichts anderes* als um unsere Zukunft.

nichts kann auch einen präpositionalen Infinitiv nach sich haben.

> Ich habe *nichts zu lesen.* – Jetzt haben wir *nichts* mehr *zu tun.*

niemand → *jemand,* C70

ein paar

ein paar hat keine Deklination. Es steht als Attribut vor Nomen im Plural.   **C 77** Wenn ein Adjektiv folgt, nimmt dieses die Funktionskennzeichen an.

> Meine Reise dauert nur *ein paar* Tage. – Ich kaufe *ein paar billige* Eier. – Im letzten Sommer war das Wetter nur an *ein paar* Tagen schön. – Wir sind mit *ein paar* Äpfeln zufrieden.

Wenn vor *paar* der bestimmte Artikel, ein Demonstrativ- oder Possessiv-pronomen steht, dekliniert man diese.

In den paar schönen Tagen des Sommers sind wir zum Baden gefahren. – Er hat mir *seine paar* Bilder, die er auf der Reise gemacht hat, nicht gezeigt.

sämtlich-

C 78 *sämtlich-* gebraucht man nur als Attribut. Es folgt der Adjektivdeklination.

Ich besuchte *sämtliche* Bekannte in Berlin. – Meine *sämtlichen* Freunde gratulierten mir zum Examen. – Was hast du mit den *sämtlichen* Zigaretten gemacht?

viel-, wenig-

C 79 *viel-* und *wenig-* beziehen sich als Pronomen im Plural auf Personen. Sie nehmen die Funktionskennzeichen an.

Gestern haben mich *viele* besucht, aber nur *wenige* sind bis Mitternacht geblieben. – Wir sind gestern mit *vielen* zusammengetroffen.

Im Singular beziehen sich *viel-* und *wenig-* auf Sachen. Sie nehmen die Funktionskennzeichen an.

Er hat in der Schule *vieles* gelernt, aber nur *weniges* behalten. – Ich bin schon mit *wenigem* zufrieden.

Wenn diesen Pronomen Adjektive folgen, nehmen sie die Funktionskennzeichen an und werden groß geschrieben. Die Pronomen selbst haben dann meist keine Deklination [→ *etwas*, C 63].

Ich habe nur *wenig Neues* gehört. – Er hat sich mit *viel Interessantem* beschäftigt. – Man kann nur *wenig Gutes* von ihm erwarten.

viel- kann man auch deklinieren, das Adjektiv folgt dann der Adjektivdeklination.

Er ist *zu vielem Bösen* fähig. – Wir haben von *vielem Interessanten* gesprochen.

viel- und *wenig-* können sich im Plural auch auf Personen und Sachen beziehen, wenn diese bekannt sind oder vorher genannt wurden.

Hat er Bücher? Ja, er hat *viele*. – Nahmen *viele* Leute an der Veranstaltung teil? Nein, es waren nur *wenige*.

C 80 Als Attribut werden *viel-* und *wenig-* im Plural wie Adjektive dekliniert.

Viele Menschen sind zu dem Fest gekommen. – Hast du *die vielen* Menschen gesehen? Ja, aber ich war leider nur *wenige* Stunden dort. Aber *die wenigen* Stunden gehören zu *meinen wenigen* schönen Erlebnissen dieses Jahres.

200

Im Singular haben *viel-* und *wenig-* als Attribut vor Stoffbezeichnungen und Begriffen oft keine Deklination. Adjektive, die diesen Pronomen folgen, nehmen die Funktionskennzeichen an.

Ich nehme nur *wenig* Milch in den Kaffee. – Geben Sie mir *viel* Rum in den Tee! – Wir haben *wenig* Geld. – Ich wünsche dir *viel* Glück. – Mit *viel* gutem Willen kann er die Sache machen. – Er darf nur *wenig* süße Sachen essen.

Nach Artikel, Possessiv- und Demonstrativpronomen werden *viel-* und *wenig-* wie Adjektive dekliniert. Im Dativ maskulin und neutral kann man sie auch deklinieren, wenn sie allein vor dem Nomen stehen.

Mit *meinem wenigen* Geld kann ich nicht viel kaufen. – Was willst du mit *der vielen* Milch?
Ich bin mit *wenigem* Geld nach Köln gefahren. – Er hat mit *vieler* Freude von deinem Erfolg gehört. – Mit *vielem herzlichen* Dank.

Bei Zusammensetzungen von *viel-* mit anderen Wörtern schreibt man die undeklinierten Formen zusammen und die deklinierten Formen getrennt.

Wieviel Uhr ist es? – Ich habe *zuviel* Arbeit. – *Soviel* Glück hat er!
Wie viele Schüler sind in der Klasse? – Ich bekomme *zu viele* Briefe.

Die Komparativform *mehr* hat keine Deklination. Adjektive nehmen die Funktionskennzeichen an.

Wir brauchen *mehr* Geld. – Er hat *mehr* Ideen als alle anderen. – In Deutschland gibt es jetzt *mehr moderne* Fabriken als früher. – Ich trinke *mehr dunkles* Bier als helles.

Vor *wenig-* kann der Artikel *ein* stehen, den man hier nicht dekliniert [→ C 59].

Können Sie mir *ein wenig* Geld leihen? – Ich nehme nur *ein wenig* Zucker in den Kaffee. – Mit *ein wenig* Geduld erreicht man mehr.

Das Adverb

C 81   Adverbien bezeichnen Orts- und Zeitbezüge *(hier, dort; jetzt, gestern)*; sie signalisieren die subjektive Einstellung des Sprechers *(vielleicht, hoffentlich)*, geben modale Varianten *(gern, sehr, gar)* oder den Grad der Gültigkeit des beschriebenen Sachverhalts an *(nur, auch, nicht)*. Adverbien sind unflektierbar; sie können die Funktionen von Satzgliedern und von Attributen übernehmen.

Formen der Adverbien

C 82   Nach Art ihrer Bildung unterscheidet man folgende Adverbien:

1. einfache Adverbien: *ja, da, hier, her, sehr, oft* u. a.

> Kommst du *heute* zu mir? Ja, ich komme. – Er trat ins Zimmer. *Da* sah er, daß ein Dieb durchs Fenster flüchtete. – *Hier* liegen deine Bücher. – Ich habe mich über Ihren Brief *sehr* gefreut.

2. abgeleitete Adverbien. Man bildet sie aus anderen Wortarten mit den Nachsilben *-s, -lich, -erlei, -falls* und, nur noch selten, *-lings*. Die Nachsilbe *-e* erscheint fast nur noch in dichterischer Sprache oder in der Umgangssprache: gern*e*, bald*e*.

> Das neue Hotel liegt hier *rechts*. – Dann kam er *geradewegs* auf ihn zu. *(Malecha)* – Meine Eltern waren *kürzlich* in Spanien. – Die andere Flasche war doch noch ... voll, und in dieser fehlte schon wieder *allerlei*. *(Haus-mann)* – Er kann *bestenfalls* um 3 Uhr hier sein. – Das Kind fiel vor Schreck *rücklings* zu Boden. – Der Major ... saß gern *lange* auf. *(Gaiser)*

Dieser Gruppe gehören auch die Adverbien an, die aus Adjektiven, Zahladjektiven, Pronomen oder Präpositionen gebildet wurden. Man bildet sie mit *-weise, -maßen, -mal (-mals), -wärts, -art* u. a.

> Ich atmete .. die Bonner Luft, die mir *überraschenderweise* wohltat. *(Böll)* – Bei *einigermaßen* schönem Wetter machen wir einen Ausflug. – Ich danke *vielmals*. – Unser Weg ging steil *aufwärts*.

3. zusammengesetzte Adverbien. Sie sind mit einer Präposition, einem Adjektiv oder einem anderen Adverb als Bestimmungswort zusammengesetzt.

> Wer kommt *zuerst*? – Sie können *überall* Arbeit finden. – Gehen Sie immer *geradeaus*. Dann kommen Sie in fünf Minuten zum Bahnhof. – Ich lege das Buch *hierher*.

Komparation der Adverbien

C 83   Folgende Adverbien können in ihrem Bedeutungsgehalt gesteigert werden, wobei jedoch für den Komparativ und Superlativ auch Wörter aus anderen Wortklassen eintreten.

Positiv	Komparativ	Superlativ
bald	früher eher	am frühesten am ehesten baldigst
gern	lieber	am liebsten
sehr viel }	mehr	am meisten
wenig	minder	am mindesten mindestens
wohl	besser	am besten bestens

Mit *wenig* bildet man auch regelmäßige Komparationsformen: *weniger, am wenigsten*. Diese Formen sind gebräuchlicher.

Arten der Adverbien und ihre Funktionen

Nach ihrem Inhalt der Adverbien unterscheidet man

Lokaladverbien

Sie sind als Satzglieder Lokalangaben oder Lokalergänzungen; Frage: *wo?, wohin?, woher?.*   C 84

> Sehen Sie *dort* das neue Hotel? – Wir gehen den Berg *hinauf*. – Die Sportler kamen von *überallher*. – Menschen gingen an ihm *vorbei*. *(Malecha)*

Als Attribute stehen sie bei Nomen und Pronomen und bezeichnen die Lage. Mit anderen Lokaladverbien geben sie eine genauere örtliche Bestimmung an.

> Das Haus *hier* gehört meinem Vater. – Ihr *dort* könnt nach Hause gehen. – Familie Müller wohnt *dort oben* im vierten Stock. – Seht ihr das kleine Haus *dahinten?*

Einige Lokaladverbien können vor oder hinter einem präpositionalen Ausdruck stehen. Auch hier bestimmen sie die Lage genauer.

> *Oben unter* dem Dach unseres Hauses befindet sich ein Vogelnest. – *Hinten am* Waldrand steht eine kleine Hütte. – *Unten im* Haus ein gemütlicher, holzgetäfelter Raum. *(J. Rehn)* – *Von* Osten *her* weht seit Tagen ein eisiger Wind.

Temporaladverbien

Sie sind als Satzglieder Temporalangaben oder Temporalergänzungen und geben eine Zeit an; Frage: *wann?, bis wann?, seit wann?, wie lange?, wie oft?.*   C 85

> Wir sind *kürzlich* in Paris gewesen. – Mein Freund wird *einstweilen* bei mir wohnen. – Die Zeitung kommt *täglich*. – Die Staffel lag *damals* auf einem Absprungplatz im südlichen Norwegen. *(Gaiser)*

Als Attribute stehen Adverbien bei Nomen, ebenso auch bei anderen Temporaladverbien.

> *Der Mann gestern* war wirklich unhöflich. – *Die Arbeit heute vormittag* war sehr langweilig. – Wir haben *gestern nachmittag* keinen Unterricht gehabt.

Temporaladverbien ordnen einen Sachverhalt zeitlich wie folgt ein.

> Gegenwart: *jetzt, nun; gegenwärtig; heutzutage, heutigentags*

> Vergangenheit: *gerade eben, eben, soeben, vorhin; kürzlich, neulich, jüngst; früher, einst einstmals;* (auf ein anderes Geschehen bezogen) *vorher seinerzeit, ehedem*

> Zukunft: *demnächst, nächstens, zukünftig, dereinst;* (auf ein anderes Geschehen bezogen) *nachher, dann, später*

> ohne Bezug auf eine bestimmte Zeitlage: *nie selten, manchmal, oft, immer* usw.

Modaladverbien

C 86 Sie sind als Satzglieder Modalangaben, Modalergänzungen oder Modalglieder. Sie drücken dabei auch Grad, Qualität, Quantität oder Intensität aus; Frage: *wie?, wie sehr?* usw.

> Ich danke Ihnen *sehr* für Ihren Brief. – Wir trinken *gern* Bier. – Ich stand wieder *kerzengrad* in der Kreuzberger Nacht. *(G. B. Fuchs)*

Als Modalglied signalisiert das Adverb die subjektive Stellung des Sprechers zu dem beschriebenen Sachverhalt.

> Er ist *doch* gekommen. – Du hast *wohl* deinen Verstand verloren? – Peter wird *möglicherweise* kommen. – Ich habe das Problem *keineswegs* verstanden. – Auf dem Flugplatz … war *wohl* gerade Lehrgangswechsel. *(J. Rehn)*

Als Attribut stehen Modaladverbien vor Adjektiven oder anderen Adverbien.

> Ich finde das Bild *sehr* schön. – Wir haben das Theater *sehr* oft besucht.

Als Rangattribut bewerten die Modaladverbien nach der subjektiven Stellung des Sprechers den Inhalt eines Satzglieds oder eines Attributs im positiven oder negativen Sinne.

> Ich habe *nur* einen Apfel gegessen. – *Auch* hier wird viel gebaut. – *Schon* in seiner Kindheit konnte er zwei Fremdsprachen sprechen. – *Erst* mein Freund konnte diese Maschine reparieren. – *Nicht* wir wollen Geld von dir haben.

Kausaladverbien

C 87 Sie sind als Satzglied Kausalangaben und geben den Grund oder den Zweck an, außerdem auch das Mittel oder die Bedingung, von der der Sachverhalt abhängt. Frage: kausal, konsekutiv: *warum?*, *weshalb?;* instrumental: *wodurch?*, *womit?;* konditional: *unter welcher Bedingung?;* final: *wozu?*, *wofür?*, *zu welchem Zweck?*.

Ich bin *deinetwegen* nach Köln gefahren. – Wir übersenden Ihnen *hiermit* unsere herzlichsten Glückwünsche. – Er mußte gestern arbeiten und konnte *deshalb* nicht zu uns kommen. – Wir haben ihn *jedenfalls* eingeladen. – *Schlimmstenfalls* werde ich zum Arzt gehen.

Die Richtungsadverbien her und hin

Die Lokaladverbien *her* und *hin* stehen bei einem Prädikat, das ein Geschehen bezeichnet, das in eine Richtung verläuft. Häufig sind diese Adverbien Verbzusätze.

C 88

Meistens bezeichnen diese Richtungsadverbien, in welche Richtung ein Geschehen vom Standort des Sprechers aus gesehen verläuft. Dabei bezeichnet *her* den Verlauf auf den Sprecher zu und *hin* die Richtung, die sich vom Standpunkt des Sprechers entfernt.

Geht Hans morgen auch ins Theater? Ja, er geht auch *hin*. – Komm bitte *her* und hilf mir! – Meine Schwester bringt morgen das Buch *her*. – Fährst du uns morgen nach Salzburg? Ich fahre euch *hin*.

Diese Richtungsadverbien verbinden sich in der Frage mit dem Frageadverb *wo?*.

Wohin geht Hans morgen? – *Woher* kommt der Ausländer? – *Wohin* bringt ihr die Bücher? – *Woher* hast du diese schreckliche Nachricht?

Wenn mehr das Ziel *(hin)* oder die Herkunft *(her)* im Mittelpunkt des Interesses steht, trennt man die Richtungsadverbien vom Frageadverb und stellt sie ans Ende des Satzes.

Wo geht Hans morgen *hin?* – Wo kommt der Ausländer *her?* – Wo bringt ihr die Bücher *hin?* – Wo hast du diese schreckliche Nachricht *her?*

Die Richtungsadverbien verbinden sich oft mit Präpositionen, wobei die Präposition folgt oder auch vorangeht. Diese ganze Verbindung kann auch zum Verbzusatz werden.

*her*ab, *her*aus, *her*bei, *her*vor, *her*unter, *her*ein (Präposition: *in*)
*hin*ab, *hin*aus, *hin*über, *hin*unter, *hin*ein (Präposition: *in*)
hinter*her*, nach*her*, neben*her*, seit*her*, vor*her*
neben*hin*, vor*hin*

Die Kinder gehen jetzt *hinaus*. – Er gibt das Geld heute nicht *heraus*. – Sie läßt den Vorhang *herunter*. – ... je heftiger ... er das Pferd zu größerer Eile ins Unbekannte *hinein* antrieb, ... *(Meckel)*

Einige dieser Verbindungen gebraucht man meist nur noch als Temporaladverbien.

> Was willst du *nachher* tun? – Meinen Freund habe ich letztes Jahr gesehen. *Seither* habe ich nichts mehr von ihm gehört. – Jetzt habe ich eine Wohnung. *Vorher* habe ich im Hotel gewohnt. – *Vorhin* hat jemand nach dir gefragt.

Temporal gebraucht man in einigen Redewendungen auch *her*.

> Es sind jetzt drei Monate *her*, daß ich dich das letzte Mal gesehen habe.

In der Umgangssprache verkürzt man oft in diesen Verbindungen die Richtungsadverbien. Dabei gebraucht man *her*, das zu *r-* verkürzt wird, ohne Rücksicht auf die Richtung: *raus, runter, rein, rüber, rauf, ran*.

> Komm *raus!* – Geht die Treppe *runter!* – Wir kommen *rein!*

In vielen Verbverbindungen haben die Richtungsadverbien ihren ursprünglichen Bedeutungsgehalt verloren und sind nur noch figurativ zu verstehen.

> Der Verlag bringt jetzt ein neues Buch *heraus*. – Sie läßt sich nicht dazu *herab*, mit uns zu sprechen. – Sein Vermögen ist *hin*.

Wenn im Satz eine Lokalangabe oder eine Lokalergänzung steht, klärt das Richtungsadverb die lokale Beziehung des Sprechers zum geschilderten Sachverhalt.

> Peter kommt *vom Bahnhof her*. – Die Prozession bewegt sich *zur Kapelle hin*. – ... im Winkel eines Fjord, der *vom Land her* kaum zugänglich war. *(Gaiser)*

C 89 Das Richtungsadverb *hin* bezieht sich nicht immer auf den Standort des Sprechers, sondern auf den des Subjekts.

> Sie ist müde. Sie legt sich ein wenig *hin*. – Sein rechter Fuß schmerzt ihn. Er ist gestern *hin*gefallen. – Unser Zimmermädchen singt bei der Arbeit immer vor sich *hin*. – Er spricht (murmelt, schimpft) vor sich *hin*.

Das Richtungsadverb *her* bezeichnet unverändert bleibende lokale Beziehungen zwischen Personen oder Sachen, die im Satz genannt werden.

> Paul fährt mit seinem Motorrad *neben dem Zug her*. – Der Hirt treibt seine Herde *vor sich her*. – Die Frau schiebt ihren Kinderwagen *vor sich her*. – Warum läufst du immer *hinter mir her?* – ... und deutet aufgeregt *hinter ihm her (Malecha)*.

Die Lageadverbien hier, dort, da

C 90 Die Lokaladverbien *hier*, *dort*, *da* bezeichnen den Ort, an dem ein Sachverhalt abläuft. Der Ort ist subjektiv auf den Standort des Sprechers bezogen. *hier* bezeichnet die Lage und den Ort, an dem sich der Sprecher befindet. *dort* bezeichnet die Lage oder den Ort, der vom Sprecher entfernt liegt. *da* drückt keine deutliche lokale Bezeichnung zum Sprecher aus, sondern hat mehr demonstrativen Charakter.

> Mein Vater ist jetzt nicht *hier*. – *Dort* steht Herr Müller. – Ist Frau Meier heute *da* (= hier)? – *Da* (= dort) kommt mein Freund.

Die Lageadverbien können mit anderen Lokaladverbien zusammenstehen. *da* ist dann gleichbedeutend mit *dort* und hat demonstrativen Charakter.

> *hier* oben, *hier* unten, *hier* vorn, *hier* hinten usw.
> *dort* oben, *dort* unten, *dort* vorn, *dort* hinten usw.
> *da* oben, *da* unten, *da* vorn, *da*hinten usw.

> Siehst du das Haus *dort unten?* – *Hier oben* haben wir eine schöne Aussicht. – *Dahinten* kommt Karl. – Mein Arbeitszimmer ist *hier vorn*.

Mit einigen Lokaladverbien bildet *da* Kontraktionen und verliert dadurch seinen demonstrativen Charakter, z. B. *droben, drunten, drinnen, draußen* usw.*).

> Wir waren auf dem Berg, aber wir haben *droben* niemanden gesehen. – *Drunten* im Tal liegt ein kleines Bauernhaus. – Die Straßenbahnhaltestelle ist nicht auf dieser Straßenseite, sondern *drüben*.

Um den demonstrativen Charakter wieder zu erreichen, stellt man *da* vor diese Kontraktionen.

> *Da droben* steht ein kleines Haus. – *Da drüben* kommen zwei Männer.

Demonstrativadverbien

Als Demonstrativadverb gebraucht man die Verbindung von *da(r)*- mit einer Präposition, wobei man den ersten Teil der Verbindung betont; z. B. *dafür, dagegen, dazu* usw. Für die Bildung und den Gebrauch dieser Demonstrativadverbien gelten die gleichen Regeln wie bei den Personalpronomen angegeben [→ C 7]. Jedoch gibt es keine Kurzformen [→ C 6]. Nur durch die Betonung erhalten diese Verbindungen demonstrativen Charakter. Diese Adverbien weisen auf einen Sachverhalt hin.

C 91

> Weißt du, daß dein Vater heute kommt? Nein, *damit* habe ich nicht gerechnet. – Kaufst du dir einen Fotoapparat? Nein, *dafür* habe ich kein Geld. – Mein Freund hat einen Spaß gemacht. *Darüber* haben wir alle gelacht.

---

*) Beachten Sie den Unterschied zwischen *draußen* und *außen*, *drinnen* und *innen*. *draußen* und *drinnen* beziehen sich auf einen Raum: *draußen* = außerhalb des Raumes, *drinnen* = innerhalb des Raumes. *außen* und *innen* beziehen sich auf die Flächen, durch die ein Raum gebildet wird: *außen* = die äußere Seite, *innen* = die innere Seite.

Im Winter ist es *draußen* kalt. – Ist es *drinnen* im Zimmer warm? – Die Schachtel ist *außen* schwarz und *innen* weiß.

Zu den Demonstrativadverbien rechnet man auch die Verbindungen von *hier-* mit einer Präposition; z. B. *hierbei, hierunter, hiervon, hierzu* usw. Sie beziehen sich aber nicht auf Personen, Sachen oder Begriffe, sondern auf Vorgänge oder logische Zusammenhänge.

Ich kann Ihnen die Grammatik nicht erklären, denn *hiervon* verstehe ich nichts. – Mein Vater hat mir in diesem Monat kein Geld geschickt. Ich bin *hierdurch* in große Schwierigkeiten geraten. – Hat der Direktor über die neuen Produktionsmethoden seiner Fabrik gesprochen? Nein, *hier-über* hat er nichts gesagt.

d a als Pronominaladverb

C 92 Wegen seines demonstrativen Charakters kann *da* an die Stelle von Satzgliedern treten, wenn der Gliedkern ein Nomen ist, das eine Sache oder einen Begriff bezeichnet. Dies ist jedoch nur dann möglich, wenn die Funktion des Satzglieds im Satz durch folgende Präpositionen gekennzeichnet wird.

an, auf, aus, bei, durch, für, gegen, hinter, in, mit, nach, neben, über, um, unter, von, vor, wider, zu, zwischen

Das Adverb *da* verbindet sich dann mit der die Funktion kennzeichnenden Präposition. Mit einem Vokal anlautende Präpositionen werden durch *-r-* mit dem Pronominaladverb verbunden; z. B. *daran, darauf, daraus, dabei, dadurch* usw. [→ C 7].

Fährst du morgen mit deinem neuen Fahrrad an den See? Ja, ich fahre *damit* an den See. – Tust du heute noch etwas für die Prüfung morgen? Nein, ich tue heute nichts mehr *dafür*. – Hast du dich nicht über meinen Besuch gefreut? Doch, ich habe mich sehr *darüber* gefreut.

In der Frage verbindet sich das Frageadverb *wo?* mit der die Funktion kennzeichnenden Präposition in der gleichen Form wie das Adverb *da;* z. B. *woran?, worauf?, woraus?, wobei?* usw.

Worauf warten Sie? Ich warte auf den Bus. – *Wovon* hat Herr Berger gestern gesprochen? Er hat von seiner Reise gesprochen. – *Worüber* freust du dich? Ich freue mich über das schöne Wetter.

da- steht im Satzfeld als Korrelat für Gliedsätze im Nachfeld [→D 126]. Es besetzt im Satzfeld zusammen mit der Präposition, die die Funktion des Gliedsatzes kennzeichnet, die Stelle, die seiner Funktion entspricht, und weist auf den folgenden Gliedsatz hin.

Der Lehrer hat *davon* gesprochen, *daß wir mit unserer Klasse bald einen Ausflug machen.* – Wir freuen uns *darüber, daß ihr das Spiel gewonnen habt.* – Er achtete *darauf, daß sie ihn nicht streiften. (Malecha)*

Ebenso kann *da*- mit der Präposition Infinitivsätze [→ D 126], die als Satzglieder im Nachfeld stehen, vertreten.

> Er wartet *darauf, ein Geschenk zu bekommen.* – Manchmal sehne ich mich *danach*, Rheinisch zu hören. *(Böll)*

Bei einigen Verben, die normalerweise ein Präpositionalobjekt verlangen, kann *da*- mit der Präposition im Satzfeld fehlen, wenn über die Beziehung des Gliedsatzes zum Prädikat kein Zweifel entstehen kann und der Informationsbereich unbesetzt ist.

> Wir haben uns (darüber) gefreut, daß ihr uns besucht habt. – Ich freue mich (darauf), daß mich morgen mein Freund besucht. – Er hofft (darauf), daß wir ihm bei seiner Arbeit helfen.
> Er beginnt morgen (damit), eine neue Fremdsprache zu lernen. – Ich habe mich (darüber) gefreut, Sie wiedergesehen zu haben.

Wenn der Gliedsatz im Vorfeld stehen soll, tritt ebenfalls *da*- mit der Präposition ins Vorfeld, um die Funktion des Gliedsatzes deutlich zu machen.

> *Dadurch, daß du ihm unser Geschäftsgeheimnis verraten hast*, ist uns großer Schaden entstanden. – *Dafür, daß er mir jetzt geholfen hat*, bin ich ihm für immer dankbar.

Um die Satzspannung zu verstärken, stellt man *da*- mit der Präposition ins Vorfeld und läßt den Gliedsatz erst im Nachfeld folgen.

> *Damit* haben wir nicht mehr gerechnet, *daß du noch kommst*. – *Dagegen* hatte mein Vater nichts einzuwenden, *daß ich mir ein neues Auto gekauft habe*.

Relativadverbien

Die Lokaladverbien *wo, wohin* und *woher* gebraucht man als Relativadverbien, um eine Lokalergänzung oder eine Lokalangabe mit der Beschreibung eines Sachverhalts zu definieren, der die gleichen lokalen Beziehungen aufweist, wie sie im Mitteilungssatz zum Ausdruck kommt.

C 93

> Sie ... ging in *das Zimmer, wo* er auf sie gewartet hatte. *(J. Rehn)* – Ich zeige dir hier auf der Karte *die Gegend, wohin* wir fahren wollen. – Italien ist *das Land, woher* wir das meiste Obst importieren. – Die Leute stehen *dort, wo* gestern der Verkehrsunfall passiert ist. – *Dort, wohin* wir morgen fahren wollen, gibt es viele interessante Dinge zu sehen.

Wenn das Relativadverb mit dem übergeordneten Lokaladverb in der Form identisch ist, fehlt gewöhnlich das übergeordnete Lokaladverb.

> Ich schlafe *(dort), wo* du gestern geschlafen hast. – Er kommt *(daher)*, *woher* wir auch kommen. – Sie fährt *(dorthin), wohin* ihr Mann gefahren ist.

Wenn der Attributsatz (Lokalsatz) im Vorfeld steht, tritt er vor das Lokaladverb, auf das er sich bezieht [→ C 45].

> *Wohin* wir im Sommer fahren, *da* warst du schon vor vielen Jahren. – *Wo* du wohnst, *(dort)* möchte ich auch wohnen. – *Wo* du *hin*gehst, *dort* möchte ich auch *hin*gehen.

Als Relativadverb ist auch *wie* anzusehen.

> In der Form, *wie* er sich entschuldigte, lag etwas Beleidigendes. – Es regnete in einem Ausmaß, *wie* es für diese Jahreszeit ganz ungewöhnlich ist.

Frageadverbien

C 94 Frageadverbien stehen in Ergänzungsfragen für Angaben oder Prädikatsergänzungen, deren Inhalte noch in der Mitteilung fehlen. Man unterscheidet bei ihnen je nach dem Satzglied, das sie erfragen, folgende Inhalte.

lokal: *wo?* (Ort), *wohin?* (Richtung), *woher?* (Herkunft).

> *Wo* liegt der Bleistift? Auf dem Tisch. – *Wohin* fahren Sie am Sonntag? Nach Wien. – *Woher* kommen Sie? Aus Amerika.

temporal: *wann?* (Zeitraum, Zeitpunkt), *wie lange?* (Zeitdauer), *wie oft?* (Wiederholung).

> *Wann* kommst du zu uns? Morgen. – *Wann* hast du Geburtstag? Am 3. Februar. – *Wie lange* bleiben Sie hier? Drei Wochen. – *Wie oft* gehst du ins Kino? Jede Woche einmal.

modal: *wie?* (Art und Weise).

> *Wie* war eure Reise? Sie war interessant. – *Wie* gefällt dir mein neuer Hut? Gut. – *Wie* war gestern das Wetter? Schön.

kausal: *warum?**), *weshalb?*, *weswegen?* (Grund eines Sachverhalts); *wozu?* (final: Zweck eines Sachverhalts); *womit?*, *wodurch?* (instrumental: das Mittel, durch das ein Sachverhalt erreicht wird).

> *Warum* kommst du heute zu spät? Weil ich verschlafen habe. – *Weshalb* fragst du mich? Ich dachte, du weißt es. – *Wozu* lernst du Fremdsprachen? Damit ich eine bessere Stellung bekomme. – *Womit* schreiben Sie? Mit einem Kugelschreiber. – *Wodurch* hat er im Leben so großen Erfolg gehabt? Durch seinen Fleiß und seine Ausdauer.

---

*) Beachten Sie den Unterschied zwischen *warum?* und *worum?*

Er tat es *aus* Eifersucht.	*Warum* tat er es?
Er zitterte *vor* Angst.	*Warum* zitterte er?
Sie spielten *um* Geld.	*Worum* spielten sie?
Es geht *um* deinen Erfolg.	*Worum* geht es?

Adverbien als Konjunktionen

Einige Adverbien können als Konjunktionen gebraucht werden. Sie unterscheiden sich von echten Konjunktionen vor allem dadurch, daß sie selbst noch Satzglied sind und ihre Stellung im Vorfeld oder im Satzfeld beanspruchen [→ D 123 f.]*).

Ich habe heute noch viel zu tun, *deshalb* kann ich nicht mit euch ins Kino gehen. – Ich habe heute noch viel zu tun, ich kann *deshalb* nicht mit euch ins Kino gehen. – Er fährt nach Innsbruck, *außerdem* hat er noch die Absicht, nach Wien zu fahren. – *Zwar* hat mir mein Vater Geld geschickt, ich kann euch *aber trotzdem* keines leihen.

Die Konjunktionaladverbien *doch, jedoch* und *indessen* [→ D 116 f.] haben manchmal auch schon die Aufgabe von echten Konjunktionen übernommen und stehen dann auch isoliert vor dem Satz.

Ich möchte mit dir gehen, *jedoch* ich habe jetzt keine Zeit. – Jener Mann ist sehr reich, *doch* er ist nicht glücklich. – Wir haben ihm unsere Hilfe angeboten, *indessen* er hat sie abgelehnt.

Erweiterung des Vorrats an Adverbien

Der Vorrat an Adverbien kann mit Hilfe von Suffixen erweitert werden, die sich an Wörter aus anderen Wortklassen anhängen.

-e ist als Adverbendung veraltet und nur noch bei einigen Adverbien erhalten.

gern*(e)*, lang*(e)*, allein*(e)*

-lich: neu*lich*, sicher*lich*, frei*lich*, ledig*lich*, hoffent*lich*

-s, -ens: abend*s*, nacht*s*, übrigen*s*, flug*s*, ersten*s*, meisten*s*

-lings: ritt*lings*, bäuch*lings*, blind*lings*

-erlei:

Adverbien mit dieser Endung können als vorangestellte Attribute gebraucht werden.

viel*erlei*, manch*erlei*, ein*erlei*, zwei*erlei*
Wir haben im Zoo *vielerlei* Tiere gesehen.

Neue Adverbien können gewonnen werden, indem bestimmte Nomen und Adjektive wie Suffixe angehängt werden.

-weise: Bei Nomen tritt häufig *-s-* und bei Adjektiven *-er-* dazwischen.

teil*weise*, zwang*sweise*, ausnahm*sweise*, beispiel*sweise*
glücklich*erweise*, klug*erweise*, dumm*erweise*

---

*) Echte Konjunktionen stehen isoliert außerhalb des Satzes, Gliedsatzkonjunktionen bilden die vordere Begrenzung des Satzfeldes [→ E 56].

-maßen tritt an Adjektive, die um die Silbe *-er-* erweitert sind.

einiger*maßen*, verdienter*maßen*, gleicher*maßen*, gewisser*maßen*

-mal: manch*mal*, ein*mal*, kein*mal*, zwei*mal*

-wärts: ost*wärts*, heim*wärts*, auf*wärts*, seit*wärts*

-halb wird an Pronomen und Adverbien gehängt, die um die Silbe *-er-* erweitert wurden. Lokaladverbien werfen die letzte Silbe ab.

dieser*halb*, inner*halb*, ober*halb*, außer*halb*

-fach: Diese Adverbien können als vorangestellte Attribute verwendet werden und werden wie diese dekliniert.

ein*fach*, viel*fach*, mehr*fach*, zwei*fach*
eine einfach*e* Fahrt, ein mehrfach*er* Mörder

-art, *-hand:* Diese Adverbien können als vorangestellte Attribute verwendet werden, bleiben aber unflektiert.

aller*art:* Wir wurden mit *allerart* Problemen konfrontiert.
aller*hand:* Du hast aber *allerhand* Sachen eingekauft.

-falls: allen*falls*, keines*falls*, gegebenen*falls*

Funktionsmerkmale und -kennzeichen

Jede Sprache hat ihr eignes System der Funktionskennzeichnung entwickelt. D 1
Die richtige Anwendung der Mittel zur Funktionskennzeichnung ist entscheidend für die inhaltliche und grammatische Stimmigkeit einer sprachlichen Äußerung.

Für das Deutsche sind folgende Funktionsmerkmale gültig:

1. Intonation
2. Stellung der Satzglieder und Attribute
3. Form der sprachlichen Zeichen (Wörter)
4. Auswahl der verfügbaren Funktionskennzeichen
   a) synthetische Funktionskennzeichen
   b) analytische Funktionskennzeichen

Keines dieser Funktionsmerkmale läßt allein eine Funktion eindeutig erkennen. Erst durch das Zusammenwirken aller genannten Möglichkeiten zur Funktionskennzeichnung wird eine Funktion bestimmbar und der Inhalt eines sprachlichen Zeichens deutlich.

Die Form der sprachlichen Zeichen als Funktionsmerkmal D 2

> Er *schläft*.
> Er geht *schlafen*.
> Er hat schlecht *geschlafen*.
> *Schlafen* ist gesund.
> *Schlafende* Kinder soll man nicht wecken.
> Gesunder *Schlaf* erfrischt den Menschen.
> Er redete mich *dumm* an.
> Ich habe ihn *dummerweise* angeredet.
> Mit dem großen Wagen fährt er *sicher*.
> Mit dem großen Wagen fährt er *sicherlich*.

Funktionskennzeichen

> Das Mädchen sieht *den Jungen* im Spiegel.
> *Den Jungen* sieht das Mädchen im Spiegel.
> *Den Peter* hat Hans geschlagen.
> Wir freuen uns *über euren Besuch*.
> Wir erfreuen uns *an der schönen Musik*.

In folgenden Beispielen ist die Intonation mit das maßgebende Funktionsmerkmal.

> Da séid ihr ja *glücklich*.
> Ihr seid ja *glücklich*.
> Inge ist *glücklich* verhéiratet.
> Inge ist *glücklich* verheiratet.

Wir sind *glücklich* zu Hause angekommen.
Wir sind *glücklich* zu Hause angekommen.

Die beiden kranken Schwéstern gingen zum Arzt.
Die beiden Kránkenschwestern gingen zum Arzt.

Die Stellung als Funktionsmerkmal

Ich habe beobachtet, wie *die Frau* das Kind schlug.
Ich habe beobachtet, wie *das Kind* die Frau schlug.

Hans hat heute *aber* fleißig gearbeitet.
Hans *aber* hat heute fleißig gearbeitet.
Aber Hans hat heute fleißig gearbeitet.

D 3 Unterschiedliche Funktionsmerkmale signalisieren auch unterschiedliche Inhalte der Wörter. Sie variieren die Inhalte und signalisieren oft gänzlich
andere Inhalte.

Ich habe *mit dem* Ingenieur gesprochen.
Ich habe *den* Ingenieur gesprochen.

Die Kinder freuen sich *über* den schulfreien Tag.
Sie freuen sich *auf* den schulfreien Tag.

An einem schönen Tag werde ich zu euch kommen.
Eines schönen Tages wird er ins Gefängnis kommen.

Ist mein Kleid *nicht schön?* – Doch, es ist schön.
Ist mein Kleid *nicht schön?* – Ja, es ist schön.

Das Kasussystem

D 4 Das Kasussystem im Deutschen besteht, abweichend von den meisten anderen
Sprachen, aus vier Kasus: dem Nominativ, dem Akkusativ, dem Dativ und
dem Genitiv. Innerhalb der vier Kasus werden der Singular und der Plural,
innerhalb des Singular die Nomenklassen (Maskulinum, Neutrum, Femininum) unterschieden.

Das Kasussystem dient der Funktionskennzeichnung, wobei sich die einzelnen
Kasus durch bestimmte Kasusmorpheme, durch Funktionskennzeichen, unterscheiden. Da im Deutschen lediglich fünf Kasusmorpheme *(-r, -s, -e, -n, -m)*
vorhanden sind, ist das Kasussystem defektiv. Es müssen daher die gleichen
Kasusmorpheme mehrfach verwendet werden. Alle Kasusmorpheme bedürfen
darüberhinaus eines Trägers (Artikel, Pronomen, Adjektiv usw.), dem das
Kasusmorphem angefügt wird.

Neben der Funktionskennzeichnung haben die Kasusmorpheme die Aufgabe zu signalisieren, welcher Nomenklasse das folgende Nomen angehört oder ob es als Plural zu verstehen ist.

Die Kasusmorpheme verteilen sich auf die einzelnen Kasus wie folgt:

Kasusmorpheme

D 5

	Singular maskulin	Singular neutral	feminin	Plural m n f
Nominativ	-(e)r	-(a/e)s	-(i)e	-(i)e
Akussativ	-(e)n	-(a/e)s	-(i)e	-(i)e
Dativ	-(c)m	-(e)m	-(e)r	-(e)n
Genitiv	-(e)s	-(e)s	-(e)r	-(e)r

Träger der Kasusmorpheme

D 6

Als Träger dieser Kasusmorpheme dienen Artikel, Pronomen, Adjektive, Verben in der Partizipform und Nomen. Aber nicht alle Kasusmorpheme werden von allen genannten Trägern angenommen. Der bestimmte Artikel [→ D 27 f.], Demonstrativpronomen [→ C 29 f.], Relativpronomen [→ C 43 f.], Fragepronomen, die sich auf Personen beziehen [→ C 22], und die meisten unbestimmten Pronomen [→ C 54 f.: *ein-, jemand, niemand, irgendwer, all-, einig-, jed-, jeglich-, kein-*] nehmen alle Kasusmorpheme an. Die Personalpronomen nehmen sie lediglich in der 3. Person Singular und Plural an, für die 1. und 2. Person haben sie eigene Kasusmorpheme [→ C 3]. Der unbestimmte Artikel [→D 26] und die Possessivpronomen [→ C 51 f.] nehmen im Singular Nominativ maskulin und neutral und im Akkusativ neutral keine Kasusmorpheme an. Maskuline und neutrale Nomen nehmen nur im Singular Genitiv ein Kasusmorphem an, alle übrigen Kasus bleiben unbezeichnet. Bei femininen Nomen fehlen alle Kasusmorpheme. Nomen im Plural nehmen nur im Dativ ein Kasusmorphem an [→ B 164]. Die meisten maskulinen Nomen, die im Plural auf *-en* enden, nehmen ein Kasusmorphem an, das nur den abhängigen Kasus, den Casus obliquus, bezeichnet: *-(e)n* für den Akkusativ, Dativ und Genitiv.

Adjektive und Verben in der Partizipform nehmen nur als vorangestellte Attribute die Kasusmorpheme an, wenn keines der vorgenannten Träger ein Kasusmorphem zeigt. Im anderen Fall nehmen sie besondere Attributmorpheme an [→ D 8].

Lose funktionskennzeichnende Morpheme

D 7

Neben dem Kasussystem, das im Deutschen nur vier Möglichkeiten zur Funktionskennzeichnung zuläßt, gibt es eine größere Anzahl loser Morpheme zur Kennzeichnung von Funktionen und zur Andeutung von veränderten Inhalten. Es sind dies die Präpositionen und die Konjunktionen. Sie erweitern meistens im Zusammenwirken mit den Kasusmorphemen die Möglichkeiten zur Kennzeichnung funktionaler und inhaltlicher Differenzierung.

Das Attributmorphem

D 8 Ein besonderes Morphem dient als Zeichen für die syntaktische Ankoppelung von vorangestellten Attributen. Dieses Attributmorphem ist *-e* oder *-en*.

Das Attributmorphem *-e* verbindet sich mit Adjektiven und mit Partizipen, wenn das Kasusmorphem *-(e)r*, *-(a)s* oder *-(i)e* für Singular Nominativ oder Akkusativ vorher zum Ausdruck gekommen ist. In allen anderen Fällen verbindet sich *-en* mit den Adjektiven oder Partizipien [→ B 194 f.].

Dies gilt auch für Adjektive und Partizipien, die pronominal verwendet werden [→ B 226].

Die Funktionskennzeichnung mit Hilfe der Kasusmorpheme

D 9 1. Die Kasusmorpheme kennzeichnen Satzgliedfunktionen.

Prädikatsergänzungen:

> Herr Berger ist ein tüchtig*er* Ingenieur.
> Der Vater nannte seinen Sohn ein*en* Dummkopf.
> Der Köchin ist ein groß*es* Mißgeschick passiert.
> Gestern war ein schön*er* Tag.

Subjekt/Objekt:

> D*er* Vater hat sein*er* Tochter ein*e* große Puppe geschenkt.

Angaben:

> Der Briefträger stellt uns jed*en* Tag die Post zu.
> Ein*es* Tages werdet ihr im Toto gewinnen.

2. Sie kennzeichnen Attribute.

> Das Haus unser*es* Lehrers, Italien*s* Ministerpräsident, Mutter*s* Geburtstag, der Geburtstag mein*er* Schwester.

Kasusmorpheme kennzeichnen ebenfalls Appositionen (Attribute mit gleichem Kasusmorphem wie das übergeordnete Wort).

> Wir haben mit Herr*n* Müller, d*em* Direktor der hiesigen Maschinenfabrik, gesprochen.

3. Kasusmorpheme signalisieren die Abhängigkeit der Nomen von losen Morphemen (Präpositionen).

> *für* d*en* Vater, *wegen* d*es* Wetter*s*, *auf* d*er* Straße.

Die Funktionskennzeichnung
mit Hilfe von losen Morphemen

1. Lose Morpheme kennzeichnen Satzgliedfunktionen.

D 10

Prädikatsergänzungen:

> Er stellt die Vase *auf* den Tisch.
> Nenne mich, *wie* immer du willst.
> Er machte sich *auf* den Weg.

Subjekt/Objekt:

> Ich danke dir *für* deine Hilfe.
> Er hat sich *um* die Gemeinschaft verdient gemacht.
> Er ist sein*es* Amtes würdig.
> In der Zeitung stand, *daß* er von der Regierung geehrt wurde.
> Weißt du, *ob* wir morgen schulfrei haben?

Angaben:

> Er ist *mit* dem heutigen Tage zum Abteilungsleiter aufgestiegen.
> *In* seiner Wohnung hängen viele schöne Bilder an den Wänden.
> Er hat gestern nicht kommen können, *weil* er noch in seinem Büro zu tun hatte.
> *Als* unser Schiff vom Landungssteg ablegte, winkten uns die Zurückbleibenden nach.

2. Lose Morpheme kennzeichnen nachgestellte Attribute.

> Das Haus *auf* dem Berg, die Zeitung *von* heute, der dritte Mann *von* links, die Leute *in* der Bahnhofshalle.
> Wir scheiden in der Hoffnung, *daß* sich alles wieder zum Besseren wenden möge.
> Es wird die Frage diskutiert, *ob* sich die Regierung an der Finanzierung des Bauprojekts beteiligen solle oder nicht.

Die Kasusmorpheme

Der Nominativ

Der Nominativ kennzeichnet das Subjekt.

D 11

Frage: *wer?* bei Personen; *was?* bei Sachen und Begriffen.

> *Der Kellner* bringt das Essen. – *Wir* lernen Deutsch. – *Der Kranke* muß im Bett liegenbleiben. – *Dieses Haus* kostet viel Geld.

Er kennzeichnet die Prädikatsergänzung zu den Verben *sein, werden, bleiben, scheinen, heißen, (sich) dünken;* Frage: *was?* [→ E 8].

> Herr Müller ist *ein tüchtiger Arzt.* – Sein Sohn wird nächstes Jahr *Ingenieur.* – Dr. Meier ist auch im neuen Kabinett *Minister* geblieben. – Er schien *ein reicher Mann* zu sein.

In Modalergänzungen mit der Konjunktion *als* kennzeichnet er den Bezug zum Subjekt und bezeichnet eine Qualifikation; Frage: *als was?* [→ E 8].

Ich spreche zu dir *als dein bester Freund.* – Das Adjektiv gebraucht man in diesem Satz *als Nomen.* – Er betätigte sich u. a. *als Häusermakler. (Enzensberger)*

Ebenso in Passivsätzen mit den Verben *nennen, schelten, schimpfen, taufen, titulieren* im Prädikat; Frage: *wie?*.

Paul wurde von seinem Freund *ein Dummkopf* genannt. – Sie wurde von ihren Kolleginnen *dumme Gans* gescholten.

Der Nominativ kennzeichnet Nomen, die Vorgänge bezeichnen, als Prädikatssubjekt [→ E 8].

Gestern ist auf dieser Landstraße ein schwer*er* Unfall passiert.
Während des Sturmes drohte den Schiffsbrüchigen ein neu*es* schwer*es* Unheil.

Der Akkusativ

Der Akkusativ kennzeichnet bei transitiven Verben im Prädikat das ‚direkte‘ Objekt; Frage: *wen?* bei Personen; *was?* bei Sachen, Begriffen und Sachverhalten.

D 12   Der Akkusativ wird vor allem von Verben gefordert, die die Vorsilbe *be-* oder die Verbzusätze *durch-, hinter-, über-, um-* bei sich haben, ebenso von den kausativen Verben, wie z. B. *stellen, setzen, legen, hängen, stecken, tränken, fällen* usw.

Ich schreibe ein*en* Brief. – Der Kaufmann hat bei der Firma neu*e* Waren bestellt. – Hans hat sein*en* Freund hintergangen. – Stellt d*en* Sack Kartoffeln in den Keller!

Da das Kasusmorphem für den Akkusativ nur maskuline Nomen im Singular und maskuline Pronomen im Singular kennzeichnen kann und in allen anderen Fällen der Akkusativ und Nominativ formal nicht unterschieden wird, muß bei Formengleichheit die Stellung als funktionsunterscheidendes Merkmal wirksam werden. Dabei gilt, daß das ‚direkte‘ Objekt stets dem Subjekt folgen muß. Das Objekt kann daher auch nicht als Kontaktglied im Vorfeld eines Satzes stehen [→ E 69].

Das Kind fragt *die Mutter.* Fragt das Kind *die Mutter?* – Ja, es fragt *sie.* Fragt es *sie?* – Ich höre, daß das Kind *die Mutter* fragt. Ich höre, daß es *sie* fragt.

Nur wenn andere Funktionsmerkmale, wie z. B. die Personalform, mitwirken und das Subjekt daran identifiziert werden kann, kann auch eine Umstellung von Subjekt und Objekt erfolgen.

Ihre Kinder *hat die Mutter* gerufen. – Die Verkäuferin *haben die Kunden* um etwas gebeten, nicht die Ladeninhaberin.

Ebenso kann bei Formengleichheit von Nominativ und Akkusativ eine Umstellung erfolgen, wenn die Logik ein Mißverstehen des beschriebenen Sachverhalts ausschließt.

Das Zimmer *reinigte das Mädchen*, nicht die Küche. – Die Maus *hat die Katze gefressen*, nicht aber die Wurst.

Stehen die Verben *lehren* oder *kosten* im Prädikat, werden beide Objekte mit dem Akkusativ gekennzeichnet. Das Objekt, das eine Person nennt, steht vor dem Sachobjekt. **D 13**

Die Mutter lehrt *ihr Kind das Nähen*. – Man lehrt *ihn ein gutes Benehmen*. – Das Auto kostet *mich eine Menge Geld*. – Die Bergtour hätte *ihn* fast *das Leben* gekostet.

In der Umgangssprache wird die im Objekt genannte Person auch durch den Dativ gekennzeichnet.

Die Ausbildung meiner Tochter hat *mir* viel Geld gekostet.

Bei den Verben *fragen* und *bitten* im Prädikat werden beide Objekte mit dem Akkusativmorphem gekennzeichnet, wenn ein Objekt ein unbestimmtes Pronomen oder ein Nomen ist, das eine unbestimmte Sache bezeichnet.

Das Kind fragte *den* Vater *vieles*. – Sie fragte *mich dies und das*. – Ich bitte *dich* nur *das* eine. Gib mir das Geld zurück. – Ich fragte ihn *viele Dinge*.

Im übrigen wird das Objekt, das nicht die Person bezeichnet, mit einer Präposition gekennzeichnet.

Das Kind fragte den Polizisten *nach* dem Weg. – Ich bitte Sie *um* baldige Antwort.

Bei den meisten reflexiven Verben wird das Reflexivpronomen als Funktionsobjekt mit dem Akkusativ gekennzeichnet [→ E 19].

Ich freue *mich* über dein Geschenk. – Er ärgert *sich* über seinen Fehler. – Ich begnüge *mich* nicht mit diesem Geld. – Erkundigst du *dich* nach meinem Befinden?

Der Akkusativ steht nach dem Ausdruck *es gibt*.

In dieser Stadt gibt es *ein gutes Theater*. – Gibt es in deiner Heimat *viele hohe Berge*?

Der Akkusativ steht in Prädikatsergänzungen oder Angaben **D 14**
1. zur Bezeichnung des Prädikatsobjekts [→ E 8].

Wir haben *einen* Spaziergang gemacht. – Er hatte nicht *den* Mut, ins Wasser zu springen. – Er wollte *die* Flucht ergreifen.

2. wenn intransitive Verben, die eine Ortsveränderung bezeichnen, im Prädikat stehen. Der Akkusativ nennt hier die Richtung oder den Weg. Frage: *wo?*

> Er kommt *die Treppe* herunter. – Gehen Sie *diese Straße* entlang und dann *die zweite Straße* rechts! – ..., daß er Barbara ... bereits *die Straße* heraufkommen sah. *(J. Rehn)*

3. zur Bezeichnung der Zeit. Er drückt die Zeitdauer (Frage: *wie lange?*) oder eine bestimmte Zeit (Frage: *wann?*) aus.

> Wir wanderten *den ganzen Tag*. – Ich habe *den ganzen Nachmittag* gearbeitet. – *Nächsten Sonntag* besuche ich meinen Onkel. – Er ist heute *den letzten Tag* in München.

Zur Datumsangabe in Schriftstücken: *München, den 5. März 1970*

4. zur Bezeichnung des Maßes, des Gewichts, des Werts oder des Alters; Frage: *wieviel?, wie viele?, wie alt?*

D 15 Der Akkusativ bezeichnet auch die Abhängigkeit von Adjektiven, z. B.: *alt, breit, dick, entfernt, hoch, lang, schwer, tief, weit* [→ E 44].

> Die Maschine wiegt genau *eine Tonne*. – Die Straße ist *einen Kilometer lang*. – Diese Sache ist *keinen Pfennig wert*. – Das Kind ist *erst zwei Jahre und einen Monat alt*.

Mitunter werden nach intransitiven Verben im Prädikat Nomen mit dem Akkusativ gekennzeichnet, wenn das Nomen inhaltlich zum Verb gehört.

> Wir tanzen *einen Tango*. – Du hast *einen temperamentvollen Tanz* getanzt. – Er schlief *den Schlaf des Gerechten*.

Man findet den Akkusativ auch in verkürzten Sätzen und in Grußformeln.

> Sie lief, *ihr kleines Kind an der Hand,* schnell über die Straße. – *Den Revolver in der Hand,* durchsuchten die Polizisten den Wald. – *Guten* Morgen, *guten* Tag, *guten* Abend, *gute* Nacht.

Der Akkusativ steht nach allen Präpositionen, die den Akkusativ verlangen [→ D 46].

> Wir fahren *durch die Stadt*. – *Ohne seinen Schirm* geht er nicht aus dem Haus.

Bei den Präpositionen *an, auf, hinter, in, neben, über, unter, vor, zwischen* steht der Akkusativ nur, wenn eine Lokalergänzung das Ziel nennt und das Verb im Prädikat eine Ortsveränderung bezeichnet [→ D 48].

> Er legt das Buch *auf den Tisch*. – Wir fahren *in die Schweiz*.

Der Dativ

D 16 Der Dativ kennzeichnet bei der Beschreibung von Geschehen die Person, die das Geschehen betrifft und die in der Objektfunktion genannt wird. Dabei kann das Geschehen auf die im Dativobjekt genannte Person zukommen (→) oder der Person entgehen (←). Frage: *wem?*

> Der Polizeibeamter antwortet → d*em* Fremden. – Die Wanderer helfen → d*em* Bauern den Wagen schieben. – Der Hund ist ← sein*em* Herrn entlaufen. – Der Dieb entwischte ← d*er* Polizei.

Auch einige Verben, die im Prädikat andersartige Geschehen/Sein nennen, können den Dativ fordern, wobei das Dativobjekt auch Sachen oder Sachverhalte bezeichnen kann. Bei allen mit diesen Verben ausgedrückten Geschehen ist eine gewisse Tendenz der Richtung oder Entfernung erkennbar*).

> Die Wanderer lauschen → d*em* Gesang der Vögel. – Ich bin → dein*em* Rat gefolgt. – Wir weichen ← d*er* Gewalt. – Diese Musik mißfällt → *mir.* – Rauchen schadet → mein*er* Gesundheit. – Ein Ei gleicht → d*em* andern.

Verben, die folgende Vorsilben oder Präpositionen und Adverbien als Verbzusätze haben, verlangen den Dativ: *auf-, bei-, ein-, ent-, entgegen-, ge-, nach-, unter-, vor-, wider-, zu-, zuvor-.*

> Ich bin mein*en* Eltern *entgegen*gefahren. – Wir hörten d*em* Konzert *zu.* – Der Hund lief sein*em* Herrn *nach.* – Der Präsident wohnte ein*er* wichtigen Konferenz *bei.* – Gehen Sie *mir voran!* – Ich werde *dir* immer *bei*stehen. – *Mir* ist kein Fehler *auf*gefallen. – Er ist *mir zuvor*gekommen.

Bei transitiven Verben wird das ‚indirekte‘ Objekt mit dem Dativ gekennzeichnet. Das Kasusmorphem deutet an, daß das Geschehen die mit dem Objekt bezeichnete Person betrifft, und zwar im Sinne von ‚jemandem etwas zukommen lassen‘ oder ‚jemandem etwas entziehen‘ (also ein Geben oder ein Nehmen).   D 17

> Ich habe mein*em* Freund das Buch gegeben. – Ich schenke es *ihm.* – Wir wünschen *Ihnen* viel Glück. – Er hat d*er* Universität einen Brief geschrieben. – Zeigen Sie *mir* die Bilder! – Er hat *mir* mein Portemonnaie gestohlen. – Die Räuber haben *ihr* den ganzen Schmuck abgenommen. – Die Firma entzog d*er* Firma X die Lizenz.

Wenn die Richtung verdeutlicht werden soll, wird das Objekt statt mit dem Dativ mit der Präposition *an* gekennzeichnet.

> Ich schreibe *meinem Vater* einen Brief.
> Ich schicke *meiner Schwester* Blumen.

> Ich schreibe einen Brief *an meinen Vater.*
> Ich schicke Blumen *an meine Schwester.*

---

*) Viele dieser Verben können transitiv werden, wenn sie die Vorsilbe be- oder ver- erhalten. Dann verlangen sie ein Akkusativobjekt.

> Der Sohn folgt *dem Rat* des Vaters. – Der Sohn *be*folgt *den Rat* des Vaters.
> Der Polizist folgte *dem Dieb.* – Der Polizist *ver*folgte *den Dieb.*

Ebenso wird diese Präposition an Stelle des Dativs eingesetzt, um einen differenzierten Sachverhalt zum Ausdruck zu bringen.

Ich glaube mein*em* Freund (d. h. ich glaube, was er sagt).
Ich glaube *an* meinen Freund (d. h. ich vertraue ihm).

D 18 Folgende Adjektive nebst ihren Antonymen verlangen den Dativ [→ B 227].

ähnlich	(unähnlich)	gnädig	(ungnädig)
angenehm	(unangenehm)	lästig	
bekannt	(unbekannt)	möglich	(unmöglich)
böse		nachteilig	
dankbar	(undankbar)	nützlich	
fremd		peinlich	
gehorsam	(ungehorsam)	schädlich	(unschädlich)
gleich	(ungleich)	u. a.	

Dieser Mann ist *mir* nicht bekannt. – Ich bin *meinem Vater* dankbar. – Sprachen lernen ist *jedem* nützlich. – Deshalb klingen die Lesestücke darüber *ähnlich denen* von Kriegsberichterstattern. *(Heigert)* – Die Sache wird *mir* lästig. – Der Sohn ist *seinem Vater* gehorsam. – Ich bleibe *Ihnen* verbunden.

Wenn Verben zum Ausdruck bestimmter Inhalte das Personalpronomen *es* als Funktionssubjekt benötigen, wird die Person, die das Geschehen/Sein betrifft, als Objekt mit dem Dativ gekennzeichnet.

Wie geht es *Ihnen?* – Danke, *mir* geht es gut. – Wie gefällt es *dir* in Köln? – *Mir* gefällt es dort gut. – *Mir* tut es leid, daß Sie am Sonntag nicht kommen konnten.

D 19 Bei den Angaben drückt der Dativ folgende Beziehung aus:
1. Personenangabe: Die genannte Person ist nicht am Zustandekommen des beschriebenen Sachverhalts beteiligt [→ E 26]*).

Öffnen Sie *der Dame* die Tür! – Ich hebe *dir* die Zeitung bis morgen auf. – Er schreibt *mir* einen Brief an die Universität.

Vergleichen Sie:

Er schreibt *mir* einen Brief. (Dativobjekt)
Er schreibt *mir* einen Brief an die Universität. (Personenangabe)

Im ersten Beispiel wird ein Brief geschrieben, in dem mir etwas mitgeteilt wird. Der Brief wird an mich geschickt.
Im zweiten Beispiel schreibt ein anderer an meiner Stelle (in meinem Interesse) einen Brief, der für die Universität bestimmt ist.

---

*) Statt des Dativs kann man mitunter auch den präpositionalen Ausdruck mit *für* gebrauchen.

Er schreibt *für mich* einen Brief an die Universität. – Das ist eine große Freude *für mich*. (Das ist *mir* eine große Freude.)

2. Eine im Satz bezeichnete Sache ist Körperteil oder Wesensteil der mit dem Dativ bezeichneten Person [→ E 44].

Die Sache steht im Satz

als Subjekt.

> *Der Kopf* schmerzt *mir* (= mein Kopf). – *Ihm* fehlt *ein Buch* (= eines seiner Bücher). – *Die Füße* sind *ihm* geschwollen (= seine Füße).

als Akkusativobjekt.

> Er hat *mir das Leben* schwergemacht (= mein Leben). – Ich werde *der Dame die Koffer* tragen (= die Koffer der Dame). – ..., schlug *ihm das Herz* im Halse. *(J. Rehn)*

als Lokalergänzung in einem präpositionalen Ausdruck*).

> Der Hund biß *ihm ins Bein* (= in sein Bein). – Er schlägt *mir ins Gesicht* (= in mein Gesicht). – Er sprang *mir an den Hals* (= an meinen Hals).

Der Dativ ist bei der Beschreibung derartiger Sachverhalte dem Possessivpronomen oder dem Genitivattribut vorzuziehen, wenn eine allgemeinere Sprechsituation zugrunde liegt. Vergleiche:

Ich wasche *mir* die Hände.	Ich wasche *meine* Hände.
Sie wäscht *dem Kind* die Haare.	Sie wäscht die Haare *des Kindes*.

Nur in bestimmten Redewendungen oder auf Grund besonderer Sprechsituationen gebraucht man statt des Dativs das Possessivpronomen oder das Genitivattribut.

> Ich wasche *meine Hände* in Unschuld. – Ich putze *meine Schuhe*, nicht deine. – Die Mutter streichelt die Wange *des Mädchens* und nicht die *des Jungen*.

3. Der beschriebene Sachverhalt bezieht sich in besonderer Weise auf die mit dem Dativ bezeichnete Person [→ E 26]. Wird diese Person nicht genannt, bekommt der Sachverhalt allgemeingültigen Charakter.

> Hans ist *mir* ein guter Freund (d. h. soweit es meine Person betrifft). – Du arbeitest *mir* zu langsam (d. h. nach meiner Meinung). – Ich gehe nicht gern mit Peter spazieren; er geht *mir* immer zu schnell. – Der Lehrer hat sich über die Klasse beklagt; sie ist *ihm* zu laut.

Der Dativ steht nach allen Präpositionen, die den Dativ verlangen [→ D 47].   D 20

> Er geht *mit seiner Schwester* spazieren. – *Nach dem Essen* ruhen wir eine halbe Stunde.

---

*) Einige wenige Verben haben in der Lokalergänzung statt des Dativs den Akkusativ.

> Sie nahm *mich* bei der Hand. – Er stieß *mich* in den Rücken.

Bei den Präpositionen *an, auf, hinter, in, neben, über, unter, vor, zwischen* steht der Dativ nur, wenn die Lokalergänzung oder die Lokalangabe die Lage nennt, das Verb im Prädikat keine Ortsveränderung bezeichnet [→ D 48].

Das Buch liegt *auf dem* Tisch. – Sie arbeiten *in einer* Maschinenfabrik.

Wenn das Verb im Prädikat eine Ortsveränderung nennt, so steht nach diesen Präpositionen der Dativ dann, wenn sich die Ortsveränderung nur innerhalb des angegebenen Raumes vollzieht.

Die Kinder schwammen *im* See. – Ich gehe *hinter meinem* Freund. – Sie gingen *im* Park spazieren.

Vergleichen Sie!

Das Flugzeug fliegt *über die* Stadt.   Das Flugzeug fliegt *über der* Stadt.

Der Genitiv

D 21   1. Der Genitiv bezeichnet das Objekt nur noch nach wenigen Verben, von denen ein großer Teil der juristischen Fachsprache angehört, z. B.

anklagen	bezichtigen	überführen
bedürfen	entheben	versichern
berauben	entledigen	würdigen
beschuldigen	entsetzen	zeihen

Der Mann wurde *des Diebstahls* angeklagt. – Der Minister wurde *seines Amtes* enthoben. – Was sich von selbst versteht, bedarf *keines Gelöbnisses.* (*Heigert*)

Ebenso steht der Genitiv nur noch bei einigen Adjektiven, wenn sie Modalergänzung sind*) [→ E 8], z. B.

bar	gewärtig	sicher (unsicher)
bedürftig	gewiß (ungewiß)	teilhaftig
bewußt (unbewußt)	kundig (unkundig)	überdrüssig
eingedenk	mächtig	verdächtig
fähig (unfähig)	müde	voll, voller
froh	satt	wert (unwert)
gewahr	schuldig (unschuldig)	würdig (unwürdig)

Sie war *dieser Tat* nicht fähig. – Er ist *seiner Erfolge* sicher. – Der Mann war *des Diebstahls* verdächtig. – Diese schmutzige Arbeit ist *deiner* nicht würdig. – Er ist *des Englischen* unkundig. – Endlich war man *einiger* dieser Männer habhaft geworden. (*Enzensberger*)

---

*) In der Umgangssprache gebraucht man bei vielen dieser Adjektive statt des Genitivs Präpositionen, z. B. *fähig zu, froh über* (Akkusativ), *müde von, satt von, schuldig an* (Dativ), *teilhaftig an* (Dativ), *voll mit* (Dativ) usw. Allerdings verändert sich dadurch häufig der Inhalt der Äußerung.

Er ist *froh über den Erfolg* seines Sohnes. – Er ist *schuldig an dem Mord.* – Du bist *zu keiner schlechten Tat fähig.*

Häufig wird der Genitiv durch den Akkusativ oder eine Präposition ersetzt*).

Er bedarf	*des Trostes.*	Er bedarf	*den Trost.*
Er entbehrt	*der Hilfe.*	Er entbehrt	*die Hilfe.*
Er harrt ungeduldig	*der Dinge.*	Er harrt ungeduldig	*auf Antwort.*

2. Wenn zwei Objekte stehen, bezieht sich der Akkusativ auf eine Person und der Genitiv auf eine Sache.

Man enthob *ihn seines Amtes.* – Ich beschuldigte *ihn des Diebstahls.* – Sie beraubten *ihn seines ganzen Vermögens.* – Der Direktor würdigte *den Ingenieur keines Blickes.*

Auch einige reflexive Verben verlangen ein Genitivobjekt.

Ich entsinne *mich* gut *dieser Ereignisse.* – Er bemächtigt *sich des Kindes.* – Es ist eine große Ehre für mich, daß Sie *sich meiner* annehmen wollen. *(Hildesheimer)* – ... je weniger sie sich *der damaligen Situation* erinnern können. *(Grass)*

3. Der Genitiv kennzeichnet häufig Angaben. So z. B.   **D 22**

a) Lokalangaben

Gehen Sie diese Straße entlang, dann sehen Sie *linker Hand* das neue Hotel. – *Letzten Endes* erreichten wir auf unserer Reise doch noch unser Ziel.

b) Temporalangaben zum Ausdruck einer nicht näher bestimmten Zeit oder um auszudrücken, daß sich ein Sachverhalt zu der genannten Zeit stets wiederholt**)

Eines Morgens besuchte mich mein Freund. – *Des Abends* gingen wir immer in ein Restaurant zum Essen. – ... und begann *eines Tages,* die Stellenangebote ... durchzusehen. *(Grass)*

c) Modalangabe in nur wenigen festen Redensarten, z. B. *meines Wissens, meines Erachtens:*

Meines Wissens fährt nachts kein Zug nach Salzburg. – *Meines Erachtens* hätte die Arbeit beendet sein müssen. – *Angehaltenen Atems* lauschte er zum Hochwald hinauf. *(Schnurre)*

---

*) Manchmal liegt den verschiedenen Konstruktionen eine unterschiedliche Sprechsituation zugrunde. So sagt z. B. der Satz 'Er entbehrt *der Hilfe*' aus, daß bisher jede Hilfe fehlte, während man bei dem Satz 'Er entbehrt *die Hilfe*' meint, daß bisher Hilfe vorhanden war, aber jetzt nicht mehr vorhanden ist.

**) Die Genitivbildung *des Nachts* ist unregelmäßig. Sie entstand durch Analogie zu den übrigen temporalen Genitiven.

Des Nachts war die Luft an der See immer sehr kühl. – Im ·Sommer gingen wir *des Nachts* oft spazieren.

aber: Einem Kranken erscheinen die Stunden *der Nacht* endlos.

Beachten Sie: *eines Nachts* kann kein attributives Adjektiv bei sich haben; *eines schönen Tages,* aber nicht* *eines schönen Nachts.*

Man gebraucht im schriftlichen Ausdruck hierfür auch die Abkürzungen
m. W. und *m. E.*

D 23   4. In einer Prädikatsergänzung steht der Genitiv nach dem Verb *sein*.

Ich bin *deiner Meinung*. – Er ist *voller Freude*. – Wir sind *anderer Ansicht*.

5. Sehr häufig kennzeichnet der Genitiv ein Attribut zu einem Nomen [→ E 30f.].
Dabei unterscheidet man folgende Beziehungen zum übergeordneten Nomen:
a) Er bezeichnet im weitesten Sinn den Besitz, das Verfügungsrecht, die Zugehörigkeit, den Teil und ähnliches.

das Haus *meines Vaters*	*meines Vaters* Haus
die Lehrer *der Schule*	die Kinder *der Familie*
das Dach *des Hauses*	die Lehne *des Stuhles*
der Kopf *des Tieres*	der Glanz *seiner Augen*
die Ansicht *des Mannes*	die Hoffnung *der Frau*

b) Der Genitiv kann den Urheber einer mit dem übergeordneten Nomen genannten Handlung oder eines Seins bezeichnen.

der Tanz *der Kinder*	*die Kinder* tanzen
die Freundlichkeit *der Frau*	*die Frau* ist freundlich
der Befehl *des Offiziers*	*der Offizier* befiehlt

c) Der Genitiv kann die Person oder Sache bezeichnen, die von dem Vorgang
oder Sein betroffen wird, das das übergeordnete Nomen nennt.

die Beantwortung *des Briefes*	man beantwortet *den Brief*
die Lösung *des Problems*	man löst *das Problem*
der Besitz *eines Hauses*	man besitzt *ein Haus*

Unterscheiden Sie:

die Entdeckung *des Forschers*	*der Forscher* hat etwas entdeckt
die Entdeckung *Amerikas*	man hat *Amerika* entdeckt

d) Der Genitiv kennzeichnet auch Attribute zu Pronomen oder pronominal gebrauchten Adjektiven und Partizipien, die als Satzglied auftreten können. Der
Genitiv hat dann partitive Wirkung. Der partitive Genitiv hängt von folgenden Wortklassen oder Wortformen ab*):

---

*) Den partitiven Genitiv kann man auch mit einem präpositionalen Ausdruck
umschreiben. Man gebraucht dann die Präposition *von* [→ D 107.8].

zwei *von* meinen Freunden, viele *von* deinen Büchern, jeder *von* den Schülern,
die zweite *von* den Frauen, der ältere *von* den beiden Brüdern.

Man gebraucht auch die Präposition *unter* im partitiven Ausdruck, wenn das abhängige Nomen eine ganz bestimmte Gruppe von Personen oder Sachen bezeichnet
[→ D 102.6].

Der beste *unter den Schülern* bekommt ein Stipendium. – Sie wählte das teuerste
unter den Kleidern aus.

unbestimmte Pronomen	Es war sicherlich *eines der* ältesten Häuser hier. *(Rehn)*
Kardinalzahlen	*Zwei der* Hunde liefen nach links, der eine wich nach rechts aus. *(Albers)*
Ordinalzahlen	*Die zweite der Frauen* ist Frau Müller.
unbestimmte Zahlwörter	Ich habe *viele deiner Briefe* gelesen.
Adjektiv im Komparativ	*Der ältere der beiden Brüder* ist Arzt.
Adjektive im Superlativ	*Der beste der Schüler* bekommt ein Stipendium.

Wenn beim Attribut der Genitiv nicht ausgedrückt werden kann, tritt die Präposition *von* als Attribut kennzeichnendes Morphem ein. Das trifft zu vor allem

bei Nomen im unbestimmten Plural, wenn sie kein Attribut haben.

der Bau *von* Straßen	die Arbeiten *von* Studenten

bei Namen ohne Genitivformen.

die Gärten *von* Paris	die Küste *von* Tunis

bei Stoffnamen ohne Attribute.

die Produktion *von* Stahl	die Gewinnung *von* Torf

6. Der Genitiv steht bei Präpositionen, die den Genitiv verlangen [→ D 49].   **D 24**

> *Während meiner* Reise habe ich viele Städte kennengelernt. – *Trotz des* schlechten Wetters machen wir einen Ausflug. – *Dank seiner* Fähigkeiten hat er bei der Firma einen leitenden Posten bekommen. – So genau vermag ich mich *mittels meiner* Trommel zu erinnern. *(Grass)*

Der Artikel

Da die deutschen Nomen mit geringen Ausnahmen keine Kasusmorpheme   **D 25**
annehmen, um Funktionen und andere grammatische Abhängigkeitsverhältnisse zu kennzeichnen, müssen Wörter anderer Wortklassen als Träger der
Kasusmorpheme eintreten. Es sind dies fast alle als vorangestellte Attribute
gebrauchte Pronomen oder, gewissermaßen ersatzweise, attributive Adjektive und Partizipien. Alle diese Träger von Kasusmorphemen haben allerdings
eine ausgesprochen eigene inhaltliche Wertigkeit. Mit der Zeit haben sich aus
dem Bereich der Demonstrativpronomen *der bestimmte Artikel* und aus dem
Bereich der Zahladjektive *der unbestimmte Artikel* als relativ inhaltsneutrale
Träger von Kasusmorphemen abgesondert. Sie haben jetzt in erster Linie die
Aufgabe, mit ihren Kasusformen als Funktionskennzeichen Funktionen und
sonstige grammatische Abhängigkeitsverhältnisse zu signalisieren. Doch können die Artikel bei ihrem Gebrauch ihre Herkunft nicht ganz verleugnen. So

wirkt der bestimmte Artikel identifizierend, d. h. sein Gebrauch unterstellt, daß der Inhalt des Nomen, das er ankündigt, als bekannt anzusehen ist. Das bewirkt auch, daß das betreffende Nomen als Satzglied vorzugsweise in den Kontaktbereich oder ins Vorfeld einzuordnen ist [→E59]. Der unbestimmte Artikel hingegen wirkt klassifizierend, er deutet an, daß eine noch nicht erwähnte Person oder Sache einer Gattung oder Gruppe angehört, und führt neue Begriffe ein. Die mit einem unbestimmten Artikel eingeleiteten Satzglieder besitzen einen hohen Mitteilungswert und sind dementsprechend in den Informationsbereich einzuordnen [→ E 58].

Artikel leiten, wie alle anderen Träger von Kasusmorphemen auch, das Satzglied ein und signalisieren die Funktion des Satzglieds innerhalb des Satzverbands. Präpositionen und mitunter auch Konjunktionen stehen als lose funktionskennzeichnende Morpheme vor den Trägern der Kasusmorpheme, also auch vor dem Artikel.

> Der alte Mann wohnt *in* einem sehr entfernt gelegenen Haus. – Der schwerverletzte Pilot wurde *in* das nächste Krankenhaus gebracht.

Artikel sind stets unbetont und schließen sich proklitisch dem folgenden Wort an.

Die Deklination des bestimmten Artikels:

D 26

	Singular			Plural
	maskulin	neutral	feminin	m n f
Nominativ	der	das	die	die
Akkusativ	den	das	die	die
Dativ	dem	dem	der	den
Genitiv	des	des	der	der

Die Deklination des unbestimmten Artikels:

	Singular			Plural
	maskulin	neutral	feminin	m n f
Nominativ	ein	ein	eine	—
Akkusativ	einen	ein	eine	—
Dativ	einem	einem	einer	—
Genitiv	eines	eines	einer	—

Der negative Ausdruck für den unbestimmten Artikel ist *kein*.

	Singular			Plural
	maskulin	neutral	feminin	m n f
Nominativ	kein	kein	keine	keine
Akkusativ	keinen	kein	keine	keine
Dativ	keinem	keinem	keiner	keinen
Genitiv	keines	keines	keiner	keiner

Der Gebrauch des bestimmten Artikels

Der bestimmte Artikel steht vor Nomen, die identifizierte, also bekannte oder D 27 bereits erwähnte Personen, Sachen, Begriffe oder auch Sachverhalte nennen.

> Dort steht ein Mann. *Der* Mann wartet auf seinen Freund. – Auf dem Tisch liegt ein Buch. *Das* Buch gehört mir.

Die Identifizierung kann durch geeignete Attribute, z. B. die Superlativform eines attributiven Adjektives oder den Genitiv, unterstützt werden.

> Heute ist *der* schönste Tag meines Lebens. – Der Sieg *des* Skifahrers war das Ereignis dieses Winters.

Der bestimmte Artikel steht vor Nomen, die allgemein bekannte Begriffe benennen.

> *Das* Leben ist nicht leicht. – *Die* Sonne geht hinter den Bergen auf.

Der bestimmte Artikel steht, wenn Personen oder Sachen im Singular als repräsentativ für die ganze Gattung genannt werden.

> *Der* Mensch ist sterblich. – *Das* Pferd ist ein Reittier. – *Der* Italiener liebt Musik. – *Der* Wähler hat sich bei der letzten Wahl für unsere Partei entschieden. – *Das* Auto ist ein Transportmittel.

Werden im gleichen Sinne Plurale gebraucht, entfällt der Artikel.

> Pferde sind Reittiere. – Italiener lieben Musik. – Autos sind Transportmittel.

Er steht außerdem D 28 bei Nomen, die bekannte kollektive, religiöse und ethische Begriffe bezeichnen, oder auch Begriffe, die sich auf den Ablauf des menschlichen Lebens beziehen.

> *die* Regierung, *die* Menschheit, *das* Christentum, *die* Nation
> *die* Hölle, *der* Himmel, *die* Sünde, *die* Treue, *die* Liebe, *der* Glaube
> *die* Geburt, *die* Jugend, *die* Ehe, *der* Tod, *das* Leben

Sind mehrere derartige Begriffe zusammengefaßt, entfällt zumeist der Artikel.

> Kirche und Staat – Himmel und Hölle – Liebe und Treue – Glaube, Liebe, Hoffnung – Leben und Tod – Geburt und Tod

bei den Namen der Monate, Jahreszeiten, Tageszeiten, Mahlzeiten; der Artikel entfällt, wenn ein Attribut identifizierende Wirkung hat.

> *Das* Frühstück ist von 8 Uhr 30 bis 9 Uhr. – *Der* Mai ist der schönste Monat im Jahr. – *Der* Abend war mild. – aber: Wir sehen uns nächsten Freitag. – Letzten Herbst waren wir in Italien.

bei den Namen der Straßen, Gebirge, Berge, Seen, Meere und Flüsse.

> *die* Beethovenstraße – *der* Kaukasus – *die* Zugspitze – *der* Bodensee – *das* Mittelmeer – *der* Atlantische Ozean – *der* Rhein

bei einigen Ländernamen, und zwar
Feminina

> *die* Schweiz, *die* Pfalz, *die* Bretagne, *die* Türkei, *die* Tschechoslowakei, *die* Mongolei

einige Maskulina, die meist von Gebirgsnamen abgeleitet sind, und Neutra.

> *der* Irak, *der* Libanon, *der* Sudan, *der* Balkan – *das* Elsaß

Plurale

> *die* Niederlande, *die* Vereinigten Staaten

bei Eigennamen, wenn diese durch ein attributives Adjektiv charakterisiert sind.

> *der fleißige* Karl, *das schöne* Italien, *das nächtliche* Paris – aber: Karl der Große

bei Personennamen, wenn diese bekannte Schauspielerrollen bezeichnen.

> Wer spielt heute *den* Faust? – Der bekannte Schauspieler X. spielte gestern *den* Hamlet. – Man hat ihr die Rolle *der* Eboli übertragen.

bei Vornamen, wenn der beschriebene Sachverhalt wegen des fehlenden Artikels mißverständlich ist.

> Hans hat *den* Peter gesehen. – Peter hat *der* Helga den Ball weggenommen. – *Dem* Peter haben die Kinder den Ball zugeworfen. – Unabweislich spürte man eine wachsende Spannung zwischen ihr und *dem* Marius. *(Broch)*

zur Verdeutlichung grammatischer Beziehungen bei Nomen, die sonst ohne Artikel gebraucht werden.

> Ich ziehe Kaffee *dem* Tee vor. – Er hat sich *der* Medizin verschrieben.

bei distributivem Gebrauch von Maßbezeichnungen.

> Diese Äpfel kosten 80 Pfennig *das* Pfund. – Wir fuhren 110 km *die* Stunde (*in der* Stunde). – Das Schiff fährt nur zweimal *die* Woche (*in der* Woche).

Der bestimmte Artikel steht auch vor Nomen, die als Prädikatsobjekte [→ E 8] an der Beschreibung des Geschehens/Seins teilnehmen.

> Der Dieb hat *die* Flucht ergriffen. – Er hatte nicht *den* Mut, sich der Polizei zu stellen. – Er hat auf See *den* Tod gefunden.

Der bestimmte Artikel bewirkt auch, daß ein Geschehen/Sein, das zuvor mit **D 29** einer Prädikatsergänzung mit beschrieben wurde, in der Äußerung, die sich darauf bezieht, als bestimmtes identifiziertes Ereignis Rolle [→ G 9] ist und daher als Subjekt bzw. Objekt an den für diese Satzglieder vorgesehenen Stellen auf dem Satzfeld erscheint [→ E 67 f.].

In diesem Fall können auch Personalpronomen eingesetzt werden, was bei Prädikatsergänzungen nicht möglich ist [→ E 3].

> Gestern hat in der Stadthalle *ein Konzert* stattgefunden. Ich habe *das Konzert* besucht. – Der Lehrer hat mir *eine Frage* gestellt, aber ich konnte *sie* nicht beantworten. – Plötzlich kam meinem Freund *eine Idee*, und *die Idee* war ausgezeichnet.

Der Gebrauch des unbestimmten Artikels

Der unbestimmte Artikel steht vor Nomen, die eine nicht identifizierte, un- **D 30** bekannte Person oder Sache bezeichnen oder einen nicht bestimmten Begriff oder Sachverhalt nennen. Er deutet an, daß das mit dem Nomen Bezeichnete als Klassifizierung gemeint ist.

> Wer steht dort? Dort steht *ein* Mann. – Was war das eben für *ein* Krach? Da ist sicher wieder *ein* Unfall passiert.

Bei Nomen im Plural entfällt der Artikel.

> Dort kommt *ein Kind* aus dem Haus. Dort kommen *Kinder* aus dem Haus.

Er gibt dem mit dem Nomen Bezeichneten einen verallgemeinernden Sinn.

> *Ein* Haus kostet viel Geld. – *Ein* Hund sollte immer gut erzogen sein.

Er steht vor Nomen, die Personen, Sachen und Begriffe bezeichnen, denen **D 31** charakteristische Eigenschaften anhaften, mit denen jemand oder etwas charakterisiert werden soll.

> Er ist *ein* Held. – Du bist *ein* Dummkopf. – Sein Benehmen ist *eine* Schande.
> Er arbeitet wie *ein* Pferd. – Du siehst wie *ein* Vagabund aus.
> Für *einen* Ausländer spricht er gut Deutsch [→ D 70.7].

Der unbestimmte Artikel steht auch vor Nomen, die mit ihrem Inhalt als Prädikatsobjekte [→ E 8] an der Beschreibung des Geschehens/Seins teilnehmen.

> Herr Berger macht *einen* Spaziergang. – Ich habe dir *eine* Frage gestellt. – Der Künstler machte vor dem Publikum *eine* Verbeugung.

Der Nichtgebrauch des Artikels

D 32 Auf den Gebrauch des Artikels wird verzichtet, wenn ein anderes Wort als Träger der Kasusmorpheme auftritt oder wenn das mit dem Nomen Bezeichnete weder identifizierend noch klassifizierend gemeint ist.

1. Der Artikel entfällt, wenn Attribute das Kasusmorphem angenommen haben.

> Ich kenne dein*en* Bruder und auch sein*e* Frau. – Welch*es* Kleid ziehst du an? – Jed*er* Mensch muß arbeiten. – Ich habe mit all*en* Leuten gesprochen, die ich getroffen habe. – Sie konnten mir nur wenig Gut*es* berichten. – Wir haben dir etwas Schön*es* mitgebracht.

Das Demonstrativpronomen nach dem attributiv gebrauchten Pronomen *all-* darf nicht mit dem Artikel verwechselt werden.

> All*e* *die* Leute, die ich gesehen habe, trugen Sommerkleider.

Der Artikel entfällt auch, wenn einsilbige Präpositionen das Kasusmorphem an sich ziehen.

Folgende Präpositionen ziehen das Kasusmorphem -*s* für den Akkusativ neutral an sich: an*s*, auf*s*, für*s*, in*s*.

Die Präposition *zu* zieht die Kasusmorpheme -*m* für den Dativ maskulin und neutral und -*r* für den Dativ feminin an sich: zu*m*, zur. Die Präposition *bei* zieht das Kasusmorphem -*m* an sich: bei*m*. Die Präpositionen *an*, *in* und *von* ziehen das Kasusmorphem -*m* an sich und assimilieren es: an-*m* → *am*, in-*m* → *im*, von-*m* → *vom*.

In der Umgangssprache können auch noch weitere Präpositionen die Kasusmorpheme -*s* und -*m* an sich ziehen.

Präpositionen ziehen das Kasusmorphem an sich
bei vielen Prädikatsergänzungen

> Er ist *ins* Theater gegangen. – Wir haben ihn *zum* Narren gehalten. – Wir wollen den Plan erneut *ins* Auge fassen. – Deine Tat gereicht dir *zur* Ehre. – Er wollte mir *ans* Leben gehen. – Er hat deine Schwächen *aufs* Korn genommen.

besonders bei Prädikatsergänzungen, die das Ziel oder Ergebnis eines Geschehens nennen,

> Er hat sich Inge *zur* Frau genommen. – Herr X wurde *zum* Bürgermeister gewählt. – Man erklärte ihn *zum* Sieger des Wettkampfs. – Das Thema wurde *zur* Diskussion gestellt.

bei Prädikatsergänzungen und Angaben, die den Zweck einer Handlung nennen,

> Wir haben das *zum* Spaß gemacht. – Wir sind *zum* Vergnügen hierhergekommen. – Wir gehen *zum* Schwimmen.

So vor allem auch bei bestimmten Infinitiven,

> beim Essen – zum Essen – die Freude am Tanzen – am Kochen – im Sprechen – beim Fallen

bei Adjektiven, besonders bei Superlativen,

> am besten, aufs freundlichste, aufs neue

bei Angabe des Datums,

> am Mittwoch – am 5. März – Ihre Nachricht vom 11. Mai

und wenn die Präposition zwei Nomen zu einem Begriff verbindet.

> Frankfurt am Main – Hotel zur Post – Gasthaus zum Goldenen Löwen

Wenn das Demonstrativpronomen [→ C 30] erscheint, übernimmt dieses das Kasusmorphem.

> Mein Freund wollte mich letzten Montag besuchen. Gerade an dem Tag war ich nicht zu Hause. – Ich habe schon viel in dem Buch gelesen, das du mir zum Geburtstag geschenkt hast.

2. Der Artikel entfällt, wenn das mit dem Nomen Bezeichnete als ganz allgemeiner Begriff verstanden werden soll.

D 33

> Arbeit ist die Grundlage des Erfolgs. – Glück und Glas, wie bald bricht das.

Er entfällt bei zahlreichen feststehenden Ausdrücken,

> Ebbe und Flut – Mann und Maus – Haus und Hof – Kind und Kegel – Himmel und Hölle – über Stock und Stein – durch Wald und Flur – Satz für Satz – Schlag auf Schlag

bei Stoffnamen,

> Der Ring ist aus Gold. – Der Ring ist aus reinem Gold. – Wir trinken nachmittag immer Kaffee. – Zu diesem Bau hat man guten Zement verwendet. – Ich suche ein Zimmer mit fließendem Wasser. – Der Wein schmeckt nach Faß.
> Meine Pläne wurden zu Wasser. – Was der König anfaßte, wurde zu Gold. – Der Wein wurde zu Essig.

in Buchtiteln, Überschriften und in Bekanntmachungen,

> Deutsche Sprachlehre für Ausländer – Schwerer Verkehrsunfall in Frankfurt – Eintritt verboten! – Abfahrt: Montag 7 Uhr 15

in Prädikatsergänzungen,

>Aufenthalt haben – Atem holen – Haltung annehmen – Hunger haben –
>Schritt fahren – Ski laufen – Zeitung lesen – vor Anker liegen – Das
>ganze Land stand unter Wasser.

nach Verben der Fortbewegung,

>zu Bett gehen – zu Fuß gehen – zu Lande oder zu Wasser reisen – in
>See stechen – nach Hause gehen

und auch bei anderen Verben,

>zu Hause sein – zu Bett liegen – in Betrieb sein – in Ruhe lassen

nach den Verben *sein* und *werden,*

>Heute ist Tanz. – Ende Januar ist Winterschlußverkauf. – Ein Schiff
>mußte sich finden lassen, ... bevor es Winter wurde. *(Malecha)*

bei Berufs- und Nationalitätenbezeichnungen nach den Verben *sein, werden,
bleiben* als Ausdruck der Zugehörigkeit zu einer bestimmten Gruppe.

>Mein Bruder ist Lehrer. – Ich werde Ingenieur. – Herr Müller bleibt
>Direktor in dieser Fabrik. – Er ist Spanier.

D 34   Auch in anderen Funktionsteilen entfällt der Artikel, z. B.

bei vielen präpositionalen Ausdrücken (Prädikatsergänzungen, Angaben,
Attributen), vor allem wenn ein attributives Adjektiv beim Nomen steht,

>vor Freude – aus Sorge – mit Pauken und Trompeten – in freundlicher
>Weise – mit herzlichen Grüßen – ein Haus mit schöner Aussicht
>Ihr Aufstieg war erkauft mit theorieblindem Optimismus, naiver Über-
>heblichkeit und zunehmender Unvereinbarkeit von politischem An-
>spruch und politischer Praxis. *(Enzensberger)*

sehr häufig nach der Präposition *ohne* sowie nach *ab, an, aus, außer, bis* und *vor,*

>Er geht nie ohne Schirm aus. – Der Preis beträgt ab Werk 480 DM. –
>Er leidet an Krebs. – Ein Kind aus erster Ehe. – Der Kranke ist außer
>Lebensgefahr. – Also auf Wiedersehen bis nächsten Sonntag! – Man
>sah vor Regen den Himmel nicht. *(Weisenborn)*

bei Nomen, die von Verben abgeleitet sind, wenn sie in einem präpositionalen
Ausdruck stehen,

>Er sagte das mit Angabe von Gründen. – Sie handelten auf Befehl. –
>Unter Bezugnahme auf Ihr Schreiben vom ... – Bei Berücksichtigung
>Ihrer Gründe ...

nach der Konjunktion *als* im Sinne von *in der Eigenschaft als,*

>Ich sage dir das als Freund. – Er hat mich aufgenommen ... Als Gast?
>*(Broch)*

bei Appositionen,

> Herr Berg, Ingenieur in einer bekannten Fabrik. – Herr X, Vorsitzender unseres Vereins.

bei Angaben mit dem Genitiv.

> Er verließ erhobenen Hauptes das Zimmer.

Der Artikel entfällt **D 35**
bei Eigennamen, wenn sie ohne Attribut stehen (außer bei Ländernamen, die maskulin, feminin oder Plural sind),

> Peter wohnt in Berlin. – Italien liegt in Südeuropa. – Weihnachten, Ostern und Pfingsten sind die größten christlichen Feste. – Inge hilft Peter.

ebenso bei den Verwandtschaftsbezeichnungen *Vater, Mutter, Tante, Onkel,* wenn sie im Gespräch mit Mitgliedern der eigenen Familie an Stelle der Namen gebraucht werden.

> Vater fährt heute nach Berlin. – Hast du dich schon von Mutter verabschiedet.

Wenn man zu Personen spricht, die nicht der eigenen Familie angehören, gebraucht man die Possessivpronomen.

> Mein Vater fährt heute nach Berlin. – Hast du dich schon von deiner Mutter verabschiedet?

Der Artikel entfällt bei Anreden. **D 36**

> Lieber Peter! – Liebe Inge! – Sehr geehrter Herr Müller! – Verehrte Anwesende! – Sehr geehrte Festversammlung!

Der Artikel entfällt stets, wenn ein Genitivattribut vor dem Nomen steht. Das vorangestellte Genitivattribut deutet früh genug an, daß das Nomen eine identifizierte Person oder Sache nennt.

> Ich habe gestern Karl*s* Vater getroffen. – Berlin*s* Oberbürgermeister weilt zur Zeit im Ausland. – *Wessen* Wagen ist das? – ... vom Hochwald her, *dessen* Fichten sich ... die verklüftete Bergschräge hinaufzogen. *(Schnurre)*

Wenn Nomen mit einem vorangestellten Genitivattribut ein weiteres vorangestelltes Attribut hat, nimmt letzteres das Kasusmorphem an.

> *Wessen* alter Mantel hängt hier? – Berlin*s* ältester Bürger ist gestern verstorben. – Hier steht der Junge, mit *dessen* älter*em* Bruder wir neulich gespielt haben.

Die Verteilung der Funktionskennzeichen
auf die Satzglieder

D 37 Funktionskennzeichen dienen zur Unterscheidung einzelner Satzgliedfunktionen innerhalb eines Satzsystems und zur Kennzeichnung von unterschiedlichen Inhalten.

Sie sind abhängig von der Rektion der Verben im Prädikat und von der Rektion der Adjektive in den Prädikatsergänzungen sowie auch von der Rektion der Präpositionen, die als Verbzusätze im zweiten Prädikatsteil stehen. Die Rektion richtet sich nach der Art des Geschehens/Seins, das vom Verb im Prädikat bzw. vom Adjektiv in der Prädikatsergänzung bezeichnet werden soll. Bestimmend für die Verteilung der Funktionskennzeichen auf die Satzglieder ist die Anzahl der Rollen [→ G 9] und ob bei der Bezeichnung des Geschehens/Seins eine Prädikatsergänzung mitwirkt oder nicht, sowie die Mitteilungsperspektive und der Aspekt, unter dem der zu beschreibende Sachverhalt gesehen wird.

D 38 1. Bei der Beschreibung des Sachverhalts wird nur *eine Rolle* genannt: Im allgemeinen gilt, daß das Subjekt Nominativ ist. Subjekt ist die Person, die Sache oder der Sachverhalt, auf die die Mitteilungsperspektive ausgerichtet ist.

> *Der* Junge lernt ein Gedicht auswendig.
> *Die* Straße wird repariert.
> *Der* Unterricht beginnt um 8 Uhr morgens.

Wird das Geschehen/Sein mit einem Prädikatssubjekt [→ E 8] bezeichnet, wird die Rolle mit dem Dativ gekennzeichnet.

> Gestern drohte *dem* Kind ein Unheil. – Leider war unser*em* Plan ein Mißerfolg beschieden.

In subjektlosen Sätzen, bei denen die Mitteilungsperspektive auf das bezeichnete Geschehen/Sein ausgerichtet ist, wird die Rolle mit dem Dativ bezeichnet. Sie ist stets eine Person.

> *Dem* Kind ist kalt. – *Mir* wurde von niemandem geholfen.

Die Rolle kann bei einigen wenigen Geschehen/Sein auch mit dem Akkusativ oder mit einer Präposition gekennzeichnet sein. Für den Gebrauch der Präposition ist die Rektion des Verbs maßgebend.

> *Mich* friert. – *Über dich* wurde nicht gesprochen.

Außer dem Subjekt kann auch eine Prädikatsergänzung mit dem Nominativ gekennzeichnet werden; diese Prädikatsergänzung wird eben wegen ihrer Form als *Prädikatsnominativ* bezeichnet [→ E 8].

> Er ist ein gut*er* Arzt.

236

2. Werden *zwei Rollen* genannt, ist die Rolle, auf die die Mitteilungsperspektive ausgerichtet ist, Subjekt und erhält damit die Nominativform, die zweite Rolle ist Objekt und bekommt die *Akkusativform*.

> Der Vater fragt sein*en* Sohn. – Das Pferd zieht *den* Wagen. – Die Maschine produziert viele Zigaretten. – Der Hund hat *das* Kind gebissen.

Eine Lokalergänzung kann sich in einigen Fällen auf die zweite Rolle beziehen, die dann nur von einer Person besetzt werden kann.

> Der Hund biß *das Kind ins Bein* (das Bein des Kindes). – Er schlug *ihn ins Gesicht* (sein Gesicht).

Prädikatsergänzungen können nur durch Adjektive gebildet werden oder durch Nomen, wenn die Funktion mit einer Präposition gekennzeichnet ist.

> Er bringt ihn zum Bahnhof. – Sie färbt ihr Kleid blau.

Lediglich eine Prädikatsergänzung kann neben der zweiten Rolle noch mit dem Akkusativ gekennzeichnet werden; sie wird als Prädikatsakkusativ [→ E 8] bezeichnet.

> Er nennt dich einen Dummkopf.

Wenn sonst die Akkusativform an die Prädikatsergänzung vergeben ist, muß die zweite Rolle mit dem Dativ gekennzeichnet werden.

> Er fragte *mich*. – Er stellte *mir* eine Frage.

Eine begrenzte Anzahl von Verben verlangt, wenn sie im Prädikat stehen, ein Dativobjekt.

> Er hilft *der* alten Frau. – Man hat *mir* nicht geantwortet.

Eine Reihe von Adjektiven verlangt als Prädikatsergänzung ebenfalls ein Dativobjekt.

> Dieses Hotel ist *mir* nicht bekannt. – Seien Sie doch *dem* Herrn behilflich!

Eine Lokalergänzung kann sich unmittelbar auf das Dativobjekt beziehen. Dies kann nur von einer Person besetzt werden.

> Er hat *mir auf die Schulter geklopft* (auf meine Schulter).

Mit einer Präposition kann das zweite Objekt nur gekennzeichnet werden, wenn bestimmte Adjektive als Prädikatsergänzungen eingesetzt sind und es ein Verbalnomen ist.

> Er ist *zu dieser Arbeit* nicht fähig.

Einige Adjektive verlangen als Prädikatsergänzung ein Genitivobjekt.

> Er ist *des* Diebstahls verdächtig.

D 40   3. Bei Handlungen, die im weitesten Sinne ein ‚Geben' oder ein ‚Nehmen' darstellen, können bis zu *drei Rollen* genannt werden. Subjekt ist wiederum die Rolle, auf die die Mitteilungsperspektive ausgerichtet ist, die zweite Rolle erhält als ‚direktes' Objekt die Akkusativform und die dritte Rolle als ‚indirektes' Objekt die Dativform. Das Dativobjekt kann immer nur eine Person oder eine Institution sein.

> *Der* Bote übergab *mir* ein*en* Brief. – *Ich* sende *Ihnen das* Paket nächste Woche.

Dies gilt auch, wenn Adjektive als Verbzusätze im zweiten Prädikatsteil stehen oder wenn sie Prädikatsergänzungen sind.

> *Ich* mache *dir die* Sache klar.

Lokalergänzungen beziehen sich unmittelbar auf die mit dem Dativobjekt genannte Person.

> Er legte *mir* die Hand *auf die Schulter* (auf meine Schulter).

D 41   Wenn Verben im Prädikat stehen, die ein Präpositionalobjekt verlangen, nimmt die dritte genannte Rolle die Akkusativform an. Das Akkusativobjekt kann nur eine Person oder eine Institution nennen.

> Ich erinnerte *ihn* an sein Versprechen. – Man sprach *ihn* von der Anklage frei.

Bei einigen wenigen Verben wird die dritte Rolle auch mit der Dativform gekennzeichnet.

> Er berichtete *mir* von seiner Reise.

Eine begrenzte Anzahl von Verben verlangen ein Genitivobjekt, mit dem ein Sachverhalt genannt wird. Das Akkusativobjekt bezeichnet stets eine Person.

> Man beschuldigte *ihn des* Betrugs.

Das gleiche gilt für einige Adjektive in Prädikatsergänzungen.

> Ich halte *ihn* dies*er* Tat fähig.

4. *Angaben* nehmen, wenn sie mit einem Funktionskennzeichen versehen werden müssen, die Genitiv- oder die Akkusativform an oder werden mit einer Präposition gekennzeichnet.

> Er fährt jed*es* Jahr an die Riviera. – Ein*es* Tag*es* begegnete er dort seinem Freund. – *Mit ihm* verbrachte er schöne Ferientage.

Die Präpositionen

Präpositionen dienen, wie die Deklinationsformen, zur Kennzeichnung von Funktionen und zur Unterscheidung von Inhalten. Sie erweitern den Bestand an Funktionskennzeichen [→ D 1, D 4, D 7, D 10] und treten dort auf, wo die vier Kasusformen nicht mehr ausreichen oder wo fehlende Deklinationsformen (z. B. bei Namen und bei Adverbien) keine andere Funktionskennzeichnung zulassen.

D 42

Der Bestand an Präpositionen ist nur begrenzt. Er wird aber erweitert, indem Wörter aus anderen Wortklassen die Aufgabe von Präpositionen übernehmen. So haben z. B. folgende Wörter und Wortformen schon die Aufgabe von Präpositionen angenommen:

D 43

1. aus dem Bereich der Verben die Partizipien

während (von ,währen')	*während* unseres Urlaubs
entsprechend (von ,entsprechen')	*entsprechend* Ihrem Angebot
betreffend (von ,betreffen')	*betreffend* den Verkauf Ihres Hauses

2. aus dem Bereich der Nomen

kraft (von ,die Kraft')	*kraft* seines Amtes
zeit (von ,die Zeit')	*zeit* seines Lebens
dank (von ,der Dank')	*dank* seiner Fähigkeiten
u. a.	

3. aus dem Bereich der Adjektive

voll	*voll* Leben
frei	*frei* deutsche Grenze
zuzüglich	*zuzüglich* der Unkosten
u. a.	

4. aus dem Bereich der Adverbien

rechts	*rechts* des Rheins
mangels	*mangels* besserer Einsicht
längs	*längs* des Weges
u. a.	

Ebenso tragen Präpositionalgefüge zur Vermehrung des Bestands an Präpositionen bei:

infolge (von ,in der Folge')	*infolge* großer Schwierigkeiten
anstelle (von ,an der Stelle')	*anstelle* meines Bruders
aufgrund (von ,auf Grund')	*aufgrund* Ihres Angebots
u. a.	

Der fehlende Artikel bei den Nomen weist auf den Gebrauch als Präposition hin. In der Rechtschreibung zeigt sich dieser Gebrauch durch die Kleinschreibung der Nomen *(kraft, dank, zeit)* und durch Zusammenschreibung der

D 44

Präpositionalgefüge *(infolge, aufgrund)*. Allerdings hat sich hier noch keine Einheitlichkeit durchsetzen können. So schreibt man einmal ‚*in bezug auf*‘ und dann wieder ‚*unter Bezug auf*‘ oder ‚*anstelle*‘ und ‚*an Stelle*‘.

Einige Präpositionen ziehen das Kasusmorphem an sich:

da*s*:	auf*s*, an*s*, durch*s*, hinter*s*, in*s*, über*s*, vor*s*
de*m*:	bei*m*, hinter*m*, vor*m*, zu*m*
de*r* (femn.):	zu*r*

oder verschmelzen mit ihm:

de*m*:	am, im

Die Stellung und die Rektion der Präpositionen

D 45 Präpositionen können bei dem Wort, das sie kennzeichnen, unterschiedliche Positionen einnehmen.

Sie stehen vor dem Wort: *ab* heute, *in* Berlin, *aus* dem Wagen, *mit* ihm.

Sie stehen hinter dem Wort (Postposition): den Weg *entlang*, dem Bahnhof *gegenüber*, der Ordnung *halber*

Sie umklammern das Wort (Zirkumposition): *um* Himmels *willen*, *von* heute *an*, *von* Rechts *wegen*

Es können auch zwei Präpositionen zusammen vor einem Wort stehen:

Wir gehen *bis zum* Bahnhof.
Peter kommt *von zu* Hause.
Ich bin *mit von* der Partie.
Es war ein Betrag *von über* hundert Mark.

Mit den Pronominaladverbien *da* und *wo* gehen die Präpositionen eine Verbindung ein [→ C 92 f.].

*wo*für	*da*für
*wo*gegen	*da*gegen
u. a.	

Bei Zusammentreffen zweier Vokale wird ein -*r*- eingeschoben.

wo*r*auf	da*r*auf
wo*r*über	da*r*über
u. a.	

D 46 Im Deutschen verlangen die Präpositionen ganz bestimmte Deklinationsformen und kennzeichnen damit ihr Zusammenwirken mit den Inhalten, denen sie zugeordnet sind. Diese Erscheinung bezeichnet man als Rektion der Präpositionen.

Folgende Präpositionen verlangen den Akkusativ:

ab, bis, durch, entlang, für, gegen, ohne, um, wider

Er geht *durch den* Park. – Das Auto ist *gegen einen* Baum gefahren. – Wir sitzen *um den* Tisch.

bis gebraucht man meistens zusammen mit einer anderen Präposition, die dann ihrerseits die Deklinationsform bestimmt:

Bis dreißigst*en* Dezember. *Bis zum* dreißigst*en* Dezember. – Der Weg geht *bis an den* Rand des Waldes.

entlang kann auch mit dem Dativ verbunden werden [→ D 69].

Folgende Präpositionen verlangen den Dativ:

D 47

ab, aus, außer, bei, binnen, dank, entgegen, fern, längs, laut, gegenüber, gemäß, mit, nach, nächst, nahe, nebst, samt (mitsamt), seit, trotz, von, zu, zufolge, u. a.

Mein Freund ging um 9 Uhr *aus* dem Haus. – Ich schreibe *mit einem* Bleistift. – *Bei dem* Bahnhof steht ein modernes Hotel.

ab kann im temporalen Gebrauch auch mit dem Akkusativ verbunden werden [→ D 54].

gemäß, entgegen, gegenüber und *zufolge* stehen meistens hinter dem Nomen:

Den Bedingungen gemäß bezahlte ich meine Rechnung pünktlich. – *Seinem Brief zufolge* hat er die Prüfung bestanden. – Ich wohne *der Post gegenüber.*

Wenn *zufolge* vor dem Nomen steht, verlangt es den Genitiv:

Zufolge des Gesetzes wurde sein Vermögen eingezogen.

binnen, dank, längs, laut und *trotz* verbindet man auch oft mit dem Genitiv:

Wir machten *trotz des schlechten Wetters* einen Ausflug. – *Dank seines Fleißes* kam er gut vorwärts.

Folgende Präpositionen verlangen den Akkusativ oder den Dativ:

D 48

an, auf, hinter, in, neben, über, unter, vor, zwischen

Sie verlangen den Akkusativ, wenn eine Richtung, ein Ziel oder Ortsveränderung (Fortbewegung) bezeichnet wird. Man erfragt den präpositionalen Ausdruck mit *wohin?*:

Die Studenten gehen *in die Bibliothek.* (*Wohin* gehen die Studenten?) – Er hat die Tasse *auf den Tisch* gestellt. (*Wohin* hat er die Tasse gestellt?)

Bei allen anderen lokalen Beziehungen verlangen diese Präpositionen den Dativ. Man erfragt dann den präpositionalen Ausdruck mit *wo?*:

Die Studenten arbeiten *in der Bibliothek.* (*Wo* arbeiten die Studenten?) – Die Tasse hat *auf dem Tisch* gestanden. (*Wo* hat die Tasse gestanden?)

Wenn diese Präpositionen keine lokalen Beziehungen ausdrücken, verlangen *auf* und *über* den Akkusativ und die übrigen Präpositionen den Dativ. Wenn die Präposition *in* in übertragenem Sinn eine Richtung oder ein Ziel angibt, folgt der Akkusativ:

Er kommt *auf die* Minute (= pünktlich). – Ich wohne schon *über eine* Woche hier. – *Auf welche* Weise (*In welcher* Weise) kann ich ihm helfen? – *Unter den* Gästen sind viele Ausländer. – *Vor einem* Jahr bin ich nach

Berlin gefahren. – Er verliebt sich *in ein* junges Mädchen. – Er versinkt *im* Schlamm (aber: Er versinkt *in* tiefe Gedanken).

an, in, vor vor Zeitbestimmungen verlangen immer den Dativ:

> *An* Sonntag gehen wir spazieren. – Ich fuhr *in einem Tag* nach Paris. – *Vor einer* Stunde war ich noch im Büro.

Wenn die Präposition *an* Verben wie *denken, (sich) erinnern, glauben, schreiben* folgt, steht nach dieser Präposition der Akkusativ:

> Ich *glaube an seine* Worte. – Er *erinnert* sich gern *an deinen* Besuch. – Niemand *denkt an mich.*

D 49 Folgende Präpositionen verlangen den Genitiv:

> *abseits. anläßlich, anstatt, anstelle, aufgrund, außerhalb, diesseits, halber, infolge, inmitten, innerhalb, jenseits, kraft, mittels, ob, oberhalb, seitens, statt, um ... willen, ungeachtet, unterhalb, unweit, vermittels, vermöge, von ... wegen, während, wegen, zeit, zufolge* u. a.

sowie *binnen, dank, längs, laut, trotz.*

> *Jenseits des* Flusses steht ein kleines Haus. – Mein Freund kam *trotz des* schlechten Wetters. – Ich habe *während der* langen Fahrt Zeitungen gelesen.

Nach *binnen, dank, längs, laut, trotz* [→ D 54 f.] und gelegentlich auch nach *statt* kann auch der Dativ stehen. *Zufolge* verlangt den Dativ, wenn es dem Nomen folgt [→ D 114]. *wegen, ungeachtet* können auch hinter dem Nomen stehen.

> *Dem* Wetterbericht *zufolge* wird die Kälte andauern. – *Des* schlechten Wetters *wegen* sind wir nicht hier geblieben.

halber (halben, -halb) stehen immer hinter dem Nomen:

> *Der Ordnung halber* bitte ich Sie um eine Bestätigung.

Wenn die Präpositionen *halben, halb, wegen, um ... willen* mit Pronomen verbunden sind, schreibt man sie mit diesen zusammen. Die Pronomen bilden dann eigene Formen.

ich	mein*ethalben*	mein*etwegen*	*um* mein*etwillen*
du	dein*ethalben*	dein*etwegen*	*um* dein*etwillen*
er, es	sein*ethalben*	sein*etwegen*	*um* sein*etwillen*
sie	ihr*ethalben*	ihr*etwegen*	*um* ihr*etwillen*
wir	unsr*ethalben*	unsr*etwegen*	*um* unsr*etwillen*
ihr	eur*ethalben*	eur*etwegen*	*um* eur*etwillen*
sie	ihr*ethalben*	ihr*etwegen*	*um* ihr*etwillen*
Sie	Ihr*ethalben*	Ihr*etwegen*	*um* Ihr*etwillen*
wessen?	wes*halb?*	wes*wegen?*	*um* wessen*twillen?*
dessen	des*halb*	des*wegen*	*um* dessen*twillen*
deren	der*ethalben*	der*etwegen*	*um* der*etwillen*

Wenn ein Nomen oder Pronomen von zwei Präpositionen verschiedener Rektion abhängt, richtet es sich nach der Präposition, die ihm am nächsten steht.

D 50

> Gehst du *mit* oder *ohne mich* ins Kino?
> Kommst du *ohne* oder *mit deiner Schwester?*

Besser ist es aber, wenn man das Nomen oder Pronomen wiederholt.

> Gehst du *mit mir* ins Kino oder *ohne mich?*
> Kommst du *ohne deine* Schwester oder *mit ihr?*

Die Abhängigkeit der Präpositionen

Viele Verben, Nomen und Adjektive verlangen auf Grund ihrer Rektion bestimmte Präpositionen, die die funktionale und inhaltliche Beziehung zu dem abhängigen Nomen oder Pronomen signalisieren.

D 51

1. Verben mit Präpositionen, z. B.:

schreiben *an* + Akkusativ	Er schreibt *an* seinen Vater.
warten *auf* + Akkusativ	Wir warten *auf* einen Brief.
bitten *um*	Ich bitte dich *um* dein Buch.
teilnehmen *an* + Dativ	Ich nehme *an* dem *(am)* Ausflug teil.
leiden *an* + Dativ	Er leidet *an* starken Kopfschmerzen.

2. Nomen mit Präpositionen, z. B.:

die Bitte *an* + Akkusativ	Ich habe eine große Bitte *an* dich.
die Sehnsucht *nach*	Wir haben Sehnsucht *nach* der Heimat.
die Sorge *um*	Die Eltern haben Sorge *um* ihr Kind.
der Streit *um* (Sache)	Sie haben einen Streit *um* ihr Vermögen.
der Streit *mit* (Person)	Er hat einen Streit *mit* seinem Bruder.

3. Adjektive mit Präpositionen, z. B.:

bekannt *für*	Er ist *für* seinen Fleiß bekannt.
besorgt *um*	Die Mutter ist *um* ihr Kind besorgt.
zornig *auf* + Akkusativ	Er ist *auf* seinen Bruder zornig.
schwierig *für*	Diese Aufgabe ist zu schwierig *für* mich.

Nicht selten gibt erst die Präposition einen Hinweis darauf, wie der Inhalt des übergeordneten Wortes zu verstehen ist, z. B.:

> Ich freue mich *über* das schöne Wetter.
> Ich freue mich *auf* die kommenden Ferien.
> Die alte Frau leidet *an* Kopfschmerzen.
> Sie leidet *unter* der Hitze.

Eine große Anzahl von Verben verlangt die Kennzeichnung des Objekts durch Präpositionen. Objekte, die mit solchen losen Morphemen gekennzeichnet sind, bezeichnet man als Präpositionalobjekte.

D 52

Ich warte auf meinen Freund. – Wir rechnen mit deinem Besuch. – Er lebt vom Handel. – Sie leidet an schwerem Asthma. – Ihr lacht über mich. – Sie siegten über den Feind.

Wenn neben dem Präpositionalobjekt noch ein weiteres Objekt steht, erhält es die Akkusativ- oder die Dativform [→ E 44].

Ich bitte dich um dein Fahrrad. – Wir wollen ihm auf seinen Brief antworten. – Habt ihr euren Lehrer nach seinem Befinden gefragt? – Er erkundigte sich nach dem Namen der Stadt.

Verschiedene Präpositionen als Objektskennzeichen signalisieren unterschiedliche Verbinhalte.

Die Kinder freuen sich über das schöne Wetter.	Das Wetter ist heute schön.
Die Kinder freuen sich auf die Ferien.	Sie erwarten mit Freude die kommenden Ferien.
Er hat über seine Reise gesprochen.	Er hat Einzelheiten seiner Reise erzählt.
Er hat von seiner Reise gesprochen.	Er hat erzählt, daß er eine Reise gemacht hat oder machen will.

Ebenso verlangen eine Reihe von Adjektiven als Modalergänzungen ein Präpositionalobjekt. Diese Präpositionalobjekte können manchmal auch nachgestellt werden.

Ich bin	über den Erfolg	froh.	
Sie ist	auf schwere Arbeit	gefaßt.	
Er ist		frei	von Sorgen.
Sie sind		stolz	auf ihre Schönheit.

D 53   Präpositionen als Verbzusätze und Präpositionen als Funktionskennzeichen sind deutlich zu unterscheiden.

Die Betrüger wollen ihn um sein Geld bringen. (Präpositionalobjekt)
Die Räuber wollten ihn umbringen. (Verbzusatz)

Er gewöhnt sich an das Klima. (Präpositionalobjekt)
Er gewöhnt sich das Rauchen an. (Verbzusatz)

Die Kinder hören auf ihre Eltern. (Präpositionalobjekt)
Der Regen hört auf. (Verbzusatz)

Er strebt nach Reichtum. (Präpositionalobjekt)
Er strebt seinem Meister nach. (Verbzusatz)

Auch Präpositionen zur Kennzeichnung der Objekte und zur Kennzeichnung der Angaben sind deutlich auseinanderzuhalten.

Ich bitte dich um deine Uhr. (Präpositionalobjekt)
Ich komme um ein Uhr. (Temporalangabe)

Der Gebrauch der Präpositionen

ab

1. Lokal: Beginn, Ausgangspunkt, Frage *von wo ab?*, Dativ [→ D 107 *von ... ab*]. Das Nomen folgt meist ohne Artikel.

D 54

> Der Preis des Wagens beträgt *ab* Werk 8700 DM. – *Ab* hier ist die Straße gesperrt.

2. Temporal: Beginn eines Zeitraumes, Frage *ab wann?*, *von wann ab?*, Dativ oder Akkusativ [→ D 107 *von ... ab*].

> *Ab* Dienstag ist wieder Schule. – *Ab* fünftem (ab fünften) Mai bin ich wieder zu Hause. – *Ab* nächster (ab nächste) Woche wohne ich in meinem neuen Zimmer.

abseits (Genitiv)

Lokal: seitliche abgelegene Lage, Frage *wo?*.

D 55

> Das Dorf liegt *abseits* aller Verkehrswege. – Das Gasthaus steht *abseits* der Straße.

an

1. Lokal: tatsächliche oder scheinbare Berührung von einer Seite oder von unten [→ D 58, D 88: *neben*]

D 56

Frage *wohin?*, Akkusativ bei Verben, die eine Richtung oder ein Ziel bezeichnen und zur Signalisierung gleicher räumlicher Beziehungen zwischen Nomen.

> Ich setze mich *ans* Fenster. – Er hängt das Bild *an die* Wand. – Er lehnt das Fahrrad *an die* Mauer. – Sie klopft *an die* Tür. – Sie hängt den Mantel *an den* Haken. – Er steckt sich eine Blume *an den* Hut. – Ein Schlag *an die* Tür erschreckte die Anwesenden.

Frage *wo?*, Dativ bei allen übrigen Verben und zur Signalisierung gleicher räumlicher Beziehungen zwischen Nomen.

> Die Tafel hängt *an der* Wand. – Die Lampe hängt *an der* Decke. – Er steht *an der* Straßenecke. – Wir sitzen *am* Tisch. – Er geht *am* Haus vorbei. – Das Geschäft *an der* Ecke ist eine Bäckerei. – Die Wunde *an der* Hand verheilte nur langsam.

übertragener lokaler Gebrauch.

> Ich denke *an dich*. – Sie schreibt *an ihren Vater*. – Wir hängen *an unseren Eltern*. – Ihre Gesundheit liegt uns *am Herzen*.

2. Temporal: Zeitpunkt. Man gebraucht diese Präposition bei Tagen, Tageszeiten, vor einem Datum und für bestimmte Zeitangaben

Frage *wann?*, Dativ [→ D 76 *in*].

> Er besucht mich *am* Sonntag. – Ich komme *am* Ende der Woche. – *Am* Abend spielen wir immer zusammen Schach. – *Am* 5. März habe ich

245

Geburtstag. – *An* Sonn- und Feiertagen ist unser Büro geschlossen. – *An einem* schönen Sommerabend saßen wir in unserem Garten. – *An* Weihnachten bleiben wir zu Hause.

3. Ursache (besonders bei Krankheit oder Tod): das Nomen folgt ohne Artikel, wenn es keine nähere Bestimmung hat. Frage *woran?*, Dativ

Er *leidet an* Rheumatismus. – Ich *litt an* heftigen Kopfschmerzen. – Sie *starb an einem* schweren Leiden. – Wer *trug die Schuld an* dem Unfall.

4. Mangel oder Besitz: das Nomen folgt meist ohne Artikel, wenn es keine nähere Bestimmung hat. Frage *woran?*, Dativ

Das Problem *nimmt* ständig *an* Wichtigkeit *zu*. – Es *fehlt* ihm *an* Mut. – Sie ist *reich an* Ideen. – Er *zweifelt an ihrem* Fleiß.

5. Interesse: Frage *woran?*, Dativ

Ich *beteilige mich am* Ausflug. – Wir *sind an* Waren interessiert, nicht *an* Geld. *(Kipphardt)*

6. Verlauf einer Handlung oder eines Vorgangs, Dativ [→ D 62 *bei*].

Wir sind *an der* Arbeit. – Das Wasser ist *am* Kochen. – Er arbeitet *an einer* Erfindung.

7. Superlativ der prädikativen Adjektive, Dativ

Er trinkt *am liebsten* Bier. – Der letzte Ausflug war *am schönsten*.

8. Maßangabe (= *ungefähr*): in dieser Bedeutung hat *an die* keinen Einfluß auf die Deklinationsform des folgenden Nomens. Der Ausdruck steht isoliert vor dem Nomen. Frage *wieviel?, wie viele?*

Gestern waren *an die* fünfhundert Personen im Theater. – Das Auto kostet *an die* sechstausend Mark.

anstatt (Genitiv)

D 57   Stellvertretung, Ersatz, Austausch [→ D 96 *statt*]

Er erhielt für seine Arbeit *anstatt eines* Lohnes nur Worte des Dankes.

auf

D 58   1. Lokal: tatsächliche oder scheinbare Berührung von oben [→D 56, D 98 *über, an*] Frage *wohin?*, Akkusativ bei Verben, die eine Richtung oder ein Ziel bezeichnen, oder zur Signalisierung gleicher räumlicher Beziehungen zwischen Nomen.

Ich lege das Buch *auf den* Tisch. – Wir gehen *auf die* Straße. – Mein Freund steigt *auf den* Berg. – Der Blick *auf das* Gebirge.

Zur Verdeutlichung der Richtung gebraucht man *auf ... zu.*

> Der Gast kam *auf* mich *zu.* – Viele Flugzeuge flogen *auf* die Stadt *zu.* – Die afrikanischen Pferde kommen schon auf mich *zu.* *(Rothe)*

Frage *wo?*, Dativ bei allen übrigen Verben oder zur Signalisierung gleicher räumlicher Beziehungen zwischen Nomen.

> Die Lampe steht *auf dem* Tisch. – Ich bin *auf der* Straße. – Die Bauern arbeiten *auf dem* Feld. – Das Paket *auf dem* Tisch. – Die Taube *auf dem* Dach.

übertragener Gebrauch

> Das Fenster geht *auf die* Straße. – Er ist *auf dem* Heimweg. – Ich treffe meinen Freund *auf seiner* Durchreise durch München am Bahnhof.

2. Temporal: Zeitdauer, bestimmter Zeitpunkt, voraussichtlicher Zeitpunkt. Frage *wie lange?, auf welche Zeit?*, Akkusativ

> Unser Direktor ist *auf* kurze Zeit verreist. – *Auf die* Dauer können wir hier nicht wohnen. – Die Ankunft des Ministers fällt *auf den* 11. Mai. – Dann dachte sie, daß es gestern *auf* den Tag ein Jahr war, daß sie ... *(Domin)*
>
> Man soll seine Arbeit nicht *auf die* letzte Minute verschieben. – In der Nacht vom Sonntag *auf* Montag wurde hier ein Auto gestohlen. – Meine Uhr geht *auf die* Minute genau.

eine relativ lange Zeitdauer bezeichnet *auf ... hinaus*

> Der Professor hat hier noch *auf Jahre hinaus* Arbeit.

Verlauf auf einen bestimmten Zeitpunkt *auf ... zu* [→ D 107.2 *von ... auf*]

> Wir müssen jetzt nach Hause gehen, denn es geht schon *auf* Mitternacht *zu.*

3. Ziel oder Streben: Frage *worauf?*, Akkusativ

> Er *bereitet sich auf die* Prüfung *vor.* – Ich hatte *Appetit auf* Pilze.

4. Glaube oder Vertrauen: Frage *auf wen?* bei Personen, *worauf?*, Akkusativ

> Wir *hoffen auf eine* Nachricht von unseren Eltern. – Er *vertraut auf meine* Ehrlichkeit.

5. Gemütsstimmung: Frage *auf wen?* bei Personen, *worauf?*, Akkusativ

> Ich bin *zornig auf dich.* – Er ist nicht *gut auf mich* zu sprechen. – Er hat eine *Wut auf ihn.* – *Freust* du dich *auf deinen* Urlaub?

6. Art und Weise: Frage *wie?*, Akkusativ

> Er hat mir *auf* Englisch geschrieben. – Sage es mir bitte *auf* Deutsch! – ... *auf jeden* Fall tat sich etwas in der Natur. *(Grass)*

7. Maßbezeichnungen: Frage *auf wieviel?*, Akkusativ

Sein monatlicher Verdienst kommt *auf* 1000 Mark. – Nehmen Sie von dieser Medizin fünf Tropfen *auf einen* Löffel Wasser. – Wir erkannten uns *auf* zwanzig Schritte. *(Grass)*

8. Grundlage im übertragenen Sinn: Frage *auf wen?* bei Personen, *worauf?*, Dativ oder Akkusativ

Er besteht *auf meinem* Besuch. – Sie ist stolz *auf ihre* Arbeit. – Ich verlasse mich *auf dich.*

aus (Dativ)

D 59 1. Lokal: Herkunft, Verlassen, Frage *woher?*, *woraus?* [→ D 107.1 *von*]

Der Herr kommt *aus dem* Haus. – Richard kommt *aus* London. – Wir trinken Kaffee *aus einer* Tasse. – Wir kamen um 10 Uhr *aus dem* Theater. – Ein Student *aus der* Türkei.

übertragener lokaler Gebrauch: Das Nomen folgt meist ohne Artikel. Frage *woher?*

Der junge Mann *stammt aus* guter Familie. – Sie ist ein Kind *aus seiner* ersten Ehe. – Wir haben das Auto *aus* zweiter Hand gekauft.

2. Temporal: zeitlicher Ursprung, Frage *aus welcher Zeit?*

Diese Stadt hat noch Bauwerke *aus dem* Mittelalter. – Sie zeigte uns Bilder *aus ihrer* Kindheit.

3. Grund oder Ursache: Das Nomen folgt ohne Artikel. Frage *warum?*, *weshalb?*

Er hat mir den Brief nur *aus* Höflichkeit geschrieben. – Sie schenkte dem Armen *aus* Mitleid ihr letztes Geld. – Sie tat das nur *aus* Liebe zu ihren Eltern. – Wie man *aus* Erfahrung weiß, macht Reichtum allein nicht glücklich.

4. Ursprungsstoff: Das Nomen folgt ohne Artikel. Frage *woraus?*

Dieser Ring ist *aus* purem Gold. – *Aus welchem* Material besteht dieser Schmuck? – Die Tasche ist *aus* Leder.

5. Trennung

Er ist *aus dem* Berufsleben ausgeschieden. – Ich könnte vor Wut *aus der* Haut fahren. – Dieses Kleid ist schon lange *aus der* Mode gekommen. – Er hat Klavierspielen gelernt, doch ist er *aus der* Übung gekommen.

außer (Dativ)

D 60 1. Lokal: Das Nomen steht ohne Artikel. Frage *wo?* [→ D 34], in festen Verbindungen auch mit Genitiv (dann ist auch Frage *wohin?* möglich).

Mein Vater ist seit zwei Stunden *außer* Hause. – Das Flugzeug kannst du nicht mehr sehen, es ist *außer* Sichtweite. – Er ging *außer* Landes.

2. Modal: außerhalb eines Bereichs oder einer Möglichkeit. Frage *wie?* Das Nomen steht ohne Artikel.

> Der Kranke ist jetzt *außer* Gefahr. – Daß der Arzt den Kranken heilen kann, steht *außer* Frage. – Er ist so schnell gelaufen, daß er jetzt völlig *außer* Atem ist. – Diese Maschine steht schon lange hier, sie ist *außer* Betrieb. – Ich war *außer mir* vor Schreck.

3. Ausnahme: Frage *außer wem?* bei Personen, *außer was?*

> Niemand *außer dir* versteht diese fremde Sprache. – *Außer diesem* Garten habe ich schon alle Grundstücke hier gekauft. – Es gibt nämlich *außer* euch *Männern* auch noch andere Geschöpfe, denen der Rum ... Freude verleiht. *(Hausmann)*

4. Einschließlich: oft hervorgehoben durch *auch, auch noch*

> Auf meiner Reise werde ich *außer* München *auch (noch)* Nürnberg besuchen. – *Außer der* jungen Dame saßen *auch (noch)* drei Herren im Abteil. – Ich möchte *außer diesem* Roman *auch noch* ein anderes Buch kaufen.

außerhalb (Genitiv)

1. Lokal: Frage *wo?*

D 61

> Mein Garten liegt *außerhalb der* Stadt. – Dieser Paß gilt auch für Länder *außerhalb* Europas.

2. Temporal: Zeitraum, Frage *wann?*

> *Außerhalb der* Bürozeit können Sie mich in meiner Privatwohnung sprechen. – Man muß auch *außerhalb der* Unterrichtszeit lernen.

3. Bereich der Möglichkeit

> Die Maßnahmen liegen *außerhalb meines* Einflusses.

bei (Dativ)

1. Lokal: räumliche Nähe ohne Berührung. Frage *wo?* [→ D 56 *an*]

D 62

> Das Hotel liegt *beim* Bahnhof. – Fürth liegt *bei* Nürnberg. – Ich wohne *bei der* Kirche. – Bad Reichenhall liegt *bei* Salzburg.

Anwesenheit bei Personen oder Aufenthalt in deren Haus. Frage *bei wem?, wo?*

> Er lernt *bei der* Firma Müller & Co. – Ich wohne *bei meinen* Eltern. – Er hat den Brief *bei mir* liegen lassen. – Haben Sie Ihren Paß *bei sich?*

Aufenthalt, der einem bestimmten Zweck dient. Frage *wo?*

> Meine Mutter ist jetzt *beim* Bäcker. – Ich war gestern *bei meinem* Direktor. – Der Arzt ist jetzt *bei seinen* Patienten.

Verlauf einer Tätigkeit, Frage *wobei?* [→ D 56 *an*]; *bei* ist nur möglich, wenn es sich nicht um einen Vorgang handelt.

Er ist seit gestern *bei der* Arbeit. – Ich war *bei der* Prüfung sehr aufgeregt.

2. Temporal: Zeitpunkt und Gleichzeitigkeit. Frage *wann?*

Bei meiner Ankunft in Köln holte mich mein Freund von der Bahn ab. – Er hinterließ *bei seinem* Tod vier kleine Kinder. – *Beim* Aufwachen schweben die Hände des Astronauten gefährlich nahe an den Hebeln und Geräten. *(Kluge)*

Zeitdauer und Gleichzeitigkeit, Art und Weise. Frage *wann?*, *wie?*
Das Nomen steht ohne Artikel, wenn es keine nähere Bestimmung hat.

Wir sind gestern *bei* Mondschein spazierengegangen. – Haben Sie Paris schon *bei* Nacht gesehen?

Gleichzeitigkeit zweier Sachverhalte, Frage *wobei?*

In unserer Heimat trinkt man *beim* Essen immer Wasser. – Dürfen wir *bei der* Arbeit singen? – Ich unterhalte mich immer gerne *beim* Tanzen. – Manchmal langweile ich mich *beim* Fernsehen.

3. Geistiger und körperlicher Zustand: Frage *wie?*, *wobei?*
Das Nomen steht ohne Artikel, wenn es keine nähere Bestimmung hat.

Er ist *bei* bester Gesundheit. – *Bei seinem* Fleiß muß er im Leben Erfolg haben. – Wir waren gestern *bei* guter Laune.

4. Zugehörigkeit: Frage *wo?*, *bei wem?*

Herr Müller ist Ingenieur *bei der* Firma Berger & Co. – Ich war Offizier *bei der* Luftwaffe. – Hast du das Zitat *bei* Goethe gelesen?

5. Beteuerung

Ich schwöre *bei* Gott. – *Bei meiner* Ehre, ich sage die Wahrheit.

6. Einschränkung: *bei all*

Bei all seinem Fleiß hat er doch immer wieder Mißerfolg. – Man muß ihn *bei all seinem* Geld noch bemitleiden.

binnen

D 63   Temporal: Zeitraum, Frage *in welcher Zeit?*, Genitiv oder Dativ [→ D 79 *innerhalb*]

Ich bitte Sie, die Rechnung *binnen* drei Wochen zu begleichen. – *Binnen eines* Monats (*einem* Monat) muß ich die Arbeit beenden.

bis (Akkusativ)

1. Lokal: Grenze oder Ziel einer Handlung oder eines Vorgangs sowie das D 64
Ausmaß des Seins. Frage *bis wohin?*

Ich fahre nur *bis* Berlin. – Er war von oben *bis* unten schmutzig.

Meistens steht *bis* vor anderen Präpositionen, die ihrerseits die Deklinationsform des Nomens oder Pronomens bestimmen. Diese Zusammensetzungen
bezeichnen die Bewegung oder Ausdehnung im Raum und geben deren Grenze
an.

Wir steigen *bis zur* Spitze des Berges hinauf. – Er füllt die Gläser *bis zum*
Rand. – Herr Müller begleitet seinen Gast *bis an die* Tür. – Das Wasser
ist so klar, daß man *bis auf den* Grund sehen kann.

2. Temporal: zeitliche Grenze, Frage *bis wann?*

Die Geschäfte sind *bis* 7 Uhr abends geöffnet. – *Bis* Ende des Jahres
muß ich meine Arbeit beendet haben. – Wir können *bis* nächsten Sonntag (*bis elften* Mai, *bis* kommende Woche) hierbleiben.

Meistens steht *bis* vor den Präpositionen *in* oder *zu*, die dann die Deklinationsform bestimmen.

Sein Großvater war *bis ins* hohe Alter gesund. – Die jungen Leute haben
bis in die Nacht getanzt. – Ich muß *bis zum* 15. des Monats die Miete
bezahlen. – Es gab in Deutschland *bis vor* relativ kurzer Zeit keine Dich-
tung der Gegenwart. *(Heigert)*

3. Äußerste Grenze: *bis* steht vor anderen Präpositionen, die die Deklinationsform bestimmen.

Er will für meine Arbeit einen Betrag *bis zu* tausend Mark zahlen. –
Ich habe mich *bis aufs* äußerste angestrengt. – Er ist konservativ *bis in*
die Knochen.

4. Ausnahme: *bis auf*, Akkusativ [→ D 60 *außer*]

Jetzt sind alle Gäste *bis auf* einen gekommen. – Bei der Katastrophe sind
alle *bis auf* zwei Kinder umgekommen.

dank (Genitiv oder Dativ)

Kausal: Frage *warum?* D 65

Dank des unermüdlichen Einsatzes der Feuerwehr konnte der Brand bald
gelöscht werden. – *Dank seinem* Fleiß bestand er die Prüfung gut.

diesseits (Genitiv)

Lokal: Lage auf der Seite, auf der man sich befindet. Frage *wo?* [→ D 80] D 66
Diesseits des Tales liegt ein schönes Schloß.

durch (Akkusativ)

D 67   1. Lokal: Bewegung im Raum von einer Seite zur anderen, von einem Ende zum anderen, oder die Stelle, an der man in einen Raum eintreten kann. Frage *wo?*

Ich gehe *durch den* Park. – Er schwamm *durch den* Fluß. – Wir reisen *durch* Deutschland. – Der Dieb stieg *durchs* Fenster ins Haus ein.

2. Temporal: die ganze Zeitdauer, Frage: *wie lange?*. Die Präposition folgt dem Nomen. Oft gebraucht man auch die längere Form *hindurch*.

Der Mann mußte *sein* ganzes Leben *durch (hindurch)* schwer arbeiten. – Es regnete letztes Jahr *den* ganzen Sommer *durch (hindurch)*. – Ich könnte *den* ganzen Tag *hindurch* schlafen.

Selten steht die Präposition auch vor dem Nomen. Man kann sie auch noch mit *hindurch* erweitern, das dem Nomen folgt.

Durch viele Jahre *(hindurch)* müssen die Eltern für ihre Kinder sorgen.

Vorüber: Uhrzeit, Frage *wieviel Uhr?*, *wie spät?*

Es ist drei Uhr *durch*.

3. Ursache: Frage *wodurch?*

Er wurde *durch einen* Unfall verletzt. – Die Stadt wurde *durch ein* Erdbeben zerstört. – Ich habe *durch die* Zeitung von dem Unfall erfahren.

4. Vermittler, Mittel: Frage *durch wen?* bei Personen, *wodurch?*

Ich habe das Zimmer *durch einen* Freund gefunden. – Er muß seinen Lebensunterhalt *durch* Handarbeit verdienen. – Das Konzert wurde *durch den* Rundfunk übertragen. – Wir haben das Geheimnis *durch eine* List erfahren. – Die Nachricht wurde *durch einen* Boten überbracht.

entgegen (Dativ)

D 68   Gegensatz: Die Präposition kann auch manchmal dem Nomen folgen.

Entgegen meinen Erwartungen war das Wetter gestern schön. – *Entgegen der* Bitte seines Freundes sprach er doch mit dessen Vater.

entlang

D 69   Lokal: gleicher Verlauf, Frage *wo?*, *wo entlang?*
Dativ oder Genitiv, wenn die Präposition vor dem Nomen steht

Entlang des Zaunes stehen schöne Bäume. – Siehst du die Häuser *entlang der* Straße?

Akkusativ, wenn die Präposition hinter dem Nomen steht

Den Zaun *entlang* stehen schöne Bäume. – *Die* ganze Straße *entlang* sieht man viele moderne Häuser.

für (Akkusativ)

D 70

1. Temporal: Zeitraum, zeitliche Reihenfolge, Regelmäßigkeit. Frage *wann?*, *für wie lange?*, *wie oft?*

> Darf ich Sie *für einen* Augenblick sprechen? – Er will hier *für immer* wohnen bleiben. – Tag *für* Tag denkt er an seine Eltern.

2. Zweck oder Ziel: Frage *wofür?*

> Ich bereite mich *für die* Prüfung vor. – Interessieren Sie sich *für* moderne Musik?

3. Vorteil oder Nachteil: Frage *für wen?* bei Personen, *wofür?*

> Er arbeitet *für seine* Familie. – Willst du *für mich* sorgen? – Diese Arbeit ist zu schwer *für ihn*. – Zigaretten sind nichts *für* Kinder. – Schlafen ist gut *für die* Gesundheit.

4. Reihenfolge: Frage *wie?*, *für* steht zwischen zwei gleichen Nomen, die keinen Artikel haben.

> Ich habe den Brief Satz *für* Satz ins Deutsche übersetzt. – Wir gingen im Unterricht Schritt *für* Schritt vor.

5. Qualifikation: Frage *für wen?* bei Personen, *wofür?*

> Es ist falsch, die Götter *für* alles verantwortlich zu machen. *(Hildesheimer)* – Er ist *für diese* Arbeit nicht geeignet.

6. Stellvertretung: Frage *für wen?*

> Ich werde *für dich* den Brief schreiben. – Geh du *für mich* zum Direktor!

7. Vergleich

> *Für einen* Ausländer sprechen Sie sehr gut Deutsch. – Er versteht *für einen* Laien viel von der Sache.

8. Gegenmittel: Frage *wofür?* [→ D 71 *gegen*]

> Hier habe ich gute Tabletten *für* Magenschmerzen. – *Für seine* Krankheit gibt es kein Mittel.

9. Preis, Menge, Ersatz: Frage *für wieviel?*

> Ich habe das Auto *für* 5000 Mark gekauft. – Geben Sie mir *für* 80 Pfennig Äpfel. – *Für seine* Freundlichkeit erfuhr er nur Undank.

gegen (Akkusativ)

D 71

1. Lokal: Bewegung in eine Richtung bis zur Berührung. Frage *gegen wen?* bei Personen, *wogegen?*

> Die Soldaten marschierten *gegen den* Feind. – Das Auto fuhr *gegen den* Baum. – Und nun zog man *gegen* Troja. *(Hildesheimer)*

Richtung, oft verstärkt durch *hin*, das dem Nomen folgt

> Wir fuhren *gegen* Süden. – Wir bemerkten *gegen die* See *hin* viele Wolken. – Die Fußballmannschaft mußte *gegen den* Wind spielen.

2. Temporal: nicht genau bestimmter Zeitraum mit zeitlicher Grenze; Frage *um wieviel Uhr?*, *gegen wieviel Uhr?*, *wann?*

> Kommen Sie *gegen* 6 Uhr in mein Büro! – Ich reise *gegen* Ende des Jahres nach Frankreich.

3. Verhalten: Frage *gegen wen?* bei Personen, *wogegen?*

> Du bist immer so unfreundlich *gegen den* armen Mann. – Der Vater ist streng *gegen seinen* Sohn. – Sie kämpften *gegen den* Feind. – Wir haben ein gutes Mittel *gegen* Rheumatismus.

4. Gegensatz: Frage *gegen wen?* bei Personen, *wogegen?*

> Ich bin *gegen diesen* Vertrag. – Wir sind *gegen* Sonntagsarbeit.

5. Vergleich

> Du bist reich, aber *gegen diesen* Mann bist du arm. – *Gegen* früher stehen jetzt viel mehr Häuser in dieser Straße. – Sie ist jung *gegen mich*.

6. Austausch: Frage *wogegen?*

> Er möchte sein Motorrad *gegen einen* Fotoapparat tauschen. – Ich wette eins *gegen* 10, daß ich recht habe. – Zahlen Sie *gegen diesen* Scheck 1000 Mark!

7. Ungefähre Zahl: Frage *wieviel?*, *wie viele?* [→ D 56.8 *an die*]

> Gestern waren *gegen* hundert Personen im Saal. – Sie ist *gegen* 30 Jahre alt.

gegenüber (Dativ)

D 72   1. Lokal: die Lage auf der anderen Seite, Frage *wo?*

> *Gegenüber dem* Bahnhof steht ein modernes Hotel.

Meistens folgt die Präposition dem Nomen. Bei Personalpronomen steht die Präposition immer hinter dem Pronomen.

> *Dem* Bahnhof *gegenüber* steht ein modernes Hotel. – Ich saß *dem* Ehrengast *gegenüber*. – Wo bist du jetzt? – In einem kleinen Lokal. Es liegt *dem* Theater *gegenüber*. *(Hirche)*

2. Verhalten: Frage *wem gegenüber?*. Die Präposition steht meist hinter dem Nomen, immer hinter einem Personalpronomen.

> Er ist alten Leuten *gegenüber* immer freundlich. – Mir *gegenüber* ist er immer hilfsbereit. – Ich bin *seinem* Plan *gegenüber* skeptisch.

3. Vergleich: Frage *wem gegenüber?*. Die Präposition steht hinter dem Nomen.

Ein Autofahrer ist *einem* Motorradfahrer *gegenüber* im Vorteil. – Ein Mann hat *einer* Frau *gegenüber* bessere Berufsaussichten.

gemäß (Dativ)

Übereinstimmung: Die Präposition kann vor oder hinter dem Nomen stehen. Sie steht immer hinter einem Pronomen (Amtssprache). **D 73**

Gemäß den Bestimmungen ist das Befahren dieser Straße mit Kraftfahrzeugen über 3,5 t verboten. – *Den* Bestimmungen *gemäß* dürfen hier keine Motorräder fahren.

halber (Genitiv)

Grund: Frage *warum?, weshalb?*. Die Präposition folgt dem Nomen. **D 74**

Dieses Haus ist besonderer Umstände *halber* zu verkaufen. – Er fährt *seiner* Gesundheit *halber* an die See.

hinter

1. Lokal: die Lage oder Bewegung an der Rückseite eines Raumes, einer Fläche, oder eines Körpers. **D 75**
Frage *wohin?*, Akkusativ bei Verben, die eine Richtung oder ein Ziel bezeichnen und als Richtungsattribut bei Nomen.

Ich gehe *hinter das* Haus. – Sieh *hinter dich!* – Stelle dich *hinter deinen* Freund! – Ein Blick *hinter die* Kulissen.

Frage *wo?*, Dativ bei allen übrigen Verben und als Lageattribut bei Nomen.

Der Garten liegt *hinter dem* Haus. – Du stehst *hinter deinem* Freund. – Ein Mann kommt *hinter mir* her. – Wer ist die Frau *hinter dir?*

2. Temporal: Rückständigkeit, *hinter ... zurück*, Dativ

Die Stadt ist *hinter der* Zeit *zurück*. – Der Politiker ist mit seinen Ansichten *hinter seiner* Zeit *zurück*.

3. Unterstützung, Hilfe: Dativ

Der Politiker hat seine Partei *hinter sich*. – *Hinter diesen* Forderungen stehen alle leitenden Mitarbeiter.

4. Unterlegenheit, Unkenntnis: Dativ

Wir wollen nicht *hinter euch* zurückstehen. – Er ist *hinter dem* Mond (idiom.).

in

1. Lokal: die Lage oder Bewegung in einem Raum, einer Fläche oder einem Körper, ebenso die Bewegung von außen in einen Raum, eine Fläche oder einen Körper.

Frage *wohin?*, Akkusativ bei Verben, die eine Richtung oder ein Ziel bezeichnen, ferner vor Ländernamen mit Artikel oder Richtungsattribut bei Nomen.

> Ich werfe den Ball *in die* Luft. – Wir gingen oft *ins* Theater. – Die Wespe stach ihn *in den* Arm. – Wir schreiben die Regeln *ins* Heft. – Wir fahren *in die* Türkei. – Ihm blieb nur die Flucht *in die* Arbeit.

Frage *wo?*, Dativ bei allen übrigen Verben oder Lageattribut bei Nomen.

> Der Tisch steht *im* Zimmer. – Heute abend ist Tanz *im* Café Meran. – Die Regeln stehen *in dem* Buch. – Er hat eine Narbe *im* Gesicht.

2. Temporal: Zeitpunkt, Frage *wann?*, Dativ

> Wir haben die Nachricht *in* letzt*er* Minute erhalten. – Mitten *in der* Nacht begannen die Glocken zu läuten.

Frist, Frage *wann?*, Dativ

> Kommen Sie *in einer* Woche wieder! – Ich zahle *in einem* Monat.

Zeitdauer, Frage *wann?*, Dativ

> Er war *in seiner* Kindheit oft krank.

Altersangabe, Frage *in welchem Alter?*, Dativ [→ D 84 *mit*]

> Er ist *in* hohem Alter gestorben.

Angabe für Jahre, Jahreszeiten und Monate, Frage *wann?*, *in welchem Jahr?*, *in welcher Jahreszeit?*, *in welchem Monat?*, Dativ*)

> *Im Jahre* 1918 wurde Deutschland Republik. – *Im* Frühling blühen die ersten Blumen. – Unsere Ferien beginnen *im* Juli.

3. Zustand oder Tätigkeit: Frage *worin?*, Dativ

> Der Schüler ist *in* Mathematik gut. – Ich bin *in dieser* Arbeit nicht erfahren.

4. Veränderung eines Zustands oder einer Tätigkeit: Akkusativ

> Ich habe den Brief *ins* Deutsche übersetzt. – Peter hat sich *in ein* Mädchen verliebt. – Bist du *in seine* Dienste getreten? – Warum habt ihr euch *in* Gefahr begeben? – Morgen tritt das Gesetz *in* Kraft. – Mein Freund ist *in* Schulden geraten.

5. Art und Weise: Frage *wie?*, Dativ

> Du mußt mir alles *im* einzelnen erklären. – Er schimpfte *in* voller Wut auf mich. – Er antwortete mir *in* freundlichem Ton.

---

*) Jahreszahlen, die keine weiteren Attribute haben, stehen ohne die Präposition *in*: Goethe ist 1749 geboren.

256

infolge (Genitiv)

Folge: Frage *wie?*

D 77

Infolge des Streiks war der gesamte Verkehr lahmgelegt.

inmitten (Genitiv)

Lokal: Frage *wo?*

D 78

Inmitten des Sees liegt eine kleine Insel. – Der Lehrer steht *inmitten seiner* Schüler.

innerhalb (Genitiv)

1. Lokal: Raum, Frage *wo?*

D 79

Innerhalb dieser Stadt gibt es viele Parks.

2. Temporal: Zeitraum, Frist; Frage *in welcher Zeit?*, *innerhalb welcher Zeit?*

Innerhalb eines Monats werde ich meine Arbeit beenden. – Zahlen Sie *innerhalb einer* Woche!

Man gebraucht den Dativ, wenn der Genitiv nicht erkennbar ist.

Er hat sich *innerhalb* fünf Jahre*n* ein Vermögen erworben.

Ist weder der Genitiv noch der Dativ erkennbar, gebraucht man zusätzlich die Präposition *von*.

Ich zahle *innerhalb von* drei Wochen.

jenseits (Genitiv)

Lokal: die andere Seite, Frage *wo?* [→ D 66 *diesseits*]

D 80

Jenseits des Flusses steht ein großer Bauernhof.

Jenseits kann auch mit der Präposition *von* verbunden sein.

Das ist *jenseits von* Gut und Böse.

kraft (Genitiv)

Mittel (Amtssprache)

D 81

Er hat *kraft seines* Amtes viele Vollmachten. – Er wurde *kraft des* Gesetzes zu drei Jahren Gefängnis verurteilt.

längs (Genitiv)

Lokal: gleicher Verlauf, Frage *wo?* [→ D 69 *entlang*]

D 82

Längs der Straße stehen viele schöne Bäume. – Wir fahren *längs der* Küste. – Die Straße verläuft *längs des* Flußufers.

Man gebraucht den Dativ, um das Zusammentreffen zweier Genitive zu vermeiden.

Die Straße verläuft *längs dem* rechten Ufer des Flusses.

laut (Dativ oder Genitiv)

D 83 Übereinstimmung (Amtssprache): Das Nomen steht meist ohne Artikel und ohne Deklinationsendung.

Laut Gesetz vom 12. Mai 1927 sind Sie verpflichtet, dem Finanzamt folgende Abgaben zu entrichten. – Ich übersende Ihnen *laut Rechnung* vom 5. 3. 1969 den Betrag von DM 255,—. – *Laut ärztlichem* Gutachten muß er ein Sanatorium besuchen.

mit (Dativ)

D 84 1. Lokal: gleiche Richtung, Frage *in welche Richtung?, wie?*

Unser Boot fuhr *mit dem* Strom. – Wir flogen *mit dem* Wind.

2. Temporal: Zeitpunkt, Frist, Gleichzeitigkeit, Frage *wann?* [→ D 76.2 *in*]

Er machte *mit* 25 Jahren sein Doktorexamen. – *Mit der* Zeit lernt man viele Probleme verstehen. – Die Natur ändert sich *mit der Jahreszeit.* – *Mit der* Morgendämmerung beginnt der Tag.

3. Beziehungen zwischen Personen, Sachen und Begriffen (Zusammensein, Gemeinschaft, Gegenseitigkeit, Besitz, Zubehör); Frage *mit wem?* bei Personen, *womit?*

Ich bin *mit ihm* befreundet. – Wir unterhalten uns *mit dem* alten Mann. – Ich streite mich nicht *mit dir.* – Peter ist *mit der* Tochter des Kaufmanns verheiratet. – Warum vergleichst du mich immer *mit seinem* Bruder? – Hast du *mit deinem* Freund den Platz getauscht? – Er beschäftigt sich viel *mit* Mathematik. – Ich habe mir *mit dieser* Arbeit viel Mühe gegeben. – Wir suchen ein Zimmer *mit* Frühstück. – Ich esse Ei *mit* Schinken gern. – Er wohnt *mit seinem* Freund bei seinem Onkel. – Dort stehen viele Autos *mit* Soldaten. – Das Mädchen *mit den* blonden Haaren wurde *mit* Blumen geschmückt.

4. Mittel oder Instrument: Frage *womit?*

Er fährt *mit dem* Auto nach München. – Ich schreibe *mit der* Schreibmaschine. – Du mußt das Fleisch *mit dem* Messer schneiden.

5. Art und Weise: Frage *wie?*

Mit Freundlichkeit erreicht man im Leben mehr. – Paul hat mich *mit der* Absicht besucht, mit mir über sein Geschäft zu sprechen. – Kannst du das Haus dort oben auf dem Berg *mit dem* bloßen Auge erkennen? – Unterschreiben Sie den Scheck *mit Ihrem* Vor- und Familiennamen! – Nomen beginnen immer *mit* Großbuchstaben. – Das Auto fuhr *mit* hoher

Geschwindigkeit auf der Straße. – Du hast dein Ziel *mit* großem Erfolg erreicht. – *Mit* herzlichen Grüßen bin ich Dein Karl. – Ich habe das Zimmer *mit* monatlicher Kündigung gemietet.

mitsamt (Dativ) → **samt**

mittels (Genitiv)

Mittel: Frage *wie?*   D 85

Die Waren können *mittels eines* Aufzugs nach oben befördert werden.

nach (Dativ)

1. Lokal: Richtung auf ein Ziel bei Ortsnamen, bei Ländernamen ohne Artikel,   D 86
Himmelsrichtungen und Lokaladverbien; Frage *wohin?* [→ D 76, D 113 *in, zu*]

Er fährt *nach* England*). – Im Sommer fahren viele Touristen *nach dem* Süden. – Geht das Fenster *nach* Osten? – Der Ballon steigt *nach* oben. – Wir schauen *nach* allen Seiten. – Der Weg führt *nach* Rothenburg.

2. Temporal: zeitliche Folge, Frage *wann?*

Nach Regen folgt Sonnenschein. – *Nach dem* Essen gehe ich immer spazieren. – *Nach mir* die Sintflut! – *Nach* Büroschluß können Sie mich in meiner Privatwohnung sprechen. – Es ist jetzt 10 Minuten *nach* 5 Uhr. – Ich habe meinen Freund *nach* 20 Jahren wiedergesehen.

3. Ziel einer Bemühung, Objekt des Interesses, Frage *wonach?*

Er hat sich *nach der* Abfahrt des Zuges erkundigt. – Die Mutter geht in die Küche und sieht *nach dem* Essen. – Ich habe den Wunsch *nach* Ruhe. – Er sucht *nach einem* Buch, nach dem er gut Deutsch lernen kann [→ D 86.5]. – Der Vater telefoniert *nach einem* Arzt.

4. Reihenfolge

Nach dem Direktor sind Sie der wichtigste Mann in dieser Fabrik. – *Nach* Berlin ist Hamburg die größte Stadt in Deutschland.

5. Vorbild oder Muster: Frage *nach wem?* bei Personen, *wonach?*

Er zeichnet *nach der* Natur. – Der Sohn ist *nach dem* Vater geraten. – Ich richte mich ganz *nach Ihnen.*

6. Übereinstimmung mit der Informationsquelle [→ D 73, D 83 D 114 *gemäß, laut, zufolge*]. Die Präposition kann vor oder hinter dem Nomen stehen.

Seinem Brief *nach* (*nach seinem* Brief) wird er morgen hier ankommen. – *Deutschem* Recht *nach* (*nach* deutschem Recht) ist diese Sache strafbar. *Nach den* letzten Berichten ist der Streik beigelegt worden. – *Nach meiner* Uhr ist es jetzt genau 4 Uhr.

---

*) aber: er fährt *in die* Schweiz, *in die* Türkei, *in die* Tschechoslowakei [→ D 76].

7. Art und Weise

Nehmen Sie von den Prospekten *nach* Belieben. – Ich erkläre Ihnen *nach* bestem Wissen und Gewissen, daß ...

8. Sinneswahrnehmung: Frage *wonach?*. Das Nomen steht ohne Artikel, wenn es keine nähere Bestimmung hat.

Hier riecht es *nach* Fisch. – Der Wein ist nicht gut, er schmeckt *nach* Faß. – Sieht es heute *nach* gutem Wetter aus? – Es sieht nicht *danach* aus.

Die Präposition kann in einigen Fällen dem Nomen nachgestellt werden, wenn ihm ein Kasusmorphem vorausgeht. So z. B. bei Ziff. 5, 6 und 7.

meine*r* Erfahrung *nach*, seine*r* Ansicht *nach*, de*m* Namen *nach*, deine*m* Verhalten *nach*, de*r* Reihe *nach*.

nächst (Dativ)

D 87   Lokal: unmittelbare Nähe, Frage *wo?*

Nächst dem Bahnhof steht ein modernes Hotel.

neben

D 88   Lokal: seitliche Nähe ohne Berührung [→ D 56 *an*]
Frage *wohin?*, Akkusativ bei Verben, die eine Richtung oder ein Ziel bezeichnen.

Stellen Sie den Stuhl *neben das* Fenster. – Man baut eine Garage *neben das* Haus. – Der Motorradfahrer fährt *neben den* Wagen meines Freundes.

Frage *wo?*, Dativ bei allen übrigen Verben und zur Signalisierung des Lokalattributs bei Nomen.

Neben dem Hotel ist eine Bäckerei. – Wir gingen durch die Stadt, und mein Freund ging *neben mir*. – Das Haus *neben uns* steht leer.

nebst (Dativ)

D 89   Zubehör: Das Nomen folgt meistens ohne Artikel.

Der Fotoapparat *nebst* Tasche kostet nur 250 DM.

ob (Genitiv)

D 90   Grund (veraltet)

Er tadelte sie *ob ihrer* Faulheit.

oberhalb (Genitiv)

D 91   Lokal: obere Seite, Frage *wo?*

Oberhalb des Tales liegt ein einsamer Bauernhof.

ohne (Akkusativ)

1. Ausschluß, Fehlen, Mangel: Frage *ohne wen?, ohne was?*   D 92
Das Nomen folgt ohne Artikel, wenn es nicht näher bestimmt ist.

> Er ist seit zwei Jahren *ohne* Arbeit. – *Ohne* Geld kann man nicht existieren. – Er hat sie *ohne* Grund beleidigt. – Ihr arbeitet *ohne* Erfolg. – *Ohne meinen* Bruder fühle ich mich sehr einsam.

Ausnahme: Frage *ohne was?* = *ausgenommen, nicht gerechnet*

> Das Essen kostet 4,55 Mark *ohne* Getränke. – Das Zimmer kostet *ohne* Heizung 80 DM.

2. Irrealer Ausdruck *(= wenn ... nicht gewesen wäre)*: Frage *ohne wen?, ohne was?*. Das Verb steht im Konjunktiv II.

> *Ohne meinen* Freund hätte ich keine Arbeit gefunden. – Er könnte *ohne seine* Frau nicht leben. – *Ohne* Hilfe dieses guten Rechtsanwalts säße er jetzt im Gefängnis.

samt, mitsamt (Dativ)

Zusammensein, Zugehörigkeit, Zubehör. Das Nomen steht meistens ohne   D 93
Artikel.

> Der Fischdampfer ist bei dem Sturm *samt* Mannschaft gesunken.

seit (Dativ)

Temporal: Zeitdauer, Zeitraum. Der Beginn des Zeitraums liegt in der Vergangenheit. Frage *seit wann?*   D 94

> Ich wohne schon *seit* sechs Jahren in dieser Stadt. – Er hat seinen Freund *seit seiner* Kindheit nicht mehr gesehen. – Peter liegt *seit* vier Tagen im Krankenhaus.

Zeitpunkt in der Vergangenheit, den man als Beginn eines Zeitraums ansieht. Frage *seit wann?*

> Es regnet schon *seit* Montag. – Ich wohne *seit dem* 1. Mai 1953 in dieser Stadt. – *Seit wann* sind Sie in Deutschland? Ich bin *seit* letzten Sommer hier.

seitens (Genitiv)   D 95

Urheber (Amtssprache)

> *Seitens des* Gerichts ist in dieser Sache nichts unternommen worden. – *Seitens meines* Bruders sind keine Schwierigkeiten zu erwarten.

statt (Genitiv)

D 96   Ersatz oder Ausgleich [→ D 57 *anstatt*]

Er schickte mir *statt des* Briefes nur eine Postkarte. – *Statt seines* Vaters kam sein Onkel.

Wenn der Genitiv nicht erkennbar ist, steht der Dativ.

Statt Worte*n* will ich Taten sehen.

trotz

D 97   1. Ohne Rücksicht auf: Genitiv oder Dativ

Trotz des schlechten Wetters gingen heute viele Leute zum Stadion. – *Trotz dem* schlechten Wetter gingen heute viele Leute zum Stadion.

2. Konzessiv: Genitiv

Doch selbst Bebra hatte *trotz* direkter Abstammung vom Prinzen Eugen seine Fassung verloren. *(Grass)*

über

D 98   1. Lokal: höhere Lage über einem Punkt ohne Berührung, Ausbreitung über eine Fläche oder einen Raum [→ D 58 *auf*].

Frage *wohin?*, Akkusativ bei Verben, die eine Richtung oder ein Ziel bezeichnen und zur Signalisierung gleicher Beziehungen zwischen Nomen.

Ich hänge das Bild *über das* Sofa. – Ein Gewitter zog *über das* Land. – Das Flugzeug fliegt *über die* Stadt.

Frage *wo?*, Dativ bei allen übrigen Verben und zur Signalisierung gleicher Beziehungen zwischen Nomen.

Die Lampe hängt *über dem* Tisch. – Das Flugzeug fliegt *über der* Stadt (d. h. es verläßt den Raum *über der* Stadt nicht).

Durchquerung: Frage *wohin?*, Akkusativ

Das Boot fährt *über den* See. – Täglich fahren viele Schiffe *über die* Ozeane.

Jenseitige Lage, die Lage auf der anderen Seite; Frage *wo?*, Dativ, Frage *wohin?*, Akkusativ

Das Gasthaus liegt *über dem* Fluß. – Der Dieb ist mit dem Geld *über* alle Berge (idiomatisch: weit fort).

Wegangabe, Reiseroute, Frage *wie?*, Akkusativ

Ich bin *über* Stuttgart nach Frankfurt gefahren. – Wir reisen *über* Österreich und Jugoslawien nach Griechenland. – Wir fahren *über den* Paß nach Österreich.

2. Temporal: Überschreitung einer zeitlichen Grenze, Frage *wie lange?*, Akkusativ

Die Konferenz dauert schon *über* zwei Stunden. – Er studierte *über* sechs Jahre Medizin. – Er ist schon drei Tage *über die* festgesetzte Zeit fort. – Wir sind schon *über ein* Jahr in dieser Schule. – Der Herr muß schon *über* 60 Jahre alt sein.

Ende eines Zeitraums: Frage *wann?*, Akkusativ

Ich besuche dich morgen *über eine* Woche. – *Übers* Jahr werden sie heiraten.

Zeitdauer: Frage *wie lange?*, Akkusativ. Die Präposition folgt dem Nomen [→ D 67.2 *durch, hindurch*].

Wir hatten *den* ganzen Winter *über* viel Schnee. – Er hat *die* Nacht *über* gearbeitet. – Mein Bruder arbeitet *das* ganze Jahr *über* auf dem Land.

Uhrzeit *(= nach)*: Frage *wieviel Uhr?, wie spät?*

Es ist schon 10 Minuten *über* 5 Uhr. – Es ist ein Viertel *über* acht Uhr [→ D 86.2 *nach*].

3. Thema: Frage *über wen?* bei Personen, *worüber?*, Akkusativ

Er sprach *über seine* Reise. – Hier ist ein Roman *über das* Leben des Komponisten. – Hält er einen Vortrag *über* Philosophie? – Wir haben uns *über* Mode unterhalten. – Was denken Sie *über die* Politik? – So dürfen Sie nicht *über die* Leute urteilen!

4. Ursache einer Gemütsbewegung: Frage *über wen?* bei Personen, *worüber?*, Akkusativ

Sie lachte *über den* Witz. – Wir freuen uns *über das* schöne Wetter. – Er ist zornig *über seinen* Mißerfolg. – Sie ist glücklich *über ihre* Heirat. – Machen Sie sich nicht *über* andere Leute lustig!

5. Wiederholung: Frage *wieviel?, wie viele?*, Akkusativ. *über* steht zwischen zwei gleichen Nomen ohne Artikel.

Das Kind stellt Fragen *über* Fragen. – Er machte Schulden *über* Schulden.

6. Genauer Geldbetrag: Frage *über wieviel?*, Akkusativ

Er gab mir eine Rechnung *über* 50 Mark. – Hier ist eine Quittung *über* 10 Mark.

7. Jenseits einer bestimmten Grenze, eines bestimmten Maßes *(= mehr als)*, Akkusativ

Er hat *über* 5000 Mark gewonnen. – Sie liebt ihre Heimat *über* alles. – Der alte Mann arbeitet *über seine* Kräfte. – Dieses Buch ist *über* alles Lob erhaben. – Das Haus kostet *über* 100000 Mark.

um (Akkusativ)

D 99 1. Lokal: Lage oder Bewegung (im Kreis) um einen Ort oder Punkt. Frage *wohin?*; wenn eine Richtung oder ein Ziel signalisiert wird, Frage *wo?*

> Wir sitzen *um den* Tisch. – Die Straße geht *um die* Stadt. – Das Rad dreht sich *um seine* Achse. – Sieh *um dich!*

Seitliche Lage oder Richtung, die vor einem liegt; besonders bei Straßenecken. Frage *wohin?, wo?*

> Er geht *um die* Ecke. – Das Hotel steht rechts *um die* nächste Straßenecke. – Das Auto fährt *um die* Kurve.

Man verdeutlicht die Präposition *um* durch *herum*, das dem Nomen oder Pronomen folgt.

> Wir sitzen *um* den Tisch *herum*. – Die Straße geht *um* die Stadt *herum*.

2. Temporal: ungefähre Zeit; Frage *wann?* [→ D 71.7 *gegen*]

> *Um* Ostern bekommen wir wieder Besuch. – Der Kaiser lebte *um* Christi Geburt. – *Um die* Jahrhundertwende kamen meine Eltern in diese Stadt. – Ich bin morgen *um diese* Zeit wieder zu Hause.

Wenn man die Unbestimmtheit hervorheben will, gebraucht man *herum*, das dem Nomen folgt.

> Er besucht uns *um* Ostern *herum*. – Ich bin morgen *um diese* Zeit *herum* wieder zu Hause.

Genaue Uhrzeit: Frage *um wieviel Uhr?*

> Der Zug fährt *um* 15 Uhr 35 ab. – Der Unterricht beginnt *um* 9 Uhr 15. – *Um* Viertel vor 8 kommt Hans.

Ungefähre Uhrzeit *um … herum*; Frage *um wieviel Uhr herum?* [→ D 71.7 *gegen*]

> Ich komme *um* 9 Uhr *herum* wieder nach Hause. – Der Unfall ereignete sich gestern *um* 8 Uhr *herum*.

3. Ziel oder Zweck: Frage *um wen?* bei Personen, *worum?*

> Er bat mich *um das* Buch. – Wir spielten gestern *um* Geld. – Die Mutter sorgt sich *um ihr* Kind. – Der Lehrer kümmert sich *um seine* Schüler. – Ich beneide dich *um dein* neues Auto. – Der Kampf *ums* Dasein ist für alle schwer. – Er lief *um sein* Leben. – Hier geht es *um* viel Geld.

4. Gewinn oder Verlust: Frage *worum?*

> Sein Freund ist bei einem Unfall *ums* Leben gekommen. – Er hat mich *um mein* Geld gebracht. – Der Arzt hat sich *um das* Wohl der Kranken verdient gemacht.

5. Reihenfolge [→ D 70.4 *für*]

> Jahr *um* Jahr vergeht. – Er besucht mich einen Tag *um den* anderen. – Bei dem letzten Spiel gewann er Zug *um* Zug.

6. Wertangabe: Frage *um wieviel?*

Das Klavier ist *um* 400 Mark zu verkaufen. – Ich habe *um* 6 Mark Obst gekauft.

7. Unterschied: Frage *um wieviel?*, *um wie viele?*

Das Thermometer ist seit gestern *um* 5 Grad gefallen. – Sein Auto ist *um* 1000 Mark teurer als meins. – Die Tochter ist nur *um* 19 Jahre jünger als die Mutter. – Wir kamen *um eine* Stunde zu spät.

8. Ungefähre Zahl: Frage *wieviel?*, *wie viele?* Das Nomen steht meistens mit dem bestimmten Artikel [→ D 56.8 *an die*].

Es waren gestern nur *um die* hundert Personen hier.

um ... willen (Genitiv)

Grund, Vorteil für eine Person oder Sache: Frage *warum?*   D 100

Um seines Erfolges *willen* vernachlässigte er seine Gesundheit. – Die Frau opferte *um der* Gesundheit ihrer Kinder *willen* ihr ganzes Vermögen.

ungeachtet (Genitiv)

Ohne Rücksicht auf [→ D 97 *trotz*]   D 101

Ungeachtet der Schwierigkeiten lernte er die deutsche Sprache sehr gut.

unter

1. Lokal: tiefere Lage oder Bewegung unter einer Fläche, einem Körper oder   D 102
einem Punkt.
Frage *wohin?*, Akkusativ, wenn eine Richtung oder ein Ziel bezeichnet wird.

Sie stellte die große Vase *unter das* Fenster. – Er legte den Teppich *unter den* Tisch.

Frage *wo?*, Dativ bei allen übrigen Verben und zur Signalisierung ähnlicher Beziehungen zwischen Nomen.

Wir saßen zusammen *unter einem* Baum. – Ich bin 10 Meter *unter* Wasser geschwommen. – Sie trägt die Tasche *unter dem* Arm.

Personengruppe als Lokalangabe; Frage *wo?*, Dativ; *wohin?*, Akkusativ

Es war große Freude *unter den* Kindern. – Bebra ... war selbst *unters* Fußvolk geraten. *(Grass)* – Aphrodite, ... die ihm den Besitz der schönsten Frau *unter* den Sterblichen versprochen hatte. *(Hildesheimer)*

2. Temporal: Zeitpunkt oder Zeitraum, Frage *wann?*, Dativ

Ich habe Ihren Brief *unter dem* 12. dieses Monats erhalten (Geschäftsstil!). – Er lebte *unter (der* Zeit) Kaiser Friedrich(s). – Ich besuche meinen Freund oft *unter der* Woche.

3. Gleichzeitigkeit, Frage *wie?*, Dativ

> Die Soldaten marschierten *unter dem* Jubel der Bevölkerung in die Stadt ein. – Er hat die Arbeit *unter großen* Schwierigkeiten beenden können.

4. Art und Weise: Dativ

> Wir müssen die Arbeit *unter allen* Umständen beenden. – *Unter welchen* Bedingungen wollen Sie das Haus verkaufen? – Er wurde *unter dem* Verdacht des Diebstahls verhaftet.

5. Geringeres Maß, geringerer Wert, geringere Stellung: Dativ

> Ich suche ein Zimmer *unter* 90 Mark Miete. – Es waren nur *unter* hundert Zuschauer im Theater. – Das ist *unter meiner* Würde.

6. Zugehörigkeit: Akkusativ oder Dativ [→ D 102.1]

> Er geht *unter die* Soldaten. – Wir waren gestern den ganzen Tag *unter uns*. – *Unter den* Schülern gibt es viele Ausländer. – *Unter deinen* Büchern gibt es viele interessante Romane.

7. Auswahl: Dativ

> Er hat die Wahl *unter vielen* Möglichkeiten.

Bei vielen Nomen in übertragener Bedeutung: Akkusativ bei Richtungsverben, Dativ bei allen übrigen Verben.

> Wir arbeiteten *unter einem* fähigen Ingenieur. – Er steht *unter* (der) Kontrolle der Polizei. – Die Tat fällt *unter die* Amnestie. – Der Fahrer des Wagens stand *unter dem* Einfluß von Alkohol.

unterhalb (Genitiv)

D 103   Lokal: untere Lage, Frage *wo?*

> *Unterhalb des* Daches befindet sich der Speicher.

unweit (Genitiv)

D 104   Lokal: räumliche Nähe, Frage *wo?*

> *Unweit der* Stadt liegt ein schöner, großer See.

vermittels (Genitiv)

D 105   Vermittler oder Mittel: Frage *durch wen?* bei Personen, *womit?*, *wodurch?* (selten gebraucht!)

> *Vermittels einer* Stange fischte man den Ertrunkenen aus dem Wasser.

vermöge (Genitiv)

Grund oder Ursache: Frage *warum?, wodurch?* (selten gebraucht!)

D 106

Vermöge seiner guten Sprachkenntnisse kann er in der Industrie einen sehr guten Posten bekommen.

von (Dativ)

1. Lokal: Bewegung von einem Punkt her, Frage *woher?, von wo?*

D 107

Mein Freund kommt *von* Berlin. – Das Glas fiel *vom* Tisch. – Ich hole mein Geld *von der* Bank. – Ich komme *von* zu Hause.

Herkunft: Frage *von wem?* bei Personen, *woher?, von wo?* [→ D 59 *aus*]

Der Brief ist *von meinem* Vater. – Sein Vermögen stammt *von seiner* Familie.

Entfernung: Frage *wo?*

Meine Wohnung liegt weit *von der* Universität. – Der Bauernhof liegt *von der* Straße ab. – Wie weit liegt Altona *von* Hamburg entfernt?

Beginn einer Strecke: *von ... ab*, Frage *von wo ab?* [→ D 54.1]

Von hier ab ist die Straße gesperrt.

2. Temporal: Datumsangabe, Frage *vom wievielten?*

Ich habe Ihren Brief *vom* 11. Mai dankend erhalten. – In Ihrem Schreiben *vom* 5. 3. teilten Sie mir mit, daß ...

Altersangabe

Gestern hat mich ein junger Mann *von* 25 Jahren besucht. – Im Alter *von* 18 Jahren verließ ich die Schule.

Beginn eines Zeitraums: *von ... ab (an)*. Frage *von wann ab (an)?* [→ D 54.1]

Von morgen *ab (von* morgen *an)* arbeite ich bei einer anderen Firma. – *Vom* 1. Juli *ab (vom* 1. Juli *an)* habe ich eine andere Adresse.

Beginn und Ende eines Zeitraums: *von ... auf, von ... bis*, Frage *von wann bis wann?*

Der erste Weltkrieg dauerte *von* 1914 *bis* 1918. – Wir haben *von* 9 Uhr 15 *bis* 12 Uhr 15 Unterricht. – In der Nacht *vom* Montag *auf* Dienstag ist er gestorben.

3. Herkunft oder Trennung: Frage *von wem?* bei Personen, *wovon?*

Das Land wurde *von seinen* Unterdrückern befreit. – Der Anzug ist *von einem* guten Schneider. – Sie rät mir *von dieser* Tätigkeit ab. – Er hat sich *von den* Strapazen seiner Reise erholt.

4. Material: Das Nomen steht ohne Artikel [→ D 59.4 *aus*]

Dieser Ring ist *von* Gold. – Er hat ein Herz *von* Stein.

5. Urheber oder Ursache vor allem bei Passivbildungen: Frage *von wem?* bei Personen, *wovon?* [vgl. → D 67.4 *durch*]

> Der Student wurde *von einem* berühmten Professor geprüft. – Das Theater ist *von dem* Architekten X gebaut worden. – Du bist *von der* Sonne schön gebräunt. – Ich bin müde *von der* Arbeit. – Er ist voll *von* Ideen.

6. Urheber statt des attributiven Genitivs [→ D 23]

> Wir haben gestern ein Drama *von* Schiller gelesen. – In dem Museum hängen viele Bilder *von* Rembrandt. – Das ist Musik *von* Mozart.

7. Statt Genitiv [→ D 23]

> Die Kleider *von* Kindern muß man waschen können. – Es ist ein Zeichen *von* Achtung.

8. Partitiv:

> Ich gab ihm *von meinem* Geld. – Er ist der reichste *von allen* Kaufleuten dieser Stadt. – Trinken Sie *von diesem* Wein!

9. Beschreibung, Maß, Ausmaß: Frage *was für ein (eine)?* im Singular, *was für?* im Plural. Das Nomen steht meist ohne Artikel.

> Sie war ein Mädchen *von* schöner Gestalt. – Ich habe für Sie eine Sache *von* großer Wichtigkeit.
> ein Mann *von* hoher Bildung – ein Haus *von* dieser Größe – eine Entfernung *von* 100 Kilometern.

vor

D 108 1. Lokal: vordere Lage oder Bewegung nach vorn
Frage *wohin?*, Akkusativ bei Verben, die eine Richtung oder ein Ziel bezeichnen

> Ich stelle meine Schuhe *vor die* Tür. – Wir fahren *vor das* Hotel. – Wir pflanzen die Blumen *vor das* Haus.

Frage *wo?*, Dativ bei allen übrigen Verben und zur Signalisierung gleicher Beziehungen zwischen Nomen

> Die Schuhe stehen *vor der* Tür. – Viele schöne Blumen sind *vor dem* Fenster. – Wem gehört denn der Wagen *vor dem* Haus?

Unmittelbare Nähe oder Anwesenheit, Frage *wo?*, Dativ

> Mein Haus steht *vor der* Stadt. – Die Pianistin spielte *vor vielen* Zuhörern. – Die Zeugen mußten *vor* Gericht Aussagen machen.

Entfernung von einem Ziel, Frage *wo?*, Dativ

> Ich hatte mit meinem Wagen 10 km *vor* München einen Unfall.

2. Temporal: Zeitpunkt, den man von der gegenwärtigen Zeit zurückrechnet, Frage *wann?*, Dativ

> Ich bin *vor* drei Jahren in England gewesen. – Er hatte heute *vor* 14 Tagen Geburtstag.

Zeitraum, der vor der genannten Zeit liegt, Frage *wann?*, Dativ

> Mein Freund kann mich nicht *vor dem* 11. Mai besuchen. – Kommen Sie *vor* 5 Uhr in mein Büro!

Genaue Uhrzeit, Frage *wieviel Uhr?*, Dativ

> Jetzt ist es genau 17 Minuten *vor* 9 Uhr. – Es ist ein Viertel *vor* 10 Uhr.

Übertragener Gebrauch

> ... entschuldigte ich mich *vor* allen Dingen bei Signora R. *(Grass)*

3. Ursache: Frage *vor wem?* bei Personen, *wovor?*, Dativ. Das Nomen steht meist ohne Artikel, wenn es eine Sache bezeichnet und keine Ergänzung hat.

> Er fürchtet sich *vor dem* Hund. – Ich warne Sie *vor diesem* Menschen. – Er wurde rot *vor* Wut. – Sie ließ *vor* Schreck die Tasse fallen. – Die Kinder schrien *vor* Begeisterung. – Ich konnte *vor* Müdigkeit nicht mehr arbeiten.

4. Abwehr, Schutz: Frage *vor wem?* bei Personen, *wovor?*, Dativ

> Die Bewohner flohen *vor dem* Feind. – Er schützte sich *vor* Ansteckung. – Wir suchten *vor dem* Gewitter Schutz. – Hüten Sie sich *vor diesem* Menschen!

5. Bewegung auf ein Ziel (auch übertragen): Frage *vor wem?* bei Personen, *wovor?*, Dativ

> Er verbeugte sich *vor dem* König. – Wir müssen uns *vor dem* Direktor verantworten. – Man brachte ihn *vor* Gericht.

6. Gefühlsmäßige Haltung: Frage *vor wem?* bei Personen, *wovor?*, Dativ

> Wir haben große Achtung *vor dir*. – Sie hatte Furcht *vor dem* Tod.

während (Genitiv)

Temporal: Gleichzeitigkeit, Frage *wann?*   D 109

> *Während meines* Studiums in Berlin bin ich vielen Ausländern begegnet. – *Während des* Unterrichts sollte man besser nicht rauchen. – Es kam *während der* Parlamentssitzung zu einigen Tumulten. – Ich war *während des* ganzen Sommers an der See.

Man gebraucht den Dativ, wenn der Genitiv nicht erkennbar ist.

> *Während* fünf Monate*n* herrschte ununterbrochen Kälte.

wegen (Genitiv)

D 110 Grund: Frage *warum?*, *weshalb?*, nur umgangssprachlich Dativ

Das Geschäft bleibt *wegen* eines Todesfalles geschlossen. – Der Angeklagte wurde *wegen schweren* Diebstahls verurteilt. – Ich liebe ihn *wegen seiner* Güte. – Der Professor ist *wegen seiner* Forschungsarbeiten berühmt.

Wenn der Genitiv nicht erkennbar ist, steht nach *wegen* der Dativ, ebenso vor Pronomen in der Umgangssprache.

Ich muß Sie *wegen* etwas Wichtig*em* sprechen. – Ich tue das nur *wegen dir*.

Die Präposition kann auch hinter dem Nomen stehen (nur Genitiv) [→ D 49 *meinetwegen*]

Seiner Bücher *wegen* ist der Professor berühmt geworden. – Sie haben *ihrer* Kinder *wegen* nicht in Urlaub fahren können.

wider (Akkusativ)

D 111 Gegensatz [→ D 71 *gegen*]: Frage *gegen wen?* bei Personen, *wogegen?* (selten gebraucht; besonders in festen Redewendungen).

Er handelte *wider das* Gesetz. – Er hat den Fehler *wider besseres* Wissen begangen. – Das ist eine Sünde *wider den* Geist.

zeit (Genitiv)

D 112 Temporal: die ganze Zeitdauer, Frage *wie lange?*, nur in folgender Verbindung

Er war *zeit seines* Lebens ein armer Mann.

zu (Dativ)

D 113 1. Lokal: Bewegung oder Richtung auf ein Ziel, Frage *zu wem?* bei Personen, *wohin?;* nicht bei Städte- oder Ländernamen [→ D 86 *nach*]

Er fährt *zu seinen* Eltern. – Ich spreche *zu dir*. – Wir beten *zu* Gott. – Wir gehen *zum* Bahnhof. – Sie sieht *zum* Fenster herein.

Lage: Frage *wo?*

Die Stadt liegt *zu* beiden Seiten des Flusses. – Gestern war ich nicht *zu* Hause.

Ortsangabe: Frage *wo?*, stets ohne Artikel

Er wurde *zu* Berlin geboren. – Sie heirateten *zu* Köln am Rhein. – Er ist *zu* Hause.

2. Temporal: Zeitpunkt oder Zeitraum, Frage *wann?*

Zu Ostern erhalten die Schüler ihre Zeugnisse. – Das Buch habe ich *zum* Geburtstag bekommen. – Er kam *zur* verabredeten Zeit. – *Zu* unserer

Zeit gab es noch nicht so viele Ausländer in der Stadt. – Der Arzt ist noch *zur* rechten Zeit zu dem Verletzten gekommen.

3. Art der Bewegung: Frage *wie?*. Das Nomen steht ohne Artikel, nur feminine Nomen haben im Singular den Artikel.

Wir gehen immer *zu* Fuß in die Schule. – Die Feinde kamen *zu* Land und *zu* Wasser. – Mein Vater fährt *zur* See.

4. Verhalten: Frage *zu wem?*

Peter ist *zu* dem alten Mann immer freundlich. – Du bist sehr liebenswürdig *zu* allen Leuten.

5. Ziel, Zweck, Zugehörigkeit: Frage *wozu?*

Dieser Mann eignet sich nicht *zum* Kaufmann. – Ich möchte mich *zum* Studium anmelden. – Mein Freund ist mir *zu* Hilfe gekommen. – Der Garten gehört *zum* Haus. – Der Dieb wurde *zu* 3 Jahren Gefängnis verurteilt. – Ich habe eine Einladung *zum* Geburtstag. – Die Musik spielt *zur* Unterhaltung. – Sie wählten ihn *zu ihrem* Schiedsrichter.

6. Zweck (vor abstrakten Nomen)

Er schenkte ihr *zum* Beweis für seine Liebe Blumen. – *Zum* Dank für deine Hilfe lade ich dich ein. – Die Kapelle spielte *zu* Ehren des Gastes.

7. Veränderung: Frage *wozu?*

Er entwickelte sich *zu einem* Künstler. – Er wurde *zum* Offizier befördert.

8. Maß, Preis usw.

Zu welchem Preis wollen Sie mir das Haus verkaufen? – Dort stehen ein Paar Schuhe *zu* 50 Mark. – Ich habe das Buch schon *zum* größten Teil gelesen. – Er lief sorgfältig auf der gleichen Spur zurück, die sie eben *zu* dritt ... getreten hatten. *(Schnurre)*

9. Vergleich: Frage *wie?*

Das Fußballspiel endete mit 2:3 (zwei *zu* drei). – Ich wette 1 *zu* 10, daß er heute kommt.

zufolge

1. Folge oder Wirkung: Genitiv
D 114

Zufolge der internationalen Abkommen ist der Visumzwang zwischen den beteiligten Ländern aufgehoben.

2. Übereinstimmung: Dativ, die Präposition folgt dem Nomen

Der Zeitungsmeldung *zufolge* wird der Minister wieder abreisen. – *Dem* Gerücht *zufolge* will der König abdanken.

zwischen

1. Lokal: Lage oder Bewegung zwischen zwei oder mehr Personen oder Sachen
Frage *wohin?*, Akkusativ bei Verben, die eine Richtung oder ein Ziel bezeichnen

> Setzen Sie sich *zwischen meinen* Bruder und *meine* Schwester. – Ich stelle den Stuhl *zwischen die* Tür und *das* Sofa. – Stecken Sie die Zeitung *zwischen die* Bücher.

2. Frage *wo?*, Dativ bei allen übrigen Verben und zur Signalisierung gleicher Beziehungen zwischen Nomen

> Meine Schwester sitzt *zwischen mir* und *meinem* Vater. – *Zwischen* guten Freunden gibt es selten einen Streit. – Bonn liegt *zwischen* Köln und Koblenz.

3. Temporal: zeitlicher Zwischenraum, Frage *wann?*, Dativ

> *Zwischen* Weihnachten und Ostern gibt es den meisten Schnee. – Die Geschäfte sind *zwischen* 12 und 14 Uhr geschlossen. – *Zwischen dem* 5. März und *dem* 11. Mai ist der Rechtsanwalt verreist.

Akkusativ bei Verben, die in ihrer Grundbedeutung eine Richtung oder ein Ziel bezeichnen

> Wir legen die Konferenz *zwischen den* 5. und 20. Juli.

4. Beziehung: Dativ

> Sie hatten *zwischen den* beiden Parteien vermittelt. – Es entstand ein Kampf *zwischen den* Ländern. – Morgen findet *zwischen dem* Botschafter und *dem* Präsidenten eine Begegnung statt. – *Zwischen uns* ist es aus. – Das Gespräch *zwischen* ihnen hatte ein gutes Ergebnis.

5. Ungefähre Zahl: Frage *wieviel?*, *wie viele?*, Dativ

> Es waren gestern *zwischen* 25 und 30 Gäste bei uns. – Wir hatten im Sommer eine Temperatur *zwischen* 30 und 35 Grad.

Die Konjunktionen

Konjunktionen verbinden Sätze, Satzglieder und Attribute miteinander und signalisieren grammatische und inhaltliche Beziehungen zwischen Sätzen, Satzgliedern und Attributen.

D 116

> Der Mann hat viel Geld. Er ist nicht zufrieden. – Der Mann hat viel Geld, *aber* er ist nicht zufrieden.
> Das Wetter ist schlecht. Wir bleiben zu Hause. – Wir bleiben zu Hause, *weil* das Wetter schlecht ist.
> Morgen kommt mein Freund. Seine Schwester kommt auch. – Morgen kommen mein Freund *und* seine Schwester.
> Wir haben viele gelbe *und* rote Tulpen im Garten.

Die Arten der Konjunktionen

Man unterscheidet nach ihrem syntaktischen Gebrauch zwei Arten von Konjunktionen: die nebenordnenden Konjunktionen und die unterordnenden Konjunktionen.

Nebenordnende Konjunktionen

Die nebenordnenden Konjunktionen verbinden gleichartige Sätze miteinander: Mitteilungssätze mit Mitteilungssätzen, Gliedsätze mit Gliedsätzen und Attributsätze mit Attributsätzen.

D 117

Mitteilungssätze mit Mitteilungssätzen:

> Heute bleibe ich zu Hause, *denn* ich habe noch viel zu tun.
> Ich muß heute zu Hause bleiben, *aber* du kannst spazierengehen.

Gliedsätze mit Gliedsätzen:

> Heute bleibe ich zu Hause, weil das Wetter schlecht ist *und* ich auch noch viel zu tun habe.
> Ich hoffe, daß du bald mit deinem Studium fertig bist *und* nach Hause kommen kannst.

Attributsätze mit Attributsätzen:

> Mein Wunsch, nach Amerika zu fahren *und* meine früheren Studienkollegen zu besuchen, soll sich bald erfüllen.
> Gibst du mir das Buch, von dem wir neulich gesprochen haben *und* das du mir leihen wolltest?

1. Anreihung, Erweiterung:

erweiternde (additive) Verbindung: *und;* (hervorhebend) *sowohl ... als auch (wie auch), nicht nur ... sondern auch;* (im negativen Sinne) *weder ... noch* usw.

erklärend (explikativ): *und auch (außerdem, dazu, überdies, zudem), sowie;* (hervorhebend) *ja, ja sogar;* (im negativen Sinne) *geschweige (denn)* usw.

2. Gegenüberstellung:

alternativ: *oder, oder auch;* (nachdrücklich) *entweder ... oder* usw.

Gegensatz (adversativ): *aber, hingegen, dagegen, indessen* usw.

vergleichend (komparativ): (ungleich) *als (denn),* (gleich) *wie*

einschränkend (restriktiv), widersprechend, berichtigend: *(zwar) aber, doch, jedoch;* (eine bestimmte Einschränkung hervorhebend) *allein, nur;* (vorsichtige Einschränkung) *allerdings, freilich;* (Abschwächung einer Behauptung) *wenigstens, zumindest;* (berichtigend) Vordersatz negativ: *sondern, sondern vielmehr;* Vordersatz positiv: *aber vielmehr*

feststellend: *aber, dennoch, dessenungeachtet, (und) doch, gleichwohl, immerhin, indessen, nichtsdestoweniger, trotzdem* usw.

3. Grund, Folge:

begründend: *denn, nämlich, ja;* (resignierend) *eben*

folgernd: *also, folglich, mithin, (und) somit, so ... denn, demnach, nun, daher, darum, deshalb, deswegen, infolgedessen* usw.

Unterordnende Konjunktionen

D 118 Die unterordnenden Konjunktionen verknüpfen Gliedsätze mit den ihnen übergeordneten Sätzen und Attributsätze mit den ihnen übergeordneten Wörtern. Sie signalisieren die Funktion des abhängigen Satzes und seine inhaltliche Beziehung zum Inhalt des übergeordneten Satzes oder Wortes.

Gliedsätze mit Mitteilungssätzen, Fragesätzen und Aufforderungssätzen:

> *Als* wir in Köln ankamen, war es bereits 8 Uhr. – Die Frau sah, *daß* er sich Brot abgeschnitten hatte. – Wollen Sie so lange hier bleiben, *bis* die Tagung zu Ende ist? – Kommen Sie sofort zu mir, *wenn* Sie den Brief fertig geschrieben haben!

Gliedsätze mit Gliedsätzen:

> Er hatte den Aufenthalt schon über Gebühr ausgedehnt, *weil* er immer noch heimlich hoffte, *daß* sein Sohn vorzeitig von der Dienstreise zurückkehrte. *(Gaiser)* – Stelle dir, lieber Leser, vor, *wie* zauberhaft das ist, *wenn* eine Schauspielerin ... durch ihr Können ein ganzes Theaterpublikum zu stürmischem Beifall hinreißt, *daß* alle Hände in Bewegung gesetzt werden und der schönste Beifall durch das Haus braust. *(Walser)*

Gliedsätze mit Attributsätzen:

> Dort ist der Herr, der uns grüßte, *als* wir aus dem Hotel kamen. – Ich bin mit dem Bus gekommen, der hier nur hält, *wenn* man dem Fahrer rechtzeitig Bescheid sagt.

274

Attributsätze:

> Er konnte vor Gericht den Beweis erbringen, *daß* er unschuldig ist. –
> Beantworte mir bitte die Frage, *ob* wir unser Haus nun verkaufen sollen
> oder nicht!

1. Ort, Richtung usw.; Zeit: D 119

lokal: *wo (-her, -hin), soweit*

temporal: (Zeitpunkt) *als, wie;* (Zeitdauer) *solange, während;* (Wiederholung)
sooft, wenn; (vorzeitig) *als, nachdem, seitdem, sobald, sowie, wenn;* (nachzeitig) *bis,
bevor, ehe*

2. Grund, Ursache:

konzessiv: (unzureichender Grund) *obgleich, obwohl, obschon, wenn auch, wenngleich, wennschon, wiewohl;* (negativ auch) *ohne daß*

konditional: (möglicher Grund) *falls, wenn, sofern, wo(fern), angenommen (daß),
im Falle daß, vorausgesetzt daß*

kausal: (wirklicher Grund) *da, weil, deswegen weil;* (ausschlaggebender Grund)
zumal, da, um so mehr als

3. Zweck, Folge:

final: (Zweck, Ziel) *damit, daß;* (veraltet) *auf daß;* (mit Infinitivsatz) *um*

konsekutiv: (Folge, Wirkung) *daß, so daß, weshalb;* (ausbleibende Folge) *ohne
daß;* (mit Infinitivsatz) *ohne;* (nicht mögliche Folge) *als daß*

4. Art und Weise (modal):

adversativ: (Gegensatz) *während, indes, indessen, wohingegen;* (gegensätzlicher Vorgang) *statt daß;* (mit Infinitivsatz) *statt;* (Grad) *so ... daß, soviel, soweit;* (Pro-
portion) *je ... desto (um so ..., je), je nachdem;* (Ungleichheit) *als*

instrumental: (Mittel, Begleitumstand) *indem, dadurch daß;* (negativ:) *ohne daß*

Der Bestand an Konjunktionen ist nur begrenzt. Er wird erweitert, indem D 120
Wörter anderer Wortklassen und auch Präpositionen die Aufgabe von Konjunktionen übernehmen. So haben z. B. folgende Wörter und Wortformen
meistens in Verbindung mit Präpositionen oder Pronomen die Aufgabe von
Konjunktionen übernommen:

1. aus dem Bereich der Adverbien
   wenigstens, damit, immerhin, hingegen, wohingegen u. a.

2. aus dem Bereich der Nomen
   allerdings, trotzdem, falls, infolgedessen u. a.

3. aus dem Bereich der Adjektive
   nichtsdestoweniger, obgleich, soweit u. a.

4. aus dem Bereich der Verben

während, angenommen, vorausgesetzt u. a.

Vielfältig sind die Verbindungen, die konjunktional gebraucht werden; z. B.

im Falle daß, ohne daß, so daß, dennoch, dessenungeachtet, geschweige denn daß, statt daß u. a.

Die Stellung der Konjunktionen

Nebenordnende Konjunktionen

D 121 Die Konjunktionen *und, oder, denn, allein, sondern* und auch *aber* [→ D 123] stehen isoliert außerhalb des Satzverbands. Sie könnten wegfallen, ohne daß sich an der Konstruktion der Sätze, die sie verbinden, etwas ändert.

> Wir wollen jetzt nach Hause gehen, / *denn* / unsere Eltern warten auf uns.
> (Wir wollen jetzt nach Hause gehen. Unsere Eltern warten auf uns.)
> Karl geht in die Schule, / *aber* / Hans bleibt zu Hause.
> (Karl geht in die Schule. Hans bleibt zu Hause.)

Über den Gebrauch der Konjunktionen als Modalglieder vgl. E 27 und als Rangattribute vgl. E 39.

Einige Konjunktionen werden wie isolierte Konjunktionen, also außerhalb des Satzverbandes stehend, gebraucht oder auch als in den Satz eingegliederte Konjunktionen (z. B. *aber, also, doch*). Wenn sie in den Satz eingegliedert sind, nehmen sie vor allem den Platz im Vorfeld ein.

> Ich habe ihm Geld angeboten, / *doch* / er nahm es nicht an.
> Ich habe ihm Geld angeboten, *doch* nahm er es nicht an.

Alle übrigen Konjunktionen werden in den Satz eingegliedert und stehen entweder als Kontaktglied im Vorfeld oder sie stehen auf dem Satzfeld im Kontaktbereich. Da sich diese Konjunktionen auf den im vorangegangenen Satz beschriebenen Sachverhalt beziehen, gelten sie als Angaben [→ E 23 ff.] und nehmen auch den entsprechenden Platz auf dem Satzfeld ein. Solche im Satz eingegliederten Konjunktionen sind: *allerdings, demnach, deshalb, folglich, gleichwohl, indessen, infolgedessen, trotzdem* u. a.

> Das Wetter ist schlecht, *deshalb* bleibe ich zu Hause.
> Das Wetter ist schlecht, ich bleibe *deshalb* zu Hause.
> Du hast mich oft belogen, *trotzdem* will ich dir heute glauben.
> Du hast mich oft belogen, ich will dir heute *trotzdem* glauben.

Zu diesen eingegliederten Konjunktionen gehören auch mehrteilige Konjunktionen. Der korrelative Teil dieser Konjunktionen steht im voraufgehenden Satz. Solche mehrteiligen Konjunktionen sind u. a.: *nicht nur ... sondern auch, zwar ... aber, bald ... bald, teils ... teils, einerseits ... andrerseits.*

Bald arbeitet er im Büro, *bald* ist er auf Geschäftsreisen.
Er arbeitet *nicht nur* viel, *sondern* er spielt auch oft Tennis.

Wenn ein Teil einer mehrteiligen Konjunktion zu den isolierten Konjunktionen gehört, so folgt diese ihren eigenen Stellungsregeln.

Unterordnende Konjunktionen

Unterordnende Konjunktionen leiten Gliedsätze und auch Attributsätze ein. **D 122**
Sie sind Verbindungsteil [→ E 56] und bilden so die vordere Begrenzung des
Satzfelds. Diese Konjunktionen signalisieren die Funktion des Gliedsatzes
und damit auch ihren Inhalt.

> Wir gehen heute spazieren, *weil* seit langer Zeit wieder einmal die Sonne
> *scheint.*

Die Konjunktion *als* folgt, wenn sie einen ,irrealen' Vergleichssatz einleitet,
besonderen Stellungsregeln. Sie steht vor dem ersten Prädikatsteil. Die Form
dieser Vergleichssätze unterscheidet sich von der Gliedsatzform durch die
Zweiteilung des Prädikats (vgl. auch die irrealen Bedingungssätze → D 132).

> Er spricht Deutsch, *als wäre* er Deutscher.
> Er steht so steif da, *als hätte* er einen Stock *verschluckt.*

Mitunter können im übergeordneten Satz Korrelate mit der Konjunktion zusammenwirken, indem sie schon frühzeitig den im Nachfeld folgenden
Gliedsatz ankündigen. Als Korrelate treten bestimmte nebenordnende Konjunktionen auf.

> Ich spreche *deshalb* nicht mehr mit Hans, *weil* er mich neulich belogen hat.
> Der Mann sprach *so* schnell, *daß* man ihn nicht verstehen konnte.

Als eine besondere Art der unterordnenden Konjunktionen gebraucht man
die Präpositionen *ohne, statt* und *um.* Diesen folgt immer ein Infinitivsatz, dessen
Subjekt nur im übergeordneten Satz genannt wird.

> Er hat mein Fahrrad genommen, *ohne* mich vorher darum *zu* bitten.
> (= Er hatte mich vorher nicht darum gebeten.)
>
> Er geht nur seinem Vergnügen nach, *statt* zu Hause *zu* arbeiten.
> (= Er sollte stattdessen zu Hause arbeiten.)
>
> Er ist nach Deutschland gekommen, *um* hier Medizin *zu* studieren.
> (= Er will hier Medizin studieren.)

Relativpronomen [→ C 43 ff.], Relativadverbien [→ C 93], Fragepronomen
[→ C 21 ff.] und Frageadverbien [→ C 94] stehen den unterordnenden Konjunktionen nahe. Auch sie leiten abhängige Sätze ein.

> Kennst du den Mann, *der* dort steht? – Sage mir bitte, *wer* das ist! –
> Wissen Sie, *wohin* dieser Weg führt? – Ich bleibe, *wo* ich bin.

Die Stellung der Konjunktionen und der Korrelate

Für die Stellung der Konjunktionen und den mit ihnen korrespondierenden Korrelate ist folgendes zu beachten:

Konjunktionen, die gleichgeordnete Sätze verbinden

D 123   Isolierte Konjunktionen verbinden gleichgeordnete Sätze und stehen außerhalb der Satzsysteme.

/– – – – – –/, Konjunktion /– – – – – – – –/

Paul geht fort, *aber* Hans bleibt hier.
Ich bleibe heute zu Hause, *denn* ich habe noch zu arbeiten.

Einige isolierte Konjunktionen können in den Satz eingefügt werden, stehen aber nicht im Vorfeld des Satzes.

/– – – – – –/, /– – – – Konjunktion – – –/

Paul geht fort, Hans bleibt *aber* hier.

In den Satz eingegliederte Konjunktionen folgen entsprechend ihren Inhalten, für die sie stehen, den Stellungsregeln der Satzglieder [→ E 66f.]. Entweder stehen sie als Kontaktglieder im Vorfeld mit deutlichem Bezug auf den Inhalt des voranstehenden Satzes, oder sie stehen auf dem Satzfeld im Kontaktbereich, wo sie den Platz der Angaben einnehmen [→ E 72].

/– – – – –/, /Konjunktion – – – – – – – – –/
/– – – – –/, /– – – – Konjunktion – – – –/

Heute ist ein Fußballspiel im Stadion, *deshalb* sind auch so viele Auswärtige hierher gekommen. – Das Wetter hat sich in den letzten Stunden sehr verschlechtert. Die Sportveranstaltungen finden *trotzdem* statt.

D 124   Korrelate stehen im vorhergehenden Satz im Vorfeld oder auf dem Satzfeld im Kontaktbereich.

/Korrelat – – – –/, Konjunktion /– – – – –/
/– – – Korrelat – – –/, Konjunktion /– – – – –/

Entweder geht ihr jetzt in den Garten, *oder* ihr müßt mir hier im Hause helfen. – Ich habe *zwar* meine Brieftasche verloren, *aber* es ist kein großer Verlust, *denn* ich hatte nur Unwichtiges darin.

/Korrelat – – – –/, /Konjunktion – – – – –/
/– – – Korrelat – – –/, Konjunktion – – – – –/

Zwar sagte der Portier, daß das Hotel besetzt sei, *doch* haben wir dann schließlich noch ein Zimmer bekommen können. – Die Hotels waren *zwar* im letzten Sommer auf viele Gäste vorbereitet, *doch* sind viele wegen des schlechten Wetters ausgeblieben.

Korrelate, die sich auf den vorhergehenden Satz beziehen, stehen auf dem Satzfeld.

/– – – –/, /Konjunktion – – – – Korrelat – – –/

Wir haben keine Theaterkarten mehr bekommen, *so* bleiben wir heute *also* zu Hause.

Doppelkonjunktionen stehen im Vorfeld der Sätze, die sie verbinden.

/Konjunktion – – – – –/, Konjunktion – – – – –/

Bald ist er im Büro, *bald* arbeitet er im Lagerraum. – *Einerseits* sind wir mit dem Geschäft zufrieden, *andererseits* haben wir uns einen größeren Erfolg gewünscht.

Konjunktionen, die Gliedsätze mit den übergeordneten Sätzen verbinden

Konjunktionen leiten Gliedsätze ein und stehen als Verbindungsteil [→ E 56] am Anfang der Gliedsätze.   D 125

/– – – –, Konjunktion . . . ./
/Konjunktion . . . ., – – – – – –/

Wir bleiben hier, *weil* es uns hier gefällt. – *Bevor* wir abreisen, kommen wir noch einmal bei Ihnen vorbei. – Wir sind gekommen, *um* Sie zu sprechen. – *Anstatt* zu arbeiten, sitzt er den ganzen Tag auf dem Balkon.

Die Konjunktion *als* folgt in gewissen Fällen [→ D 132] besonderen Stellungsregeln. Sie steht dann unmittelbar vor der Personalform.

/– – – –, Konjunktion . . . ./

Du tust, *als* würdest du mich nicht kennen.

Die Doppelkonjunktion *je . . . desto* steht mit dem Gliedsatz im Vorfeld des übergeordneten Satzes.

/Konjunktion . . . ., Konjunktion – – – – – –/

Je länger wir im Lande sind, *desto* besser verstehen wir die Leute.

Korrelate können folgende Stellungen einnehmen: D 126
Gliedsatz mit überleitendem Korrelat im Vorfeld des Mitteilungssatzes.

/Konjunktion . . . . . ., Korrelat – – – – –/

Als wir in Köln ankamen, *da* wartete Peter schon auf uns. – *Wenn* du tüchtig arbeitest, *so* wird der Erfolg nicht ausbleiben.

Das Korrelat weist im Vorfeld oder im Kontaktbereich des übergeordneten Satzes auf einen im Nachfeld folgenden Gliedsatz hin. Es signalisiert damit auch die Funktion und den Inhalt des zu erwartenden Gliedsatzes.

/Korrelat – – – – – – – –, Konjunktion . . . ./
/– – – – Korrelat – – – –, Konjunktion . . . ./

Deshalb waren wir über deine Ankunft überrascht, *weil* wir dich erst morgen erwartet haben. – Wir konnten uns *dadurch* zwei Stunden über Wasser halten, *daß* wir uns alle fest an das gekenterte Boot klammerten. – Hat *es* in der Zeitung gestanden, *daß* wir den Preis gewonnen haben? – *Es* hat uns gefreut, *daß* du uns besucht hast. – Wir haben *es* wirklich nicht geglaubt, *daß* er der Dieb gewesen sein soll.

Korrelat und folgender Gliedsatz stehen im Vorfeld des übergeordneten Satzes.

Korrelat, Konjunktion . . . . . ., – – – – –/

Dadurch, daß du den Hund immerfort ärgerst, wird er ganz verdorben. – *Darüber, daß* ich dich heute besucht habe, darfst du zu niemanden sprechen.

Der Gebrauch der Konjunktionen

aber (Gegensatz)

D 127 Die Konjunktion *aber* verbindet Sätze, Satzglieder und Attribute mit gegensätzlichen Inhalten.

Verbindung von Satzgliedern:

Der alte Mann ist arm, *aber* glücklich. – Das Haus ist alt, *aber* schön.

Verbindung von Attributen:

Der arme, *aber* glückliche Mann. – Das alte, *aber* schöne Haus.

zwar ... *aber, wohl aber* oder *aber doch* hebt den gegensätzlichen Inhalt von einem durch eine Negation verneinten Inhalt hervor.

Es ist ein winziges ... Stück einfachen Papiers, das *zwar* das Ausmaß, *nicht aber* das Format einer Briefmarke hat. *(Böll)* – Der alte Mann ist *nicht* arm, *wohl aber* glücklich. – Das Haus ist *nicht* modern, *aber doch* schön.

Verbindung von Sätzen

D 128 *aber* steht isoliert außerhalb des Satzsystems und signalisiert einen Sachverhalt, der im Gegensatz oder im Widerspruch zu dem Mitgeteilten steht

Es hat nicht geregnet, *aber* die Sonne hat auch nicht oft geschienen. – Er wußte selbst nicht, was ihn ... so ruhig machte. *Aber* seine Hand, die in die Innentasche seines Jacketts fuhr, fühlte den Stoff nicht. *(Malecha)*

oder das Mitgeteilte einschränkt oder ergänzt.

Anstelle des Dampfes ... sind Computer ... getreten ... *Aber* auch diese Autorität muß gebrochen werden. *(Enzensberger)* – Er hat gestern mit ihm gesprochen, *aber* er hat überhaupt nichts erreicht.

Das Adverb *zwar* im vorhergehenden Satz kann auf eine folgende Einschränkung hinweisen.

Zwar fallen sehr wenige dieser Unterrichtswerke aus dem Rahmen des Üblichen. Es muß *aber* vermutet werden, daß diese nicht häufig benützt werden. *(Heigert)*

aber doch nicht (kein), *wohl aber* heben die Einschränkung oder den Widerspruch hervor.

Er hat es mir *zwar* versprochen, *aber* er hat es dann *doch nicht* getan. (..., dann hat er es *aber doch nicht* getan.) – Er weiß *nicht*, ob es um ihn wirklich dunkler wird oder ob ihn seine Augen täuschen. *Wohl aber* erkennt er jetzt im Dunkel einen Glanz ... *(Kafka)*

Die Konjunktion *aber* kann auch auf dem Satzfeld stehen. Sie nimmt dort die gleiche Stellung wie die Satznegation *nicht* ein [→ E 82]. Ist der Satz negiert, steht die Konjunktion vor der Negation *(aber nicht)*.

Zwar fallen sehr wenige dieser Unterrichtswerke aus dem Rahmen des Üblichen. Es muß *aber* vermutet werden, daß diese nicht häufig benutzt werden. *(Heigert)*

aber kann auch dem Subjekt appositiv zugeordnet werden, um mit dem Gegensatz auch den Wechsel der Mitteilungsperspektive hervorzuheben. Das Subjekt vor der Konjunktion bekommt den Unterscheidungston [→ F 14].

aber als Modalglied vgl. E 27, als Rangattribut vgl. E 39

allein (Einschränkung)

Die Konjunktion *allein* verbindet Sätze und steht isoliert außerhalb der Satzsysteme. Sie signalisiert eine nicht vermutete Einschränkung oder Ergänzung des im vorangegangenen Satz beschriebenen Sachverhalts.   D 129

Er hatte es schon immer sagen wollen, *allein* es fand sich nie die Gelegenheit dazu.

allein als Rangattribut → E 39

allerdings (Einschränkung)

Die Konjunktion *allerdings* verbindet Satzglieder und Sätze und wird ins Satzsystem eingegliedert. Sie steht im Vorfeld oder im Kontaktbereich. Der Satz drückt eine zurückhaltend geäußerte Einschränkung aus.   D 130

Vor ein paar Jahren war ich schon einmal hier gewesen, *allerdings* mitten in der Hochsaison. *(Rehn)* – Ich komme morgen zu euch, weiß *allerdings* nicht, wie lange ich bleiben kann.

als (Vergleich)

Die Konjunktion *als* verbindet Satzglieder und Sätze. Man gebraucht sie bei einem Vergleich.   D 131

Bei Satzgliedern gebraucht man *als,* um die Feststellung einer Ungleichheit aus-zudrücken. Die Konjunktion steht nach Komparativen sowie nach anderen Wörtern, die die Unähnlichkeit durch die Negation, die Andersartigkeit oder den Gegensatz signalisieren, z. B. *nichts, niemand, ander-, entgegengesetzt, um-gekehrt* usw.

Ich war damals nicht *älter als* acht Jahre.– Mit dieser Sache wird er *nichts als* Ärger haben. – Ich hatte nicht mehr Luft um mich *als* ein Toter *(Piontek)*

D 132 Sätze: Die Konjunktion *als* leitet einen Gliedsatz ein, dessen Inhalt im Gegen-satz zu dem vorher beschriebenen Sachverhalt steht. Der übergeordnete Satz enthält immer einen Komparativ oder Wörter, die den Gegensatz ausdrücken wie *ander-, umgekehrt* u. a.

Und schon war auch dieses Vierteljahrhundert herum, *schneller, als* man es je für möglich gehalten hätte. *(Schnurre)* – Ich sehe ganz *anders* aus, *als* du meinst. *(Hirche)* – Es blieb ihr *nichts* übrig *als* höflich zu bleiben. *(Rehn)*

als leitet einen angenommenen (irrealen) Vergleich ein, der oft im Widerspruch zu den tatsächlichen Verhältnissen steht. Im Prädikat des Vergleichssatzes steht der Konjunktiv II. Die Konjunktion *als* steht in diesem Fall immer im Vor-feld des Vergleichssatzes.

Er spricht Deutsch, *als wäre* er ein Deutscher. – Es sah aus, *als wolle* er Silvia verstecken. *(Piontek)* – Er sprach, *als sei* er sicher, daß nichts geschehen könne. *(Alvers)*

Im übergeordneten Satz kann *so* als Korrelat auf den folgenden Vergleich hin-weisen.

Der Mann aß *so* hastig, *als hätte* er seit Tagen nichts gegessen. – Tun Sie *so, als wären* Sie zu Hause- – Er lief *so* schnell, *als wäre* der Teufel hinter ihm her.

D 133 *als ob* leitet einen Gliedsatz ein, der ebenfalls einen irrealen Vergleich ausdrückt. Auch hier steht im Prädikat immer der Konjunktiv II [→ B 19 ff., B 75].

Er spricht Deutsch, *als ob* er ein Deutscher wäre. – Der Mann aß *so* hastig, *als ob* er seit Tagen nichts gegessen hätte. – Ich tu nur *so, als ob* ich auf den Briefträger warte. *(Hirche)*

Man kann den irrealen Vergleich durch *gleichsam* hervorheben, das vor *als* oder *als ob* steht.

Er behandelte mich, *gleichsam als* wäre er mein Vater. – Er behandelte mich, *gleichsam als ob* er mein Vater wäre.

Für *als ob* kann auch *als wenn* oder *wie wenn* stehen.

als (Apposition)

Die Konjunktion *als* schließt eine Apposition an, die eine Eigenschaft des zugehörigen Wortes nennt. Meist besteht Kongruenz zwischen dem Ausgangswort und der Apposition. [→ E 35 f.]

D 134

> *Er als Arzt* muß das besser wissen als ich. – Ich möchte *Ihnen als meinen* besten Freund heute mitteilen, daß …

Fügungen mit *als* können auch Prädikatsergänzungen oder Angaben sein [→ E 3 ff., E 23 ff.].

> Er kam *als Fremder*. – Er arbeitete *als Volontär*. – Der Herr Leutnant hat mich angenommen *als seinen Diener*. *(Hacks)* – *Als* Reisevertreter war er vielleicht etwas zu flott gekleidet. *(Piontek)*

als (Zeit)

Die Konjunktion *als* leitet einen Gliedsatz ein, in dem ein in der Vergangenheit liegender Sachverhalt beschrieben wird, der gleichzeitig mit dem im zugehörigen Satz mitgeteilten Sachverhalt besteht. Der Gliedsatz ist Temporalangabe. Im Prädikat des Gliedsatzes steht eine Vergangenheitsform [→ *wenn*, D 245].

D 135

> *Als* wir am Sonntag im Theater *waren*, haben wir unseren Lehrer getroffen. – Das war die Zeit, *als* ich Robinson *gelesen habe*. *(Hirche)* – Ich hatte Genesungsurlaub, *als* wir uns zum erstenmal *sahen*. *(Piontek)*

Mit dem Adverb *da* läßt sich der Temporalsatz zusammenfassen und zum folgenden Mitteilungssatz überleiten.

> *Als* Robert in Köln ankam, *da* wartete auf dem Bahnhof schon sein Freund.

Der im Gliedsatz mit *als* beschriebene Sachverhalt kann auch zeitlich unmittelbar vor dem im Mitteilungssatz beschriebenen Sachverhalt liegen. Der Temporalsatz nennt damit den Zeitpunkt, dem sich unmittelbar danach der mitgeteilte Sachverhalt anschließt [→ *nachdem* D 194].
Im Prädikat des Temporalsatzes steht das Plusquamperfekt.

> *Als* sie die Stadt *gebaut hatten, kamen* sie zusammen und führten einander vor ihre Häuser. *(Brecht)*

insofern (insoweit) → **als** (Erläuterung)

Ist der Gliedsatz mit *als* auf das Korrelat *insofern* oder *insoweit* bezogen, enthält er eine Erläuterung, die das Werturteil im Mitteilungssatz einschränkt.

D 136

> Wir waren mit dem Hotel *insofern* zufrieden, *als* die Bedienung stets höflich zu uns war. – *Insoweit* sind wir mit dem Vertrag einverstanden, *als* uns daraus keine Nachteile erwachsen.

als da sind (Aufzählung)

D 137 leitet eine Aufzählung ein und schließt sich an Nomen an.

In der hiesigen Industrie werden viele Maschinen hergestellt, *als da sind:* Lokomotiven, Flugzeugmotoren, Traktoren, landwirtschaftliche Maschinen usw.

als wenn → D 133, *als ob*

also (Folgerung)

D 138 Die in den Satz einzugliedernde Konjunktion *also* macht deutlich, daß der beschriebene Sachverhalt aus dem vorher beschriebenen Sachverhalt zu folgern ist.

Ich habe kein Geld, ich kann dir *also* nicht helfen. – Ich aber war sehr menschlich, *also* das Gegenteil von vollkommen. *(Hildesheimer)*

Wenn *also* im Satzfeld steht, kann die Folgerung mit *so* eingeleitet werden.

Wir haben kein Geld, *so* können wir dir *also* nicht helfen.

Wenn *also* im Satzfeld steht, kann die Folgerung durch das Adverb *auch* hervorgehoben werden.

Wir haben kein Geld, wir können dir *also auch* keins leihen.

auch (Nachtrag, Zusatz)

D 139 Die in den Satz einzugliedernde Konjunktion *auch* steht, wenn einer Mitteilung etwas hinzugefügt oder wenn sie ergänzt wird. [→ G 25]

Ich gehe jetzt zur Post. *Auch* habe ich etwas in der Stadt zu besorgen. (Ich habe *auch* etwas in der Stadt zu besorgen.)

anstatt (statt)

D 140 leitet als Konjunktion einen Infinitivsatz ein. Der Infinitivsatz beschreibt den Sachverhalt, den man erwartet hat oder der gefordert wurde, der aber im Gegensatz zu dem im übergeordneten Satz beschriebenen Sachverhalt steht.

Peter geht ins Kino, *anstatt* für seine Prüfung zu arbeiten. – Warum greifst du mich an, *statt* mir zu helfen? – In Deinem Alter hat man einen Abscheu vor der Wirklichkeit, *antatt* einzusehen, daß . . . *(Hildesheimer)*

anstatt daß → D 166

ausgenommen → D 246, *wenn* (Bedingung)

außerdem → D 139, *auch* (Nachtrag, Zusatz)

bald – bald

D 141 Die Doppelkonjunktion *bald – bald* drückt einen Wechsel aus und verbindet Sätze, Satzglieder und auch Attribute.

Satzglieder:

Die Konjunktion steht vor funktionsgleichen Satzgliedern. Wenn die Konjunktion zum Subjekt gehört, steht der erste Teil der Konjunktion im Vorfeld.

> Er fährt *bald* nach Frankfurt, *bald* nach Berlin. – *Bald* kommt er, *bald* sein Bruder.

Sätze:

Wenn die Doppelkonjunktion Mitteilungssätze verbindet, so steht jeder Teil im Vorfeld seines Satzes.

> *Bald* schreibt sie mir einen Brief, *bald* telefoniert sie mit mir. – *Bald* fährt er mit dem Auto, *bald* fliegt er mit dem Flugzeug.

zum Beispiel

zum Beispiel ist ein erklärender Ausdruck und verbindet Wörter und Sätze. D 142

Wörter:

zum Beispiel steht meist im Nachfeld vor den erklärenden Wörtern. Man gebraucht in diesem Fall meistens die Abkürzung *z.B.*

> Wir haben auf unserer Reise viele Städte gesehen, *z.B.* Köln, Frankfurt, Hamburg, Berlin usw.

Sätze:

Wenn der Ausdruck Sätze verbindet, steht er als Angabe im zweiten Satz.

> Der Mann war sehr unfreundlich, *zum Beispiel* wollte er mir keine Auskunft über den richtigen Weg geben. – Der Mann war sehr unfreundlich, er wollte mir *zum Beispiel* keine Auskunft über den richtigen Weg geben.

bevor (Zeit)

Die Konjunktion *bevor* leitet Gliedsätze ein, die einen Sachverhalt beschreiben, D 143
der dem im Mitteilungssatz beschriebenen Sachverhalt zeitlich folgt. Der Sachverhalt im Mitteilungssatz ist demnach abgeschlossen, wenn der im Gliedsatz beschriebene Sachverhalt eintritt.

> *Bevor* ein Ausländer in Deutschland studieren kann, muß er Deutsch lernen. – Ein Ausländer muß Deutsch lernen, *bevor* er in Deutschland studieren kann. – *Bevor* ich etwas von dem Auftrag hatte sagen können, schob sie mir einen gelben Schnellhefter zu. *(Böll)* – Drei Tage, *bevor* ich abfahren mußte, blieb der Junge plötzlich aus *(Rehn)*

beziehungsweise

beziehungsweise ist ein erklärender Ausdruck und bedeutet soviel wie *genauer* D 144
gesagt. Er bezeichnet eine Alternative und verbindet Satzglieder. Meistens kürzt man ihn ab und schreibt *bzw.*

> Sprechen Sie mit dem Direktor *bzw.* mit seiner Sekretärin!

bis (zeitliche Grenze)

D 145 Die Konjunktion *bis* leitet Gliedsätze ein, die ausdrücken, daß der im Glied-satz beschriebene Sachverhalt als zeitliche Grenze für den im Mitteilungssatz beschriebenen Sachverhalt anzusehen ist.

Bis du zurückkommst, bin ich mit meiner Arbeit fertig. – Warte, *bis* sie geklingelt haben! *(Böll)*

In gehobener Sprache kann der Gliedsatz auch mit *bis daß* eingeleitet werden. Ein so eingeleiteter Gliedsatz steht nur im Nachfeld.

Bei der Trauung verspricht das junge Brautpaar, einander treu zu bleiben, *bis daß* der Tod es scheide.

bloß (Einschränkung) → D 199, *nur*

da (Grund)

D 146 Die Konjunktion *da* leitet Gliedsätze ein, die den allgemein bekannten Grund, den logischen Grund, das Motiv oder die Ursache für den im Mitteilungssatz beschriebenen Sachverhalt bekanntgeben (vgl. *weil* → D 243). Der mit *da* eingeleitete Gliedsatz steht oft als Kontaktglied [→E 36] im Vorfeld eines Mitteilungssatzes.

Die Banane ist die sauberste Frucht, *da* sie durch ihre Schale vor In-sekten, Würmern sowie Bazillen geschützt ist. *(Döblin)* – *Da* er ohne-hin jeden Monat einmal zu Professor Irdell mußte, ... besuchte er immer wieder die ihm bekannten Krankenschwestern. *(Grass)*

da(r) + Präposition

D 147 *da(r)* + Präposition steht im Vorfeld oder im Kontaktbereich eines Mittei-lungssatzes und verbindet diesen mit dem vorhergehenden. Es wird damit die gemeinsame lokale Beziehung zweier Sachverhalte ausgedrückt.

Auf dem Tisch liegt meine Tasche, *darunter* findest du dein Buch. – Dort ist das Hotel, *daneben* ist gleich meine Wohnung.

dabei

D 148 Die in den Satz eingegliederte Konjunktion *dabei* drückt aus, daß der Inhalt des zweiten Satzes logisch nicht ganz zu dem des ersten Satzes paßt.

... Weihnachtslieder. Und *dabei* haben wir doch längst Februar. *(Bor-chert)* – ... daß in keinem Häuschen von etwas anderem gesprochen wurde als von ihm, dem Zirkus. *Dabei* war er gar nicht mal so groß. *(Lenz)*

dadurch

D 149

Die im Satz eingegliederte Konjunktion *dadurch* drückt aus, daß der vorher beschriebene Sachverhalt Ursache für den im eigenen Satz beschriebenen Sachverhalt ist.

> Auf unserer letzten Reise verloren wir unser ganzes Geld. *Dadurch* waren wir gezwungen, unsere Reise vorzeitig abzubrechen. – Der letzte Sommer war vollkommen verregnet. Für die Landwirtschaft entstand *dadurch* erheblicher Schaden.

dadurch – daß

D 150

Ist *dadurch* Korrelat in einem Mitteilungssatz und auf einen Gliedsatz bezogen, der mit *daß* eingeleitet wird, gibt der Gliedsatz an, welchen Mitteln oder Umständen der beschriebene Sachverhalt zu verdanken ist.

> Das gute Ergebnis wurde *dadurch* erreicht, *daß* jeder seine Pflicht tat. – Der Arzt rettete dem Kranken *dadurch* das Leben, *daß* er ihn sofort operierte. – Die Psychologie muß also ... auch die Grenzen der Planung im Auge behalten. Dies wird ihr aber *dadurch* erschwert, *daß* sie selbst ... einem Prozeß der Technisierung unterliegt. *(v. Uslar)*

dadurch daß

D 151

Wird ein Gliedsatz mit *dadurch daß* eingeleitet, weist er auf das Mittel oder die Begleitumstände hin, die den mitgeteilten Sachverhalt ermöglichten. Dieser Gliedsatz steht nur im Vorfeld eines Mitteilungssatzes.

> *Dadurch daß* jeder seine Pflicht tat, wurde ein gutes Ergebnis erzielt. – *Dadurch daß* der Arzt den Kranken sofort operierte, rettete er ihm das Leben.

dagegen (Gegensatz) → D 185, *hingegen*

daher (Folge) → D 175, *deshalb*

damit (Zweck, Ziel)

D 152

Die Konjunktion *damit* leitet Gliedsätze ein, die den Zweck, die beabsichtigte Wirkung oder das angestrebte Ziel beschreiben, das mit der Verwirklichung des mitgeteilten Sachverhalts erreicht werden soll [→ *um* D 232].

> Mein Vater hat mir Geld geschickt, *damit* ich mir einen Anzug kaufen kann. – Ich faltete den Brief zusammen und legte ihn, *damit* ich ihn gegebenenfalls schnell bei der Hand hätte, in die Brieftasche. *(Lenz)*

Steht *damit* in einem Mitteilungssatz, wird das Ergebnis genannt, das mit der Verwirklichung des im vorhergehenden Mitteilungssatzes beschriebenen Sachverhalts erzielt wurde.

Unser Fußballverein hat das letzte Spiel gewonnen und ist *damit* in die Bundesliga gekommen. – ... wird die Frau versetzt zum Wagenwaschen. *Damit* ist sie nicht einverstanden. *(Walraff)*

damit – daß

D 153 Ist *damit* Korrelat in einem Mitteilungssatz und auf einen Gliedsatz bezogen, der mit *daß* eingeleitet wird, gibt der Gliedsatz das Mittel an, das zu dem im Mitteilungssatz erwähnten Ergebnis führt.

Der Redner hat seine Rede *damit* beendet, *daß* er allen Zuhörern für ihre Aufmerksamkeit dankte.

damit, daß

D 154 *damit, daß* leitet einen Gliedsatz ein, der das Mittel hervorhebt, das zu dem im Mitteilungssatz beschriebenen Ergebnis führt.

Damit, daß du dein Examen bestanden hast, ist deine Ausbildungszeit beendet.

dann (Folge)

D 155 Die in den Satz eingegliederte Konjunktion *dann* weist auf die Folge hin, wenn die im vorhergehenden Satz ausgesprochene Empfehlung befolgt wird.

Der Kranke soll die Medizin regelmäßig nehmen, *dann* wird er bald wieder gesund. – Die meisten Löwen ... warteten darauf, daß das Wasser wieder fiele. *Dann* konnten sie bequem jagen. *(Rehn)*

dann (Zeit)

D 156 Die in den Satz einzugliedernde Konjunktion *dann* drückt aus, daß der im Satz beschriebene Sachverhalt eintritt, wenn der im vorhergehenden Satz beschriebene Sachverhalt beendet ist. Wenn *dann* im Vorfeld steht, wird das Subjekt mit einem Personalpronomen wiederholt.

Die Kinder machen jetzt ihre Aufgaben und gehen *dann* spazieren. – Die Kinder machen jetzt ihre Aufgaben, und *dann* gehen *sie* spazieren. – Ich legte die Zeitung weg. *Dann* las *ich* den Prospekt einer Weinfirma. *(Böll)*

darum

D 157 Die Konjunktion *darum* steht im Vorfeld eines Mitteilungssatzes, der den Sachverhalt beschreibt, der sich aus dem im vorhergehenden Satz beschriebenen Sachverhalt ergibt [→ D 175 *deshalb*].

Richard will in Deutschland studieren, *darum* lernt er jetzt Deutsch. – Morgen verreise ich, *deshalb* muß ich heute meinen Koffer packen.

288

das heißt (Erklärung)

das heißt ist ein erklärender Ausdruck, der Satzglieder und Sätze verbindet (abgekürzt *d. h.*). D 158

Satzglieder:

> Wir, *d. h.* meine Freunde und ich, werden heute auf den Sportplatz gehen. – Zu gleicher Zeit, *das heißt* um 1950, entsteht auch die sogenannte serielle Musik. *(v. Fischer)*

Sätze:

Wenn der Ausdruck *das heißt* Sätze verbindet, steht er isoliert außerhalb des Mitteilungssatzes.

> Wir werden morgen einen Ausflug machen, *das heißt* wir fahren zuerst mit dem Bus und wandern dann durch den Wald zu der bekannten Mühle am See.

daß

daß ist eine rein grammatische Konjunktion, die Gliedsätze und Attributsätze kennzeichnet. Sie signalisiert keine Inhalte, sondern nur syntaktische Verhältnisse. Erst im Zusammenwirken mit Präpositionen, mit anderen Konjunktionen, mit bestimmten Wörtern und Ausdrücken lassen sich inhaltliche Beziehungen erkennen. D 159

daß (Subjekt)

Die Konjunktion *daß* leitet Gliedsätze ein, die Subjekt des übergeordneten Satzes sind. Diese Gliedsätze sind Subjektsätze. Wenn der Subjektsatz im Nachfeld steht, besetzt das unpersönliche Pronomen *es* als Korrelat die Subjektstelle im übergeordneten Satz. Steht er im Vorfeld, so kann das Demonstrativpronomen *das* folgen. D 160

> *Es* ist unter Männern Brauch, *daß* man sich in gewissen Lagen die letzte Zigarette teilt. *(Weisenborn)* – *Daß* der Handelsvertrag noch in diesem Jahr zustandekommt, ist unwahrscheinlich. – Es gibt auf dem Schiff keine verschiedenen Klassen, und *daß* alles wie Erster Klasse wirken soll, *das* war der ausdrückliche Wunsch des Reeders. *(Zeit)*

daß (Objekt)

Die Konjunktion *daß* leitet Gliedsätze ein, die Objekt des übergeordneten Satzes sind. Diese Gliedsätze sind Objektsätze. D 161

Objektsätze stehen im Nachfeld, wenn sie nicht als Kontaktglied auftreten.

> Wir hoffen, *daß* du uns bald wieder besuchst. – Ich hörte, *daß* sie in die Küche zurückging. *(Böll)*

Wenn der Objektsatz im Nachfeld steht und das Satzfeld von anderen Satzgliedern besetzt ist, kann das unpersönliche Pronomen *es* als Korrelat die Objektstelle auf dem Satzfeld einnehmen. Das Pronomen *es* tritt vorzugsweise dann in den Kontaktbereich ein, wenn weitere Satzglieder auf dem Satzfeld stehen.

> Ich habe *es* schon seit einiger Zeit bemerkt, *daß* du mir aus dem Wege gehst.

Wenn das Verb im Prädikat ein Präpositionalobjekt verlangt, tritt das Adverb *da(r)-* in Verbindung mit der notwendigen Präposition als Korrelat an die für Präpositionalobjekte vorgesehene Stelle ins Satzfeld, im Nachfeld folgt der mit *daß* eingeleitete Objektsatz.

> Ich habe mich *darüber* gefreut, *daß* du mich besucht hast. – Menschen gingen an ihm vorbei ... Er achtete *darauf*, *daß* sie ihn nicht streiften. *(Malecha)* – Darüber hinaus führte die Emigration auch *dazu*, *daß* die ... Schriftstellerei in Deutschland immer ein bißchen karg geblieben ist. *(Heigert)*

Wenn das Prädikat psychische Vorgänge nennt, kann auf das präpositionale Korrelat zum Objektsatz verzichtet werden.

> Ich habe mich gefreut, *daß* du mich besucht hast.

daß (Angabe)

D 162 Wenn die Konjunktion *daß* einen Gliedsatz einleitet, der die Funktion einer Angabe im übergeordneten Satz hat, muß auf dem Satzfeld das Adverb *da(r)-* in Verbindung mit der Präposition stehen, die den Inhalt der Angabe signalisiert.

> Ich wurde auf der Straße immerzu *damit* aufgehalten, *daß* mich die Leute nach den Weg fragten. – Der Mann hat sein Leben lang *dafür* gearbeitet, *daß* seine Kinder ein besseres Leben haben können als er selbst.

daß (Zweck, Ziel)

D 163 Das Korrelat *deshalb* im übergeordneten Satz signalisiert, daß der mit *daß* eingeleitete Gliedsatz den Zweck, das angestrebte Ziel oder die beabsichtigte Wirkung nennt.

> Euer Vater hat euch das Geld nicht *deshalb* gegeben, *daß* ihr es für nutzlose Dinge ausgebt.

Statt *deshalb* können auch *darum*, *dazu* oder die Ausdrücke *in der Absicht*, *zu dem Zwecke* und andere stehen.

> Ich habe dir das Buch *in der Absicht* gegeben, *daß* du es auch liest.

daß (Folge) → D 170, *so daß*

daß (Attribut)

Die Konjunktion *daß* leitet Attributsätze ein, die das übergeordnete Nomen **D 164** erklären. Wenn das Nomen einen präpositionalen Anschluß des Attributs verlangt, folgt ihm das Adverb *da(r)-* in Verbindung mit der notwendigen Präposition.

> Der *Glaube, daß* wir in Gottes Hand sind, kann Berge versetzen. – Die Tatsache, *daß* er überhaupt kommt, ... bedeutet schon etwas. *(Böll)* – Aus Ärger *darüber, daß* Peter nicht zu dem verabredeten Treffen gekommen war, ging ich wieder nach Hause.

abgesehen davon, daß → D 167, *außer daß*

> Denn ganz *abgesehen davon, daß* die Lebenswelt von heute eine solche Existenz ... nicht mehr möglich macht, ... ist diese Romantik ... unchristlich. *(Heigert)*

als daß (Folge)

Die Konjunktion *als daß* leitet Gliedsätze ein, die eine Folge nennen, die nach **D 165** dem im übergeordneten Satz beschriebenen Sachverhalt nicht eintreten kann. Im übergeordneten Satz weist *zu* (verstärkt: *allzu*) auf den nicht zu erwartenden Sachverhalt hin. Der Konjunktiv II im Prädikat des Gliedsatzes hebt noch hervor, daß die beschriebene Folge nicht eintreten kann.

> Der Ausländer spricht *zu* schnell, *als daß* ich ihn verstehen könnte. – Er ist *noch zu* krank, *als daß* er schon jetzt alles essen dürfte. – Das Wetter war *allzu* schön, *als daß* ich zu Hause geblieben wäre. – Er ist *viel zu* ... einfältig, *als daß* er etwas Besonderes tun sollte. *(Hesse)*

angenommen daß → D 246, *wenn* (Bedingung)

anstatt daß (statt daß)

Die Konjunktion *anstatt daß* oder *statt daß* leitet einen Gliedsatz ein, der einen **D 166** Sachverhalt beschreibt, den man erwartet hat oder der gefordert wurde, der aber im Gegensatz zu dem im übergeordneten Satz beschriebenen Sachverhalt steht. Der Gliedsatz kann auch ein Infinitivsatz sein [→ D 140].

> *Anstatt daß* der Vater mit dem Lehrer spricht, geht die Mutter zu ihm.

auf daß → D 152, *damit* (Zweck, Ziel)

> Hier vollzieht sich der Untergang der Welt, *auf daß* sie gedüngt werde. *(J. Roth)*

ausgenommen daß → D 167, *außer daß;* → D 246, *wenn* (Bedingung)

außer daß (Einschränkung)

D 167 Die Konjunktion *außer daß* leitet Gliedsätze ein, deren Inhalt den im übergeordneten Satz beschriebenen Sachverhalt einschränkt.

Er benahm sich so wie immer, *außer daß* er ständig auf seine Uhr sah.

Die gleiche Einschränkung drücken Gliedsätze nach der Konjunktion *nur daß* und den Ausdrücken *abgesehen davon, daß; ausgenommen, daß; mit der Ausnahme, daß* aus.

Er benahm sich so wie immer, *ausgenommen, daß* er ständig auf die Uhr sah. – *Abgesehen davon, daß* er ständig auf die Uhr sah, benahm er sich so wie immer.

unter der Bedingung, daß → D 246, *wenn* (Bedingung)

bis daß → D 145, *bis* (Zeit)

dadurch daß → D 149, *dadurch*

damit, daß → D 152, *damit*

es sei denn, daß (Einschränkung)

D 168 Der Ausdruck *es sei denn, daß* leitet Gliedsätze ein, die die Mitteilung mit einer Einschränkung gelten lassen.

Die Weiterentwicklung der Wissenschaft ... wird jedoch eine Grenze finden, *es sei denn, daß* eine soziale Umstrukturierung ... erfolgt. *(Boettcher)*

mit der Einschränkung, daß → D 246, *wenn* (Bedingung)

im Falle, daß → D 246, *wenn* (Bedingung)

kaum daß → D 192, *kaum* (Zeit) → D 213, *sobald* (Zeit)

Kaum daß er den Fremden angeschnuppert hatte, ... ließ er den Schweif beleidigt hängen. *(Broch)*

nur daß → D 167, *außer daß* (Einschränkung)

Es war wie sonntags, *nur daß* ich ... nicht in der Kirche gewesen war. *(Böll)*

ohne daß

D 169 Die Konjunktion *ohne daß* leitet Gliedsätze ein, die die nicht eingetretene Folge oder Wirkung, das nicht genutzte Mittel oder den nicht vorhandenen Umstand nennen. Ist der Mitteilungssatz negiert, so tritt diese Folge oder Wirkung doch ein.

Ich möchte diese Sitzung *nicht* schließen, *ohne daß* ich meinen Mitarbeitern herzlich gedankt habe. – Ich hatte damals schon die verschiedensten Dinge nacheinander gesammelt, *ohne daß* mich mein Mühen recht befriedigte. *(Gaiser)*

so daß (Folge)

Die Konjunktion *so daß* leitet Gliedsätze ein, die die Folge oder Wirkung aus dem im Mitteilungssatz beschriebenen Sachverhalt nennen.

D 170

Die Glühlampe war tief über den Tisch heruntergezogen, *so daß* nur seine Platte ... beleuchtet war. *(Broch)*

Bezieht sich der Gliedsatz nur auf ein Satzglied des Mitteilungssatzes, so steht *so*, *dermaßen* oder *solch* vor dem betreffenden Satzglied, der Gliedsatz beginnt mit der Konjunktion *daß*.

so oder *dermaßen* stehen vor Adjektiven oder Adverbien, *solch* steht vor Nomen [→ C 41].

Nichts ist *so weit, daß* wir es nicht erreichen. *(Frisch)* – Das Mittagessen war *dermaßen reichlich, daß* ich heute abend nur noch einen Apfel essen werde. – Die Mannschaft spielte mit *solcher Begeisterung, daß* sie alle Zuschauer in ihren Bann zog.

Enthält der Mitteilungssatz kein Nomen, Adjektiv oder Adverb, auf das sich das *so* bezieht, dann steht *so* am Ende des Mitteilungssatzes.

Das Wetter war gestern *so, daß* man nicht spazieren gehen konnte. (= Das Wetter war gestern *so schlecht, daß* ...)

statt daß → D 166, *anstatt daß*

vorausgesetzt, daß, unter der Voraussetzung, daß
→ D 246, *wenn* (Bedingung)

Unter der Voraussetzung, daß ... ein dynamisches Gleichgewicht erreicht wird, müssen die Verhaltenskurven ... gleiche Form haben. *(Boettcher)*

dazu → D 157, *darum*

demnach (Folgerung)

Die in den Satz einzugliedernde Konjunktion *demnach* drückt aus, daß der Sachverhalt aus dem vorher beschriebenen Sachverhalt gefolgert wird.

D 171

Von meinen 100 Mark habe ich heute 45 Mark ausgegeben. Ich habe *demnach* noch 55 Mark.

denn (Begründung)

D 172 Die isolierte Konjunktion *denn* steht vor Sätzen, die den vorher mitgeteilten Sachverhalt näher begründen.

Der Autofahrer muß bestraft werden, *denn* er hat durch seine leichtsinnige Fahrweise viele Menschen gefährdet. – Wir machen unsere Besorgungen, *denn* morgen wird zu Hause ein Fest sein. *(H. Mann)*

denn (Vergleich)

D 173 Die Konjunktion *denn* wird bei Vergleichen wie die Konjunktion *als* [→ D 131] gebraucht. Sie dient vor allem als stilistische Variante, um doppeltes *als* zu vermeiden.

Er leistet als Künstler mehr *denn* als Wissenschaftler.

geschweige denn

D 174 Diese Fügung ergänzt den Inhalt des Satzes oder Satzglieds, von dem sie abhängt, und gibt damit der Mitteilung größeres Gewicht.

Wir werden durch ihre gesellschaftliche Lage betroffen, bevor wir sie erkannt, *geschweige denn* ihnen Rechnung getragen haben. *(Boettcher)*

dennoch → D 229, *trotzdem*

deshalb (Folge)

D 175 Die in den Satz einzugliedernde Konjunktion *deshalb* weist darauf hin, daß der Grund oder die Ursache für den Sachverhalt in dem vorher beschriebenen Sachverhalt liegt [vgl. D 157 *darum*].

In diesem Sommer war das Wetter sehr schlecht, *deshalb* ist keine gute Ernte zu erwarten.

dessenungeachtet → D 229, *trotzdem*

deswegen → D 175, *deshalb* (Folge)

doch (Einschränkung, Widerspruch)

D 176 Die Konjunktion *doch* steht isoliert vor einem Mitteilungssatz oder in dessen Vorfeld. Der in dem Satz beschriebene Sachverhalt steht im Widerspruch zu dem vorher beschriebenen Sachverhalt oder er schränkt den vorher beschriebenen Sachverhalt ein.

Diese Bilder sind teuer, *doch* ich finde sie nicht gut. – Diese Bilder sind teuer, *doch* finde ich sie nicht gut.

Die erweiterte Konjunktion *jedoch* wird im gleichen Sinne gebraucht. Sie wird zur Hervorhebung isoliert vor den Satz gestellt, kann aber auch in den Satz eingegliedert werden.

> Er hatte ein feierliches Versprechen gegeben, *jedoch* er hat sein Wort schon wieder gebrochen.

doch als Verstärkung von *aber* → D 127

und doch → D 229, *trotzdem*

dort, dorther, dorthin

Die Adverbien *dort (dorther, dorthin)* bezeichnen die gemeinsame lokale Beziehung zweier Sachverhalte.

D 177

> Robert geht zum Bahnhof, *dort* erwartet er seine Eltern. – Robert geht zum Bahnhof, er erwartet *dort* seine Eltern. – Er fährt augenblicklich *dorthin*, woher sein Vater kommt. *(Gaiser)*

ebenso (Vergleich)

Die in den Satz einzugliedernde Konjunktion *ebenso* drückt aus, daß der Sachverhalt die gleiche Gültigkeit hat, wie der vorher beschriebene Sachverhalt. Dasselbe gilt auch beim Vergleich von zwei Satzgliedern oder Wörtern.

D 178

> Der Professor spricht mehrere europäische Sprachen, *ebenso* kennt er einige afrikanische Sprachen. – Zwar ist „Bildung" ein *ebenso* geläufiges und oft bedachtes Wort *wie* „Planung". *(R. W. Meyer)*

ebensosehr, ebensowenig (Vergleich)

Die Konjunktion *ebensosehr* steht im Vorfeld eines Mitteilungssatzes und drückt aus, daß der Sachverhalt die gleiche Gültigkeit hat, wie der vorher beschriebene Sachverhalt.

D 179

> Er geht gern ins Theater, *ebensosehr* liebt er auch Musik.

ebensowenig drückt aus, daß der Sachverhalt so unzutreffend ist, wie der vorher beschriebene Sachverhalt. Der vorhergehende Mitteilungssatz enthält eine Negation, die auch für den ihm folgenden Satz gilt.

> Wir gehen in kein Kino, *ebensowenig* setzen wir uns vor einen Fernsehapparat.

ebenso wie (auch) → D 225, *sowie (auch)*

ehe

D 180   Die Konjunktion *ehe* leitet einen Gliedsatz ein, der eine Handlung beschreibt, die man zugunsten der im Mitteilungssatz beschriebenen Handlung lieber unterläßt.

Ehe ich dich um Geld bitte, verzichte ich lieber auf das Vergnügen.

ehe (temporal) → D 143, *bevor*

Ehe ich wußte, was ich tat, hatte ich angefangen, meine Aktentasche zu füllen. *(Böll)*

einerseits – andererseits *(... aber auch)*

D 181   Die in zwei Mitteilungssätze einzugliedernde zweiteilige Konjunktion stellt zwei gegensätzliche Sachverhalte einander gegenüber.

Einerseits freue ich mich auf die Reise, *andererseits* möchte ich aber auch hierbleiben. – Denn *einerseits* ist Planung ein zielgerichtetes Tun ... *Andererseits* weckt Planung jederzeit die Vorstellung von Berechnung. *(R. W. Meyer)*

entweder – oder

D 182   Die zweiteilige Konjunktion drückt aus, daß eine von zwei Möglichkeiten auszuschließen ist; es wird jedoch nicht gesagt, welche der beiden Möglichkeiten das sein wird. *entweder – oder* steht vor Satzgliedern oder isoliert vor Mitteilungssätzen, *entweder* kann auch in den Satz eingegliedert werden. [→ E 15 f.]

Satzglieder:

Er ist *entweder* im Büro *oder* im Lager. – *Entweder* ist er im Büro *oder* im Lager. – Man kann ein Abenteuer nur einmal erleben: *entweder* in der Vorstellung *oder* in der Wirklichkeit. *(Hildesheimer)*

Sätze:

Wenn man das Subjekt wiederholt oder wenn der zweite Satz ein anderes Subjekt hat, steht vor *oder* ein Komma.

Du gehst *entweder* nach Hause *oder* bleibst hier. – Du gehst *entweder* nach Hause, *oder* du bleibst hier.

Wenn *entweder* vor dem Mitteilungssatz steht, wiederholt man nach *oder* immer das Subjekt.

Entweder ich fahre mit diesem Zug, *oder ich* bleibe heute noch hier. – *Entweder du* zahlst die Rechnung, *oder du* gibst die Schreibmaschine zurück.

etwa (Erklärung)

etwa ist eine Konjunktion, der eine Erklärung folgt.   D 183

> Für den Erfolg im Beruf braucht man heutzutage Fremdsprachen, *etwa*
> Englisch, Französisch, Deutsch usw. – Ich tue das nicht *etwa*, um ...
> *(Hildesheimer)*

falls → D 246, *wenn* (Bedingung)

folglich → D 175, *deshalb* (Folge)

freilich (Einschränkung)

Die im Satz einzugliedernde Konjunktion *freilich* drückt aus, daß der Sach-   D 184
verhalt den im vorhergehenden Satz beschriebenen Sachverhalt einschränkt.

> Ich kann noch nicht genug Französisch, *freilich* lerne ich erst kurze Zeit.

geschweige (denn) → D 174, *denn*

gesetzt den Fall → D 246, *wenn* (Bedingung)

gleichwohl → D 229, *trotzdem*

hingegen (Gegensatz)

Die Konjunktion *hingegen* verknüpft gegensätzliche Sachverhalte und bezieht   D 185
sich auf funktionsgleiche Satzglieder.

> Gestern hatten wir schönes Wetter, heute *hingegen* regnet es.

immerhin → D 229, *trotzdem*

indem (Mittel)

Die Konjunktion *indem* leitet Gliedsätze ein, die erklären, wie der Sachverhalt   D 186
im übergeordneten Satz zustande kommt.

> Man kann im Leben nur vorwärtskommen, *indem* man viel arbeitet. –
> Man reinigt den Füller, *indem* man ihn mit klarem Wasser füllt.

indes (Gegensatz)

Die Konjunktion *indes* steht isoliert vor Mitteilungssätzen, deren Sachverhalt   D 187
zu dem vorher beschriebenen Sachverhalt im Gegensatz steht [vgl. D 128 *aber*,
doch].

> In Deutschland gab und gibt es solche Literatur auch. *Indes* sie steht im
> Ruf des Verdächtigen. *(Heigert)*

indessen (Gegensatz) → D 187, *indes*

indessen (Zeit)

D 188   Die in den Satz eingegliederte Konjunktion *indessen* drückt aus, daß der Sachverhalt gleichzeitig mit dem vorher beschriebenen Sachverhalt besteht. Die Zeitdauer des Sachverhalts ist meistens kürzer als der vorher beschriebene.

Die Familie hörte eine interessante Rundfunksendung, *indessen* räumten im Nebenzimmer Einbrecher den Kassenschrank aus.

In gleicher Weise gebraucht man die Konjunktionen *unterdessen* [→D 238], *inzwischen, währenddem, währenddessen.*

infolgedessen → D 175, *deshalb*

insofern (Einschränkung)

D 189   Die Konjunktion *insofern* steht im Vorfeld eines Mitteilungssatzes, der die Aussage des vorhergehenden Satzes einschränkt.

Die Schulbücher näher zu betrachten, ist methodisch zulässig, *insofern* davon ausgegangen werden kann, daß die Autoren ... repräsentativ für die Lehrerschaft sind. *(Heigert)*

Im gleichen Sinne wird die Konjunktion *insoweit* gebraucht.

Er hat mir das Geld jetzt zurückgegeben, *insoweit* ist alles in Ordnung.

insofern oder *insoweit* können als freie Angabe in einem Mitteilungssatz stehen, dem sich ein Gliedsatz mit der Konjunktion *als* anschließt [→ D 136].

Insofern war ich mit dem Hotel zufrieden, *als* das Essen gut war.

insoweit → D 189, *insofern*

inzwischen → D 188, *indessen;* D 238, *unterdessen; währenddessen*

je + Komparativ ... desto (um so) + Komparativ (Proportionalität)

D 190   Die zweiteilige Konjunktion *je ... desto + Komparativ,* die den mit *je* beginnenden Gliedsatz einschließt, steht im Vorfeld eines komparativen Mitteilungssatzes. Die ganze Konstruktion mit *je ... desto (um so)* drückt aus, daß sich der Sachverhalt im Mitteilungssatz im gleichen Maße verstärkt oder abschwächt wie der Sachverhalt im Gliedsatz.

Je schneller die Ozeandampfer fahren sollten, *desto mehr* Platz beanspruchten die Maschinen. *(Zeit) – Je älter* ein Auto ist, *um so mehr* Reparaturen fallen an.

Wenn der übergeordnete Satz mit *immer* + Komparativ beginnt und der Gliedsatz im Nachfeld mit der Konjunktion *je* eingeleitet wird, drückt man damit die stetige Verstärkung oder Abschwächung aus.

> *Immer müder* wurde ich, *je länger* ich warten mußte.

Im gleichen Sinn gebraucht man die Konstruktion, wenn im Vorfeld zwei gleiche, mit *und* verbundene Komparative stehen.

> *Müder und müder* wurde ich, *je länger* ich warten mußte.

je nachdem

Die Konjunktion *je nachdem* leitet Gliedsätze ein, die zwei Möglichkeiten nennen, von denen es abhängt, ob der im Mitteilungssatz beschriebene Sachverhalt verwirklicht wird oder nicht. Der Gliedsatz steht im Vorfeld.

D 191

> *Je nachdem* die Reise billig oder teuer ist, fahre ich oder fahre ich nicht.

Wenn man im Gliedsatz die verschiedenen Möglichkeiten nicht besonders bezeichnet, gebraucht man *je nachdem wie (je nachdem welch-)*. In diesem Falle kann der Gliedsatz auch im Nachfeld stehen.

> Er besucht mich heute oder morgen, *je nachdem wie* er Zeit hat. – Die Kosten für diese Reise sind verschieden, *je nachdem welchen* Komfort man erwartet.

jedoch → D 176, *doch*

kaum (Zeit)

Die in den Satz einzugliedernde Konjunktion *kaum* drückt aus, daß unmittelbar nach dem beschriebenen Sachverhalt ein anderer, erwarteter Sachverhalt eintritt.

D 192

Dem Mitteilungssatz mit *kaum* folgt ein zweiter Mitteilungssatz, der mit den Adverb *so* oder *da* im Vorfeld eingeleitet wird. Die unmittelbare zeitliche Folge der beiden Sachverhalte kann noch durch *auch schon* im zweiten Mitteilungssatz hervorgehoben werden.

Die Zeitenfolge ist zu beachten. Liegt das Geschehen in der Vergangenheit, so steht im Prädikat des mit *kaum* eingeleiteten Satzes das Plusquamperfekt, sonst das Perfekt.

> *Kaum* hatte ich im Kino Platz genommen, *so (da)* ging *auch schon* das Licht aus. – *Kaum* aber war die moderne Poesie entdeckt, *so* entdeckte sie in sich *auch schon* das Verlangen nach ihrer Theorie. *(Enzensberger)* – *Kaum* bin ich durch meine Wohnungstür getreten, *da* begrüßen mich meine Kinder mit lautem Geschrei.

Das Adverb *so* oder *da* kann auch ausfallen, so daß der ganze erste Mitteilungssatz im Vorfeld des zweiten Mitteilungssatzes steht.

> *Kaum* hatte ich im Kino Platz genommen, ging das Licht aus.

Der zweite Sachverhalt kann auch mit einem Gliedsatz beschrieben werden,
der mit der Konjunktion *als* eingeleitet wird.

> *Kaum* hatte er im Kino Platz genommen, *als (auch schon)* das Licht aus-
> ging und die Vorstellung begann.

Wenn *kaum* in Verbindung mit der Konjunktion *daß* einen Gliedsatz einleitet,
so steht dieser Gliedsatz im Vorfeld. Für *kaum daß* kann auch die Konjunktion
sobald [→ D 213] stehen.

> *Kaum daß* er im Kino Platz genommen hatte, ging auch schon das Licht
> aus.

mal ... mal → D 141, *bald ... bald*

D 193 Diese Konjunktionen gebraucht man hauptsächlich in der Umgangssprache.

> *Mal* ist er freundlich, *mal* hat er schlechte Laune.

mithin → D 155, *dann* (Folge)

nachdem (Zeit)

D 194 Die Konjunktion *nachdem* leitet Gliedsätze ein, die einen Sachverhalt beschreiben, der zeitlich vor dem im übergeordneten Satz beschriebenen Sachverhalt
liegt. Der Sachverhalt im übergeordneten Satz tritt demnach erst ein, wenn
der im Gliedsatz beschriebene Sachverhalt abgeschlossen ist.
Die Zeitformen im Prädikat der beiden Sätze verteilen sich wie folgt [→ *als*
D 135]:

Gliedsatz	Mitteilungssatz
Plusquamperfekt Perfekt Perfekt	Präteritum (Perfekt) Präsens Futur

> *Nachdem* er Deutsch *gelernt hatte, begann* er sein Studium.
> *Nachdem* er Deutsch *gelernt hat, beginnt* er sein Studium.
> *Nachdem* er Deutsch *gelernt hat, wird* er sein Studium *beginnen.*

> Was *taten* Sie, *nachdem* Pasqualone *zusammengebrochen war? (Enzensberger)*
> – *Nachdem* ich *gezahlt habe,* bin ich auch für den Kellner Luft. *(Piontek)*

namentlich (aber)

Die Konjunktion *namentlich*, häufig durch *aber* erweitert, hebt aus dem Inhalt von Satzgliedern das Bemerkenswerte heraus.

> Die Leute, *namentlich aber* die Kinder, hatten unter der Kälte zu leiden. – Er hat im letzten Jahr, *namentlich aber* in den Ferien, viel an seinem neuen Roman gearbeitet.

nämlich

Die Konjunktion *nämlich* schließt eine Erklärung oder Aufzählung an.

D 196

> Aufhängen sollte man sie alle, ... Diese Brandstifter *nämlich*. *(Frisch)* – Die Kinder müssen in der Schule viele Dinge lernen, *nämlich* Rechnen, Lesen, Schreiben usw.

Sie steht im Kontaktbereich von Mitteilungssätzen, die den vorher beschriebenen Sachverhalt begründen.

> Ich bleibe heute zu Hause, meine Eltern wollen mich *nämlich* besuchen. – Mein Freund fährt morgen nach Hamburg, er hat dort *nämlich* eine neue Arbeit gefunden.

nichtsdestoweniger → D 229, *trotzdem*

noch

Die Konjunktion *noch* gibt nach negierten Ausdrücken und negierten Sätzen an, daß auch die folgende Alternative nicht zutrifft. Bezieht sich die Konjunktion auf den ganzen Sachverhalt, steht sie im Vorfeld.

D 197

Satzglieder:

> Ich schreibe dir nicht, *noch* deinem Bruder.

Sätze:

> Er arbeitet nicht, *noch* tut er sonst etwas Nützliches. – Er gibt mir kein Geld, *noch* hilft er mir anderweitig.

nun (Folgerung)

Die in den Satz einzugliedernde Konjunktion *nun* drückt aus, daß der beschriebene Sachverhalt aus dem vorhergehenden zu folgern ist.

D 198

> Der Mann hat sein ganzes Vermögen verloren, er muß *nun* sein Kind von der höheren Schule nehmen. – Peter hat sein Abitur bestanden, *nun* kann er auf die Universität gehen.

nur (Einschränkung)

D 199 Die Konjunktion *nur* verbindet Satzglieder und Sätze und schränkt vorher genannte Inhalte ein.

Satzglieder:

Ich bin nicht krank, *nur* müde. – Sie liebt auch moderne Musik, *nur* weniger als klassische. – Mein Freund hat mir immer geholfen, *nur* nicht mit Geld.

Sätze: *nur* steht als einzugliedernde Konjunktion in Mitteilungssätzen, die den Sachverhalt im vorhergehenden Mitteilungssatz einschränken.

Ich kaufe dieses Buch, *nur* muß ich zuerst mein Geld holen. – Ich kaufe dieses Buch, ich muß *nur* zuerst mein Geld holen.

nicht nur ... sondern auch

D 200 Die mehrteilige Konjunktion verbindet gleichartige Satzglieder oder Sätze.

Der zu vermittelnde Stoff wird *nicht nur* umfangreicher, *sondern auch* komplizierter. *(Hess)*

ob (Ungewißheit)

D 201 *ob* ist wie die Konjunktion *daß* eine rein grammatische Konjunktion, die Gliedsätze und Attributsätze kennzeichnet. Sie signalisiert keine Inhalte, sondern nur syntaktische Verhältnisse. Man gebraucht die Konjunktion *ob*, wenn die in dem Gliedsatz beschriebenen Sachverhalte ungewiß sind. Man vergleiche:

1. Weißt du, *daß* Hans morgen kommt? (Hans kommt morgen.)
2. Weißt du, *ob* Hans morgen kommt? (Kommt Hans morgen?)

ob (Subjekt)

D 202 Die Konjunktion *ob* leitet Gliedsätze ein, die Subjekt des übergeordneten Satzes sind. Diese Gliedsätze sind Subjektsätze. Wenn der Subjektsatz im Nachfeld steht, besetzt das unpersönliche Pronomen *es* als Korrelat die Subjektstelle im übergeordneten Satz.

Ob Hans morgen kommt, ist noch ungewiß. – *Es* ist noch ungewiß, *ob* Hans morgen kommt. – Jetzt ist *es* noch ungewiß, *ob* Hans morgen kommt.

ob (Objekt)

D 203 Die Konjunktion *ob* leitet Gliedsätze ein, die Objekt des übergeordneten Satzes sind. Diese Objektsätze stehen im Nachfeld, wenn sie nicht als Kontaktglied auftreten.

Wißt ihr, *ob* ich heute Post bekommen habe? – Ich sah nach, *ob* noch Kaffee in der Kanne war. *(Böll)* – *Ob* auf der Herkulesbrücke wirklich ein bronzener Herkules gestanden hat, werden sich die Kinder ... nicht mehr erinnern. *(Kaschnitz)*

Wenn der Objektsatz im Nachfeld steht und das Satzfeld von anderen Satzgliedern besetzt ist, kann das unpersönliche Pronomen *es* als Korrelat die Objektstelle auf dem Satzfeld einnehmen.

Ich habe *es* gestern nicht genau bemerkt, *ob* Hans eine rote Krawatte anhatte.

ob (Attribut)

Die Konjunktion *ob* leitet Attributsätze ein, die den Inhalt des übergeordneten Nomens erklären. Diese Nomen können nur eine Ungewißheit zum Inhalt haben. **D 204**

Ich kann dir die Frage, *ob* deine Entscheidung richtig ist, nicht beantworten. – Deine Besorgnis, *ob* deinem Vater etwas zugestoßen ist oder nicht, ist völlig unbegründet.

ob ... oder

Die Konjunktion *ob* leitet Gliedsätze ein, in denen zwei funktionsgleiche Satzglieder durch *oder* verbunden sind. In dem Gliedsatz wird eine Alternative dargestellt, die gleiche Gültigkeit hat. Der Gliedsatz steht isoliert vor dem Mitteilungssatz. **D 205**

Ob Sie mich *oder* meinen Bruder fragen, Sie erhalten keine Auskunft. – *Ob* diese Entwicklung von der Musik weg *oder* zu neuen Kunstwerken hinführt *oder* schon hingeführt hat, kann keinesfalls grundsätzlich ... entschieden werden. *(v. Fischer)*

Die Konjunktion *oder* kann mit ihrem Satzglied auch hinter dem Prädikat im Nachfeld stehen.

Ob Sie mich fragen *oder* meinen Bruder, Sie erhalten keine Auskunft.

Der Gliedsatz mit *ob – oder* ist nicht Gliedsatz zum folgenden Mitteilungssatz, sondern Gliedsatz im Nachfeld einer nicht geäußerten Redensart [→ E 61].

(Es ist gleichgültig, unwichtig u. a.*)*, *ob* Sie mich oder meinen Bruder fragen. Sie werden keine Auskunft bekommen.

Auch Einschübe werden mit dieser Konjunktion oder mit *ob – ob* gekennzeichnet.

Sind wir denn heutzutage nicht alle, *ob* arm *oder* reich, [: seien wir nun arm oder reich] Geschöpfe des gleichen Schöpfers? *(Frisch)* – Wer aber seinen Beruf, [: sei derjenige nun hoch oder niedrig] *ob* hoch, *ob* niedrig, voll ausfüllt, ... *(Heigert)*

obgleich → D 206, *obwohl*

obschon → D 206, *obwohl*

obwohl

D 206   Die Konjunktion *obwohl* leitet Gliedsätze ein, die einen Sachverhalt beschreiben, der nicht wirksam genug oder nicht geeignet ist, den im Mitteilungssatz beschriebenen Sachverhalt zu beeinflussen.

Ich wußte sofort, daß es der Briefträger war, *obwohl* ich ihn nur selten gehört hatte. *(Böll)*

Wenn der Gliedsatz im Vorfeld steht, kann ein verbindendes *so* zum übergeordneten Satz überleiten, in dem das Adverb *doch* den Inhalt des Mitteilungssatzes gegenüber dem im Gliedsatz beschriebenen Sachverhalt deutlich abhebt.

Obwohl das Wetter nicht immer schön war, *(so)* sind wir *doch* mit unserer Reise recht zufrieden.

Statt *obwohl* kann in allen Fällen auch *obgleich* oder *obschon* eingesetzt werden [→ D 249 *wenn auch;* D 229 *trotzdem daß;* D 259 *zwar ... aber*].

oder (Alternative)

D 207   Die Konjunktion *oder* verbindet Sätze und Satzglieder. Nach der Konjunktion wird eine Alternative oder eine Variante gegenüber dem vorher Genannten angegeben [→ E 15 f.].

Satzglieder:

Machst du *oder* er die Arbeit? – Er kommt heute *oder* morgen.

Bezüglich der Kongruenz der Personalform mit dem Subjekt vgl. E 16

Sätze: Die Konjunktion *oder* verbindet Sätze. Sie steht isoliert außerhalb der Satzsysteme. Beginnen zwei mit *oder* verknüpften Mitteilungssätze mit dem gleichen Subjekt, verzichtet man beim zweiten Satz darauf, es zu nennen; ebenso auch, wenn das Kontaktglied für beide Sätze gültig ist.

Ich rufe dich an *oder* komme morgen zu dir.

Hat der zweite Satz ein anderes Kontaktglied im Vorfeld als der vorhergehende Satz, wiederholt man das Subjekt. Bei unterschiedlichen Subjekten trennt man die Sätze durch ein Komma ab.

Morgen rufe ich dich an *oder ich* komme zu dir ins Büro. – *Du* mußt neue Reifen kaufen, *oder wir* können nicht in Urlaub fahren.

ohne

D 208

Als Konjunktion leitet *ohne* Infinitivsätze ein, die die nicht eingetretene Folge oder Wirkung, das nicht genutzte Mittel oder den nicht vorhandenen Umstand beschreiben. Das Subjekt des übergeordneten Satzes gilt auch für den Infinitivsatz.

> Der Schüler machte eine gute Prüfung, *ohne* vorher viel gearbeitet zu haben. – Ich stand auf, *ohne* auf die Mutter *zu* achten. *(Böll)*

selbst

D 209

selbst verbindet Satzglieder und hebt den Inhalt hervor, vor dem es steht. Anstelle von *selbst* kann auch *sogar* gebraucht werden.

> Die Arbeit war zu schwer für uns, *selbst (sogar)* für Peter, der der Stärkste von uns ist. – Ach, Prinz Paris, *selbst* Ihnen dürfte einleuchten, daß ... *(Hildesheimer)*

seit, seitdem (Zeit)

D 210

Die Konjunktion *seit* oder *seitdem* leitet Gliedsätze ein, die einen Sachverhalt beschreiben, der vom gleichen Zeitpunkt an besteht wie der im übergeordneten Satz beschriebene Sachverhalt. In den Prädikaten beider Sätze stehen die gleichen Zeitformen.

> *Seit* wir ein Auto haben, machen wir viele Reisen. – *Seitdem* Robert in Deutschland ist, lernt er viel besser Deutsch. – *Seitdem* Robert in Deutschland war, lernte er viel besser Deutsch.

Wenn der im Gliedsatz beschriebene Sachverhalt ,perfektiven' Charakter hat, bezeichnet der Sachverhalt den Zeitpunkt, an dem der Sachverhalt im übergeordneten Satz eingesetzt hat. Die Verteilung der Zeitformen auf die Prädikate beider Sätze ist wie folgt:

Gliedsatz	übergeordneter Satz
Perfekt Plusquamperfekt	Präsens Perfekt oder Präteritum

> *Seitdem* wir unser Auto gekauft haben, machen wir viele Reisen. – *Seitdem* wir unser Auto gekauft hatten, machten (haben) wir viele Reisen (gemacht). – *Seit* Peter die Schule verlassen hat, arbeitet er in einer Fabrik.

so (Folge)

D 211 Die Konjunktion *so* steht im Vorfeld eines Mitteilungssatzes und leitet die Beschreibung der Folge ein, die sich aus dem vorherbeschriebenen Sachverhalt ergibt.

Der Tee war inzwischen kalt geworden, *so* bestellte ich neuen. *(Rehn)*

denn und *also* im Satzfeld machen die Folge noch deutlicher.

Gestern ist mein Freund nicht zu mir gekommen, *so* bin ich *denn* allein spazieren gegangen. – Ich nehme den Bus um 19 Uhr, *so* kann ich *also* sicher pünktlich kommen.

Nach einer Aufforderung und nach Mitteilungssätzen mit *brauchen* ... *nur* leitet *so* ebenfalls die Beschreibung der Folge ein, die sich aus dem vorher verwirklichten Sachverhalt ergibt. *dann* verdeutlicht dies noch.

Hilf dir selbst, *so* hilft dir Gott! – Ihr werdet jetzt den Brief schreiben, *so* habt ihr *dann* den ganzen Nachmittag frei. – Er soll nur fleißig lernen, *so* wird er *schon* Erfolg im Leben haben. – Peter *braucht nur* seinen Vater um Geld zu bitten, *so* schickt er ihm gleich welches.

so + Adjektiv oder Adverb (Einräumung)

D 212 Ein mit *so* und einem Adjektiv oder Adverb eingeleiteter Gliedsatz mit den Adverbien *auch* oder *auch immer* drückt aus, daß der darin beschriebene Sachverhalt keinen Einfluß auf den im Mitteilungssatz beschriebenen Sachverhalt hat. Geht der Gliedsatz dem Mitteilungssatz voran, steht er isoliert vor ihm (vgl. *ob ... oder*).

Hans fährt morgen nach München, *so* schlecht das Wetter *auch (immer)* sein möge. – *So* gern ich *auch* Reis esse, jeden Tag möchte ich ihn nicht auf dem Tisch haben. – *So* schnell du *auch* fährst, dich hole ich mit meinem Wagen leicht ein.

so ... so

Die Konjunktion *so ... so* verbindet Satzglieder und Sätze. Einer der beiden mit *so* eingeleiteten Inhalte schränkt den anderen ein oder ergänzt ihn.

So weit, *so* gut. *(Hildesheimer)* – *So* problematisch solche Gedenktage ... auch sein mögen, *so* unproblematisch ist die Sache der Menschenrechte. *(Kägi)*

sobald (Zeit)

D 213 Die Konjunktion *sobald* leitet Gliedsätze ein, die einen Sachverhalt beschreiben, der dem Sachverhalt im übergeordneten Satz unmittelbar vorausgeht. Die Zeitformen im Prädikat der beiden Sätze verteilen sich wie folgt:

306

Zeitlage	Gliedsatz	Mitteilungssatz
Vergangenheit	Plusquamperfekt	Präteritum
Zukunft	Perfekt	Präsens
Zukunft	Perfekt	Futur

Sobald Paul seine Prüfung gemacht hatte, begann er seine Arbeit in einer Fabrik.
Sobald Paul die Prüfung gemacht hat, beginnt er seine Arbeit.
Sobald Paul seine Prüfung gemacht hat, wird er seine Arbeit in der Fabrik beginnen.

Wenn die Sachverhalte in beiden Sätzen ungefähr in der gleichen Zeit beginnen, sind die Zeitformen gleich:

Zeitlage	Gliedsatz	Mitteilungssatz
Vergangenheit	Präteritum	Präteritum
zeitlos, Zukunft	Präsens	Präsens
Zukunft	Präsens	Futur

Sobald der Präsident in den Saal kam, begann das Konzert.
Sobald der Präsident in den Saal kommt, beginnt das Konzert.
Sobald der Präsident in den Saal kommt, wird das Konzert beginnen.

Gleiche temporale Bedeutungen wie *sobald* geben die Konjunktionen *sowie, sobald als* und *kaum daß* [→ D 192].

sofern (soweit) (Einschränkung)

Die Konjunktionen *sofern* oder *soweit* leiten Gliedsätze ein, die den im übergeordneten Satz beschriebenen Sachverhalt einschränken.　　　　**D 214**

Ich kann meine Schulden bezahlen, *sofern* mir mein Vater Geld schickt.
– *Soweit* es Paul möglich ist, hilft er seinem Freund.

sogar → D 209, *selbst*

solange (Zeit)

Die Konjunktion *solange (solang)* leitet Gliedsätze ein, die einen Sachverhalt　**D 215**
beschreiben, der sich über den gleichen Zeitraum erstreckt wie der im übergeordneten Satz beschriebene Sachverhalt.

Solange ich in England war, habe ich kein Wort Deutsch gesprochen. –
Rossa ist auf Dienstreise, und er bleibt es, *solange* dieser alte Herr sich hier aufhält. *(Gaiser)*

Die Konjunktionen *solange als* und *solange wie* geben dem Gliedsatz den gleichen Sinn.

Die Konjunktion *solange* gibt dem Gliedsatz auch konditionale Nebenbedeutung.

> *Solange* er mir das Geld nicht zurückgibt, kann er von mir keine Hilfe erwarten.

(und) somit (Folgerung)

D 216 Die in den Satz einzugliedernde Konjunktion *somit* drückt aus, daß der folgende Sachverhalt aus dem vorher beschriebenen Sachverhalt zu folgern ist.

> Wir haben heute 35 Bücher verkauft. *Somit* verbleiben uns noch 15 Stück.

sondern (Richtigstellung)

D 217 Nach der Konjunktion *sondern* folgt eine Richtigstellung oder eine Berichtigung eines vorher genannten negierten Inhalts. Sie verbindet Sätze und Satzglieder. Der berichtigte Inhalt steht meistens im Nachfeld. [→ G 25]

Satzglieder:

> Der Mantel ist *nicht* schwarz, *sondern* dunkelblau. – *Nicht* ich, *sondern* mein Bruder wollte mit Ihnen sprechen. – *Nicht* ich wollte mit Ihnen sprechen, *sondern* mein Bruder. – Wir waren *nicht* gestern abend im Theater, *sondern* vorgestern.

Sätze: *sondern* steht isoliert vor den Sätzen. Bei Subjektgleichheit wird das Subjekt im folgenden Satz nicht wiederholt.

> Er arbeitet heute nicht im Büro, *sondern* besucht seine Eltern. – Er zahlte nicht in bar, *sondern* überwies das Geld durch die Bank. – Ich gab nicht einmal eine Antwort. *Sondern* versuchte, ein Sonnett zu dichten. *(Kästner)*

sondern steht nicht nur nach negierten Sätzen, sondern auch, wenn im Prädikat ein Verb steht mit einem negativen Sinn.

> Ich vermied es, etwas zu sagen, *sondern* schwieg.

nicht nur ... sondern auch → D 200

sondern ... nur (Einschränkung)

D 218 Die Konjunktion *sondern* steht auch vor Sätzen und Satzgliedern, die den vorhergehenden Inhalt einschränken. Das Adverb *nur* weist auf diese Einschränkung hin.

> Sie hat kein Geld, *sondern nur* Grundbesitz. – Wir wollen das Haus nicht kaufen, sondern *nur* besichtigen.

sonst (Folge)

D 219

Die in den Satz einzugliedernde Konjunktion *sonst* weist auf die negative Folge
hin, wenn der im voraufgehenden Satz beschriebene Sachverhalt nicht verwirklicht wird.

> Das kranke Kind soll die Medizin regelmäßig nehmen, *sonst* wird es
> nicht gesund. – Ein moderner Betrieb muß rationalisieren, *sonst* ist er
> nicht konkurrenzfähig. – Nehmen Sie einen Schirm mit, *sonst* werden
> Sie naß!

sonst (Einschränkung)

D 220

Die in den Satz einzugliedernde Konjunktion *sonst* drückt aus, daß der im Satz
beschriebene Sachverhalt den Sachverhalt im vorhergehenden Satz einschränkt.
Die Einschränkung wird noch durch *aber* besonders verdeutlicht.

> Mein Freund gab mir nie Geld, *sonst* hat er mir *aber* immer geholfen. –
> Die Grammatik macht Robert Schwierigkeiten, *sonst* lernt er *aber* in der
> Schule gut.

Die Konjunktionen können auch zusammen stehen.

> ..., *aber sonst* hat er mir immer geholfen. – ..., *aber sonst* lernt er in der
> Schule gut.

sonst (Zeit)

D 221

Die in den Satz einzugliedernde Konjunktion *sonst* steht auch als Temporalangabe etwa im Sinne von *gewöhnlich, zu anderer Zeit, zur üblichen Zeit* oder auch
im Sinne von *andernfalls, im anderen Falle.*

> Meine Eltern kommen heute nicht, *sonst* wären sie schon hier. – Meine
> Eltern kommen heute nicht, sie wären *sonst* schon hier.

sooft (Zeit)

D 222

Die Konjunktion *sooft* leitet Gliedsätze ein. Der dort beschriebene Sachverhalt
tritt wiederholt auf und zwar immer gleichzeitig mit dem Sachverhalt des
Mitteilungssatzes.

> *Sooft* Michael vom Schwimmen kommt, ist er erkältet. – Herr Müller
> hat mich immer freundlich gegrüßt, *sooft* ich ihm begegnet bin.

soviel → D 223, *soweit*

soweit (Maß, Grad)

D 223

Die Konjunktion *soweit* oder *soviel* leitet Gliedsätze ein, die das Maß oder den
Grad nennen, wie der im übergeordneten Satz beschriebene Sachverhalt verwirklicht werden kann.

Ich will versuchen, bei dem Direktor ein gutes Wort für dich einzulegen, *soweit* ich dazu in der Lage bin. – Wir helfen dir, *soviel* wir nur können.

soweit (Einschränkung, Vorbehalt)

D 224 Die Konjunktion *soweit* oder *soviel* leitet Gliedsätze ein, die die im Mitteilungssatz gemachte Aussage einschränken. Der Gliedsatz wird auf dem Satzfeld in den Kontaktbereich eingeordnet.

Der Minister ist, *soweit* wir informiert wurden, gestern nach Prag abgereist. – Peter ist, *soviel* ich weiß, seit einigen Wochen im Krankenhaus.

sowie (auch)

D 225 Die Konjunktion *sowie* oder *sowie auch* verbindet Satzglieder und wird verwendet, um den mehrfachen Gebrauch von *und* zu vermeiden.

Mein Freund *sowie auch* mein Bruder studieren in München. – Kinder und Jugendliche *sowie* Militär zahlen halbe Eintrittspreise.

sowie → D 213 *sobald* (Zeit)

sowohl ... als auch

D 226 Die Konjunktion *sowohl ... als auch* verbindet Satzglieder. Sie schließt in den Satz zwei Möglichkeiten ein, von der zunächst eine ausgeschlossen wurde. Eine dritte Möglichkeit kann mit *ja selbst* oder *ja sogar* angeschlossen werden. [→ E 16]

Wir waren allesamt einer Erstarrung anheimgefallen ..., *sowohl* Irmgard *... als auch* ihr Vater ..., *ja selbst* der Knecht Vinzenz war es. *(Broch)*

statt → D 140, *anstatt, anstatt daß*

stattdessen

D 227 Die in den Satz einzugliedernde Konjunktion *stattdessen* weist darauf hin, daß der im Satz beschriebene Sachverhalt im Widerspruch zu dem Sachverhalt im vorhergehenden Satz steht.

Er wollte in seinem Urlaub eine Bergwanderung machen. *Stattdessen* muß er jetzt im Krankenhaus liegen.

Ebenso steht *stattdessen* in Sätzen, die die Verwirklichung eines Sachverhalts an Stelle des vorher beschriebenen empfehlen. Im Prädikat steht der Konjunktiv II.

Der Stadtrat hat den Bau eines neuen Rathauses beschlossen. Er hätte *stattdessen* lieber den Neubau der Oberschule genehmigen sollen.

teils ... teils

Die Konjunktion *teils ... teils* verbindet Satzglieder und Sätze.

Satzglieder: Der zweite Teil der Konjunktion kann mit dem dazugehörigen Satzteil im Nachfeld stehen.

So steht es in den Lesebüchern, *teils* ausgesprochen und deutlich, *teils* unausgesprochen zwischen allen Zeilen. *(Heigert)*

Sätze:

Teils will er sein Haus verkaufen, *teils* will er es aber auch behalten.

trotzdem

Die in den Satz einzugliedernde Konjunktion *trotzdem* drückt aus, daß der beschriebene Sachverhalt zustande kommt, ohne daß der vorher beschriebene Sachverhalt einen Einfluß oder eine Wirkung darauf hat.

D 229

Du sitzt in der Loge und ich im III. Rang ... *Trotzdem* sind wir uns ganz nahe. *(Hirche)* – Dieses Unverständnis kränkte ihn tief. Natürlich konnte er *trotzdem* nicht schweigen. *(Kaschnitz)*

Zur Hervorhebung kann vor *trotzdem* noch die Konjunktion *aber* oder *und* stehen.

Der Zug hatte Verspätung, *aber trotzdem* kam ich pünktlich ins Theater.
– ..., *und trotzdem* kam ich pünktlich ins Theater.

trotzdem kann auch allein oder mit *aber (und)* im Satzfeld stehen.

Er hat wenig gearbeitet, *aber* er hat *trotzdem* die Prüfung bestanden.
..., *und* er hat *trotzdem* die Prüfung bestanden.
..., er hat *aber trotzdem* die Prüfung bestanden.
..., er hat *trotzdem* die Prüfung bestanden.

Wenn die Subjekte gleich sind und *aber trotzdem* nicht im Vorfeld steht, braucht man das Subjekt nicht zu wiederholen.

Er hat wenig gearbeitet, hat *aber trotzdem* die Prüfung bestanden.

Oft weisen die Adverbien *zwar, wohl, freilich* im Satzfeld des vorhergehenden Satzes auf einen folgenden Satz mit der Konjunktion *trotzdem* hin.

Peter hat *zwar* wenig gearbeitet, hat *aber trotzdem* die Prüfung bestanden.

Für die Konjunktion *trotzdem* können auch *doch* [→ D 176], *dennoch, gleichwohl* stehen.

trotzdem wird vielfach als Gliedsatzkonjunktion an Stelle von *obwohl* [→ D 206] verwendet. Dieser Gebrauch, entstanden durch den Ausfall von *daß (trotzdem daß)*, wird, obwohl er sinnwidrig ist, toleriert.

311

überdies

D 230 Die in den Satz einzugliedernde Konjunktion *überdies* reiht zwei Mitteilungssätze aneinander und drückt aus, daß der im Satz beschriebene Sachverhalt im Rahmen der Gesamtmitteilung noch zu berücksichtigen ist. Die Konjunktion kann auch Satzglieder verbinden.

Ich kann an eurem Ausflug morgen nicht teilnehmen, *überdies* muß ich noch einige wichtige Dinge erledigen. – Ich gehe jetzt in die Stadt, einige Besorgungen zu machen, ich habe *überdies* auch noch etwas in der Stadtverwaltung zu tun. – Die Arbeit ... wird vielleicht in hundert Jahren in einem halben Jahr geleistet werden und *überdies* besser, haltbarer. *(Kafka)*

um (Zweck)

D 231 Als Konjunktion leitet *um* Infinitivsätze ein, die den Zweck des Sachverhalts im übergeordneten Satz erklären. Das Subjekt des Infinitivsatzes wird im übergeordneten Satz genannt [→ D 152 *damit*].

Er ist nach Deutschland gefahren, *um* dort Deutsch *zu* lernen. – Herr Müller hat die Uhr gekauft, *um* sie seiner Frau *zu* schenken.

um (Folge)

D 232 Wenn dem mit *um* eingeleiteten Infinitivsatz ein übergeordneter Satz vorausgeht, in dem *zu* oder verstärkt *allzu* vor einem Adjektiv oder Adverb steht, drückt der Infinitivsatz die Folge aus dem im übergeordneten Satz beschriebenen Sachverhalt aus [→ D 165 *als daß*].

Er ist noch *zu* krank, *um* schon alles essen zu dürfen. – Wir warten auf ihn schon *allzu* lange, *um* uns nicht über ihn zu ärgern.

um so mehr, als (Grund)

D 233 Der konjunktionale Ausdruck *um so mehr, als* leitet einen Gliedsatz ein, der den ausschlaggebenden Grund für den im übergeordneten Satz beschriebenen Sachverhalt nennt.

Der Dieb wird streng bestraft werden, *um so mehr, als* er schon einmal wegen Diebstahls im Gefängnis gesessen hat. – Hans muß seinem Freund helfen, *um so mehr, als* dieser ihm auch schon oft geholfen hat.

um so mehr kann auch im übergeordneten Satz stehen. Der Gliedsatz wird dann mit *als* eingeleitet. Vor Komparativformen steht nur *um so*.

Hans muß seinem Freund *um so mehr* helfen, *als* dieser ihm auch schon oft geholfen hat. – Der Dieb muß *um so* strenger bestraft werden, *als* er schon einmal wegen Diebstahls im Gefängnis war.

312

um so weniger, als

Der konjunktionale Ausdruck *um so weniger, als* leitet einen Gliedsatz ein, der wie *um so mehr, als* [→ D 233] den ausschlaggebenden Grund für den im übergeordneten Satz beschriebenen Sachverhalt nennt. Der vorhergehende Satz ist negativ.

> Das Kind darf heute *nicht* draußen spielen, *um so weniger, als* es noch erkältet ist. – Ich gebe dir *kein* Geld, *um so weniger, als* ich dir erst gestern Geld gegeben habe.

um so weniger kann auch im übergeordneten Satz stehen, der dann aber keine Negation erhält, weil der Ausdruck *um so weniger* selbst schon negativ ist. Der Gliedsatz wird dann mit *als* eingeleitet.

> Das Kind darf *um so weniger* draußen spielen, *als* es noch erkältet ist.

und

Die Konjunktion *und* verbindet Sätze, funktionsgleiche Satzglieder und Attribute [→ E 16].

Satzglieder:

> Peter *und* seine Kameraden fuhren nach Salzburg *und* Wien. – Mein Freund *und* ich gingen zuerst ins Kino *und* dann in ein Café.

Die Konjunktion *und* kann bei mehreren gleichen Satzgliedern auch jeweils zwei paarweise verbinden.

> Viele Menschen hoffen auf Glück *und* Reichtum, Erfolg *und* Ruhm. – ... wie eng sich in ihr Mathematik *und* Mystik, Astronomie *und* Astrologie, Physik *und* Gnostik verbanden. *(Lüthy)*

Sätze: Die Konjunktion *und* verbindet gleichartige Sätze und steht isoliert außerhalb des Satzes.
Wenn beide Sätze das gleiche Subjekt haben, wiederholt man es im zweiten Satz nicht.

> Ich gehe zur Universität *und* höre dort eine Vorlesung. – Wir fahren in unsere Heimatstadt *und* besuchen dann alle unsere alten Freunde.

Wenn im Vorfeld des zweiten Satzes ein anderes Satzglied Kontaktglied ist, muß das Subjekt als Personalpronomen wiederholt werden. Beide Satzsysteme werden durch ein Komma abgetrennt.

> Heute fahren wir nach Wien, *und* morgen gehen wir dort ins Theater.

Wenn die beiden Mitteilungssätze, die mit *und* verbunden sind, nicht das gleiche Subjekt haben, steht vor *und* ein Komma.

> Karl geht in die Schule, *und* Hans bleibt zu Hause. – Er fragte, *und* sie antwortete.

313

Ein Mitteilungssatz, der nach einem Imperativsatz mit *und* verbunden ist, beschreibt den Sachverhalt, der eintritt, wenn der Aufforderung gefolgt wurde. *Hilf* mir bei meiner Arbeit, *und* ich helfe dir bei deiner Arbeit. – *Gebt* uns ein Schiff, *und* wir fahren übers Meer.

In einigen Redewendungen kann der Inhalt eines mit *und* verknüpften Mitteilungssatzes als Subjekt oder Objekt des vorhergehenden Mitteilungssatzes aufgefaßt werden.

Er ist imstand *und* läßt uns eine Stunde warten. – Es fehlte nicht viel *und* ich hätte einen Unfall gehabt.

und auch

D 237 *und auch* fügt Inhalte an, die in die bisher genannten Inhalte mit einbezogen werden [→ G 25].

Hans ist mit deinem Plan einverstanden, *und auch* wir stimmen ihm zu.

unterdessen (Zeit)

D 238 Die in den Satz einzugliedernde Konjunktion *unterdessen* drückt aus, daß der im Satz beschriebene Sachverhalt in der Zeit verwirklicht wird, während der im vorhergehenden Satz beschriebene Sachverhalt besteht.

Trag doch das Gepäck zum Wagen, ich schließe *unterdessen* die Wohnung ab.

Im gleichen Sinne stehen die Konjunktionen *indessen* [→ D 188], *inzwischen*, *währenddem*, *währenddessen*.

vielmehr (Berichtigung)

D 239 Die in den Satz einzugliedernde Konjunktion *vielmehr* drückt aus, daß die vorhergegangene Mitteilung mit Nachdruck berichtigt wird.

Sein Verhalten ist kein Zeichen von Intelligenz, *vielmehr* ein Zeichen von Dummheit. – Es ist falsch, die Götter für alles verantwortlich zu machen ... Wahr ist *vielmehr*, daß uns alle die Schuld trifft. *(Hildesheimer)*

während (Zeit)

D 240 Die Konjunktion *während* leitet Gliedsätze ein, die einen Sachverhalt beschreiben, der ganz oder teilweise mit dem zeitlichen Ablauf des im übergeordneten Satz beschriebenen Sachverhalt zusammenfällt.

Ich lernte viel Italienisch, *während* ich in Italien war. – *Während* ich die Nummer wählte, ... bereute ich es fast schon. *(Böll)* – Ich las, *während* Kurtchen Feuersteine verkaufte, las, *während* ich Kunsthonig einpackte. *(Grass)*

314

während (Gegensatz)

Die Konjunktion *während* leitet Gliedsätze ein, die einen Sachverhalt beschrei- D 241 ben, der ganz im Gegensatz zu dem im übergeordneten Satz beschriebenen Sachverhalt steht.

> Im Herbst ist das Wetter in den Bergen meist beständig, *während* es im Sommer immer unbeständig ist. – *Während* Richard sehr nervös ist, ist sein Bruder ein sehr ruhiger Mensch.

währenddem, währenddessen → D 238, *unterdessen*

weder ... noch

Die Konjunktion *weder ... noch*, deren beide Teile in die Sätze eingegliedert D 242 werden, verbindet Satzglieder und gleichartige Sätze. Sie weist nachdrücklich darauf hin, daß die den beiden Teilen folgenden Inhalte nicht zutreffen. Werden zwei Subjekte durch diese Konjunktion verbunden, so richtet sich die Personalform nach dem Subjekt, das ihr am nächsten steht [→ E 16].

Satzglieder:

> Ich spreche *weder* Englisch *noch* Französisch. – Dieser Versuch einer Rechenschaft kann *weder* vollständig *noch* unparteiisch sein. *(Enzensberger)*

Sätze:

> Er arbeitet *weder* in einer Fabrik, *noch* geht er in ein Büro.

Im verstärkten negativen Sinn steht *weder* im Vorfeld.

> *Weder* hat er Zeit für mich, *noch* ist er für meine Freunde zu sprechen.

weil (Grund)

Die Konjunktion *weil* leitet Gliedsätze ein, die den Grund oder die Ursache D 243 für den im übergeordneten Satz beschriebenen Sachverhalt nennen [vgl. D 146 *da*].

> Nur die Haustiere bleiben, *weil* sie an den Menschen gebunden sind. Nur die Wiesen grünen, *weil* das Gras ausdauernd ist. *(J. Roth)*

Wenn der Inhalt des Gliedsatzes hervorgehoben werden soll, weisen die Korrelate *darum*, *deshalb* oder *deswegen* auf den folgenden Gliedsatz hin.

> Ich bleibe heute *deshalb* zu Hause, *weil* ich einen wichtigen Anruf erwarte. – Er ist *deswegen* nach Berlin gefahren, *weil* dort die Filmfestspiele stattfinden.

wenigstens

D 244 Die in den Satz einzugliedernde Konjunktion *wenigstens* drückt aus, daß die mit dem Satz ausgedrückte Äußerung die vorher geäußerte Behauptung oder Feststellung abschwächt.

> Wenn du mir das Bild nicht geben willst, zeig es mir *wenigstens!* – Das Theater war ausverkauft. *Wenigstens* konnten wir im Vorverkauf keine Karten mehr bekommen.

wenn (Zeit)

D 245 Die Konjunktion *wenn* leitet Gliedsätze ein, die einen Sachverhalt beschreiben, der in der Gegenwart oder der Zukunft besteht, und der mit dem im übergeordneten Satz beschriebenen Sachverhalt zusammentrifft. Im Prädikat steht Präsens oder Futur. Steht der Gliedsatz im Vorfeld, so kann das Adverb *dann* den Inhalt zusammenfassen.

> *Wenn* der Zuschlag erteilt wird, gibt es einen Vorschuß. *(Böll)* – *Wenn* ich ihn mir ansehe, *dann* bilde ich mir ein, er hat Ähnlichkeit mit dir. *(Hirche)* – *Wenn* es keinen Fortschritt mehr gibt, *dann* ist es irgendwie aus mit uns. *(v. Fischer)*

Treffen die beiden Sachverhalte wiederholt zusammen, so kann das Prädikat auch in einer Vergangenheitsform stehen. Um das zu verdeutlichen, kann der Gliedsatz auch mit *immer wenn, jedesmal wenn* eingeleitet oder *immer* ins Satzfeld des Mitteilungssatzes gestellt werden.

> ... hätte ich sie küssen können, wie ich es früher *immer* getan hatte, *wenn* sie mir die Krawatte *band. (Böll)* – Ich habe lange nichts mehr von Erika gehört, denn *immer wenn* ich sie *angerufen habe,* war sie nicht zu Hause. – Die ganze Wirtschaft hat sich gefreut, ... *jedesmal, wenn* Sie mit der Faust auf den Tisch geschlagen haben. *(Frisch)*

Wenn man ausdrücken will, daß zwei bestimmte Sachverhalte in der Vergangenheit zusammengetroffen sind, gebraucht man die Konjunktion *als* [→ D 135].

wenn (Bedingung)

D 246 Die Konjunktion *wenn* leitet Gliedsätze ein, die die Bedingung oder die Voraussetzung für die Verwirklichung des im übergeordneten Satz beschriebenen Sachverhalts nennen. Wenn der Gliedsatz im Vorfeld steht, kann das Adverb *dann* oder *so* zum folgenden Mitteilungssatz überleiten.

> *Wenn* du morgen Zeit hast, *dann* besuche ich dich. – Einigen Künstlern geht es, *wenn* sie die Welt betrachten, wie vielen Philosophen. *(Brecht)* – *Wenn* Planung die Praxis der Wissenschaft ist, *dann* fragt es sich, wie

sie sich zu allem, was einmal Bildung und Fortschritt hieß, verhält. *(R. W. Meyer)* – Und *wenn* er Hunger gehabt hat, *so* soll ihm das Essen bekommen sein. *(Broch)*

Wenn es sich bei dem als Bedingung oder Voraussetzung genannten Sachverhalt um einen hypothetischen, nur angenommenen Sachverhalt handelt, steht im Prädikat des Gliedsatzes und des übergeordneten Satzes der Konjunktiv II. Zum Ausdruck der Gegenwart oder der Zukunft dienen die einfachen Formen des Konjunktivs II und zum Ausdruck der Vergangenheit die zusammengesetzten Formen des Konjunktivs II.

> *Wenn* jetzt mein Freund *käme, ginge* ich mit ihm spazieren. – *Wenn* gestern mein Freund *gekommen wäre, hätten* wir zusammen ins Theater gehen *können.*

Zum Unterschied vom temporalen *wenn* gebraucht man bei konditionalen Gliedsätzen auch die Konjunktion *falls* oder die Ausdrücke *unter der Bedingung, daß; im Falle, daß; vorausgesetzt, daß.* Im gleichen Sinne gebraucht man auch *angenommen, gesetzt den Fall,* doch hat nach diesen Ausdrücken der Konditionalsatz die Form eines Mitteilungssatzes und steht vorn. Der folgende Mitteilungssatz wird im Vorfeld mit *so* oder *dann* eingeleitet.

> *Falls* ich morgen Zeit habe, besuche ich dich. – *Angenommen,* mein Freund *käme* jetzt, *so* gingen wir zusammen spazieren. – *Gesetzt den Fall,* mein Freund *wäre* gestern gekommen, *dann* hätten wir ins Theater gehen können.

wenn (Wunsch), wenn nur

Die Konjunktion *wenn* oder *wenn nur* leitet Gliedsätze ein, mit denen der Sprecher einen Wunsch ausdrückt. Im Satzfeld dieser Wunschsätze steht das Adverb *doch,* im Prädikat der Konjunktiv II. Die Gliedsatzform der Wunschsätze ist durch den Ausfall des übergeordneten Satzes zu erklären.

D 247

> *Wenn* wir doch reicher *wären!* (, dann ginge es uns besser, dann wäre alles besser).

Mit einem Wunschsatz wünscht man sich einen anderen Sachverhalt als den, der tatsächlich eingetreten ist, der tatsächlich eintritt oder zu erwarten ist. Im Prädikat steht die einfache Form des Konjunktivs II, wenn der beschriebene Sachverhalt für die Gegenwart oder für die Zukunft herbeigewünscht wird; die zusammengesetzten Formen des Konjunktivs II stehen im Prädikat, wenn man sich einen anderen Sachverhalt in der Vergangenheit wünscht, als den tatsächlich eingetretenen. Nach Wunschsätzen setzt man ein Ausrufungszeichen.

Wenn doch jetzt mein Freund *käme!* – *Wenn nur* mein Freund jetzt *käme!*
– *Wenn* morgen das Wetter *doch* schön *wäre!* – *Wenn* mein Geld *doch*
gestern gekommen *wäre!*

wenn (Einschränkung)

D 248 Die Konjunktion *wenn* leitet Gliedsätze ein, die ausdrücken, daß der im übergeordneten Satz beschriebene Sachverhalt nicht zustande kommt, wenn der
im Gliedsatz beschriebene Sachverhalt nicht verwirklicht wird. Beide Sätze
enthalten eine Negation.

Ich kann meine Schulden *nicht* bezahlen, *wenn* mein Vater mir *kein* Geld
schickt. – *Wenn* die Mannschaft *nicht* fleißig trainiert, wird sie *nicht* ins
Endspiel kommen.

wenn … auch (Einräumung)

D 249 Die Konjunktion *wenn* leitet einen Gliedsatz mit dem Adverb auch auf dem
Satzfeld ein, der einen Sachverhalt beschreibt, der keinen Einfluß auf die Verwirklichung des im übergeordneten Satz beschriebenen Sachverhalts hat.

Peter hat eine gute Prüfung gemacht, *wenn* er *auch* nur wenig gearbeitet
hat.

Steht der Gliedsatz mit *wenn … auch* im Vorfeld, so leitet das Adverb *so* zum
übergeordneten Satz über. Auf dem Satzfeld des übergeordneten Satzes hebt
doch den Gegensatz oder Widerspruch hervor [vgl. D 206 *obwohl*].

Wenn die Reise *auch* sehr teuer war, so bereuen wir es *doch* nicht, sie
gemacht zu haben.

Wenn auch kann auch Satzglieder oder Attribute verbinden; das folgende Satzglied oder Attribut schränkt das vorher Gesagte ein.

Günther Grass, den ich … für eine erfreuliche, *wenn auch* nicht (oder:
gerade weil nicht) gemütliche Erscheinung halte, … *(H. Plard)*

D 250 Alle *wenn*-Sätze, mit Ausnahme der Temporalsätze mit *wenn*, können auf die
Konjunktion verzichten, wenn sie im Vorfeld stehen und die Personalform an
den Anfang des Gliedsatzes tritt. Das Adverb *so* kann dann zum übergeordneten Satz überleiten.

Hilfst du mir, *so* helfe ich dir [→ D 246]. – Käme mein Freund jetzt, *so*
gingen wir spazieren. – *Wäre* mein Freund gestern gekommen, *so* hätten
wir ins Theater gehen können [→ D 246].
Käme doch mein Freund jetzt! – Wäre doch nur mein Geld gestern
gekommen! [→ D 247].
Hat der Zug *auch* Verspätung, *so* kommen wir doch noch rechtzeitig
ins Theater [→ D 249]. – War die Reise auch sehr teuer, *so* bereuen wir es
doch nicht, sie gemacht zu haben.

An Stelle der Konjunktion *wenn* kann auch der Konjunktiv II des Modalverbs *sollen* den Gliedsatz einleiten, wenn der Gliedsatz im Vorfeld steht und die Verwirklichung des im Gliedsatz beschriebenen Sachverhalts möglich ist.

> *Sollte* ich morgen nicht zu Hause sein, *(so)* kannst du mich im Büro anrufen. – *Sollten* meine Eltern am Sonntag kommen, werde ich den Ausflug nicht mitmachen können.

außer wenn (Bedingung)

Die Konjunktion *außer wenn* leitet Gliedsätze ein, die die einzige Bedingung oder Voraussetzung nennen, unter der der im übergeordneten Satz beschriebene Sachverhalt verwirklicht werden kann. Der Sachverhalt im übergeordneten Satz wird durch die Negation als nicht zu erwarten geschildert. D 251

> Ich kann meine Schulden nicht bezahlen, *außer wenn* mir mein Vater Geld schickt.

Im gleichen Sinne werden *wenn ... nicht* [→ D 246] und *es sei denn, daß* [→ D 168] gebraucht.

> Sie hätte kaum etwas ausgerichtet, *wenn* ihr *nicht* ein besonderer Glücksumstand zu Hilfe gekommen wäre. *(Brecht)*

bloß wenn, nur wenn (Bedingung)

Die Konjunktion *bloß wenn* oder *nur wenn* leiten Gliedsätze ein, die die ausschließliche Bedingung oder Voraussetzung zur Verwirklichung des im übergeordneten Satz beschriebenen Sachverhalts nennen. D 252

> *Bloß wenn* das Wetter morgen schön ist, machen wir einen Ausflug. – *Nur wenn* du mir das Geld gibst, tue ich es.

Wenn der Gliedsatz im Nachfeld steht, steht *bloß* oder *nur* im Satzfeld des übergeordneten Satzes.

> Wir machen *bloß* dann einen Ausflug, *wenn* das Wetter schön ist. – Ich tue es *nur*, *wenn* du mir Geld gibst.

wenngleich → D 206, *obwohl*

wie (Vergleich)

Die Konjunktion *wie* gebraucht man in Vergleichen, wenn man die Gleichheit oder Ähnlichkeit ausdrücken will. Sie verbindet Satzglieder und Sätze. Vor Adjektiven oder Adverbien steht *so* oder *ebenso* [→ D 178, auch: D 131 *als*]. D 253

Satzglieder:

> Es war ein Tag *wie* jeder andere. – Wir wohnen schon *so* lange hier *wie* Sie.

Sätze: Der Gliedsatz steht im Nachfeld.

... ein einfaches Einschreibe-Etikett, *wie* jede Postanstalt sie täglich rollenweise verklebt. *(Böll)* – Es war nicht *so* schwer, *wie* ich gedacht hatte.

wie (+ Adjektiv oder Adverb ... *auch (immer)* leitet Gliedsätze ein, die einen Sachverhalt beschreiben, der keinen Einfluß auf den Sachverhalt im übergeordneten Satz hat. Der Gliedsatz steht meist im Nachfeld.

Er wird das unter allen Umständen tun, *wie* sehr man ihm *auch* davon abraten wird. – Der Außenminister ist der zweite Mann der Regierung, *wie auch immer* die offizielle Stellvertretung geregelt sein mag. *(Gross)*

Wenn der Mitteilungssatz folgt, steht der Gliedsatz isoliert vor ihm. (Zur Konstruktion vgl. *ob ... oder* → D 205).

Wie schnell er *auch immer* fährt, wir werden ihn einholen.

wie verbindet Wörter, die einen übergeordneten Begriff erklären.

Viele bekannte Heilmittel, *wie* die Herzglykoside ... *(Waser)*

wie, wie auch verbinden funktionsgleiche Satzglieder.

Mein Freund *wie auch* ich studieren in München.

wie (Zeit)

D 254   Die Konjunktion *wie* wird umgangsprachlich mitunter anstelle von *als* [→ D 135] gebraucht.

Wie wir auf den Platz kamen, an dem die Demonstration stattfand, war eine große Schlägerei zwischen den Demonstranten und den Gegendemonstranten im Gange. – *Wie* ich aus dem Haus kam, hörte ich hinter mir einen fürchterlichen Schrei.

wie wenn → D 133, *als ob*

wo

D 255   Als Konjunktion leitet *wo* Gliedsätze ein, die einen Sachverhalt beschreiben, an den man eine unerfüllte Erwartung geknüpft hat. Die unerfüllte Erwartung wird durch das Adverb *doch* hervorgehoben.

Warum hast du mir keinen Brief geschrieben, *wo* ich dich so darum gebeten habe? – Peter ist über das schlechte Ergebnis seiner Prüfung sehr enttäuscht, *wo* er *doch* immer so fleißig gelernt hatte.

wo, woher, wohin

D 256   Diese Konjunktionen leiten Gliedsätze ein, die für die lokale Bestimmung des Sachverhalts im Mitteilungssatz stehen.

320

Ich wohne, *wo* mein Vater vor zehn Jahren gewohnt hat. – Wir gehen, *wohin* auch meine Eltern gegangen sind. – Er arbeitet, *wo* auch ich arbeite.

Oft steht im Satzfeld des vorangehenden Mitteilungssatzes ein Lokaladverb, das auf den Gliedsatz hinweist [→ *dort, dorther, dorthin* D 177].

wohingegen → D 241, *während* (Gegensatz)

zumal, zumal da (Grund)

Die Konjunktion *zumal* oder *zumal da* leitet Gliedsätze ein, die den ausschlag- D 257
gebenden Grund für den im übergeordneten Satz beschriebenen Sachverhalt nennen.

> Der Dieb muß streng bestraft werden, *zumal* er schon einmal wegen Diebstahls im Gefängnis war.

zumindest

Die in den Satz einzugliedernde Konjunktion *zumindest* schwächt eine vorher D 258
geäußerte Feststellung oder Behauptung ab.

> Du mußt dich mit moderner Literatur beschäftigen. *Zumindest* solltest du die wichtigsten Bücher gelesen haben.

und zwar

Die Konjunktion *und zwar* verbindet Satzglieder, die vorher genannte Inhalte D 259
näher erklären, bestimmen oder aufzählen.

> Er verkauft viele Dinge, *und zwar* Uhren, Ringe, Schmuck usw. – Das Konzert findet morgen statt, *und zwar* im Stadttheater von 8 bis 10 Uhr abends. – ... daß dieser Achim ihn hochschätzte ... wegen der Artikel, die er ... schrieb im Kampf gegen seine eigene Regierung, *und zwar* dem Fortschritt der Vernunft zuliebe! *(Johnson)*

zwar ... aber → D 128, *aber*

Die Funktionen im Satz

E 1 Funktionen sind Wirkungsweisen der einzelnen Inhalte innerhalb der Organisation eines Satzes. Sie setzen die Inhalte eines Satzes in die richtige Beziehung zueinander und schaffen durch Anordnung und Zuordnung die geeignete Strukturform des Satzes auf der Grundlage seiner inhaltlichen Gliederung, in der sich der zu beschreibende außersprachliche Sachverhalt widerspiegelt. Die Funktionsteile eines Satzes sind demnach seine Bauteile, die durch ihr Zusammenwirken erst die inhaltliche Leistung eines Satzes ermöglichen und den Satz als Sinneinheit für einen Redezusammenhang brauchbar machen.

Die Funktionen sind identifizierbar durch bestimmte Kasusmorpheme (Funktionskennzeichen) und durch andere Funktionsmerkmale (z. B. Personalform, Infinitformen, Stellung, Intonation).

Die Funktionsteile des Satzes gliedern sich in

1. primäre Funktionsteile: Prädikat und Satzglieder;
2. sekundäre Funktionsteile: Attribute.

Bei den primären Funktionsteilen sind zu unterscheiden

a) stellungsfester Funktionsteil: Prädikat;
b) in der Stellung veränderliche Funktionsteile: Satzglieder.

Davon sind

1. strukturbedingte Satzglieder: Subjekt/Objekt, Prädikatsergänzung;
2. strukturunabhängige (freie) Satzglieder: Angaben.

Das Prädikat

E 2 Die Beschreibung eines außersprachlichen Sachverhalts enthält neben der Erwähnung der Rollen, durch die der beschriebene Sachverhalt zustande kommt, die Benennung des Geschehens/Seins, das die Rollen verwirklichen. Die Benennung des Geschehens/Seins erfolgt im Prädikat durch Verben oder durch Wörter anderer Wortklassen, deren Inhalte mit bestimmten Geschehen/Sein in Verbindung gebracht werden können [→ G 8].

> Wir *lesen*. – Der Herr *liest* eine Zeitung. – Er *freut* sich über deinen Besuch. – Wir *haben* gerade *gefrühstückt*. – Er *wird* bei uns *übernachten*. – Die Felder *werden bewässert*.

Außer dieser inhaltlichen Aufgabe hat das Prädikat im Deutschen eine formale Aufgabe zu erfüllen, die sich auf die inkorporierende Komponente bezieht, die der deutschen Sprache innewohnt. Das Prädikat bildet infolge seiner starken Tendenz zur Zweiteilung einen sogenannten Satzrahmen, der die meisten übrigen Inhalte eines Satzes umschließt [→ E 53 f.].

Neulich *hat* unser Bürgermeister mit dem Innenminister kommunalpolitische Fragen *erörtert.*

Außer einem Verb können im Prädikat als zweite Prädikatsteile stehen:

1. Verbzusätze

Der Schulleiter lehnte jede Verantwortung *ab.* – Ich bringe meine Freunde *mit.*

2. weitere abhängige Verben

Wir wollen heute ins Theater *gehen.* – Ich lasse mir die Haare *schneiden.* – Er sieht die Leute *kommen.* – Ich lernte ihn gestern *kennen.*

Die Prädikatsergänzung

Prädikatsergänzungen sind alle jene Satzfunktionsteile, die außerhalb der Prädikate an der Bezeichnung eines Geschehens/Seins teilnehmen. Durch sie wird eine Sprache befähigt, die Vielfalt der erkennbaren Geschehen/Sein mit allen ihren Differenzierungen unter Berücksichtigung der möglichen subjektiven Aspekte auszudrücken. Der Vorrat an Verben und der wie ‚Verben' verwendbaren Wörter anderer Wortklassen mit allen ihren Erweiterungsmöglichkeiten durch Zusammensetzungen, durch Präfixe und Suffixe würden dazu nicht ausreichen [→ G 28].

Es sind zumeist ganz bestimmte Verben, die im Zusammenspiel mit Prädikatsergänzungen ins Prädikat treten. Ihnen verbleiben dann nur strukturale bzw. funktionale Aufgaben. Sie haben ihren Wortinhalt, den sie in anderen Zusammenhängen zum Ausdruck bringen, weitgehend aufgegeben und werden deshalb als Funktionsverben betrachtet.

Wir haben ihn von dieser Sache in Kenntnis *gesetzt.* – Die Polizei *stellt* Nachforschungen *an.* – Er *hat* von einer Anzeige Abstand *genommen.* – Sie *hält* mit ihm gut Schritt. – Er *setzte* die Maschine in Betrieb.

Oft kann das Verb im Prädikat allerdings dadurch zur Schilderung des Geschehens oder des Seins beitragen, daß es den Ablauf des Geschehens oder die Art und Weise des Seins beschreibt.

Die Kinder *begeben sich (gehen, fahren, laufen, rennen, schlendern)* zur Schule. – Er *bringt (geleitet, befördert, transportiert)* den Mann zum Bahnhof. – Die Zigeuner *sind (wohnen, hausen, zelten, kampieren)* im Wald.

Prädikatsergänzungen erweitern die Ausdrucksmöglichkeiten: Der Sprecher kann mit ihrer Hilfe gleiche Sachverhalte auf verschiedene Weise darstellen, je nachdem wie er sie betrachtet oder betrachtet haben will.

Der Arzt *fragt* den Kranken. – Der Arzt *stellt* dem Kranken *Fragen.* Die Bäume *blühen.* – Die Bäume *stehen in Blüte.*

E 3

323

Ich *freue* mich über das Geschenk. – Das Geschenk *macht* mir *Freude.*
Mir *schmerzt der Kopf.* – Ich *habe Kopfschmerzen.*
Sie *ängstigt* sich dauernd. – Sie *lebt in* ständiger *Angst.*
Wir *räumen* das Zimmer *auf.* – Wir *bringen* das Zimmer *in Ordnung.*

Mit Hilfe der Prädikatsergänzungen und der Funktionsverben lassen sich unter
anderem verschiedene Sprachebenen unterscheiden

> *einen Besuch* abstatten (besuchen), *Grüße* ausrichten (von jemandem grü-
> ßen), *den Beweis* erbringen (beweisen), *Platz* nehmen (sich setzen)

verschiedene Aktionsarten darstellen

> Beginn: *in Bewegung* setzen, *in Angriff* nehmen, *in Angst* versetzen, *Hal-
> tung* annehmen, *eine Frage* aufwerfen, *Heiterkeit* auslösen
> Verlauf: *Ordnung* halten, *in Angst* halten, *Sorgen* hegen, *Schmerzen* haben,
> *in Bewegung* bleiben, *im Streit* liegen
> Beendigung, Abschluß: *ans Ziel* gelangen, *zuende* bringen, *eine Prüfung*
> ablegen, *ein Abkommen* schließen, *Einhalt* gebieten, *den Beweis* erbringen

die Mitteilungsperspektive ändern, ähnlich dem Passiv [→ B 93 f.]

> Die Einfuhren *unterliegen einer Kontrolle.* – Das neue Stück *gelangte zur
> Aufführung.* – Der Roman *fand verbreitete Anerkennung.*

E 4   Es sind zwei Arten von Prädikatsergänzungen zu unterscheiden:

1. austauschbare Prädikatsergänzungen: Ihre Inhalte lassen sich erfragen und
auch gegebenenfalls pronominal ausdrücken.

> Belgien liegt *in Westeuropa (an der Küste zum Ärmelkanal, günstig für die
> Schiffahrt, dort).*
> Mein Freund ist *hier (dort, in Berlin, bei seinem Onkel).*
> Er begegnete mir *freundlich (unfreundlich, mit aller Höflichkeit).*
> Er fuhr *nach München (ins Ausland, mit dem Auto, schnell, zwei Stunden).*
> Der Unfall passierte *aus Fahrlässigkeit (aus Unvorsichtigkeit, durch unglück-
> liche Umstände).*

2. feste Prädikatsergänzungen: Sie sind nicht austauschbar. Ihre Inhalte lassen
sich nicht erfragen*), und sie sind niemals pronominal auszudrücken.

> Er setzte die Maschine *in Betrieb.* – Ein Verkauf unseres Hauses kommt
> nicht *in Frage.* – Er hängte seinen Beruf *an den Nagel.* – Dein Wohl-
> ergehen liegt mir *am Herzen.*

E 5   Prädikatsergänzungen entsprechen in ihren Leistungen den Verbzusätzen. Eine
große Anzahl von Prädikatsergänzungen sind im Laufe der Entwicklung enger

---

*) Fragen wie ‚Wohin setzte er die Maschine? Wohin kommt der Verkauf unseres
Hause? Wohin hängte er seinen Beruf? Wo liegt dein Wohlergehen?‘ sind nicht denkbar, wenn sie sich auf diese Prädikatsergänzungen beziehen. Ebensowenig möglich
sind pronominale Ausdrücke in Antworten: „Setzte er die Maschine in Betrieb? Ja,
er setzte sie dorthin. – Liegt dir mein Wohlergehen am Herzen? Ja, es liegt dort."

mit dem Funktionsverb zusammengewachsen und zu Verbzusätzen geworden, was sich auch in der Schreibung zeigt.

> Er kann *rad*fahren. (dagegen:) Er kann *Auto* fahren.

In manchen Fällen steht es frei, wie man es schreibt.

> Er ist *zugrunde* gegangen. – Er ist *zu Grunde* gegangen.

Vielfach sind aber auch die Grenzen fließend. So muß es einerseits lauten:

> Er hat *recht* bekommen.

andererseits aber wieder:

> Er hat *das Recht* bekommen, auf dem Privatweg zu fahren.

Wenn man Prädikatsergänzungen auch dem Prädikat zuordnen kann, so müssen sie doch als selbständiger Funktionsteil betrachtet werden, denn einmal werden sie von selbständigen lexikalischen Einheiten gebildet und zum andern können sie aus eben diesem Grunde Attribute annehmen. Dadurch können sie gegenüber dem Verbzusatz noch differenziertere Inhalte wiedergeben.

> Wir hegten *die große Hoffnung*, bald wieder heimkehren zu können. – Er hatte nicht *den Mut*, mit dem Direktor zu sprechen.

Die Wortklassen in Prädikatsergänzungen

In die Prädikatsergänzungen treten Wörter folgender Wortklassen, die mit ihren Inhalten das Prädikat ergänzen: **E 6**

Nomen:

> Gestern fand *ein Konzert* statt. – Die Kinder haben *Hunger*. – Die Leute befinden sich *auf der Flucht*. – Der Unterricht hat *eine Stunde* gedauert. – Wir sind *guten Mutes*. – Er wohnt *in München*. – Er ist *ein bekannter Filmschauspieler*.

Adjektive:

> Das Auto fährt *schnell*. – Bist du *krank?* – Ich finde seinen neuen Roman *gut*.

Adverbien:

> Er wohnt *hier*. – Ich esse Reis *gerne*. – Der Junge ist weiß Gott nicht *von gestern*.

Verben:

> Wir gehen heute *schwimmen*. – Frau Müller ist *einkaufen* gegangen. – Das Kleid deiner Tochter ist *entzückend*. – Der Film war wirklich *aufregend*. – Das Essen schmeckt *angebrannt*. – Der Tote ist *begraben*.

Ebenso kann auch die Beschreibung eines Sachverhalts als Prädikatsergänzung eintreten. In diesem Fall stehen in den Prädikatsergänzungen Nebensätze.

Diese Nebensätze sind im Grunde Attributsätze, die ein Adverb oder Pronomen erläutern, das durch diese Erklärung entbehrlich wird.

Ich wohne *(dort)*, *wo auch du wohnst.* – Der reiche Mann bleibt *(das)*, *was er immer war:* ein bescheidener Mensch.

Die Arten der Prädikatsergänzungen

E 7 Man bezeichnet die Prädikatsergänzung nach ihrem Inhalt:

Lokalergänzung: Mein Freund wohnt *in einem Hotel.*
Temporalergänzung: Das Fest dauerte *bis zum Morgen.*
Modalergänzung: Ich finde das Mädchen *schön.* – Er ist *guten Mutes.*
Kausalergänzung: Das Feuer entstand *durch Leichtsinn.*

nach dem Kasusmorphem, das den Bezug verdeutlicht:

Prädikatsnominativ: Dieses Haus ist *ein Hotel.*
Prädikatsakkusativ: Sie nennt ihn *ihren Freund.*

nach der strukturbedingten Funktion:

Prädikatssubjekt: Heute findet hier *ein Konzert* statt.
Prädikatsobjekt: Der Arzt macht *viele Krankenbesuche.* – Der Zug hat hier *keinen Aufenthalt.*

AUSTAUSCHBARE PRÄDIKATSERGÄNZUNGEN

Lokalergänzungen

E 8 Lokalergänzungen nennen bei Geschehen die Richtung oder das Ziel (Frage: wohin?) sowie auch die Herkunft (Frage: woher?). Bei einem Sein nennen sie die Lage, den Ort oder die Stelle (Frage: wo?).

Wir haben *in einem Hotel* gewohnt. – Stefan fährt morgen *nach München.* – Wir sind *hier.* – Er bleibt *in der Stadt.* – Unser Haus steht *in der Gartenstraße.* – Das Mädchen bringt das Essen *ins Zimmer.* – Wir ließen unsere Bücher *zu Hause.*

Temporalergänzung

Temporalergänzungen nennen bei zeitgebundenem Geschehen/Sein den Zeitraum oder den Zeitpunkt (Frage: wann?, seit wann?, bis wann?, wie lange? usw.).

Friedrich der Große lebte *im 18. Jahrhundert.* – Die Fahrt dauerte *zwei Stunden.* – Es ist *neun Uhr.* – Sie blieben *drei Tage.* – Der Unfall geschah *letzte Woche.*

326

Modalergänzung

Modalergänzungen nennen bei Geschehen/Sein die Art und Weise, den Zustand oder den Status (Frage: wie?).

Peter ist *krank*. – Die Tür steht *offen*. – Du stellst dich *ungeschickt* an. – Verhaltet euch *ruhig!* – Inge sieht ihrer Mutter *ähnlich*. – Der Mann ist des Diebstahls *verdächtig*. – Wir sind nicht mit ihm *verwandt*. – Ich bin in Berlin *beheimatet*. – Wir sind *deiner Meinung*.

Kausalergänzung

Kausalergänzungen bezeichnen den Grund eines nicht durch das Prädikat charakterisierten Geschehens. (Frage: warum?, weshalb) Im Prädikat stehen im allgemeinen Verben, die das Geschehen nicht näher bezeichnen, wie z. B. *geschehen, sich ereignen, passieren, sich zutragen, sich begeben* u. a.

Der Unfall geschah *aus Unachtsamkeit*. – Die Brandkatastrophe entstand *infolge grober Fahrlässigkeit*.

Prädikatsnominativ

Der Prädikatsnominativ steht als Prädikatsergänzung nach Verben wie *sein, werden, bleiben, sich dünken, heißen* und *scheinen*. Der Prädikatsnominativ ist auf das Subjekt bezogen. (Frage: was?, wie?)

Dieses Gebäude ist *ein Museum*. – Mein Vater ist *Arzt*. – Ich werde *Ingenieur*. – Er dünkt sich *ein Held*. – Der Junge heißt *Meier*. – Herr Müller bleibt *Vorsitzender des Vereins*. – Die gestrige Diskussion war *ein voller Erfolg*.

Nach einigen Verben im Prädikat wird der Prädikatsnominativ mit der Konjunktion *als* gekennzeichnet.

Der Verkauf des Hauses stellte sich später *als ein großer Fehler* heraus. – Herr Breuer zeichnete *als leitender Ingenieur*.

Prädikatsakkusativ

Der Prädikatsakkusativ steht als Prädikatsergänzung nach den Verben *nennen, heißen, schelten, schimpfen, schmähen, taufen* u. a. Er bezieht sich auf das Objekt. (Frage: wie?)

Er nennt mich *seinen Freund*. – Wir glaubten ihn *Herrn der Lage*. – Sie tauften ihr Boot *‚Schneller Pfeil‘*.

Nach einigen Verben im Prädikat wird der Prädikatsakkusativ mit den Konjunktionen *als* oder *für* gekennzeichnet.

Ich betrachte ihn *als einen ehrlichen Menschen*. – Ich kenne Robert *als einen fleißigen und strebsamen Schüler*. – Ich habe ihn *für einen Freund gehalten*.

327

Prädikatssubjekt

Das Prädikatssubjekt nennt das Geschehen, wenn Verben im Prädikat stehen, die das Geschehen nicht näher bezeichnen, z. B. nach Verben wie *geschehen, passieren, sich ereignen, vorkommen, stattfinden* u. a. [→ G 27 f.]. Bei der Beschreibung dieser Sachverhalte ist die Mitteilungsperspektive auf das Geschehen gerichtet.

Gestern ereignete sich um 5.30 Uhr am Stadtrand *ein Verkehrsunfall*. – Morgen findet in der Stadthalle zugunsten der Armen dieses Landes *ein Konzert* statt. – Heute passierte unserer Köchin bei der Zubereitung des Essens in der Küche *ein Mißgeschick*. – Vor der Wetterumstellung schmerzte meinem Freund *der Kopf*. – Während seines ganzen Lebens war diesem Mann *kein Erfolg* beschieden. – Nach drei Jahren wurde zum 27. Mal in Moskau wieder *eine Schach-Weltmeisterschaft* ausgetragen. *(Zeit)*

Man vergleiche die Stellung der Prädikatssubjekte mit der Stellung der Rollensubjekte [→ E 66 f.].

Gestern ist nach einer langen Regenperiode unerwartet schnell *eine Wetterbesserung* eingetreten.
Es wurde gemeldet, daß sich während der Atlantiküberquerung des Segelschiffes *ein schwerer Sturm* erhoben habe.
Neulich hat sich in unserer Stadt *eine merkwürdige Begebenheit* zugetragen.

Letztes Jahr ist *Michael* nach langem Zögern endlich in den Turnverein eingetreten.
Es wurde gemeldet, daß sich *das Volk* gegen die Diktatur erhoben habe.
Wann hat *Frau Meier* unserer Köchin denn dieses Gerücht zugetragen?

Prädikatsobjekt

Das Prädikatsobjekt nennt das Geschehen/Sein, wenn im Prädikat lediglich Funktionsverben stehen, die das Geschehen/Sein nicht bezeichnen [→ G 8]. Solche Funktionsverben sind z. B.

begehen, bieten, brechen, geben, gewinnen, haben, halten, leisten, machen, nehmen, schlagen, stiften, tragen, treiben, tun, werfen, wirken u. a.
Er beging im Leben *viele Dummheiten*. – Der Pianist gibt heute abend *ein Konzert*. – Habt ihr an eurer neuen Arbeit schon *Geschmack* gewonnen? – Der Minister hält morgen im Kongreßsaal *eine Rede*. – Der Kaufmann will in dieser Stadt *Geschäfte* machen. – Leisten Sie dem Verletzten *Hilfe*! – Tun Sie mir bitte *den Gefallen* und tragen Sie *Sorge*, daß die Kinder *Ruhe* halten!

FESTE PRÄDIKATSERGÄNZUNGEN

E 9   Eine große Anzahl von Prädikatsergänzungen sind mit bestimmten Funktionsverben so eng verbunden, daß sie mit ihnen eine enge Verbindung eingehen und nicht mehr auflösbar sind, wenn sie nicht einen gänzlich veränderten inhaltlichen Wert bekommen sollen. Die Inhalte der Nomen in diesen festen Prädikatsergänzungen sind nicht erfragbar. Die Nomen können nicht durch Pronomen ersetzt werden und auch keine Attribute annehmen. Diese festen Prädikatsergänzungen haben fast schon den Charakter von Verbzusätzen [→ B 140].

> Das neue Steuergesetz ist gestern *in Kraft getreten*. – Die Stadtverwaltung hat neue Straßenbahnwagen *in Betrieb genommen*. – Der Vater *stellte* seinen Sohn wegen seiner Ungehörigkeiten *zur Rede*. – Der Doktorand hat sein Diplom *in Empfang genommen*. – Warum habt ihr mich *im Stich gelassen?* – Ihr dummes Gerede *fällt* mir wirklich *auf die Nerven*. – Sein Schicksal *liegt* mir *am Herzen*. – Die Verhandlungen *zogen sich in die Länge*. – *Schieben* Sie die Entscheidung nicht *auf die lange Bank*. – Der Soldat mußte zwei Stunden *Wache stehen*. – Sie *kam* ihm *zu Hilfe*. *(Borchert)* – Tasten wir den soziologischen Horizont in den Metropolen ab. Was *kommt* da *in Betracht? (Enzensberger)*

Subjekt und Objekt

Subjekt und Objekt sind in erster Linie jene Funktionsteile eines Satzes, in denen die Personen, Sachen, Begriffe oder Sachverhalte genannt werden, die den mit dem Satz beschriebenen Sachverhalt zustande kommen lassen. Sie stellen somit in einem Geschehen oder Sein die *Rollen* dar. [→ G 9]
Ein Geschehen/Sein kann von einer Rolle ausgehen oder bewirkt werden.

> *Der Mann* arbeitet. – *Die Blumen* verblühen. – *Das Kind* schläft. – *Die Lampe* brennt.

Es kann eine Rolle betreffen.

> Die Frau wäscht *die Wäsche*. – Er bittet mich *um sein Geld*. – *Das Auto* wird repariert. – *Der neue Roman* ist im Druck.

Es kann ebenso auf eine Rolle hinzielen.

> Er gibt *mir* das Buch. – Er verständigt *mich* über seine Ankunft. – Wir sind *Ihnen* dankbar.

Je nach der Art des beschriebenen Sachverhalts können bis zu drei Rollen beteiligt sein. In welchen Funktionen diese Rollen im Satz auftreten, hängt davon ab, welche Darstellungsweise der Sprecher auf Grund der Sprechsituation, des Mitteilungszusammenhangs usw. wählen muß.

Das Subjekt

Subjekt im Satz ist die Rolle, auf die die Mitteilungsperspektive gerichtet ist. Die mit dem Subjekt bezeichnete Person oder Sache bildet dementsprechend das Thema der Äußerung. Vom Subjekt her bildet sich der Satz aus, dabei ist die Stellung des Subjekts gleichgültig. Sie wird von anderen sprachlichen Gesetzen bestimmt. Das Subjekt kann den Satz einleiten, oft jedoch steht es im Innern des Satzes, und alle übrigen Funktionsteile gruppieren sich um das Subjekt [→ E 67f.]. Subjekte werden mit dem Nominativ gekennzeichnet. Frage: *wer?* bei Personen, *was?* bei Sachen, Begriffen und Sachverhalten. Bei Handlungen nennt das Subjekt den Urheber.

> *Der Gärtner* verbrennt die alten Sträucher. – *Ein Dieb* hat das Geld gestohlen. – *Der Hund* bellt. – *Herr Müller* fährt den Wagen in die Garage.

Bei Vorgängen nennt es die Ursache des Vorgangs.

> *Das Feuer* vernichtet den Wald. – *Die Sonne* geht morgens um 5 Uhr auf. – In der Nacht beleuchtet *die Sonne* den Mond. – *Der Pfeil* hat den Löwen getroffen. – *Die Maschine* stellt in der Stunde Tausende von Zigaretten her.

Bei Vorgängen nennt es auch die Person oder Sache, die von dem Vorgang betroffen wird.

> *Das Wasser* kocht. – *Die alten Sträucher* verbrennen. – *Die Sträucher* werden verbrannt. – *Der Wagen* fährt in die Garage. – *Der Dieb* wurde verhaftet. – *Hans* hat heute einen Brief bekommen. – *Ich* habe gestern meinen Freund getroffen.

Bei einem Sein nennt es die Person oder Sache, auf die das genannte Sein zutrifft.

> *Peter* ist mein Freund. – *Herr Müller* ist Arzt. – *Die Blumen* blühen. – *Die Bäume* stehen in Blüte. – *Die Tür* schließt schlecht. – *Das Holz* ist verbrannt. – *Das Kind* ist krank. – *Wir* sind zu Hause.

BESONDERHEITEN

E 12   Wenn die Mitteilungsperspektive nicht auf eine Rolle, sondern auf das zu beschreibende Geschehen ausgerichtet ist, tritt ein Nomen als Subjekt ein, das dieses Geschehen bezeichnet. Dieses Subjekt ist *Prädikatssubjekt* und als solches eine Prädikatsergänzung [→ E 8]. Ein Prädikatssubjekt folgt anderen Stellungsregeln als Subjekte, die eine Rolle nennen [→ G 9, E 66].

> Bei der Diskussion sind heute nachmittag unerwartet *schwerwiegende Mißverständnisse* aufgetreten. – Die Frau fühlte, daß ihrem Sohn *ein Unheil* drohte (aber: Sie hat gehört, daß *der Direktor* ihrem Sohn mit Entlassung gedroht hat). – Vom Angeklagten war schon längst nicht mehr *die Rede* gewesen. *(Enzensberger)*

Prädikatssubjekte können nur eingesetzt werden, wenn für das zu bezeichnende Geschehen in der Sprache ein geeignetes lexikalisches Mittel zur Verfügung steht. Ist dies nicht der Fall, entfällt für dieses Satzsystem das Subjekt und das

Geschehen wird allein mit dem Prädikat bezeichnet. Bei allen diesen subjektlosen Sätzen ist die Mitteilungsperspektive auf das Geschehen ausgerichtet.

Hier *wird* sonntags *nicht gearbeitet.* – Mir *wurde* sofort *geholfen.* – Von Geisteskranken *wird* in der Öffentlichkeit nicht *gesprochen. (Zeit)*

Bei einer Reihe von Verben, die im Prädikat ein Geschehen oder Sein bezeichnen, tritt ein *Funktionssubjekt* ein [→ B 34]. Funktionssubjekt ist stets das Pronomen *es.* Bei Sätzen mit einem Funktionssubjekt ist die Mitteilungsperspektive auf das mit dem Prädikat bezeichnete Geschehen/Sein ausgerichtet. Verben, die als Prädikat stets ein Funktionssubjekt verlangen, sind vor allem Verben, die Witterungsgeschehen nennen. Bei einer Reihe anderer Verben signalisiert das Funktionssubjekt besondere Inhalte [→ B 139, E 48.1 f.].

Seit gestern *regnet es.* – Jetzt *dämmert es* schon. – *Gibt es* hier viele Ausländer? – Wie *geht es* dir? – Ich fuhr so schnell mit dem Motorrad, daß *es* mir die Mütze vom Kopf *riß.* – Mit meinem Geschäft *geht es* zuende. – Worum *geht es* in dem Roman? – Nie zuvor *hatte es* zwischen der Mutter und der Tochter einen solchen Abstand *gegeben. (Piontek)*

INHALTE UND WORTKLASSEN IM SUBJEKT

Personen werden im Subjekt bezeichnet von

E 13

Nomen:

Soeben hat *mein Freund* angerufen. – *Die Kinder* spielen draußen im Garten. – *Vater und Mutter* sitzen vor dem Fernsehgerät.

Pronomen:

Morgen fahren *wir* nach Wien. – Seid *ihr* morgen im Büro? – *Wer* ist dort? – *Niemand* ist zu Hause. – *Die Meinen* besuchen mich heute abend.

Adjektiven:

Der Alte ist schon seit Wochen krank. – *Der Bedauernswerte* hat sein ganzes Geld verloren.

Verben:

Die Verletzten sind ins Krankenhaus transportiert worden. – *Alle Reisenden* sind ausgestiegen.

syntaktische Gruppen:

Ein Taugenichts (Tunichtgut) wird im Leben keinen Erfolg haben.

Dinge werden im Subjekt bezeichnet von

Nomen:

Das Haus gehört uns. – *Der neue Roman* ist gut beim Publikum angekommen.

Pronomen:

Hast du den Roman schon gelesen? Ja, *er* ist sehr interessant. – Wo ist dein Fahrrad? *Meins* steht hier am Haus.

syntaktischen Gruppen:

Das Vergißmeinnicht ist eine schöne kleine Blume.

Begriffe werden im Subjekt bezeichnet von

Nomen:

Alle Hoffnung ist dahin. – *Liebe* soll das Handeln des Menschen bestimmen. – *Die Habgier* trieb den Menschen zu der scheußlichen Tat.

Pronomen:

Was bewog Sie, dies zu tun? – Die Eitelkeit, *das* war es, was ihn bei allen so unbeliebt machte.

Adjektive:

Das Blau des südlichen Himmels fasziniert die Nordländer. – *Das Alte* soll man nicht leichtfertig über Bord werfen. – *Die Drei* ist unsere Glückszahl.

Adverbien:

Mich interessiert nicht *das Heute*, sondern nur *das Morgen*. – *Das Jenseits* bringt den Zweiflern keinen Trost.

syntaktische Gruppen:

Gestern wurde von uns *ein Stelldichein* vereinbart.

Geschehen/Sein werden im Subjekt bezeichnet von

Verben:

Reden ist Silber, und *Schweigen* ist Gold. – *Zu schreiben* ist wahrscheinlich (wie *zu malen, zu komponieren, zu tanzen*) eine der wenigen wirklichen Erscheinungsformen der Freiheit. *(Böll)*

Infinitivsätze entstehen, wenn zum Verb Satzglieder hinzutreten:

Soviel starken Kaffee zu trinken, ist der Gesundheit auf die Dauer nicht zuträglich. – *Morgens regelmäßig Gymnastik zu treiben,* schafft frohen Mut und Tatkraft.

Präpositionen und Konjunktionen treten als Subjekt auf, wenn von ihnen bestimmte Geschehen signalisiert werden.

Das Auf und Ab der Preise (die ständige Fluktuation der Preise) ist kein gutes Zeichen für die Wirtschaft. – *Das ständige Wenn und Aber* (die ständigen Einwände) dieses Mannes gefällt mir nicht.

Sachverhalte werden im Subjekt bezeichnet von
Nomen:

> *Die Abfahrt unseres Zuges* verzögerte sich. – Bald stellte sich *der Erfolg unserer Bemühungen* ein.

Sachverhalte werden im Subjekt beschrieben von Subjektsätzen; diese sind:
Nebensätze

> *Daß der Minister morgen kommt*, stand in allen Zeitungen. – *Wann der Minister hier eintrifft*, ist noch nicht bekannt. – *Ob mein Freund morgen kommt*, ist noch ungewiß. – *Wer nicht mit uns mitkommen will*, muß es jetzt sagen. – *Weshalb er an der Tagung nicht teilgenommen hat*, ist nicht zu erfahren.

oder Infinitivsätze

> *Morgens spät aufzustehen* ist eine schlechte Angewohnheit. – *Morgen mit Ihnen nach München zu fahren* ist mir leider nicht möglich.

Sie stehen meist im Nachfeld. Wenn kein Satzglied die Stelle eines Kontaktglieds [→ E 61] im Vorfeld beansprucht, wird sie vom Füllwort *es* besetzt.

> Es stand in allen Zeitungen, *daß morgen der Minister kommt*. – Es ist noch nicht bekannt, *wann der Minister hier eintrifft*. – Es ist der Gesundheit schädlich, *starken Kaffee zu trinken*. – In allen Zeitungen stand, *daß morgen der Minister kommt*. – Noch ist nicht bekannt, *wann er eintrifft*.

KONGRUENZ SUBJEKT-PRÄDIKAT

Zwischen dem Subjekt und der Personalform im Prädikat besteht allgemein formale Kongruenz, d. h. die Personalform muß dem Subjekt nach Zahl (Singular oder Plural) und Person (1., 2. oder 3. Person) entsprechen [→ C 2]:

	Singular		Plural	
1. Person	ich	lern*e*	wir	lern*en*
2. Person	du	lern*st*	ihr	lern*t*
3. Person	der Mann		die Männer	
	er		die Kinder	
	das Kind	lern*t*	die Frauen	lern*en*
	es		sie	
	die Frau		Sie	
	sie			

Da die Personalformen zum Ausdruck der Person und Zahl allein nicht ausreichen, muß immer ein pronominales Subjekt eingesetzt werden.
Vergleichen Sie die formale Übereinstimmung der Personalformen bei verschiedenen grammatischen Personen!

er lern*t*	wir lern*en*	ich lern*te*	ich kam	wir kam*en*
ihr lern*t*	sie lern*en*	er lern*te*	er kam	sie kam*en*

Nur bei den Imperativformen, die von der 2. Person Singular und Plural gebildet werden, entfallen die Personalpronomen. Die Personalform und die Sprechsituation lassen keinen Zweifel darüber zu, welche Person gemeint ist.

Geh jetzt nach Hause! – *Nimm* deinen kleinen Bruder *mit!* – *Geht* in die Schule! – *Gebt* mir mein Buch wieder *zurück!*

Beim Imperativ nennt man das Subjekt nur, wenn man es besonders hervorheben will. Das Pronomen hat hier identifizierenden Charakter [→ D 27].

Geh du jetzt nach Haus! (nicht die anderen, die noch hier sind.) – *Geht ihr* jetzt in die Schule! (nicht die anderen.) – *Gebt ihr* mir mein Buch *zurück!* (, wenn die anderen es mir nicht zurückgeben wollen.)

SUBJEKT MIT MEHREREN FUNKTIONSGLEICHEN WÖRTERN

E 15 Wird das Subjekt von mehreren Nomen vertreten, steht die Personalform im Plural.

Eine Zeitlang ging*en* Anna und ihr Schwager schweigend nebeneinander her. *(Brecht)*

Beachten Sie den Unterschied!

Maria und das Kind stand*en* schweigend auf der Straße. – Maria mit dem Kind stand auf der Straße. *(Grass)*

Ausnahmen sind Wendungen, die eng zusammengehörige Begriffe enthalten. Diese Begriffe werden als Einheit aufgefaßt. Die Personalform bleibt deshalb Singular.

Sein Hab und Gut ist verloren. – *Lust und Liebe zum Abenteuer trieb* den Forscher auf diese gefährliche Expedition.

Das Personalpronomen *es* hat als Füllwort im Vorfeld keinen Einfluß auf die Personalform [→ E 65].

Es komm*en* sonntags immer *viele Leute* in die Stadt.

Mehrere Infinitive oder Verbalnomen als Subjekte verlangen nur den Singular.

Das Lärmen und *Singen ist* hier verboten. – *Im Regen zu stehen* und *auf die Straßenbahn zu warten ist* kein Vergnügen. – *Das Betreten des Fabrikgeländes* und *der Aufenthalt vor der Einfahrt ist* Unbefugten verboten.

Sind Nomen im Singular durch Konjunktionen verbunden, die disjunktive Wirkung haben, steht die Personalform im Singular. Solche disjunktive Konjunktionen sind vor allem: *oder, entweder ... oder, weder ... noch* [→ E 16].

Robert *oder* Peter *besucht* mich heute. – *Entweder* Karl *oder* seine Schwester *muß* heute zu Hause bleiben. – *Weder* der Vater *noch* die Mutter *hat* mir geantwortet.

Wenn das Subjekt im Satzfeld steht, kann die Personalform Singular bleiben, falls noch ein weiteres Subjekt nachgetragen wird.

Heute besucht mich *mein Freund* und *seine Frau*. – Ihm gehört *das Haus* und der Garten.

Bei Anreden, die unterwürfige Höflichkeit ausdrücken sollen, steht die Personalform im Plural, auch wenn nur eine Person angeredet wird. Diese Form ist heute veraltet.

Was befehlen Herr Major? – Was wünschen der Herr? – Euer Exzellenz haben mich gerufen. – Gnädige Frau wollten geweckt werden!

Wenn das Subjekt eine Maß- oder Mengenangabe im Singular enthält (z. B. *Anzahl, Herde, Kompanie, Menge, Pfund, Schar* usw.), kann die Personalform im Singular oder Plural stehen, je nachdem, sich die Personalform auf die Maß- oder Mengenangabe (Singular) oder auf das Nomen, das die Maß- oder Mengenangabe näher erklärt, (Plural) bezieht.

Dort lieg*t eine Menge* Bücher auf dem Tisch .– Dort liege*n* eine Menge *Bücher* auf dem Tisch.
Eine Anzahl junger Leute spiel*te* auf dem Platz Fußball. – Eine Anzahl *junger Leute* spiel*ten* auf dem Platz Fußball.
Ein Pfund Äpfel koste*t* jetzt sechzig Pfennig. – Ein Pfund *Äpfel* koste*n* jetzt sechzig Pfennig.

Die gleiche Regel gilt, wenn die Maß- oder Mengenangabe im Plural und das dabeistehende Nomen im Singular stehen.

Zehn Liter Wein koste*n* 35 Mark. – Zehn Liter *Wein* koste*t* 35 Mark.

Wenn verschiedene grammatische Personen (ich, du, er; wir, ihr, sie) Subjekt sind und durch anreihende Konjunktionen (z. B. *und, sowohl ... als auch*) verbunden werden, richtet sich die Personalform nach der 1. Person, wenn diese am Geschehen beteiligt ist, sonst nach der 2. Person. Oft werden die Personen durch ein gemeinsames Personalpronomen noch einmal zusammengefaßt:

ich, du = wir	ich, er (es, sie) = wir	du, er (es, sie) = ihr
ich, ihr = wir	ich, sie (Sie) = wir	du, sie = ihr usw.

Du und *ich* (= wir) *gehen* heute ins Kino. *Du* und *ich, wir* gehen heute ins Kino. – *Du* und *meine Schwester seid* Freundinnen. *Du* und *meine Schwester, ihr* seid Freundinnen.

Wenn verschiedene grammatische Personen Subjekt sind und durch disjunktive Konjunktionen verbunden werden (z. B. *oder, entweder ... oder, weder ... noch*), richtet sich die Personalform meist nach der Person, die ihr am nächsten steht.

Du oder *ich soll* die Arbeit machen. – *Sollst du* oder ich die Arbeit machen? Weder er noch *du gehst* heute ins Kino. – Weder du noch *er geht* heute ins Kino.
Entweder *kommst du* zu mir oder er. – Entweder *kommt er* zu mir oder du.

In Relativsätzen, die sich auf die 1. oder 2. Person beziehen, wiederholt man das Personalpronomen als Subjekt. Die Personalform richtet sich nach dem Personalpronomen. [→ C 46]

> Ich, der *ich* den ganzen Tag *arbeite*, wünsche abends meine Ruhe. – Dir, der *du* mir immer geholfen *hast*, bin ich immer dankbar. – Vielleicht hat er mich gar nicht erblickt, da *ich* auf der Veranda *sitze* . . .
>
> *(Lettau)*

Wenn *es* als Stützwort vor dem Relativsatz steht, wiederholt man das Personalpronomen nicht; die Personalform richtet sich nach dem Relativpronomen:

> Ich war es, *der (die)* dich gefragt *hat*. – Warst du es, *der (die)* mich gestern besuchen *wolltest*?

Das Objekt

E 17 Objekt sind alle bei der Beschreibung eines Sachverhalts genannten Rollen, die nicht Subjekt sind. Die Anzahl der Objekte, entweder ein Objekt oder zwei Objekte, wird von der Art und der Darstellungsweise eines Sachverhalts bestimmt. Welches Funktionskennzeichen das Objekt annimmt, hängt vom Geschehen ab und von dem Verb, das im Prädikat das Geschehen nennt.

Nach der Art der Kennzeichnung unterscheidet man

Akkusativobjekt: Frage: *wen?*, *was?*

> Kennen Sie *den Mann?* – Ich kenne hier *niemanden*. – Wo liegt der Brief, *den* ich heute bekommen habe? – Wir lieben *kein Wenn* und *Aber*.

Dativobjekt: Frage: *wem?*

> Der Arzt konnte *dem Verletzten* sofort helfen. – Das Haus gefällt *mir*. – Er antwortet *mir* nicht. – Dort steht das Kind, *dem* ich Schokolade geschenkt habe.

Genitivobjekt: Frage: *wessen?*

> Wir gedenken *des verstorbenen Dichters*. – Er rühmt sich *seines Erfolgs*.

Präpositional-Objekt: Frage: Präp. *wen?*, *wo* + Präp.?

> Er hat sich *über seinen Freund* geärgert. – Wir fürchten uns *vor nichts*. – Glaubst du *an deinen Erfolg?* Ja, ich glaube *daran*.

Objekte nennen die Personen oder Sachen, die von dem Geschehen betroffen werden oder auf die das Geschehen hinzielt.

> Fritz kauft   → *einen Anzug*.
> Der Lehrer schickt → *einen Schüler*.
> Inge bringt   → *das Buch*.
> Der Vater schreibt → *einen Brief*.
> Der Freund hilft   → *mir*.
> Wir gedenken   → *des verstorbenen Dichters*.

Er wartet	→ *auf seinen Vater.*		
Wir warten	→ *auf den Zug.*		
Die Eltern kaufen	→ *dem Jungen* →	*einen Anzug.*	
Der Dieb stahl	→ *dem Mann* →	*das Geld.*	
Die Bettlerin bat	→ *die Leute* →	*um eine Gabe.*	
Wir danken	→ *Ihnen* →	*für den Brief.*	

BESONDERHEITEN

Wenn das im Objekt stehende Wort keine am Geschehen beteiligte Rolle   E 18
nennt, sondern zusammen mit dem Verb im Prädikat das Geschehen bezeichnet, handelt es sich um ein *Prädikatsobjekt* [→ E 8]. Prädikatsobjekte können
nicht durch Pronomen vertreten werden, weil sie keinen Rollencharakter
tragen.

Hast du *einen Spaziergang gemacht?* – Ja, ich habe *einen Spaziergang gemacht.*
Hat der Junge *Mut* gezeigt? – Ja, er hat *Mut gezeigt.* (Ja, *das hat er.*)
Habt ihr *die Flucht ergriffen?* – Ja, wir haben *die Flucht ergriffen.* (Ja, *das
haben wir getan.*)

Eine besondere Art von Objekten sind die *Funktionsobjekte* [→ D 123 f.]. Sie besetzen im Satzfeld die Objektstelle und dienen vielfach als Korrelat für einen
im Nachfeld folgenden Objektsatz. Funktionsobjekte stehen im allgemeinen,
wenn das Satzfeld im Informationsbereich von weiteren Satzgliedern besetzt
ist.

Der Vater hat *es* seinem Sohn immer und immer wieder gesagt, *daß er
endlich fleißiger arbeiten soll.* – Wir haben *darauf* gewartet, *daß du dich bei
uns entschuldigst.*

Funktionsobjekte sind auch das Reflexivpronomen und die reflexiv gebrauch-   E 19
ten Personalpronomen, wenn im Prädikat ein Verb steht, das ohne dieses Pronomen nicht gebraucht werden kann, wenn sich der Wortinhalt nicht ändern
soll. Diese Funktionsobjekte sind bei Einsatz dieser Verben unentbehrliche
Strukturteile des Satzes [→ C 14].

Mein Freund *hält sich* jetzt in Paris auf. – Ich habe *mich erkältet.* – Der
junge Mann *verbeugt sich* vor der Dame. – Ich habe *mir* schon einmal
deine Dreistigkeit *verbeten.* – Er hat *sich* eine großartige Aufgabe *vorgenommen.*

Diese reflexiven Pronomen drücken weder die Identität mit einer andern im
Satz genannten Rolle aus, noch sind sie reziprok zu verstehen. Vgl.:

Das Kind wäscht *sich.* – Das Kind wäscht *seine Puppe.*
Die Jungen schlagen *sich* (gegenseitig). – Sie schlagen *den Hund.*

INHALTE UND WORTKLASSEN IM OBJEKT

E 20 *Personen* werden im Objekt bezeichnet von

Nomen:

> Peter dankte *seinem Vater* für das Geschenk. – Der Polizist schrieb *den Autofahrer* wegen falschen Parkens auf. – Wir werden uns *um eure Kinder* kümmern.

Pronomen:

> Du machst *mir* Angst. – Du hast schöne Äpfel. Bekomme ich *einen davon?* – Hier hast du deinen Mantel. Gib mir *meinen* her.

Adjektive:

> Kennst du *die Alte?* – Wir wollen *dem Kranken* helfen. – Siehst du *den Glücklichen*, der gerade geheiratet hat?

Verben:

> Wir beobachten *die Vorübergehenden.* – Helft *den Verletzten!*

syntaktische Gruppen:

> Hast du *unsern kleinen Springinsfeld* gesehen?

Dinge werden im Objekt bezeichnet von

Nomen:

> Hast du mir *mein Buch* schon zurückgegeben? – Wir müssen hier *auf den Bus* warten. – Der Regen hat *der Ernte* sehr geschadet.

Pronomen:

> Hier hast du dein Buch zurück. Ich habe *es* mit Interesse gelesen. – Haben die Bauern ihre Ernte schon eingebracht? Sie haben *sie* schon eingebracht. – Wir wollen dir *etwas* zum Geburtstag schenken.

syntaktische Gruppen:

> Liebst du *Vergißmeinnicht?*

Begriffe werden im Objekt bezeichnet von

Nomen:

> Man muß *die Armut* bekämpfen. – Die Fußballmannschaft ärgerte sich *über ihre Niederlage.*

Pronomen:

> Wir werden uns heute über moderne Kunst unterhalten, gestern haben wir *sie* ja bereits im Unterricht behandelt. – Es täte mir leid, wenn ich mich *seiner* nicht annehmen könnte. *(Hildesheimer)*

Adjektive:

Wir suchen nur *das Gute* im Menschen, nicht *das Schlechte*.

Adverbien:

Glaubt er an seinen Erfolg? Er glaubt *daran*.

Geschehen/Sein werden im Objekt bezeichnet von

Verben:

Peter lernt *schwimmen*. – Die neue Lehrerin lehrt *maschineschreiben*. – Wir helfen *aufbauen*. – Wir haben uns entschlossen *zu gehen*. – Er ist nicht fähig *zu stehlen*.

Wenn zum Präpositional-Infinitiv Satzglieder hinzutreten, entstehen Infinitivsätze.

Der Arzt empfiehlt, *den Kranken sofort zu operieren*. – Wir hoffen, *dich bald wiederzusehen*. – Anna ging mit dem Gedanken um, *mit dem Kind einfach vom Hof zu gehen*. *(Brecht)*

Sachverhalte werden im Objekt *bezeichnet* von

Nomen:

Wir warteten eine halbe Stunde *auf die Ankunft der Gäste*. – Die Zeitung berichtete *über den Absturz des Flugzeugs*. – Der Jäger beobachtete *den Flug der Vögel*.

Sachverhalte werden im Objekt *beschrieben* von Objektsätzen. Dies können sein:
Nebensätze, die im Nachfeld stehen und von einem Korrelat im Satzfeld vertreten werden können. Das Korrelat nimmt als Funktionsobjekt seinen Platz ein, wenn das Verb im Prädikat eine Präposition als Objektkennzeichen verlangt.

Der Arzt empfiehlt, *daß der Kranke sofort operiert wird*. – Ich weiß nicht, *ob wir morgen einen Ausflug machen können*. – Wissen Sie, *wann der Zug von hier abfährt?*
Wir freuen uns *darauf, daß ihr uns morgen besucht*. – Er hat *davon* gelebt, *daß er Bücher verkaufte*. – Sie hielt sich zu lange *damit* auf, *ihre Sachen ... zu packen*. *(Brecht)*

Bei Verben, die ein Akkusativobjekt verlangen, tritt das Korrelat *es* als Funktionsobjekt ins Satzfeld, wenn dort noch weitere Satzglieder stehen.

Wir haben *es* schon seit dem Tag, an dem er aus dem Krankenhaus entlassen wurde, erwartet, daß er vom Amt zurücktreten wird.

Auch Infinitivsätze können Sachverhalte beschreiben und als Objekte im Nachfeld stehen. Für den Gebrauch der Korrelate gelten die gleichen Regeln wie bei den Nebensätzen.

Wir empfehlen dir, *dich so bald wie möglich bei der Polizei* anzumelden. – Er hat *darauf* verzichtet, *in der Diskussion etwas auf die Angriffe zu erwidern.* – Bismarck verstand *es, sich der Journalisten zu bedienen. (Gross)*

DAS OBJEKTSPRÄDIKAT

E 21 Bei Ausdrücken von Wahrnehmungen (z. B. *sehen, hören, fühlen*) und der Veranlassung (z. B. *lassen, heißen, lehren, schicken*) kann dem Akkusativobjekt ein Infinitiv folgen. Hierbei ist die mit dem Objekt genannte Person oder Sache als Subjekt zu dem vom Infinitiv bezeichneten Geschehen oder Sein anzusehen; der Infinitiv ist demnach Objektsprädikat.

Ich sehe *meinen Freund kommen.*	Ich sehe, *daß mein Freund kommt.*
Wir hören *die Kinder singen.*	Wir hören, *daß die Kinder singen.*
Sie fühlte *den Tod nahen.*	Sie fühlte, *daß der Tod nahte.*
Ich lege *mich schlafen.*	Ich lege mich und *schlafe dann.*
Ich schicke *das Mädchen einkaufen.*	Ich schicke das Mädchen, und *es kauft dann ein.*

Dies gilt auch für Ausdrücke des Erlaubens *(lassen)* und des Besitzes *(haben)*.

Er läßt *die Kinder lärmen.*	Er läßt es zu, *daß die Kinder lärmen.*
Er hat nur *zwei Anzüge im Schrank hängen.*	Er hat nur *zwei Anzüge, die beide im Schrank hängen.*

Nimmt das Objektsprädikat eigene Satzglieder an, stehen diese zwischen dem Objekt und dem Objektsprädikat.

Du hast *drei Anzüge im Schrank hängen.*	Drei Anzüge hängen im Schrank.
Ich lasse *den Schüler den Brief schreiben.*	Der Schüler schreibt den Brief.

Eine Passivkonstruktion ist mit einem Objektsprädikat nicht möglich. Statt eines Infinitivs Passiv steht der einfache Infinitiv.

Ich lasse *den Brief* schreiben.	Der Brief wird geschrieben.
Ich lasse *den Brief von einem Schüler* schreiben.	Der Brief wird von einem Schüler geschrieben.
Der Vater läßt *seinem Sohn die Haare schneiden.*	Die Haare werden seinem Sohn geschnitten.
Ich lasse *mir einen Anzug machen.*	Ein Anzug wird mir gemacht.
Ich lasse *mich rasieren.*	Ich werde rasiert.

Unterscheiden Sie!

Der Vater läßt *einen Brief schreiben.*	Der Brief wird geschrieben.
Der Vater läßt *seinen Sohn einen Brief* schreiben.	Der Sohn schreibt den Brief.
Der Vater läßt *einen Brief von seinem Sohn schreiben.*	Der Brief wird von seinem Sohn geschrieben.
Der Vater läßt *seinem Sohn einen Brief schreiben.*	Der Brief wird seinem Sohn geschrieben.
Der Vater läßt *die Mutter einen Brief an den Sohn schreiben.*	Die Mutter schreibt einen Brief an den Sohn.

Um eine Häufung von Kasusformen zu vermeiden (Der Vater läßt *die Mutter dem Sohn einen Brief* schreiben), ist die Kennzeichnung durch eine Präposition dem Dativ vorzuziehen.

Der Vater läßt die Mutter einen Brief *an den Sohn* schreiben.

Bei den meisten Verben wird das Objektsprädikat nach dem Objekt mit der Präposition *zu* gekennzeichnet (Präpositional-Infinitiv). Das Objektsprädikat steht mit seinen Satzgliedern im Nachfeld.

Ich bitte	*dich*	*zu kommen.*	(Du sollst kommen.)
Er zwingt	*mich*	*zu arbeiten.*	(Ich soll arbeiten.)
Ich habe	*dich* gebeten	*zu kommen.*	
Er hat	*mich* gezwungen	*zu arbeiten.*	

Wenn das Objektsprädikat eigene Satzglieder annimmt, steht es mit seinen Satzgliedern im Nachfeld, das vom Satzfeld durch ein Komma getrennt ist.

Ich bitte	*dich,*	*morgen nachmittag zu mir zu kommen.*
Er zwingt	*mich,*	*sonntags in seinem Garten zu arbeiten.*
Ich habe	*dich* gebeten,	*morgen nachmittag zu mir zu kommen.*
Er hat	*mich* gezwungen,	*sonntags in seinem Garten zu arbeiten.*

Auch Dativobjekte einiger Verben können Objektsprädikate annehmen. Diese Objektsprädikate werden stets mit der Präposition *zu* angeschlossen (Präpositional-Infinitiv). Auch dieses Objektsprädikat steht im Nachfeld.

Ich erlaube *dir zu kommen.*	(Du darfst kommen.)
Er befiehlt *mir zu arbeiten.*	(Ich muß arbeiten.)
Er gestattet *ihr einzutreten.*	(Sie darf eintreten.)

Auch dieses Objektsprädikat kann eigene Satzglieder annehmen.

Ich erlaube	*dir,*	*mit uns zu dem Fest zu kommen.*
Ich habe	*dir* erlaubt,	*mit uns zu dem Fest zu kommen.*
Er will	*mir* befehlen,	*am Sonntag im Büro zu arbeiten.*
Er hat	*ihr* gestattet,	*mit ihrem Bruder ins Zimmer einzutreten.*

DIE OBJEKTERGÄNZUNG

E 22 Bei Ausdrücken von Wahrnehmungen, von Urteilen und ähnlichem (z. B. *sehen, finden, wissen, glauben, melden* usw.) kann dem Akkusativobjekt eine Ergänzung folgen, die sich nicht auf das Satzsubjekt, sondern auf das Akkusativobjekt bezieht. Die Ergänzung nennt ein Sein, in dem sich die mit dem Objekt genannte Person oder Sache befindet; diese Ergänzung ist eine Objektergänzung.

Ich sehe *ihn fröhlich.*	(Er ist fröhlich.)
Ich finde *ihn schlafend.*	(Er schläft.)
Ich traf *ihn krank* an.	(Er war krank.)

Einige Objektergänzungen nennen den Ort, an dem sich das Objekt befindet.

Ich fand	das Buch	*im Schrank.*	(Das Buch war im Schrank.)
Er fühlte	den Schmerz	*im Magen.*	(Der Schmerz war im Magen.)
Wir hören	die Kinder	*im Zimmer.*	(Die Kinder sind im Zimmer.)
Ich habe	dich	*auf der Straße* gesehen.	(Du bist auf der Straße gewesen.)

Andere Objektergänzungen bezeichnen die Beschaffenheit der mit dem Objekt genannten Person oder Sache

Wir pflücken	die Tomaten	*reif.*	(Die reifen Tomaten.)
Ich trinke	den Kaffee	*bitter.*	(Den bitteren Kaffee.)
Er ißt	das Obst	*roh.*	(Das rohe Obst.)

sowie auch das Sein, in das die mit dem Objekt genannte Person oder Sache gebracht wird. Einige dieser Objektergänzungen treten oft mit bestimmten Verben gemeinsam auf, so daß sie schon als Verbzusätze betrachtet werden können (z. B. sich *satt*essen, *tot*schlagen).

Sie	färbt	*ihr Kleid grün.*	(Das Kleid wird grün. – Wie färbt sie es?)
Ich	stelle	*den Pfahl aufrecht.*	(Der Pfahl wird aufrecht gestellt. – Wie stelle ich ihn?)
Wir	lassen	*ihn allein.*	(Er bleibt allein. – Frage nicht möglich)
Sie	essen	*den Teller leer.*	(Der Teller wird leer sein. – Keine Frage möglich)
Ihr	eßt	*euch satt.*	(Ihr werdet satt. – Keine Frage möglich)
Der Hund	beißt	*den Hasen tot.*	(Der Hase wird tot sein. – Keine Frage möglich)

Nach bestimmten Verben werden die Objektergänzungen mit *als* oder *für* gekennzeichnet. Sind diese Objektergänzungen Nomen, erhalten sie das gleiche
Kasusmorphem wie das Objekt, auf das sie sich beziehen.

> Ich betrachte *ihn als* ei*nen* ehrlichen Menschen. – Wir kennen *diesen Mann
> als* ehrlich. (Dieser Mann ist ehrlich.) – Ich halte *diesen Studenten für*
> intelligent.

Die Angaben

Angaben sind Satzglieder, die der Beschreibung eines Sachverhalts frei hinzugefügt werden können. Ihre Inhalte bezeichnen die Umstände (Zeit, Ort, Art
und Weise), die den beschriebenen Sachverhalt begleiten, sie nennen Personen,
denen der beschriebene Sachverhalt in irgend einer Weise von Interesse ist
und sie signalisieren die Einstellung des Sprechers zu dem beschriebenen
Sachverhalt.

E 23

Angaben sind demnach alle Inhalte eines Satzes, die für die Beschreibung eines
Sachverhalts entbehrlich sind. Sie sind also kein Strukturelement des Satzes
[→ E 1]. Gleichwohl kann ihr Mitteilungsgehalt für die Information des Hörers
wesentlich sein.

> *(Am gestrigen Abend)* sind wir *(bei einem Spaziergang im Stadtpark zu-
> fällig)* unseren Freunden begegnet. – Peter fuhr *(für einige Tage mit seinen
> Eltern)* an die See. – *(Wegen des schlechten Wetters)* konnte *(letzte Woche)*
> der seit langem geplante Ausflug nicht stattfinden. – *(Trotz hartnäckigen
> Leugnens)* konnte der Angeklagte *(vom Gericht)* des Diebstahls überführt
> werden. – Ich habe *(meinem Freund)* den Brief, den er aus England be-
> kam, *(mit Leichtigkeit)* übersetzen können. – Du bist *(doch eigentlich zum
> Sprachstudium)* nach Deutschland gefahren.

Die Arten der Angaben

Nach Inhalt und Leistungen sind folgende Angaben zu unterscheiden:

1. Umstandsangaben; das sind Angaben, die auf den Sachverhalt bezogen sind,

2. Personenangaben; das sind Angaben von Personen, die an dem beschriebenen Sachverhalt in irgendeiner Weise interessiert sind,

3. Modalglieder; das sind Satzglieder, die die Einstellung des Sprechers zum
Inhalt seiner Äußerung signalisieren.

DIE UMSTANDSANGABEN

Umstandsangaben beziehen sich auf den Sachverhalt und sind wie folgt nach
den Inhalten zu unterscheiden:

E 24

1. Lokalangaben

Sie bezeichnen den Ort, an dem der Sachverhalt vorzufinden ist. (Frage *wo?*)

Ich habe *in Lüneburg* Deutsch gelernt. – Die Wanderer kommen *des Wegs.* – Das Buch liegt *auf dem Tisch* unter der Lampe. – Er arbeitet *außer Haus* in einer Gärtnerei.

Sie bezeichnen die Richtung, die der Sachverhalt genommen hat oder nehmen wird. (Frage *woher?, wohin?*)

Mein Freund ist heute *von Frankfurt* gekommen. – Herr Meier wurde *nach Hamburg* versetzt.

2. Temporalangaben

Sie geben die Zeit an, in der der Sachverhalt besteht. (Frage *wann?, wie lange?*)

Heute gehen wir ins Theater. – Man geht *eine Stunde* bis zum Gasthaus. – *Des Sommers* wohnen wir auf dem Land. – *Im Herbst* sind die Nächte schon kalt. – *In den frühen Morgenstunden* hat sich ein Verkehrsunfall ereignet.

Zeitpunkt (Frage *wann?*)

Am gleichen Tag erhielt ich einen Brief. – *Zur selben Stunde* wurde er zum König ausgerufen. – *Eines Tages* besuchte uns ein Fremder. *Bei meiner Ankunft in Köln* regnete es sehr stark. – *Als ich in Köln ankam,* regnete es sehr stark.

Zeitfolge mehrerer Sachverhalte (Frage *wann?*)

Zuerst will er seine Arbeit beenden und *dann* mit uns spazierengehen.

Wiederholung eines Sachverhalts (Frage *wann?, wie oft?*)

Montags ist in der Schule kein Unterricht.
Bei Ankunft eines Zuges gehen die Gepäckträger auf den Bahnsteig.
Sooft ein Zug ankommt, gehen die Gepäckträger auf den Bahnsteig.

Beginn oder Ende (Frage *ab wann?, seit wann?, bis wann?*)

Ab morgen arbeite ich in einer Fabrik. – *Seit gestern* ist Hans krank. – *Seit letztem Montag* liegt auf den Bergen Schnee. – *Bis nächsten Sonntag* müssen wir Geduld haben. – *Vor Ostern* kann ich nicht zu dir kommen. *Vor Beginn seines Studiums in Deutschland* muß Robert noch Deutsch lernen. – *Bevor Robert sein Studium in Deutschland beginnt,* muß er noch Deutsch lernen.
Bis zur Abfahrt des Zuges wartete ich auf dem Bahnhof. – Ich wartete auf dem Bahnhof, *bis der Zug abfuhr.*
Seit dem Beginn des Kurses haben die Schüler viel gelernt. – Die Schüler haben viel gelernt, *seit der Kurs begann.*
Robert bleibt *bis zum Ende seiner Ferien* in München. – Robert bleibt in München, *bis seine Ferien beendet sind.*

3. Modalangaben

Sie bezeichnen die Art und Weise oder den Begleitumstand eines Sachverhalts. (Frage *wie?*)

Wir gehen *schnell* in die Schule. – Der Schüler lernt *gut* Deutsch. – *Erhobenen Hauptes* ging er aus dem Zimmer. – *Aufmerksamen Blickes* beobachtete er die Tiere. – Wir verlebten den gestrigen Abend *in bester Stimmung* zu Hause. – *In aller Eile* beendete er seine Arbeit.
Er tötete die Schlange *mit einem Steinwurf*. – Er tötete die Schlange, *indem er einen Stein nach ihr warf*.
Ich habe den Berg *ohne große Schwierigkeiten* bestiegen. – Ich habe den Berg bestiegen, *ohne daß ich große Schwierigkeiten hatte*.

Vergleich, Maß (Frage *wie?*)

Die Soldaten kämpften *wie die Löwen*. – Er benimmt sich einfältig *wie ein Kind*.
Die Arbeiter bekommen ihren Lohn je *nach Leistung*. – Die Arbeiter bekommen den Lohn, *wie er ihrer Leistung entspricht*.

Begleitung, Mitwirkung (Frage *mit wem?, womit?, ohne wen?, ohne was?, wie?*)

Ich gehe *mit meinem Bruder* ins Theater. – Sie geht *ohne mich* spazieren.

Gegensatz (Keine Frage möglich)

Statt eines Motorrads kaufte sich mein Freund ein Fahrrad. – *Anstatt für die Wettkämpfe zu trainieren*, schläft er bis Mittag. – *Anstatt daß du für die Wettkämpfe trainierst*, schläfst du bis Mittag. – *Während ich arbeite*, gehst du zum Tennisspielen.

Eingetretene oder ausbleibende Folge oder Wirkung (Frage *wie?*)

Zur großen Freude des Lehrers bestanden alle Schüler die schwierige Prüfung. – Die Männer arbeiteten *zur Zufriedenheit des Direktors*. – Er war über die Nachricht *zu Tode* erschrocken. – Er sprach so schnell, *daß wir ihn nicht verstehen konnten*. – Die Männer arbeiteten so, *daß der Direktor zufrieden war*.
Er ist *ohne Ergebnis* von seiner Reise zurückgekehrt. – Er ist zu müde, *als daß er noch weiterarbeiten könnte*. – Es regnet zu stark, *als daß man jetzt fortgehen könnte*.

Mittel oder nicht genutzte Mittel (Frage *womit?, wodurch?, woran, wie?*)

Der Lehrer schreibt *mit Kreide* an die Tafel. – Ich fahre *mit dem Auto* nach Frankreich. – *Durch Fleiß* erreicht man im Leben viel. – Dort geht Hans; ich erkenne ihn *an seinem Gang*.
Der Arzt konnte das Leben des Patienten *durch eine sofortige Operation* retten. – Der Arzt konnte das Leben des Patienten *dadurch* retten, *daß er ihn sofort operierte*.
Durch einen Druck auf diesen Knopf wird die Maschine in Gang gesetzt. – Die Maschine wird in Gang gesetzt, *indem man auf diesen Knopf drückt*.

345

Der Akrobat geht *ohne Netz* auf dem Seil. – Der Akrobat ging auf dem Seil, *ohne daß er ein Netz benutzte.*
Wir können heute *ohne Schirm* spazierengehen. – Wir können heute spazierengehen, *ohne daß wir einen Regenschirm mitnehmen müssen.*

Ursache eines Sachverhalts
Der arme Mann ist *Hungers* gestorben.

Reichweite, Inhalt, Ergebnis, Intensität, Motiv oder Stoff und vieles anderes mehr.

Das Wasser hat sich *um fünf Grad* erwärmt. – Er starb *den Heldentod* in Feindesland. – Sie weinte *Krokodilstränen.* – Teer gewinnt man *aus Kohle.* – Man stellt heute viele Dinge *aus Teerstoffen* her.

4. Kausalangaben

Die Kausalangaben bezeichnen den Grund oder die Ursache eines Sachverhalts.

1. Unzureichender Grund: Der genannte Umstand kann den Sachverhalt nicht oder nicht genügend beeinflussen oder läßt den Sachverhalt nicht eintreten. (Frage *trotz welches Umstandes?*, *warum nicht?*)

Trotz seines Fleißes konnte er die Prüfung nicht bestehen. – *Bei allen Schwierigkeiten* hatte er doch Erfolg.
Trotz seines Reichtums ist er nicht glücklich. – *Obwohl er reich ist,* ist er nicht glücklich.
Wir bleiben *trotz des schlechten Wetters* nicht zu Hause. – Wir bleiben nicht zu Hause, *obwohl das Wetter schlecht ist.*
Bei all seiner Robustheit hat er die Schmerzen nicht ertragen können. – *Obwohl er robust ist,* hat er die Schmerzen nicht ertragen können.

2. Möglicher Grund: Der genannte Umstand nennt die Bedingungen, unter denen der Sachverhalt eintreten kann. (Frage *unter welcher Bedingung?*, *in welchem Fall?*)

Bei gutem Wetter wollen wir an die See fahren. – *Im Fall einer Verschlechterung seines Zustands* muß der Kranke ins Krankenhaus.
Bei vorheriger Zahlung der Gebühren können wir Ihnen einen Platz reservieren. – *Wenn Sie die Gebühren vorher bezahlen,* können wir Ihnen einen Platz reservieren.
Auch bei sorgfältiger Prüfung der Maschine wird man keine Mängel feststellen können. – *Auch wenn man die Maschine sorgfältig prüft,* wird man keine Mängel feststellen können.

3. Wirklicher Grund: Der genannte Umstand nennt den logischen Grund, die Ursache oder das Motiv des Sachverhalts. (Frage *warum?*, *weshalb?*, *weswegen?*)

Alle Leute lieben ihn *wegen seiner Freundlichkeit.* – Sie konnte *vor Schmerzen* nicht schlafen. – *Wegen des schlechten Wetters* bleiben wir zu Hause.
Wegen der schlechten Straße konnte ich nicht so schnell fahren. – Ich konnte nicht so schnell fahren, *weil die Straße schlecht war.*

346

Wegen der Gefährlichkeit dieses Berges rate ich Ihnen von einer Besteigung ab. – *Da der Berg gefährlich ist,* rate ich Ihnen von einer Besteigung ab.

4. Zweck oder Ziel eines Sachverhalts (Frage *wozu?, zu welchem Zweck?, in welcher Absicht?*)

> Der Ausländer ist *zum Studium* nach Berlin gekommen. – Wir gehen heute *zum Tanzen* in ein Café.
> Das Orchester spielt *zur Unterhaltung der Gäste.* – Das Orchester spielt, *um die Gäste zu unterhalten.* – Das Orchester spielt, *damit die Gäste unterhalten werden.*
> Robert ist *zum Studium der Medizin* nach Deutschland gekommen. – Robert ist nach Deutschland gekommen, *um Medizin zu studieren.*
> Ich gebe dir Geld *zum Kauf eines neuen Anzugs.* – Ich gebe dir Geld, *damit du dir einen neuen Anzug kaufst.*

5. *Die Angabe des Urhebers oder der Ursache*

Bei der Beschreibung von Vorgängen, besonders in Passivsätzen, kann der Urheber oder die Ursache eines Sachverhalts als Angabe genannt werden, wenn das für die Mitteilung von Bedeutung ist. Diese Angaben werden mit den Präpositionen *von* oder *durch* gekennzeichnet [→ D 107.5, D 67.3].

Die Angabe nennt den Urheber.

> Der Junge ist *von einem Hund* gebissen worden. – Der Brief ist mir *von einem Boten* überbracht worden.

Die Angabe nennt die Ursache.

> Der Bauernhof ist *von einem Großfeuer* zerstört worden. – Nach dem Regen wurde das Land *vom Wasser* überschwemmt.

Die Angabe nennt den Urheber und deutet an, daß dieser einen Auftraggeber hatte.

> Das Haus wurde *durch einen Makler* verkauft. – Der Brief wurde uns *durch die Post* zugestellt.

Die Angabe nennt die Ursache und deutet an, daß diese von einem Urheber ausgelöst wurde.

> Die Stadt ist *durch Bomben* zerstört worden. – Der Kranke wurde *durch ein neues Medikament* geheilt.

Die Wortklassen in den Umstandsangaben

Als Umstandsangaben können Wörter aus folgenden Wortklassen verwendet werden:

E 25

1. Nomen:

> Wir haben *den ganzen Tag* im Büro gearbeitet. – Ich gehe *jeden Tag* ins Büro. – Hier kommt *jede Stunde* ein Zug aus München an. – *Eines Tages*

347

besuchte mich mein Onkel. – *Eines Nachts (!)* schlug ein Blitz in unser Haus ein. – *Des Mittags* ruht er immer ein wenig. – Der Lehrer kommt mittags *aus der Schule* heim. – Der Schüler lernt *aus Interesse* Deutsch. – *Wegen des schlechten Wetters* bleiben wir heute zu Hause.

2. Adjektive:

Er fährt *schnell* zum Bahnhof. – Er macht seine Arbeit *gut.* – Die Schüler lernen in der Schule *fleißig.*

3. Adverbien:

Mein Freund besucht *heute* seinen Onkel. – Unsere Schule besuchen *durchschnittlich* 500 Schüler. – Wir sind in dieser Woche *einmal* im Kino gewesen.

4. Verben:

Die Soldaten marschierten *singend* in die Stadt ein. – *Lachend* antwortete er mir. – Der Schatz lag *vergraben* unter einem Baum. – Er lief *erschreckt* davon. – Sie wurde *verletzt* ins Krankenhaus eingeliefert.

Wenn eigene Satzglieder hinzutreten, trennt man sie durch Komma vom übrigen Satz.

Er trat, *erstaunt über den plötzlichen Besuch seines Freundes,* in das Zimmer ein. – Die Frau lief, *laut um Hilfe schreiend,* durch die nächtlichen Straßen.

5. Dient die Beschreibung eines Sachverhalts als Angabe, tritt ein Gliedsatz ein, der entsprechend dem Mitteilungszusammenhang ins Vorfeld oder ins Nachfeld eingeordnet wird.

Als wir in Salzburg ankamen, regnete es. – Wir blieben zu Hause, *weil das Wetter schlecht war.* – *Obwohl wir nur wenig Zeit zur Verfügung hatten,* sind wir immer regelmäßig ins Theater gegangen.

DIE PERSONENANGABE

E 26   Die Personenangabe nennt die Person, die an dem geschilderten Sachverhalt interessiert ist oder der der Sachverhalt nützt oder schadet.

Im Dativ steht die Personenangabe,

wenn etwas im Interesse der in der Personenangabe genannten Person geschieht,

Hans übersetzt *seinem Vater* den Brief ins Deutsche. – Die Mutter kocht *uns* das Essen. – Ich hole *dir* die Medizin aus der Apotheke. – Das Reisebüro besorgt *mir* die Schiffskarten. – Der Architekt entwirft *uns* den Bauplan.

wenn sich der Sachverhalt auf die in der Personenangabe genannte Person bezieht,

Peter war *mir* stets ein treuer Freund. – Ihr Besuch wird *meiner Familie* eine Ehre sein. – Das ist *mir* sehr unangenehm.

wenn der Sprecher inneren Anteil nimmt, und ausdrücken will, daß ihm an der Verwirklichung des Geäußerten sehr viel liegt. Verstärkt wird das noch durch das Modalglied *ja* [→ E 27].

> Komme *mir* pünktlich nach Hause! – Fahre *mir* auf der Straße *ja* vorsichtig! – Daß du *mir* ihm *ja* das Geld zurückgibst!

Das gilt auch für Sachverhalte, die man nicht verwirklicht sehen möchte.

> Falle *mir ja* nicht aus dem Fenster! – Du gehst *mir* heute nicht ins Kino, sondern bleibst zu Hause!

Wenn der Sprecher eigene Beobachtungen schildert oder ein eigenes Urteil abgibt und den Gesprächpartner gleichermaßen damit beeindrucken will, gebraucht er die 2. Person Singular, oft noch hervorgehoben durch das Modalglied *vielleicht*.

> Das war *dir vielleicht* ein Kerl! – Da fährt *dir* der Mensch doch auf die linke Straßenseite, ohne auf den Verkehr zu achten!

Wenn ein Sachverhalt von jemand anderem verwirklicht wird, als man erwartet hat oder als man gewohnt ist, wird die Personenangabe mit der Präposition *für* gekennzeichnet, im Sinne von *anstelle*.

> Peter ist *für seinen Freund* gekommen (anstelle seines Freundes). – Geh nur ins Theater; ich passe *für dich* auf die Kinder auf. – Bleib hier! Ich gehe *für dich* zur Post.

DIE MODALGLIEDER

Modalglieder sind Satzglieder, die die subjektive Stellung des Sprechers zum Inhalt seiner Äußerung signalisieren. Sie können in Mitteilungen, Fragen, Aufforderungen oder Ausrufen stehen und geben dem Sprecher die Möglichkeit, ihre Aussage zu differenzieren.

E 27

Sie können den Wert der Aussage verstärken (z. B. durch Modalglieder wie *nur, ja, ganz und gar, doch, ja sogar, eben, erst recht nicht, denn nur doch, schon*), sie können sie einschränken oder verallgemeinern (z. B. durch *eigentlich, also auch, immer, nur, überhaupt, übrigens*). Sie geben dem Sprecher die Möglichkeit, Überraschung, Skepsis, Desinteresse, Bewunderung, Ironie, persönliche Anteilnahme und anderes mehr auszudrücken. Manche Modalglieder haben, je nach dem Kontext, in dem sie stehen, verschiedene, ja auch stark differierende Varianten.

Als Modalglieder treten vor allem Konjunktionen und Adverbien auf (vgl. E 39 Rangattribute).

Konjunktionen und Adverbien, die als Modalglieder die Einstellung des Sprechers andeuten können, sind u. a.:

also

Zusammenfassung, Schlußfolgerung

> Peter, Jochen und ich sind hingegangen. Wir waren *also* zu dritt. – Er ist gestern zurückgekommen. Er wird *also* heute hier zu erreichen sein.

Hervorhebung [→ *doch*]

auch

Verallgemeinerung

> Was er *auch* sagt, ist gelogen (d. h. er lügt immer). – Wie dem *auch* sei, er hat nicht recht gehandelt (d. h. er hat in jedem Fall unrecht gehandelt). – So klug er *auch* sein mag, er wird dies nicht wissen (d. h. er weiß das auf keinen Fall). – Wozu *auch* bei diesem Wetter, dachte er. *(Dürrenmatt)*

denn

Entschlossenheit (in Aufforderungssätzen)

> Wohlan *denn*, beginnen wir die Arbeit! – Sei es *denn!*

Ungeduld, Vorwurf

> Wo bleibt ihr *denn?* – Haben Sie *denn* nicht darüber gesprochen?

persönliches Interesse oder Anteilnahme des Sprechenden

> Was macht ihr *denn* hier? – Habt ihr *denn* kein Geld? – Gibt es hier *denn* keinen guten Arzt? – Was ist *denn* mit dir los?

doch

nachdrücklicher Wunsch (mit Konjunktiv II oder mit Imperativ) [→ *nur*]

> Wenn er *doch* käme! – Möchte er *doch* kommen! – Tue das *doch!* – Nicht *doch!* – Denk *doch* an die armen Leute!

freundliche Bitte (mit Imperativ, oft verstärkt durch *mal*)

> Geben Sie mir *doch mal* das Salz! – Komm *doch mal* her! – Bleiben Sie *doch* noch ein bißchen!

Hervorhebung (verstärkt durch *denn doch*); *eben, gerade, geradezu,* oft bei Ausrufen

> Das ist *doch* allerhand! – Das ist *denn doch* eine Unverschämtheit! – Das war mir *eben* recht! – Das ist doch geradezu eine Frechheit! – Das ist *doch* kein Alter zum Sterben! *(G. Eich)*

Frage in Form eines Aussagesatzes, auf die man eine positive (im negativen Satz eine negative) Antwort erwartet

> Du kommst *doch* morgen? – Du bist *doch* nicht krank? – Sie werden mir *doch* helfen?

Bestätigung (im Sinne von: „wie man weiß")

> Da hatten wir *doch* zu Hause ein Buch, weißt du, das grüne mit dem fettigen Deckel. *(G. Eich)*

Bestätigung einer Tatsache, die man nicht für möglich gehalten hatte (verstärkt durch *denn doch, nun doch*), oder einer Befürchtung (verstärkt durch *also doch*)

> Es waren zwei wirklich nicht inhaltsreiche Beobachtungen, und *doch* genügten sie, um Tuzzi ... zu beunruhigen. *(Musil)* – Dem Wissenschaftler ist das Experiment *nun doch* gelungen. – Die Bank hat ihm *nun doch (also doch)* Kredit gegeben. – Die Aufregung hatte sie *also doch* stark mitgenommen.

eben, halt

Gleichgültigkeit, Desinteresse, Ergebung in einen Zustand, Resignation

> Das sind *eben* unsere Schwierigkeiten. – Man hätte ihm *eben* das Geld nicht geben dürfen. – In der Schweiz gebe es *eben* viele Tunnel. *(Dürrenmatt)* – Diese Züge erschienen ihm ... *eben doch* als die einer alten Frau. *(Doderer)*

eigentlich

beiläufige Frage [→ *überhaupt*]

> Was machst du *eigentlich* in Paris? – Wann kommt *eigentlich* dein Bruder? – Woher kennen Sie ihn *eigentlich*?

Einschränkung

> Philosophieren sollten *eigentlich* nur Professoren dürfen. *(Musil)* – Ich weiß *eigentlich* noch weniger ..., mir sind nicht einmal die näheren Umstände ... bekannt geworden. *(Doderer)*

etwa (negativ: *doch nicht etwa*)

Frage, bei der man eine positive Antwort befürchtet

> Kommt heute *etwa* der Inspektor? – Reist du heute *etwa* ab? – Soll das *etwa* schön sein? – Hast du *etwa* dein ganzes Geld ausgegeben? – Dein Freund ist *doch nicht etwa* krank? – Deine Schwiegermutter kommt *doch nicht etwa*?

Möglichkeit

> Ich erwäge, was *etwa* dagegen sprechen könnte, noch eine Zigarre zu rauchen. *(Th. Mann)*

ganz und gar

starke Hervorhebung

> Er ist *ganz und gar* von Sinnen. – Aber damit bleibt die Sprache unzuverlässig ... und *ganz und gar* nicht geeignet zum Gebrauch in Schulen,
> *(Heigert)*

immer (verstärkt *nur immer*)

Verallgemeinerung

> Laß ihn *nur immer* kommen (d. h. er mag kommen, es ändert nichts). – Wer *immer* mich sprechen will, muß sich zuerst im Vorzimmer anmelden (d. h. jeder, der mich sprechen will, …). – Kommen Sie, wann *immer* Sie Zeit haben (zu jeder Zeit sind Sie willkommen).

ja (unbetont)

Bestätigung einer bekannten Tatsache

> Wir gehen zu Fuß, es ist *ja* nicht weit zum Bahnhof. – Unsere Lage muß sich bald bessern, es kann *ja* nicht immer so bleiben. – Damit sagen Sie *ja* das Gleiche wie ich. *(Musil)*

Feststellung eines objektiven Sachverhalts, der jedoch oft eine Einschränkung folgt

> Ich will dir *ja* das Buch leihen, aber gerne tue ich es nicht. – Ihre Aufgabe war *ja* zunächst nur, den Tatbestand genau aufzunehmen. *(Doderer)*

Überraschung

> Es schneit *ja!* – Du siehst *ja* ganz blaß aus!

hervorgehobener Nachtrag einer Aussage (ergänzt durch *sogar*)

> Ich schätze meinen Lehrer, *ja*, ich verehre ihn *sogar*. – Der Wissenschaftler hat viele Auszeichnungen erhalten, *ja* man verlieh ihm *sogar* den Nobelpreis.

ja (betont)

dringende Empfehlung oder Aufforderung (mit Imperativ)

> Sieh dir den Film *ja* an! – Glauben Sie das nur *ja* nicht!

Drohung, Warnung (verstärkt: *nur ja*)

> Tue das *ja* nicht! – Das soll er *ja* lassen! – Das darfst du *nur ja* nicht tun! – Kommen Sie *nur ja* nicht zu spät!

Hervorhebung (vor einer Aussage)

> *Ja*, das waren schöne Zeiten! – *Ja*, das wird kaum möglich sein. – *Ja*, das ist etwas anderes! (als ich zuerst geglaubt habe).

nicht

Frage, bei der man eine positive Antwort wünscht

> Ist unser Haus *nicht* schön? – Gefällt dir unsere Stadt *nicht* auch? – Habe ich *nicht* recht?

nicht einmal (verkürzt: *nicht mal*)

Erstaunen über einen negativen Sachverhalt mit dem Unterton der Geringschätzung

> Du willst Kellner sein und kannst *nicht einmal* rechnen? – Sie spricht über deutsche Literatur und hat *nicht einmal* Deutsch gelernt! – ... und hatte die Pause des Gesprächs *nicht einmal* bemerkt. *(Musil)*

nun

Frage, deren Beantwortung offen bleibt

> War es *nun* wirklich nur die schwere Erkältung, die zu der ernsten Erkrankung führte? – War das *nun* eine Einbildung oder der Schatten einer Wirklichkeit? *(Musil)*

Zustimmung ohne eigentliche Überzeugung; Resignation *(nun einmal)*

> *Nun* meinetwegen, ich habe nichts dagegen. – *Nun* gut, ich gehe mit, wenn Sie es unbedingt wollen. – Obwohl dieser ... kein heiliger Bischof war, ... hat man ihm *nun einmal* etwas Priesterliches beigelegt. *(Bergengruen)* – Unsere Lage ist *nun mal* nicht besser, wir müssen uns damit abfinden.

Ungeduld *(nun, ... doch; nun, ... doch schon;* meist mit Imperativ)

> *Nun*, sprich *doch!* – *Nun*, gehen Sie *doch schon!*

nur (unbetont)

Verallgemeinerung

> Du bekommst, was du dir *nur* wünschen kannst (d. h. du bekommst alles, was du dir wünschst).

Resignation, Gleichgültigkeit, Ergebung in eine Situation

> Laß ihn *nur*, er läßt sich von seinem Vorhaben nicht abbringen. – Er mag *nur* kommen. Wir werden ihm nicht nachgeben.

Ermahnung, Ermutigung (mit Imperativ); die Personalform kann oft auch fehlen

> (Mach) *nur* langsam! – (Sei) *nur* nicht so ängstlich! – (Haben Sie) *nur* Mut! – Komm *nur!* – Geben Sie *nur* her, ich helfe Ihnen beim Ausfüllen des Formulars!

nachdrücklicher Wunsch (mit Konjunktiv II) [→ *doch*]

> Wenn er *nur* käme! – Wenn wir *nur* Geld hätten!

Frage, die Interesse oder Sorge des Sprechers ausdrückt [→ *bloß*]

> Wo ist er *nur?* – Was ist *nur* los mit ihm? – Weshalb hat er das *nur* gemacht? – Was hat er *nur*, daß er mich nicht mehr grüßt? – Warum kommt er *nur* nicht?

nur (betont)

Warnung, Drohung

> Komm *nur* nicht nach Hause! (Wenn du kommst, erhältst du deine Strafe.) – Geh *nur* nach Hause! (Wenn du zu Hause bist, erhältst du deine Strafe.)

Hervorhebung eines Sachverhalts

> Deine pessimistische Voraussage hat sich *nur* bestätigt. – Gegen Sie dem Kind *nur* zehn Tropfen von dieser Medizin.

offenbar

Hinweis, daß die Behauptung nicht voll zu begründen ist

> Das Auto kam *offenbar* ins Schleudern und geriet auf die linke Fahrbahn.

schon

Einschränkung

> Das Essen war *schon* gut, aber es hätte besser sein können. – Wenn er es sagt, wird es *schon* stimmen (, aber ganz sicher bin ich dessen nicht).

eine Bedingung (meist *auch* im Nachsatz; verstärkt: *schon einmal;* Verneinung: *noch nicht*)

> Wenn ich *schon* in Deutschland bin, will ich dort *auch* die Menschen kennenlernen. – Wenn du das Buch *schon* einmal begonnen hast, lies es *auch* fertig!

ermutigende, vermittelnde Aufforderung (süddeutsch auch *halt*)

> Komm *schon* her! – Komm *halt* her! – Gehen Sie *schon* und entschuldigen Sie sich!

schon gar nicht, erst recht nicht (Gegenüberstellungen betont)

Hervorhebung

> Deinem Freund leihe ich kein Geld, und dir *schon gar nicht.* – Sie konnte nicht Französisch, und ich *erst recht nicht.*

überhaupt

beiläufige Aussage oder Feststellung

> Du kannst jetzt noch nicht gehen, *überhaupt* muß ich mit dir noch einiges besprechen. – Kannst du mir 10 Mark leihen? Du bist mir *überhaupt* noch einiges Geld schuldig. – Er sagte, ich wäre *überhaupt* ein Angsthase. *(Eich)*

Ungewißheit, Zweifel

> Ich komme morgen, soweit ich es jetzt *überhaupt* schon sagen kann. – Sie wollen Sekretärin bei mir werden? Können Sie *überhaupt* Fremdsprachen? – Und weshalb wird man *überhaupt* geliebt? *(Musil)*

hervorgehobene negative Aussage (auch *ganz und gar*, *eben* nachgestellt)

Ich kann ihn *überhaupt* nicht leiden. – Das habe ich *ganz und gar* nicht so gemeint. – Er ist nicht *eben* klug.

so

beiläufige Frage

Wie geht es *so* mit deiner Arbeit? – Was haben Sie *so* in Deutschland vor? – Was hast du im letzten Jahr *so* im Theater gesehen?

sogar

hervorgehobener Nachtrag einer Aussage [– ▸ *ja*]

Er fand im hintersten Wagen Platz, so viel *sogar*, daß er … eine ganze Bank für sich alleine hatte. *(Dürrenmatt)*

übrigens

beiläufige Bemerkung oft als Nachtrag

… statt eine richtige Antwort zu geben, die *übrigens* genau zu erteilen ja gar nicht so einfach gewesen wäre. *(Doderer)* – Der Vetter seiner Frau sah *übrigens* gerade so wie er … vor sich hin. *(Musil)*

vielleicht

Bewunderung oder Erstaunen erwartend (auch ironisch)

Der Mann hat *vielleicht* gearbeitet! – Wir haben im letzten Winter *vielleicht* gefroren! – Sie haben *vielleicht* komische Ansichten!

wohl

Vermutung

Er wird *wohl* heute noch kommen. – Das ist *wohl* möglich. – Du bist *wohl* ärgerlich. – Es kann *wohl* nicht anders sein. – Es ist *wohl* ungefähr ein Jahr her.

Frage, auf die man eine positive Antwort erwartet

Er kommt morgen *wohl*? – Hast du *wohl* morgen Zeit?

Einschränkung

Er griff *wohl* in der Wirtschaft zu, … doch ohne Regelmäßigkeit. *(Bergengruen)*

Das Attribut

Attribute sind Begleiter von Wörtern. Ihre Aufgabe ist es, mit ihren Inhalten die Inhalte der Wörter, denen sie beigefügt sind, zu charakterisieren, einzugrenzen und näher zu bestimmen.

E 28

Nach ihrem Mitteilungswert unterscheidet man zwischen erklärenden Attributen und unterscheidenden Attributen. Bei dieser unterschiedlichen Leistung der Attribute wirken Stellungsregeln und Intonationsregeln mit [→ F 8].

Nach ihrer Stellung unterscheidet man vorangestellte Attribute und nachgestellte Attribute.

Vorangestellte Attribute sind erklärende Attribute; wenn sie den Unterscheidungston erhalten, sind sie unterscheidende Attribute [→ E 30]. Eines davon hat außerdem die Aufgabe, Kasusmorpheme zur Funktionskennzeichnung anzunehmen, die übrigen vorangestellten Attribute nehmen eigene Deklinationsformen an [→ D 6].

> In *dem großen* Garten spielten *viele kleine* Kinder. – *Schöne* Blumen stehen im Garten. – *Die hohen* Häuser in *dieser* Stadt gefallen mir nicht. – *Der* Mann sprang von *der fahrenden* Straßenbahn ab. – *Das verletzte* Kind wurde in *das nächste* Krankenhaus gebracht.

In sehr seltenen Fällen steht das Attribut auch endungslos, vor allem in altertümlicher Sprache und in einigen Redensarten.

> Wer da? *Gut* Freund! – Ich bin auf *gut* Glück nach Köln gefahren. – Man muß *ruhig* Blut bewahren.

Nachgestellte Attribute sind in den meisten Fällen unterscheidende Attribute und ziehen dann den Satzgliedton auf sich [→ F 8].

DIE INHALTE DER ATTRIBUTE

E 29 Die Inhalte der Attribute werden weitgehend von den Wörtern bestimmt, die als Attribute eingesetzt werden, doch haben auch Funktionskennzeichen die Aufgabe, mögliche verschiedene Inhalte zu differenzieren.

> *An einem schönen Tage* machten wir unseren Ausflug. – *Eines schönen Tages* wird alles Leben auf Erden erlöschen.

In vielen Fällen enthalten die Attribute den eigentlichen Kern der Mitteilung.

> Das Haus hat ein *rotes* Dach. – In dieser Stadt gibt es *enge* Straßen. – Siehst du dort im Wald die *hohen* Bäume?

Manchmal bekommt ein Satzglied erst durch das Attribut seinen sinnvollen Inhalt.

> Er lernt die *deutsche* Sprache. – Er verkehrt in *diplomatischen* Kreisen. – Er kann aus *finanziellen* Gründen das Haus nicht kaufen.

Nach Inhalten lassen sich die Attribute wie folgt ordnen:

1. Lokalattribute; sie nennen die Lage, die Richtung oder die Herkunft.

> die Wiesen *im Tal*, die Grenze *nach Österreich*, der Zug *von Köln*, ein Jugendlicher *aus Bad Ischl*, das *nächstliegende* Polizeirevier, die *hiesige* Schule, die Tür *rechts*, der Angriff *von vorn*

2. Temporalattribute; sie nennen den Zeitraum, den Zeitpunkt, die Zeitdauer, die Zeitgrenze, die Zeitlage, den Beginn, das Ende oder die Wiederholung.

der Unterricht *am Nachmittag*, die Woche *nach Ostern*, die *augenblickliche* Lage, die Jugend *von heute*, die *heutigen* Nachrichten, das *plötzlich eintretende* Unwetter, die sich *lang hinziehende* Konferenz

3. Possessivattribute; sie nennen die Person, die das Besitz- oder das Verfügungsrecht hat, oder die Person, der jemand angehört.

mein Fahrrad, *unsere* Tafel, ein Freund *von mir*, die Frau *des Ministers*, die Eltern *von Fritz*, die Bürger *der Stadt*

Sie nennen auch die Sache, zu der etwas gehört oder deren Bestandteil etwas ist.

die Schaukästen *des Kinos*, die Hinterräder *des Wagens*, die Tasche *der Jacke*, das Oberteil *des Kleides*

4. beschreibende Attribute; sie beschreiben das Aussehen, das Alter oder das Wesen einer Person oder Sache.

das *alte* Auto, eine Frau *in den besten Jahren*, der Mann *mit der Glatze*, die *rote* Nase, ein *liebliches* Gesicht, der Mann *in Uniform*, etwas *Unheimliches*

Sie nennen auch das, was man meint, oder die Sache, die man mit dem übergeordneten Wort meint.

ein Grad *Celsius*, ein Strom *von Wasser*, ein Haufen *Decken*, ein Glas *Bier*, ein Becher *Wein*, die Kunst *zu lesen*, etwas *zu essen*, viel *zu sagen*

5. finale Attribute; sie nennen den Zweck, die Bestimmung oder die Absicht.

der Verein *für Tierschutz*, alles *für die Dame*, ein Mittel *gegen Erkältungskrankheiten*, Wasser *zum Trinken*, etwas *zum Lachen*

6. Attribute, die die Anzahl, das Maß, den Grad oder die Intensität nennen

die *beiden* Freunde, *ein paar* Leute, ein *Paar* Schuhe, *drei* Jungen, die *gesamte* Menschheit, *etwas* Geld, *sehr* reich, den *ganzen* Tag, eine *gute* Weile, *überaus* freundlich, *ziemlich* schwierig

7. Handlung bezeichnende Attribute; sie nennen eine Handlung, mit der das übergeordnete Nomen usw. charakterisiert wird.

die *ankommenden* Jugendlichen, die *applaudierenden* Zuschauer, *zwitschernde* Vögel, der *geflohene* Gefangene, das *schnaubende* Ungetüm

8. Vorgang bezeichnende Attribute; sie nennen den Vorgang, von dem das übergeordnete Nomen betroffen wird oder betroffen wurde.

die *gefangenen* Tiere, die *beleuchteten* Straßen, das *kochende* Wasser, der *herabstürzende* Stein, die vom Staat *unterstützte* Industrie

9. Sein bezeichnende Attribute; sie nennen das Sein, das das übergeordnete Nomen charakterisiert.

der verantwortliche Staatsmann, *belebte* Straßen, die *beschlagene* Fensterscheibe

10. Subjekt nennende Attribute; sie nennen das Subjekt des im übergeordneten Nomen beschriebenen Geschehens (Handlung oder Vorgang) oder Seins.

die Entdeckung *Amerikas,* die Erfindung *des Benzinmotors,* die Durchführung *des Befehls,* der Zustand *des Kranken,* die Erziehung *von Kindern*

ATTRIBUTE BEI NOMEN

E 30 Als vorangestellte Attribute stehen beim Nomen

1. Pronomen
Demonstrativpronomen

Dieses Haus gehört *jener* Familie. – Geben Sie mir *das* Buch *da!* [→ C 31].

Possessivpronomen

Mein Vater interessiert sich für *deine* Arbeit.

Fragepronomen

Welches Haus gefällt dir am besten? – In *welcher* Straße wohnst du?

unbestimmte Pronomen

Alle Leute fahren jetzt in die Ferien. – Ich habe heute *keine* Zeit.

2. Adjektive

Ein *fleißiger* Schüler wird immer eine *gute* Prüfung machen. – Wir sind *dreißig* Schüler in der Klasse. – Unser Klassenzimmer ist im *zweiten* Stock.

3. Verben in der Partizipform

Springen Sie nicht aus dem *fahrenden* Zug! – Das *geschlagene* Heer zog sich hinter die Grenzen zurück.

4. Nomen im Genitiv (Genitivattribut)

Deutschlands Hauptstadt war Berlin. – *Vaters* Hut liegt auf dem Schrank.
– Ärgerlich verbat er sich *des Alten* Belehrung *(Schnurre)*

Nomen im gleichen Fall [Apposition → E 35]

Herr Müller wohnt in Frankfurt. – *Der Freistaat* Bayern liegt in Süddeutschland. – *Die Hauptstadt* Berlin hatte über 4 Millionen Einwohner.

E 31 Als nachgestellte Attribute stehen beim Nomen
1. Adjektive, besonders wenn sie Ergänzungen bei sich haben

Ich bestelle einen Bücherschrank, *zweitürig* und *mahagonifarben.* – Die Mauern, *uralt* und *brüchig,* waren feucht von dem Atem unzähliger Tiergenerationen. *(Broch)* – Die Bundesrepublik, *auch darin glücklicher als ihre Vorgängerin,* gab sich die Hauptstadt, die ... *(Gross)*

2. Verben in der Partizipform

   Die junge Frau, *von der Sonne gebräunt,* sah aus, als hätte sie ihre Krankheit überwunden.

3. Adverbien (mit und ohne Präpositionen)

   Das Haus *dort drüben* gehört meinem Vater. – In der Wohnung *oben* wohnt Familie Müller. – *Die Jugend von heute* liebt die Unabhängigkeit von Konventionen.

4. Nomen im Genitiv (Genitivattribut)

   Die Hauptstadt *Deutschlands* ist Berlin. – Das Haus *meiner Eltern* steht in der Gartenstraße. – Die Straßen *unserer Stadt* sind eng.

   Nomen mit Präpositionen (Präpositional-Attribut)

   Die Wohnung *im Erdgeschoß* bewohne ich mit meiner Frau. – Unsere Ferien *an der See* waren wunderschön. – Ich habe den Brief *von meinem Vater* noch nicht beantwortet. – Gib mir bitte die Zeitung *von gestern!* – Ich bin der Leiter *in Ihrem Büro,* der Chef *vom „A-Mann".* *(Wallraff)*

   Nomen im gleichen Fall [Apposition → E 35]

   Die Schüler *Karl und Peter* sind immer fleißig. – Herr Müller, *der Direktor der Maschinenfabrik,* ist seit einer Woche verreist. – Bad Reichenhall, *ein Kurort in Oberbayern,* wird im Sommer von vielen Kurgästen besucht.

   Nomen mit Konjunktionen [Apposition → E 35]

   Man kann auf Flugzeuge *als Verkehrsmittel* nicht mehr verzichten. – Er war ein Mann *wie ein Bär.*

5. Personalpronomen mit Präposition (Präpositional-Attribut)

   Peter ist ein Freund *von mir.*

ATTRIBUTE BEI PRONOMEN

Pronomen können nur im beschränkten Umfang Attribute annehmen. Es sind   E 32
dann nachgestellte Attribute.
Als Attribute stehen bei Pronomen

1. Namen, wenn man jemanden anredet.

   Du, *Peter,* hilf mir bitte einmal! – Haben Sie, *Herr Müller,* gestern bei mir angerufen?

2. Nomen (bei den Pronomen der 1. und 2. Person)

   Du *Dummkopf* hast schon wieder einen Fehler gemacht. – Ihr, *meine lieben Kinder,* seid sehr brav gewesen. – Ich bitte Sie, *meine Herren,* Platz zu nehmen.

Nomen mit Präpositionen (Präpositional-Attribute)

Liebt ihr *in der Stadt* auch die Natur so wie wir *auf dem Land?* – Geben Sie mir etwas *von Ihrem Tabak!* – Er erzählte uns alles *von seiner Reise.*

Nomen mit Konjunktionen (Apposition → E 35)

Du *als mein bester Freund* solltest mir eigentlich helfen. – Du könntest mir *als deinem besten Freund* schon Vertrauen schenken. – Sie *als Lehrer* verstehen sicher etwas von Psychologie.

Wenn das Pronomen Subjekt ist und im Vorfeld steht, kann die Konjunktional-Apposition auch getrennt davon im Satzfeld stehen. Ebenso kann sie auch dem Pronomen im Vorfeld vorausgehen.

Sie verstehen *als Lehrer* sicher etwas von Psychologie. – *Als Lehrer* verstehen Sie sicher etwas von Psychologie.

3. Adjektive nach Pronomen nehmen das Kasusmorphem als Funktionskennzeichen an. Man schreibt diese Adjektive groß [→ D 223] (Ausnahme: *ander-, etwas anderes*)

Wir *Bedauernswerte* müssen bis spät abends im Büro arbeiten. – Ich helfe euch *Faulen* nicht. – Ich gratuliere dir *Glücklichem* zu deinem bestandenen Examen. – Ich weiß nichts *Neues.* – Ich habe auf der Reise viel *Interessantes* gesehen. – Wir wünschen euch alles *Gute.* – Der Geheimrat schien etwas viel *Ernsteres* zu erwarten. *(Rothe)*

Zahladjektive

Was macht ihr *drei* hier? – Seid ihr *beide* befreundet? – Wir *vier* studieren schon lange in dieser Stadt.

4. Adverbien

Hast du *dort hinten* schon deine Arbeit abgegeben? – Wir *hier* haben in diesem Winter noch keinen Schnee gehabt. – Ich schenke euch *hier* die Schokolade.

5. Verben mit der Präposition *zu* (Infinitiv-Attribut)

Habt ihr etwas *zu rauchen?* – Das arme Kind hat nichts *zu essen.*

ATTRIBUTE BEI ADJEKTIVEN UND BEI VERBEN IN PARTIZIPFORM

E 33   Als vorangestellte Attribute stehen bei Adjektiven oder Partizipien:
1. Adjektive oder Partizipien ohne Deklinationsendungen

Ein *eisig* kalter Wind weht über die *trostlos* öde Ebene. – Die *modern* eingerichteten Flugzeuge der Luftfahrtgesellschaften bringen einen schnell in jedes *entfernt* gelegene Land. – Wenn du mit den *schnell* fliegenden Maschinen reist, bist du in *knapp* fünf Stunden zu Hause. – Der alte Mann ist schon seit Jahren *schwer* krank. – ... und sollte von mir noch eine *weißrot* gelackte Blechtrommel bekommen. *(Grass)* – Der junge Wächter brachte seine Besuchergruppe in einen *dürftig* erhellten Raum.

(Schnurre)

2. Adverbien

Wir sind mit unserem Wagen *sehr* schnell nach München gefahren. – Er begrüßte mich mit *überaus* freundlicher Miene. – Der Kaufmann machte uns ein *sehr* preiswertes Angebot.

Als nachgestellte Attribute stehen Nomen und Adverbien mit den Konjunktionen *als* und *wie* bei Vergleichen (Konjunktional-Attribut)

Der Vogel flog schnell *wie der Wind.* – Mein Bruder ist älter *als ich.* – Jetzt sind wir so klug *wie zuvor.* – Fühlen Sie sich bei uns so wohl *wie zu Hause!* – Die Lage ist genau so ernst *wie vor dem Krieg.*

Adjektive und Partizipien können eigene Satzglieder annehmen, doch wird das Attribut damit zu sehr mit Inhalten belastet, so daß dieser Form sehr oft der Relativsatz [→ E 37] vorgezogen wird.

Der *soeben auf Bahnsteig 2* einfahrende Schnellzug kommt aus Berlin. (Der Schnellzug, der soeben auf Bahnsteig 2 einfährt, kommt aus Berlin.) – Der Arzt hat den *schon seit Jahren an Rheumatismus* leidenden Mann endlich heilen können. (Der Arzt hat den Mann, der schon seit Jahren an Rheumatismus leidet, endlich heilen können.) – Alle Zitate sind typisch für eine sehr große ... Mehrzahl der *zum Gebrauch in den Schulen von den Ministerien* zugelassenen Bücher. *(Heigert)* – Mich interessiert jetzt nur das *durch ein Waschmittel* zu beruhigende Gewissen der netten Durchschnittsfrau. *(Böll)*

ATTRIBUTE BEIM ADVERB

Als vorangestellte Attribute stehen bei Adverbien:

E 34

1. Adverbien

Wir gehen *sehr* gern ins Theater. – Warum kommst du *erst* jetzt? – Ich habe den Brief *noch* nicht geschrieben. – Wir haben *besonders* oft von dir gesprochen.

2. Adjektive ohne Deklinationsendungen

Wir sitzen im Kino immer *ganz* hinten. – *Hoch* oben auf dem Berg steht ein Haus. – *Halb* rechts vor dir sitzt eine alte Dame.

Als nachgestellte Attribute stehen bei Adverbien:

1. Nomen und Pronomen mit Präposition (Präpositional-Attribut)

Hinten *am Wald* endet der Weg. – Das Flugzeug flog hoch *über den Wolken.* – Das Haus steht oben *auf dem Berg.* – Rechts *von dir* siehst du das neue Hotel.

2. Nomen und Pronomen mit Konjunktionen (Konjunktional-Attribut)

Ich esse Kartoffeln lieber *als du.* – Wir trinken Wein ebenso gern *wie unsere Väter.*

DIE APPOSITION

E 35 Eine besondere Art von Attributen sind Appositionen. Es sind Attribute, die im gleichen Kasus stehen wie das übergeordnete Nomen oder Pronomen. Die häufigsten Appositionen sind

1. Titel und Berufsbezeichnungen, Verwandtschaftsbezeichnungen und Vornamen vor Familiennamen

> *Graf* Bobby, *Herzog* Albrecht; *Bäckermeister* Haeberlein, *Inspektor* Krause, *Dr. (Doktor)* Pütz; *Onkel* Otto, *Tante* Ida, *meine Schwägerin* Irmgard; *Klaus* Schulz, *Elli* Bergmann

2. Gattungsbezeichnungen, vor dem übergeordneten Nomen

> *Freistaat* Bayern, *die Stadt* Berlin, *die Provinz* Schleswig-Holstein, *das Jahr* 1960, *der Monat* Oktober, *der See* Genezareth

3. Maßbezeichnungen vor dem übergeordneten Nomen

> *fünf Glas* Bier, *ein Kilo* Tomaten, *zwei Sack* Kartoffeln

4. Namen, die eine Person oder Sache identifizieren oder eine Gattungsbezeichnung näher benennen (hinter dem Nomen)

> Der Zug *München–Salzburg*, das Haus *Lydia*, der Prozeß *Müller gegen Schulze*, die Universität *Bonn*, das Drama „*Die Räuber*"
> Friedrich *der Große* war König *von Preußen*. – Ludwig *der Erste* war ein großer Kunstliebhaber.
> Rechtsanwalt *Dr. Huber* ist seit drei Tagen verreist. – Meine Kusine *Gisela* will mich morgen besuchen. – Der Freistaat *Bayern* liegt in Süddeutschland. – Trinken Sie mit mir ein Glas *Bier*? – Geben Sie mir bitte zwei Pfund *Äpfel*! – Ich habe sechs Semester an der Universität *Bonn* studiert.

Einige Appositionen sind nur erklärend dem Nomen nachgestellt. Sie werden durch Kommas getrennt.

> Die beiden Mädchen, *Inge und Gisela*, fahren mit ihren Eltern an die See. – Kennen Sie diese beiden Herren, *den Direktor und den ersten Ingenieur der großen Maschinenfabrik?* – Die ganze Familie, *Vater, Mutter und die drei Kinder*, fährt nach Hamburg. – Er kommt am Sonntag, *dem 11. Mai*.

Beachten Sie die Anwendung der Kasusmorpheme!

> Er kommt *am* Sonntag, *dem* 11. Mai. – Er kommt Sonntag, *den* 11. Mai.

Im schriftlichen Ausdruck können auch mehrere Appositionen stehen.

> *Der Chefarzt* Dr. Weiß, *Direktor des städtischen Krankenhauses*, hat einen Lehrstuhl an der Universität München erhalten. – Friedrich *der Große, König von Preußen*, führte Krieg gegen Maria Theresia, *die Kaiserin des Heiligen Römischen Reiches Deutscher Nation*. – Gestern verstarb Herr Otto Müller, *Besitzer der Möbelfabrik Müller & Co., Ehrenbürger unserer Stadt, langjähriges Mitglied des Wohltätigkeitsvereins*, im Alter von 82 Jahren.

362

Man beachte die Verteilung der Kasusmorpheme beim Gebrauch von Titeln vor Namen. Ist der Titel Apposition, erhält der Name das Kasusmorphem; ist dagegen der Name Apposition, erhält die Titelbezeichnung das Kasusmorphem.

> Die Kriege König *Friedrichs*. – Das Vermögen Direktor *Müllers*. – Die Arbeiten Professor *Meiers*.
> Die Kriege *des Königs* Friedrich. – Das Vermögen *des Direktors* Müller. – Die Arbeiten *des Professors* Meier.

Lediglich die Apposition *Herr* vor Namen wird immer mit dem Kasusmorphem versehen.

> Der Besuch Herr*n* Krüger*s*. – Der Besuch des Herr*n* Krüger.

Einige Appositionen werden mit den Konjunktionen *als* oder *wie* gekennzeichnet.

> Dr. Müller *als Chefarzt des Krankenhauses* wird bald eine Professur an einer Universität erhalten. – Ein Auto *wie dieses* (Auto) wird immer teuer sein. – In unserer Stadt finden viele Veranstaltungen, *wie Konzerte, Theateraufführungen usw.*, statt.

Abgerückte Appositionen

Appositionen stehen wie alle übrigen Attribute bei dem Wort, auf das sie sich beziehen [→ E 28]. Doch können mit *als* oder *wie* gekennzeichnete Appositionen und die als Apposition eingesetzten unbestimmten Pronomen *jed*- [→ C 67] und *all*- [→ C 58] von dem Wort, zu dem sie gehören, abrücken. Sie können, wenn das Bezugswort im Vorfeld steht, ins Satzfeld rücken oder allein im Vorfeld stehen, wenn das Bezugswort im Satzfeld steht.

E 36

> *Dr. Müller* hat *als Chefarzt* eine große Verantwortung. – *Als Schüler dieser Schule* müssen *wir* sehr viel arbeiten. – *Wir* sind *alle* zu Hause. – *Alle* waren *wir* gestern in Köln. – *Wir* haben *jeder* ein Buch geschenkt bekommen.

DER ATTRIBUTSATZ

Wenn die Beschreibung eines Sachverhalts Inhalte von Wörtern charakterisieren, eingrenzen oder näher bestimmen soll, tritt ein Attributsatz zu den betreffenden Wörtern. Attributsätze sind stets nachgestellte Attribute.

E 37

Attributsätze können folgende Satzformen sein

Nebensätze, die von einem Relativpronomen oder einem Relativadverb eingeleitet werden (Relativsätze);

Nebensätze, die von einer Konjunktion, von einem Fragepronomen oder von einem Frageadverb eingeleitet werden (Konjunktionalsätze);

Infinitivsätze (erweiterte Infinitivattribute).

1. Relativsätze

Soll eine Person, eine Sache oder ein Begriff durch die Beschreibung eines Sachverhalts identifiziert oder erklärt werden, gebraucht man Relativsätze. Die Form des Relativpronomens signalisiert die Funktion, die das übergeordnete Nomen oder Pronomen im Relativsatz hat [→ C 44 f.]. Relativsätze stehen nach

Nomen

> Das Haus, *das ich gekauft habe,* liegt in einer schönen Landschaft. – Mein Vater spricht gerade mit dem Herrn, *mit dessen Sohn ich seit langem befreundet bin.* – Wir haben unsere Hoffnungen, *die wir jahrelang gehegt haben,* inzwischen aufgegeben. – Oft haben wir auch Gäste, *mit denen ich nicht das Geringste anzufangen weiß. (Hildesheimer)*

Adjektiven, wenn mit ihnen eine Person bezeichnet wird [→ B 223].

> Wie heißt der Kranke, *den Dr. Müller gerade behandelt?*

Verben im Partizip, wenn mit ihnen Personen bezeichnet werden [→ B 104.5].

> Bringen Sie die Reisenden, *die soeben angekommen sind,* zum Reisebüro! – Hier haben Sie die Adresse des Schwerverletzten, *der ins Krankenhaus eingeliefert worden ist.*

Pronomen

> Hier gebe ich dir etwas, *was dir Freude machen wird.* – Ich habe niemanden gesehen, *den ich kannte.* – Donnerstagnachmittag findet für alle, *die mit Lack zu tun haben,* eine Feuerwehrübung statt. *(Wallraff).*

Wenn Relativsätze von Personalpronomen abhängen, sind besondere Regeln zu beachten. So muß bei Relativsätzen, die von einem Personalpronomen der 1. oder 2. Person abhängen, im Relativsatz das Personalpronomen, wenn es Subjekt ist, wiederholt werden, damit die richtige Personalform im Prädikat erscheinen kann [→ E 16].

> Du, *der du mir immer geholfen hast,* willst mich jetzt verlassen. – Wir, *die wir gestern im Theater waren,* müssen heute zu Hause bleiben. – Ich habe euch, *die ihr so reich seid,* um etwas Geld gebeten.

Man beachte auch, daß hier die Personen nach Genus und Zahl durch das Relativpronomen unterschieden werden!

> ich, *der* ich in diesem Haus wohne, ...
> ich, *die* ich in diesem Haus wohne, ...
> du, *der* du in diesem Haus wohnst, ...
> du, *die* du in diesem Haus wohnst, ...
> Sie, *der* Sie in diesem Haus wohnen, ...
> Sie, *die* Sie in diesem Haus wohnen, ...

Wenn das dem Relativsatz übergeordnete Pronomen *wir* Subjekt ist, kann man auf die Wiederholung des Pronomens im Relativsatz verzichten, weil hier keine formale Notwendigkeit zur Wiederholung des Subjekts vorliegt [→ E 14].

Wir, *die gestern im Theater waren*, müssen heute zu Hause bleiben.

Wenn der Relativsatz von einem Pronomen der 3. Person abhängt, wiederholt man das Pronomen im Relativsatz nicht mehr.

Diejenige, *mit der du eben gesprochen hast*, arbeitet als Zimmermädchen in unserem Hotel. – Demjenigen, *der mir meine Uhr reparieren kann*, verspreche ich eine Belohnung. – Er, *der sich jahrelang nicht um mich gekümmert hatte*, zeigte sich enttäuscht ... *(Grass)*

Bezieht sich der Relativsatz auf einen Ort, wird er mit einem Relativadverb eingeleitet.

Morgen fahren wir nach Berlin, *wo mein Freund studiert.*

Ebenso auch, wenn der Relativsatz von einem Lokaladverb abhängt.

Er fährt dorthin, *wo ich im letzten Jahr war*. – Komme hierher, *wo ich jetzt stehe*. – Ich bin gestern dort gewesen, *wohin du heute fahren willst*. – Ich gehe dorthin, *wohin du auch gehst*. – Der Lärm kommt von dort her, *wo Fußball gespielt wird*. – Die Hirten führen ihre Herden dorthin, *wo die Weiden saftig sind.*

Wenn die lokalen Beziehungen des Relativadverbs mit dem übergeordneten Lokaladverb übereinstimmen, kann das übergeordnete Adverb entfallen.

Ich arbeite (*dort*), *wo* du auch arbeitest. – Ich gehe (dort*hin*), wo*hin* du auch gehst. – Ich komme (dort*her*), wo*her* du auch kommst.

Relativsätze können sich auch auf unbestimmte, nicht genannte Personen oder Sachen beziehen. Sie werden dann mit dem Relativpronomen *wer* (für Personen) oder *was* (für Sachen und Sachverhalte) eingeleitet und stehen im Vorfeld eines Satzes.

Wer mir bei meiner Arbeit hilft, dem zahle ich einen guten Lohn. – *Wem Gott gnädig ist, dem* schenkt er ein langes Leben. – *Wer unangemeldet zu mir kommt, den* lasse ich nicht in mein Haus eintreten. – *Was mich ärgert, das* ist dein ständiges Kritisieren.

Haben Relativpronomen und das übergeordnete Pronomen das gleiche Kasusmorphem, kann das übergeordnete Pronomen entfallen.

Wer dieses Gelände betritt, wird bestraft. – *Wen* ich auch immer auf dem Weg traf, grüßte ich höflich. – Wähle dir aus, *was* dir gefällt.

Unterscheiden Sie die Relativpronomen und die Fragepronomen!

Fragepronomen

Ich weiß nicht, *wen ich fragen soll.* – Er erzählte mir, *wer ihn gestern alles besucht habe.* – Frage ihn, *wem ich einen Brief schreiben soll!* – Er sagte uns nicht, *was er hier eigentlich wolle.*

Relativpronomen

Nimm, *was du willst!* – *Wer lügt,* der stiehlt auch. – Ich frage, *wen ich will.* – Ich helfe, *wem ich helfen kann.*

2. Werden mit dem Attributsatz die Inhalte von Begriffen erklärt, die durch Verbalnomen ausgedrückt werden, dann werden die Attributsätze durch Konjunktionen oder durch Fragepronomen bzw. Frageadverbien eingeleitet.

Ich mache dir den Vorwurf, *daß du immer die Unwahrheit sagst.* – Sie hatten eine Freude, *als ob sie das große Los gezogen hätten.* – Meine Frage, *ob er zufrieden sei,* hat er nicht beantwortet. – Er wollte mir die Frage, *wer ihn gestern besucht habe,* nicht beantworten. – Er konnte mir keine Auskunft geben, *um wieviel Uhr der Zug in Hamburg ankommen sollte.* – ... und eine Seele. Allerdings komme ich mehr und mehr zu der Erkenntnis, *daß gerade sie den meisten Menschen fehlt. (Hildesheimer)*

Mitunter stehen auch Attributsätze in der Form von Mitteilungssätzen bei den Nomen.

Neu war nur seine Angst: die Angst, *er könnte nun doch von Adam getrennt werden. (Schnurre)* – Und deshalb hatte ich das Gefühl, *ich müßte der Sache nachgehen. (Eich)*

3. Infinitivsätze erklären als Attribute ebenfalls die Inhalte von Begriffen.

Wir haben keine Hoffnung, *ihn wiederzusehen.* – Die Sorge, *ihr Kind zu verlieren,* machte die Mutter fast wahnsinnig. – Liebe ist der Wunsch, *etwas zu geben und nicht zu erhalten. (Kafka)*

Attributsätze können mitunter auch unverbunden in einen Satz eingeschoben werden, besonders in der mündlichen Rede.

Gestern besuchte mich Herr Schulte – *er war früher Bürgermeister unserer Stadt* –, um mich zu sich einzuladen. – Ich will mit meinem Freund – *ich kenne ihn schon seit zehn Jahren* – ein Geschäft eröffnen. – Die Firma hat die Maschinenfabrik – *ich glaube, sie gehört dieser Firma schon seit über 30 Jahren* – an einen ausländischen Millionär verkauft.

Die Stellung der Attributsätze

E 38   Im allgemeinen stehen Attributsätze unmittelbar hinter dem Wort, auf das sie sich beziehen. Steht das dem Attributsatz übergeordnete Wort jedoch am Ende des Satzfelds im Informationsbereich, folgt der Attributsatz im Nachfeld.

Ich habe dem armen Mann das Geld gegeben, *das ich gestern gefunden habe.* – Lassen Sie Mademoiselle Vargas eintreten, *die draußen wartet. (Rothe)* – Wir haben euch gefragt, *die ihr doch immer alles wißt.*

DAS RANGATTRIBUT

Eine besondere Art von Attributen sind die Rangattribute. Sie stehen bei E 39 Satzgliedern und signalisieren die subjektive Stellung des Sprechers zu einem im Satzglied genannten Inhalt.

Rangattribute werden von den gleichen Konjunktionen, Adverbien und Ausdrücken vertreten wie die Modalglieder [→ E 27]. Sie beeinflussen auch den Intonationsverlauf einer Äußerung.

Vergleichen Sie die Stellung und Intonation der Rangattribute:

Allein das Parlament darf Gesetze verabschieden. (Rangattribut: niemand anders hat sonst das Recht dazu.) – Das Parlament darf die Gesetze *allein* verabschieden. (Modalangabe: Es braucht niemand anders dazu.) – Das Parlament darf *allein* die Gesetze verabschieden. (Rangattribut: Andere Befugnisse hat das Parlament nicht.)

Gerade mit seinem besten Schüler hatte der Lehrer großen Ärger. (Rangattribut: Man erwartet nicht, daß ein Lehrer mit seinem besten Schüler Ärger bekommt.) – Der Lehrer hatte *gerade* mit seinem besten Schüler großen Ärger. – *Gerade* hatte der Lehrer mit seinem besten Schüler großen Ärger. (Temporalangabe: vor wenigen Minuten.)

aber

Einschränkung, Ausnahme

Alle meine Bekannten haben mir gratuliert, mein Freund *aber* ließ nichts von sich hören. – Soll er doch machen, was er will. *Aber* mich soll er verschonen. *(Frisch)*

Bewunderung (auch ironisch)

Du hast *aber* ein schönes Auto. – Du bist *aber* ein kluges Kind! – Wir haben *aber* eine schöne Reise gemacht.

allein

Ausschließlichkeit [→ *nur*]

Allein das Parlament darf Gesetze verabschieden. – *Allein* ein Treffer in der Lotterie könnte ihm noch helfen.

auch

Gleichartigkeit, Beteiligung

Auch ich habe schon in diesem Hotel gewohnt. – *Auch* in unserer Stadt haben wir ein Theater. (Negativ: Nicht einmal in unserer Stadt haben wir ein Theater.) – Alle werden es glauben, *auch* Doktor Deval. *(Rothe)*

ausgerechnet

Überraschung, Ungelegenheit

Ausgerechnet er wollte das tun. – *Ausgerechnet* Geld wollte er von mir haben. – *Ausgerechnet* heute regnet es. – Meine Frau hat sich *ausgerechnet* das teuerste Kleid gekauft.

besonders, überhaupt (betont)

Hervorhebung

> Eine Reise nach Italien ist schön, *besonders* im Frühling. – Die Alpen sind *besonders* im Winter sehr reizvoll. – Das Lärmen in den Straßen ist verboten, *überhaupt* in der Nacht.

eben, gerade

Übereinstimmung

> Ich möchte jeden Augenblick genießen. *Eben* darauf wollte ich hinaus. *(Hildesheimer).* – *Eben* das (Das *eben*) wollte ich auch sagen.

erst

endlicher Erfolg

> Wir waren gestern abend zum Tanzen, aber es ging *erst* um 11 Uhr richtig los. – *Erst* der Professor konnte mir die richtige Auskunft geben. – Wenn sie *erst* an Land sind, dann haben wir nichts mehr damit zu tun. *(v. Hoerschelmann)*

verstärkter Wunsch nach einer Sache, die man sich schon erfüllt wünscht (verstärkt: *doch erst*)

> Wäre ich *doch erst* zu Hause! – Wenn ich *doch erst* mein Examen hinter mir hätte!

erst recht [→ *gerade*]

Trotz

> Wir arbeiten jetzt *erst recht* langsam. – Ich werde ihm *erst recht* kein Geld geben.

ganz

Verstärkung

> Die Arbeit war *ganz* hervorragend. – Das Wetter war *ganz* schlecht. – Ich kannte die Menschen . . ., und *ganz* besonders meinen Menelaos.
> *(Hildesheimer)*

Einschränkung eines positiven Inhalts (auch ironisch gemeint) (verstärkt: *ganz schön*)

> Das Essen war *ganz* gut (d. h. nicht vollkommen gut). – Das Wetter war gestern bei dem Ausflug *ganz* angenehm. – Beim Skilaufen bin ich heute *ganz schön* gestürzt. – Wenn der Direktor morgen zur Inspektion kommt, kann es *ganz* lustig werden. – Er hat uns *ganz schöne* Schwierigkeiten gemacht.

Übereinstimmung in der Qualität (betont)

> Er war *ganz* der Mann für diese Arbeit. – Peter ist *ganz* sein Vater. – Die Arbeit ist *ganz* mein Fall.

gar

ironische Frage

> Wollen Sie *gar* mit dem Direktor selbst sprechen? – Willst du *gar* dieses Haus kaufen?

Frage, bei der man eine positive Antwort befürchtet; ebenso eine erstaunte oder bewundernde Frage, bei der man eine positive Antwort voraussieht: Diese Fragen haben oft die Form von Mitteilungssätzen.

> Du bist *gar* mit dem schönen Mädchen zum Tanzen gewesen? – Sie haben *gar* auf uns gewartet? – Seid ihr letztes Jahr *gar* nach Paris gefahren?

(negativ: *doch nicht gar*); *etwa* (negativ: *doch nicht etwa*)
Frage, die eine Vermutung, Befürchtung oder eine böse Ahnung enthält

> Er wird *doch nicht gar* verunglückt sein? – Wollen Sie *gar* Ihr Haus verkaufen?
> Er hat *doch nicht etwa* sein Haus verkauft? – Gibt es heute *etwa* Fisch zu Mittag? – Wachsen wir *etwa*? ... Dehne ich mich *etwa*? *(Lettau)*

gar zu

Übermaß

> Es waren gestern *gar zu* viele Leute dort. – Das Wetter ist heute *gar zu* schön. – Du arbeitest *gar zu*viel.

gerade

Besonderheit, Hervorhebung [→ *eben*]

> *Gerade* dich habe ich gesucht. – *Gerade* heute muß es regnen. – Ich habe *gerade* zu ihm großes Vertrauen. – Der Lehrer hatte *gerade* mit seinem besten Schüler den größten Ärger.

Trotz (betont) [→ *erst recht*]

> Ich tue es *gerade* nicht. – Wir wollen jetzt *gerade* kein Geld.

noch

Verstärkter Grad

> Sollen wir *noch* länger abwarten, ob man ... *(Walser)* – Die Unfallfolgen waren *noch* längst nicht auskuriert. *(Wallraff)*

nur, bloß

Ausschließlichkeit [→ *allein*]

> Diese schwierige Operation kann *nur* ein geschickter Arzt durchführen. – In diesem Fahrstuhl dürfen *nur* 4 Personen fahren. – Fische mag ich nicht, *nur* gezwungenermaßen freitags. *(Eich)* – Ist das Verlangen nach Kontrolle nicht *bloß* eine Maßnahme des Direktors? *(Walser)*

schon

Ausreichende Voraussetzung

> *Schon* mit wenigen Wörtern kann man sich in einem fremden Land verständlich machen. – *Schon* für wenig Geld kann man einen Fotoapparat kaufen.

sehr

Verstärkter Grad

> Er kam heute *sehr* früh. – Das war *sehr* zu unserem Schaden.

selbst, sogar

Erstaunen, Überraschung

> *Selbst* sein Vater wird ihm nicht helfen. – *Selbst* ich kann ihnen das nicht erklären. – Er ist *sogar* mit diesem großen Gewinn nicht zufrieden.

so, nur so

verstärkter Grad

> Es ist nicht *so* leicht, Fremdsprachen zu lernen. – Er ist *so* krank. – Der Wagen fuhr *nur so* dahin. – Ich hätt mir's nicht gedacht, daß mir *so* schnell wieder danach zu Mut sein könnt. *(Aichinger)*

Der Satz und seine Struktur

Der Satz ist die kleinste in sich gegliederte sprachliche Einheit, mit der sich E 40 ein außersprachlicher Sachverhalt beschreiben läßt. Ihm liegen folgende Gliederungen zugrunde:
1. die inhaltliche Gliederung,
2. seine Struktur und mit ihr seine funktionale Gliederung,
3. die phonologische Gliederung [→ F 1 ff.].

Die inhaltliche Gliederung eines Satzes

Die inhaltliche Gliederung eines Satzes beruht auf der Tatsache, daß alle mit E 41 einem Satz beschreibbaren außersprachlichen Sachverhalte entweder als *Geschehen* oder als *Sein* angesehen werden können. Bei Geschehen wird Bewegung oder Veränderung wahrgenommen, bei einem Sein fehlen diese Wahrnehmungen. Bei diesen Geschehen oder Sein sind in den überwiegenden Fällen Personen oder Dinge feststellbar, von denen diese Geschehen oder Sein ausgehen oder die von den Geschehen oder Sein betroffen sind. Diese Personen oder Dinge vertreten in dem geschilderten Sachverhalt die *Rollen*. Zusammenfassend läßt sich somit für nahezu alle mit einem Satz beschreibbaren Sachverhalte eine gültige Formel der inhaltlichen Gliederung der Sätze ableiten. Sie lautet

$$\text{Sachverhalt} = \text{Geschehen/Sein} + \text{Rollen}.$$

[→ G 88 f.]

Die Satzstruktur mit ihrer funktionalen Gliederung

Satzstruktur bedeutet, daß sich der Satz als sprachliche Einheit aus einem oder E 42 mehreren Gliedern aufbaut. Diese Glieder sind die einzelnen Satzfunktionsteile, die durch ihre gegenseitige Zuordnung den Satz konstituieren.
Die Satzstrukturen sind abhängig von dem *Wortmaterial*, das zur Benennung der einzelnen Inhalte im Satz eingesetzt wird. Dabei ist auch zu beachten, daß ein Wort erst durch seine strukturale Verwendung seinen genauen Inhalt erhält.
Die Bedeutungen der Wörter, wie sie in einem Wörterbuch angegeben werden, beruhen auf einer bestimmten strukturalen Verwendung. Dies trifft insbesondere auf die Verben und auf die wie Verben verwendeten Wörter zu.
Innerhalb der deutschen Sprache haben sich eine Anzahl von Satzstrukturmodellen herausgebildet, die für den Einsatz der sprachlichen Zeichen (Wörter)

maßgebend sind. Diese Strukturmodelle können als Grundstrukturen angesehen werden.

Übersicht über die Grundstrukturen des Satzes

		E	*E E*
1.	P S	P E S	P E E S
2.	P S Oa	P E S Oa	P E E S Oa
3.	P S Od	P E S Od	P E E S Od
4.	P S Op	P E S Op	P E E S Op
5.	P S Og	P E S Og	
6.	P S Oa Oa		
7.	P S Oa Od	P E S Oa Od	
8.	P S Oa Op	P E S Oa Op	
9.	P S Oa Og	P E S Oa Og	
10.	P S Od Op	P E S Od Op	
11.		P E S Od Og	
12.	P S Op Op		
13.	P S Oa Od Op		
14.	P S Oa Op Op		
15.	P	P E	P E E
16.	P Oa	P E Oa	P E E Oa
17.	P Od	P E Od	P E E Od
18.	P Op	P E Op	P E E Op
19.	P Og		
20.	P Oa Op	P E Oa Op	
21.	P Oa Og		
22.	P Od Op	P E Od Op	
23.	P Op Op		

Erklärung der Abkürzungen:

P *Prädikat*
E (*Prädikats-*) *E*rgänzung
S *S*ubjekt

Oa *A*kkusativ*o*bjekt
Od *D*ativ*o*bjekt
Op *P*räpositional*o*bjekt
Og *G*enitiv*o*bjekt

Satzstrukturformen

Die Grundstrukturen des deutschen Satzes zeigen die Möglichkeiten des Zusammenwirkens der Funktionen. Sie geben aber noch keinen Aufschluß über die inhaltliche Leistung eines Satzes, der sich nach einer bestimmten Grundstruktur aufbaut. Erst das Wortmaterial, das zum Ausdruck bestimmter Inhalte in die Satzgliedfunktionen einzusetzen ist, läßt eine inhaltliche Deutung eines Satzes zu. Dabei ist zu beachten, daß sich Funktionen und Wortinhalte gegenseitig beeinflussen. Die Grundstruktur eines Satzes wird demnach erst durchsichtig, wenn sie unter Berücksichtigung der inhaltlichen Gliederung einer Äußerung und des verwendeten Wortmaterials in einzelne Satzstrukturformen aufgeschlüsselt wird.

Die Grundstrukturen lassen sich in folgende Satzstrukturformen aufschlüsseln:

A. Sätze mit einem Subjekt, jedoch ohne Prädikatsergänzungen (Grundstrukturen 1–14)

1.1	**P S**	Die Kinder lachen.
		Das Wasser verdunstet.
		Der Reis *wird* gekocht. (> 2.1: P S Oa)
.2	P S—	*Wurde* gemeldet, daß …? (> 2.4: P S O—)
.3	P Fs	Es regnet. Es klopft.
2.1	**P S Oa**	Der Junge liest das Buch.
		Der Traktor zieht den Wagen.
.2	P S Oa	Die Füße schmerzen mich.
.3	P S— Oa	Mich ärgert, daß …
.4	P S O—	Ich sehe, daß …
		Ich *wurde* gefragt, ob …
		(> 6.3: P S Oa O—)
.5	P S Foa	Er hat sich erkältet.
.6	P Oa Fs	Es gibt fünf Kontinente. Es gibt Geld.
.7	P S $\boxed{\text{P Oa}}$	Ich glaube ihn zu gewinnen.
		Der Lehrer läßt einen Aufsatz schreiben.
.8	P S $\boxed{\text{P E}}$	Du hast leicht reden.
.9	P S Oa $\boxed{\text{P}}$	Ich sehe das Unglück kommen.
.10	P S Oa $\boxed{\text{E}}$	Er fand das Buch im Schrank.
		Ich fühle den Schmerz im Magen.
.11	P S Oa $\boxed{\text{P E}}$	Er hat drei Anzüge im Schrank hängen.

3.1	**P S Od**	Hans hilft mir. Mir *wurde* dieses Hotel empfohlen. (> 7.1: P S Oa Od)
.2	P S— Od	Mir *wurde* erzählt, daß … (> 7.2: P S O— Od)
.3	P S— (Fs) Od	Ihm ist (es) gelungen, … Dir steht (es) zu, …
.4	P Od Fs	Es dämmert mir.
.5	P S Od $\boxed{P}$	Ich helfe ihm zu gewinnen.
.6	P S Od $\boxed{P\ Oa}$	Wir helfen ihm Kirschen zu pflücken.
4.1	**P S Op**	Wir zweifeln an eurer Ehrlichkeit. Ich *wurde* auf die Schwierigkeiten hinge- wiesen. (> 8.1: P S Oa Op)
.2	P S Op—	Er wartet darauf, daß … Ich *wurde* dazu verleitet, … (> 8.2: P S Oa Op—)
.3	P Op Fs	Es geht um dein Glück.
5.1	**P S Og**	Er gedachte der Verstorbenen. Er *wurde* des Betrugs bezichtigt. (> 9.1: P S Oa Og)
.2	P S— (Fs) Og	Daß …, bedarf keines Beweises. Bedarf es eines Beweises, daß …?
6.1	**P S Oa Oa**	Er lehrt mich die deutsche Sprache.
.2	P S Oa Oa	Die Untat kostet ihm den Kopf.
.3	P S Oa O—	Er hat mich gefragt, ob …
.4	P S Oa $\boxed{P\ Oa}$	Er läßt den Schüler einen Aufsatz schreiben
7.1	**P S Oa Od**	Er erklärte mir den Fahrplan. Ich ziehe Tee dem Kaffee vor.
.2	P S O— Od	Er hat mir mitgeteilt, daß …
.3	P S Od Foa	Die Frau widmet sich ihren Kindern.
.4	P S Oa Fod	Ich stelle mir den Mann vor.
8.1	**P S Oa Op**	Ich habe dich vor dem Betrüger gewarnt. Die Tabletten haben mich von den Schmer- zen befreit.
.2	P S Oa Op—	Ich habe ihn darauf hingewiesen, daß …
.3	P S Op Foa	Sie hat *es* auf ihn abgesehen. Ich halte mich an meine Freunde.

.4	P S Op— Foa	Er legte *es* darauf an, ... Er verstand sich dazu, ...
.5	P S— (Fs) Oa Op	Hat es ihn vor der Katastrophe bewahrt, daß ...?
.6	P Oa Op Fs	Ihn drängte es zum Theater.
.7	P Op Fs Foa	Handelt es sich um ein größeres Geschäft?
.8	P S Oa P	Ich bitte dich zu kommen.
9.1	**P S Oa Og**	Er würdigt ihn seiner Verdienste.
.2	P S O—	Sie beschuldigte ihn, ...
.3	P S Og Foa	Sie hat sich seiner Kinder angenommen.
10.1	**P S Od Op**	Er dankte mir für den Brief.
.2	P S— Od Op	Ihm *wurde* auf seine Frage erwidert, daß ...
.3	P S Od Op—	Er hat mir dazu geraten, ...
.4	P Od Op (Fs)	Mir graut (es) vor ihm.
.5	P Od Op Fs	Es geht mir um dein Wohlergehen. Mir fehlt es an Geld.
11.	fehlt (vgl. 11 E)	
12.	**P S Op Op**	Wir haben mit ihm über Geschäfte gesprochen.
13.1	**P S Oa Od Op**	Er berichtete mir über seine Reise viele interessante Erlebnisse.
.2	P S Oa Op Fod	Er hat sich von mir Geld geliehen.
.3	P S O— Od Op	Er erwiderte mir auf meine Frage, daß....
14.1	**(P S Oa Op Op)**	
.2	P S Op Op Foa	Er hat sich mit seinem Vater über seine Zukunft ausgesprochen.

B. Sätze ohne Subjekt und ohne Prädikatsergänzungen (Grundstrukturen 15–23)

15.	**P**	*Wurde* getanzt? (> 1.1: P S)
16.	**P Oa**	Mich friert. Mich gruselt.
17.	**P Od**	Mir schwindelt. Mir *wurde* geholfen. (> 3.1: P S Od)

18.1	**P Od**	Über dich *wurde* gespottet. (> 4.1: P S Op)
.2	P Op—	*Wird* damit gerechnet, daß …? (4.2: P S Op—)
19.	**P Og**	Wessen *wurde* gedacht? (> 5.1: P S Og) …, daß der Gefallenen gedacht *wurde*.
20.1	**P Oa Op**	Mich verlangt nach dir. Ihn ekelt davor.
.2	P Op Foa	Jetzt *wird* sich nicht mehr um den Ball gestritten! (> 8.3: P S Op Foa)
21.1	**(P Oa Og)**	
.2	P Og Foa	Ab sofort *wird* sich jeder Äußerung enthalten! (> 9.3: P S Og Foa)
22.1	**P Od Op**	Mir graut vor diesem Menschen. Mir *wurde* zu einer neuen Stellung verholfen. (> 10.1: P S Od Op)
.2	P Od Op—	Mir graut (davor), … Ihm ist (dazu) geraten *worden*, … (> 10.3: P S Od Op—):
23.	**P Op Op**	*Wurde* mit ihnen über die Probleme diskutiert? (> 12: P S Op Op)

C. Sätze mit Subjekt und mit einer Prädikatsergänzung (Grundstrukturen 1 E–14 E)

1 E.1	**P E S**	Das Gesetz tritt in Kraft. Er wurde zum Betrüger. Die Maschine *wird* in Bewegung gesetzt. (> 2 E.1: P E S Oa)
.2	P E S	Er *wird* für einen Betrüger gehalten. (> 2 E.2: P E S Oa)
.3	P E S— (Fs)	Liegt es an mir, daß …?
.4	P El S	Er geht nach Hause. Der Ball *wurde* ins Tor geschossen. (> 2 E.4: P El S Oa)
.5	P El S	Er *wurde* auf den Kopf geschlagen. (> 2 E.5: P El S Oa)
.6	P Et S	Der Unterricht dauerte eine Stunde. Die Sitzung *wurde* bis zum Abend ausgedehnt.

.7	P Et Fs	Es ist 5 Uhr. Es schlägt 5 Uhr.
.8	P Em S	Der Tisch ist gedeckt. Du siehst schlecht aus. Ich *wurde* freundlich behandelt. (> 2 E.10: P Em S Oa)
.9	P Em S— (Fs)	Ist es klar, daß …?
.10	P Em Fs	Es ist dunkel. Es ist Nacht.
.11	P Ek S	Er schäumt vor Wut.
.12	P Eo S	Er fand den Tod. Er sagt die Wahrheit.
.13	P En S	Er ist ein guter Arzt. Er *wird* ein Dummkopf genannt. (> 2 E.14: P Ea S Oa)
.14	P E— S	Er kommt das Buch holen. Sie geht Lebensmittel einkaufen.
2 É.1	**P E S Oa**	Sie bringt das Zimmer in Ordnung. Wir nehmen dich beim Wort.
.2	P E S Oa	Ich faßte ihn am Arm. Man wählte ihn zum Vorsitzenden.
.3	P E S Foa	Der Junge setzte sich zur Wehr.
.4	P El S Oa	Er legte das Buch auf den Tisch. Er zog das Geld aus der Tasche.
.5	P El S Oa	Der Hund biß den Jungen ins Bein. Wir wissen ihn in Sicherheit.
.6	P El S Oa	Er hielt die Hände übers Feuer.
.7	P El S Foa	Hans befindet sich in der Schule. Der Redner begibt sich zum Podium.
.8	P El Oa Fs	Es zog ihn nach Süden.
.9	P Et S Oa	Er setzte seine Abreise auf Montag fest.
.10	P Em S Oa	Er hat mich freundlich behandelt. Ich habe den Streit satt.
.11	P Em S Oa	Sie färbt ihr Kleid blau. Sein Verhalten stimmt mich nachdenklich.
.12	P Em S Foa	Du benimmst dich schlecht. Der Stoff wäscht sich gut. Er hat *es* schwer.
.13	P Ea S Oa	Er nannte mich einen Dummkopf. Ich betrachte ihn als einen gescheiten Menschen.

.14	P Ea S Foa	Er erwies sich als guter Handwerker. Sie fühlt sich als Dame.

3 E.1	**P E S Od**	Der Junge geht mir zur Hand. Mir *wurde* der Wagen zur Verfügung ge- stellt. (> 7 E.1: P E S Oa Od)
.2	P E S Od	Dein Wohl liegt mir am Herzen.
.3	P El S Od	Er sah mir ins Gesicht. Das Geschoß steckt ihm in der Schulter.
.4	P El Od Fs	Mir regnete es ins Gesicht. Mir klingt es in den Ohren.
.5	P Et S Od	Der Film dauert mir zu lange.
.5	P Em S Od	Er spielte mir böse mit. Das Kleid steht dir gut. Mir *wurde* der Anzug schmutzig gemacht. (> 7 E.8: P Em S Oa Od)
.7	P Em Od Fs	Ihm geht es gut. Mir wird es zu bunt.
.8	P Eo S Od	Er leistet mir Gesellschaft. Die Arbeit macht ihm Spaß.
.9	P Eo S Fod	Er nimmt sich Zeit.

4 E.1	**P E S Op**	Ich nehme auf Ihr Schreiben Bezug. Wir sind mit ihm ins reine gekommen.
.2	P E Op Fs	Mit ihm geht es bergab.
.3	P Et S Op	Er brachte zwei Jahre mit dem Studium zu.
.4	P Em S Op	Ich bin auf deinen Bericht gespannt. Er ist auf unsere Hilfe angewiesen.
.5	P Em Op Fs	Um ihn steht es schlecht.
.6	Po Eo S Op	Er übt Druck auf uns aus.

5 E.1	**P E S Og**	Sie ist seiner überdrüssig. Er *wurde* des Verbrechens für fähig gehalten. (> 9 E.2 P Em S Oa Og)
.2	P Em S O—	Er ist angeklagt, …

6 E.	fehlt	

7 E.1	**P E S Oa Od**	Er macht mir meinen Mißerfolg zum Vorwurf.
.2	P E S Oa Fod	Er hat sich meinen Rat zu Herzen genommen.
.3	P El S Oa Od	Ich habe Ihnen den Bericht auf den Schreibtisch gelegt.
.4	P El S Oa Od	Er warf ihr den Ball an den Kopf.
.5	P El S Oa Od	Er legte seinem Freund die Hand auf die Schulter.
.6	P El Oa Od Fs	Es riß ihm den Hut vom Kopf.
.7	P Et S Oa Od	Man verlängerte mir den Paß um ein Jahr.
.8	P Em S Oa Od	Die Frau machte ihm das Leben zur Hölle.
8 E.1	**P E S Oa Op**	Mit seinen Leistungen stellt er seine Gegner in den Schatten.
		Er nimmt mich gegen ihn in Schutz.
.2	P E S O— Op	Er hat mit Ihrer Angelegenheit in Verbindung gebracht, daß ...
.3	P Em S Oa Op	Er hat mich auf Sie aufmerksam gemacht.
		Wir machen Sie für den Unfall verantwortlich.
.4	P Em S Op Foa	Er hat sich über mich lustig gemacht.
9 E.1	**(P E S Oa Og)**	
.2	P Em S Oa Og	Der Richter sprach den Mann des Diebstahls schuldig.
.3	P Em S Oa Og	Wir erachten diese Gleichgültigkeit deiner unwürdig.
10 E.1	**(P E S Od Op)**	
.2	P Em S Od Op	Er ist dir an Stärke überlegen.
.3	P Eo S Od Op	Er machte mir von seiner Abreise Mitteilung.
11 E.1	**(P E S Od Og)**	
.2	P Em S Og Fod	Ich bin mir keiner Schuld bewußt.
12 E. bis **14 E**.	fehlen	

D. Sätze ohne Subjekt und mit einer Prädikatsergänzung (Grundstrukturen 15 E–23 E)

15 E.1	**P E**	... daß gebaut *wird*. (> 1.1: P S)
.2	P Em	(Hier) *wird* nicht bange gemacht. ..., daß gedeckt ist. (> 2 E.3: P Em S Oa)
.3	P Es	Ein Unglück ist geschehen. Die Wahrheit *wurde* ausgesprochen. (> 1 E.12: P Eo S) Die Meinung herrscht, daß ...
16 E.1	**(P E Oa)**	
.2	P Em Foa	..., daß sich ruhig verhalten *wird*. (> 2 E.12: P Em S Foa)
.3	P Es Foa	Ein Unglück ereignete sich.
17 E.1	**P E Od**	Dem wäre abgeholfen.
.2	P El Od	Mir *wurde* auf den Fuß getreten. (> 3 E.3: P El S Od)
.3	P Em Od	Mir war kalt. Unseren Interessen *wurde* zuwider gehandelt. Mir *wurde* übel mitgespielt. (> 3 E.6: P Em S Od)
.4	P Es Od	Ihr *wurde* Gewalt angetan. (> 3 E.8: P Eo S Od)
.5	P Es Od	Mir schmerzt der Kopf. Mir zittern die Knie.
.6	P Es Fod	..., daß sich Zeit genommen *wird*. (> 3 E.9: P Eo S Fod)
18 E.1	**(P E Op)**	
.2	P Em Op	Für dich ist gesorgt. An mir *wurde* als Freund gehandelt. (> 4 E.4: P Em S Op)
.3	P Es Op	Auf die Leute *wurde* Druck ausgeübt. (> 4 E.1: P E S Op)
19 E.	fehlt	
20 E.1	**(P E Oa Op)**	
.2	P Em Op Foa	Über euch *wurde* sich günstig ausgesprochen. (> 8 E.4: P Em S Op Foa)
21 E.	fehlt	

22 E.1	**(P E Od Op)**	
.2	P Em Od Op	Mir war an deiner Freundschaft gelegen.
23 E.	fehlt	

E. Sätze mit Subjekt und mit zwei Prädikatsergänzungen (Grundstrukturen 1 EE–14 EE)

1 EE.1	**P E E S**	Der Ring ist 100 Mark wert.
.2	P El El S	Er wohnt drei Häuser von uns entfernt.
.3	P Em El S	Er ist in dieser Stadt ansässig.
		Der Schirm *wurde* im Laden stehengelassen.
		(> 2 EE.2: P Em El S Oa)
.4	P Em El Fs	Hier geht es lustig zu.
.5	P Em E S	Die Straße ist einen Kilometer lang.
		Der Junge ist drei Jahre alt.
2 EE.1	**(P E E S Oa)**	
.2	P Em El S Oa	Sie ließ ihr Kind im Bett liegen.
3 EE.1	**(P E E S Od)**	
.2	P Em Eo S Od	Er machte ihm die Hölle heiß.
		Er machte mir den Mund wässerig.
4 EE.1	**P E E S Op**	Er ist von dir des Lobes voll.
5 EE. bis **14 EE.**	fehlen	

F. Sätze ohne Subjekt, aber mit zwei Prädikatsergänzungen (Grundstrukturen 15 EE–23 EE)

15 EE.1	**(P E E)**	
.2	P Em El	Auf der Autobahn *wird* schnell gefahren.
.3	P Es Et	Der Unfall geschah vor drei Jahren.
		Das Fest ging bis in die Nacht.
.4	P Es Ek	Der Unfall geschah aus Unvorsichtigkeit.
		Das Konzert findet zu Ehren des Dichters statt.
		Das Feuer entstand aus Fahrlässigkeit.
.5	P Es El	Das Konzert findet in der Stadthalle statt.

16 EE.1	**(P E E Oa)**	
.2	P Es El Foa	Der Streit spielte sich auf der Straße ab.
.3	P Es Et Foa	Die Konferenz dehnte sich bis zum Abend aus.
.4	P Es Ek Foa	Der Unfall ereignete sich infolge Übermüdung des Fahrers.
17 EE.1	**(P E E Od)**	
.2	P Es E Od	Ihm *wurden* die Beine lang gemacht. (> 3 EE.1: P E E S Od)
18 EE.1	**(P E E Op)**	
.2	P Es E Op	Mit ihm ist ein berühmter Mann dahingegangen.
19 EE. bis **23 EE.** fehlen		

E 45   *Zeichenerklärung:*

P	Prädikat [→ E 2]		Oa	Akkusativobjekt [→ E 17-E 20]
E	Prädikatsergänzung, feste		Od	Dativobjekt
	Prädikatsergänzung [→ E 3-E 9]		Op	Präpositionalobjekt
El	Lokalergänzung		Og	Genitivobjekt
Et	Temporalergänzung		Fs	Funktionssubjekt [→ E 12]
Em	Modalergänzung		Foa	Funktionsobjekt (Akkusativ)
Ek	Kausalergänzung			[→ E 19]
Es	Prädikatssubjekt [→ E 12]		Fod	Funktionsobjekt (Dativ [→ E 19]
Eo	Prädikatsobjekt [→ E 18]		S—	Subjektsatz
En	Prädikatsnominativ		O—	Objektsatz
Ea	Prädikatsakkusativ		$\boxed{\text{E}}$	Objektergänzung [→ E 22]
S	Subjekt [→ E 11-E 16]		$\boxed{\text{P}}$	Objektsprädikat [→ E 21]

Inhaltliche Gliederung und Satzstruktur

E 46   Bestimmend für die Auswahl der geeigneten Grundstruktur sind die Anzahl der zu nennenden Rollen sowie die lexikalischen Mittel, die zum Ausdruck des Geschehens oder Seins verwendet werden müssen. Dabei haben die lexikalischen Mittel für die Bezeichnung des Geschehens oder Seins Vorrang.

Wird das Geschehen/Sein durch nur ein sprachliches Zeichen (Wort) bezeichnet, nimmt dieses die Prädikatstelle ein, die Rollen verteilen sich auf die Subjekt- und Objektstellen.

Wird das Geschehen/Sein durch zwei oder mehr sprachliche Zeichen (Wörter) bezeichnet, werden die zusätzlichen Zeichen in den zweiten Prädikatsteil eingesetzt *(Verbzusatz)*, was die Strukturform des Satzes nicht beeinflußt; oder sie beanspruchen als selbständige Funktionsteile einen eignen Platz im Strukturplan *(Prädikatsergänzung)*. Wenn das zusätzliche Zeichen dabei den im Strukturplan vorgesehenen Platz des Subjekts oder Objekts einnimmt, handelt es sich um ein Prädikatssubjekt oder Prädikatsobjekt. Den Rollen verbleiben dann nur die übrigen noch freien Plätze innerhalb des gegebenen Strukturplans.

Eine Reihe von Verben bekommen bei ihrem Gebrauch in bestimmte Satzstrukturformen andere Inhalte, als man sie sonst bei ihnen erwartete. So z. B. wenn in den im Strukturplan vorgesehenen Platz für das Subjekt oder Objekt keine Inhalte eingesetzt werden, sondern nur Signale, die den besonderen Inhalt des im Prädikat stehenden Verbs andeuten. Als solche Signale dienen die Pronomen ‚es' und ‚sich' sowie alle reflexiv gebrauchten Personalpronomen. Wenn ein solches Pronomen in einem bestimmten Strukturplan die Subjektstelle einnimmt, handelt es sich um ein *Funktionssubjekt*.

> *Es* zieht. – *Es* handelt sich um ein Schauspiel. – *Es* geht uns gut.

Wenn ein solches Pronomen die Objektstelle einnimmt, handelt es sich um ein *Funktionsobjekt*.

> Der Mann legte *es* auf einen Streit an. – Er hat *sich* den Tadel zu Herzen genommen. – Ich enthalte *mich* jeder Kritik.

Bei der Infinitivform der sogenannten reflexiven Verben wird der Strukturteil, nämlich das Reflexivpronomen, immer mit genannt. Damit wird schon auf den besonders strukturalen Gebrauch dieser Verben hingewiesen *(sich freuen, sich schämen)*.

Alle diese Strukturmittel sind unentbehrlich, wenn der Satz den entsprechenden Sachverhalt zum Ausdruck bringen soll. Den im Satz genannten Rollen verbleiben nur noch die übrigen im Strukturplan vorgesehenen Stellen.

> *Mir* gefällt es in dieser Stadt. – *Mich* friert es.

Ein *Geschehen* wird von folgenden Satzstrukturformen beschrieben, wenn es eine *Handlung* ist oder als eine Handlung angesehen wird:

1. mit einer erwähnten Rolle

P S	Der Mann arbeitet. – Die Pferde galoppieren.
P El S	Wir gehen zum Bahnhof. – Peter kam auf mich zu.
P Em S Foa	Hans zeigte sich dankbar. – Wir machen uns nützlich.
P Eo S	Wir machen einen Spaziergang. – Die Kinder machen Unfug. – Der Junge zeigte großen Mut.

| P E S Foa | Er legte *es* auf einen Streit an. |
| P E S Foa | Ich enthalte mich der Stimme. |

2. mit zwei erwähnten Rollen

P S Oa	Hans besucht seinen Onkel.
P S Oa Fod	Ich putze mir die Schuhe.
P S Od	Ich helfe ihm. – Er dankt mir. – Ihr schadet uns.
P S Op	Wir denken an unsere Zukunft. – Er denkt an mich.
P S Og	Er gedachte der Verstorbenen.
P S Og Foa	Er nahm sich ihrer an. – Er widmete sich seiner Arbeit.
P El S Oa	Sie stellt die Vase auf den Tisch. – Ich hole das Paket von der Post.
P El S Oa	Der Hund hat ihn ins Bein gebissen. – Er hat ihn auf den Kopf geschlagen.
P El S Oa Od	Der Arzt legte dem Patienten die Hand auf die heiße Stirn.
P El S Od	Ich klopfe meinem Freund auf die Schulter. – Das Kind klettert der Mutter auf den Schoß.
P Et S Oa	Er schob die Entscheidung auf die lange Bank.
P Em S Oa	Die Frau macht das Messer scharf. – Der Arzt hat den Patienten krank geschrieben.
P Em S Oa Od	Er schlug ihm den Buckel grün und blau.
P Em S Od	Er spielte mir böse mit.
P Em S Op	Er hat sich über mich lustig gemacht.
P Ea S Oa	Er nannte mich einen Dummkopf.
P Eo S Od	Er stattete mir einen Besuch ab. – Er stellte dem Kandidaten schwierige Fragen.
P Eo S Op	Ich nehme auf Ihr Schreiben Bezug.
P E S Oa	Ich nehme dich beim Wort.
P E S Oa Fod	Ich habe mir Ihren Rat zu Herzen genommen.
P E S Op	Er wird ihn für seine Verfehlungen zur Rechenschaft ziehen.
P El Eo S Od	Er warf mir einen Knüppel in den Weg. – Ich stellte ihm den Stuhl vor die Tür.

3. mit drei erwähnten Rollen

| P S Oa Oa | Er lehrt mich die englische Sprache. – Er fragte mich schwierige Dinge. |

384

P S Oa Od	Er gab mir das Buch. – Er nahm mir das Geld. – Er erklärt mir das Problem.
P S Oa Og	Man beraubte ihn aller Güter. – Er beschuldigte sie des Diebstahls. – Man enthob ihn seines Postens.
P S Oa Op	Wir erinnern dich an dein Versprechen. – Er bewahrte sie vor Unheil.
P S Od Op	Er dankte mir für das Geschenk. – Ich erzählte ihm von meiner Reise.
P S Op Op	Er sprach mit uns über seine Erlebnisse.
P S Op Op Foa	Er unterhielt sich mit ihr über seine Reise. – Er bedankte sich bei mir für die Einladung.
P El S Oa Od	Ich lege dir deine Sachen auf deinen Platz.
P Em S Oa Op	Er machte mich mit der Dame bekannt. – Ich habe dich auf den Fehler aufmerksam gemacht.
P Em S Oa Og	Das Gericht sprach ihn des Betrugs schuldig.
P Eo S Od Op	Man hat mir von dem Vorfall Mitteilung gemacht.
P E S Oa Od	Ich stelle Ihnen einen Kredit zur Verfügung. – Ich muß dir deine Handlungsweise zum Vorwurf machen.
P E S Oa Op	Er hat mich gegen ihn in Schutz genommen.

Ein *Geschehen* wird von folgenden Satzstrukturformen beschrieben, wenn es **E 48** ein *Vorgang* ist oder als Vorgang angesehen wird.

1. ohne erkennbare oder erwähnte Rollen

P	Wird gearbeitet? – (Heute) wird gearbeitet.
P Fs	Es regnet. – Es brennt. – Es stinkt. – Es klopft.
P Es	Ein Gerücht geht um. – Schwierigkeiten sind aufgetreten. – Ein Konzert hat stattgefunden.
P Es Foa	Ein Unfall hat sich ereignet. – Die Verhandlungen ziehen sich hin.
P Em El Fs Foa	Hier fährt es sich gut.
P Es Ek	Der Unfall geschah aus Fahrlässigkeit.
P Es Ek Foa	Der Unfall ereignete sich durch das Zusammentreffen unglücklicher Umstände.

2. mit einer erwähnten Rolle

P S	Die Straße wird asphaltiert.
P S Foa	Er hat sich erkältet.
P Oa	Mich friert.

P **Od**	Mir schwindelt. – Ihm ist geholfen worden. – Den Gästen wurde serviert.
P **Op**	Über dich ist nicht gesprochen worden.
P **Op** Fs Foa	Es handelt sich um eine wichtige Sache. – Es dreht sich um den Verkauf unseres Hauses.
P **Og**	Der Verstorbenen wurde gedacht.
P El **S**	Wir sind zu seiner Hochzeit eingeladen worden.
P El **Oa** Fs	Es zieht mich nach Hause. – Es drängt ihn zum Theater.
P Et **S**	Der Unterricht dauerte eine Stunde.
P Et **S** Foa	Unser Gespräch hat sich in die Länge gezogen.
P Em **Od**	Mir ist übel mitgespielt worden.
P Em **S** Foa	Das Buch verkauft sich gut.
P Es **Od**	Mir geht ein Licht auf.
P Eo **S**	Er hat Kopfschmerzen. – Der neue Roman fand allgemeine Anerkennung.
P E **S**	Das neue Stück ist zur Aufführung gelangt. – Die Frau ist in Ohnmacht gefallen.
P E **S** Foa	Der Zug hat sich in Bewegung gesetzt.
P E **Oa**	Ihn verlangt nach Ruhe.
P E **Op** Fs	Es geht mit ihm zu Ende.

3. mit zwei erwähnten Rollen

P **S Oa**	Ich habe einen Brief bekommen. – Er hat seinen Freund getroffen.
P **S Od**	Mir wurde die Lage erläutert. – Den Gästen wurde das Essen serviert.
P **S Op**	Ich bin nach dir gefragt worden. – Wir sind auf das günstige Angebot hingewiesen worden.
P **S Op** Foa	Ich habe mich über dein Geschenk gefreut.
P **S Og**	Er wurde des Betrugs angeklagt.
P **Oa Od**	Mir ist ein Kredit angeboten worden. – Ihm ist das Geld zugesichert worden.
P **Od Op**	Mir ist auf meine Anfrage geantwortet worden. – Ihm ist vom Kauf abgeraten worden.
P **Op Op**	Mit mir ist nicht über die Sache gesprochen worden.
P Em **S Og**	Er ging seines ganzen Vermögens verlustig.
P En **S Og**	Er wurde aller Schwierigkeiten Herr.

P Eo **S Od**	Dein Geschenk hat mir große Freude bereitet.
P E **S Op**	Wir sind mit den Leuten ins reine gekommen.
P E **Oa Od** Fs	Es riß ihm den Hut vom Kopf.

4. mit drei erwähnten Rollen

P **S Oa Og**	Der Verlust seines Vermögens beraubte ihn aller Möglichkeiten.

Ein *Sein* wird von folgenden Satzstrukturformen beschrieben E 49

1. ohne erkennbare oder erwähnte Rollen

P El Fs	Es war hier. – Es war in Berlin.
P Et Fs	Es ist spät. – Es war um 5 Uhr.
P Em Fs	Es war schön. – Es war wunderbar.
P Em	Es ist aufgetragen (d. i. das Essen). – Jetzt ist aufgetragen. – Es ist gedeckt (d. i. der Tisch). – Jetzt ist gedeckt.
P Em Od	Den Schwierigkeiten wäre abgeholfen.
P En Fs	Es ist Frühling. – Es ist höchste Zeit. – Es ist Tag. – Es ist schönes Wetter.
P Em El Fs Foa	In dem Sessel sitzt es sich bequem. – Auf der Autobahn fährt es sich gut.

2. mit einer erwähnten Rolle

P **S**	Die Blumen blühen. – Die Kinder schlafen.
P **S** Foa	Die Kinder ängstigen sich.
P **Oa** Fs	Es gibt viele Nationen.
P **Op**	Für unsere Kinder ist gesorgt.
P **Op** Fs	Es geht um dich. – Es geht um dein Wohlergehen.
P Em **S**	Konstanz liegt an der Grenze zur Schweiz. – In der Zeitung stand eine wichtige Nachricht.
P Em **S**	Peter ist krank. – Die Tür ist geöffnet. – Frankfurt liegt verkehrsgünstig.
P Em **S** Foa	Er fühlt sich krank. – Hans steht sich gut.
P Em **Od** Fs	Es geht mir gut. – Dem Kranken geht es besser.
P Em **Op** Fs	Es steht schlecht um dich. – Es steht gut um unsere Pläne.
P En **S**	Karl ist mein Freund. – Der Wettkampf war ein voller Erfolg.

P Eo **S**	Das Kind hat Hunger. – Der Junge hat großen Mut.
P E **S**	Die Bäume stehen in voller Blüte. – Das Mädchen lebt in ständiger Angst.
P Em El **S**	Karl ist in Berlin beheimatet.
P Em El **Od** Fs	In Bayern gefällt es mir gut.

3. mit zwei erwähnten Rollen

P **S Oa**	Wir haben einen schönen Garten. – Die Polizei hat den Dieb.
P **S Op**	Diese Arbeit spricht für dich. – Der Erfolg liegt bei dir. – Ich rechne mit deinem Besuch.
P **S Op** Foa	Er hat es auf dich abgesehen.
P **S Og**	Die alte Frau bedarf der Hilfe. – Deine Fähigkeiten bedürfen keines Beweises.
P **Oa Op**	Mir graut vor ihm. – Mir ist mit deiner Unterstützung geholfen.
P **Od Op** Fs	Es geht mir um dein Wohlergehen. – Es geht ihm um dich.
P El **S Oa**	Er behält die Mütze auf dem Kopf. – Er hat seine Hände in der Tasche.
P Em **S Oa**	Er hat seinen Bruder lieb.
P Em **S Od**	Wir sind dir dankbar. – Inge sieht ihrer Mutter ähnlich.
P Em **S Op**	Er ist auf dich eifersüchtig. – Wir sind von seiner Unschuld überzeugt. – Wir sind gegen Feuer versichert.
P Em **S Og**	Er ist des Diebstahls verdächtig. – Er ist des Betrugs angeklagt.
P Eo **S Oa**	Der Verrat kostete ihn den Kopf.
P Eo **S Op**	Ich lege auf deinen Besuch großen Wert.
P E **S Od**	Dein Wohlergehen liegt mir am Herzen.
P Em Em **S Od**	Hans ist seinem Vater im Wesen ähnlich.

Der Satzbau

Die generell gültige Reihenfolge der Inhalte innerhalb eines Satzes hängt in E 50 erster Linie von den sprachlichen Denkmustern ab, wie sie von einer Sprachgemeinschaft ausgebildet worden sind und als Satzmodelle geprägt wurden. Diesen Satzmodellen liegen Satzbaupläne zugrunde. Ein Satzbauplan zeigt die Stellung der einzelnen Satzfunktionsteile.

Im Deutschen wird die Stellung der Funktionsteile weitgehend vom Mitteilungswert ihrer Inhalte bestimmt, wobei das Satzglied mit dem höchsten Mitteilungswert dem Satzende zustrebt. Der Mitteilungswert eines Inhalts ergibt sich aus der Sprechsituation, die den Anstoß zu einer sprachlichen Äußerung gegeben hat, sowie aus dem Sprechzusammenhang und aus dem Mitteilungszweck.

Der deutsche Satz entfaltet sich, ausgehend vom Kontaktglied oder Bezugsglied, über den 1. Prädikatsteil, der Person, Zahl und Zeitstufe andeutet, zu E 51 den Rollen bis hin zum 2. Prädikatsteil und der Prädikatsergänzung, die das Geschehen/Sein nennen. In diesem von der Satzstruktur [→ E 40 f.] begründeten Satzbauplan sind die Angaben dazwischengeschaltet.

Somit ergibt sich für alle deutschen Satzbaupläne folgendes Grundschema:

Das gleiche Grundschema trifft auch für die untergeordneten Sätze zu.

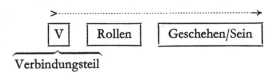

Bei den Inhalten eines Satzes sind zwei Gruppen zu unterscheiden: E 52

1. Inhalte, die sich auf etwas Bekanntes oder schon vorher Erwähntes beziehen,
2. Inhalte, die neu sind und daher zur Information dienen.

Daraus ergibt sich, daß die Inhalte der zweiten Gruppe einen höheren Mitteilungswert besitzen als die Inhalte der ersten Gruppe. Für den deutschen Satz gilt nun, daß die bekannten Inhalte im vorderen Teil des Satzes stehen, und die neuen, informierenden Inhalte den abschließenden Teil des Satzes einnehmen.

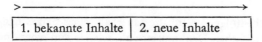

| 1. bekannte Inhalte | 2. neue Inhalte |

Der Mitteilungswert der Inhalte prägt auch das Intonationsmuster eines Satzes. Danach gilt, daß beim Sprechakt der Inhalt mit dem höchsten Mitteilungswert den Intonationsgipfel eines Satzes trägt [→ F 1, F 9 f., F 14 f.].

Das Prädikat als Gerüst des Satzes

E 53 Der deutsche Satz hat eine dem Deutschen eigentümliche Satzbauform, die sich von den Satzbauformen der meisten anderen Sprachen erheblich unterscheidet. Das Charakteristische daran ist die Zweiteilung des Prädikats. Dadurch erhält das Prädikat, abgesehen von seiner inhaltlichen Leistung [→ G 8], eine wichtige formale Aufgabe. Die Prädikatsteile umschließen nämlich die meisten Satzglieder. Diese Erscheinung weist das Deutsche als eine Sprache mit starker inkorporierender Tendenz aus.
Die Prädikatsteile bilden das Grundgerüst für den deutschen Satz und lassen die jeweils gültigen Stellungen der Satzglieder erkennen. Sie bilden mit ihren beiden festen Positionen drei für den deutschen Satz charakteristische Felder, auf denen die Satzglieder ihren Platz finden. Diese Felder sind das Satzfeld, das Vorfeld und das Nachfeld.

Vorfeld P^1 Satzfeld P^2 Nachfeld

Das Satzfeld

E 54 Das Satzfeld wird von den beiden Prädikatsteilen begrenzt. Dabei steht die Personalform [→ B 2 f.] als vorderer Prädikatsteil (P^1) und der sinngebende Prädikatsteil (P^2) als hintere Begrenzung des Satzfelds. Als sinngebende Prädikatsteile können Infinitformen [→ B 108] oder Verbzusätze [→ B 36] ins Prädikat treten. Auf dem Satzfeld zwischen den Prädikatsteilen ordnen sich die Satzglieder ein [→ E 66 f.].

P^1 .... Satzfeld .... P^2

.... Satzfeld ....

Ist	Hans gestern abend ins Kino	*gegangen?*
Können	wir uns morgen nachmittag	*treffen?*
Fährt	der Zug um 5 Uhr von München	*ab?*
Steigen	Sie bitte schnell in den Zug	*ein!*

Kann das Prädikat aber aus formalen Gründen nur einteilig sein – das ist bei den Präsens- und Präteritumformen möglich [→ B 5 f., B 10] –, dann bleibt der Platz für den zweiten Prädikatsteil notwendigerweise unbesetzt. Er ist aber feststellbar, sobald man ein zweiteiliges Prädikat einsetzt.

P^1 .... Satzfeld .... P^2

.... Satzfeld ....

Fährt	der Zug bis München	*(...) ?*
Wird	der Zug bis München	*fahren?*
Kommen	Sie heute nachmittag zu mir	*(...) ?*
Können	Sie heute nachmittag zu mir	*kommen?*

Folgende Satzarten ordnen alle ihre Satzglieder in das Satzfeld ein: E 55

1. Aufforderungssätze mit einer Imperativform (Imperativsatz)

.... Satzfeld ....

Gehen	Sie durch diese Tür!	
Steigen	Sie schnell in den Zug	*ein!*
Bringt	mir bitte auch mein Buch	*mit!*

2. Wunschsätze ohne einleitende Konjunktion *wenn*

.... Satzfeld ....

| *Käme* | doch morgen mein Freund! | |
| *Brächte* | er mir doch das Geld | *mit!* |

3. Bedingungssätze ohne einleitende Konjunktion *wenn*

.... Satzfeld ....

Kommt	er bis 7 Uhr zu mir	*, dann ...*
Holen	Sie die Ware selbst	*ab, dann ...*
Will	Hans heute nicht ins Kino	*gehen, so ...*
Hat	Peter die Arbeit morgen nicht	*beendet, so ...*

4. Fragesätze mit Entscheidungsfragen

.... Satzfeld ....

Geht	Hans heute abend ins Kino	*?*
Kommt	der Zug um 5 Uhr in München	*an?*
Ist	Hans heute ins Büro	*gegangen?*
Hat	Peter schon seine Arbeit	*beendet?*
Will	er morgen mit mir nach Köln	*fahren?*

Bei Nebensätzen (Gliedsätzen oder Attributsätzen) tritt an die Stelle des ersten   E 56
Prädikatsteils (P^1) ein Verbindungsteil (V), der die Abhängigkeit und die

Funktion des Nebensatzes kennzeichnet. Solche Verbindungsteile sind Konjunktionen [→ D 116 f.], Relativpronomen [→ C 43 f.], Relativadverbien [→ C 93], Fragepronomen [→ C 21 f.], Frageadverbien [→ C 94] und Satzglieder mit attributiven Fragepronomen [→ C 25 f.]. Die Personalform vereinigt sich mit den übrigen Prädikatsteilen am Ende des Satzes.

V .... Satzfeld .... P

.... Satzfeld ....

..., *weil*	Hans heute abend ins Kino	*geht.*
..., *daß*	er auch seine Schwester	*mitbringt.*
..., *wenn*	sie von mir Geld	*haben will.*
..., *als*	ich meinen Freund	*gefragt hatte.*
..., *dessen*	Vater in der Fabrik	*arbeitet.*
Wenn	ich mit meiner Arbeit fertig	*bin, ...*
Da	wir heute Besuch	*bekommen haben, ...*

E 57   Auch Infinitivsätze als Gliedsätze oder als Attributsätze [→ B 108 f.] haben ein Satzfeld. Doch fehlt ihnen die vordere Begrenzung des Satzfeldes. Lediglich bei den Sätzen mit ‚um zu‘ und ‚ohne zu‘ tritt die Präposition als Verbindungsteil vor das Satzfeld.

(V) .... Satzfeld .... P

Wir hoffen,	dich in den nächsten Tagen	*wiederzusehen.*
Meine Absicht,	euch morgen meinen Wagen	*zu leihen, ...*
Ich bin gekommen,	*um* mit Ihnen darüber	*zu sprechen.*
Er ging fort,	*ohne* sich von jemandem	*zu verabschieden.*

Der Kontaktbereich und der Informationsbereich

E 58   Innerhalb des Satzfelds sind zwei Bereiche zu unterscheiden, die den Mitteilungswert der Satzglieder erkennen lassen. Diese beiden Bereiche sind: der Kontaktbereich und der Informationsbereich.

$P^1 (V)$ .... Kontaktbereich / Informationsbereich .... $P^2 (P)$
Satzfeld

Die Inhalte der Satzglieder im Kontaktbereich beziehen sich auf bereits Bekanntes; die Inhalte der Satzglieder im Informationsbereich bringen das Neue, die Information. Diese beiden Bereiche sind für die Stellung der Satzglieder maßgebend und bestimmen den für einen bestimmten Redezusammenhang gültigen Satzplan. Sie lassen auch auf den für den Satz gültigen Intonationsverlauf schließen [→ F 2 ff.].

Das Vorfeld

Die Satzform, die für den Ausdruck einer Mitteilung, eines Urteils, einer Feststellung u. ä. üblich ist, ist der Mitteilungssatz. Er unterscheidet sich von anderen Satzarten [→ E 55] dadurch, daß der Satz durch ein Satzglied eingeleitet wird, das das Vorfeld, den Platz vor dem ersten Prädikatsteil, einnimmt. Dieses Satzglied hat an dieser Stelle neben seiner Funktion im eigenen Satz eine Aufgabe, die über diesen Satz hinausgeht. Es stellt als Kontaktglied den Bezug zur Sprechsituation oder zum Redezusammenhang her [→ E 63]. Das Satzglied, das als Kontaktglied im Vorfeld steht, behält seinen Anspruch auf seinen eigentlichen Platz im Satzfeld. Dorthin wird es zurückgestellt, wenn der Satz in einem bestimmten Redezusammenhang eine andere Form als die eines Mitteilungssatzes annimmt.

Vorfeld	P^1	Satzfeld	P^2

Vorfeld		Satzfeld	
Der Zug	*kommt*	(der Zug) um 5 Uhr in München	*an.*
Um 5 Uhr	*kommt*	der Zug (um 5 Uhr) in München	*an.*
In München	*kommt*	der Zug um 5 Uhr (in München)	*an.*
Er	*will*	(er) morgen mit mir nach Köln	*fahren.*
Morgen	*will*	er (morgen) mit mir nach Köln	*fahren.*
Mit mir	*will*	er morgen (mit mir) nach Köln	*fahren.*
Nach Köln	*will*	er morgen mit mir (nach Köln)	*fahren.*

Wenn der Mitteilungssatz, wie in den obigen Beispielen, ohne Beziehung zu einer Sprechsituation oder nicht in einem Mitteilungszusammenhang steht, kann jedes Satzglied im Vorfeld stehen

Auch Aufforderungssätze [→ G 6] können die Form eines Mitteilungssatzes annehmen.

Vorfeld		Satzfeld	
Jetzt	*gehst*	du zu deinem Vater	*!*
Sie	*sollen*	morgen zum Direktor	*kommen!*
Ihr	*bringt*	bitte eure Freunde	*mit!*
Du	*wirst*	jetzt deine Schulaufgaben	*machen!*

Die Sätze einer berichteten (indirekten) Rede können ebenfalls die Form von Mitteilungssätzen haben, obwohl sie grammatisch vom Einführungssatz abhängen:

	Vorfeld		Satzfeld	
Er erzählte mir,	seine Schwester	*sei*	jetzt Sekretärin	*geworden.*
Ich glaube,	gestern	*hat*	er mir doch die Wahrheit	*gesagt.*

Bei Ergänzungsfragen [→ G 3] steht die Frage im Vorfeld des Satzes.

Vorfeld————————............Satzfeld............

Fragen:
1. *Wen*————— (???)   willst   du morgen   besuchen?
2. *Was*————— (???)   hast   du in Köln   gekauft?
3. *Wann*————— (???)   kommt   der Zug hier   an?
4. *In welcher Stadt* (???)   wohnt   dein Freund   ?

Antworten:
1. (Ich will morgen)   meinen Freund   (besuchen).
2. (Ich habe mir in Köln)   einen neuen Anzug   (gekauft).
3. (Er kommt)   um 7 Uhr 30   (hier an).
4. (Er wohnt)   in Berlin.

Das Nachfeld

E 61   Im Nachfeld ist ein weiterer Platz für ein Satzglied vorgesehen. Alle Satzarten können im Nachfeld ein Satzglied aufnehmen.

Vorfeld P^1 .... Satzfeld .... P^2 Nachfeld

V .... Satzfeld .... P Nachfeld

Im Nachfeld stehen vor allem Satzglieder, die mit den Konjunktionen *als* oder *wie* und mit der Präposition *außer* gekennzeichnet sind.

Vorfeld————————Satzfeld————————————Nachfeld

Ich	habe	mit keinem anderen	gesprochen	*als mit deinem Bruder.*
Er	kann	fließend Deutsch	sprechen	*wie mein Vater.*
In Italien	haben	im Januar die Blumen	geblüht	*wie bei uns im Frühling.*
Niemand	darf	den Kranken	besuchen	*außer seiner Frau.*

Berichtigte Inhalte von Satzgliedern nach *nicht* oder berichtigende Inhalte nach *sondern* stehen meistens im Nachfeld.

Vorfeld————————Satzfeld————————————Nachfeld

Nicht heute	wollen	wir an die See	fahren,	*sondern morgen.*
Nicht Peter	hat	diesen Brief	geschrieben,	*sondern ich.*
Morgen	wollen	wir an die See	fahren,	*nicht heute.*
Ich	habe	diesen Brief	geschrieben,	*nicht Peter.*

Im Nachfeld eines Satzes können auch Satzglieder stehen, die nachgetragen oder ergänzt werden oder deren Inhalt den Hörer besonders beeindrucken sollen.

```
Vorfeld────┆·········Satzfeld·········┆─────────Nachfeld
```

Ich	habe	gestern noch im Büro	gearbeitet *bis spät in die Nacht.*
Gestern	sind	viele Leute in München	gewesen *trotz des schlechten*
			Wetters.

Oft findet man im Vorfeld oder im Nachfeld Gliedsätze [→ D 125 f.]. Dies können **E 62** Gliedsätze mit eigenem Subjekt sein wie auch solche ohne eigenes Subjekt (Infinitivsätze).

```
      Vorfeld─────────────────┆··········Satzfeld··········┆
```

Als mein Freund auf dem			
Bahnhof ankam,	erwartete	ich ihn bereits.	
Wenn du mir Geld gibst,	bringe	ich dir Zigaretten	mit.
Daß mein Freund mich			
morgen nicht besuchen will,	kann	ich nicht	glauben.

```
          ┆·········Satzfeld·········┆────────Nachfeld
```

Ich	kann	nicht mit euch	kommen,	*weil ich keine Zeit habe.*
Wir	haben	uns immer	gefreut,	*sooft wir ihn gesehen haben.*
Mir	fällt	doch nicht	ein,	*was er zu uns gesagt hat.*
Er	ging	von zu Hause	fort,	*ohne eine Nachricht zu*
				hinterlassen.

Attributsätze [→ E 36] stehen im Nachfeld, wenn sie zum letzten Satzglied im Satzfeld gehören [→ E 92]:

```
          ┆····Satzfeld····┆───────── Nachfeld
```

| Er | sieht | sich den Film | an, | *den wir ihm empfohlen haben.* |
| Ist | | der Herr | gekommen, | *der gestern geschrieben hat?* |

Auch Gliedsätze und Attributsätze können ein Nachfeld haben:

```
          ┆·········Satzfeld·········┆──────Nachfeld
```

Als Richard nach Köln kam,	*um Medizin zu*	sprach er noch kein
	studieren,	Wort Deutsch.
Wenn du mir morgen hilfst,	*wie du mir ver-*	werde ich sicher
	sprochen hast,	fertig werden.

Das Kontaktglied im Vorfeld

Eine Mitteilung wird durch die Sprechsituation ausgelöst. In ihrer kürzesten **E 63** Form verwirklicht sie sich sprachlich in einem Mitteilungssatz; oft ist jedoch die Mitteilung umfangreicher und setzt sich dementsprechend aus einer Reihe von Mitteilungssätzen zusammen (z. B. in einem Bericht, einer Schilderung, in einer Erzählung usw.). Die Gesamtheit der Mitteilung bezeichnet man grammatisch als *Rede*.

395

Wie der Inhalt der Rede im Zusammenhang mit der Sprechsituation steht, so stehen die Inhalte der einzelnen Mitteilungssätze untereinander in einem engen Sinnzusammenhang. Dieser zeigt sich in einer logischen Abfolge der Sätze innerhalb der Rede und in den Satzbauplänen der Mitteilungssätze, die durch die Kontaktglieder im Vorfeld angemessen in den Zusammenhang eingefügt sind. Die Kontaktglieder verknüpfen den Inhalt eines Mitteilungssatzes inhaltlich mit der Sprechsituation und mit den Inhalten der vorangegangenen Sätze der Rede. Die Verknüpfung ist dann gesichert, wenn die Kontaktglieder nur für den Hörer Bekanntes zum Inhalt haben.

Die Kontaktfunktion des Satzglieds im Vorfeld kann vielfältiger Art sein. Im einzelnen lassen sich folgende Aufgaben des Kontaktglieds erkennen:

I. Im ersten Satz einer Rede

1. knüpft es an die Sprechsituation oder an eine vorangegangene Frage an;

2. führt es den Zuhörer in den Beginn der Mitteilung ein und löst damit bei ihm die Spannung aus, die seine Aufmerksamkeit gewährleistet. Folgende Inhalte eignen sich dafür im besonderen Maße: allgemeine Zeit- oder Ortsangaben; bestimmte Ortsangaben, die dem Zuhörer bekannt sind; Personen oder Dinge, die der Zuhörer kennt oder von denen er schon gehört hat; Bedingungen, von denen die Verwirklichung des im folgenden geschilderten Sachverhalt abhängt; bekannte Gründe oder Ursachen, die den im folgenden geschilderten Sachverhalt bewirkt haben.

Beispiele (Anfänge von Texten)*):

Der Herbst → hatte ungewöhnlich früh begonnen. – *Ich* → mochte etwa neun Jahre zählen. – *Zahllose Orte* → kennen wir, doch es gibt noch andere. – *Auf seiner Wanderung durch das vereiste Moor* → ist Andreas tüchtig durchgefroren. – *Plötzlich* → wachte sie auf. – *Durch die morgendlich stillen Straßen* → fährt ein Straßenbahnwagen. – *Heut nacht* → ging der Föhn gewaltig und erbarmungslos über das geduldige Land. – *Als der Junge das Haus betrat,* → überkam ihn ein Frösteln. – *Als der Wolkenbruch, den sich der argentinische Himmel damals im Februar leistete, ein Ende gefunden hatte,* → stand das ganze Land unter Wasser.

II. In den weiteren Sätzen der Rede

3. knüpft das Kontaktglied an die vorangegangenen Schilderungen an;

4. nennt es weitere Zeit- oder Ortsangaben, die den Fortgang der geschilderten Ereignisse kennzeichnen;

5. führt es weitere Personen oder Dinge ein, die aber durch geeignete Attribute in Beziehung zu den bisher geschilderten Ereignissen gebracht werden müssen;

---

*) aus: *Kirchhoff, Deutsche Gegenwart.*

6. führt es einen neuen Gedanken ein, auf den man auf Grund der Kenntnis der allgemeinen Situation oder des bisher Geschilderten kommen muß.

In der Küche → klopfte meine Mutter Fleisch, und *wenn sie für einen Augenblick aussetzte,* → hörte ich, daß sie etwas vor sich hin summte. *Es* → war ein Kirchenlied. *Ich* → war sehr glücklich. *Am Tage vorher* → hatte ich die Gesellenprüfung bestanden, *ich* → hatte eine gute Stellung in einer Textilfabrik, eine Stellung mit Aufstiegsmöglichkeiten – aber *jetzt* → hatte ich Urlaub, vierzehn Tage Urlaub, und *es* → war Sommer. *Draußen* → war es heiß, aber *ich* → hatte Hitze damals noch gern: *Durch die Spalten in den Läden* → sah ich draußen das, was man uns Glast zu nennen gelehrt hat; *ich* → sah das Grün der Bäume vor unserem Haus, hörte die Straßenbahn. Und *ich* → freute mich auf das Frühstück. *Dann* → kam die Mutter, um an meiner Tür zu horchen, und *es* → war einen Augenblick still in unserer Wohnung, und *ich* → wollte gerade „Mutter" rufen, – *da* → klingelte es. *(Böll)*

Bei emotionalen Äußerungen und spontanen durch eine gespannte Sprechsituation hervorgerufenen Feststellungen können Kontaktglieder aus dem Vorfeld verdrängt werden. Sie werden durch Satzglieder verdrängt, deren Inhalte den Kern der Äußerung bilden und zur schnellen ‚Entladung' der situationsbedingten Spannung führen. Damit werden Inhalte vorweggenommen, die erst später zu erwarten gewesen wären. Für ein vorweggenommenes Prädikat besetzt das Verb *tun* als Funktionsverb die Prädikatsstelle. E 64

Ins Gefängnis müßte man den Kerl werfen!
Schämen sollten Sie sich, so einen Unsinn weiterzusagen.
Prämiert wird der beste Gedanke für die Zukunft. *(Kursbuch 14)*
Es darauf ankommen, den Karren laufenlassen wollte Kobyella. *(Grass)*
Vornehmen tut er sich viel, aber nur selten führt er es auch aus.

Bei einfachen Feststellungen, oder wenn bei einem Satz kein unmittelbarer Zusammenhang zu dem bis dahin Geschilderten besteht, entfällt das Kontaktglied. Der nicht besetzte Platz im Vorfeld wird dann von einem tonlosen *es* ausgefüllt, damit die für den Mitteilungssatz charakteristische Satzform erhalten bleibt. Dieses Personalpronomen *es*, das hier als Füllwort eingesetzt ist, hat keine Satzgliedfunktion, sondern ist ein Satzmorphem. E 65

Vorfeld	Satzfeld		
Es	war	einmal ein König.	
Es	kommen	dort viele Leute.	
Es	sind	gestern viele Besucher im Theater	gewesen.
Es	ist	heute nichts	zu tun.

Das Füllwort *es* verschwindet wieder, sobald ein Satzglied die Kontaktaufgabe übernimmt oder der Satz eine andere Form als die eines Mitteilungssatzes erhält.

```
Vorfeld——  ·········Satzfeld·········                                    ⌐
```

| Viele Leute | kommen dort. | |
| Viele Besucher | sind gestern im Theater | gewesen. |

Das Füllwort *es* kann nicht im Vorfeld stehen, wenn das Subjekt des Satzes ein Personalpronomen ist.

Sie kommen dort.
Sie sind gestern im Theater gewesen.

Wenn Subjektsätze [→ E 13] im Nachfeld [→ E 61] stehen, steht meistens das Füllwort *es* im Vorfeld.

```
Vorfeld——  ·········Satzfeld·········        ——————————Nachfeld
```

Es	gefällt	uns nicht,	daß wir am Samstag arbeiten sollen.
Es	ist	nicht gut,	wenn du so viel rauchst.
Es	ist	unmöglich gewesen,	so schnell zu gehen.
Es	ist	noch nicht bekannt,	wann der Minister kommt.
(Noch	ist	nicht bekannt,	wann der Minister kommt.)

Die Personalform der 3. Person Singular steht nicht in Kongruenz [→ E 14] zu dem Füllwort *es*, denn *es* ist nicht Subjekt. Man gebraucht diese Personalform bei subjektlosen Sätzen nur, weil sie als einzige Personalform auch unbestimmte Beziehungen ausdrücken kann [vgl.: Man sagt. Man liest → G 38.3]. Das Füllwort *es* darf in den subjektlosen Passivsätzen [→ B 89] nicht mit einem Subjekt verwechselt werden.

Die Stellung der Satzglieder auf dem Satzfeld

Prädikatsergänzung

E 66 Die Prädikatsergänzung steht als Satzglied, das zusammen mit dem Prädikat das Geschehen/Sein beschreibt, am Ende des Satzfelds und damit auch an letzter Stelle im Informationsbereich.

$$P^1 (V) \quad \frac{\text{Kontaktbereich} \quad / \quad \text{Informationsbereich}}{\text{Satzfeld}} \quad E - P^2 (P)$$

Gestern | ist | ein Autofahrer mit seinem Wagen | *in den Straßengraben* geraten.
Wir | haben | uns mit unseren Freunden fünf Wochen lang | *in Frankreich* aufgehalten.
Heute | wird | um 8 Uhr im Odeon | *ein wichtiges Konzert stattfinden.*
Ich wünsche, | daß | ihr den Hund | *in Ruhe* laßt.

Bei einteiligem Prädikat ist die Prädikatsergänzung das satzbeschließende Satzglied:

Wir gehen heute abend *ins Kino.*
Ich finde diesen Roman *interessant.*

Die Subjekt-Objekt-Gruppe

Subjekt und Objekte, die die Rollen nennen (Rollensubjekt und Rollenobjekte),   **E 67**
stehen in der Reihe Subjekt (S) – Dativobjekt (Od) – Akkusativobjekt (Oa)
auf dem Satzfeld.

– S – Od – Oa
Gestern lieferte *der Kaufmann dem Kunden die Ware.*
..., daß   *der Kaufmann dem Kunden die Ware* lieferte.
..., um   *dem Kunden die Ware* zu liefern.

Werden Subjekt und Objekte mit Personalpronomen gebildet – dazu gehören
auch Funktionssubjekte und Funktionsobjekte [→ E 12, E 19] –, stehen sie
in der Reihenfolge Subjekt (s) – Akkusativobjekt (oa) – Dativobjekt (od)
auf dem Satzfeld.

– s – oa – od –

Gestern lieferte *er sie ihm.*
..., daß   *er sie ihm* lieferte.
..., um   *sie ihm* zu liefern.

Teilen sich Personalpronomen mit Wörtern anderer Wortklassen in die Sub-   **E 68**
jekt- und Objektfunktionen, so stehen die Personalpronomen vor den übrigen
funktionstragenden Wörtern. Die Reihenfolge bleibt dabei für jede Funktions-
gruppe in ihrem Bereich erhalten [→ E 58]; die Personalpronomen schließen
sich beim Sprechakt enklitisch an den 1. Prädikatsteil an [→ F 7].

P^1 (V) – s – oa – od – / – S – Od – Oa – E – P^2 (P)

Tritt *ein* Personalpronomen in diesen Funktionen auf, so sind folgende Stellungen möglich:

– s – / – Od – Oa –

Gestern lieferte *er dem Kunden die Ware.*
..., daß   *er dem Kunden die Ware* lieferte.
..., um   *dem Kunden die Ware* zu liefern.

– od – / – S – Oa –

Gestern lieferte *ihm der Kaufmann die Ware.*
..., daß   *ihm der Kaufmann die Ware* lieferte.
..., um   *ihm*   *die Ware* zu liefern.

399

– oa – / – S – Od –

Gestern lieferte *sie der Kaufmann dem Kunden*.
..., daß *sie der Kaufmann dem Kunden* lieferte.
..., um *sie dem Kunden* zu liefern.

Treten *zwei* Personalpronomen in diesen Funktionen auf, so sind folgende Stellungen möglich:

– s – od – / – Oa –

Gestern lieferte *er ihm die Ware*.
..., daß *er ihm die Ware* lieferte.
..., um *ihm die Ware* zu liefern.

– s – oa – / – Od –

Gestern lieferte *er sie dem Kunden*.
..., daß *er sie dem Kunden* lieferte.
..., um *sie dem Kunden* zu liefern.

– oa – od – / – S –

Gestern lieferte *sie ihm der Kaufmann*.
..., daß *sie ihm der Kaufmann* lieferte.
..., um *sie ihm* zu liefern.

E 69 Ist das pronominale (Akkusativ-)Objekt nicht vom nominalen Subjekt am Funktionskennzeichen zu unterscheiden, wenn z. B. beide Neutrum oder Femininum oder beide Plural sind, tritt das pronominale Objekt hinter das Subjekt. Hier läßt nur die Stellung eine Unterscheidung der beiden Funktionen zu [→ D 1 f.].

– S – oa –

(Hat die Frau die Blumen gekauft?)
Hat die Frau *sie* gekauft?
(Grüßen die Kinder die Lehrer?)
Grüßen die Kinder *sie?*

Sind die grammatischen Bezüge an der Personalform erkennbar, werden die normalen Stellungsregeln wieder wirksam.

Haben Sie die Frau gesehen?
Hat Sie die Frau gesehen?

E 70 Für die Verteilung der Subjekt/Objekt-Gruppe auf den Kontaktbereich und auf den Informationsbereich gelten die Regeln, nach denen das Bekannte in den Kontaktbereich und das Neue in den Informationsbereich eingeordnet wird.
So stehen Subjekt und Objekt im Kontaktbereich, wenn sie durch Personalpronomen ausgedrückt werden oder wenn Nomen in diesen Funktionen bereits identifizierte Personen oder Sachen bezeichnen und nicht mit Personal-

pronomen bezeichnet werden, um eine Häufung von Personalpronomen der 3. Person im Kontaktbereich zu vermeiden. Noch nicht identifizierte Personen oder Sachen, die also durch Nomen mit dem unbestimmten Artikel oder ohne Artikel oder auch durch Nomen mit unbestimmten Pronomen bezeichnet werden, stehen im Informationsbereich.

Daraus ergibt sich folgendes Stellungsschema:

Kontaktbereich   Informationsbereich

$P^1 (V)$ – s – oa – od – S – Od – Oa – / – S – Od – Oa – P^2 (P)

Gestern *hat* der junge Mann seiner Verlobten / Blumen *geschenkt*.
Vorhin *hat* der Briefträger Herrn Müller / ein Telegramm *gebracht*.
Eben *hat* der Junge den Ball / einem Mädchen *zugeworfen*.
Nachher *wird* Ihnen mein Sohn / das geliehene Geld *zurückbringen*.
Ich habe erfahren, *daß* dir die schönen Möbel / eine hiesige Firma *geliefert* hat.
Können Sie mir / den Fahrplan *erklären?*

Präpositional-Objekte beanspruchen einen besonderen Platz auf dem Satzfeld, gleichgültig welchen Mitteilungswert sie besitzen. Sie besetzen die letzte Stelle auf dem Satzfeld vor der Prädikatsergänzung und dem zweiten Prädikatsteil.   E 71

Kontaktbereich   Informationsbereich

$P^1 (V)$ ··· / ··· Op (op) – E – $P^2 (P)$

Gestern dankte der Sohn dem Vater *für den Brief*.
Gestern dankte er   ihm   *dafür*.
Gestern dankte er   dem Vater *dafür*.
..., daß der Sohn dem Vater *für den Brief* dankte.
..., daß er   ihm   *dafür*   dankte.
..., daß er   dem Vater *dafür*   dankte.
..., um dem Vater *für den Brief* zu danken.
..., um ihm   *dafür*   zu danken.
..., um dem Vater *dafür* zu danken.

Reflexivpronomen stehen als Objekte im Kontaktbereich: E 72

Jetzt rasiert *sich* der Vater.
..., daß *sich* der Vater rasiert.

Genitivobjekte (Og) beanspruchen den letzten Platz auf dem Satzfeld vor den Prädikatsergänzungen [→ E 66].

Kontaktbereich   Informationsbereich

P^1 ··· / ··· – Og (og) – E – P^2 (P)

Wurde der Mann *des Diebstahls* verdächtigt?
Hat man den Mann *des Diebstahls* verdächtigt?
Hat sich die Frau *des Kindes* angenommen?

..., daß ich mich *seiner* angenommen habe.
..., daß ich mir *keiner Schuld* bewußt war.
..., daß er *seines Lebens* nicht froh wird.
..., daß er sich *seiner Taten* nicht schämt.

Die Angaben (A)

E 73 Angaben, die allgemeine Zeit- oder Ortsbestimmungen enthalten [Temporal-
oder Lokalangaben → E 24], stehen vorzugsweise als Kontaktglied [→ E 63] im
Vorfeld eines Satzes.

Abends   vertrage ich das Brot nicht gut.
Draußen   fiel eine Wagentür zu.
Seit drei Monaten war er zum erstenmal wieder in der Stadt.

Wenn diese allgemeinen Temporal- oder Lokalangaben wegen der Satzform
oder aus Gründen des Redezusammenhangs ins Satzfeld rücken, finden sie
ihren Platz am Ende des Kontaktbereichs.

Kontaktbereich   Informationsbereich
P^1 – s – oa – od – A – / .... P^2 (P)

Er war *jetzt* /   in eine Seitenstraße eingebogen.
... wie ich *Weihnachten* /   bei Ihnen eintrat.
... daß er *eine Zeitlang in München* / als Dolmetscher gearbeitet hat.

Die Angaben im Vorfeld und im Kontaktbereich dienen dem Hörer zur zeitlichen oder örtlichen Orientierung. Ihr Mitteilungswert ist nur gering. Angaben mit höherem Mitteilungswert stehen im Informationsbereich hinter dem
Subjekt.

Kontaktbereich   Informationsbereich
P^1 (V) .... – A – / – S – A – .... P^2 (P)

Gestern war die Straße nach Salzburg *wegen Bauarbeiten* gesperrt.
..., daß *gestern* die Straße nach Salzburg *wegen Bauarbeiten* gesperrt war.

Treffen zwei oder mehr Angaben auf dem Satzfeld im Informationsbereich
zusammen, ordnen sie sich in folgende Reihe: Temporalangabe (At), Kausalangabe (Ak), Modalangabe (Am), Lokalangabe (Al). Sätze, die vier verschiedene Angaben enthalten, sind recht selten.

– At – Ak – Am – Al –

Die Schüler spielten *gestern wegen des schlechten Wetters in der Turnhalle*
Faustball.
Der Zug kam *heute nachmittag wegen eines Maschinenschadens mit Verspätung
in München* an.
Es stand in der Zeitung, daß *im letzten Herbst durch die Unvorsichtigkeit
eines Arbeiters in eurer Fabrik* ein schwerer Brand ausgebrochen sei.

Die Temporalangabe folgt der Kausalangabe, wenn die Kausalangabe pronominal ausgedrückt wird:

> Der Zug hatte Maschinenschaden. Er kam *deswegen heute nachmittag* mit Verspätung in München an.

Die Plätze innerhalb einer Angabengruppe sind nicht fest. Mißt der Sprecher dem Inhalt einer Angabe einen höheren Mitteilungswert zu, so stellt er sie ans Ende der Angabegruppe.

> Wir müssen uns *bei der nächsten Tankstelle sofort* nach dem Weg erkundigen.

Subjekt/Objekt-Gruppe und Angaben auf dem Satzfeld

Treten, wie es häufig der Fall ist, Subjekt und Objekt gemeinsam mit Angaben auf dem Satzfeld auf, wirken die für jede dieser Funktionsteile gültigen Stellungsregeln zusammen.

E 74

$$\qquad\qquad \text{Kontaktbereich} \qquad \text{Informationsbereich}$$
$$P^1\,(V) \;\cdots\cdots\cdots\cdots\cdots\; - A - / - S - A - Od - Oa - Op - P^2\,(P)$$

Dabei ist folgendes zu beachten:
Nomen, die bestimmte Personen oder Sachen bezeichnen, können als Subjekt und Objekte sowohl im Kontaktbereich als auch im Informationsbereich stehen. Diese Stellung hängt von ihrem Mitteilungswert im Rahmen des geschilderten Sachverhalts ab. Nomen, die unbestimmte, noch nicht identifizierte Personen oder Sachen bezeichnen, stehen als Subjekt und als Objekte in der Regel im Informationsbereich.
Die Angabe, die eine allgemeine Zeit- oder Ortsbestimmung enthält, zeigt das Ende des Kontaktbereichs an. Nach dieser Angabe beginnt der Informationsbereich.

Angabe im Kontaktbereich,
Subjekt und Objekte im Informationsbereich

E 75

> ..., daß gestern / der junge Mann dem Mädchen die Blumen geschenkt hat
> ..., daß gestern / der junge Mann dem Mädchen Blumen geschenkt hat
> ..., daß gestern / der junge Mann die Blumen einem Mädchen geschenkt hat
> ..., daß gestern / der junge Mann einem Mädchen Blumen geschenkt hat
> ..., daß gestern / ein junger Mann einem Mädchen Blumen geschenkt hat

Angabe und Subjekt im Kontaktbereich,
Objekte im Informationsbereich

> ..., daß der junge Mann gestern / dem Mädchen die Blumen geschenkt hat
> ..., daß der junge Mann gestern / dem Mädchen Blumen geschenkt hat

..., daß der junge Mann gestern / die Blumen einem Mädchen geschenkt hat
..., daß der junge Mann gestern / einem Mädchen Blumen geschenkt hat

Angabe, Subjekt und ein Objekt im Kontaktbereich,
ein Objekt im Informationsbereich

..., daß der junge Mann dem Mädchen gestern / die Blumen geschenkt hat
..., daß der junge Mann dem Mädchen gestern / Blumen geschenkt hat
..., daß der junge Mann die Blumen gestern / einem Mädchen geschenkt hat
..., daß der junge Mann die Blumen gestern / dem Mädchen geschenkt hat

Angabe im Informationsbereich,
Subjekt und Objekte im Kontaktbereich

..., daß der junge Mann dem Mädchen die Blumen / gestern geschenkt hat
..., daß der Bote dem Direktor den Brief / im Büro übergeben will
..., daß der Dieb der Frau die Tasche / auf der Straße gestohlen hat

Angabe und Präpositionalobjekt im Informationsbereich

E 76 Wenn Angaben mit einem Präpositionalobjekt im Informationsbereich zusammentreffen, stehen sie im allgemeinen vor dem Präpositionalobjekt.

Kontaktbereich   Informationsbereich

P^1 (V) .... / .... – A – Op – E – P^2 (P)

Herr Braun hat seinen Sohn *wegen der bevorstehenden Prüfung zu größerem Fleiß* ermahnt.
Sie können das Warenangebot *jederzeit aus den Inseraten der Tageszeitung* entnehmen.
Du hast *schon immer für die Nachlässigkeit deiner Tochter* eine Entschuldigung gefunden.
Ich habe mich *hier schon lange an das Klima* gewöhnt.

Angaben und Genitivobjekt im Informationsbereich

E 77 Stehen im Informationsbereich Angaben mit einem Genitivobjekt zusammen, gehen die Angaben dem Genitivobjekt voraus [→ E 72].

Kontaktbereich   Informationsbereich

P^1 (V) .... / .... – A – Og – E – P^2 (P)

Warum hast du dich *bei der Diskussion jeder Äußerung* enthalten?
..., daß sich meine Mutter *während unseres Urlaubs der Kinder* annimmt.
Du brauchst dich *nicht ständig deiner Erfolge* zu rühmen.
Der Angeklagte wurde *auf Grund von Indizien des Diebstahls* für schuldig befunden.

Personenangaben

Personenangaben [→ E 26] nehmen auf dem Satzfeld die gleichen Plätze ein E 78
wie die übrigen Angaben.

..., daß Peter morgen *seinem ausländischen Freund* einen Brief an die Universität schreiben will.
Geh nur ins Kino! Ich passe *für dich* heute abend auf dein Kind auf.

Da Personenangaben in den meisten Fällen im Dativ auftreten, können sie mit
dem Dativobjekt zusammentreffen, so daß im Satz zwei Dativformen hintereinanderstehen. Die Personenangabe steht in jedem Fall im Kontaktbereich.

Kontaktbereich   Informationsbereich

$P^1\ (V)$ .... – A – / .... $P^2\ (P)$

Daß du *mir* / dem Mann das Geld gibst!

Die Stellung der Satzglieder bei Sätzen, die zwei Sachverhalte in einem Satzrahmen beschreiben

Bei den Mitteilungen über Wahrnehmungen und über ein Veranlassen oder E 79
Zulassen können Satzformen auftreten, in denen zwei Sachverhalte in e i n e m
Satzrahmen beschrieben werden. Merkmal dieser Satzstrukturen ist die zweiseitige Beziehung einer als Objekt auftretende Rolle [→ G 9]. Diese doppelseitige Beziehung bringt eine Sonderform der Satzstruktur mit sich.

Kontaktbereich   Informationsbereich

$P^1\ (V) - \text{s} - A - / - \boxed{\text{Oa} - A - \text{Oa} - E} - P^2\ (P)$

Der Lehrer sah gestern / *die Schüler auf dem Sportplatz Fußball* spielen.
Wir haben / *die Frau auf der Straße laut um Hilfe rufen* hören.
Die Direktion läßt / *niemanden während der Arbeitszeit die Fabrik* besichtigen.

Die Personalpronomen treten auch bei diesen Sätzen in den Kontaktbereich.

Kontaktbereich   Informationsbereich

$P^1\ (V) - \text{s} - \boxed{\text{oa}} - A - / - \boxed{A - \text{Oa} - E} - P^2\ (P)$

Hast du *mich* gestern *auf dem Sportplatz Fußball spielen* sehen?
Lassen Sie *mich* heute *während der Arbeitszeit die Fabrik* besichtigen?

Dies kann dazu führen, daß auch im Kontaktbereich zwei Personalpronomen
als Akkusativobjekte zusammentreffen.

Kontaktbereich   Informationsbereich

$P^1 (V) - s - oa - \boxed{oa} - A - / - \boxed{A - E} - P^2 (P)$

Lassen Sie mich Ihr neues Buch lesen? – Gerne, ich lasse *Sie es* übers Wochenende lesen.
Lassen Sie *mich Sie* herzlich zu Ihrem Erfolg beglückwünschen!
Da hast du aber ein schönes Bild- Laß *mich es* einmal ansehen!
Darf ich Sie einmal aufsuchen? – Ja, gerne, aber lassen Sie *mich es* rechtzeitig wissen!

Die Stellung der Gliedsätze

E 80   Gliedsätze, also Satzglieder mit eigenem Prädikat und einem eigenen Satzfeld, stehen im Vorfeld oder im Nachfeld eines Satzes. Sie stehen im Vorfeld, wenn der im Gliedsatz beschriebene Sachverhalt Kontaktglied ist [→ E 63].

$\boxed{v \ldots p}$ P^1 .... P^2
Vorfeld   Satzfeld

Vorzugsweise sind es Temporalsätze [→ D 119.1] und Konditionalsätze [→ D 119.2], die als Kontaktglieder auftreten.

Wenn ich ins Theater gehe,	ziehe ich immer einen dunklen Anzug an.
Als Robert nach Deutschland kam,	sprach er noch kein Wort Deutsch.
Als er die Ofentür aufmachte,	fiel wieder eine Handvoll Licht auf das schlafende Gesicht. *(Borchert)*
Wenn die Haifische Menschen wären,	gäbe es bei ihnen natürlich auch eine Kunst. *(Brecht)*

Das Gleiche gilt für Kausalsätze, die einen bekannten Grund angeben.

Da Deutschland in Mitteleuropa liegt,	ist es kulturell von Ost und West beeinflußt worden.
Und da er ... ihnen wie ein großer Heiliger erschien,	erwiesen sie ihm Ehrfurcht. *(Hesse)*

Gehören die Gliedsätze zur Information, stehen sie im Nachfeld des Satzes.

$P^1 (V)$ .... $P^2 (P)$ $\boxed{v \ldots p}$
       Satzfeld   Nachfeld

Der Lehrer hat uns erzählt,	*daß er eine Auslandsreise gemacht hat.*
In der Zeitung stand,	*daß der Minister morgen in unsere Stadt kommt.*
Es ist unter Männern Brauch,	*daß man sich in gewissen Lagen die letzte Zigarette teilt. (Weisenborn)*

Ich erinnere mich noch gut, *wie ich ... Weihnachten bei Ihnen eintrat. (Th. Mann)*

Gliedsätze können auch auf dem Satzfeld eingeordnet werden. Für die Stellung im Kontaktbereich oder im Informationsbereich ist der Mitteilungswert maßgebend.

$$P^1 (V) \dots \boxed{v \dots p} \dots P^2 (P)$$

Robert wollte in Berlin studieren; deshalb besuchte er, *als er nach Deutschland kam,* zuerst einen Deutschkurs.
Ich spreche, *wie die Aufmerksamsten unter Ihnen gemerkt haben werden,* von meinem Lehrer und Meister Bebra. *(Grass)*
Er hatte wenig gesprochen, doch einmal seine Mutter, *als sie darüber jammern wollte, daß er nun ein ungewünschtes Weib und ein fremdes Kind auf dem Hals habe,* zum Schweigen verwiesen. *(Brecht)*

Die Stellung des präpositionalen Infinitivs als Satzglied

Der präpositionale Infinitiv (Infinitiv mit *zu* ohne eigene Satzglieder) steht am Ende des Satzfelds.   E 81

Wir fangen morgens um 7 Uhr *zu arbeiten* an. – Gestern hat es während der Abendstunden *zu regnen* begonnen. – Dieser Termin wurde so bestimmt geäußert, daß ich behutsam *einzulenken* versuchte. *(Grass)*

Oft steht der präpositionale Infinitiv auch im Nachfeld.

Ich habe ihr gestern angeboten *zu helfen.* – Ich fange erst wieder an *zu zählen,* wenn sie nicht mehr zu sehen ist. *(Böll)*

Wenn der präpositionale Infinitiv eigene Satzglieder hat und damit zu einem Infinitivsatz mit eignem Satzfeld erweitert ist, steht er immer im Nachfeld.

Ich habe ihr angeboten, *ihrem Bruder zu helfen.* – Er wünschte, *morgens in seinem Zimmer zu frühstücken.* – Er hat mich gebeten, *ihn in den nächsten Tagen zu besuchen.* – Sie hatten nicht die Kraft übrig, *Händel anzufangen. (Gaiser)* – Brecht ... setzt sich an den kleinen Tisch, ... *ohne die Zuhörer anzublicken. (Frisch)*

Die Stellung der Modalglieder und der Satznegation 'nicht'

Wenn der Satz einen unzutreffenden Sachverhalt beschreibt und mit *nicht* negiert wird, steht die Negation auf dem Satzfeld am Ende des Informationsbereichs vor den Prädikatsergänzungen sowie vor den Präpositionalobjekten oder Genitivobjekten.   E 82

Kontaktbereich	Informationsbereich
$P^1 (V)$ ························ / ················	– NICHT – Op (Og) – E – $P^2 (P)$

Peter gibt mir das Buch *nicht*. – Der Kranke hat die ganze Nacht *nicht* geschlafen. – Peter hat gesagt, daß er mir das Buch *nicht* geben will. – Ich bin im letzten Jahr *nicht* krank gewesen. – Wir gehen heute *nicht* ins Kino. – Ich bin *nicht* deiner Meinung. – Er hatte *nicht* den Mut, ins Wasser zu springen. – Der Dieb hat *nicht* die Flucht ergriffen. – Gestern ist *nicht* die Wetterbesserung eingetreten, die vorausgesagt worden war. – Ich habe meine Eltern *nicht* um Geld gebeten. – Wir haben *nicht* daran gedacht. – Ich will Sie *nicht* ... mit der Vogelschau der Stadt Danzig langweilen. *(Grass)*

Die meisten Modalglieder, vor allem die Adverbien *auch, mehr, noch, schon* folgen den gleichen Stellungsregeln wie die Satznegation *nicht*, wenn sie sich auf den ganzen Satzinhalt beziehen. Treffen diese Adverbien zusammen, stehen sie in folgender Reihenfolge:

auch nicht	
auch noch	
auch noch nicht	noch nicht
auch schon	
auch nicht mehr	nicht mehr

Wir sind seit zwei Jahren *nicht mehr* in Berlin gewesen. – Ich habe diesen Film *auch noch nicht* gesehen. – Wir sind *auch schon* an der See gewesen. – Sie hat mich *noch nicht* darum gebeten. – Habt ihr euch *auch nicht* auf diesen Tag gefreut? – Er sagte, daß er diesen Film *auch schon* gesehen habe.

Die Stellungspläne innerhalb der Satzfunktionsteile

Die Stellung der Prädikatsteile

E 83   Bei den Mitteilungssätzen bildet die Personalform eines Verbs den ersten Teil des Prädikats und markiert die vordere Begrenzung des Satzfelds. Der zweite Teil des Prädikats enthält eine Infinitform (Partizip II, Infinitiv) oder einen Verbzusatz und markiert die hintere Begrenzung des Satzfelds.

⌐····Satzfeld····¬		⌐········Satzfeld········¬
Er *kommt* ...		Personalform ...
Er *ist*	... *gekommen*	Personalform ... Partizip II
Er *will*	... *kommen*	Personalform ... Infinitiv
Er *kommt* ... *an*		Personalform ... Verbzusatz

Wenn der zweite Prädikatsteil mehrere Verbformen enthält, stehen diese in der Reihenfolge: Verbzusatz – Partizip II – Infinitiv.

·····Satzfeld·····

Er *ist* ... *an-gekommen*	Personalform ... Verbzusatz – Partizip II
Er *muß* ... *an-kommen*	Personalform ... Verbzusatz – Infinitiv
Er *muß* ... *gekommen sein*	Personalform ... Partizip II – Infinitiv
Er *muß* ... *an-gekommen sein*	Personalform ... Verbzusatz – Partizip II – Infinitiv

In wenigen Fällen kann der zweite Prädikatsteil im Vorfeld stehen [→ E 64].

Gefahren bin ich gestern nicht, sondern nur gelaufen. – *Gegeben* habe ich ihm das Buch nicht: er hat es sich selbst genommen. – *Arbeiten* wollen wir heute, nicht feiern. – *Auf* steigt der Strahl.

Wenn Prädikatsergänzungen [→ E 3] an der Beschreibung des Geschehens oder des Seins beteiligt sind, stehen sie zusammen mit dem zweiten Prädikatsteil im Vorfeld.

Auf Jagd gegangen ist er nicht. – *Bankrott gemacht* hat er nicht, aber in Schwierigkeiten ist er geraten. – *Ratschläge geben* will er, aber selbst befolgt er keine.

Aus den gleichen Gründen [→ E 64] kann bei nur einteiligem Prädikat [→ E 54] das Verb, das den ersten Prädikatsteil bildet, ins Vorfeld rücken. Dabei muß es jedoch die Infinitivform annehmen. Das Verb *tun* übernimmt dann die funktionelle Aufgabe des ersten Prädikatsteils [→ E 64].

Lieben tut er sie nicht, aber auch nicht hassen. – *Arbeiten tue* ich nicht gerne, sondern lieber faulenzen. – *Ansehen täte* ich mir den Film schon.

Wenn bei Gliedsätzen [→ D 125 f.] und Attributsätzen [→ E 36] das ganze Prädikat die hintere Begrenzung des Satzfelds bildet, stehen die Verbformen in der Reihenfolge: Verbzusatz – Partizip II – Infinitiv – Personalform. E 84

Satzfeld

..., daß er ...		*kommt*
..., daß er ...		an-*kommt*
..., daß er ...		gekommen *ist*
..., daß er ...		kommen *muß*
..., daß er ...		an-gekommen *ist*
..., daß er ...		an-kommen *muß*
..., daß er ...		gekommen sein *muß*
..., daß er ...	an-gekommen sein *muß*	

Wenn im Prädikat eines Nebensatzes zwei Infinitive stehen, von denen der zweite ein Ersatzinfinitiv [→ B 44] ist, steht die Personalform am Anfang des Prädikats.

Satzfeld

..., daß er ... *hat* kommen wollen

..., daß er ... *hat* ankommen wollen

Prädikatsergänzungen [→ E 3] werden in Nebensätzen von der Personalform und den übrigen Verbformen eingeschlossen, wenn im Prädikat zwei Infinitive stehen.

> ..., ob er sich *wird* zur Verfügung stellen wollen.
> ..., daß er dem Kranken *habe* Hilfe leisten wollen.
> ..., weil er sich nicht *habe* gut benehmen können.
> ..., ob er damals *habe* Wort halten müssen.
> ..., daß sie sofort *haben* die Flucht ergreifen können.

Die Stellung der abhängigen Infinitive

E 85 Wenn vom Prädikat andere Infinitive abhängen, stehen sie am Ende des Satzfelds vor dem zweiten Prädikatsteil.

Im einzelnen gelten folgende Stellungen für den abhängigen Infinitiv:

Im Prädikat steht das Präsens oder das Präteritum.

Er *geht* heute	*tanzen.*	
..., daß er heute	*tanzen*	*geht.*
Er *sieht* Karl	*kommen.*	
..., daß er Karl	*kommen*	*sieht.*
Er *läßt* das Buch	*liegen.*	
..., daß er das Buch	*liegen*	*läßt.*
Er *braucht* heute nicht	*zu kommen.*	
..., daß er heute nicht	*zu kommen*	*braucht.*

Im Prädikat steht das Perfekt oder das Plusquamperfekt.

Er *ist* heute	*tanzen*	*gegangen.*
Er *hat* Karl	*kommen*	*sehen.*
Er *hat* das Buch	*liegen*	*lassen* (oder: *gelassen*).
Er *hat* heute nicht	*zu kommen*	*brauchen.*

Im Prädikat steht das Futur.

Er *wird* heute	*tanzen*	*gehen.*
Er *wird* Karl	*kommen*	*sehen.*
Er *wird* das Buch	*liegen*	*lassen.*
Er *wird* heute nicht	*zu kommen*	*brauchen.*

E 86 Im Nebensatz bildet beim Perfekt, Plusquamperfekt und Futur die Personalform die hintere Satzfeldbegrenzung. Der untergeordnete Infinitiv rückt ins Satzfeld zurück.

Wenn das Perfekt und Plusquamperfekt statt des Partizips II einen Ersatzinfinitiv verlangt, bildet dieser die hintere Satzfeldbegrenzung und die Personalform steht vor den gesamten Prädikatsteilen.

..., daß er heute		*tanzen*	*gegangen*	*ist.*
..., daß er Karl	*hat*	*kommen*	*sehen.*	(Ersatzinfinitiv)
..., daß er das Buch	*hat*	*liegen*	*lassen.*	(Ersatzinfinitiv)
..., daß er das Buch		*liegen*	*gelassen*	*hat.*
..., daß er heute nicht	*hat*	*zu kommen*	*brauchen.*	(Ersatzinfinitiv)
..., daß er heute		*tanzen*	*gehen*	*wird.*
..., daß er Karl		*kommen*	*sehen*	*wird.*
..., daß er das Buch		*liegen*	*lassen*	*wird.*
..., daß er heute nicht		*zu kommen*	*brauchen wird.*	

Bei einem Passivsatz richtet sich die Stellung der Prädikatsteile im Präsens und Präteritum nach der Stellungsregel E 85.

Das Buch wird von ihm *liegen gelassen.*
..., daß das Buch von ihm *liegen gelassen wird.*

Ebenso auch im Perfekt und Plusquamperfekt.

Das Buch ist von ihm *liegen gelassen worden.*
..., daß das Buch von ihm *liegen gelassen worden ist.*

Bei einem Passivsatz mit dem Futur gilt für den Mitteilungssatz die Stellungsregel E 85. Im Nebensatz kann die Personalform die Satzfeldbegrenzung bilden, sie kann aber auch vor den übrigen Prädikatsteilen stehen.

Das Buch wird von ihm *liegen gelassen werden.*
..., daß das Buch von ihm *liegen gelassen werden wird.*
..., daß das Buch von ihm *wird liegen gelassen werden.*

Wenn sich Modalverben im Präsens und Präteritum im objektiven Gebrauch [→B 132] auf eine Handlung beziehen, bildet der Infinitiv die hintere Satzfeldbegrenzung. Im Nebensatz bildet die Personalform die hintere Satzfeldbegrenzung. **E 87**

Er *will*	heute	*tanzen*	*gehen.*
Er *kann*	Karl	*kommen*	*sehen.*
Er *muß*	das Buch	*liegen*	*lassen.*
..., daß er heute		*tanzen*	*gehen will.*
..., daß er Karl		*kommen*	*sehen kann.*
..., daß er das Buch		*liegen*	*lassen muß.*

Wenn sich Modalverben im Perfekt und Plusquamperfekt im objektiven Gebrauch auf eine Handlung beziehen, bildet im Mitteilungssatz und im Nebensatz der Ersatzinfinitiv die hintere Satzfeldbegrenzung. Im Nebensatz tritt die Personalform vor den abhängigen Infinitiv [→ E 84].

Er	*hat*	heute	*tanzen gehen wollen.*
Er	*hat*	Karl	*kommen sehen können.*
Er	*hat*	das Buch	*liegen lassen müssen.*

..., daß er heute *hat tanzen gehen wollen.*
..., daß er Karl *hat kommen sehen können.*
..., daß er das Buch *hat liegen lassen müssen.*

Bei gleichem Gebrauch der Modalverben im Futur bilden die Infinitive der Modalverben immer die hintere Satzfeldbegrenzung. Im Nebensatz tritt die Personalform vor den abhängigen Infinitiv [→ E 84].

Er	*wird*	heute	*tanzen gehen wollen.*
Er	*wird*	Karl	*kommen sehen können.*
Er	*wird*	das Buch	*liegen lassen müssen.*

..., daß er heute *wird tanzen gehen wollen.*
..., daß er Karl *wird kommen sehen können.*
..., daß er das Buch *wird liegen lassen müssen.*

Wenn Modalverben im Präsens und Präteritum im objektivem Gebrauch in einem Passivsatz stehen, bildet im Mitteilungssatz der Infinitiv Passiv [→ B 56] die hintere Satzfeldbegrenzung. Der untergeordnete Infinitiv rückt ins Satzfeld zurück. Im Nebensatz bildet die Personalform die hintere Satzfeldbegrenzung.

Das Buch *muß*   von ihm *liegen gelassen werden.*
..., daß das Buch von ihm *liegen gelassen werden muß.*

Für das Perfekt und Plusquamperfekt gelten folgende Stellungen.

Das Buch *hat*   von ihm   *liegen gelassen werden müssen.*
..., daß das Buch von ihm *hat liegen gelassen werden müssen.*

Für das Futur gelten folgende Stellungen.

Das Buch *wird*   von ihm   *liegen gelassen werden müssen.*
..., daß das Buch von ihm *wird liegen gelassen werden müssen.*

E 88 Wenn sich Modalverben im Präsens und Präteritum im subjektiven Gebrauch [→ B 132] auf eine Handlung in der Vergangenheit beziehen, bildet im Mitteilungssatz der Infinitiv Perfekt [→B 60] die hintere Satzfeldbegrenzung. Beim Nebensatz bildet die Personalform die hintere Satzfeldbegrenzung.

Er	*will*	heute	*tanzen gegangen sein.*
Er	*will*	Karl	*kommen gesehen haben.*
Er	*will*	das Buch	*liegen gelassen haben.*

..., daß er heute   *tanzen gegangen sein will.*
..., daß er Karl   *kommen gesehen haben will.*
..., daß er das Buch *liegen gelassen haben will.*

Wenn sich Modalverben im Präsens und Präteritum bei gleichem Gebrauch in einem Passivsatz auf einen Vorgang in der Vergangenheit beziehen, bildet im

Mitteilungssatz der Infinitiv Perfekt Passiv [→ B 60] die hintere Satzfeldbegrenzung. Im Nebensatz bildet die Personalform die hintere Satzfeldbegrenzung.

Das Buch *muß* von ihm *liegen gelassen worden sein.*
..., daß das Buch von ihm *liegen gelassen worden sein muß.*

Wenn *werden* im Präsens die Vermutung über einen vergangenen Sachverhalt ausdrückt, gelten die gleichen Stellungsregeln wie bei den Modalverben. Dies gilt auch für Passivsätze [→ E 87].

Die Stellung der Attribute um den Gliedkern

Die Attribute gruppieren sich um den Gliedkern. Gliedkern ist der Teil eines Satzglieds, der die Satzgliedfunktion innehat. Bei den Attributen ist zwischen vorangestellten Attributen und nachgestellten Attributen zu unterscheiden. Vorangestellte Attribute sind im allgemeinen erklärende Attribute [→ E 28], wenn sie nicht den Satzgliedton erhalten [→ F 8]. Nachgestellte Attribute sind meistens unterscheidende Attribute und tragen daher den Satzgliedton.

E 89

Attribute beim Nomen

Als vorangestellte Attribute beim Nomen können folgende Wortklassen eintreten:

E 90

Demonstrativpronomen	*dieser*	Mann
Possessivpronomen	*mein*	Vater
Fragepronomen	*welcher*	Berg
unbestimmte Pronomen	*alle*	Kinder
Adjektive	*reiche*	Leute
	zehn	Mädchen
Verben in Partizipform	*spielende*	Kinder
	verbotene	Spiele
Nomen im Genitiv	*Vaters*	Haus
als Apposition	*Fräulein*	Breuer

Als nachgestellte Attribute können beim Nomen stehen:

Nomen im Genitiv	das Haus	*meines Vaters*
als Apposition	Herr Müller,	*der Direktor*
mit Präposition	die Wohnung	*im Erdgeschoß*
mit Konjunktion	das Auto	*als Verkehrsmittel*
Adjektive	Hänschen	*klein*
Adverbien	dieses Haus	*hier*
mit Präposition	die Zeitung	*von heute*
Relativsätze	der Mann,	*den ich eben gesehen habe*
	im Hotel,	*wo wir übernachtet haben*
Konjunktionalsätze	der Vorwurf,	*daß er alles falsch gemacht hat*

413

Infinitivsätze	meine Bitte,	*mir zu helfen*
mit Fragepronomen ein-	deine Frage,	*wer heute gekommen sei*
geleitete Attributsätze	die Sorge,	*wie es wohl meinem Freund geht*
Partizipialsätze	der Gedanke,	*einmal in seiner Größe gefaßt*
		(Kafka)

Wenn ein Satzglied von einem Artikel eingeleitet wird, nimmt dieser das Kasusmorphem an [→ D 5]. Die übrigen Attribute nehmen die Endungen der vorangestellten Attribute an [→ D 8]. Was den unbestimmten Artikel anbetrifft, vergleiche man D 26.

> *der* kleine, blonde *Junge*

Treten Demonstrativpronomen, Possessivpronomen, Fragepronomen und einige unbestimmte Pronomen [→C 55] als Attribute ein, entfällt der Artikel. Das Kasusmorphem wird dann von diesen Attributen übernommen.

> *dieses* neue *Hotel*
> *meine* alten *Schuhe*
> *welcher* moderne *Mensch*
> *jeder* freie *Mann*

Tritt ein Genitivattribut vor ein Nomen, entfällt ebenfalls der Artikel. Das Kasusmorphem wird von dem folgenden Attribut übernommen.

> *Vaters* neuer *Hut*
> *wessen* blauer *Mantel*

Demonstrativpronomen und unbestimmte Pronomen stehen vor dem Possessivpronomen.

> *Diese meine* Arbeit gefällt mir sehr gut. – *Alle seine* Freunde haben ihm gratuliert.

Das unbestimmte Pronomen *all-* steht vor dem bestimmten Artikel, der hier identifizierende Wirkung hat.

> Ich habe *all das* Geld verloren. – Mein Dank gilt *allen den großherzigen* Spendern, die diese Aktion ermöglicht haben.

E 91 *Attribute beim Pronomen*

Namen	du,	*Peter*
Nomen	du	*Dummkopf*
mit Präposition	ihr	*vom Land*
mit Konjunktion	er	*als Politiker*
Adjektiv	alles	*Gute*
	wir	*drei*
Adverb	ihr	*hier*
Relativsatz	ihr,	*die ihr hier seid*
	wer mir hilft,	dem helfe ich auch

Attribute beim Adjektiv und Verb (Partizip)

Adjektiv	*modern*	eingerichtet	
Adverb	*sehr*	gut	
Nomen mit Konjunktion		schnell	*wie der Wind*
mit Präposition		bekannt	*durch seine Erfolge*

Attribute beim Adverb

Adjektiv	*ganz*	vorn	
Adverb	*sehr*	gern	
Nomen mit Konjunktion		mehr	*als gestern*
mit Präposition		oben	*auf dem Berg*
Relativsatz		dort,	*wo du wohnst,*

Rangattribute stehen vor dem ganzen Satzglied.

Ich benutze meinen Wagen *nur* im Interesse meiner Firma. – *Besonders* während der kalten Wintertage müssen die armen Vögel hungern.

Nur *eben* und *gerade* können als Rangattribute auch hinter Pronomen stehen.

Das *eben* wollte ich auch sagen. – Ihm *gerade* habe ich mein Vertrauen geschenkt.

Die Stellung der Attributsätze

Attributsätze folgen dem Wort, dem sie untergeordnet sind.

Herr Müller hat seinem Sohn, *der in diesem Jahr 21 Jahre alt geworden ist,* ein Haus auf dem Land gekauft. – Die Stadt, *wo er sich auf unbestimmte Zeit niederzulassen gedachte,* beachtete er mit keinem Blick. *(Frisch)*

Wenn ein Attributsatz zum letzten Satzglied im Satzfeld gehört, steht er im Nachfeld.

Er will mit dem Mann sprechen, *der letztes Jahr unser Haus repariert hat.* – ... wollte der Ballettmeister Haseloff ein dreiaktisches Ballett einstudieren, *an dem er schon seit seiner Kindheit herumbastelte. (Grass)*

Der Attributsatz bleibt im Satzfeld, wenn er zu einem anderen Attribut gehört und das Relativpronomen nicht ausreichend kennzeichnet, auf welches Wort sich der Relativsatz bezieht.

Ich habe den Vater *meines Freundes, der lange Zeit krank war,* besucht. – Hast du den Garten *am See, der in der Nähe des Dorfes liegt,* verkauft?

Vergleichen Sie die folgenden Attributsätze, die sich auf den Gliedkern beziehen.

Ich habe *den Vater* meines Freundes besucht, *der lange Zeit krank war.* – Hast du *den Garten* am See verkauft, *der in der Nähe des Dorfes liegt?*

Attributsätze, die sich auf unbestimmte, nicht genannte Personen oder Sachen beziehen, stehen im Vorfeld eines Satzes, wenn sie Subjekt sind. Dabei kann mitunter das übergeordnete Pronomen entfallen [→ C 49].

> *Wer den Chef sprechen will, (der)* muß sich im Vorzimmer anmelden. – *Wer lügt, (der)* stiehlt auch. – *Was man geschenkt bekommt, (das)* soll einen erfreuen. – *Wer uns hilft, dem* helfen wir auch.

Die Stellung der Negation ‚nicht' vor Satzgliedern

E 93   Wenn der Inhalt eines Satzgliedes als unzutreffend verneint wird, steht *nicht* vor dem Satzglied. Meistens folgt die Berichtigung mit der Konjunktion *sondern* im Nachfeld des Satzes. Der negierte Gliedkern wie auch die Berichtigung erhalten den Unterscheidungston [→ F 14].

> Das Konzert hat *nicht* am Nachmittag, *sondern* erst am Abend stattgefunden. – Mein Freund kommt *nicht* morgen, *sondern* am Sonntag. – Ich habe *nicht* mit deinem Bruder gesprochen, *sondern* mit deiner Schwester. – *Nicht* du sollst die Arbeit machen, *sondern* dein Bruder.

Wenn der Inhalt eines Attributs als unzutreffend verneint wird, steht *nicht* ebenfalls vor dem vollständigen Satzglied, doch erhält das Attribut den Unterscheidungston [→ F 14]. Auch hier kann der berichtigte Inhalt mit der Konjunktion *sondern* im Nachfeld folgen.

> Sie haben mir *nicht* den blauen Bleistift gegeben, *sondern* den roten. – Ich habe *nicht* in dem Haus hier gewohnt, *sondern* in dem anderen dort drüben. – Mein Freund kommt *nicht* heute morgen, *sondern* morgen vormittag. – Die Tagung beginnt *nicht* heute nachmittag, *sondern* erst heute abend.

Vielfach gegliederte Sätze

E 94   Infolge der Möglichkeit, daß auch Gliedsätze eigene Gliedsätze aufnehmen können und diese wiederum Gliedsätze aufnehmen, entstehen mitunter vielfach gegliederte Sätze mit Gliedsätzen mehrfacher Unterordnung. In der modernen Sprache sind solche Sätze allerdings unüblich, sie treten fast nur noch in der älteren Kunstprosa auf.

Man unterscheidet danach Gliedsätze verschiedenen Grades.

Der Gliedsatz ersten Grades ist Satzglied im Mitteilungssatz und diesem unmittelbar untergeordnet. Der Gliedsatz zweiten Grades ist Satzglied im Gliedsatz ersten Grades und diesem unmittelbar untergeordnet. Der Gliedsatz dritten Grades ist dem Gliedsatz zweiten Grades als Satzglied untergeordnet usw.

Die Gliedsätze ersten Grades stehen im Vor- oder Nachfeld des Mitteilungssatzes. Nur selten erhalten sie einen Platz im Satzfeld selbst.

416

Die Gliedsätze zweiten oder dritten Grades usw. stehen im Nachfeld ihres jeweils übergeordneten Satzes. In seltenen Fällen erhalten sie einen Platz im Satzfeld des übergeordneten Satzes.

Wenn du mir versprichst, *daß du mir das Geld wiedergibst, sobald dir dein Vater den Scheck geschickt hat,* KANN ICH DIR DIE 100 MARK GEBEN, obwohl ich noch mindestens zwei Wochen warten muß, *bis ich mein nächstes Gehalt bekomme.*

Das folgende Satzbild verdeutlicht die verschiedenen Abhängigkeiten:

Dieser Satz ergibt folgendes Satzbild:

Als Beispiel für einen komplizierten Satz mit Gliedsätzen verschiedener Unterordnung möge ein Satz aus einer Anekdote dienen, die Heinrich von Kleist (1777–1811) berichtete*):

DER ARME MANN WAR ABER GEWOHNT, alles durch seine Frau besorgen zu lassen, dergestalt, *daß, da ein alter Bedienter kam und ihm für Trauerflor, den er einkaufen wollte, Geld abforderte,* er unter stillen Tränen, *den Kopf auf einen Tisch gestützt,* antwortete: „Sagt's meiner Frau."

---

*) Der Gliedsatz 1. Grades wird durch einen Infinitivsatz vertreten [→ B 108]. Ein Gliedsatz 3. Grades (2) wird durch einen Partizipialsatz vertreten [→ B 106]. Der Relativsatz im Gliedsatz 3. Grades (1) vertritt nur einen Teil des Satzglieds und steht hier außer Betracht.

Vorfeld

DER ARME MANN

Satzfeld

WAR ABER GEWOHNT,

Nachfeld

Gliedsatz
1. Grades   alles durch seine Frau besorgen zu lassen, dergestalt,
2. Grades   *daß* (1) er unter stillen Tränen (2) antwortete: (3)
3. Grades   (1) *da ein alter Bedienter kam und ihm für Trauerflor, den er einkaufen wollte, Geld abforderte,*
            (2) *den Kopf auf einen Tisch gestützt,*
            (3) *„Sagt's meiner Frau."*

Dieser Satz ergibt folgendes Satzbild:

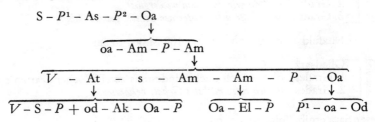

418

Zur Satzintonation

Die mündliche Mitteilung entsteht aus der gegenwärtigen Sprechsituation, die F 1 den Sprecher in der Wahl seiner Ausdrucksweise und der Tonführung des Satzes sicher leitet. Die Sprechsituation gibt jene Voraussetzungen, die dazu führen, daß der Sprecher gerade in *dem* Augenblick gerade *dem* Hörer gerade *diese* Mitteilung macht.
Die Art und der Umfang der Mitteilung sind an folgende Voraussetzungen geknüpft:

1. Was kann bei dem mitzuteilenden Sachverhalt als bekannt oder als unbekannt vorausgesetzt werden?

2. Was will der Sprecher dem Angeredeten davon mitteilen?

3. In welcher Stimmung ist der Sprecher?

4. Wie steht der Sprecher zu dem Angeredeten?

5. Welcher sachliche Eindruck, welche Gefühlswirkung, welche Antwort wird von dem Angeredeten erwartet?

Für eine schriftliche Mitteilung gelten die gleichen Grundsätze, doch sind die Möglichkeiten zur Erschließung der geeigneten Art und des angemessenen Umfangs der Mitteilung ungleich schwieriger, weil der unmittelbare Kontakt zum Mitteilenden fehlt und damit Intonation, Mimik und Gestik ausfallen, denen ein bedeutender semantischer Wert zukommt, und vor allem aber, weil die Schrift nur ein unvollkommenes Mittel ist, sprachlichen Ausdruck aufzuzeichnen. Es fehlt ihr weitgehend an Mitteln, Tonfall und Betonung zu kennzeichnen. Außerdem führt die einer analytischen Denkweise entsprungene Gliederung eines Satzes in Worteinheiten sehr leicht in die Irre. Die Bauteile eines Satzes sind nicht die Wörter, sondern die Sinngruppen. Der Satz wiederum, der sich aus diesen Sinngruppen zusammensetzt, ist nur ein Bauteil, und zwar der kleinste innerhalb der Gesamtmitteilung. Diese bestimmt, in Abhängigkeit von der Sprechsituation, die Abfolge der Sätze und, innerhalb der Sätze, die Abfolge der Sinngruppen und damit auch die Satzintonation.
Beim Nachgestalten der mündlichen Rede aus einem schriftlich niedergelegten Text, also beim Lesen, Vorlesen, Vortragen und Darstellen, sind alle Voraussetzungen zu berücksichtigen, die einer mündlichen Mitteilung zugrunde liegen, andernfalls muß die Mitteilung zumindest mißverständlich bleiben.

Der Tonfall

F 2 Die verschiedenen Arten der sprachlichen Äußerung [→ G 1-G 7] bestimmen die Klanggestalt eines Satzes. Diese ist an einem steigenden und fallenden Tonverlauf erkennbar. Der steigende Tonverlauf erzeugt beim Hörer Spannung, die gleichzeitig mit dem Ende der Steigung ihren Höhepunkt erreicht und dann mit rasch fallendem Tonverlauf gelöst wird.

Bei einer Mitteilung steigt der Tonverlauf bis zu dem Satzglied, das den Satzton trägt [→ F 9]. Sodann fällt der Ton schnell ab.

> Morgen wollen wir *nach Berlin* fahren. – Peter hat sich gestern *ein neues Buch* gekauft. – Morgen soll das Wetter *besser* werden.

Der gleiche Tonverlauf ist bei Ergänzungsfragen [→ G 3] zu beobachten.

> Wann wollt ihr *nach Berlin* fahren? – Wer hat sich gestern *ein neues Buch* gekauft? – Wann soll das Wetter endlich *besser* werden?

Bei Entscheidungsfragen [→ G 3] steigt der Tonverlauf bis zum Satzende an und läßt damit die Spannung fortbestehen. Erst die Antwort löst dann die Spannung wieder.

> Wollt ihr morgen *nach Berlin* fahren? – Hat sich Peter gestern *ein neues Buch* gekauft? –

Eine Aufforderung [→ G 6] zeigt den gleichen Tonverlauf wie die Mitteilung.

> Seid *ruhig!* – Geht jetzt *ins Bett*, Kinder! – Laßt uns *ins Kino gehen!*

Lediglich bei einer dringenden Aufforderung schließt der Satz mit steigendem Tonverlauf.

> Geht endlich *hinaus!* – *Hinaus!* – Geben Sie *das Geld* her!

Ein Ausruf [→ G 7] schließt mit steigendem Tonverlauf, wenn Zustimmung erwartet wird.

> Wie herrlich ist doch *das Wetter* heute! – Peter ist doch *ein Glückspilz!*

Im übrigen hat der Ausruf etwa den gleichen Tonverlauf wie die Mitteilung und kommt einer Feststellung nahe.

> Wie herrlich ist doch *das Wetter* heute! – Peter ist doch *ein Glückspilz!*

Die Betonung

F 3 Beim Sprechen ist eine lautliche Gliederung von Wort und Satz wahrnehmbar, die verschiedene Abstufungen erkennen läßt. Diese Gliederung beruht auf der Stärke des verwendeten Atemdrucks und damit der Stimme. Es ist der exspiratorische Akzent, der in der deutschen Sprache vorherrscht und ihre Klanggestalt bestimmt. Je nach der Größe der Sinneinheit, in der jeweils nur ein Druckakzent vorherrscht, kann man unterscheiden:

1. den Wortton,   4. den Reihenton,
2. den Satzgliedton,   5. den Hinweiston.
3. den Satzton,

Satzton und Hinweiston beherrschen in der mündlichen Rede den Satz. Sie sind in jedem Satz erkennbar, also auch in einem Beispielssatz der Grammatik, der ohne Beziehung zu einer Sprechsituation und damit voraussetzungslos dasteht.

Noch stärker wird der Satz vom Unterscheidungston und vom Gefühlston beherrscht.

Unterscheidungston und Gefühlston sind nur aus der Sprechsituation und dem Redezusammenhang heraus zu erschließen.

Der Wortton

Die kleinste, mit einem Bedeutungsinhalt gefüllte Lautgruppe bezeichnet man als Wort. Das Wort kann aus einer oder mehreren Sprechsilben bestehen. Bei mehrsilbigen Wörtern haben die Silben nicht das gleiche Gewicht. Man unterscheidet bei den Silben betonte und unbetonte Silben. Je nach der Silbenzahl eines Wortes lassen sich dabei verschiedene Abstufungen erkennen. Eine Silbe jedoch, es ist meistens die Stammsilbe des Wortes, trägt den Haupton, den Wortton. Nur wenn der Wortton auf der richtigen Silbe liegt, wird das Wort für den Hörer verständlich. Alle übrigen Silben ordnen sich mit ihrer Tonstärke dem Wortton unter. F 4

fahren, leben, niemand, heute, fertig, schön, bereit, verkaufen, antworten.

Die Träger der Kasusmorpheme, wie Artikel und Pronomen, und die losen Morpheme, wie Präpositionen und Konjunktionen, schließen sich proklitisch dem Wort an, dem sie zugehören, bilden mit ihm eine Lautgruppe und ordnen sich mit ihrer Betonung dem Wortton unter. F 5

das_Buch,   ein_Heft,   der_Wagen,   der_Verkäufer,   die_Elektrizität, im_Zimmer, auf_dem_Bahnhof, ins_Geschäft, von_heute, bis_morgen.

Bei Wortzusammensetzungen ordnet sich der Wortton des Grundworts dem Wortton des Bestimmungsworts unter. F 6

die Straße, die Lampe: die Straßenlampe
das Eisen, die Bahn: die Eisenbahn
das Signal, der Mast: der Signalmast
kennen, lernen: kennenlernen
die Kinder, die Erholung,
   das Heim: das Kindererholungsheim

F 7 Personalpronomen und Reflexivpronomen schließen sich der Personalform des Verbs proklitisch oder enklitisch an und bilden mit dem Verb zusammen eine Lautgruppe, die von dem Wortton des Verbs beherrscht wird. Der Akkusativ der Personalpronomen trägt dabei den geringsten Ton. Der Vokal des Personalpronomens im Akkusativ verschwindet nahezu.

ich␣gebe␣ihn␣ihr	ich␣habe␣ihn␣ihr ... (gegeben)
du␣gibst␣ihn␣ihr	du␣hast␣ihn␣ihr ... (gegeben)
ich␣gebe␣ihn␣ihm	ich␣habe␣ihn␣ihm ... (gegeben)
ich␣gebe␣es␣dir	ich␣habe␣es␣dir ... (gegeben)
gebe␣ich␣ihn␣ihr?	habe␣ich␣ihn␣ihr ... (gegeben)?
gibst␣du␣ihn␣ihr?	hast␣du␣ihn␣ihr ... (gegeben)?
gebe␣ich␣ihn␣ihm?	habe␣ich␣ihn␣ihm ... (gegeben)?
gebe␣ich␣es␣dir?	habe␣ich␣es␣dir ... (gegeben)?

Anmerkung:
Die richtige Aussprache dieser Verbindungen ist sehr wichtig für das gesamte Klangbild des Satzes.

Der Satzgliedton

F 8 Der kleinste Bauteil eines Satzes ist die Sinngruppe. Ihre Funktion als Satzglied ist an einem Funktionskennzeichen zu erkennen. Besteht ein Satzglied aus mehreren Wörtern, trägt ein Wort den Hauptton, den Satzgliedton. Alle übrigen Wörter ordnen sich mit ihrem Wortton dem Satzgliedton unter. Der Satzgliedton ruht auf dem Gliedkern, wenn das Attribut den Gliedkern lediglich erklärt (*erklärendes Attribut*).

ein guter *Ma*ler, Deutschlands *Haupt*stadt, sehr *schnell*, heute *nach*mittag, ganz *hin*ten, Herr *Mei*er, modern *ein*gerichtet

Der Satzgliedton geht auf das Attribut über, wenn es zur Unterscheidung dient (*unterscheidendes Attribut*).

ein *gu*ter Maler, die Hauptstadt *Deutsch*lands, das Haus des *Kauf*manns, das Grundstück am *Wald*, du *Glück*licher, Sie als *Arzt*, jemand Be*kannt*es

Vergleiche:

erklärendes Attribut	*unterscheidendes Attribut*
Hast du mit dem jungen *Mäd*chen gesprochen?	Hast du mit dem *jun*gen Mädchen gesprochen?

Wenn es formal möglich ist, den Inhalt eines Attributs vor oder hinter den Gliedkern zu stellen, steht das erklärende Attribut vor und das unterscheidende Attribut hinter dem Gliedkern.

erklärendes Attribut	*unterscheidendes Attribut*
Wir haben uns über Deutschlands *Haupt*stadt unterhalten.	Wir haben uns über die Hauptstadt *Deutsch*lands unterhalten.
Hast du die heutige *Zei*tung schon gelesen?	Hast du die Zeitung von *heute* schon gelesen?

Der Satzton

Innerhalb eines Satzes trägt ein Satzglied den stärksten Ton, den Satzton. Alle   F 9
übrigen Satzglieder ordnen sich mit ihrem Satzgliedton dem Satzton unter.
Der Satzton ruht nur auf einem der Satzglieder, die entsprechend der Satzstruktur [→ E 40] zur Beschreibung des Sachverhalts dienen, und zwar vor
allem auf der im Satzfeld zuletzt genannten Rolle [→ G 9].

> Gestern hat der Junge dem Vater *die Zeitung* gebracht.
> Gestern hat sie der Junge *dem Vater* gebracht.
> Gestern hat sie ihm *der Junge* gebracht.
> Gestern hat Peter seinen Freund *um Geld* gebeten.
> Gestern hat Peter *seinen Freund* darum gebeten.
> Gestern hat ihn *Peter* darum gebeten.

Personalpronomen, Reflexivpronomen und Pronominaladverbien können den
Satzton nicht erhalten [→ F 7]. Wenn die Rollen von Personalpronomen oder
Pronominaladverbien vertreten werden, geht der Satzton auf den sinngeben-
den Prädikatteil über [→ E 54].

> Hat der Junge dem Vater *die Zeitung* gegeben? – Ja, gerade hat er sie
> ihm *gegeben.*
> Gab der Junge dem Vater *die Zeitung?* – Ja, gerade *gab* er sie ihm. Gerade
> wollte er sie ihm *geben.*

Wird das Geschehen oder das Sein durch eine Prädikatsergänzung beschrieben,
ruht der Satzton auf der Prädikatsergänzung [→ E 3].

> Gestern sind meine Freunde *nach Berlin* gefahren. – Herr Müller wollte
> schon seit seiner Jugend *Arzt* werden. – Der Professor hat dem Stu-
> denten *schwierige Fragen* gestellt. – Wir haben unser Zimmer noch nicht
> *in Ordnung* gebracht. – Bei den gestrigen Verhandlungen hat es *viele
> Mißverständnisse* gegeben.

Gliedsätze haben einen eigenen Satzton. Steht der Gliedsatz im Vorfeld eines   F 10
Satzes, ordnet sich der Satzton des Gliedsatzes dem Satzton des Mitteilungssatzes unter. Steht der Gliedsatz dagegen im Nachfeld des Mitteilungssatzes,
ordnet sich der Satzton des Mitteilungssatzes dem des Gliedsatzes unter.

> Als wir in München ankamen, begann es *zu régnen.* – Die Zeitungen
> meldeten, daß der Minister in unserer Stadt *eine Réde* halten wolle. –
> Wenn du mir Geld gibst, bringe ich dir *Zigarétten* mit.

423

F 11   Der Satzton ruht niemals auf dem Kontaktglied im Vorfeld.

Herr Breuer wollte mich im letzten Jahr *besuchen*. – Der Kranke wurde gestern im Krankenhaus *operiert*.

Angaben erhalten ebenfalls keinen Satzton.

Sie hat in der letzten Nacht schlecht *geträumt*. – Dem Verletzten wurde nach dem Unfall von einem Arzt *geholfen*. – Der Junge hat sich bei dem Herrn wegen seiner Ungezogenheit *entschuldigt*.

Der Reihenton

F 12   Wenn eine Satzfunktion von zwei oder mehr gleichartigen Wörtern übernommen wird, tritt der Reihenton auf, der sich jedoch nur auf diese Wortreihe bezieht.

In einer Wortreihe erhält das letzte Wort den stärksten Ton, den Reihenton. Ist die Wortreihe dreiteilig, erhält das mittlere Wort den geringsten Ton. Der Reihenton erreicht aber nicht die Stärke eines Satzgliedtons oder Satztons, wenn dieser dem betreffenden Wort nicht zukommt (Bem.: Das Satzglied mit dem Satzton ist kursiv gedruckt.)

Auf den Stràßen und Plàtzen fanden sich *viele junge Leute* ein. – Mittel und Wége müssen *zur Lösung der Schwierigkeiten* gefunden werden. – Wir schenkten dem Mädchen und dem Júngen *ein Stück Schokolade*. – Mein Vàter, meine Mutter und mein Brúder wollen mich morgen *besuchen*. – Viele blàue, gelbe und róte Blumen stehen *auf der Wiese*.

Folgt der Wortreihe unmittelbar ein stärkerer Ton, geht der Reihenton auf das erste Wort der Reihe über.

Er hat Stéin und Bein *geschworen*. – Sie sind mit Kínd und Kegel *abgereist*. – Sie haben Hímmel und Hölle *in Bewegung* gesetzt.

Stehen mehrere Angaben auf dem Satzfeld, erhält die letzte den Reihenton [→ E 73].

Wir sind gestern wegen des schlechten Wétters *zu Hause* geblieben. – Die Jungen warteten vor dem Radio mit Spánnung *auf die Sportergebnisse*.

Der Hinweiston

F 13   Der Hinweiston liegt auf Demonstrativpronomen, Demonstrativadverbien usw., wenn diese einen im Nachfeld folgenden Gliedsatz oder Attributsatz ankündigen. Der Hinweiston überlagert den Satzton.

Der Mann hat den Jungen *derart* geschlagen, daß er ins Krankenhaus gebracht werden mußte. – Nur *der* hat Erfolg im Leben, der fleißig arbeitet. – Wir haben uns *so* darüber gefreut, daß wir es allen erzählt haben.

424

Der Unterscheidungston

Wenn eine Mitteilung nicht den ganzen in einem Satz beschriebenen Sach- F 14 verhalt und die ihn begleitenden Umstände umfaßt, sondern nur den Inhalt eines Funktionsteils betrifft, erhält dieser Funktionsteil den Unterscheidungs- ton. Der Unterscheidungston überlagert den Satzton.

Jeder Funktionsteil eines Satzes (Satzglied oder Attribut) kann den Unter- scheidungston erhalten, wenn es der Redezusammenhang oder die Sprech- situation so verlangt. Der Unterscheidungston kann beim Lesen nur dann richtig eingesetzt werden, wenn alle Voraussetzungen, die zu der Mitteilung führten, bekannt sind [→ G 2]. Jede Mitteilung ändert sich grundlegend, wenn der Unterscheidungston auftritt und sie ändert sich je nach der Lage des Unter- scheidungstons.

Man vergleiche den unterschiedlichen Inhalt der Mitteilungen.

Satzton:

Gestern hat der Lehrer dem Schüler *das Buch* gegeben.

Unterscheidungston:

Gestern hat der Lehrer dem Schüler *das Buch* gegeben. (nicht etwa das Heft)
Gestern hat der Lehrer *dem Schüler* das Buch gegeben. (nicht etwa der Schülerin)
Gestern hat *der Lehrer* dem Schüler das Buch gegeben. (nicht etwa die Lehrerin)
Gestern hat der Lehrer *dem* Schüler das Buch gegeben. (nicht etwa einem anderen)
Gestern hat der Lehrer dem Schüler das Buch gegeben. (nicht etwa heute)
Der Lehrer hat dem Schüler das Buch *geschenkt* (nicht etwa nur geliehen)

Bei der mündlichen Rede, die sich eng an die gegenwärtige Sprechsituation F 15 anschließt, ergibt sich die richtige Satzintonation aus dem Redezusammen- hang. Da bei der mündlichen Rede der Unterscheidungston dem Satzglied einen höheren Mitteilungswert verleiht, braucht die Stellung der Satzglieder auf dem Satzfeld nicht unbedingt verändert zu werden. [→ E 67 ff.]

Satzton:

Ich habe in der vergangenen Woche *meine Fahrprüfung* gemacht.

Unterscheidungston:

Ich habe *in der vergangenen Woche* meine Fahrprüfung gemacht.
Ich habe meine Fahrprüfung *in der vergangenen Woche* gemacht.

Satzton:

Der Lehrer hat dem Schüler *das Buch* gegeben.

Unterscheidungston:

>Der Lehrer hat *dem Schüler* das Buch gegeben.
>Der Lehrer hat das Buch *dem Schüler* gegeben.

Satzton:

>Wem hat der Lehrer *das Buch* geliehen? – (Er hat es) *dem Schüler* (geliehen).

Unterscheidungston:

>*Wem* hat der Lehrer das Buch geliehen? – (Er hat es) *dem Schüler* (geliehen).

Satzton:

>An wen habt ihr gestern *gedacht?* – (Wir haben) *an deinen Bruder* (gedacht).

Unterscheidungston:

>*An wen* habt ihr gestern gedacht? – (Wir haben) *an deinen Bruder* (gedacht).

Satzton:

>Habt ihr wirklich an ihn *gedacht?* – Ja (, wir haben an ihn *gedacht*).

Unterscheidungston:

>Habt ihr wirklich *an ihn* gedacht? – Ja (, wir haben *an ihn* gedacht).

Der Gefühlston

F 16 In erregter Rede, besonders bei Ausrufen, tritt der Gefühlston auf. Der Gefühlston kann auf jedem Funktionsteil eines Satzes stehen und überlagert den Satzton oder den Unterscheidungston.

>Welch ein *schöner* Tag! – Dieser *miserable* Mensch! – *Dieser* miserable Mensch! – Der *undankbare* Mensch hat mich betrogen!' – Ich bin um mein *ganzes* Vermögen gekommen!

Die Arten der sprachlichen Äußerung

Die Leistung der Sprache wird durch die Arten der sprachlichen Äußerung G 1
bestimmt. Folgende Arten sprachlicher Äußerung lassen sich unterscheiden:
1. die Mitteilung
2. die Frage
3. die Aufforderung
4. der Ausruf

Die Mitteilung

Die Hauptaufgabe der Sprache ist es, dem Menschen als Mittel zur Mitteilung G 2
zu dienen. Zur Mitteilung gehören im weitesten Sinne Nachrichten und geäußerte Feststellungen, Wahrnehmungen, Urteile sowie eigene oder fremde
Schilderungen von Erlebtem, Geplantem oder Gedachtem.
Die Mitteilung enthält die Beschreibung oder Schilderung eines oder mehrerer
außersprachlicher Sachverhalte [→ G 8]. Den Anstoß zur Mitteilung gibt die
Sprechsituation. Äußerungsmotiv, Mitteilungsabsicht und Mitteilungszweck
sowie die subjektive Betrachtungsweise des außersprachlichen Sachverhalts
bestimmen Wortwahl und Ausdrucksweise.

Die Frage

Fragen geben wie die Sprechsituation den Anstoß zur Mitteilung oder zur G 3
Vervollständigung einer bereits erfolgten Mitteilung. Danach sind zwei Arten
von Fragen zu unterscheiden:
1. Entscheidungsfragen
2. Ergänzungsfragen

Entscheidungsfragen verlangen eine Mitteilung oder die Bestätigung über die
Gültigkeit oder Nichtgültigkeit des in der Frage beschriebenen Sachverhalts.

Haben Sie Ihre Ferien wieder im Ausland verbracht? – Ja (Nein).
Sind Sie diesmal nicht im Ausland gewesen? – Doch (Nein).

Ergänzungsfragen verlangen die Vervollständigung einer Information oder
einer erfolgten Mitteilung.

Wo sind Sie gestern eigentlich gewesen?
Wann sind Sie nach Hause gegangen?
Mit wem waren Sie zusammen?
Wie lange wollen Sie hierbleiben?

Fragen sind beim Sprechakt am Tonverlauf zu erkennen [→ F 2]. Gegen Ende
des Satzes wird der Ton nicht gesenkt, sondern bleibt angehoben. In der

Schrift wird der Tonverlauf einer Frage durch ein Fragezeichen (?) am Ende des Satzes gekennzeichnet.

G 4 Die typische Satzform für Entscheidungsfragen ist der Fragesatz, der mit dem ersten Prädikatsteil eingeleitet wird [→ E 55.4].

> *Haben* Sie schon zu Mittag gegessen?

Doch können Fragen auch mit einem Kontaktglied eingeleitet werden, so daß sie sich in der Satzform nicht von einem Mitteilungssatz unterscheiden. Lediglich der Tonverlauf weist die Äußerung als eine Frage aus.

> *Sie* haben schon zu Mittag gegessen?
> *Die Kinder* sind noch nicht zum Essen gekommen?

Die Antwort auf Entscheidungsfragen lautet *ja*, *nein* oder *doch*. Eine Wiederholung des in der Frage beschriebenen Sachverhalts erfolgt nur, um Mißverständnisse über den Inhalt der gegebenen Antwort zu vermeiden.

> Hat Ihnen der gestrige Film gefallen? – Ja.
> Haben Sie den Hauptdarsteller schon gekannt? – Nein.
> Hast du Hans gestern getroffen? – Ja, ich habe ihn getroffen.

Die Antwort enthält meist noch eine Mitteilung, die über die Frage hinausgeht. Nur so bleibt das Gespräch im Fluß.

> Hast du Hans gestern getroffen? – Ja, endlich! *Drei Tage habe ich ihn gesucht.*

G 5 Die Antwort mit *ja* besagt, daß der in der Frage beschriebene Sachverhalt zutrifft.

> Liebst du mich? – *Ja.*
> Bist du glücklich? – *Ja.*

Die Antwort mit *doch* besagt, daß der in der Frage als unzutreffend beschriebene Sachverhalt tatsächlich besteht.

> Hast du *kein* Geld? – *Doch.*
> Sind Sie *nicht* zufrieden? – *Doch* (, ich bin zufrieden).

Man beachte: Sind Sie *un*zufrieden? – *Nein* (, ich bin zufrieden).

Die Antwort mit *nein* besagt, daß der in der Frage beschriebene Sachverhalt nicht zutrifft.

> Hast du jetzt Zeit? – *Nein.*
> Bist du mir böse? – *Nein.*

Sie bestätigt auch, daß der in der Frage als unzutreffend beschriebene Sachverhalt tatsächlich nicht zutrifft.

> Wart ihr noch nie in einem Theater? – *Nein.*
> Hast du Hans gestern nicht gesehen? – *Nein* (, ich habe ihn nicht gesehen).

Wenn der Sprecher eine Bestätigung wünscht, schließt er an seine Mitteilung die Frageformel *nicht wahr* oder verkürzt *nicht* an, oft fügt er das Modalglied *doch* in die Frage ein.

Der gestrige Film war *doch* gut, *nicht wahr?*
Der Junge ist *doch* wirklich nicht intelligent, *nicht wahr?*

Wünscht der Sprecher, daß man seine Bewunderung oder seine Abscheu über einen Sachverhalt teilt, fügt er in seine Frage das Modalglied *nicht* ein. Die Antwort darauf kann nur *ja* sein. *Nicht* ist hier Modalglied [→E 27], aber nicht Negation.

Ist dieses Bild *nicht* schön? – Ja, mir gefällt es auch.
Ist mein neuer Wagen *nicht* schick? – Ja, das ist er.

Die Aufforderung

Die Aufforderung ist eine sprachliche Äußerung, die vom Angesprochenen ein G 6
bestimmtes Verhalten verlangt. Sie verlangt, daß der mit ihr beschriebene Sachverhalt herbeigeführt wird. Aufforderungen sind beim Sprechakt am Tonverlauf zu erkennen [→ F 2]. Am Ende des Satzes bleibt der Ton angehoben. In der Schrift wird der Tonverlauf einer Aufforderung durch ein Ausrufungszeichen (!) am Ende des Satzes gekennzeichnet.
Die Aufforderung kann formal durch die Imperativform [→B 13] und eine bestimmte Satzform wiedergegeben werden, bei der der erste Prädikatsteil die Aufforderung einleitet (Imperativsatz).

Geht jetzt ins Bett, Kinder!
Laßt uns nach Hause gehen!

Doch können Aufforderungen auch mit einem Kontaktglied eingeleitet werden, so daß sich eine Aufforderung formal nicht von einem Mitteilungssatz unterscheidet. Lediglich der Tonverlauf macht es deutlich, daß es sich bei dieser Äußerung um eine Aufforderung handelt.

Jetzt geht ihr ins Bett, Kinder!
Wir wollen jetzt nach Hause gehen!

Die Aufforderung richtet sich im allgemeinen unmittelbar an den Angesprochenen.

Iß! – Seid ruhig! – Besuchen Sie mich einmal! – Schließen Sie bitte die Tür! – Du wirst jetzt deine Schulaufgaben machen! – Sie fahren morgen zu unserer Filiale nach Stuttgart!

Sie kann den Sprecher mit einschließen:

Laßt uns hierbleiben! – Wir wollen jetzt gehen! – Gehen wir ein wenig in den Garten!

Sie kann auch an eine dritte, nicht anwesende Person gerichtet sein, die von dem Angesprochenen informiert werden soll.

> Peter soll sofort zu mir kommen! – Herr Breuer möchte mich morgen anrufen!

Hierbei kann auch der Konjunktiv I gebraucht werden. Allerdings ist dieser Gebrauch altertümlich.

> *Man nehme* 6 Eier und 200 g Zucker. (Aus Omas Kochbuch) – Lang *lebe* das Geburtstagskind!

In der Äußerung kann zum Ausdruck kommen, daß die Aufforderung übermittelt wird.

> Peter, du *sollst* sofort zum Schulleiter kommen. – Herr Breuer, Sie *möchten* morgen bitte den Chef anrufen.

Der Ausruf

G 7   Der Ausruf ist eine spontane Äußerung, die einen von den Anwesenden beobachteten bestehenden Sachverhalt feststellt. Ein Ausruf braucht nicht unbedingt einen Adressaten, doch wird im allgemeinen eine Bestätigung und Zustimmung von den Anwesenden erwartet. Ein Ausruf ist an keine bestimmte Satzform gebunden und nur am Tonverlauf der Äußerung festzustellen. In der Schrift wird er durch ein Ausrufungszeichen (!) gekennzeichnet.

> Welch ein schöner Tag! – Habt ihr schon jemals einen besseren Wein getrunken!? – Heute regnet es doch schon wieder! – Hast du doch schon wieder den gleichen Fehler gemacht! – Da steigen die Kinder schon wieder über unseren Zaun!

Die Inhalte eines Satzes

Geschehen, Sein

Die meisten, wenn nicht gar alle außersprachlichen Sachverhalte, die wahr- G 8 nehmbar oder denkbar sind und mit Hilfe der Sprache beschrieben werden können, lassen sich als Geschehen oder als Sein verstehen. Geschehen stellen solche Sachverhalte dar, bei denen Bewegung oder Veränderung wahrgenommen werden. Sein sind Sachverhalte, bei denen weder Bewegung noch Veränderung wahrgenommen werden.

Geschehen: Der Mann arbeitet. – Der Motor läuft. – Der Schlafende atmet ruhig.

Sein: Der Junge schläft. – Das Buch liegt auf dem Tisch. – Es herrscht Ruhe.

Bei Geschehen ist zwischen Handlungen und Vorgängen zu unterscheiden. Als Handlungen sind solche Geschehen anzusehen, für deren Zustandekommen die im Subjekt genannte Person verantwortlich gemacht werden kann. Bei Handlungen können also nur Personen, Personengruppen oder Institutionen als Subjekt auftreten; natürlich auch Tiere, deren Verhalten man als Willensakt betrachtet.

Die Sportler begeben sich ins Stadion. – Die Baufirma Schweiger baut hier ein neues Schulhaus. – Man hat dort dem Dichter ein Denkmal errichtet. – Im Herbst fliegen die Vögel nach dem Süden.

Vorgänge sind jene Geschehen, die nicht verhindert werden können oder die sich ohne Verantwortung der im Subjekt genannten Person vollziehen, sowie alle Geschehen, bei denen eine Sache als Subjekt des Satzes genannt wird.

Es blitzt. – Es kracht. – Peter hat einen Brief bekommen. – Ich bin Peter auf der Straße begegnet. – Das Tier stirbt. – Das Unglück naht. – Der Zug nähert sich. – Ich koche vor Wut. – Der Mann wurde verhaftet. – Der Autofahrer ist mit seinem Wagen in den Straßengraben geraten. – Der Fahrer ist schwerverletzt ins Krankenhaus gekommen. – Der Zustand des Verletzten verschlechtert sich.

Viele Geschehen können als Handlung oder als Vorgang geschildert werden, je nachdem welche Mitteilungsperspektive vom Sprecher gewählt wird [→ G 38].

Man hat den Dieb bestraft. – Der Dieb ist bestraft worden. – Der Dieb hat seine Strafe bekommen.

Die Rollen

G 9 Ein Sachverhalt ergibt sich aus dem Verhalten von Personen zueinander, dem Verhalten von Personen zu Dingen und den Beziehungen von Dingen untereinander oder zu Personen. Diese werden wahrgenommen, festgestellt und sprachlich zum Ausdruck gebracht. Die Personen und Dinge, die einen Sachverhalt herstellen oder in einen Sachverhalt einbezogen sind, sind als Rollen zu betrachten.

Die Art eines Sachverhalts wird von der Anzahl der Rollen bestimmt. Es sind bis zu drei Rollen denkbar, die einen Sachverhalt herstellen können. Sie treten in einem Satz in den Subjekt- und Objektfunktionen auf. Daraus ergeben sich zur Beschreibung des Sachverhalts bestimmte Satzstrukturformen [→E 40 f.], die die Wahl der geeigneten lexikalischen Mittel bestimmen.

eine Rolle: *Die Leute* singen. – *Mir* wird übel. – *Das Mädchen* ist hübsch. – *Fritz* macht einen Ausflug.

zwei Rollen: *Karl* besucht *seinen Onkel*. – *Er* hat *mich* gelobt. – *Seine Frau* trägt *elegante Kleider*. – *Sie* hat *ihm* eine Ohrfeige gegeben.

drei Rollen: *Vater* hat *mir einen Fotoapparat* geschenkt. – *Ich* möchte *dich auf das günstige Angebot* aufmerksam machen.

Es gibt auch Sachverhalte, bei denen keine Rollen erkennbar sind. In diesen Fällen tritt zur Beibehaltung der Satzstruktur ein Funktionssubjekt [→ E 12] auf oder das Geschehen/Sein wird von einem Prädikatssubjekt bezeichnet [→ E 12, G 38.3].

Es schneit. – *Es* brennt. – *Ein Unheil* naht. – Gestern ist im Nachbardorf *ein Feuer* ausgebrochen.

Wenn auf Grund der Mitteilungsperspektive ein Geschehen mit einem Passivsatz [→ G 38.3, B 87] beschrieben wird, wird der Urheber oder die Ursache des Geschehens nicht als Rolle angesehen und erscheint deswegen auch nicht innerhalb der Satzstruktur als Subjekt oder Objekt, sondern ist eine Angabe [→ E 24.5].

Das Hotelzimmer ist mir *durch ein Reisebüro* vermittelt worden. – Der Brief wurde nur *durch Boten* übersandt.

Die Umstände

G 10 Jeder wahrnehmbare Sachverhalt ist von bestimmten Umständen begleitet, die bei der Beschreibung des Sachverhalts mit genannt werden können, damit der Hörer z. B. weiß, wo der Sachverhalt zu lokalisieren und wie er zeitlich einzuordnen ist. Diese Angaben der Umstände sind für die Identifizierung des Sachverhalts meistens unerläßlich; zum andern dienen sie auch zur Charakterisierung des beschriebenen Sachverhalts und können sogar Kern der Mitteilung

sein. Das ist insbesondere bei den Angaben des Grundes und der Begleitumstände, der Art und Weise, der Fall.

> Der Zug hatte *wegen eines Maschinenschadens* 30 Minuten Verspätung. –
> Karl hat uns *mit seiner Frau* besucht. – Ich habe Herrn Müller den Brief
> *gestern* geschrieben. – Meine Frau hat ihr Kleid *in München* gekauft.

Zu den Umständen, die bei der Beschreibung eines Sachverhalts ebenfalls genannt werden, gehören Zeit, Ort, Grund sowie Art und Weise.

Die Zeit

Das System der deutschen Zeitformen im Prädikat läßt nur sehr ungenau er- G 11
kennen, in welcher Zeitlage der beschriebene Sachverhalt vorzufinden ist
[→B 61]. Eindeutig läßt sich mit den Zeitformen nur ausdrücken, daß der Sachverhalt in der Vergangenheit liegt, daß er abgeschlossen, jetzt also nicht mehr
vorzufinden ist.

> Er *studierte* Medizin. – Ich *habe* mein Geld *verloren*. – Peter *war* krank. –
> Wir *hatten* Hunger.

Zum Ausdruck der Gegenwart und der Zukunft reicht das System der Zeitformen nicht aus.

> Wir arbeiten. *(jetzt, morgen, seit mehreren Wochen)*
> Er wird zu Hause sein. *(jetzt, morgen, seit mehreren Wochen)*

Um deutlich auszudrücken, zu welcher Zeit ein Sachverhalt vorzufinden ist,
muß die Zeit angegeben werden. Dies geschieht mit Hilfe der Temporalangaben [→ E 24.2].
Die Angabe der Zeit kann einen Zeitpunkt oder eine Zeiterstreckung betreffen.

Zeitpunkt: jetzt, in diesem Moment, um 5 Uhr 30
Zeiterstreckung: drei Tage, von heute bis Montag, ständig

Zeiterstreckungen können genau begrenzt werden.

Beginn: ab gestern, von jetzt ab, von morgen an, ab Montag
Ende: bis heute, bis zum 5. März

Beginn und Ende: vom 11. Mai bis zum 15. Juni, von 9 bis 11 Uhr, zwei
                 Wochen, drei Jahre lang

Es kann die objektive Zeit angegeben werden.

> am 25. September, am Dienstag, dem 3. 2. 1960

Ebenso auch die subjektive, auf die Sprechsituation bezogene Zeit.

> morgen, nachher, vorhin, eben, gerade, in diesem Augen-
> blick

Zur Angabe der Zeit brauchen nicht nur Zeitbegriffe eingesetzt werden, es können auch Sachverhalte zur zeitlichen Orientierung dienen. Damit wird ausgedrückt, daß der mitgeteilte Sachverhalt mit einem anderen genannten oder beschriebenen Sachverhalt in zeitlicher Beziehung steht.

Bei unserem gestrigen Theaterbesuch haben wir Herrn Doktor Meier getroffen.
Als wir gestern im Theater waren, haben wir Herrn Doktor Meier getroffen.
Wenn du kommst, werden wir zu Hause sein.

Der Ort

G 12   Die Angabe des Ortes, wo der beschriebene Sachverhalt anzutreffen ist, erfolgt mit Hilfe der Lokalangaben [→ E 24.1].

in Hamburg, *auf* dem Karolinenplatz, *vor* dem Hotel *zur* Post *in* Darmstadt, *jenseits* des Rheins

Es können auch subjektiv bezogene Ortsangaben gemacht werden.

vor unserem Haus, *von* hier *bis* München, *dort drüben, auf* der anderen Straßenseite, *in* diesem Haus

Zur Angabe des Orts brauchen nicht nur Ortsnamen oder topografische Bezeichnungen eingesetzt werden. Es können auch Personen genannt werden, deren Aufenthaltsort oder Wohnort mit der Namensnennung gemeint ist.

bei Dr. Schmidt, *bei* Familie Fuchs, *bei* mir

Ebenso können Sachverhalte zur lokalen Orientierung dienen. Man drückt dabei aus, daß der mitgeteilte Sachverhalt am gleichen Ort vorzufinden ist wie der zur lokalen Orientierung beschriebene Sachverhalt.

Ich habe meinen Freund *genau dort* getroffen, *wo du ihn gestern gesehen hast.*

Der Grund

G 13   Die Angabe des Grundes, der für das Zustandekommen des mitgeteilten Sachverhalts ausschlaggebend war, wird mit Hilfe der Kausalangaben [→ E 24.4] ausgedrückt. Als Grund wird oft ein Sachverhalt angegeben.

Die Sportveranstaltung mußte *wegen schlechten Wetters* ausfallen. – Das Mädchen zitterte *vor Angst* am ganzen Leib. – Wir konnten gestern nicht ausgehen, *weil ich noch eine Menge zu tun hatte.*

Auch Personen können als Grund für den mitgeteilten Sachverhalt angegeben werden.

Wir müssen *wegen unserer Kinder* abends zu Hause sein.

Begleitumstände, Art und Weise

Der mitgeteilte Sachverhalt kann mit der Erwähnung von Umständen, die ihn G 14 begleiten, besonders charakterisiert werden. Die Nennung des Zwecks, der für das Zustandekommen des Sachverhalts wesentlich war, kann für die Mitteilung von besonderer Bedeutung sein. Das gleiche gilt auch für Bezeichnung oder Beschreibung der Art und Weise, wie ein Sachverhalt zustandekommt. Alle diese Angaben werden mit Hilfe der Modalangaben [→ E 24.3] gemacht.

Begleitumstand:

> *Von allen Hunden gehetzt,* rannte der Hase in den Wald. – Die Schulkinder gingen *laut singend* zum Sportplatz.

Zweck:

> Der junge Mann arbeitet *ausschließlich für sein berufliches Fortkommen.* – Er bereitet sich auf eine Prüfung vor, *um eine bessere Stellung in der Wirtschaft zu erhalten.* – Geht leise, *damit die Kinder nicht aufwachen.*

Art und Weise:

> Die Jungen gingen *vorsichtig* auf das Eis. – Setzen Sie den Motor in Gang, *indem Sie den Anlasser betätigen.*

Der Sprecher und der geschilderte Sachverhalt

G 15 Eine sprachliche Äußerung kann außer der Beschreibung eines außersprachlichen Sachverhalts auch die Stellungnahme des Sprechers zu dem von ihm geschilderten Sachverhalt sowie auch eine bestimmte Haltung gegenüber dem Gesprächspartner, dem Hörer, enthalten. Diese Stellungnahme und die Haltung zum Hörer finden ihren Ausdruck durch bestimmte grammatische Mittel, wenn er sie nicht als Einleitung seiner Mitteilung deutlich zum Ausdruck bringen will.

Die Stellungnahmen können die Mitteilung usw. einleiten.

Ich bin sicher, daß ...	Ich vermute, daß ...
Ich bin überzeugt, daß ...	Ich bezweifle, daß ...
Ich halte es für möglich, daß ...	Ich hoffe, daß ...
Ich glaube, daß ...	Ich befürchte, daß ...

Meistens wird jedoch die Stellungnahme des Sprechers durch grammatische Mittel wiedergegeben. Diese Mittel sind vor allem Modalglieder [→E 27], Rangattribute [→E 39], die Modalverben [→ B 132], das Futur [→ B 69], der Konjunktiv [→ B 70].

Der geschilderte Sachverhalt entspricht den Tatsachen

G 16 Der Sprecher nimmt keine Stellung zu dem beschriebenen Sachverhalt. Er stellt ihn als *Tatsache* hin [→ B 132].

> Gestern hat sich in der Stadt ein Verkehrsunfall ereignet.

Der Sprecher teilt den *Willen*, den Wunsch oder die Bereitschaft einer Person mit.

> Peter *hat den* festen *Willen*, Inge zu heiraten. – Der Junge *will* nach Hause. – Der alte Mann *will* arbeiten, aber er findet keine Arbeit.
> Er *hat* den *Wunsch*, Sie bald wiederzusehen. – Der Junge *möchte* dieses Buch von der Bibliothek ausleihen.
> Er *ist bereit*, den Kaufvertrag zu unterschreiben. – Er *versucht*, die Telefonnummer nicht zu vergessen. – Er *wollte* sich entschuldigen, fand aber keine Gelegenheit dazu. – Ich *versuche*, dein Verhalten zu vergessen.

Er teilt das *Bestreben* einer Person mit [→ B 133.1].

> Er *ist bestrebt*, alle Leute zufriedenzustellen. – Er *versucht*, die Leute zu verstehen. – Die Zuschauer *wollen* den Trick des Zauberers durchschauen. – Der Mann *will* nicht verhaftet werden.

Er teilt mit, daß jemand *Lust* oder *Neigung* hat, etwas zu tun [B 134.1].

> Er *hat Lust*, heute ins Kino zu gehen. – Hilde *möchte* gern nähen lernen.

Er teilt mit, daß eine Person *Sympathie* oder *Zuneigung* für jemanden oder etwas hegt [→ 134.1].

> Hans *mag* Peter. – Er *mag* keine Egoisten. – Die Bauern *mochten* die Städter nicht.
> Früher *mochte* er Jazz nicht, jetzt *mag* er ihn. – Sie *mag* keinen Fisch. – *Mögen* Sie Bier? – Ja, doch *möchte* ich jetzt keines. – *Lieben* Sie Brahms?

Er teilt die *Natur* oder *Veranlagung* von jemandem mit [→ B 136.1].   G 17

> Der Junge *muß* immer Unfrieden stiften. – Es *liegt an seiner Natur*, immer schüchtern zu sein. – Kurt *muß* sich bei den Leuten immer wichtig machen.

Er teilt etwas über die *Fähigkeiten* einer Person mit [→ B 135.1].

> Mein Bruder *kann* Englisch. – Die Schülerin *kann* gut Gedichte aufsagen. – Katzen *sind fähig*, in der Dunkelheit zu sehen.

Er teilt die *Absicht*, den *Plan* oder den *Entschluß* einer Person mit, etwas zu tun. [→ B 133.1]

> Kurt *will* jetzt zu seinem Freund gehen. – Die Leute *wollen* nächstes Jahr nach Frankreich fahren. – Er *hat* die *Absicht*, sein Haus zu verkaufen. – *Wird* uns Hans *nun* morgen besuchen?

Der Sprecher teilt mit, daß eine *Absicht*, ein *Plan* besteht oder ein *Beschluß* ge-   G 18 faßt wurde, den beschriebenen Sachverhalt zu verwirklichen [→ B 138.1].

> Am nächsten Montag *soll* im Kursaal ein Konzert stattfinden. – Es *ist geplant*, den Neubau nächstes Frühjahr in Angriff zu nehmen.
> Nächste Woche *soll* der Kaufvertrag geschlossen werden. – Der Vertreter der Firma *soll* die neue Haushaltsmaschine morgen bei uns vorführen.

Er teilt mit, daß von dritter Seite die *Gelegenheit* wahrgenommen wurde, einen Sachverhalt herbeizuführen [→ B 135.1].

> Der Dieb *konnte* gestern verhaftet werden. – Bei der Feier *konnte* der Bürgermeister begrüßt werden.

Er teilt mit, daß die *Voraussetzungen* zum Zustandekommen eines Sachverhalts günstig sind [→ B 135.1].

> Bei diesem schönen Wetter *kann* die Wäsche schnell trocknen. – Nach Ihrem Horoskop *können* Sie jetzt heiraten.

Er teilt die *Voraussetzungen* mit, die jemand haben muß, um eine Aufgabe zu erfüllen [→ B 138.1].

> Die Firma sucht eine Sekretärin. Sie *soll* perfekt Stenografie und maschineschreiben können. – Wer bei einer Exportfirma arbeiten will, *sollte* mindestens zwei Fremdsprachen sprechen.

Er teilt die *Verpflichtungen* mit, die jemand hat.

> Herr Fuchs *hat* als Journalist viele Zeitungen *zu* lesen. – Ein Gastgeber *hat* seine Gäste *zu* begrüßen. – Du *hast* als Beamter deine Pflicht *zu* tun. – In dieser Stellung *muß* man immer gut angezogen sein.

Er teilt den *Auftrag* mit, den jemand erhalten hat [→ B 138.1].

> Der Polizist *hat* den Mann fest*zu*nehmen. – Die Sekretärin *hat* den Brief zur Post *zu* bringen. – Sie *soll* das sofort erledigen.

G 19 Der Sprecher teilt mit, daß ein *Zwang* zur Verwirklichung eines Sachverhalts besteht. Der Zwang geht von der allgemeinen Ansicht über Brauch und Sitte aus [→ B 136.1].

> Der Gastgeber *muß* seine Gäste begrüßen. – Es *ist üblich*, daß man in einem Haus die Kopfbedeckung abnimmt.

Der Zwang wird durch den Beruf oder die Stellung ausgelöst [→ B 136.1].

> Der Arzt *muß* Kranken helfen. – Wegen Unkorrektheiten im Amt *war* der Minister *gezwungen* zurückzutreten.

Der Zwang wird durch die Umstände oder die Lage ausgelöst [→ B 136.1].

> Die Revolution *zwang* den Monarchen, auf seinen Thron zu verzichten. – Wegen des schlechten Wetters *mußte* die Aufführung im Freilicht-theater abgebrochen werden. – Wer eine große Familie hat, *muß* oft auf vieles verzichten.

Es besteht ein Zwang, der keine Alternative zuläßt. Ein Widerspruch ist nicht möglich.

> Die Leute *haben* hier *zu* warten. – Hier *hat* niemand herum*zu*stehen.

Er teilt mit, daß jemand unter einem *Zwang* steht, der von einer Person ausgeht [→ B 136.1].

> Inge *muß* heute ihrer Mutter beim Nähen helfen. – Peter *muß* Ingenieur werden, weil es sein Vater so will. – Jemand *hat* ihn dazu *gezwungen*, sein Versprechen zu brechen.

Er teilt mit, daß jemand die *Möglichkeit* hat oder die Gelegenheit findet, etwas zu tun [→ B 135.1].

> Von dieser Anhöhe aus *könnt* ihr die ganze Stadt überblicken. – Ihm wurde die *Möglichkeit geboten*, im Ausland zu studieren. – Er *fand* unterwegs *die Gelegenheit*, uns anzurufen.

Er teilt mit, daß für jemanden günstige *Voraussetzungen* bestehen, etwas zu tun [→ B 135.1].

> Du *kannst* die Fehler verbessern, weil du weißt, was richtig ist oder falsch. – Jetzt *können* wir gehen Es hat aufgehört zu regnen.

Er teilt mit, daß jemand die *Erlaubnis* bekommen hat oder die Genehmigung besitzt, etwas zu tun [→ B 137.1].

> Der Autofahrer *darf* die Privatstraße benutzen. – Ein Schutzmann *darf* nur mit einem Durchsuchungsbefehl eine Wohnung betreten. – Hunde *dürfen* in einem Wald nicht frei umherlaufen.

Er teilt mit, daß jemand das *Recht* oder die *Befugnis* hat, etwas zu tun [→ B 137.1].

> Mit bestandenem Examen *dürfen* Sie Ihren akademischen Titel führen. – Wer 21 Jahre alt ist, *darf* wählen.

Der Sprecher erklärt den *Sinn* oder *Zweck* einer Sache [→ B 138.1[.

> Dies *soll* meine Doktorarbeit werden. – Das Gebäude *soll* ein Theater sein, sieht aber wie eine Flugzeughalle aus.

Der Sprecher nimmt zu dem von ihm beschriebenen Sachverhalt Stellung

Der Sprecher drückt seine *Vermutung* über einen bestehenden, bestandenen oder noch zu erwartenden Sachverhalt aus [→ B 69.2].   **G 20**

> Herr Müller *wird* um diese Zeit im Büro sein. – Nächstes Jahr *werden* wir in Amerika sein. – *Vielleicht* kommt Hans morgen. – Ich *nehme an,* daß er jetzt schon auf dem Wege zu uns ist.

Er *kündigt* einen Sachverhalt *an,* über dessen Zustandekommen kaum ein Zweifel besteht [→ B 69.3].

> Morgen *werden* meine Eltern kommen. – Es *besteht kein Zweifel,* daß Kurt die Prüfung in der nächsten Woche besteht. – Ich *bin sicher,* daß der Mann bestraft wird.

Er drückt seinen *Zweifel* über eine Behauptung aus, die jemand aufgestellt hat [→ B 133.2].

> Der Mann *will* Arzt sein. – Er *will* in Paris Medizin studiert haben. – Ich *bezweifle,* daß sich dieser Streit schnell beilegen läßt.

Er drückt seine *Erwartung* oder *Befürchtung* aus, daß ein Sachverhalt zustande-kommt [→ B 69.1].

> Morgen *wird* es *sicher* wieder regnen. – Du *wirst schon* Erfolg haben. – Lauf nicht so schnell, du *wirst noch* fallen! – Hast du *etwa* dein Haus verkauft? – Deine Eltern kommen *doch nicht etwa?* – Ich *möchte nicht hoffen,* daß du wieder zu spät gekommen bist. – Ihr seid *hoffentlich* alle anwesend.

Er drückt einen *Wunsch* aus, der sich auf das Befinden einer Person, auf die Eigenschaft oder Menge bezieht [→ B 138.2].

> Du *sollst* mein Freund sein. – Er *soll* sich bei uns wie zu Hause fühlen. – Günter möchte eine Frau heiraten, die schön und reich sein *soll.*

Der Sprecher wünscht sich einen Sachverhalt herbei. Die Verwirklichung der beschriebenen Sachverhalte ist noch möglich, weil die Geschehen in der Zukunft liegen [→ B 74].

> *Kämen doch* morgen meine Eltern! – *Würden* wir *doch* einmal das Große Los gewinnen!

Die Verwirklichung der beschriebenen Sachverhalte ist nicht mehr möglich. Die Tatsachen sind nicht mehr zu ändern [→ B 74].

> *Wäre* ich *doch* jetzt zu Hause! – *Hätte* ich dir *doch* nicht das Geld geliehen!

Er äußert eine *höfliche Bitte* oder gibt die Bitte eines Dritten weiter. Die Erfüllung der Bitte bleibt dem Angesprochenen überlassen [→ B 77].

> Ich *hätte* von Ihnen *gerne* eine Auskunft. – Wir *hätten gerne* mit Ihnen gesprochen. – Herr Müller *wäre* heute *gerne einmal* bei Ihnen vorbeigekommen.

G 22 Der Sprecher gibt einen *Rat*, eine *Empfehlung* zur richtigen, sachgerechten Behandlung einer Sache [→ B 133.1].

> Diese Maschine *will* gut gepflegt werden. – Diese Pflanze *will* täglich frisches Wasser. – Unser Plan *will* überlegt sein. – Diese Dinge *verlangen* sorgsame Behandlung. – Butter *darf* nicht in der Sonne liegen. – Das Gemüse *muß* eine halbe Stunde kochen, bis es gar ist. – Sie *müssen* hier auf den Knopf drücken, wenn die Tür aufgehen soll.

Er drückt eine *Empfehlung* zu einem Verhalten oder einer Handlung aus [→ B 136].

> Du *mußt wirklich einmal* auf Urlaub fahren. – Sie *müssen* sich den Film *einmal* ansehen. – Diese Themen *müssen einmal* besprochen werden.

Er gibt eine *Belehrung* zu einem vernünftigen Tun oder einer allgemeingültigen Pflicht [→ B 138.1].

> Du *sollst* nicht so viel lesen, das schadet deinen Augen. – Man *soll* sich vor allem auf sich selbst verlassen, nicht so sehr auf andere. – Jeder *soll* dem andern helfen. – Man *soll* im Straßenverkehr rücksichtsvoll sein.

Er gibt eine *Ermahnung* zur Unterlassung einer Handlung [→ B 136.1].

> Sie *müssen* den Hund nicht immer ärgern. – Du *mußt* mich nicht immer stören. – Die Kinder *müssen doch* nicht immer in unseren Garten kommen.

G 23 Der Sprecher gibt seiner *Enttäuschung* über das Ausbleiben eines Vorgangs Ausdruck [→ B 133.1].

> Bei der feuchten Witterung *will* die Wäsche nicht trocknen. – Ich *weiß nicht*, was mit dem Ofen los ist. Das Feuer *will* nicht brennen. – Der Regen *will* heute überhaupt nicht mehr aufhören.

Er drückt seine Enttäuschung über eine unvermeidliche Erfahrung aus [→B138.1]

> Ich *soll* beim Glücksspiel *eben* nicht gewinnen. – Ich *muß* dem Mann *leider* eine große Nachlässigkeit vorwerfen. – *Leider mußten* wir feststellen, daß sich die Lage noch nicht gebessert hat.

Er drückt sein *Bedauern* über die Unterlassung eines Tuns oder Verhaltens aus [→ B 138.1].

> Wir *hätten nicht* so schnell gehen *sollen*, jetzt sind wir außer Atem. – Du *hättest* im Bett bleiben *sollen*, dann wärst du sicher schneller gesund geworden.

Er gibt ein *Versprechen*, mit dem er sich einem anderen gegenüber verpflichtet [→ B 138.1].

> Du *sollst* mit mir zufrieden sein. – Eure Wünsche *sollen* erfüllt werden. – Sie *sollen* sehen, daß ich mich bei unserem Direktor beschweren werde.

Der Sprecher zieht eine *Schlußfolgerung* [→ B 136.2].

> Meine Voraussagen *müssen* sich eines Tages bewahrheiten. – Man *mußte* sich in sie verlieben. So schön war sie. – Ich *muß* in der Tat einen komischen Vogel ... abgegeben haben. *(Grass)*

Er *mutet* jemandem *zu*, etwas zu tun oder zu ertragen.

> Die Schmerzen *sind auszu*halten. – Die Arbeit *ist* gut *zu* schaffen.

Der Sprecher drückt seine *Absicht* aus [→ B 69.3].

> Ich *werde* morgen zu Ihnen kommen. – Ich *habe die Absicht*, meinen Wagen zu verkaufen.

Der Sprecher *stellt sich* einen Sachverhalt *vor* [→ B 73].   G 24

> *Würde* Hans nicht so vorsichtig *fahren*, so *wäre* es gestern sicher zu einem Unfall gekommen. – Wenn ich Peter darum gebeten *hätte*, *hätte* er mir das Geld geliehen. – *Müßte* ich mich morgen nicht mit Hans treffen, *hätte* ich dich eingeladen.

Der Sprecher stellt sich einen Sachverhalt vor, dessen Verwirklichung möglich ist, weil die Geschehen in der Zukunft liegen [→ B 76].

> Wenn Sie Medizin *studierten*, *würden* Sie bestimmt ein guter Arzt. – Wenn mir mein Vater bis morgen das Geld *schickte*, *könnte* ich euch auf eurer Reise begleiten. – Wenn euch Hans jetzt in dieser Kleidung *sähe*, *hielte* er euch für Vagabunden.

Die Verwirklichung der beschriebenen Sachverhalte war möglich, doch sind die Tatsachen jetzt anders [→ B 72].

> Ich hätte gestern mit euch fahren können, wenn ihr mir rechtzeitig Bescheid gesagt *hättet*. – Der Weg nach Anger war im Winter so verschneit, daß wir sicher zwei Stunden gebraucht *hätten*, um dorthin zu kommen.

Der Sprecher stellt sich einen Sachverhalt vor, dessen Verwirklichung außerhalb des Möglichen ist [→ B 73].

> *Wohnte* ich in München, *ginge* ich jede Woche ins Theater. – Gestern *hätte* ich die Arbeit schneller beenden können. – Kurt *könnte* jetzt Ingenieur sein, wenn er zu Ende studiert *hätte*.

Ein anderer als der gegebene Umstand hätte den Sachverhalt nicht zugelassen [→ B 72].

> An keinem anderen Ort *hätten* wir uns besser erholen können. – Anderswo *wäre* es sicher nicht so schön gewesen. – Ohne die Unterstützung meiner Eltern *hätte* ich nicht so weit reisen können.

Der gegebene Sachverhalt läßt die Verwirklichung des gedachten Sachverhalts nicht zu [→ B 72].

> Peter ist *zu* klug, als daß er diesen Fehler *beginge*. – Auf der Straße war es *zu* dunkel, als daß wir ihn *hätten* erkennen *können*. – Der Wagen fuhr *zu* schnell, als daß wir ihn hätten einholen können. – Er war in zu großer Bedrängnis, als daß er uns noch hätte Hilfe leisten können.

Ein anderer Sachverhalt als der gegebene ist nicht möglich [→ B 72].

> Es gibt nichts, was mir mehr Freude machen *würde*. – Es war niemand da, der uns *hätte* Auskunft geben können.

G 25   Der Sprecher stellt einen Sachverhalt fest. Doch hält er es für möglich, daß er sich täuscht [→ B 72].

> So, jetzt *hätten* wir unsere Arbeit getan. – Nun *hätten* Sie Ihre Krankheit überstanden. – Jetzt *wären* wir endlich in München!

Man kann dabei immer ergänzen: ..., wenn nicht noch etwas dazwischenkommt ..., wenn ich mich nicht getäuscht habe.

Der Sprecher *stellt* einen Sachverhalt *fest*, nimmt dabei aber Rücksicht auf eine mögliche andere Meinung des Angesprochenen [→ B 72].

> Ich *hielte* es für besser, wenn wir zu Hause blieben. – Ich *wüßte* eine bessere Lösung für unser Problem. – Der Junge *hätte* einen neuen Anzug nötig.

Der Sprecher stellt einen *Vergleich* an [→ B 200 f.].

> Hans ist *größer als* Peter. – Sie arbeiten schon *so* lange bei der Firma *wie* ich. – Es ist so gekommen, *wie* ich vorausgesagt hatte. – Es war alles anders, *als* du gedacht hattest. – Der junge Mann *tut so, als* bemerkte er mich nicht. – Er *tat so, als* gehörte er nicht zu uns.

Der Sprecher beschreibt einen Sachverhalt, der *nicht zustande kommt* oder zustande gekommen ist [→ E 82].

> Gestern ist er *nicht* gekommen. – Ich habe ihn *nicht* gesehen. – Die Schwierigkeiten sind *nicht* eingetreten. – Es ist *kein* Unfall passiert.

Der Sprecher *berichtigt* die Mitteilung oder Vorstellung über einen Sachverhalt [→ D 217].

> *Ich war es nicht, der* dir die Schwierigkeiten bereitet hat, *sondern* dein eigner Freund. – *Nicht* Peter war gestern bei mir, *sondern* Inge. – Wir fahren *nicht* nach Köln, *sondern* nach Augsburg.

442

Der Sprecher *ergänzt* die Mitteilung eines Sachverhalts [→ D 139, D 237].

> Herr Direktor Schmidt ist nach Amerika geflogen, *und auch* zwei seiner Mitarbeiter. – Wir haben das Haus gekauft, *ebenso auch* den dazugehörigen Garten.

Der Sprecher *fordert* den Angesprochenen *auf,* etwas zu tun oder zu lassen **G 26**
[→ B 69.4, B 95].

> *Bringen Sie* den Brief zur Post! – Ihr *werdet* jetzt zu Bett gehen, Kinder!
> – Du *wirst* dich sofort bei der Dame entschuldigen. – *Werdet* ihr jetzt endlich mit den Schularbeiten beginnen? – *Laß* das Kind spielen! – *Hinaus!*

Er äußert eine Aufforderung, die an keine bestimmte Person gerichtet ist.

> Der Brief *ist* sofort zur Post *zu* bringen. – Hunde *sind* an der Leine *zu* führen. – Die Rechnung *ist* sofort *zu* begleichen. – *Halt!* – Alles *aussteigen!*

Er äußert eine Aufforderung, die **an** dritte Personen weiterzugeben ist
[→ 138.1, B 134.1].

> Peter *soll* sofort zu mir kommen. – Herr Meier *möchte* morgen bei mir vorbeikommen. – Die Kinder *sollen* nicht so viel Lärm machen.

Er gibt einen Auftrag weiter [→ B 138.1].

> Der Gärtner *soll* morgen zu Herrn Breuer kommen und die Hecke schneiden. – Du *sollst* zu meinem Vater kommen.

Er stellt fest, daß ein Auftrag, eine Aufgabe nicht erfüllt wurde [→ B 138.1].

> *Eigentlich solltest* du den Brief schreiben. – Die Wäsche *sollte eigentlich* im Freien aufgehängt werden.

Der Sprecher *berichtet* die Mitteilung eines Dritten *weiter* [→ B 79 f.].

> Inge erzählte mir, Hans *fahre* morgen nach Berlin. – Herr Fuchs sagte mir, *daß* er in Frankfurt in einem Hotel übernachten *wolle.* – Nach den letzten Berichten *sollen* die Börsenkurse angezogen haben.

Er gibt eine Mitteilung mit *Vorbehalt* oder mit deutlichem *Zweifel* an der Richtigkeit des Sachverhalts weiter [→ B 72].

> Günter erzählte mir, er *wäre* in Berlin gewesen. – Hans *will* dich gestern im Theater mit einer jungen Dame gesehen haben.

Ausdruck differenzierter Betrachtungsweisen eines Sachverhalts

Die Beschreibung eines außersprachlichen Sachverhalts hängt u. a. auch da- **G 27**
von ab, wie der Sprecher den Sachverhalt sieht und mit welchen anderen außersprachlichen Gegebenheiten er seine Mitteilung noch verknüpfen will
[→ G 38].
So sind bei vielen Geschehen/Sein einzelne Phasen ihres Ablaufs erkennbar und beschreibbar, wie Beginn, Verlauf und Ende oder Vollendung. Ebenso

lassen sich Intensität, Wiederholung und vieles andere mehr bei den Beschreibungen von Sachverhalten hervorheben oder verdeutlichen.
Folgende Mittel stehen dafür zur Verfügung (Beispiele für den Beginn):

a) erläuternde Einleitung: *Es beginnt* zu regnen.
b) das Verb im Prädikat: Die Maschine *startet.*
c) Präfixe [→ B 35]: Das Kind *erwacht.*
d) Verbzusätze [→ B 36]: Der Wagen fährt *an.*
e) Prädikatsergänzungen [→ E 3]: Die Schaukel *kommt in Schwung.*

Die verwendeten Mittel beeinflussen die Satzstrukturform [→ E 44, E 46].

Er *fragt* mich. – Er *stellt* mir *eine Frage.*

Die Verwendung von Prädikatsergänzungen, die auch noch durch geeignete Attribute unterschieden werden können, gibt einer Sprache einen reichen Schatz an Ausdrucksformen [→ E 3 f.].

Phase des Beginnens

G 28   BEGINN EINER HANDLUNG

Er fährt mit seinem Wagen *an.* – Er fährt jetzt *ab.* – Die Kinder laufen *los.* – Die Wanderer brechen *auf.* – Der Käufer zahlt den Apparat *an.* – Der Künstler *geht ans Werk.* – Der Sportler *geht in die Kniebeuge.* – Wir möchten mit Ihrer Firma *Beziehungen anknüpfen.* – Der junge Mann *knüpfte* mit dem Mädchen *ein Gespräch an.* – Wir müssen jetzt *einen schnelleren Gang anschlagen.* – Morgen *treten* wir *unsere Reise an.* – Der junge Mann hat gestern *eine neue Stelle angetreten.* – Wann haben Sie ihre *Tätigkeit aufgenommen?* – Wir *nehmen* mit amerikanischen Firmen *Kontakte auf.* – Ich möchte noch *eine Frage anschneiden (aufgreifen, aufwerfen).* – Ich muß *Bedenken (Zweifel, Einspruch, Forderungen) erheben.* – Ich habe meinen *Standpunkt bezogen.* – Sie können *einen* anderen *Standpunkt einnehmen.* – Der Staatsanwalt *leitete eine Untersuchung ein.* – Sind Sie schon mit der Firma *in Verhandlungen eingetreten?* – Wann ist Ihr Land *in den Krieg eingetreten?* – Der Pilot *setzte zur Landung an.* – Die Katze *setzt zum Sprung an.* – Der Polizeipräsident hat alle erforderlichen *Maßnahmen ergriffen.* – Die Diebe haben *die Flucht ergriffen.* – Wir können wieder *Mut (Hoffnungen, Vertrauen) fassen.* – Er hat alle seine *Hoffnungen (Erwartungen)* an diese Unterredung *geknüpft.* – Der Junge konnte nicht *den Mut aufbringen,* ins Wasser zu springen. – Du mußt deinem Arbeitgeber gegenüber *eine* andere *Haltung einnehmen.* – Wann werdet ihr *Vernunft annehmen?* – Die Soldaten *setzten sich in Marsch.* – Die Notenbank hat neue Geldscheine *in Umlauf gesetzt.* – Der Bürgermeister *setzte* das neue Kraftwerk *in Betrieb.* – Das Parlament hat *ein* neues *Gesetz erlassen.* – Er hat den *Entschluß gefaßt,* das Haus zu kaufen. – Du mußt *Mut fassen.* – Wir *faßten* den *Beschluß,* wieder *Kontakte* mit Übersee *herzustellen.* – Die Abgeordneten *schritten zur Abstimmung.* – Endlich *schritt* er *zur Tat.* – Wir wollen *ein* großes *Unternehmen starten.* – Der Staatsanwalt *leitet eine* neue *Untersuchung in die Wege.* – Er hat seinen *Heimweg angetreten.* – Er *tritt eine Reise an.* – Ich bin bereit, den *Auftrag* zu *übernehmen.* – Wer soll dafür *die Verantwortung übernehmen?* – Der Mann *versetzte* den Pendel *in Bewegung.* – Er ist jetzt *in* unseren *Dienst getreten.* – *Treten* Sie später mit uns *in Verbindung!*

EINSETZEN EINES VORGANGS ODER EINES SEINS

Morgen *beginnt die Arbeit.* – *Der Unterricht beginnt* um 9 Uhr. – Die Blume ist in voller Schönheit *erblüht.* – Der Greis ist sanft *entschlafen.* – Die Kinder sind *eingeschlafen.* – *Der Tag bricht an.* – Wir haben *uns* hier gut *eingewöhnt.* – Bei diesem Roman muß man *sich* erst *einlesen.*
Der Wagen ist plötzlich *ins Rutschen gekommen.* – Wir *kamen* langsam *in Fahrt.* – Inzwischen ist das Wasser *zum Kochen gekommen.* – Zwischen uns sind *erhebliche Unstimmigkeiten entstanden.* – *Ein* lautes *Geschrei hob an (erhob sich).* – *Ein Gewitter kommt* vom Westen *auf.* – Bei der Feier *kam keine Stimmung auf.* – Mir *kam ein Schauern an.* – Der Junge hat inzwischen *Vernunft angenommen.* – Die Frau ist *in Ohnmacht gefallen.* – Der Minister ist bei dem Diktator *in Ungnade gefallen.* – Das Mädchen *sank in tiefe Bewußtlosigkeit.* – Nach dem Schlag *sank* der Mann *in die Knie.* – Die Gesellschaft *verfiel in eine* trübe *Stimmung.* – Die Menge *geriet in* heftige *Erregung.* – Die beiden Männer *gerieten in Streit.* – Die alten Märchen sind *in Vergessenheit geraten.* – Ich bin *auf eine Idee gekommen.* – Die Schaukel ist jetzt *in Schwung gekommen.* – Die Frau *brach in ein Gelächter aus.* – Die Kinder *brachen in Weinen aus.* – Warum bist du *in eine* traurige *Stimmung verfallen?* – Sie *verfallen* dauernd *in Zynismus.* – Die beiden Leute sind miteinander *in Verbindung gekommen.* – Es ist eine erhebliche *Unruhe entstanden.*

Phase des Verlaufs, Dauer

VERLAUF EINER HANDLUNG   G 29

Die Frau *fragt und fragt.* – Das Kind *redet und redet.* – Er *fährt* mit seinem Vortrag *fort.* – Er *setzt* die Arbeit *fort.* – Er arbeitet *weiter.* – Wir *arbeiten* die Nacht *durch.* – Die Soldaten *halten durch.* – Er *hält* seine Freunde *hin.* Die beiden Länder *führten Krieg.* – Er mußte sich *mit* vielen *Schwierigkeiten herumschlagen.* – Seit seinem 15. Lebensjahr *übt* er *einen Beruf aus.* – Er *übt* weiterhin *Einfluß* auf die Wirtschaft *aus.* – Die Wirtschaftler *üben Druck* auf die Politiker *aus.* – *Betreiben* Sie *ein Gewerbe?* – Die Politiker wollen *den Frieden bewahren.* – Der Junge *hält* die Schaukel *in Bewegung.* – Der Akrobat *hält* die Zuschauer *in Atem.* – Du sollst dein Zimmer *in Ordnung halten.* – Er wollte ihr *die Treue halten.* – Sie *pflegte Beziehungen* mit Künstlerkreisen. – Sie *pflegte* mit dem Schriftsteller *einen* tiefgehenden *Gedankenaustausch.* – *Tragen* Sie *Sorge* für das Zustandekommen der Verhandlungen! – *Übt Toleranz!* – Du mußt immer *Anstand wahren.*

VERLAUF EINES VORGANGS

Die Unterhaltung *nahm ihren Fortgang.* – Die politischen Verhältnisse *nehmen eine Wendung.* – Heute *findet ein Fest statt.* – Die Verhandlungen *dauern an.*

VERLAUF EINES SEINS

Sie *schläft*. – Er *sitzt im Sessel*. – Die Blumen *blühen*. – Die Kinder *leiden Hunger*. – Sie *sind (schweben) in Gefahr*. – Die Maschine *ist am Arbeiten*. – Was *ist* hier *im Gange?* – Die Bäume *stehen in Blüte*. – Ich *stehe* mit vielen Kollegen *in Verbindung*. – Alles *ist in Ordnung*. – Du *bist im Unrecht*. – Wir *sind* nicht *eurer Meinung*. – *Seid* ihr *guter Laune?* – Ich *stehe in* gutem *Einvernehmen* mit ihm. – Die Leute *sind in Not*. – Diese Hüte *sind außer Mode*. – Die Molkerei *steht unter* ständiger *Kontrolle* der Gesundheitspolizei. – Die Kinder *liegen im Schlaf*. – Die Soldaten *liegen in Bereitschaft*. – Die Frauen *liegen in* ständigem *Streit*. – Die Pferde müssen *in Bewegung* bleiben. – Wir *haben* gute *Beziehungen* zu dieser Firma. – Ich *habe* keine *Schwierigkeiten*. – *Laßt* den Jungen nicht *im Ungewissen* über das Schicksal seiner Eltern. – Er *hegt einen* schweren *Verdacht*. – Sie *hegt einen* starken *Widerwillen* gegen ihn. – Wir wollen euch *in* gutem *Andenken behalten*. – Die feindlichen Soldaten haben *sich ein* schweres *Gefecht geliefert*. – Nun *herrscht* wieder *Friede* zwischen den Menschen.

Phase der Vollendung

G 30 ENDE EINER HANDLUNG IM HINBLICK AUF DAS ERGEBNIS ODER DEN ERFOLG

Gestern haben wir den Berg *be*stiegen. – Sie hat die Tasse *zer*schlagen. – Sie müssen die Bedingungen *er*füllen. – Der Junge hat die Maus *er*schlagen. – Die Katze hat die Maus *ver*speist. – Der Kammerjäger muß die Insekten in diesem Haus *ver*nichten.
Iß das Kompott ruhig *auf!* – Sie hat die Vase *um*geworfen. – Der Fährmann setzte die Leute *über*. – Die Arbeiter schneiden den Baumstamm *durch*. – Du kannst mich nicht *über*zeugen. – Der Verteidiger wollte den Zeugen des Meineids *über*führen. – Er trinkt das Glas in einem Zug *aus*. – Wir haben heute *aus*geschlafen. – Schließen Sie bitte die Tür *ab!* – Die Protestierenden schrieen den Redner *nieder*. – Wir wollen ein Protestschreiben *ab*fassen. – Wollen wir uns miteinander *aus*sprechen?
Wir haben mit ihm *einen Vertrag abgeschlossen*. – Die beiden Länder wollen *ein Bündnis schließen*. – Welchen *Schluß ziehst* du aus seinem Verhalten? – Sie müssen jetzt *die Konsequenzen* aus ihrem Verhalten ziehen. – Der Lokomotivführer *brachte* den Zug noch rechtzeitig *zum Stehen*. – Der Vater konnte den Jungen noch *zur Vernunft bringen*. – *Bringen* Sie mich nicht *zur Verzweiflung!* – *Bringen* Sie den Zeiger mit der Markierung in *Übereinstimmung!* – Sie konnten den feindlichen Truppen erhebliche *Verluste beibringen*. – Ihr habt viel *Mut bewiesen*. – Wir haben unser *Interesse* an dem Geschäft schon *bewiesen*. – Der Mann *stellte* seine *Fähigkeiten unter Beweis*. – Der Pfarrer *sprach* den Hinterbliebenen *Trost zu*. – Welchen *Dienst* können Sie uns *leisten?* – Er hat der Unterschlagung *Vorschub geleistet*. – Ich *leiste* Ihnen jederzeit *Bürgschaft*. – Der Autofahrer muß für die Schäden, die er verursacht hat, *Schadenersatz leisten*. – Als wir am See ankamen, *machten* wir *Halt*.

ENDE EINES VORGANGS IM HINBLICK AUF DAS ERGEBNIS

Die Blumen sind *ver*welkt. – Der Brief *erreichte* den Empfänger nicht. – Infolge der Detonation *zer*splitterten die Fensterscheiben. – Unser Unternehmen ist *geglückt*. – Uns ist das *Experiment gelungen*. – Er hat ein *Vermögen gewonnen*. – Er hat ihre *Liebe gewonnen*. – Sie hat ihn *liebgewonnen*. – Mir ist *Unrecht geschehen*. – Ihm ist *Genugtuung geworden*. – Ihr ist *Beachtung zuteil geworden*. – Er konnte dort umfassende *Kenntnisse erlangen*. – Welchen *Erfolg* habt ihr *erzielt?* – Wir konnten mit unseren Partnern *Übereinstimmung erzielen*. – Der Schriftsteller hat überall *Anerkennung gefunden*. – Im letzten Jahr haben wir gute *Gewinne zu verzeichnen gehabt*. – Der alte Mann konnte keine *Hilfe* bei seinen Nachbarn *finden*. – Wo *findet* dieser Apparat *Verwendung?* – Ich habe bei unserem Chef *Vertrauen gefunden*. – Sie ist wirklich *auf einen* merkwürdigen *Gedanken verfallen*. – Mit dieser Arbeitsweise konnte die Baufirma große *Erfolge zeitigen*. – Das Theaterstück *ist aus*. – Die Krise *ist vorüber*.

Beschreibungen, die den Grad oder die Intensität hervorheben G 31

Warum *prügelst* du den Hund? – Er *knallt* die Tür zu. – Die Kinder *rennen* aus dem Haus. – Was hast du wieder für *Dummheiten angestellt?* Wir müssen noch *Überlegungen anstellen*, wie das Problem am besten zu lösen ist. – Um Leistungssportler zu werden, muß man viel *Energie aufbringen*. – Beim Sprachenstudium *wendet* er viel *Fleiß* und *Geduld auf*. – Er *stieß* eine *Verwünschung aus*. – Er *holte* tief *Atem*. – Vor dem Eintauchen mußt du *Luft holen*. – Wir *legen* auf eine sorgfältige Arbeit *Wert*. – Er *legte Nachdruck* auf einen pünktlichen Arbeitsbeginn. – Sie *litt Hunger*. – Er *litt Qualen*. – Das Kind *schlug einen Purzelbaum*. – Der Akrobat *schießt* jetzt *einen Salto*. – Der Bengel *schneidet* mir immer *Gesichter*. – Jetzt kannst du dein Können *unter Beweis stellen*. – Wollen Sie bitte *Sorge tragen*, daß der Gast vom Bahnhof abgeholt wird! – In dieser unangenehmen Angelegenheit muß ich noch geeignete *Schritte unternehmen*. – Wir werden nächstes Jahr *eine Expedition unternehmen*. – Diese Nahrung kann einem *Kraft verleihen*. – Die Veröffentlichung des Buches hat ihm *Ansehen verliehen*. – Auf eine solche Arbeit muß man sehr viel *Fleiß verwenden*. – Wie kannst du mit deinem Beruf deinen *Lebensunterhalt bestreiten?*

Beschreibungen, bei denen die Urheberschaft und das Ergebnis hervorgehoben wird G 32

Der Mann hat mit seiner Tat viel *Unheil angerichtet*. – Wie konntest du einen solchen *Schaden anrichten?* – Seine Bemerkung *löste* bei allen *Heiterkeit aus*. – Lohnerhöhungen *lösen* meistens *Preissteigerungen aus*. – Wir wollen Ihnen keine *Enttäuschungen bereiten*. – Können Sie den Qualen des Tieres *kein Ende bereiten?* – Wie wollen Sie *eine Unterbrechung* der Konferenz *bewerkstelligen?* – Der Bummelstreik *bewirkte* erhebliche *Verzögerungen* in der Postzustellung. – Die Streiks werden *Nachteile* für die Wirtschaft *mit sich bringen*. – Der Sieg der Fußballmannschaft *rief* helle *Be-*

geisterung hervor. – Die Urteile *riefen* bei der Bevölkerung tiefen *Schrecken hervor.* – Er will zu Hause *Ordnung schaffen.* – Mit deinen Äußerungen *schaffst* du bei den Leuten nur mehr *Verwirrung.* – Der Mann hat *ein Verbrechen verübt.* – Sie haben einen *Unfall verursacht.* – *Verursachen* Sie *keine Panik!* – Gehen Sie und *stiften* Sie *Ruhe!* – Warum muß der Mensch nur immer *Zwietracht stiften?* – Ich muß nach Köln, um *ein Geschäft* zu *tätigen.* – Mit dieser Nachricht wird man nur *Furcht verbreiten.* – Sie müssen uns *Genugtuung verschaffen.* – Nur mit vernünftigen Argumenten könnt ihr euch *Anerkennung verschaffen.* – Der Redner konnte sich im Saal keine *Ruhe verschaffen.*

G 33   **Beschreibungen, bei denen ein Veranstalten hervorgehoben wird**

Die Interessenvertreter wollen *eine* Protest*demonstration aufziehen.* – Der berühmte Dirigent hat ein *Konzert aufgeführt.* – Wir wollen *eine Zusammenkunft* zwischen den gegnerischen Parteien *bewerkstelligen.* – Wer *führt die* nächste *Tagung durch?* – Was ist dort unten auf der Straße los? Da wird *eine Polizeiaktion durchgeführt.* – Der Botschafter *gibt* morgen *einen Empfang.* – Müllers wollen anläßlich der Verlobung ihrer Tochter *ein Fest geben.* – Heute *hält* Dr. Schmidt *Unterricht.* – Professor Müller *hält* in der Volkshochschule *einen Vortrag.* – Der Posten vor der Kaserne muß zwei Stunden *Wache halten.* – Der Prinz Karneval *hält* jetzt im Festsaal *seinen Einzug.* – Wir müssen für nächsten Monat *eine Versammlung organisieren.* – Unser Sportverein hat im Stadion *einen Wettkampf veranstaltet.*

G 34   **Beschreibungen, bei denen ein Einzelakt hervorgehoben wird**

Die Katze *machte einen Sprung* und erwischte die Maus. – Der Mann *tat einen Griff* und schon hatte er die Brieftasche. – *Werfen* Sie *einen Blick* ins Kinderzimmer! – Der Junge *schlug einen Purzelbaum.* – Ich *tat einen Schritt* und befand mich gleich im Zimmer. – Sie haben mir *einen Stoß versetzt.* – Der Soldat *machte eine Kehrtwendung* und ging in die Kaserne zurück. – Der Boxer *führte einen* heftigen *Schlag* in das Gesicht des Gegners. – Der Gegner *machte eine* unbestimmte *Bewegung* und fiel zu Boden.

G 35   **Beschreibungen, in denen eine Verursachung zum Ausdruck kommt**

Ich muß das Messer *schärfen.* – Der Knecht *tränkte* die Pferde. – Die Forstarbeiter *fällen* Bäume. – Der Ofen *heizt* das Zimmer. – Ich *wärme* mir am Ofen die Hände. – Ich möchte dir *Mut machen.* – *Mache* deinen Eltern *keinen Kummer!* – Er *setzte* die Maschine *in Gang.* – Das Parlament *setzt* das Gesetz *in Kraft.* – Dein Erfolg *setzt* mich *in Erstaunen.* – Die Leute *stürzten ins Unheil.* – Die schlechte wirtschaftliche Lage *stürzte* viele Leute *in Verzweiflung.* – Das Spiel dieser Band hat die Zuhörer *in Begeisterung versetzt.* – Die Zirkusnummer mit den Dressurakten *versetzt* die Zuschauer *in Aufregung.* – Wir müssen die Konferenz endlich *in Gang bringen.* – Die Zukunft unseres Landes *macht* mich *schauern.* – Wie kann man dieses Fahrzeug *zum Stehen bringen?* – Der Clown hat die Kinder *zum Lachen gebracht.*

Der Junge *zeigte* beim Klavierspiel großes *Talent*. – Du hast viel *Mut gezeigt*, als du den Ertrinkenden gerettet hast. – Ich habe schon meine *Bereitschaft bekundet*, an dem Unternehmen teilzunehmen. – Sie *zeigt* im Umgang mit Kindern sehr viel *Geduld*. – Der alte Bettler *legte eine Würde an den Tag*, die man bei ihm nicht für möglich gehalten hätte. – Du darfst dein *Mißfallen* nicht *merken lassen*. – In der kritischen Situation hast du sehr viel *Unentschlossenheit offenbart*. – Bei dieser Arbeit kannst du deine *Fähigkeiten sehen lassen*.

WENDE DES GESCHEHENS

Diese Vogelart ist *im Aussterben begriffen*. – Die Verbündeten sind *zum Angriff übergegangen*. – Im Laufe der Jahre hat sein Charakter *eine Wandlung erfahren*. – Unser Gespräch *nahm* plötzlich *eine* andere *Wendung*.

FOLGE

Euer Streit mit dem Wirt wird noch *ein Nachspiel haben*. – Die neue Kreditpolitik wird *einen Aufschwung* der Wirtschaft *zur Folge haben*. – Die Lohnerhöhungen werden *Preissteigerungen nach sich ziehen*.

WAHRNEHMUNGEN

Er *fühlte Schmerzen* in seinen Gliedern. – Er *empfand Mitleid* mit der alten Frau. – Plötzlich *verspürte* ich *Hunger*. – *Spüren* Sie auch *den Föhn?* – Sie *empfand* große *Freunde*. – Er *spürte* bei seinem Freund *eine* innere *Unruhe*.

FREIWILLIGKEIT

Die Zuschauer *spendeten* den Leistungen der Schauspieler großen *Beifall*. – *Schenken* Sie mir Ihr *Vertrauen!* – Sie *schenkte* seinen Worten *Aufmerksamkeit*.

AUFTRAG

Ich möchte Ihnen eine *Nachricht überbringen*. – Er *bestellte* mir *Grüße* von Herrn Breuer. – Darf ich Ihnen die *Glückwünsche* von Familie Fuchs *ausrichten?*

NOTWENDIGKEIT

Diese Tiere *bedürfen* besonderer *Pflege*. – Die unteren Angestellten *brauchen* dringend eine *Gehaltserhöhung*.

ZWANG

Die Briefe der Gefangenen *unterliegen einer Zensur*. – Die Verkehrssicherheit der Kraftfahrzeuge *ist einer* regelmäßigen *Kontrolle unterworfen*.

ERFÜLLUNG EINER PFLICHT

Die jungen Offiziere *statten* ihrem Kommandeur *einen Besuch ab*. – Die Wehrdienstverweigerer können ihre *Dienstpflicht* in Krankenhäusern *ableisten*.

FORDERUNG

Die Geschäftspartner *stellten* sich gegenseitig ihre *Bedingungen*. – Der Abgeordnete *stellte einen Antrag* auf Vertagung. – Du *stellst* große *Ansprüche* an deine Mitarbeiter. – Er *machte* gegen eine Verlängerung der Arbeitszeit *Einwände geltend*.

RICHTIGKEIT (subjektive Auffassung)

Der Chef hat *eine Entscheidung* über den Ankauf neuer Maschinen *getroffen*. – Wir werden *Maßnahmen treffen*, die einen Diebstahl der Kunstgegenstände unmöglich machen. – Welche *Vereinbarungen* sind zwischen den beiden Konzernen hinsichtlich einer Fusion *getroffen* worden?

VORBEREITUNG

Er *holte zum Schlag aus* und hieb die Axt tief in den Balken. – Der Tiger *setzte zum Sprung an* und schnellte vorwärts auf sein Opfer.

Die Mitteilungsperspektive

Wie jede Art von sprachlicher Äußerung von der jeweiligen Sprechsituation $\quad$ G 38
ausgeht, so ist auch für die Mitteilungsperspektive die Sprechsituation bestimmend. Von ihr her ergibt es sich, welche Inhalte [→ G 8ff.] für den Sprecher
das Thema seiner Äußerung sind. Maßgebend dabei ist auch, wie der Sprecher
den Sachverhalt sieht, ob er ihn als Handlung, Vorgang oder als ein Sein wahr-
nimmt oder ihn so betrachten und schildern will. Derjenige Inhalt, der Thema
der Äußerung ist und auf den demnach die Mitteilungsperspektive ausgerichtet
ist, wird, wenn dies lexikalisch und formal möglich ist und eine geeignete Satzstruktur zur Verfügung steht, als Subjekt des Satzes eingesetzt. Die übrigen
Satzfunktionsteile müssen sich dem gegebenen Subjekt funktional und formal
anpassen.

Die Mitteilungsperspektive kann auf folgende Inhalte ausgerichtet sein:

1. auf eine Rolle

> *Die Kinder* haben sich über mein Geschenk gefreut.
> (Mp: die Kinder; es wird etwas über die Kinder mitgeteilt.)
> *Mein Geschenk* hat den Kindern große Freude bereitet.
> (Mp: mein Geschenk; es wird etwas über mein Geschenk mitgeteilt.)
> *Meine Eltern* haben mir meinen Wunsch erfüllt.
> (Mp: meine Eltern; es wird etwas über meine Eltern mitgeteilt.)
> Endlich ist *mein Wunsch* in Erfüllung gegangen.
> (Mp: mein Wunsch.)
> Gestern wurden mir *zehn Flaschen Wein* geliefert.
> (Mp: zehn Flaschen Wein.)
> *Ich* bekam gestern zehn Flaschen Wein geliefert.
> (Mp: ich.)

2. auf die Handlung selbst; Subjekt des Satzes ist in diesem Falle das unbestimmte Pronomen ,man'.

> Diese Kirche *erbaute man* im 16. Jahrhundert.
> (Mp: die Tatsache, daß Menschen etwas gebaut haben.)
> In vielen Ländern *ißt man* hauptsächlich Reis.
> (Mp: die Tatsache, daß Leute etwas Bestimmtes essen.)

3. auf den Vorgang; hierbei wird der Vorgang, wenn dafür lexikalische Mittel
zur Verfügung stehen, im Subjekt des Satzes genannt; im anderen Falle wird
das Passiv gewählt.

> Im Nachbardorf ist *ein Feuer ausgebrochen.*
> (Mp: der Ausbruch des Feuers.)

In unserer Fabrik wird auch *sonntags gearbeitet*.
(Mp: die Sonntagsarbeit.)

Auf der Autobahn wird *schnell gefahren*.
(Mp: das schnelle Fahren.)

4. auf das Sein, dabei tritt ein Funktionssubjekt [→ E 12] ein, oder es wird, wenn dafür eine geeignete Satzstruktur zur Verfügung steht, ein Satz ohne Subjekt gebildet.

Unseren Eltern *geht es gut*.
(Mp: das Wohlbefinden, das Wohlergehen.)

Mich *friert*. Mir ist *kalt*.
(Mp: das Kälteempfinden.)

G 39   Im Verlaufe einer längeren Schilderung muß oft die Mitteilungsperspektive geändert werden. Andererseits muß bei eng zusammenhängenden Sachverhalten oder bei voneinander abhängigen Sachverhalten die Mitteilungsperspektive beibehalten werden.

Die Mittel zur Änderung oder Beibehaltung der Mitteilungsperspektive sind:

1. Funktionswechsel der Rollen.

Der Lehrer hat meinem Freund ein Buch geschenkt.
Mein Freund hat ein Buch geschenkt bekommen.
Die Frau kocht ihr Essen auf dem Herd.
Auf dem Herd kocht *das Essen*.

2. Nominalkonstruktion.

Ich freue mich über das Geschenk.
Das Geschenk macht mir Freude.

3. Passivkonstruktion.

Der Polizist ertappte den Mann beim Diebstahl.
Der Mann wurde beim Diebstahl ertappt.

4. Reflexivkonstruktion.

Man öffnete den Bühnenvorhang.
Der Bühnenvorhang öffnete sich.

Für die Änderung oder die Beibehaltung der Mitteilungsperspektive ist der Redezusammenhang und die Darstellungsweise ausschlaggebend. Von der Mitteilungsperspektive her wird die zutreffende Satzstruktur [→ E 45 f.] mit den geeigneten lexikalischen Mitteln gewählt und damit auch, ob ein Geschehen als Handlung oder Vorgang darzustellen ist [→ E 47 ff.].

Liste der starken und unregelmäßigen Verben

Infinitiv (3. Person Präsens)	Präteritum (Konjunktiv II)	Partizip II
backen (bäckt)*)	backte, buk (büke)	gebacken
befehlen (befiehlt)	befahl	befohlen
beginnen	begann (begänne)	begonnen
beißen	biß	gebissen
bergen (birgt)	barg (bärge)	geborgen
bersten (birst)	barst (bärste)	ist geborsten
bewegen*)	bewog (bewöge)	bewogen
biegen	bog (böge)	gebogen
bieten	bot (böte)	geboten
binden	band (bände)	gebunden
bitten	bat (bäte)	gebeten
blasen (bläst)	blies	geblasen
bleiben	blieb	ist geblieben
bleichen*)	blich	ist geblichen
braten (brät, bratet)	briet	gebraten
brechen (bricht)	brach	gebrochen
brennen	brannte (brennte)	gebrannt
bringen	brachte (brächte)	gebracht
denken	dachte (dächte)	gedacht
dingen	dingte/dang (dänge)	gedungen/gedingt
dreschen (drischt)	drosch (drösche)	gedroschen
dringen	drang (dränge)	hat, ist gedrungen
dünken	dünkte/deuchte	gedünkt/gedeucht
dürfen (darf)	durfte (dürfte)	gedurft
empfehlen (empfiehlt)	empfahl (empfähle)	empfohlen
erlöschen (erlischt)	erlosch (erlösche)	ist erloschen
essen (ißt)	aß (äße)	gegessen
fahren (fährt)	fuhr (führe)	ist, hat gefahren
fallen (fällt)	fiel	ist gefallen
fangen (fängt)	fing	gefangen
fechten (ficht)	focht (föchte)	gefochten
finden	fand (fände)	gefunden
flechten (flicht)	flocht	geflochten
fliegen	flog (flöge)	ist, hat geflogen
fliehen	floh (flöhe)	ist geflohen
fließen	floß (flösse)	ist geflossen
fressen (frißt)	fraß	gefressen
frieren	fror (fröre)	gefroren
gären	gor/gärte	ist/hat gegoren/gegärt
gebären (gebiert/gebärt)	gebar (gebäre)	geboren
geben (gibt)	gab (gäbe)	gegeben
gedeihen	gedieh	ist gediehen

*) auch schwache Konjugationsformen möglich

Infinitiv (3. Person Präsens)	Präteritum (Konjunktiv II)	Partizip II
gehen	ging	ist gegangen
gelingen	gelang (gelänge)	ist gelungen
gelten (gilt)	galt (gälte)	gegolten
~~genesen~~	genas	ist genesen
genießen	genoß (genösse)	genossen
geschehen (geschieht)	geschah (geschähe)	ist geschehen
gewinnen	gewann (gewönne)	gewonnen
gießen	goß (gösse)	gegossen
gleichen	glich	geglichen
gleiten	glitt	ist geglitten
~~glimmen~~*)	glomm/glimmte (glömme)	geglommen/geglimmt
graben (gräbt)	grub (grübe)	gegraben
greifen	griff	gegriffen
haben (du hast, er hat)	hatte (hätte)	gehabt
halten (hält)	hielt	gehalten
hängen*)	hing	gehangen
hauen*)	hieb/haute (haute)	gehauen/gehaut
heben	hob (höbe)	gehoben
heißen	hieß	geheißen
helfen (hilft)	half (hülfe)	geholfen
kennen	kannte (kennte)	gekannt
~~klimmen~~*)	klomm/klimmte (klömme)	ist geklommen/geklimmt
klingen	klang (klänge)	geklungen
kneifen	kniff	gekniffen
kommen	kam (käme)	ist gekommen
können (kann)	konnte (könnte)	gekonnt
kriechen	kroch (kröche)	ist gekrochen
laden (lädt)	lud (lüde)	geladen
lassen (läßt)	ließ	gelassen
laufen (läuft)	lief	ist gelaufen
leiden	litt	gelitten
leihen	lieh	geliehen
lesen (liest)	las (läse)	gelesen
liegen	lag (läge)	gelegen
lügen	log (löge)	gelogen
mahlen [→ B 17]	mahlte	gemahlen
meiden	mied	gemieden
melken (melkt)	melkte/molk (mölke)	gemolken/gemelkt
messen (mißt)	maß (mäße)	gemessen
mißlingen	mißlang (mißlänge)	ist mißlungen
mögen (mag)	mochte (möchte)	gemocht
müssen (muß)	mußte (müßte)	gemußt
nehmen (nimmt)	nahm (nähme)	genommen
nennen	nannte (nennte)	genannt

*) auch schwache Konjugationsformen möglich

Infinitiv (3. Person Präsens)	Präteritum (Konjunktiv II)		Partizip II
pfeifen	pfiff		gepfiffen
pflegen*)	pflog (pflöge)		gepflogen
preisen	pries		gepriesen
quellen (quillt)*)	quoll (quölle)	ist	gequollen
raten (rät)	riet		geraten
reiben	rieb		gerieben
reißen	riß	ist, hat	gerissen
reiten	ritt	ist, hat	geritten
rennen	rannte (rennte)	ist	gerannt
riechen	roch (röche)		gerochen
ringen	rang (ränge)		gerungen
rinnen	rann (ränne)	ist	geronnen
rufen	rief		gerufen
salzen [B → 17]	salzte		gesalzen
saufen (säuft)	soff (söffe)		gesoffen
saugen	sog/saugte		gesogen/gesaugt
schaffen*)	schuf (schüfe)		geschaffen
schallen	schallte/scholl		geschallt/geschollen
scheiden	schied	ist, hat	geschieden
scheinen	schien		geschienen
schelten (schilt)	schalt (schälte)		gescholten
scheren*)	schor/scherte (schöre)		geschoren/geschert
schieben	schob (schöbe)		geschoben
schießen	schoß (schösse)		geschossen
schinden	schindete		geschunden
schlafen (schläft)	schlief		geschlafen
schlagen (schlägt)	schlug (schlüge)		geschlagen
schleichen	schlich	ist	geschlichen
schleifen*)	schliff		geschliffen
schleißen*)	schliß		geschlissen
schließen	schloß (schlösse)		geschlossen
schlingen	schlang (schlänge)		geschlungen
schmeißen	schmiß		geschmissen
schmelzen (schmilzt)	schmolz (schmölze)	ist, hat	geschmolzen
schnauben	schnob/schnaubte		geschnaubt/geschnoben
schneiden	schnitt		geschnitten
(er)schrecken (erschrickt)	erschrak (erschräke)	ist	erschrocken
schreiben	schrieb		geschrieben
schreien	schrie		geschrien
schreiten	schritt	ist	geschritten
schweigen	schwieg		geschwiegen
schwellen (schwillt)	schwoll (schwölle)	ist	geschwollen
schwimmen	schwamm (schwämme)	ist, hat	geschwommen

*) auch schwache Konjugationsformen möglich

Infinitiv (3. Person Präsens)	Präteritum (Konjunktiv II)	Partizip II
schwinden	schwand (schwände)	ist geschwunden
schwingen	schwang (schwänge)	geschwungen
schwören*)	schwur, schwor (schwüre)	geschworen/ge-schwört
sehen (sieht)	sah (sähe)	gesehen
sein (ist)	war (wäre)	ist gewesen
senden*) [→ B 15]	sandte/sendete	gesandt/gesendet
sieden*)	sott/siedete (sötte)	hat, ist gesotten/gesiedet
singen	sang (sänge)	gesungen
sinken	sank (sänke)	ist gesunken
sinnen	sann (sänne)	gesonnen
sitzen	saß (säße)	gesessen
sollen (soll)	sollte	gesollt
spalten	spaltete	gespalten
speien	spie	gespien
spinnen	spann (spänne)	gesponnen
sprechen (spricht)	sprach (spräche)	gesprochen
sprießen	sproß (sprösse)	ist gesprossen
springen	sprang (spränge)	ist gesprungen
stechen (sticht)	stach (stäche)	gestochen
stecken*)	steckte/stak	hat, ist gesteckt
stehen	stand (stünde)	gestanden
stehlen (stiehlt)	stahl (stähle)	gestohlen
steigen	stieg	ist gestiegen
sterben (stirbt)	starb (stürbe)	ist gestorben
stieben	stob (stöbe)	ist gestoben
stinken	stank	gestunken
stoßen (stößt)	stieß	gestoßen
streichen	strich	ist, hat gestrichen
streiten	stritt	gestritten
tragen (trägt)	trug (trüge)	getragen
treffen (trifft)	traf (träfe)	getroffen
treiben	trieb	ist, hat getrieben
treten (tritt)	trat (träte)	ist, hat getreten
triefen*)	triefte/troff (tröffe)	getrieft/getroffen
trinken	trank (tränke)	getrunken
trügen	trog (tröge)	getrogen
tun (tut)	tat (täte)	getan
verderben*) (verdirbt)	verdarb (verdürbe)	ist, hat verdorben/verderbt
verdrießen	verdroß (verdrösse)	verdrossen
vergessen (vergißt)	vergaß (vergäße)	vergessen
verlieren	verlor (verlöre)	verloren
verlöschen*) (verlischt)	verlosch (verlösche)	ist verloschen
wachsen (wächst)	wuchs (wüchse)	ist gewachsen

*) auch schwache Konjugationsformen möglich

Infinitiv (3. Person Präsens)	Präteritum (Konjunktiv II)	Partizip II
wägen	wog (wöge)	gewogen
waschen (wäscht)	wusch (wüsche)	gewaschen
weben*)	webte/wob (wöbe)	gewebt/gewoben
weichen	wich	ist gewichen
weisen	wies	gewiesen
wenden [→ B 15]	wandte/wendete	gewandt/gewendet
werben (wirbt)	warb (würbe)	geworben
werden (wird)	wurde, ward (würde)	ist geworden
werfen (wirft)	warf (würfe)	geworfen
wiegen*)	wog (wöge)	gewogen
winden	wand (wände)	gewunden
wissen (weiß)	wußte	gewußt
wollen (will)	wollte	gewollt
wringen	wrang (wränge)	gewrungen
(ver)zeihen	verzieh	verziehen
ziehen	zog (zöge)	hat, ist gezogen
zwingen	zwang (zwänge)	gezwungen

*) auch schwache Konjugationsformen möglich

Wortindex

aus D 59
ausgehen auf B 119
ausgerechnet E 39
aushalten B 116
ausreden B 124
außer D 60, E 61
außer daß D 167
außer wenn D 251
außerhalb D 61

bald C 83
bald – bald D 141
Ballon B 161
Balkon B 161
Bank B 160
bar D 21
-bar B 230
barfuß B 199
Bau B 167
bauen auf B 117
be- B 141
beabsichtigen B 115
Beamter B 104
s. bedenken B 126
unter der Bedingung, daß D 246
bedürfen D 21
bedürftig D 21
s. beeilen B 126
befehlen B 123
begierig B 118
beginnen mit B 117
s. begnügen mit B 117
im Begriff sein B 127
Behagen B 128
beharren auf B 119
behaupten B 116
bei D 62
beid- C 8
beide B 212
zum Beispiel D 142
beitragen zu B 117
bekannt D 18
beklagen B 116
bekommen B 94, 116
bekümmert B 118
belieben B 115, 123
s. bemühen B 117, 126
Benehmen B 128

berauben D 21
bereit B 118
s. beschäftigen mit B 117
beschließen B 115
beschuldigen B 125, D 21
beschwören B 125
besonders B 205, 230, E 39
besser B 201, C 83
best- B 201
am besten C 83
bestens C 83
s. bestreben B 126
beteuern B 116
Betragen B 128
betrübt B 118
bevor D 143
bewegen B 125
bewußt B 118, D 21
bezichtigen B 125, D 21
beziehungsweise D 144
binnen D 63
bis D 64, 145
ein bißchen C 59
bitte B 96, D 13
bitten B 195
bitter B 195
bleiben D 11, 33
Block B 160
bloß wenn D 252
Bonbon B 152
böse D 18
brauchen B 130
Buchstabe B 167

ch A 12
-chen B 141, 147f., 155
Chr. B 208
chs A 12
ck A 12

-d B 149, 201
da D 146, C 34, 90, 92
da(r)- D 147, C 6, 91
dadurch D 149f.
dabei D 148
dabei bleiben B 119
dabei sein B 119

460

nein C 4 f.
nennen D 11
Nerv B 167
nicht E 27, 61, 82, 93
nicht wahr G 5
nichts B 228, C 63, 76
-nis B 156, 160, 180
noch D 197
nötigen B 125
nun D 198, E 27
nun aber B 104
nur E 27, 39, D 199
nicht nur – sondern auch D 200
nur daß D 168
nützlich D 18

ob D 90, 201–205
ob- B 141
oberhalb D 91
obwohl D 206
oder D 207, E 15 f.
offen B 196
offenbar E 27
(wie) oft? C 84
ohne C 24, D 92, 208
ohne daß D 169
-on B 156
Onkel B 170, D 35
-or B 147, 158, 167, 183
Ostern B 162
-os B 230

das Paar B 212
ein paar C 77
Pantoffel B 167
peinlich D 18
Pfau B 167
Pfennig B 163, 208
Pfingsten B 162
Pfund B 163
ph A 12
pochen auf B 119
prahlen mit B 117
prima B 196

quitt B 199

Radar B 152
Radio B 152
raten B 123
rechnen auf B 117
recht B 205
rechts B 230
Reis B 151
reizen B 125
rosa B 196
s. rühmen B 126

-s B 147, 156, 159, 181, 201, C 82, 96
Saldo B 161
Salon B 161
-sal B 181
-sam B 230
samt D 93
sämtlich- C 78
satt D 21
sattessen E 22
schade B 199
schädlich D 18
-schaft B 148 f., 158, 181
s. schämen B 126
scheinen D 11
schelten D 11
schicken B 123, E 21
Schild B 161
schimpfen D 11
-schläge B 161
Schmerz B 167
Schreck B 167
Schreiben B 128
schon E 27, 39
schuld B 199
schuldig D 21
See B 151, 167
sehen B 123, 130, E 21 f., 79
s. sehnen B 126
sehr B 205, C 83
sein D 11, 33
sein – zu B 94
seit D 94, 210
seitdem D 210
seitens D 95
-sel B 148, 155, 181
-selbe C 38
selber C 19, 39

Index

der Sach- und Inhaltsbegriffe

470

DEUTSCH FÜR FORTGESCHRITTENE

Lehrwerk von Heinz Griesbach

Deutsche Grammatik im Überblick
Tabellen, Listen und Übersichten
130 Seiten, kart., Hueber-Nr. 1130

TEXTHEFTE:

Moderne Welt 1	*Moderne Welt 2*
Sachtexte mit Übungen	Sachtexte mit Übungen
122 Seiten, kart.,	133 Seiten, kart.,
Hueber-Nr. 1134	Hueber-Nr. 1135
Ernste und heitere Erzählungen	*Humor und Satire*
Texte mit Übungen	von Heinz und
124 Seiten, kart.,	Rosemarie Griesbach
Hueber-Nr. 1136	Texte mit Übungen
	111 Seiten, kart., Hueber-Nr. 1137

SPRACHHEFTE:

Sprachheft 1	*Sprachheft 2*
Sprachübungen zur Grammatik	Sprachübungen zur Grammatik
(Funktionen und Satzstrukturen)	(Inhalt und Ausdruck)
174 Seiten, kart.,	Hueber-Nr. 1132
Hueber-Nr. 1131	

Der Lehrer hat je nach Lernziel, Schulart und Vorkenntnissen der Schüler die Wahl zwischen verschiedenen Sprach- und Textheften. Der Stoff des Anfangsunterrichts (Morphologie und die wichtigsten Satzmuster) wird als bekannt vorausgesetzt, ist jedoch in der „Deutschen Grammatik im Überblick" in übersichtlicher Gliederung nochmals aufgeführt.

MAX HUEBER VERLAG   ISMANING BEI MÜNCHEN